중세 유럽의 정치사상

J. Morall_ *Political Thought in Medieval Times*
W. Ullmann_ *Medieval Political Thought*

중세 유럽의 정치사상

J. 모랄 / W. 울만 지음
박은구 / 이희만 옮김

혜안

옮긴이의 말

이 책은《중세 유럽 문화의 이해》1, 2(2013)와《중세 유럽의 사상가들》(2014)에 이어, 숭실대학교 '유럽중세사연구실'이 펴내고 있는 중세사 연구서 시리즈 가운데 세 번째 책에 해당한다. 이 책은 중세 유럽의 정치사상에 관한 탁월한 개설적 입문서로 각각 평가되고 있는 J. B. Morall, *Political Thought in Medieval Times*(1980)와 W. Ullmann, *Medieval Political Thought*(1975) 를 하나로 묶어 옮긴 글이다.

J. 모랄의《중세 서양의 정치사상》(1983)은 한국서양사학회의 "서양사학총서" 가운데 일부로 출판된 바 있고, W. 울만의《서양 중세 정치사상사》도 2000년도에 출간된 바 있다. 그러나 이들은 모두가 현재 절판된 지 오래여서, 그동안 늘어난 '중세 유럽'에 대한 국내 학계의 연구자와 일반 독자들로서는 이들을 접하기가 어려웠다. 그러니까 이 책의 이번 출간은 유럽 중세사 분야가 근년에 겪고 있는 연구 환경의 변화 및 일반 교양계층의 높아진 지적 욕구에 부응하고자 하는 엮은이들의 의도의 결실이다. J. 모랄과 W. 울만의 대표적인 저술들을 가필과 개고를 통해 새롭게 하나로 묶어 펴내는 작업이 비단 엮은이들에게만 의미있는 일은 아닐 것이다.《중세 유럽의 정치사상》이 이 분야에 관심을 가진 연구자와 교양 계층의 일반 독자들에게도 흥미롭고 도전적인 지적 탐험의 한 지

침서가 되기를 감히 기대해 본다.

　모리스 포우익(M. Powicke) 경과 월터 울만의 학문적 영향을 동시에 받았던 J. 모랄은, 이 책에서 중세 유럽의 정치사상의 특징을 시대순 주제별로 그리고 역사적 누적의 과정과 변화의 화두들을 중심으로 일목요연하게 정리하고 있다. J. 모랄의 간결하고 균형잡힌 체계화 작업 기저에 지금까지의 주요 연구성과들에 대한 그의 광범위한 섭렵과 통찰적 비판이 자리잡고 있음을 우리는 선명하게 확인할 수 있다. 한편 W. 울만은 피렌느(H. Pirenne), 블로흐(M. Bloch), 질송(E. Gilson)과 더불어 20세기를 대표하는 중세 연구자로 널리 알려져 있다. W. 울만의 글에서 우리는 오늘날 중세 유럽의 정치적 담론들을 분석하는 기본적 패러다임인 하향적/신정적 정치의식과 상향적/인민주의적 정치의식이라는 분류체계의 원형을 확인할 수 있다. 더욱이 W. 울만은 교황청 정부의 정치/문화적 역할, 정치적 주권의 원천, 정치와 법률의 제도화 등과 같은 묵직한 주제들을 통해서 중세인과 중세 사회가 경험했던 도전들에 대한 우리들의 이해에 포괄적 깊이를 더해주고 있다.

　부록으로는 J. 모랄이 정리한 중세 유럽 정치사상사에 관한 그간의 주요 연구성과 및 그 이후의 뚜렷한 연구성과들을 교양계층 독자들의 참고를 위해 간략하게나마 덧붙였다. 그리고 W. 울만의 저술목록 역시 관심을 가진 연구자들의 편의를 위해서 라인한(P. Linehan)이 정리한 리스트를 첨부하였다. 이 책의 구성이 중세 유럽의 사회와 정치의 고유한 특징과 체제에 대한 우리들의 이해와 인식의 지평을 넓히고, 연구자들은 물론 일반 독자들에게도 중세인들과 중세 정치가 지향했던 보편적 이념과 제도 그리고 규범과 가치 등이, 오늘날 우리들에게도 소중한 지적 정치적 제도적 유산임을 새롭게 느끼는 계기가 된다면 엮은 이들로서는 더 이상의 보람이 없을 것이다.

　끝으로, 이 책에 여전히 포함되어 있을 많은 오류와 잘못들조차 독자들의 지적과 가르침에 따라 보완되는 기회도 가질 수 있기를 기대한다. 탐구하는 이

들의 잠재적인 학문적 성과와 성찰적 기여를 상업적 고려에 우선하여 출판을 허락해준 혜안출판사의 오일주 사장님께 심심한 사의를 표하며, 난삽하고 보잘 것없는 원고를 이처럼 좋은 책으로 편집해준 김현숙 편집장께도 깊이 감사 드린다. 이분들의 도움이 없었더라면 중세 정치사상을 탐구해 온 사학도로서 최소한의 지적 의무나마 감당해보고자 했던 소박한 뜻이 결코 햇빛을 볼 수 없었을 것이다. 또한 원고의 정리와 교열을 맡아 수고를 아끼지 않은 숭실대학교 대학원의 옥상철 군에게도 마음으로부터 격려를 전하고 싶다.

2015년 6월 상도동 연구실에서

박 은 구

차 례

제 1 부

중세 정치의식의 형성과 성장

Political Thought in Medieval Times   J. Morall

'중세' 유럽의 정치사상이란? / 교회, 제국 그리고 게르만족 /
그리스도교 공화국 / 12세기의 발견 / 국가의 출현 / 보편제국의 모색 /
국가의 성장 / 불확실성의 시대

J. 모랄의 머리글

    필자는 이 책이 다루고 있는 주제의 여러 측면에서 근년의 연구들이 이룩한 성과에 크게 의존하였다. 이 점은 참고문헌을 일별해 보더라도 금방 분명해질 것이다. 이 책의 본문이 크게 의존하고 있는 여러 연구자들의 지혜와 사상을 적절히 명시하고 사의를 표하는 것은 필자에게 불가능한 과제다. 그래서 필자는 중세 정치사상에 관하여 지금까지의 저술가들이 이룩한 업적들이 이 책 전체를 통해 본인에게 얼마나 많은 도움을 주었는지 지금 여기서 충분히 밝혀 두었으면 한다. 실상 이 책을 집필한 근본 의도의 하나 역시 관심을 가진 독자들에게 이 연구들의 업적을 일부나마 소개하고, 그것으로부터 야기된 문제들의 일부 또한 조명해 보려는 데 있었다.

    특히 저자가 집필 과정에서 모리스 포우익 경(Sir Maurice Powicke)으로부터 받은 개인적인 도움은 단순한 편집상의 도움을 훨씬 넘어서는 각별한 것이었다. 필자는 모리스 경의 기탄없고 건설적이며 비판적인 조언을 작업과정의 모든 단계에서 받을 수 있었다. 그의 이와 같은 도움 없이 집필된 페이지가 거의 없을 정도다. 그러나 덧붙일 필요조차 없겠지만, 이 책이 여전히 내포하고 있는 결함(많은 결함이 있을 것임이 분명하다)들이 모리스 경이 아닌 필자 자신의 책임임은 더 말할 나위도 없다.

또한 필자의 아내는 이 책의 주제인 중세 사회의 정치적 역사와 정치사상에 폭넓은 관심을 가진 교양계층 독자의 입장에서 난삽한 초고들을 읽어줌으로써 충실한 실험대상이 되어주었다. 지나치게 과도하게 개입되곤 했던 전문적 개념들의 모호성과 암시성 그리고 불요불급한 전공 용어들을 지적하며, 이들을 가능한 배제할 수 있도록 도와준 데 대하여 필자는 아내에게 깊은 고마움을 느낀다.

끝으로 필자는 역사 공부를 시작할 수 있도록 기회를 주고 격려를 아끼지 않았던 부모님께 감사하지 않을 수 없으며, 소년 시절에 중세에 대한 관심을 함께 나누었던 필자의 형에게도 진심으로 사의를 표하고 싶다.

J. B. 모랄

제1장 '중세' 유럽의 정치사상이란?

중세 서유럽 세계는 고전 고대기의 구로마 제국의 와해로부터 시작되었다. 로마 제국이라는 강력한 조직은 오랫동안 지중해 연안과 내륙 지역에 실질적으로 작동되던 사회적 정치적 단위를 제공하였다. 그러나 4·5세기에 들어와서 이 지역의 서부에서는 로마 문명의 모든 기존 구조가 와해되고 있었다. 이것을 18세기의 역사학자 기본(E. Gibbon)은 '야만주의와 그리스도교'의 승리라고 묘사하였고, 20세기의 토인비(A. Toynbee)는 외적 프롤레타리아와 내적 프롤레타리아의 압력이라고 표현하였다. 이들 두 역사가는 각자가 사용했던 용어의 차이에도 불구하고, 하나의 사건을 가리키고 있으며, 또한 이들의 평가는 모두가 정당한 것처럼 보인다.

현세적 힘의 영역에서는 야만족들에 의해서, 그리고 동적 정신적 활동력의 영역에서는 그리스도교에 의해서 제기되었던 이교적 로마에 대한 성공적인 도전은, 물리적 힘의 적절한 지원을 토대로 순전히 합리적인 토대 위에서, 지속적인 정치사회적 건설을 자신의 임무로 생각하였던 모든 그리스–로마적 문화 전통의 실패를 의미하였다. 로마와 황제숭배에 집중되어 있던 통합적인 종교적 정서를 토대로, 이 휘청거리던 리바이어던을 유지하려던 모든 시도는 결과적으로 쓸모없는 일이 되고 말았다.

동부 콘스탄티노플에 자리잡았던 콘스탄티누스의 계승자들은 새로운 정신적 힘이었던 그리스도교를 광범위하게 통제하는 대가로, 그것과의 공공연한 협조라는 이들의 창시자가 제시했던 선례를 충실히 추종하였다. 그리하여 공통적으로 인정되는 법률과 정부에 입각한 매우 중앙집권적인 정치단위라는 유서 깊은 고전적 이상이 보존되는 비잔틴 제국이 출현하게 되었다. 비잔틴 제국은 일종의 정치종교적 조직으로서 완강하게 유지되었다. 비잔틴 교회는 서유럽의 로마 제국을 압도하였던 해체의 과정을 피하기 위해서, 불가결하게 요구되던 통합적 이념의 힘을 제공하였다. 그러나 그리스도교가 비잔틴 문명에 미쳤던 현저한 역할에도 불구하고, 그리스도교적 비잔틴 세계의 발전 방향은 이교적이었던 고대의 군주국가 및 도시국가들의 발전방향과 크게 다르지 않았다는 평가를 피하기는 어려울 것 같다. 비잔틴 제국에서도 종교적 전통은 정치적 공동체 내에서 권력과 권위에 대한 규범을 신격화 내지 신성화하는 기능을 담당하였던 것이다.

이에 비해 운이 덜 좋았던 로마 제국의 서부지역이 결과적으로 완전히 다른 발전을 경험하였다는 사실은 명백하다. 이 지역에서는 게르만 침입자들이 전혀 새로운 인적 요소와 부족적 관습을 도입함으로써 전반적인 정치적 융합의 양상을 결정적으로 변형시켜 놓았다. 새로운 요소는 중앙집권적 정치에 관하여 남아 있던 모든 인식을 해체하는 힘으로 작용하였다. 오늘날 우리들이 이해하고 있는 바와 같은 국가는 야만족의 암흑적 시기에는 존재하지 않았다. 단지 그리스도교만이 새로이 설정된 야만족들의 변경을 넘어 유럽에 사회적 동질감을 제공하는 역할을 담당하였다. 그리스도교는 기본적으로 정치적 의무감에 호소함으로써가 아니라, 성스럽게 고취된 그리고 공통으로 가지고 있던 정신적 동료애라는 토대에 호소함으로써 이 같은 역할을 담당하였다. 중세 유럽은 역사상 최초로 정치생활에 단지 상대적인 가치만을 부여하는 정신적 틀을 토대로, 스스로를 정치적으로 조직하고자 했던 다소 역설적인 사회의 모습을 보여

주고 있다. 여기에 서유럽 정치사상이 그 밖의 다른 사회를 그것과는 판이한 방향으로 나아가게 될 근본적 계기가 있었다.

이제 우리는 만족스럽지는 않지마는, 그러나 대치할 다른 마땅한 용어가 없는 '중세'라는 용어의 의미도 한정해 두어야 할 것 같다. 이 책에서는 '중세'라는 용어를 정치생활의 문제에 대한 고전 세계의 접근이 전도되었던, 마르크스의 표현을 빌리면 '물구나무를 섰던', 상당히 오랜 기간을 가리키는 표현으로 사용하였다. 지금까지 공동체적 정치 전통의 버팀목을 이루고 있었던 종교는 이제 본질에서 초정치적 영역으로 격상되었으며, 그리하여 종교는 자신의 초월적 위치에서 정치적 권위에 대해 제한적 의미의 정당성만을 보증해 주었다. 모든 진정한 시민은 특정 종교적 신념을 반드시 가져야 한다고 상정되었으며, 이 종교적 신념에 대한 사회의 근본적 의존이 중세 사회를 그리스도교 공화국으로 묘사되는 것을 정당화해 주고 있다. 역설적으로 말한다면, 종교에 대한 사회의 이 같은 종속이 실제로 그리고 마침내는 이론상으로도 소멸되는 시점을, 우리는 유럽 역사에서 중세의 종식으로 파악할 수 있다. 종교개혁은 그것이 신학적으로 어떠한 입장에서 이해되든, 가시적인 그리고 항구적인 종교적 갈등이 보편적으로 수용되었던 그리스도교적 해석에 입각하여, 서유럽 그리스도교 세계를 전체적으로 조직하고자 했던 중세적 노력이 표면적인 동시에 구조적이었던 종교적 갈등들로 인해 마침내 종식된 사건이었다.

따라서 이 책의 연대기상의 범주는 유럽에서 그리스–로마 문명이 와해된 때로부터 종교개혁에 이르는 기간에 해당된다. 또한 필자가 희망하는 바로는 그리스도교 공화국 이념의 대두, 발달, 와해 그리고 국가에 대한 보다 순수한 정치적 개념의 회복에 의해서 초래된 그리스도교 공화국 이념의 대치 과정이 이 책의 핵심 주제다. 근본적으로 그리스도교 공화국에 의하여 고취된 이념들이 근대적 국가 개념 속에 어느 정도까지 변형된 형태로 남아 있는가 하는 문제는 여기서 우리들이 검토할 사안이 아니다. 오히려 우리들의 과제는 정치사상이란 중

세인들에게 무엇을 의미하고 있었던가를 규명하는 데 있다. 이 질문의 제기를 통해서만 비로소 우리들은 살아 움직이는 역사적 배경 하에서, 앞서 지적한 문제에 대해서도 약간의 통찰 또한 기대할 수 있을 것이다.

제2장 교회, 제국 그리고 게르만족

　중세 유럽의 인종적 구성이 게르만적 요소와 라틴적 요소의 혼합의 산물이었던 것과 마찬가지로, 정치적 이념 역시 이들 두 세력의 결합 그리고 이에 대한 유럽 가톨릭 교회의 신성화의 산물이었다. 이와 같은 세 가지 요소, 즉 교회, 제국 그리고 야만족들이 혼합시킨 것은 과연 무엇이었을까?

　게르만 침입자의 사회구조에 대한 우리들의 모든 지식은 이들이 로마 제국 영토에 침입하고 정착한 시기보다 훨씬 후기에 기록된 증거들에 입각하고 있다. 따라서 제국의 영토 내로 침입하기 전의 게르만족들의 생활에 대한 독단적인 추론은 무분별한 일에 속한다. 우리들이 몇몇 라틴인 저술가들, 이를테면 카이사르, 타키투스 등에 의해 기록된 기원 전후 1세기경의 게르만족의 생활상에 대해 알고 있는 것은 사실이다. 그러나 이 기록들은 액면 그대로 받아들이기 전에 보다 많은 확증을 필요로 한다. 게르만 역사의 초기 단계에 관한 한 우리들의 지식이 극히 적다는 점을 솔직히 시인하는 일이 필요한 것이다. 그리고 새로운 도래자들이 로마 제국의 국경을 이미 넘었던 후기의 보다 확실한 증거에 우리들의 관심을 집중시키는 것이 더욱 안전할 것이다.

　서유럽의 새로운 튜튼족 왕국들은 로마화된 지방 주민들을 소수의 군사 정복자들이 지배하면서부터 형성되었다. 이들 왕국에서는 군대 귀족계급의 우

두머리 전사지도자 개인에게 모든 권위가 집중되는 경향이 있었다. 이 같은 우두머리 내지 군주(앵글로-색슨족은 자신들의 우두머리를 이렇게 불렀다)는 부족에 대하여 태생적 지배권을 가졌다고 간주되었던 특정 가계에서 선출되었다. 오늘날 우리들이 사용하는 '군주'(king)의 어원인 고대 영어의 '사이닝'(cyning)이란 어휘는 원래 우두머리가 나오는 가계의 '혈족의 일원'이라는 의미를 가진 용어였다. 새로운 군주의 군 통수권의 장악을 나타내기 위해서는 선출과 동의의 초보적인 형식이 채택되었다. 전사들의 모임에서 그를 방패 위에 올려놓는 등의 몇몇 상징적인 행동을 통해 이는 관습적으로 표현되고 있었다.

왕실의 통치권 독점은 일반적으로 왕실의 기원을 신성시하는 전승에 의해 더욱 강조되었다. 프랑크족 메로빙 왕조는 바다의 신 메로베우스(Meroveus)를 자신들의 선조로 추정하였다. 그리스도교의 수용조차 원시적 이교적 미신이 왕실의 혈통에 부여하였던 신성성을 근절하지 못하였던 것이다. 특정 부족이 자신의 군주를 왕실 밖에서 구하는 일은 극히 불가피한 경우로만 한정되었다. 메로빙 왕조가 프랑크족을 통치한 기간의 무려 절반 가까이 왕조란 단지 명목상의 권한만을 가지는 정도에 불과하였다. 이른바 궁재(mayor of the palace)들이 사실상 통치 기능을 장악하였으며, 이들 역시 혈통과 가계를 기반으로 하고 있었다. 하지만 카로링 왕조의 궁재들은 군주라는 칭호를 스스로 취하려 하지 않았다. 이들은 752년 이교도가 제공할 수 있는 것보다 더욱 유력한 종교적 버팀목인 교황청의 재가를 확보한 다음에야 비로소 군주라 불리게 되었다.

왕실의 왕위에 대한 주장은 집단적이었다. 장자상속에 의한 승계는 전혀 규칙이 아니었다. 상황이 보다 안정되었던 중세 후기에 이르러서야, 마침내 군주권의 상속은 기본적으로 군주의 장자로 제한되었다. 암흑적 시기에는 군주 개개인이 연령, 경험 또는 군사적 용맹에 의해 선출될 필요가 있었다. 서로마 제국의 게르만족 계승 왕국들에게 있어서 군주란 영토국가의 수장이 아닌 개인적 부족적 지도자였다. 우리가 이들을 스스로 정복한 지역에서 추종자들을 거느

리고 약탈을 일삼는 비적단의 우두머리 정도로 생각한다 하더라도 사실과 크게 다르지 않을 것이다. 정복된 지역의 로마화된 신민들은 화폐와 현물을 그에게 지불하는 대가로 다른 비적 우두머리의 공격으로부터 보호를 받고 생존을 유지할 수 있었다.

'봉사의 대가로서 보호를 받는다'는 원칙은 중세 사회의 매우 특징적인 복잡한 인적 법률적 관계를 이해하는 열쇠의 하나다. 물질적 힘이 가장 강력한 정치적 근거이던 시대였던 만큼, 강자가 약자를 보호하는 관행은 서유럽 전체에 널리 퍼지게 되었다. 군주뿐 아니라 격이 낮은 전사와 귀족들도 자신들에게 유리한 조건으로 보호를 제공할 채비가 되어 있었다. 상위자의 보호에 대한 자유민의 탁신 관습이 생겨났으며, 이 같은 탁신은 보호자에 대한 특정 봉사의 이행 약속을 수반하였다. 이 같은 계약은 암흑적 시대가 경과되면서 중무장 기병이 전쟁에서 가장 효과적인 무기로 성장함에 따라, 주요 전투원들의 무장은 점점 더 값이 비싸지게 되었고 군주 역시 주요 전투원들을 보장받기 위하여 이를 활용하였다.

군주든 귀족이든, 상위자에 의해 피보호 예속민 또는 가신에게 강요되었던 봉사의 성격은 대체로 군사적인 것이었으며, 토지 보유를 그 기반으로 하였다. 로마 제국 말기의 로마적 법률 개념은 정액의 부과금과 준영구적 봉사의 대가로서, 소유자에 의해 수여되는 일종의 토지보유 형태인 은대지(benefice) 제도를 발전시켰다. 가신제(vassalage)와 은대지 제도의 점진적인 동화가 암흑적 세기 동안 일어났으며, 그리하여 인적 관계가 토지 보유와 결부되기에 이르렀던 것이다.

이 같은 동화는 군사적 토지소유 계층에 의한 공적 정치 권위의 주고받기식 장악을 초래하였다. 이제 이들은 로마 시대 중앙정부의 유일한 대권으로 간주되었던 행정적 사법적 기능을 각자의 지역에서 분점적으로 담당하게 되었다. 서유럽에서 일어난 이러한 정치 권위의 분화는, 설령 경제적 분열은 다소 과장되

었다 하더라도, 같은 기간 동안 진행된 지중해 연안 경제단위의 쇠퇴와 병행하여 일어났다. 교역과 상업의 상대적 감소와 최저 수준의 생필품을 각각 자급자족하는 지역을 단위로 하는 압도적인 농업중심적 경제체제의 대두는, 정신적 지평을 촌락 내지 교구 혹은 기껏해야 주(지방) 정도로 축소시켰다. 이 같은 상황하에서 정치적 분권화는 자연스러웠고 또한 불가피하였다.

게르만족의 재산 보유 관습도 이 원심화 과정에 상당한 역할을 하였다. 후기에 봉건법으로 제정된 튜튼적 관습은 동일한 지편의 토지가 두 사람 또는 그 이상에 의해 소유될 수 있으며, 또한 각 사람의 소유권 역시 다른 사람들의 그것과는 구분되는 의미를 가진다는 관념과 전혀 모순되지 않았다. 한 사람이 상위 영주로서 토지를 소유할 수 있으며, 다른 사람들은 그 토지를 사용하고 또 보유할 수 있었다. 그리하여 각 사람은 동일한 토지에 대하여 각자 나름의 완전하고 정당한 법률적 권리를 가지게 되었다. 이와 같이 분리된 소유권은 보다 논리적으로 엄격했던 로마법적 소유 개념과는 매우 다른 것이었다. 로마법에 따르면, 오직 단 한 명의 진정한 소유자만이 하나의 재산을 보유할 수 있었다. 이 문제에 관해서는 영국법이 독특하게도 게르만적 기원을 충실하게 유지하고 있는 것처럼 보인다. 오늘날 영국의 한 가구주가 지대를 납부하여야 한다는 데 대해 불만을 가진다면, 그는 극히 외경할 만한 전통의 유지에 일조한다고도 자위할 수 있을 것이다.

게르만적 관념은 보다 깊은 의미도 함축하고 있었다. 재산의 공유와 마찬가지로 법률 그 자체도 공유되었던바, 이는 부족적 공동체 생활의 가장 의미깊은 표식이었다. 게르만족들에게 법률이란 그것을 공유하는 종족의 모든 개별 구성원의 권리에 대한 보장으로, 이는 태고 이래로 유지되어 온 무엇이었다. 그것이 성문화된 법률로 반드시 제정되어야 할 필요는 없었다. 관습은 기록이라는 인간의 조작에 종속되지 않기 때문에, 사실상 문자화되지 않은 관습이야말로 보다 강력한 권한을 가진다고 그들은 빈번히 생각하였다.

이와 비슷한 정서가 사법 문제에서도, 우리들에게는 환상적으로 보이는, 신명재판(ordeal) 또는 사투(private war)에 의한 심문 방법에 의존하도록 하였다. 중대한 사건이나 논쟁이 분분한 사건에 관해서는, 군주가 자신의 주요 조언자들과 함께 법률을 선포하거나 그것을 해석할 수 있었다. 실상 이것이 전쟁의 수행과 더불어 군주 기능의 핵심이었다. 이와 같은 법률 선포에서는 군주와 유력 정책을 제휴한 귀족집단의 참석이 마찬가지로 핵심적인 요소였다. 수많은 앵글로-색슨족과 프랑크족의 특허장을 장식하고 있는 이름들, 그리고 구체적이지는 않지만 군주의 판결에 동의한 이들로 언급되고 있는 확인하기 힘든 인물들 등은, 의심할 여지없이 어떤 확정되지 않은 방법으로나마 공동체 전체의 대표자로 간주되었다. 초기의 이들 국왕 자문위원회(royal council)는 군주가 법률의 보호자라는 고유한 자신의 의무를 수행하도록 보좌하였다. 군주와 이 위원회는 아직 새로운 법률을 제정할 의도를 가지고 있지는 않았다. 초기 중세의 관점에서 볼 때 이 같은 의도란, '만약 좋은 법률이라면 왜 그것을 변경시켜야 하는가'라는 이유에서 불필요한 것이었을 뿐만 아니라, 이는 거의 신성모독적이기조차 하였다. 왜냐하면 법률도 군주와 마찬가지로 고유한 신성성을 가지고 있기 때문이었다. 오히려 군주와 자문위원들은 스스로를 이미 존재하는 완전한 법률의 진정한 의미를 단순히 설명하거나, 명백히 하는 자들 정도로 간주하였다.

그것이 실제에서는 설령 기능을 달리하였다 하더라도, 게르만적 관습은 중세 정신에 결코 망각될 수 없는 한 관념을 물려주었다. 좋은 법률은 재발견되거나 재설명될 수는 있어도 결코 재창조될 수는 없다는 인식이 그것이다. 법률을 훼손 내지 부패로부터 보존하여야 할 공동의 의무가 군주와 인민 모두에게 있었다. 간혹 명백히 군주가 그 의무를 다하지 못한 경우, 신민들이 문제를 스스로 처리하고 군주를 폐위한 예도 없지는 않았다. 하지만 이런 과격한 조치는 비교적 드물었다. 군주에 대한 게르만족의 뿌리깊은 외경심은 대단해서, 이들은 군주에 대해 퍽 많은 부분을 관용하도록 길들여져 있었다. 일부 근대 학자들이

군주의 실정에 대한 원시 게르만 공동체의 저항권 이론을 논의한 바 있는 것은 사실이다. 그러나 초기 단계에서는 이에 해당하는 여하한 일관성 있는 이론도 정립되지는 못했다.

이러한 저항권 논의의 움직임은 봉건적 이념의 체계화 및 교회와 세속 군주 간의 투쟁이라는 두 측면의 영향을 받아 후기에 와서야 나타날 것이었다. 샤를 마뉴 대제의 승계자였던 루이 경건왕(the Pious Louis, 814~840)에 대한 널리 알려 진 833년의 폐위 사건도 모든 과정의 주동자는, 루이의 별칭에도 불구하고, 왕 국의 주교들이었다는 사실이 결코 간과되어서는 안 될 것이다.[1]

게르만족의 배타적 재산이었던 종족법은 보편성을 주장하지 않았다. 일반 적으로 야만족 정복자들은 자신의 새로운 영토에 획일적인 법률을 부과하려 하지 않았다. 모든 사람은 각자 자신의 고유한 종족법에 따라 재판받아야 한 다는 황금률이 엄격히 준수되었고, 더욱이 이들은 어느 곳에 가든 자신의 고유 한 법률에 따라 생활할 권리도 가지고 있었다. 영토가 아니라 인간이 법적 조회 의 단위였던 것이다. 동일한 왕국, 도시, 촌락, 심지어 가정에서조차 다양한 관습 법 조항들이 효력을 유지하는 것은 흔히 있는 일이었다. 다섯 사람이 모이거나 함께 앉았을 때, 다른 사람과 동일한 법률을 가진 사람이 한 명도 없는 경우가 빈번하였다는 9세기 리용의 주교 아고바르(Agobard)의 경구는 사실이었다고 생각된다.

이 같은 상황의 중요한 한 결과는, 비록 격하된 형태이기는 하지만, 로마법 이 계속해서 존속될 수 있었다는 사실이다. 새로운 왕국에 예속된 주민의 과반 수는 여전히 라틴어를 사용하는 구로마 제국의 주민들이었다. 야만족 지배자 의 시각에서 볼 때, 이들은 여전히 로마인이었고, 따라서 로마법에 따라 생활할 권리를 가지고 있었다. 스페인 서고트족의 알라릭 2세(485~507) 같은 몇몇 야만

---

1) 루이의 폐위는 교황 그레고리우스 4세(821~844)의 재임 시절에 일어났다.

족 군주들은 자신의 왕국에서 법률로 활용되고 있던 로마법의 금언 개요집을 편찬할 정도였다. 2~3세기의 로마법 학자들에게는 제국의 법률이 튜튼족 만족들에 의해서 그처럼 격하되어 다루어진다는 상황이 충격적이었을 것이다. 하지만 이 같은 로마법의 격하가 바로 서유럽에서 그것이 존속될 수 있는 조건이었던 셈이다.

로마법에 대한 게르만족의 외경은 로마라는 이름과 그것의 장엄한 과거가 여전히 이들에게 신비스러운 요소였다는 점을 드러내는 한 예다. 정복지역에서 로마 문명의 흔적을 매우 많이 인멸하였던 앵글로-색슨인들조차, 폐허가 된 로마 제국의 도시들을 거인들의 위업으로 경외심을 가지고 바라보았다. 로마 문명과의 접촉이 보다 직접적이었던 유럽 대륙의 야만족들에게는 자신이 구 제국의 계승자로서 그것의 영토를 보유한다는 생각이 자연스러웠을 것이다. 이들의 화폐, 기록문서, 건축물 그리고 예술품 등은 모두가 로마식 모델의 변변치 못한 복제물이었다. 더욱이 비잔틴이라는 동로마가 여전히 생존하고 있고, 그 비잔틴 제국이 절대 황제와 호사스러운 문명을 지니고 있다는 사실 또한 무시될 수 없었다. 콘스탄티노플 체제와 비교해 볼 때 서유럽 국가들이 낙후되어 있었기 때문이다. 여기에 덧붙여 로마에 대한 기억을 살아 있도록 만들었던 또 다른 요인도 있었다.

게르만 지배자들이 스스로 과거 또는 현재의 로마 정부의 대리인이라는 이야기를 꾸며냈으며, 이것이 바로 그들의 정치적 권위를 변론하는 최고의 주장이었다는 사실은 조금도 놀랄 일이 아니다. 심지어 7세기 서고트 왕국의 주교였던 성 이시도르 세빌(St. Isidore of Seville, 636년 사망)은 야만족 국가들이 제국(Imperium)에 속해 있던 왕국들(Regna)이었다고 주장함으로써 게르만족 국가의 지위를 정당화하려는 학문적 시도를 한 적도 있었다. 더욱이 이 편리한 해결책은 광범위하게 받아들여졌다. 하지만 실제로 서유럽이 당시 보편적 제국이 아니라 영토왕국을 토대로 재편되고 있었다는 사실은 부인될 수 없다. 샤를마뉴의

삐걱거리던 프랑크 제국도 항구적 의미에서는 이 과정을 전혀 바꾸지 못하였다.

게르만족이 직면하였던 직접적 유산은 사멸해 가고 있던 서유럽 제국만은 아니었다. 그것은 오히려 전혀 인멸되지 않고 있던 서유럽의 가톨릭 교회였다. 교회는 당시 로마 교황청이 수장권과 교리적 주도권을 주장함으로써, 지역교구 주교제를 토대로 새로운 체제로 편성되어 가고 있었다. 여전히 초보적이었던 중세 정치질서에 교회가 기여한 바를 평가하기에 앞서 우리는, 교회가 이교적 제국과 그리스도교적 제국이라는 두 형태의 로마 제국과의 관계에서 얻은 경험의 소산으로, 그리스도교 사상가들이 가지게 되었던 정치질서에 대한 몇몇 견해들을 고찰해 보아야 한다. 초기 교회는 지중해 세계에 대한 제국의 지배권 강화에 필요한 요소로 간주되었던 황제숭배 제식에 참여하기를 거부함으로써 빈번히 이교도 황제들로부터 박해를 받았다. 제국의 적대감에도 불구하고 아마도 오히려 그것 때문에, 가톨릭 교회는 정치 권위의 한계를 지적하는 동시에, 언제나 정당하게 제정된 정치 권위에 대하여 자신의 충성심을 입증하고자 주의를 기울였던 것이 사실이다. 이 같은 충성과 저항 간의 긴장은 콘스탄티누스 이후 그리스도교 제국이라는 변화된 여건 하에서, 위험이 직접적인 박해가 아니라 황제의 권위가 교리분쟁의 중재자로 위장한 시기에도 여전히 지속되었다. 그리하여 황제는 효율적이고 실제적인 교회의 수장 지위를 장악하기 시작하였으며, 비잔틴 제국에서는 황제의 이 지위가 결코 소멸되지 않았다.

오늘날 역사가들은 현세적인 기능과 정신적인 기능의 이 같은 의도적 결합을 흔히 황제교권주의(caesaro-papism)라고 묘사하고 있다. 이는 황제 스스로가 교황청의 기능을 담당하고 교회의 정신적 수장직을 주장하는 것을 의미한다.

교회는 교회의 독립성을 보존하기 위하여 현세적 권위의 상대적 성격을 보다 강력히 지적하였다. 원죄설의 영향으로 다수의 교부들은 정치 권위란 타락한 인간 본성의 귀결이자 죄악인 동시에, 인간의 죄악에 대한 구제책이라는 결론도 내리게 되었다. 이 이론은 플라톤과 아리스토텔레스가 제시하였던 정치적

결사와 정부의 본성적 성격에 대한 고전 그리스적 이념에는 반하는 것이었다. '인간은 정치적 동물이다'라는 아리스토텔레스의 경구는 망각되고, 정치 생활은 인습적인 것으로서 좋지 못한 현실에서 차선을 거두기 위한 불완전한 인간 상호간의 합의의 결과에 그 뿌리가 있다고 간주되었다. 초기 교부들은 재산제 및 노예제와 같은 일상적인 당대의 제도들을 인간이 타락한 결과로 가지게 된 인정적 제도라고 이해하였던 것이다.

정치 권위의 인정적 성격에 대한 이 같은 인식은 이교도 문헌에서도 찾아볼 수 있다. 기원후 1세기 초엽 로마에 널리 퍼져 있던 스토아 철학도 이와 유사한 요소들을 일부 가지고 있었다. 이를테면 세네카(65년 사망)는 역사를 두 시기, 즉 모든 사람이 행복한 평등 가운데 통치하거나 통치할 필요조차 없이 살았던 인간성의 황금기와, 인간성의 부패가 초래한 당시의 불완전한 시대로 구별하였다. 유일한 차이점이 있다면 그리스도교가 악마의 탓으로 돌린 것을 세네카는 운명 탓으로 돌렸다는 점 정도다.

중세 그리스도교 사상이 크게 활용하였던 또 다른 스토아 사상의 유산은 보편적 자연법, 즉 모든 살아 있는 존재를 상호 연결하고, 각각의 내재적 본성을 적절히 성취하기 위해 이들을 계도하는, 우주적 원리에 대한 인식이었다. 물론 이 같은 인식을 제시한 스토아 사상가들이나 이를 법률체제에 활용한 로마의 법률가들에게도, 이 자연법을 인간이 동물계 여타의 것들과 공유하고 있는 본능인지, 아니면 인간만이 소유하고 있는 합리적 힘에 의해서만 성취 가능한 고유한 가치규범으로 볼 것인지 하는 점이 항상 분명하지는 않았다. 암흑 시기의 그리스도교 저술가들은 후자의 견해를 택하는 경향이 있었다. 이는 신약성서의 인간 개개인에 현존하는 개별적 양상의 원리와 그것이 약간의 유사성을 가지기 때문이었다.

법률을 만민법(*ius gentium*)과 시민법(*ius civile*)으로 구분했던 로마법 학자들의 보다 세밀한 분류 역시 수용되고 또 재해석되었다. 로마법 학자들은 만민

법을 자연법에서 유래된 보편적인 인간성의 연역 내지 이에 대한 추론으로, 그리고 시민법을 분립된 정치적 실체들에 의해 각각 제정된 법률 조항들로 파악하였다. 노예제 및 재산제와 같은 만민법은 법률 이론상 자연법 체제 하에서 모든 인간에 의해 향유되었던 본원적 평등의 상실에 뿌리를 둔 구체적 제도이기는 하였지만, 이는 그리스도교 교부들에 의해 상정되었던 원죄 이후 인간에게 부과된 삶의 조건과도 많은 유사성을 가지고 있었다. 양자가 결부될 수 있었던 근거가 또한 여기에 있었던 것이다.

초기 그리스도교가 물려준 정치이념에 대한 변화된 태도는 히포의 주교 성 아우구스틴(St. Augustine of Hippo, 353~430)[2]의 저작들에 매우 현저하게 드러난다. 아우구스틴의 저술 전체는 구원이 예정된 구속받은 그리스도 교도의 영혼과 구속받지 못한 부패하고 타락한 인류 사회라는 대립 명제에 관한 광범위한 주석이다. 그는 후자를 거듭 현저히 타락한 인간들이라고 불렀다. 아우구스틴이 행했던 선명한 대비는 정치학에 대한 그의 주저 《신의 도시》(Civitates Dei, 413~427)에 심대한 영향을 미쳤다. 기본적으로 《신의 도시》는 정치철학에 관한 저작으로 집필된 것이 아니었다. 그것은 오히려 그리스도교가 로마 제국의 와해에 책임이 있다고 본 당대의 이교도 비평가들에 반하여, 그리스도교에 대한 일반적 호교론으로 의도된 것이었다. 이교도들의 다양한 비난 덕분에 성 아우구스틴은 사실상 최초의 체계적인 그리스도교 역사철학이 된 저술 작업을 수행하였다. 그의 저작은 인류의 과거, 현재 및 미래에 대한 모든 이야기를 두 개의 도시 즉 신의 도시와 악마의 도시 간의 대립이라는 관점에서 고찰하였다. 물론 아우구스틴은 어느 곳에서도 교회와 신의 도시, 그리고 국가와 악마의 도시를 실질적으로 동일시하지는 않았다. 그의 신학은 마지막 심판 때까지 선택받은 자와 버림받은 자가 두 제도 모두에서 분리될 수 없을 정도로 뒤섞이게 될 것이라

---

2) 성 아우구스틴의 생애와 저술들에 관해서는 박은구 외, 《중세 유럽의 사상가들》 (숭실대출판부, 2014), 65~82쪽 등을 참조하기 바람.

는 시각을 토대로 하고 있었다.

성 아우구스틴은 자신의 논집 19권에서 그리스도교와 현존하는 지상의 정치 권위와의 관계를 주제로 다루었다. 그는 신에 대한 숭배와 순복의 의무를 부인하는 이교도 국가에서는 진정한 정의가 있을 수 없다고 주장하였다. 오직 그리스도교 정치공동체만이 진정한 공동체, 즉 정의의 불가결한 요소들을 충분히 충족시키는 공동체일 수 있었다. 따라서 아우구스틴은 비그리스도교 정치공동체에 대해서는 공화국이라는 명칭의 사용을 거부하였다. 단지 아우구스틴은 이러한 공동체의 시민들이 공동 목표를 가지고 있을 때, 그 목표가 설령 정의 자체는 아니라 하더라도, 이와 같은 공동체의 경우 일종의 국가일 수는 있다는 정도로 양보하였다. 이러한 국가는 그 내부에 있는 그리스도 교도들이 이 땅에서의 순례기간 동안 활용할 수 있는 최저 수준의 물리적 질서와 안정을 제공할 수 있을 것이었다.

성 아우구스틴에게 있어서 국가의 비중은 그것이 그리스도교 국가든 비그리스도교 국가든, 고전 고대기에 그것이 차지하였던 바에 비하면, 보잘것없는 비중이었다는 점이 명백하다. 로마 제국이 그러하였던 것처럼 국가란 타락한 인간들이 자신들의 동료를 지배하려는 공격적인 욕망에서 비롯되었으며, 신의 섭리적 계획에서 차지하는 그것의 존재 이유도 범죄를 저지르기 쉬운 인간성의 무절제를 억제하는 기능, 및 기껏해야 교회와의 마음을 다하는 협력을 통해서 그리스도교를 위해 세상을 안전하게 하는 기능 등이었다. 물론 이 같은 국가 기능도 정통 그리스도교에 스스로를 순복시킴으로써만 가능한 역할이었다. 이에 아우구스틴은《신의 도시》여러 곳에서 콘스탄티누스, 테오도시우스 등의 그리스도교 황제들의 미덕에 대해 장밋빛 그림을 제시하기도 하였다.

주교로서 북아프리카의 여러 이단들과 대치해야 하는 어려움을 겪으며, 아우구스틴은 이단주의자들과 종파적 분리론자들에 반하여, 교회의 명령에 따라 합법적인 국가가 수행하는 강제적 규제의 정당성을 믿고 있었다. 정신적

오류에 대한 물리적 응징이라는 이론은 중세 유럽에서 공통적으로 수용되었던 사회적 원칙이었던 것이다.

성 아우구스틴이 집필할 즈음 진전되고 있던 제국의 그리스도교화와 뒤이은 야만족들의 개종에 의해, 마침내 하나의 교회국가(Church-State) 또는 그리스도교 공화국(Christendom)으로서의 유럽이라는 개념이 형성되었다. 그리스도교 공화국이라는 말은 9세기부터 사용되기 시작하였다. 이 그리스도교적 사회라는 틀 내에서 성직적 계서조직(Sacerdotium)의 일부로서 교회, 제국(Imperium) 그리고 왕국(Regnum)의 세속 통치자들 사이에 기능의 분화가 일어났던 것이다.

그리스도교 사회의 정부들은 공통적으로 인간의 정신적 및 현세적 욕구에 각각 상응하는 교권과 속권이라는 두 포괄적 제도의 분화를 경험하였다. 양자 모두 그리스도교 사회 내에서 정당한 사법적 권한의 근거를 가지고 있었으며, 또한 이들은 이론상 아우구스틴이 제시한 정당하고 이상적인 정치·사회체제의 조화롭고 상호보완적인 조직이었다. 그러나 각각의 권한의 영역이 충분히 한정되어 있지 않았기 때문에 실제로 이들 두 정부는 빈번하게 충돌하였다.

교황 겔라시우스 1세

5세기 말엽 교황 겔라시우스 1세 (492~496)는 비잔틴 황제 아나스타시우스 1세(491~518)에게 보낸 널리 알려진 서한에서, "세상을 통치하는 두 권력은 교황의 신성한 권위(auctoritas)와 군주의 권한(potestas)이다"라고 지적함으로써 두 영역의 경계를 보다 분명하게 긋고자 하였다. 주된 관심이 교회의 교리상의 문제에 대한 황제의 규제를 반박하려는 데 있었던 겔라시우스는, 정신적 권력이 통치자들의 그것까지 포함한 모든 인간의 영혼을 책임지고 있기 때문에, 상대적으로 보다 우위에 있다고 덧붙였다. 겔라시우스가 종국적인 정부 주권의 원천과 정부를 움직여 나가는 위임된 행정력을 각각 가리키는 로마법 용어인 권위

와 권한을 사용한 것은, 십중팔구 양자를 상대적으로 평가할 때 정신적 권력이 우위에 있다는 점을 강조하려는 의도에서였을 것이다.

그러나 이 서한을 제국의 고유한 현세적 영역에까지 교황의 우위를 주장한 것으로 이해할 필요는 없을 것이다. 그러한 해석은 "공공 기율의 관리에 속하는 조항들에 관하여는 교회 주교들도 제국의 법률에 따라야 한다"라고 한 겔라시우스의 지적과도 일치하지 않으며, 암흑적 시기 이후 교황들의 언행과도 일치하지 않는다. 성 그레고리우스 1세(589~604)[3]를 포함하는 후기의 다수 교황들은 제국 정부에 대해 거의 굴종적인 존경을 표시하였다.

겔라시우스는 동고트 왕국의 테오도릭(493~526)이 지배하던 이탈리아에서 이 서한을 집필하였다. 그러나 여전히 그는 이 문제를 교회와 제국의 관계라는 관점에서 이해하였다. 유스티니아누스 1세(590~604)가 주도하였던 비잔틴의 표면상의 재정복 사업이 마침내 실패로 돌아간 다음, 서방 교회는 이제 여러 신생의 야만족 왕국들과 직접 마주치게 되었다.

새로운 군주 및 소군주들은 교회에 대한 자신들의 독자적인 권리가 강력한 법률적 전통을 가지고 있던 제국에 비해 덜 확실하다고 생각하였다. 한편 교황청은 새로이 개종한 야만족 왕국들과 각별한 관계를 맺었으며, 가톨리시즘의 명분으로 갈리아를 정복한 프랑크족이 발견하였듯이, 교황청의 정치적 후원도 과소평가될 수 없었다. 교회는 자신의 특권적인 지위를 서유럽의 새로운 지도자들에게, 이들이 앵글로-색슨인이든 프랑크인이든 서고트인이든 상관없이, 무력으로 획득한 정치적 권한은 도덕적 종교적 목적들을 위해 사용되어야 한다는 점을 설득하는 데 활용하였다. 7세기 이시도르 세빌[4]은 군주가 자신에게 속

---

3) 성 그레고리우스 1세의 생애와 저술에 관해서는 박은구의 《중세 유럽의 사상가들》, 129~134쪽을 참고할 것.

4) Isidore of Seville, 560~646. 주교 겸 신학자였을 뿐만 아니라 역사가, 문인 그리고 과학자이기도 하였다. 20권으로 된 그의 방대한 주저 《어원학》(Etymologiae)은 오랫동안 고전 고대의 지식을 중세 사회에 소개하는 표준적 지침서로 활용되었다. 플리니우스, 보에티우스 등과 함께 라틴 백과사전학파(Latin encyclopedist)로 불리기도 한다.

한 물리적 힘과 공포를 사용하여 그의 신민들이 그리스도교적 생활 방식을 따르도록 보장하여야 한다고 주장하였던 것이다.

이와 같은 충성 이념은 7, 8세기에 모든 서유럽 왕국들에 파급된 도유식, 즉위식, 대관식 등의 여러 의식에서 표현되었다. 교회 계서조직에 의해 통제되고 시행된 이 의식들은 세속적 게르만적 이념을 흡수하였다. 군주는 모든 의식을 통해서 의무의 성실한 수행을 서약하였다. 그러나 중요한 것은 군주의 서약이 신민인 세속 공동체에 대해서뿐만 아니라 교회에 대하여도 행해졌으며, 종교적 선서에 의해 확인되었다는 사실이다. 교회가 도유와 대관 행위를 담당함으로써, 특히 군주의 서약에 교회의 이익을 자신의 물리적 힘으로 보호하겠다는 보장이 포함됨으로써, 교회는 속권에 대한 궁극적 규제의 요구를 향한 최초의 거보를 내디뎠다.

군주권의 그리스도교화가 사제권에 대해 순수한 축복만은 아니었다. 종교적 의식은 군주들에게 준사제적 성격을, 때로는 신비한 질병 치유의 힘까지 부여한 것으로 빈번히 해석되었다. 군주는 이제 구약성서에 나오는 '신이 기름부은 자'로 간주되었으며, 이 군주-사제(*Rex-Sacerdos*) 개념은 초기 로마 및 비잔틴의 황제교권주의와 쉽게 결부되었다. 일부 군주들은 자신들의 주장을 교황도 포함되는 성직자 집단 그 자체에 대한 우위권으로 확대하는 일조차 주저하지 않을 정도였다.

프랑크족 군주들 가운데 가장 위대했으며 또한 독일, 이탈리아, 스페인에서의 광범위한 정복사업 이후 서유럽의 의심할 바 없는 통치자였던, 샤를마뉴는 796년 교황 레오 3세(795~816)에게 서한을 보냈다. 이 서한에서 샤를마뉴는 군주로서 자신의 임무를, 외부적으로는 이교도의 침략과 이단자의 약탈로부터 신성한 교회를 군사적인 힘으로 방어하며, 그리고 내부적으로는 가톨릭 신앙에 관한 지식을 강화하는 것이라고 밝혔다. 결과적으로 이 서한에서 그는 교황에게 자신의 신민을 위한 기도라는 매우 소극적인 의무만을 위임하고 있었다.

800년 성탄절에 프랑크족 군주 샤를마뉴가 로마에서 교황 레오 3세에 의해 황제로 대관받음으로써 이제 서로마 제국이 서유럽에서 재건되었다. 이처럼 부활된 제국에서 교권(*Sacerdotium*)과 속권(*Imperium*) 간의 문제는 해묵은 용어로 다시 언급될 수밖에 없었다. 아직도 우리는 그 유명한 대관 의식의 진정한 의미를 결코 확실히 알고 있지는 못하다. 아마 당시의 참석자들도 이 점

교황 레오 3세로부터 대관을 받는 샤를마뉴 대제

에 관해 명쾌한 인식을 갖지는 못하였을 것이다. 우리가 지적할 수 있는 것은 대관식 이후 1세기가 지나자 새로운 권위가 라틴 그리스도교 왕국의 보호를 위해 황제에게 부가되었으며, 로마 교황청과의 유대가 이 같은 보호 기능을 상징하고 있다는 인식이 성장하였다는 사실이다.

새로운 서유럽 제국은 보다 오랜 비잔틴 제국과는 달리 그리스도교 공화국 체제라는 구체적 목표를 가진 정부로 출발하였다. 이는 로마법이 군주에게 위임한 절대주의 정치의식이 아니라, 스스로를 라틴 그리스도교 왕국의 통치권 수임자로 간주하는 자기 신념에 입각하고 있었다. 서유럽 제국이 이 의무를 수행함에 있어서 교황청에 비해 우위에 서게 될 것인지, 아니면 교황청에 복속하게 될 것인지 하는 문제는 앞으로 결정될 문제였다.

샤를마뉴의 승계자들에 의한 제국 체제의 와해가 서유럽 제국의 새로운 전통을 종식시킨 것은 아니었다. 독일의 색슨족 군주 오토 1세(936~973)가 북부 이탈리아 원정에서 승리를 거둔 다음 962년 로마에서 다시 교황 요한 12세에 의해 황제로 대관됨으로써, 그리스도교 로마 제국과 독일 왕국간의 지속적인 연합이 새로이 시작되었다. 오토 1세의 계승자들 특히 오토 3세 때는 부활된 제국 스스

로가 비잔틴 제국의 경쟁자라는 의식을 가지고 이에 맞서기 시작하였다. 비잔틴 공주의 아들이었던 오토 3세는 영원한 도시 로마가 다시 한 번 효율적인 수도로 기능하는 구로마 제국을 꿈꾸었으며, 심지어 로마 교황청 그 자체의 혁신 또한 열망하였다.

이 같은 황제의 통제에 대하여 당시 교황청이 택할 수 있는 실질적 대안은 로마에 있던 지역 정파들의 조정이었다. 교회 내부의 개혁파들은 자신이 황제 교권주의자든 그렇지 않든 황제가 천사의 편이라고 생각하였을 것이다. 그러나 당시 위대한 학자였고, 일부 사람들에 따르면 매우 위대한 마법사이기도 하였던, 실베스터 2세(999~1003)와 같이 충분한 자격을 갖춘 황제의 지명자가 교황으로 즉위한 사건은 교회 개혁파의 명분에는 상당한 타격이었다. 이후에도 하인리히 3세(1039~56)는 황제가 교회와 교황청 내부의 개혁을 격려하는 정치 전통을 여전히 수행하였다. 실제로 그는 장차 교황 그레고리우스 7세가 될 힐데브란트의 동료였던 성 피터 다미안(Peter Damian, 1061년 사망), 추기경 홈베르트(Humbert, 1061년 사망) 등의 열렬한 개혁주의자들로부터 자신의 업적을 치하하는 글도 받게 되었다. 하지만 황제의 이 같은 개혁정책의 깊은 함의는 로마 교황청이 서유럽 황제의 권한 내에 속한다는 사실을 확인하려는 데 있었다.

바야흐로 그리스도교 사회의 성직과 속직 모두에 대한 황제 우위의 전통은 이와 같이 이룩되고 있었다. 그러나 이 점이 교황권주의자의 경쟁적 이론이 부족하였다는 사실을 말하는 것은 아니다. 니콜라스 1세(858~868), 요한 8세(872~882) 등 9세기의 교황들은 그리스도교 공화국에 대한 광범위한 정치적 감독권을 주장하였다. 요한 8세는 설령 그가 창안자는 아니었다 하더라도, 그리스도교 공화국이란 용어를 최초로 사용한 사람들 가운데 하나였다. 그리고 니콜라스 시기의 인물들 가운데는 교황이 마치 전 세계의 황제인 것처럼 행동한다고 비판하는 경우까지 있었다. 심지어는 황제의 권한 그 자체가 교황으로부터 유래되었다고 주장하는 사람들도 등장하였다. 샤를마뉴의 대관식 상황이 이러

한 주장 및 6세기에 형성된 전승 등을 그럴듯하게 보이게 하였는데, 마침내 이는 〈콘스탄티누스 대제의 기진장〉으로 알려진 위서로 구체화되었다. 더욱이 4세기의 황제들이 그리스도 교도로 개종할 때 서유럽 제국 전체를 교황 실베스터 1세에게 양도하였다는 주장까지 제기되었다. 교황 그레고리우스 7세(1073~85)는 당시 역사적 사실로 받아들여지고 있던 이러한 전승을 스페인 같은 서유럽 국가들에 대하여 봉건적 사법권을 주장하는 데조차 활용하였다.

통합적 그리스도교 공화국에 대한 교황 및 황제 모두의 꿈과 실제적인 역사적 사건들의 진행 경과 사이에는 중요한 측면에서 명백한 차이들이 있었다. 카롤링 왕조가 몰락한 이후 서유럽의 모든 지역에서 정치적 경제적 지표들이 사회의 분화를 드러내고 있었다. 교역과 상업의 상대적인 와해는 유럽을 기본적으로 소규모 자급자족적 농촌 단위들의 집합으로 만들고 있었다. 유럽 사회가 경험한 야만족의 대규모 이동으로서는 최후의 사건이었던, 9·10세기에 일어난 바이킹족과 마자르족에 의한 일련의 침입도 명목상의 군주에 불과한 중앙정부가 아니라 오히려 지방 유력자에게 보호를 구하는 기존의 분권화 경향을 강화시켰다. 주군과 가신의 개인적 관계가 이제 사적 봉사와 의무의 이행이라는 구체적인 형태로 제도화되어, 군주의 대관식 못지않게 정교해진 신서와 충성 서약을 통해 의식화되기에 이르렀던 것이다.

군주의 권위가 정작 문제가 되지는 않았으나, 그것은 더욱 뒷전으로 밀려나고 있었다. 당시의 분위기에 젖어 있던 군주들도 자신들을 로마 내지 비잔틴형 군주로 생각하지는 않았으며, 단지 피라미드형 사적 충성체계의 정점에 선 상위 주군 정도로 간주하게 되었다. 11세기 프랑스의 위대한 서사시《롤랑의 노래》에서 군주의 주요 가신들은 '프랑스의 동료들'이었으며, 여기서 샤를마뉴는 이들의 사적인 우두머리 이상 아무것도 아니었다. 설령 987년 이후 카페 왕조의 군주들이 과거 군주제적 전통의 명성과 후광에 힘입어 군주권을 보존하는 데 성공하였다 하더라도, 10·11세기의 프랑스는 왕권이 해체되어 유력한 가신, 공

작, 백작 등 귀족집단에 유리한 정치적 상황의 극단적인 한 예를 보여주고 있다.

서유럽의 다른 지역에서는 분권화 과정이 그렇게까지 진전되지는 않았다. 영국은 노르만 정복에 의해 이를 피할 수 있었으며, 독일에서는 13세기에 이르기까지 군주들의 개인적 능력에 힘입어 이 과정이 지연되었다. 그러나 전체적으로 보아 서유럽의 모든 지역에서 소규모 지방단위가 사회의 핵심으로 자리잡고 있었다. 이 단계에서 남아 있던 유일하고 진정한 결속매체는 모두가 그리스도교 공화국(*Respublica Christiana*)에 속한다는 인식뿐이었다. 교회의 역할이 정치생활에 관한 중세적 태도의 형성에 결정적이게 될 이유가 여기에 있었다.

제3장 그리스도교 공화국

중세 그리스도교 공화국의 배후에 있던 정부의 원리가 무엇이며, 그것의 성격은 어떻게 평가될 수 있을까? 이 문제에 대한 다양한 견해들이 유럽의 정치사상에서 정부의 성격과 범위 그리고 한계에 관한 최초의 대 논쟁적 담론을 구성한 요소였다.

이 논쟁을 흔히 교회와 국가 간의 갈등으로 묘사하는 것은 오해를 불러일으킬 수 있다. 서로 다른 목적을 가진 두 독립적인 조직 간의 긴장이라는 근대적 의미의 교회와 국가 간의 문제는 11세기에는 존재하지 않았다. 오히려 갈등은 하나의 그리고 동일한 사회 내의 다른 부서들 간에 존재하였다. 그리고 투쟁에 참여한 주역들을 제국과 교황청으로 서술하는 것도 지나친 단순화다. 왜냐하면 그 밖의 세력들 역시 비록 논쟁의 중심을 차지하는 빈도는 적었지만, 여전히 참여하고 있었기 때문이다. 이 역사적 대립체를 가리키는 두 용어로서 오늘날 학생들에게 선호되고 있는 교권(*Sacerdotium*)과 속권(*Regnum*) 역시 결함을 가지고 있다. 모든 성직자가 교권의 권한에 대한 확고한 지지자가 아니었으며, 교권의 매우 충직한 주창자들 가운데 일부는 빈번히 세속 군주와 영주 혹은 부르주아 도시민 집단이었다. 대부분의 역사학적 이슈들에서 그러하듯이, 여기서도 갈등의 실제 상황과 변화하는 갈등의 실체적 과정에 대한 전문적인 학술 용

어가 완벽하게 일치하지는 않는다는 점이 여전히 사실이다.

현대 사가들에 의해 서임권 투쟁(Investiture Contest, 1075~1122)으로 묘사되는 그리스도교 공화국 내의 분쟁은 삼각 갈등으로 이해될 수도 있다. 한편에는 교황의 중앙집권화에 반하여 관습적 특권들을 유지하고자 했던 주교단이 있었고, 다른 한편에는 교황의 중앙집권화를 자신의 수장적 권위에 대한 위협으로 간주했던 황세권이 있었으며, 또 다른 한편에는 중앙집권화를 개혁된 그리고 정화된 교회를 이룩하는 유일한 방법이라고 생각했던 교황청이 있었다. 또한 이 투쟁을 시각을 달리해서 보면, 중앙집권적 군주제와 그것에 반대한 독일의 색슨족 및 이탈리아의 롬바르드 도시들 같은 분권주의자들 간의 정치적 투쟁으로 파악할 수도 있다. 당시의 논쟁적 성명들을 보면 이러한 요소가 다양하게 반영되어 있음을 알 수 있다. 그러나 이 모든 요소들 가운데 무엇보다도 우리는, 모든 참여자가 자신의 투쟁을 통일된 그리스도교 사회의 정부를 위한 논쟁으로 느끼고 있었다는 사실을 뚜렷이 발견하게 되는 것이다.

겔라시우스의 훌륭한 제자들이었던 교권과 속권은 모두가 각각의 통치 행위에서 상대 진영에 대하여 항구적인 역할을 허용할 준비가 되어 있었다. 사실 교권과 속권은 모두 통치활동의 특정 영역에서 실제적 관리권을 행사하고, 또 인정할 준비도 되어 있었다. 단지 양자는 빈번히 각각 자신의 직무에 대한 자유로운 활동을 주장하는 과정에서 상대 진영이 자신의 직무를 침범한다는 논지로 철저한 비판을 가하였다. 또한 교권과 속권은 분쟁의 여러 단계에서 마치 집안싸움에서와 같이 극히 정력적으로 그리고 신랄하게 상대 진영에 대한 자신의 우위를 주장하였고, 이 같은 주장을 널리 전파하고 또한 권장하였다.

교황 그레고리우스 7세와 황제 하인리히 4세의 개인적인 분쟁은 후대인들의 상상력을 사로잡았다. 그러나 이들의 분쟁이 교권과 속권의 갈등이라는 역사적 드라마의 최초 또는 마지막 무대는 아니었다. 그레고리우스 7세와 하인리히 4세의 이념과 인식은 단지 그 표현의 강도에서만 독특하였다. 교회 내부에서

그레고리우스파의 종교개혁은 일찍부터 시작되었다. 개혁의 요구가 군주나 세속의 후견인에게서 유래된 것이든, 사제의 부인 혹은 정부의 침실에서 유래된 것이든, 부패한 세속적 규제로부터 성직자들을 해방시켜야 한다는 주장은 성직개혁자들의 주장들에 오래 전부터 활용되어 왔다. 이전 세기의 교황과 주교들도 주저 없이 그리스도교 법률과 윤리의 대변자임을 주장하였다. 하지만 그레고리우스 7세와 그의 추종자들은 이 개혁 이념을 과감하게 실제로 적용하려 했다는 점에서 전례 없는 인물들이었다.

바야흐로 시간이 무르익고 있었다. 11세기 중엽 로마 교황청은 세속적 규제가 가져온 부패로부터 교회를 해방시킬 수 있는 유일한 교회조직으로 성장하고 있었다. 1059년 교황청은 황제의 간섭을 떨쳐버릴 수 있을 만큼 충분히 강력해졌다고 생각하였다. 그리하여 교황 선거에 대한 통제권을 본래 로마라는 지역교회의 유력한 성직자들이었던 추기경단(College of Cardinals)에 귀속시켰다.[5] 한편 독일의 새로운 군주 하인리히 4세(1056~1106)는 황제권의 보편적 합법성을 입증하기에는 너무나 어렸다. 더욱이 새로운 모델의 교황청은 천재적 개혁가 힐데브란트를 보유하는 등 조만간 있게 될 황제의 반발을 예상하고 광범위한 세속적 지지를 구축해 나갔다.

교황청은 남부 이탈리아에서 장차 나폴리 왕국과 시칠리아 왕국이 될 지역을 점차 정복해 가고 있던 노르만족 해적들과 타협하였다. 실제로 노르만족은 1059년 이후 이 지역들을 교황의 봉토로서 보유하게 되었다. 또한 교황은 북부 이탈리아에서 롬바르드 도시의 과격한 신민들을 부추겨 황제가 임명한 주교에 대해 반란을 일으키게 함으로써, 황제 가문에 대해 명목상의 신민이었던 도시민들의 충성을 조율하였다. 게르만 군주에게 가해진 최대의 위협도 프랑코니아 황실 가문에 대해 빈번하고 완강하게 일어났던 색슨족 반란을 교황청이 고취시

---

5) 1059년에 개최된 라테란 공의회는 게르하르트 부르군디로 불리기도 한 교황 니콜라스 2세(1058~61)에 의해 주관되었다.

킴으로써 유래된 것이었다.

하인리히 4세와 그레고리우스 7세 사이의 갈등은 주교와 수도원장에 대한 세속적 서임권의 관행을 그레고리우스파가 공격함에 따라 마침내 표면화되었다. 11세기 경에는 교회의 고위 성직 및 하위 성직에 대한 속인 후견인들의 규제가 널리 일반화되어 있었다. 사회조직의 운용이라는 인정 제도적 측면에서 볼 때 이 같은 체제는 부조리한 것이 아니었다. 당시 대부분의 종교단체들은 귀족 후견인과 그 계승자들의 기부에 의해 존속하고 유지될 수 있었으며, 게르만적 재산 개념은 종교적 은대지의 재원을 제공한 사람이 이를 관리하는 성직자를 임명할 권리를 당연히 가져야 한다는 인식과 전혀 모순을 일으키지 않았다. 군주제에서 왕국의 주교는 활용 가능한 매우 유능한 행정 대리인이었으므로, 군주의 주교 임명에 대한 통제는 군주권의 핵심적 요소로 간주되고 있었다. 그레고리우스 7세 재임기에 행해진 주교 임명에 관한 속권의 통제는 세속적 봉건적 관행으로부터 유래되었던 상징적인 의식의 형태를 취하고 있었다. 군주는 주교권의 가시적 표식인 반지와 주교 지팡이를 신임 주교에게 수여하는 대가로 주교로부터 신서를 받았다. 교황권주의 개혁가들은 바로 이 성직 서임의 관행을 사제 조직 내부에 무자격자들을 심고 성직 기준을 이완시키는 매우 중요한 한 원인으로 지목하였다.

물론 성직 서임 문제가 독일과 이탈리아에만 있었던 것은 아니다. 이 같은 관행은 서유럽의 모든 지역에서 행해지고 있었다. 그러니까 각각 라틴 그리스도교 사회를 관리하는 대등한 위상을 가진 조직인, 교황권과 황제권이 이념적으로 그리고 실제적으로 매우 밀접하게 상호 결부되어 있었던 만큼, 주교 같은 매우 유능한 행정 대리인에 대한 임명권이 이들 쌍방간에 시끄럽고 격렬한 분쟁의 원인이 되었다는 사실은 불가피한 일이기도 하였던 셈이다.

서임권 투쟁은 폐위와 파문을 주고받음으로써 고조되었다. 하인리히는 교황의 세속 서임권 금지조치를 1075년 밀라노의 대주교에 대해 시험적으로 적용

하인리히 4세에게 쫓긴
교황 그레고리우스 7세의 최후

하였고, 교황 그레고리우스 7세의 폐위를 선언함으로써 이를 성공적으로 실천에 옮겼다. 이 사건은 하인리히에 대한 그레고리우스의 파문을 가져왔다. 그리고 반란적이었던 색슨족은 이를 이용하여 하인리히를 1077년 카노사에로 그 유명한 굴욕적 여행을 하도록 만들었고, 또한 그레고리우스에게는 그를 사면토록 강요함으로써, 이 상황을 자신들에게 유리하게 이끌었다.

하인리히가 색슨족에게 궤멸적인 패배를 가하는 데 활용했던 한 차례의 소강 상태 이후, 이 투쟁은 1080년 전례없는 모욕들을 주고받으며 새로이 재개되었다. 이번에는 하인리히가 보다 강력한 정치적 입장에 서게 된 반면에, 그레고리우스는 자신의 잔여 임기 동안 수세적 입장에 놓였고 심지어는, 오히려 쫓기는 신세가 되었다. 1084년 그레고리우스는 로마에서 추방되어 이탈리아 남부 지방에서 노르만인 수행자들과 유배생활을 하던 중 죽음을 맞이하였다.

이처럼 열정적이고 극적이었던 교황 그레고리우스는 그러나 자신의 재임기간 동안 법률 이론의 일관성을 유지하는 데는 거의 주의를 기울이지 않았다. 후기 교회법 학자들의 시각으로는, 1076년 교황의 하인리히 황제에 대한 파문 선

언이 그의 폐위 선언보다 오히려 나중에 행해짐으로써, 마치 말 앞에 마차를 놓은 듯 본말이 전도된 것처럼 보이게 되었다. 교회법적 논리에 따른다면 하인리히의 통치권 상실은 그리스도교 사회의 수장인 교황에 대한 반역이 가져온 논리적 귀결 즉 그리스도교 사회로부터의 추방의 한 결과라는 점을 분명히 하여야 하였다. 실제로 황제에 대한 두 번째 정죄에서는 이러한 보다 논리적인 이념적 연계가 채택되었다. 그러나 그레고리우스에게는 종교적 파문과 정치적 폐위라는 두 개념이 그리 명확하게 분리되어 있지 않았던 것처럼 보인다. 두 개념은 하인리히가 정당한 질서를 갖춘 그리스도교 사회의 울타리 밖으로 스스로를 내던졌다는 하나의 사실에 대한 서로 다른 표현에 불과하였다.

현대인들이 종교적 영역과 정치적 영역으로 각각 구별하기 좋아하는 것들에 대한 이와 같은 혼합은 〈교황의 지시〉(*Dictatus Papae*)로 알려져 있는 일련의 문서에서도 잘 나타난다. 이 문서가 실제로 그레고리우스 7세에 의해 직접 작성된 것인지, 혹은 다른 인멸된 교회법령집의 표제였는지 하는 쟁점은 중요한 문제가 아니다. 설령 이 문서가 그레고리우스 7세가 직접 집필한 것이 아니었다 하더라도, 그의 영향 하에서 나왔다는 점은 여문의 여지가 없다. 중요한 것은 교회사와 세속사에 관한 규범들을 표면상 뒤섞어서 나열하였다는 점이 이 문서의 두드러진 특징 가운데 하나라는 사실이다. 〈교황의 지시〉는 "교황은 황제를 폐위할 수 있다"라는 명제 12에 바로 뒤이어, 명제 13에서 "교황은 필요한 경우 주교를 한 교구로부터 다른 교구로 전보할 수 있다"라고 밝히고 있다. 문맥의 이러한 급작스러운 전이는 그리스도교 정부의 두 영역에 대한 그레고리우스의 특징적인 혼합과 밀접히 결부된 것이라 하겠다.

그레고리우스의 개인적 주장을 명확히 드러내고 있는 문서로는 1076년과 1081년 주교 헤르만 메츠(Herman of Metz)에게 보낸 그의 서한을 들 수 있다. 이 머뭇거리고 있던 독일 주교에게 교황 그레고리우스는 매우 유명해진 자신의 증거서류를 보냈다. 두 서한 모두에서 인용된 전거들이 바로 교황 진영의

이론적 근거였는데, 특히 그는 이름이 같았던 교황 그레고리우스 1세(Gregory the Great)를 매우 자주 인용하였다. 그레고리우스 7세와 그의 추종자들은 대체로 과거 로마 교황청 문서에 입각하여 보편적으로 적용될 수 있는 교회법을 제정하고자 하였다. 흔히 성 아우구스틴이 그레고리우스 7세의 사상 형성에 주요한 영향력을 행사하였다고 지적되어 왔다. 그러나 실제로 그가 주교 헤르만에게 보낸 서한들에서는 성 아우구스틴이 단 한 번밖에 인용되지 않았다. 성 아우구스틴을 이렇게 적게 언급했다는 사실은 그레고리우스가 아우구스틴의 저작 전체에 대한 지식이 충분하지 않았다는 유력한 표식이다. 그레고리우스는 지상의 도시와 신의 도시 간의 대립이라는 이원적 아우구스틴 개념을 단지 개념적으로만 물려받았던 것처럼 보인다.

교권과 속권은 다음 문장들에서 선명하게 대비되고 있다. 첫 번째 서한에서 그레고리우스는 "인간의 자만이 지상에서 왕권과 같은 속권을 만들었으며, 신의 선의가 교권을 제정하였다. 전자는 끊임없이 헛된 영화를 추구하고, 후자는 항상 거룩한 생활을 열망한다"라고 밝혔으며, 두 번째 서한에서도 동일한 논지를 격렬하게 주장하였다. "군주와 제후들이 신을 공경하지 않고, 실상 악마와 현세의 제후들 그리고 자만, 약탈, 배신, 살인 등 거의 모든 범죄에 의해 고무되어 온 자들 및 맹목적인 탐욕과 동료 인간을 지배하려는 용납될 수 없는 무엄함을 가지고 투쟁해 온 자들로부터 유래된 인물들임을 모르는 사람이 어디 있겠는가?"

이러한 주장은 흔히 속권의 악마적 기원을 천명한 것으로 간주되어 왔다. 만약 이 점이 사실이라면, 설령 그레고리우스가 극히 격앙된 상태에서 서한문을 집필했으리라는 상황을 고려한다 하더라도, 그의 표현은 정치에 대한 그리스도교 이념의 주류로부터 상당히 벗어난 것이라고 지적할 수밖에 없다. 그러나 그레고리우스가 자신의 말에서 그와 같은 과격한 의미가 추출되기를 의도했던 것은 아니라고 보는 해석이 타당할 것이다. 왜냐하면 그는 성 아우구스틴의 또 다

른 이론, 즉 신은 인간의 죄악에 대한 벌로서 불법적인 통치자의 억압적인 권위의 행사를 허용한다는 견해 또한 표명하였기 때문이다.

그레고리우스 서한의 핵심 주제는 경쟁 상대인 속권에 대해 교권의 우위를 주장하는 것이었다. 교권과 속권이 모두 인정하는 교권의 우위를 근거로 그레고리우스는 보다 많은 논란을 일으켰던 견해인 교권의 권한을 구체적으로 밝혔다. 특히 그는 의무를 다하지 않는 군주를 파문하고, 그에 대한 신민의 충성서약을 면제시킬 수 있는 교황의 권리를 주장하였다. 그레고리우스는 이 주장을 하인리히 4세에 대해 내린 두 번째 판결에서 보다 강력하게 천명하였다. 그는 통치자로부터 정치적 위엄을 박탈하고, 이를 다른 사람에게 부여하는 현세 교황의 권한을 증언해 주도록 성 베드로와 성 바울에게 부탁했을 정도였다. 이처럼 노골적인 주장은 그레고리우스의 격렬했던 교황직의 모든 목표를 잘 드러내고 있다. 그는 양분될 수 없는 그리스도교 사회의 종국적 지배권이 교황의 당연한 권리임을 주장하고자 했던 것이다.

이를 비판했던 하인리히의 공식적 주장들이 그레고리우스 진영의 논지만큼 동일한 일관성을 가졌다고 말할 수는 없다. 황제교권주의적 노선이 분쟁의 초기에 황제 진영이 견지했던 입장이었다. 1076년 유트레히트에서 보낸 널리 알려진 서신에서 하인리히 4세는 그레고리우스에게 스스로 천명한 교황지상적 권위를 포기할 것을 요구하였다. 황제권의 신성한 권리를 주장했던 하인리히는 교황이 황제권의 수행에 관해 어떤 규제력도 가지지 않는다고 일축하였다. 하지만 그 해 말 독일 주교들을 보름스 제후회의에 소집하는 서한에서는 황제 스스로 사제권의 영역과 군주권의 영역의 완전한 분리를 옹호하였다. 이를테면 그의 주장은 기형적인 이원주의 논리가 되었던 셈이다. 하인리히의 서한은 주권적 정치 권한의 논쟁과 관련하여 중세인의 정신 속에 깊이 뿌리박고 있던 비유인 유서깊은 '두 칼 이론'을 도입하였다. 성 누가의 복음서에 기록되어 있는 바와 같이, 사도들에 의한 두 칼의 소유를 확인해 주었던 그리스도의 수수

께끼같은 지적이[6], 하인리히의 서한에서는 정신적 권한과 현세적 권한에 대한 비유적 설명으로 수용되었다. 이 서한은 문제의 칼이 두 개라는 사실에 입각해서 교권과 속권이 동일한 한 사람의 손에 있어서는 안 된다는 이유를 설명하였다. 하인리히는 엄격한 이원론을 견지함으로써 교황권의 현세적 권리 요구를 거부하였을 뿐만 아니라, 결과적으로 황제의 군주-사제(*Rex-Sacerdos*) 이론 역시 묵시적으로 포기하였다. 하인리히 진영에서 이 서한을 기초한 사람은 다소 기이하고 독창적인 신학자였던 고트샤크 아헨(Gottshalk of Aachen)[7]이었으며, 이 진기한 황제권 이론이 고트샤크의 생각이었다는 근년의 연구는 상당한 설득력이 있어 보인다. 그러나 황제가 두 번째로 그레고리우스의 폐위를 선언했던 1081년 브릭센 공의회에서는 하인리히조차 전임자들의 보다 일반적인 황제교권주의로 다시 되돌아가고 말았다.

그리스도교 사회의 종국적 지배권에 대한 투쟁은 교권과 속권 모두에서 내부적 헌정적 발전이라고 부를 만한 요소를 낳게 되었다. 교황도 군주도 허공에 존재하였던 것은 아니었다. 양자 모두의 배후에는 이들에게 예속되어 정치 권력의 실행을 담당했던 다양한 계서조직이 도사리고 있었다. 이 계서조직들은 모든 등급에서 자신의 수장에 대해 각자의 고유한 특권과 권리 그리고 의무들을 향유하고 또 주장하였다. 교황에게는 측근인 추기경단과 지역 조직인 교구의 주교들이 있었다. 군주에게는 봉건적인 세속 및 성직자 가신들과 상위 영주로서가 아니라 종족 내지 부족의 우두머리에 대한 의무로서 충성을 해야 하는 비봉건적 신분의 신민들도 있었다. 교속 모두에 걸쳐 있던 이 같은 계서조직의 모든 구성원은 양 측 수장들 간의 충돌을 자신들의 권리를 강조하고 강화하는

---

6) 누가복음서 22장 29절에 따르면, "내 (그리스도) 아버지께서 나에게 왕권을 주신 것처럼, 나도 당신들(사도들)에게 왕권을 주겠습니다"를 가리키고 있다. 또한 누가복음서 20장 16절에 따르면, "카이사르의 것은 카이사르에게 돌리고 하나님의 것은 하나님께 돌리시오"라는 그리스도의 가르침 역시 기록하고 있다 (공동번역).

7) 약 1071~98. 공증인, 수도사, 시인 겸 작가. 서임권 투쟁이 진행되는 동안 교황과 독일황제 간의 관계에서 황제 진영의 선전의 이론적 기초를 제공하였다.

기회로 활용하였다. 그리하여 한편으로는 이 투쟁이 그리스도교 사회의 두 핵심 조직들 간의 내전으로 파악될 수 있는 동시에, 다른 한편으로는 두 계서조직 내부의 일련의 내란들로 간주될 수도 있는 과정들을 초래하였다.

성직자 계서조직 내부의 상황을 먼저 고찰해 보도록 하자. 그레고리우스의 시대는 이미 교회의 행정조직이 있는 곳에서는 이를 관리하기 위한 효율적인 중앙집권적 통제의 확립이 추구되고 있었고, 교회의 행정조직이 없는 곳에서는 이를 제정하기 위한 교황청 주도의 대대적 노력이 경주되던 시기였다. 이를 실질적으로 달성하기 위하여 레오 9세(1049~54) 이후 교황청은 방대하고 때로는 일관성이 없던 지방 교구들의 교회법을 획일적인 법률체제로 재편하고자 하였다. 교황이 직접 파견했던 관리자인 교황청 특사가 지방 교구들을 방문하는 관행도 지방의 주교와 교구 사제들의 권한을 통제하고 그 폐해를 시정하기 위한 조치였던 것이다.

교황청의 이 같은 접근에 대한 주교단의 반응은 복합적이었다. 일부 주교들은 로마를 개혁의 대의와 동일시하고, 이를 환영하였다. 그러나 다른 일부 주교들은 이 새로운 경향을 자신들의 고유한 교회법적 권리에 대한 근거없는 침해로 간주하였다. 이들도 교황을 추상적인 교리상의 수장으로는 인정하였다. 그러나 교구 행정에 대한 교황의 감독권은 축소되어야 한다고 생각하였다. 따라서 이러한 주교들 특히 독일 지역의 주교단이 권위주의적 경향을 보였던 교황의 수장권에 반대하여 속권을 자신들의 동맹의 하나로 지원하였다는 사실은 조금도 놀라운 일이 아니다. 최측근 조언자 가운데 일부가 주교였던 하인리히 4세는 교구 주교들이 가졌던 이 반교황적 정서에 호소하는 방법을 잘 알고 있었다. 1076년의 유트레히트 서한에서 황제는 교황 그레고리우스 7세가 "주교단을 마치 자신들의 주인이 해야 할 바가 무엇인지를 알지 못하는 노예들인 것처럼" 짓밟고 있다고 비난하였다. 그리하여 실제로 1080년 브릭센 공의회에서는 주교단이 교황 그레고리우스와 교황청의 정책에 반대하는 논쟁의 선봉에 서기

도 하였다.

황제를 교황에 비해 자신들이 소중히 여기는 자율성을 다소 덜 위협하는 인물로 간주했던 주교들은 당연히 세속 군주가 그리스도교 사회의 교권과 속권, 그리고 이들 각각의 하위 계서조직 전체에 대해 최고의 지배권을 가지는 국왕–사제 이론을 지지하게 되었다. 이에 대주교 벤리히 트리에(Wenrich of Trier)는 국왕 권위의 직접적인 신적 기원을 제시하고, 따라서 종국적으로는 교권 그 자체를 포함하는 모든 관리조직이 국왕의 명령에 절대적으로 복속하는 권력체계 구성이 필연적인 일임을 주장하기도 하였다.

주교가 이 같은 입장을 취하는 것이 기이하게 보일수도 있다. 그러나 다수의 동료 주교들과 마찬가지로 벤리히 트리에 역시 교황에게 타격을 가할 수만 있다면, 설령 세속적인 무기라 하더라도 기꺼이 사용하려 했다는 사실을 감안한다면, 그렇게 기이한 일만은 아니었다. 흔히 아노니무스 요크(Anonymous of York)라고 알려진 한 앵글로–노르만 시대의 저술가(사실상 그는 루앙 출신이었던 것 같다)는, 교황직의 정신적 수장권에 대한 당위성에 관해서조차 의문을 제기함으로써 교황직을 더욱 심각하게 평가절하 하였다. 그에게 있어서는 속권이 교권에 비해 명백히 우위에 있었다. 왜냐하면 속권이 우주의 통치자인 그리스도의 신성을 대변하는 반면에, 교권은 신과 인간 사이의 사제적 중재로 표현되는 그리스도의 인성을 대리하는 것이기 때문이었다. 국왕은 '신이 기름부은 자'로서 당연히 교회를 통치할 권리를 가져야 한다는 것이었다. 어떠한 측면에서 보면, 아노니무스 요크는 대관식 때 준마술적 힘이 군주에게 부여된다는 신비론과 더불어 전통적인 국왕–사제 이론의 노선으로 이해될 수도 있다. 이 대담무쌍한 익명의 노르만인은 당시의 다른 어떤 저술가들보다도 교황청 정부의 교권에 대해 직접적인 공격을 과격하게 밀고 나갔던 셈이다.

교권에 대한 교황의 실질적인 장악력이 급속히 성장하자, 이에 대해 분노한 집단이 주교단만은 아니었다. 심지어 교황의 정예군 즉 추기경단 내에서도 비판

이 제기되었다. 1084년 13명의 추기경이 교황 진영에서 이탈하였으며, 베노 성 마르틴(Beno of St. Martin)은 자신의 행동에 대한 《사유서》(Apologia)도 집필하였다. 베노는 이 사유서에서 교회사를 관리하는 데 있어서 마땅히 추기경단이 향유해야 할 참여의 몫을 교황 그레고리우스가 주지 않았다고 비난하였다. 베노의 불평은 다름이 아니라 군주의 조언자 집단이 자신들의 권리에 대한 군주의 자의적 침해로 간주되는 것들에 대한 항변 바로 그것이었다.

수장권의 남용에 대한 당대의 저항이 교권의 영역에만 한정되었던 것은 아니다. 속권측에서도 불만을 품은 반대자들이 있었다. 자신의 영토에 대해 보다 효과적인 통제력을 구사하고자 했던 강력한 군주로서는 완강한 지방 배타주의적 성향과의 충돌을 피할 수 없었다. 교황이 일부 주교들의 저항에 봉착하였던 것과 마찬가지로, 국왕 역시 자율을 열망하던 지방의 봉건 유력자와 부활된 도시들의 새로운 공동체 조직의 저항에 봉착하였다. 이들 두 세속 세력은 군주권을 약화시키도록 교권의 수장에게 도움을 요청할 준비가 되어 있었으며, 마찬가지로 주교와 추기경들 역시 교황권 약화라는 자신들의 목표를 위해 속권의 수장에게 호소할 준비가 되어 있었다. 어느 경우든 위협이 덜 직접적인 수장에게 매력을 더하여준 것은 지리적 요소였다. 북부 독일의 색슨족 지방 귀족과 북부 이탈리아의 롬바르드 도시 부르주아들 가운데, 하인리히 4세의 매우 완강한 적인 동시에 그레고리우스 7세의 매우 충성스러운 지지자들이 나왔던 이유도 주로 이 점 때문이었다.

반군주적 논객의 대표적인 인물로는 마네골드 라우텐바흐(Manegold of Lautenbach)를 들 수 있다. 그는 색슨족 수도사로서, 하인리히 4세에 대한 자신의 동족들의 반란권을 맹렬히 옹호하였다. 어떤 상황에서도 군주에 대한 신민의 충성서약은 파기될 수 없다는 벤리히의 주장을 논박하고자 했던 마네골드는 대담하게도 군주직을 돼지치기의 직무에 비교하였다. 마네골드는 맡겨진 돼지들을 지키기 위해 돼지치기가 고용된 것과 마찬가지로, 군주는 좋은 정부의

수립이라는 명백한 목적을 위해 자신의 신민에 의해 선출되었다고 주장하였다. 만약 돼지치기가 맡은 일을 제대로 수행하지 못할 경우 당연히 해고될 수 있다면, 군주가 이 원칙에서 면제되어야 할 이유가 어디에 있는가? 오히려 군주는 게으른 돼지치기보다 훨씬 더 엄격하게 다루어져야 한다. 인간의 본성이 돼지의 그것보다 고귀한 것인 만큼, 인간을 잘못 다룬 데 대한 형벌도 마땅히 이에 따라 더욱 엄중해야 한다는 것이 마네골드의 논리적 근거였다. 사회공동체로부터 군주권이 박탈될 수 있으며, 정당한 이유가 있을 경우 공동체는 군주적 권위의 부여를 중지할 권한도 가진다는 마네골드의 단정적 주장은 근대 사회계약적 정치이론과도 유사한 점을 보여주고 있다. 그러나 아마도 마네골드는 자신의 게르만 공동체가 포기할 생각이 없던 전통적 권리들에 대한 강력한 천명을 위해 이를 의도했던 것 같다. 마네골드는 성직자로서 하인리히의 교회 권한에 대한 침해 및 개인적인 도덕적 범죄들을 중대하게 생각하였으며, 그를 파문할 권리와 그로부터 왕국을 박탈할 권리가 교황 그레고리우스에게 있다는 사실을 의심하지 않았다. 그러나 이는 당시 분노한 색슨족에게 널리 퍼져 있던 한 지방주의적 희망이기도 하였다.

그레고리우스의 시기에는 교황과 황제 모두를 자극한 계기였던 애초의 서임권 문제가 그리스도교 공화국의 정치적 주도권이라는 보다 중요한 주장을 둘러싼 논쟁들에 의해 배후로 밀려났다. 그레고리우스의 승계자들과 하인리히 5세(1106~25) 간에 있었던 후기의 투쟁에서는, 큰 갈등이 다시 한번 구체적인 서임권 문제로 좁혀지게 되었다. 그리하여 군주와 교황 모두가 주교 반지와 주교 지팡이의 수여를 그리스도교 사회 내의 위상에 대한 경쟁적 요구의 시금석으로 간주하게 되었다.

이 같은 요구가 초래한 난국이 더욱 심각해지자, 양측 모두에서는 당연한 일이지만 이를 타개하기 위한 노력도 경주되었다. 하인리히 4세의 지지자였던 귀 페라라(Guy of Ferrara)는 주교의 정신적 권한과 그의 현세적 재산 내지 권

리 이른바 주교의 속권(*regalia*)을 구별하여, 후자는 그 명칭 자체가 의미하는 바 대로 마땅히 군주의 통제에 속해야 한다고 주장하였다. 이러한 주교권의 구별 은 교회의 직책에 대해 속권측이 도모했던 성직 구매를 방어하려던 자들로부터 처음 그 논리를 빌려온 것 같다. 그러나 후기에 와서 이 같은 논리는 교회법 학 자로서의 명성이 자신의 이론을 더욱 유명하게 만들었던, 이보 샤르트르(Ivo of Chartres) 같은 온건한 교황권주의자들에 의해서 주교단과의 타협을 위한 토대 로 받아들여지게 되었다. 뿐만 아니라 주교권의 이 같은 구별은 1111년 교황 파 스칼 2세(Paschal, 1099~1118)가 현세적인 것에 대한 완전한 포기를 통해서 교회 내의 모든 분쟁을 타결하고자 제안하였던 원칙의 토대로도 활용되었다.

그러나 이러한 구상은 세속 및 교회 모두에서 지나치게 많은 기득권을 침해 할 수 있었다. 그리하여 오래지 않아 이는 비실제적임이 판명되었다. 그러나 파 스칼의 제안은 비록 당대의 상황에 부합하지는 않았다고 하더라도, 적어도 이 것이 샤를마뉴 시대 이후 하나의 통일체로 간주되어 온 서유럽 그리스도교 사 회의 핵심적인 두 조직을 항구적으로 구분하기 위한 최초의 유력한 움직임이었 던 것은 분명하다. 어느 한 쪽도 만족시킬 수 없었던 이 새로운 제안의 과격성 은 오늘날 충분히 지적되고 있다. 갓프레이 벤덤(Godfrey of Vendome) 같은 완 강한 고레고리우스 추종자는 파스칼을 교황으로 인정하는 일조차 중단할 것 을 고려할 정도로 이단적이라고 생각하였다. 그리하여 파스칼의 정치적 패배는, 정치적 지배를 위한 그레고리우스의 시도가 그러하였던 것과 마찬가지로, 교권

보름스 협약

내부에서 헌정적 반란의 위협들을 초래 하였다.

마침내 서임권 분쟁은 1122년 보름 스에서의 타협으로 종식되었다. 이 타협 을 통해서 독일 지역에서는 이제 황제가 주교의 성직 취임 이전에 순전히 상징적

인 제스처였던 홀(笏)을 수여하였다. 그리하여 황제는 주교에게 그 직책에 수반되는 주교의 속권(*regalia*) 역시 인정하게 되었다.

한편 황제는 여전히 관직의 임명이라는 중요한 권리를 보유하고 있었다. 그런데 제국 영토 내의 이탈리아와 부르군디 지역에서는 황제가 지방 교회의 당국자에 대한 임명권을 상실하였다. 이들은 선거의 자유를 되찾았으며, 이 지역에서는 지방 교회의 당국자에 대한 속권의 수여도 성직 취임 이후에 행해지게 되었다. 1107년 영국에서도 이 분쟁은 세부사항이 다소 모호하기는 하지만 대체로 동일한 방향으로 타결되었다. 한편 프랑스에서는 교황의 지위가 비교적 일찍부터 받아들여졌다. 그리하여 카페 왕조는 독일 군주와는 대조적으로 교황의 비호를 받는 착한 소년의 태도를 취하는 정책을 수행하였다.

반세기에 걸쳐 교권과 속권 사이에 진행되었던 교리적 분쟁의 정치적 결과들을 한 마디로 요약하면 다음과 같다. 이는 세속 및 교회 계서조직 내부에서 신민에 대한 의무를 이행하지 못하는 통치자를 향하여 공동체가 제기할 수 있는 권리 주장, 즉 통치자에게 권고하거나 때로는 통치자를 폐위시킬 수도 있다는 주장을 더욱 강력하게 부각시켰다는 사실이 그것이다. 교권과 속권 모두에서 통치자 역시 이러한 주장에 대해 신이 자신에게 부여한 권리라고 천명된 것들을 통해 반박하였다. 물론 이 대립명제는 그것에 내포된 문제를 충분히 파악하기 위해서 보다 정교한 지적 법률적 장치들을 필요로 한다. 그러나 분명 통치자와 신민 사이에 표출된 갈등은 앞으로 더 많은 문제들을 중세인의 사상과 행동에 끊임없이 제기하게 될 것이었다.

또 다른 중요한 한 결과는 분쟁의 원인이 되었던 교리 내지 원칙에 관한 것이라기보다는 오히려 이 거대한 분쟁이 타결되는 방식과 관련이 있었다. 보름스에서는 속권과 교권 모두에 의해 주교의 특권이 현세적인 것과 정신적인 것으로 정당하게 구별될 수 있다는 생각을 받아들이게 되었다. 교회사와 세속사 간에 맺어진 최초의 이 같은 분리는 주교직의 책무 이외의 다른 사회적 기능들에

도 당연히 적용될 것이었다. 사실상 이러한 구분의 원리는 그리스도교 공화국의 모든 사회조직에 포괄적으로 적용될 것이었다. 통일된 종교적 정치적 그리스도교 공화국에 대한 종국적 해결책은 보름스 협약이 이루어진 시기에는 전혀 기대될 수 없었다. 교회와 국가라고 불리는 두 자율적 관리체들이 동시에 설 자리는 여전히 마련되어 있지 않았다. 그러나 오늘날과 같은 교회와 국가의 분리라는 정치적 상황의 명백한 중세적 기원이 서임권 투쟁기에 발견된다는 지적은 결코 부당한 주장이 아닐 것이다.

제4장 12세기의 발견

　12세기를 새롭고 다원적인 서유럽 라틴·게르만 사회의 창조적 독창성이 처음 표출된 시기로 간주하는 데는 상당한 근거가 있다. 서유럽 국가들은 역사상 처음으로 로마와 비잔틴 제국의 유산 하에서 내딛는 어색한 행보 이상의 움직임을 보이기 시작하였다. 우리는 이 시기에 새로운 지평을 향한 신선하고 전향적인 움직임들을 사회의 모든 영역에서 발견할 수 있다. 12세기의 이 같은 인상은 결코 환상이 아니다. 고딕 건축물이 처음으로 솟아오르고, 철학 및 종교적 경험에서도 새로운 출발이 있었으며, 새로운 형태의 문학과 예술도 나타났다. 극히 간략한 나열조차 이 시기에 분출된 예외적인 생산성을 충분히 드러내고 있다.

　11세기 아니 그 이전부터 일어났던, 광범위한 경제적 부활이 12세기 문화적 부활의 배경이었다는 사실에 대해서는 오늘날 광범위한 동의가 형성되어 있다. 근대 과학 및 산업혁명 이전기에서는 유례를 찾아볼 수 없는 일련의 변화가 경제적 힘의 균형을 동부 지중해로부터 서유럽으로 점차 옮겨놓았다. 이는 로마 제국도 이룩하지 못했던 업적이었다. 농업이 개량된 여러 기술 특히 식량재배법의 개선을 통해서 이 과정을 선도하였다. 농경 기술의 개량이 낳은 식량 생산의 증대는 인구 증가를 가져왔고, 다시 이는 유럽과 근동 모두에서 새로운 지역으

로의 팽창과 미개간지의 활용, 및 그곳에로의 이주를 초래하였다. 유럽 최초의 식민정책이 십자군이라는 깃발 아래 중부 유럽에서는 슬라브족에 맞서서, 그리고 지중해 서안에서는 무슬림인들에 맞서서, 그리고 지중해 동안에서는 비잔틴인들에 맞서서 수행되었던 것이다.

농경의 전반적인 향상은 엄격한 봉건적 경제구조의 완화도 동시에 초래하였다. 이제 서유럽은 생산량과 노동력 모두에서 잉여력이 생겼으며, 농노제의 낡은 속박 형태도 서서히 영주와 농민 간의 금전적 관계로 바뀌기 시작하였다. 다수의 농민층은 보다 나은 생활을 찾아 삼림, 늪지 또는 바다로부터 개간이 진행되고 있던 유럽의 여러 지역들로 이주하게 되었다. 그리고 복음서에 나오는 몇몇 악한 관리인[8]과 같이, 토지를 경작할 수도, 구걸을 할 수도 없는 경우에는, 차라리 부활하고 있던 도시에서 상인이 되는 길을 택하기도 하였다.

도시의 성장은 대두되고 있던 새로운 세계의 매우 두드러진 표식이었다. 잉여 생산물은 전통적인 촌락경제와 지방적 구획을 뛰어넘는 물산의 동적인 교류를 초래하였다. 로마 제국의 멸망 이후 정체되어 있던 도시의 부활은 이제 진정한 전체적 유럽 시장을 가능하게 하였으며, 서유럽 그리스도교 사회에 새로운 교역망을 구축함과 더불어 물산의 집산지 내지 통신의 중심지라는 불가결한 역할도 수행하였다. 통신 수단의 향상으로 서유럽에는 구매와 판매를 축으로 하는 역동적인 경제체제가 다시 등장하였다. 화폐와 귀금속은 화려한 상류 생활을 만들어냈으며, 모든 사회계층에 미친 생활수준의 향상은 이에 상응하는 가격의 상승도 수반하였다. 이 모든 과정을 진전시킨 주인공이 상인계층이었다. 소매상인, 은행가 내지 도붓장수 등이었던 이 상인들은 비록 여전히 이곳저곳으로 떠돌아다니고는 있었지마는, 이제 도시를 자신들의 근거지로 활용하기 시작하였다. 바야흐로 도시의 새로운 무역업자 및 상업계층은 봉건 질서라

---

8) 마태오 24장 45~51절, 루가 12장 35~48절 참조 (공동번역).

는 자유롭지 못한 사회적 틀에 정주할 수 없었다. 그리하여 도시야말로 봉건 질서를 마침내 와해시키는 으뜸가는 동력이 되었던 것이다.

경제적 사회적 대변동은 적어도 일부 사람들에게 학문과 예술 활동을 위한 보다 많은 여가를 제공하였다. 세속 및 교회 계서조직 내의 특권적 상류계층은 그들이 실제로 종사하지 않는 영역의 문화 활동에도 후원할 시간과 돈을 가지게 되었다. 예술가와 건축가들은 재력을 갖춘 상류계층이 제공하는 재정적 보조가 없었더라면 경탄을 자아내는 고딕 건축물을 착공하거나 완성하기가 거의 불가능하였을 것이다. 새로운 학문의 오아시스인 대학[9]이 지식과 토론에 대한 인간의 영원한 욕구를 토대로 뚜렷이 성장하고 있었으며, 이는 고대의 지적 보고에 대한 재발견을 통해서 심대한 자극을 받았다. 그러나 이러한 대학도 전문적 훈련을 통해서만 얻을 수 있는 지식을 갖춘 새로운 유형의 관리인을 경쟁적으로 활용하고자 했던 군주, 귀족 그리고 교황의 후원 없이는 지속적인 성장이 어려웠을 것이다.

예술과 학문 세계에서 재능을 갖춘 독창성과 계몽된 후원이라는 두 요소의 결합은 이 시대 전체를 통해 추구되었다. 그리하여 이는 다양한 여러 요소들의 보다 심오한 종합도 지향하도록 만들었다. 모든 측면에서 12세기는 고도의 개인주의적 요소들이 복합적으로 얽힌 시기였음과 동시에, 중앙집권화 및 통합의 과정 역시 현저하게 성장했던 시기였다. 영국의 앙주 왕실과 프랑스의 카페가 그리고 독일과 이탈리아의 호헨슈타우펜 왕가 등은 모두 다양한 방법을 통해, 자신들의 영토에 산재해 있던 법률적 지방적 요소들을 복합적으로 활용하여 그 위에 강력한 중앙정부를 수립하고자 하였다. 정치적 행위의 창의적 기법은 하나의 사회라는 일종의 조합적 유기체(corporate organism) 인식 즉 유기적 정치공동체라는 강력한 자각과 신념을 가진 정치적 사고와 함께 진전되었다.

---

9) 중세 대학에 관해서는 박은구 외, 《중세 유럽문화의 이해 1》 (숭실대출판부, 2012), 230~305쪽을 참고할 것.

정치공동체에 대한 이러한 유기체적 시각을 우리는 당대의 다재다능한 인문주의자 중 한 사람이었던 존 솔즈베리(John of Salisbury)[10]의 사상에서 발견할 수 있다. 1150년대에 집필된 존 솔즈베리의 《정치가론》(*Policraticus*)은 통치자란 어떠해야 하는가라는 주제에 대한 중세인들의 기본적 인식을 보여준다. 또한 이 책은 중세에 유행했던 문학적 훈련 형태도 반영하고 있어서, 이는 당시 대학 사회에 널리 퍼져 있던 정치사상의 한 표본으로 간주될 수 있을 것이다. 당시 대학의 지적 훈련과 정치적 토론에 대해서 이를 학문적 활동이라는 수식어로 표현하는 것은 다소 부정확하다. 왜냐하면 이들로부터 속권과 교권 모두에서 가장 훈련된 행정가들이 실제로 배출되었기 때문이다. 《정치가론》은 정치적으로 유능하고 지적인 자각을 갖춘 당시 관료계층이 스스로 수행하는 정치적 활동의 목적과 방법을 어떻게 분석했던가를 보여주는 매우 귀중한 자료다. 관료집단은 당시 사물을 체계적으로 분석할 수 있는 사실상 유일한 집단이었다. 또한 이들 가운데 일부 성직자 관료집단은 본연의 기능이 아니었음에도 불구하고, 서유럽 문학을 정서적 복합체로서의 인간 애정에 대한 장대한 탐구로 나아가게 하였는데, 이는 앞으로도 지속적인 의미를 가지게 될 것이었다.

　　《정치가론》은 이용 가능했던 당시의 고전 지식을 널리 활용하였다. 존 솔즈베리의 이 저작은 성서는 물론 고전 작가들에 대한 인용과 주석의 집합체였다. 특히 키케로는 그의 주요한 근거로 활용되었다. 그리스도교 공화국을 규명해보고자 하는 영감을 키케로로부터 받았다고 밝힐 정도였다. 그러나 존 솔즈베리의 공화국은 키케로의 그것과는 달리 군주, 그것도 절대군주의 지배를 받는 정치공동체였다. 비록 그가 선한 군주는 스스로 법률을 준수할 의무가 있다고 생각해야 함을 강조하였음에도 불구하고, 군주가 자신의 권력을 남용할 경우 그러한 군주를 규제할 분명한 제도적 장치를 가지고 있지는 못했다. 그러나 신

---

10) 존 솔즈베리의 생애와 저술에 관해서는 박은구 외, 《중세 유럽의 사상가들》(숭실대출판부, 2014), 262~266쪽을 볼 것.

민의 '저항권'은 인정되었다. 고전적 훈련을 받았던 그는 심지어 폭군 시해라는 방법을 통해서까지 군주를 강제로 제거할 수도 있다고 밝혔던 것이다.[11]

그러나 전체적으로 보아 존 솔즈베리의 논지는, 국왕의 권위란 결코 가볍게 도전받아서는 안 된다는 것이었다. 무엇보다도 군주는 그의 신민집단 전체(*universitas*)의 의인화 즉 공동체 전체의 대표체였다. 군주와 정치공동체 사이의 관계를 인간의 신체에 비유한다면 머리와 몸의 관계였다. 또한 국가의 다른 구성요소들 역시 신체 기관에 따라 분류되었는데, 존 솔즈베리는 이 비유를 때로는 품위를 잃을 정도로까지 철저하게 밀고 나아갔다.

존 솔즈베리가 활동하던 시기에 주도적인 개념으로 부상한 정치적 사회에 대한 유기체론적 인식은, 당시 부활되고 있던 로마법에서 유사한 표현들을 많이 발견하였다. 물론 로마의 법률 전통이 서유럽에서 완전히 망각된 적은 없었다. 그러나 비잔틴 제국에서 유스티니아누스에 의해 6세기에 편찬된 그 유명한 성문화된 로마법 조항들은 이탈리아에서 제한적으로 시행된 것을 제외하면 서유럽 어디에서도 전혀 시행되지 않았다. 그러다가 11세기에 들어와서 로마법 지식을 고전적인 형태로나마 되찾으려는 노력이 치열하게 경주되었다. 발전 도상의 서유럽 사회는 야만인들의 낡은 법전이 제공할 수 있던 것보다 더욱 정교한 법률 형태를 필요로 하고 있었던 것이다. 그리하여 《유스티니아누스 법률 대전》은 황제의 법률 전문가들에 의해 정리된 대로, 세 주요 부분 즉 《개요집》(*Institutes*)과 종래의 법령들을 방대하게 그러나 선택적으로 수록한 《법령집》(*Digest*), 그리고 제국의 새로운 법령들을 수록한 《신법집》(*Novellae*)으로 구분해서 재정리되었다.

12세기에 들어와서 로마법대전은 이탈리아의 법학 중심지들에 거의 완전한

---

11) 존 솔즈베리의 폭군론에 관해서는 김중기, 〈John of Salisbury의 폭군론〉, 《전북사학》, 1995, 81~111쪽 ; 이희만, 〈John of Salisbury의 폭군론에 관한 일고〉, 《숭실사학》, 1998, 221~256쪽 등을 참고할 수 있다.

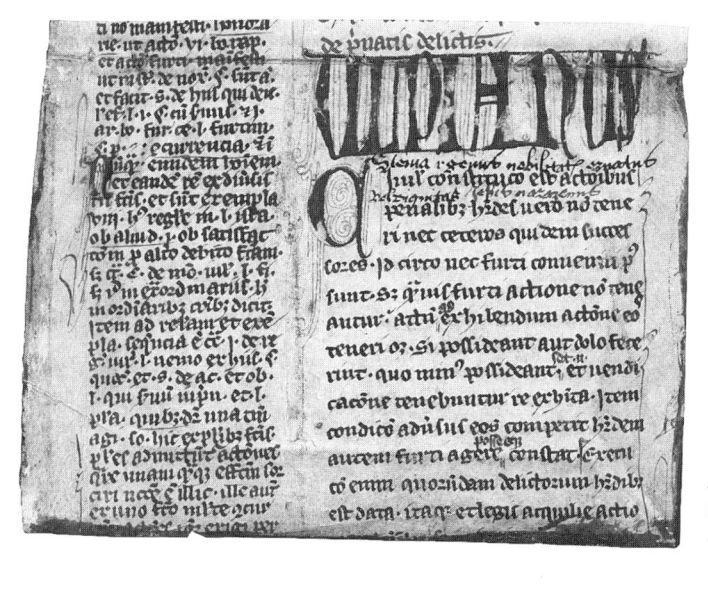

유스티니아누스
대제에 의해 편찬
된 《로마법대전》

모습으로 알려지게 되었다. 특히 볼로냐 대학은 시민법(*Jus Civile* : 중세기에는 로마법을 로마 교회의 교회법과 구별하기 위해 시민법이라 불렀다)의 연구 및 해석의 권위있는 중심지로서 그 위상을 확립하였다.

대부분의 뛰어난 로마법 연구자들은 자신의 생애의 적어도 어느 한 시기에는 볼로냐 대학에서 연구하거나 또는 그곳에서 가르친 경험을 가지고 있었다. 이 법률학자들은 일반적으로 주석학파로 알려지게 되었는데, 왜냐하면 이들은 고전적 법령 원문의 실제 자구에 대한 설명 내지 주석 작업을 자신들의 임무로 생각하였기 때문이다. 이들의 작업은 볼로냐 대학의 법률학부 교수 중 가장 유명한 인물 가운데 한 사람이었던 아쿠시우스(Accursius)가 집필한 《대주석서》(*Great Gloss* : 약 1225)에서 절정에 이르렀다.[12]

---

12) 플로렌스 태생으로 40여 년 이상 볼로냐에서 연구하고 가르쳤던 아쿠시우스(1180~1260)는 탁월한 로마법 주석학자들 가운데서도 가장 널리 알려진, 그리고 마지막 세대에 해당하는 인물이다. 아쿠시아나(*Accursiana*) 또는 오르디아나(*Ordiana*)로 불리는 그의 《대주석서》는 1세기 반에 걸쳐 누적된 주석학적 지식의 집대성이었다. 해석학자와 주석학자를 구분하면, 전자는 고전 법률가들 및 유스티니아누스 시기의 로마법을 법률의 본래적인, 그리고 순수한 원천으로 보고 이에 대한 주석을 집필한 학자들을 가리킨다. 후자는 13세기 후반에 접어들면서 형성된

주석학파가 로마의 사법체계에서 발견하려고 했던 주요한 개념 중 하나가 보편적 무시간적 자연법 개념이었다. 앞서 고찰한 바와 같이, 중세 그리스도교 사상에서 이 같은 개념의 법률이 전혀 새로운 것은 아니었다. 그러나 유스티니아누스의 법전이 보전하고 있던 근거들로부터 자연법에 부합하는 다양한 의미와 직접적인 지식을 서유럽 그리스도 사회에 전달한 인물은 이들 주석학파였다. 《법령집》에 언급된 고전 저술가들은 자연법에 대해 기본적으로 상이한 접근 방식을 가지고 있었다. 한편에는 자연법을 인간이 다른 동물들과 공유하고 있는 하나의 본능적 자질로 보는 3세기 로마의 법률학자 울피아누스류의 견해가 있었으며, 다른 한편에는 자연법을 본질적으로 합리적인 규범으로, 그리하여 독특하게 인간적인 가치체계로 간주하는 시각도 있었다. 그리하여 주석학파가 양자 사이에서 우왕좌왕하는 경향을 보였던 것은 오히려 당연한 일에 속한다. 그러나 자연법을 시민법 및 다른 종속적인 하위법의 조항들을 판단하고, 필요한 경우 이들을 폐기하고 수정하는 기준으로 간주하는 점에 대해서는 모두가 동의하였다. 결함이 있는 법규들은 올바른 이성 혹은 형평에 비추어 조정한다는 원칙이 로마법 이후 유럽의 법률제도들에 구체적으로 전승된 심대한 원리의 하나였다. 그러나 특정한 사건의 형평성 여부를 결정하는 판단의 주체가 개인적 추론이냐 또는 공인된 권위냐 하는 문제에 관해서는 주석학파 내부에서도 의견의 일치를 보지 못하고 있었다.

로마법 주석학자(Civilian glossator)들은 로마법 자체를 인정법 가운데 최고의 규범적 형태로 간주하였다. 로마법을 주석할 때 이들의 초기 경향은 법령 조항들을 발견하여 이를 자구적으로 해석하는 일이었다. 그러나 이 같은 해석을

___

이른바 후기 주석학파(post-glossator)들을 가리키는 술어다. 후기 주석학파는 고전기의 로마법 그 자체가 아니라 아쿠시우스 등 주석학자들의 업적, 즉 12·13세기에 나온 기존 주석서의 로마법 지식을 기반으로 하고 있었다. 이러한 새로운 경향은 13세기 중기 이후 로마법에 대한 주된 관심이 보다 순수한 학문적 탐구로부터 그것의 실제적 적용에로 이행되고 있었음을 드러내는 것이기도 하다.

12세기 유럽이라는 변화된 상황에 어떻게 조화시킬 것인가? 일원적 중앙집권적 제국에서 유래된 법률을 어떻게 분립적 권리와 관습의 구조에 대한 외경에 여전히 압도되어 있던 봉건적 유럽 사회에 적용시킬 수 있을 것인가 하는 과제는 분명 심각한 도전이었다.

이 과제에 대한 일부 주석학자의 대응은 엄밀성으로 되돌아가서 황제의 최고 권위를 그 밖의 왕국들에 반해 옹호하는 다소 무익한 법리적 주장을 추구하는 것이었다. 그러나 호헨슈타우펜 왕조가 가장 성공적이었던 시기에조차도 서유럽이 제국으로 재통합될 가능성은 전혀 없었다. 그리하여 대부분의 주석학파는 황제권이 단순한 명목상의 상위 영주권을 가진다는 점을 밝히는 것에 만족하였다. 그렇기는 하지마는 로마법에 표출된 보편적 정치구조에 대한 이들의 외경은 여전히 대단한 것이었다. 이에 많은 주석학자들은 당시의 정치적 쟁점에 대한 논의에 옛 고전기의 용어를 활용하였다.

가장 중요한 쟁점은 교권과 속권 모두에서 강력하게 성장하고 있던 중앙집권적 수장권 원리였다. 로마법 연구는 교속 모두에 걸쳐 있었던 수장권의 권한과 한계들에 관한 이론적 논의에 새로운 도구들을 제공하였다. 이른바 입법자—군주(*lex-regia*)와 관련하여 유스티니아누스의 《법령집》에 수록되어 있는 널리 알려진 기록에서, 울피아누스는 법률 집행의 담당자인 군주를 이렇게 설명하였다. 즉 "군주가 의지하는 바는 법률의 강제력을 가진다. 왜냐하면 군주의 권위에 대해 제정되었던 입법자—군주의 원리에 따라 신민은 자신의 권위와 권한을 군주에게 양도하였기 때문이다"라고 밝혔던 것이다. 울피아누스의 지적은 황제의 권한이 로마 인민으로부터 유래되었음을 명백히 하고 있다. 이에 우리는 이 같은 주장의 저변에 깔려 있는 논리를 일종의 인민주권론이라고 묘사할 수도 있을 것이다.

그러나 주석학자들이 이 주제를 다룰 때는 울피아누스와 유스티니아누스에게는 제기되지 않았던 문제들에 직면하고 있었다. 인민은 스스로를 군주에게

복속시킴으로써 정치 권위에 관한 모든 권리를 포기하였던가? 또는 인민은 여전히 최종적인 권위를 유보해 둠으로써 적절하다고 판단될 경우 이 권리를 행사할 수 있는가 하는 쟁점이 그것이었다. 이 쟁점에는 원문 해석이라는 학술적 쟁점 이상의 가치관의 문제가 결부되어 있었다. 당시 상황에서 쟁점이 되었던 이슈는 법률 제정에서 가지는 공동체의 권리가 직접적인 입법 활동까지 포함하는가 하는 화두였다. 교권과 속권이 경쟁하는 동안 로마법 학자들이 이 주제를 설명하기 위해 사용한 용어가 명백히 그리스도교적인 것이기는 하였지마는, 우리는 교권과 속권이 모두 수장권 원리의 내용에 관한 논쟁에 직면하고 있었음을 지적하였다. 바로 이 기본 이슈를 다루고 있던 로마법 학자들은 이제 처음으로 반드시 그리스도교적일 필요는 없는 술어와 일련의 개념들을 활용하게 되었던 것이다.

로마법 학자 자신들도 이 이슈에 대해서 다양한 답변을 내놓았다. 일부 학자는 신민이 유보된 권위를 언제나 변함없이 보유해왔다고 주장하였다. 그러나 다른 일부 학자는 신민이 자신들의 모든 권위를 황제에게 양도하였고, 이는 철회될 수 없는 것이라고 생각하였다. 12세기 볼로냐 학파의 최초의 위대한 학자였던 이르네리우스(Irnerius)는 법률을 제정할 때 황제는 반드시 원로원과 상의해야 한다고 지적하였다. 말하자면 이는 법률을 만들고 해석하는 데 있어서 유력자들을 통한 공동체의 협력이 반드시 필요하다는 게르만적 신념을 당대적 용어로 재천명한 것이었다.

로마적 이념과 게르만적 이념에 대한 이 같은 혼합적 해석은 다양한 영향을 미쳤다. 예를 들면 로마법이 처음부터 지방주의적 봉건법 체제에 반하는 운동으로 출발하였다고 보는 시각의 오류를 지적하는 데도 이는 매우 유용하다. 강력한 중앙집권적 군주에 대한 로마법의 강조가 뒷전으로 밀려난 데 대해, 영국의 헨리 2세(1154~89)와 황제 프리드리히 1세(1152~90) 등의 군주들이 왕실의 특권을 재주장하도록 후원하였던 것은 사실이다. 그러나 전체적으로 볼 때 군주

가 봉건적 관습을 자신의 영토 내 귀족들에 대한 자신의 권위를 실체적으로 증대시키는 데 활용하였던 것처럼, 로마법 학자들도 봉건적 개념과 일치하는 생활 방식을 찾고자 노력하였다. 그리하여 느슨한 형태의 봉건적 관습적 법률체제가 로마법과 병행하여 유지되고 있었다. 봉건적 법률체제는 로마법과 접촉한 결과 오히려 보다 높은 정밀성과 논리적 표현 형태를 갖추게 되었다. 역설적이게도 봉건적 지방주의가 쇠퇴하기 시작한 무렵에 봉건적 관습들의 가장 체계적인 법제화가 이루어졌다는 사실은 아마도 불가피한 과정의 일부였을 것이다.

그렇다면 로마법의 이념과 방법이 그리스도교 사회의 다른 조직 즉 교권에 미친 영향은 어떤 것이었을까? 교회 정부에서도 군주제적 구조를 지향하는 중앙집권화 과정의 강화가 12세기에 진행되었다. 보름스 협약 이후 이 시기 전체를 통해서 교회의 여러 지방교구에 대한 교황청의 통제는 꾸준히 더욱 효율적이 되었다. 통신과 여행 수단이 개선되면서 교황청은 교회의 모든 지방교구에 교황청 특사 및 그 밖의 관리들을 파견하게 됨으로써, 이들을 보다 세밀하게 감독할 수 있게 되었고, 또 양심적인 주교들은 자발적으로 로마 교황청에 많은 협력을 제공하였다.

교황청 역시 12세기 역사에서 특히 두드러졌던 다양한 형태의 새로운 그리스도교 사상과 운동들을 활용할 수 있었다. 무슬림에 대한 십자군 운동의 지휘, 시토회[13]와 같은 개혁적 수도원 운동에 대한 후원, 대학에서의 연구와 강의 업적들에 대한 지원, 및 신비한 경건주의자들이었던 비수도원 탁발교단에 대한 보호 등, 이 모든 것은 교황청의 유서깊은 태도 즉 그리스도교 사회체제의 정점

---

13) 시토(Cîteaux) 수도원은 베네딕트 규칙을 보다 엄격히 실천하기 위해 1098년 모레슴(Molesme) 수도원의 원장 로베르(Robert)에 의해 설립되었다. 1115년 5개(Cîteaux, La Ferte, Pontigny, Clairvaux, Mormond)에 불과했던 시토회 수도원은 1116년 클레르보의 수도원장이 된 성 베르나르(St. Bernard of Clairvaux, 1090~1153)의 업적에 힘입어 급격히 성장하였다. 이에 속한 수도원의 수가 1153년에는 343개로, 그리고 13세기 말엽에는 다시 그 두 배로 증가하였으며, 개별 수도원의 규모 역시 방대해졌다. 1142년 영국 리볼 시토회 수도원의 수도사가 650명에 달하였는데, 당시 영국 베네딕트회 수도원 가운데 가장 규모가 컸던 '크라이스트 처치 캔터베리'(Christ Church Canterbury)의 수도사가 150명에도 이르지 못하였던 것과는 좋은 대조가 된다.

에 위치한 보편적 정부로서의 활동을 강화하려는 교황청의 일관된 노력의 다양한 국면들이었다. 교황청 정부가 그리스도교 공화국 전체에 일률적으로 적용할 수 있는 포괄적인 법전의 제정을 후원함으로써, 그리고 과거 국지적으로 수집되었던 교회법들을 체계적으로 정비함으로써, 자신의 통제력 보장을 추구했다는 사실은 충분히 이해될 수 있다. 이러한 작업의 필요성은 12세기에 이미 인식되었다. 그러나 그레고리우스의 개혁운동에 의해 고취되었던 법률 편찬사업은 정밀한 법률 용어의 부족으로 인해 많은 어려움을 겪고 있었다. 그리하여 이 사업은 보다 다원화되는 동시에 중앙집권적 통제에 보다 순복적이 됨으로써 12세기의 일반적 흐름을 따랐던 교회의 행정적 제도로 대치될 수 밖에 없었다.

로마 시민법의 부활과 방법론에 관한 연구의 누적은 교황중심적 교회법 체계를 제도화하기 위한 명백한 하나의 모델을 제시하였다. 그러나 상이할 뿐만 아니라 빈번히 상충되기까지 했던 교회의 전거와 선례들이 여전히 문제였다. 여기에 당시 성장하고 있던 대학들이 제기한 변증법적인 논증 기법이 하나의 해결책을 제시하였다. 12세기 및 그 이후 중세기 전체를 통해서 대학교육의 유형은 공인된 전거와 이 전거의 연구가 제기한 문제들에 대해 다양한 형태의 논쟁을 결합시키는 일종의 주석작업이었다.

신설된 파리 대학은 볼로냐 대학이 법학 연구분야에서 그러하였던 것처럼 신학과 철학 연구의 중심지가 되었다. 이곳에서 피터 아벨라르(Peter Abelard, 1078~1142)[14]는 아름다운 소녀 엘로이즈(Heloise)와의 유명한 사랑 이외에도 진지한 학문적 과업에 몰두하였다. 그는 《예 그리고 아니오》(Sic et Non)에서 신학과 철학 문제에 대한 교부시대의 전거들 가운데 서로 상충되는 가르침을 수집해서 나란히 제시하였다. 그러나 그는 이 같은 차이점의 해결방안을 특별히 제시하지는 않았다. 아벨라르는 전거와 가르침의 여러 불일치 점들이 사실상 단순

---

14) 피터 아벨라르의 생애와 저술에 관해서는 박은구의 《중세 유럽의 사상가들》, 230~237쪽을 참고할 것.

히 용어상의 것에 불과하며, 또한 다수의 전거에서 사용된 동일한 용어의 정확한 의미를 검토함으로써 이들을 충분히 설명할 수 있다고 확신하였다. 그 이후에도 피터 롬바르드(Peter Lombard, 1160년 사망)[15]는 자신의 《명제집》(*Sentences*)에서 변증법적 논리기법을 활용하여, 앞으로 중세 신학의 교과서가 될 고전적 저술을 집필하였다. 아벨라르와 약간의 차이점이 있다면 롬바르드는 자신의 자료들을 종합함으로써 해결책을 모색하였다는 점일 것이다.

아벨라르와 롬바르드가 신학 분야에 기여했다면, 교회법 분야에서는 《교회법령집》(*Decretum*)으로 널리 알려진 《조화되지 않는 교회법들의 조화》(*Concordia discordantium Canonum*)가 그와 같은 기여를 담당하였다. 1140년경에 집필된 것으로 추정되는 이 저작은 법률학의 중심지였던 볼로냐의 한 성직자 그라티안

그라티안의 《교회법령집》

(Gratian)에 의해 편찬되었다고 일반적으로 인식되어 왔다. 그러나 근년의 연구에 의하면 호머(Homer)와 마찬가지로 그라티안도 한 사람이 아니라 여러 사람이며, 그라티안이라는 이름을 가진 인물은 일련의 공편자와 교열자 집단 가운데 한 사람에 불과하였고, 이 저작도 교황청의 직접적인 후원을 받아 로마에서 편찬되었을 수 있다는 점이 지적되고 있다. 원저작의 근거 문제에 관한 진실이 어떠하든, 《교회

---

15) 피터 롬바르드의 생애와 저술에 관해서는 《중세 유럽의 사상가들》, 256~261쪽을 참고할 것.

법령집》이 출간된 지 한 세대도 경과하기 전에 교회법의 표준적 교과서가 되었다는 사실은 분명하다.《교회법령집》은 모든 가톨릭 세계에서 그것의 전문적 해석가들 즉 디크레티스트(decretist)들이라 불린 학자들에 의해 암송되고 주석되었으며, 또한 모든 곳에서 적용 가능한 균일한 교회 법전의 토대로도 활용되었다. 그러나 교회법은 그라티안 이후에도 지속적으로 제정되었다. 교황들은 시대적 요청에 따라 새로운 법령을 계속 반포하였으며, 이는 13·14세기의 이른바 교황령 모음집으로 수합되고 분류되었다. 이 교황령(decretal)들은 그라티안의《교회법령집》과 마찬가지로 디크레탈리스트(decretalist)들에 의해 정리되고 주석되었다. 디크레티스트와 디크레탈리스트로 구분되는 두 해석학파는 모두가 현대 사가들에 의해 교회법 학자라는 집합적 이름으로 불리고 있다. 이 학파에 속하는 아마도 가장 널리 알려진 교회법 학자와 주석서는 아쿠시우스의 로마법에 대한 저작이 완성된 것과 비슷한 시기인 13세기 초엽의 요하네스 튜토니쿠스(Joannes Teutonicus, 1246년 사망)가 편찬한《교황령 대주석서》(*Glossa Ordinaria*)일 것이다.[16]

교회법이 로마법 체계의 방법론과 용어를 수용하는 과정에서 그것의 이념 역시 흡수하였다는 점은 오히려 당연한 일이다. 그리하여 교회법 학자들 가운데 일부는 자연법을 성서에서 말하는 신법과 동일시하는 그라티안의 노선을 따랐지만, 일반적으로는 우주의 질서란 이성의 자연법(natural law of reason)에 의해 지배되는 질서로 묘사되었다. 한편 많은 교회법 학자들은 자연법을 동물적 본능의 주제로 파악했던 울피아누스의 견해를 거부하는 경향으로 대체로 나아가게 되었다. 12세기 일급의 디크레티스트였던 루피누스(Rufinus)는 울피아누스의 견해를 전통적 관점이라고 지적함으로써, 다소 부당하게도 이를 로마법 학

---

16)《교황령 대주석서》는 바르톨로매 브릭시엔시스(또는 브레시카)에 의해 가필 완성되어《*glossa ordinaria decreti*》로도 불린다. 이 책은 알퀸학파의 일원인 왈라프리드 스트라보(Walafrid Strabo, 808~849)의 저작《일반주석집》(*Glossa Ordinaria*)과 혼동될 수 있다. 왈라프리드의 책은 성서에 대한 교부들의 주석들을 요약해서 모은 주석집이다.

자들의 일반적 태도로 돌리고 이에 대한 교회법 학자들의 비판적 인식을 자랑스럽게 밝힌 바 있다.

로마법과 마찬가지로 교회법 역시 모든 인간의 본원적 인격적 평등을 상정하였다. 그러나 교회법은 노예제, 소유제와 같은 제도들을 타락한 인간 사회의 불가피한 제도로 받아들일 준비가 되어 있었다. 또한 인간의 불완전한 상태를 보완하기 위해서는 교권과 속권 모두에서 강제력을 가진 정부가 필요하다는 점에도 동의하고 있었다. 그러나 어떠한 조건 하에서 정부의 강제력이 행사되어야 할 것인가? 이 문제에 대해서 디크레티스트들은 흥미롭고 다양한 답변들을 내놓았다.

정치사상의 발달과 관련된 교회법 학자들의 견해는 다음의 두 범주로 정리될 수 있다. 첫째, 교황과 그의 계서조직인 사제집단과의 관계 및 교황과 그리스도교 신도집단 전체와의 관계에 대한 이론이 그것이고, 둘째, 그리스도교 공화국 내의 또 다른 계서조직 즉 세속정부와의 관계에 대한 이론이 그것이다.

그라티안과 전통적 노선을 따랐던 디크레티스트들은 교황을 그리스도에 의해 성 베드로에게 위임된 교회사의 '묶고 푸는' 권한을 공식적으로 보유한 인물로 파악하였다. 그러나 이들도 교회 정부의 공직적인 과정이 때로는 와해되거나 심각하게 방해받을 수 있다는 사실을 인정하지 않을 수 없었다. 이단적 교황의 개연성은 끊임없이 고개를 쳐드는 악몽이었다. 교황의 교리적 권위의 성격에 관하여는 어떤 엄밀한 교리적 해명에 의해서도 명확히 정의될 수 없었으며, 이와 같은 상태는 1870년 개최된 바티칸 공의회(Vatican Council) 때까지도 지속되었다. 요컨대 디크레티스트들에게는 교회사에 대한 교황의 권한이라는 주제에 관한 한 폭넓은 추론의 영역이 열려 있었고, 이들 또한 그 영역을 최대한 활용하였다.

이 문제를 극복하는 일반적인 방법은 성 베드로에게 주어진 약속이 한정된 국지적 의미의 것이 아니라 충성스러운 그리스도교 집단 전체를 상정하는 로마

교회에 대한 것이었다는 시각이다. 아마도 가장 위대한 디크레티스트로 평가될 휴그치오 피사(Huguccio of Pisa, 1210년 사망)는 자신의, 불행하게도 아직 출간되지 못한,《대전》(*Summa*)에서 "정직하고 신앙심 깊은 사람들이 있는 곳에는 어디나 진정한 로마 교회가 있다. 수많은 흠결과 오류가 없는 로마 교회란 찾아볼 수 없을 것이다"라고 담담하게 지적한 바 있다. 그에 따르면 정직하고 신앙심 깊은 신도야말로 오류로부터 자유로운 진정하고 유일한 로마 교회였다. 그러니까 교회가 보존되기 위해서 모든 사람, 심지어 다수조차, 정통적 신앙에 반드시 머물러 있어야 할 필요는 없었다. 단 한 사람이라도 진리에 충실한 한 그리스도의 약속은 보존될 것이었다. 디크레티스트들은 바로 이 개인이 반드시 교황이어야 한다는 사실을 필연적인 것으로 생각하지는 않았던 것이다.

더욱이 일상적인 시기라 하더라도 교황의 권위가 결코 무제한적일 수는 없었다. 여기에 교회법 학자들이 당면했던 문제와 로마법 학자들의 그것 사이에 중요한 차이가 있었다. 로마법 학자들은 한편으로는 사회적 관습적 권리들을 인정하면서도, 크게 힘들이지 않고 "군주를 만족시키는 것은 법률의 강제력을 가진다"라고 주장할 수 있었다. 그러나 교회법 학자들은 교황을 위해 그와 같은 강력한 주장을 펼칠 수 없었다. 왜냐하면 교회법 학자들은 지방적 관습적 요구의 정당성을 인정하고 있었을 뿐만 아니라, 성서와 교회의 전체 공의회에서 제정된 모든 교리 체계를 교황이라 하더라도 수정 또는 개정할 수 없었기 때문이었다.

그라티안 이후 대부분의 디크레티스트들은 한 걸음 더 나아가 신조들을 결정하는 데 있어서는 전체 공의회가 교황보다 우월하다고까지 주장하였다. 왜냐하면 동의의 개념이 다소 모호하게 정의되기는 했지마는, 전체 공의회가 전교회의 '보편적 동의'를 구현하기 때문이라는 것이었다. 그러나 동시에 디크레티스트들은 이 공의회가 합법적이기 위해서는 교황의 참석이 필요하다는 점을 자명한 사실로 받아들였다. 따라서 실제에 있어서 이들의 주장은 교황의 입법 활

동에 관한 한 혼자 할 때에 비해 전체 공의회의 도움을 받아 수행될 때 보다 많은 권위를 가진다는 사실을 강조하는 의미를 가지고 있었다. 이 점은 세속 정치사에서 군주가 왕국 내의 유력자들과 협력함으로써 자신의 결정의 위엄을 더욱 높일 수 있다는 게르만적 봉건적 이념들을 연상시킨다.

이 주제와 관련하여 《교황령 주석집》(*Glossa Palatina*)의 기록은 과두제적인 다소 다른 견해, 즉 교황이라 하더라도 추기경단의 동의 없이는 전체 교회에 관한 법률을 제정할 수 없다는 관점을 보여주고 있다. 이 기록은 베노(Benno)가 그레고리우스 7세에 대해 불평을 터뜨린 이후, 추기경단의 중요성이 증대되어 왔음을 드러내고 있다. 이제 추기경 회의는 정례적으로 개최됨으로써 교황의 엄숙한 결정을 선포하는 수단으로 활용되었다. 교황과 추기경단의 이와 같은 관계에 상응하는 봉건적 세속적 제도가 소규모의 상설 관료들이 지속적으로 군주를 보좌하는 체제였다고 할 것이다. 군주에 대해 왕국의 관습을 보존할 책무가 있다고 상정되었던 것과 마찬가지로, 교황에 대해서도 교회의 위상(*status ecclesiae*) 이를테면 교회의 전통적인 상태를 보존해야 할 책무가 있다고 상정되었다. 교황이 이 기능을 제대로 수행하지 않는 경우 교황을 폐위하는 행위의 합법성에 관한 문제가 디크레티스트들에 의해서 논의되었다. 그라티안 자신은 성 보니파키우스(St. Boniface, 680~755)의 기록이라고 밝혔지만, 실제로는 추기경 홈베르트(Humbert)의 것이었던 한 주석집도 이와 같은 가능성을 부인하지 않았다. 그라티안은 교황이 재판에 회부될 가능성을 부정하였다. 그러나 휴그치오는 교황이단설뿐만 아니라 교회에 대한 교황의 그 밖의 범죄들도, 교회가 겪게 될 위험과 전체적 혼란을 피하기 위하여, 폐위 등을 통해 교황 역시 징벌될 수 있다고 주장하였다. 단지 교황의 범죄는 그것에 대해 어떤 조치가 취해지기 이전에 반드시 공개되어야 한다는 것이 그의 생각이었다.

《교황령 주석집》도 교황이 이단적인 경우 전체 공의회의 재판에 회부될 수 있다고 판단한 것처럼 보이며, 13세기 초엽의 유명한 교회법 학자였던 알라누스

(Alanus)는 이러한 견해를 구체적으로 제기하기도 하였다. 그러나 디크레티스트들이 법리적 가능성에 관한 이러한 주장의 논리적 함의까지 깊이있게 탐구한 것 같지는 않으며, 결과적으로 이로 인한 어려움도 자초하지 않았다. 사실 이

중세 그리스도교 사회에서의 교황의 위상

들은 전문적인 신학자도 정치철학자도 아니었던 것이다. 단지 확실한 점은 이들의 견해가 그 이후의 신학과 정치사상 모두에 영향을 미쳤다는 사실 정도일 것이다.

　　교권과 속권의 관계라는 두 번째 주요 논제는 전반적 실제적 이해관계의 문제와도 결부되어 있었다. 세속 정치사에 대한 교황의 간섭은 여러 국면의 사건들에 걸쳐 있었는데, 특히 호헨슈타우펜 왕가와의 투쟁이 현저한 예였다. 교황과 황제 간의 투쟁은 대체로 이탈리아 문제에 집중되어 있었으며, 교황청이 느꼈던 가장 심각한 세속사의 어려움은 제국 문제에 관한 것이었다. 교황청은 스스로를 제국과는 특수한 관계에 있다고 항상 생각하였다. 왜냐하면 샤를마뉴를 즉위시킴으로써, 그리고 로마에서 황제의 대관식을 집행하는 교황의 전통적이고 독점적인 권리를 수행함으로써, 서유럽 제국이라는 제도를 재창조한 것이 교황청이기 때문이었다.

　　1157년 브장송 제후회의(Diet of Besançon)에 파견된 교황 아드리아누스 4세(1154~59)의 특사들은 프리드리히 1세에게 "은총을 부여한다"(conferre beneficia)는 교황의 서한을 읽을 때 프리드리히의 궁정인들로부터 거의 린치를 당할 뻔하였다.[17] 은총의 부여는 '은대지의 수여'로 해석될 수도 있으며, 또한 이론상 보

---

17) 프리드리히 1세(Frederick I the Babarossa)와 교황청과의 분쟁에 관해서는 C. C. Mierow에 의해 영역된 연대기인 Otto Freising, *The Deeds of Frederick Barbarossa* (New York, 1953)를 참고할 수 있다. 또한 프리드리히의 전기로는 M. Pacaut, *Frederick Barbarossa* (New York, 1970)가 있다.

다 봉건적 의미로는 '봉토의 수여'로도 해석될 수 있는 모호한 대목이었다. 아마도 아드리아누스는 전자의 의미를 의도했던 것처럼 보인다. 실제로 그는 1155년 프리드리히에게 황제의 속권(regalia)을 수여하였다. 그러나 엄격한 봉건적 의미에 익숙해져 있던 프리드리히와 그의 게르만족 추종자들은 교황 아드리아누스가 문자 그대로 프리드리히의 현세적 상위 주군임을 선언하고 있다고 비약하였던 것이다.

그 이후 1202년 공포된 이노센트 3세(1198~1216)의 유명한 교황령 '외경스러운 형제들'(Venerablilem fratrem)에서, 교황은 제국을 샤를마뉴 시대에 그리스인 즉 비잔틴인으로부터 게르만족에게로 이전시켰으므로, 교황이 황제직에 관한 선거를 최종적으로 재가할 권리를 가져야 한다는 주장을 발견할 수 있다. 그러나 여기서도 우리는 제국 선거에 대한 이러한 감독권 주장이 세속정부에 대한 교황청의 직접적 우위를 주장하는 논리였다고 일반화하기는 어렵다. 이 점에 관해 교황청은 어떠한 확정적인 논거도 제시하지 않고 있었다.

뿐만 아니라 교황이 특정 왕국에 대해 봉건적 상위 영주권을 행사하였다는 증거도 찾아볼 수 없다. 11세기로 거슬러 올라가면 이 관행은 한 왕국이 스스로를 사도 베드로의 보호 하에 둠으로써, 다시 말해서 군주가 교황청의 가신의 위상을 자처함으로써 성장하였다. 헝가리, 크로아티아, 아라곤 그리고 노르만족의 남부 왕국들이 같은 예에 속한다. 그리고 영국의 경우에도 존 왕(1199~1216)에 의해 행해진 이노센트 3세에 대한 1231년의 가신서약은 널리 알려져 있다. 교황청은 확실히 모든 왕국들에 대하여 때로는 분노에 차서 광범위한 권위를 주장하였다. 그러나 각각의 경우를 검토해 보면 예외없이 그와 같은 주장의 근거에는 추상적 보편적 원리로서의 전능권(plenitudo potestatis)이 아니라 세밀하게 한정된 봉건 특권들이 개재되어 있었다.

이노센트 3세는 교황의 세속적 봉건적 권리들을 공개적으로 매우 소중하게 여긴 교황이었다. 당대 정치사에 대한 그의 방대한 간섭은 대부분이 자신의

정신적 책무에 대한 이론적 추론들에 입각하고 있었다. 1204년의 교황령 〈그는 알고 있다〉(*Novit Ille*)에서 이노센트는 전쟁중에 있던 프랑스와 영국 군주들에 대한 중재권을 주장하였다. 비록 그가 군주들 사이에 벌어지고 있던 봉건적 분쟁에 대한 사법적 권한을 주장하지는 않았지만, 여전히 범죄가 저질러질 수 있는 사건들에 대한 교황의 권위는 부인될 수 없다고 천명하였던 것이다. 이같은 선언은 교황 중재권이 거의 모든 정치적 활동을 포괄하는 것으로 확대될 수 있음을 의미하였고, 또 실제로 확대되었다. 이를 토대로 이노센트는 사실상 세속사에 대해 무제한적 간섭권을 향유할 수 있었다. 그러나 여전히 그는 이를 보편적 현세적 주권을 지향하는 포괄적인 교황권 이론으로는 주장하지 않았다.

12세기의 몇몇 저술가들은 세속 정부가 교황권에서 유래되었고, 인간 사회의 지루하고 힘든 과제인 물질적 질서의 유지라는 현실적 책무를 위해서, 세속적 권위가 정신사로부터 구분되어 예속적인 형태로 부여되었다고 주장하였다. 빈번히 활용되었던 '두 칼'의 비유도 이러한 맥락에서 한 논거로 인용되었다. 그러나 우리는 '두 칼의 비유'가 이미 황제 하인리히 4세에 의해 교황과의 투쟁을 위한 무기로 사용되었음을 검토하였다. 그런데 12세기에는 이 비유가 비록 프리드리히 바바로싸의 항의에도 불구하고, 거의 전적으로 교황권주의자들에 의해 활용되었던 것이다. 12세기 초에 호노리우스 아우구스부르그(Honorius of Augusburg)는 〈콘스탄티누스 대제의 기진장〉을 복합적으로 해석하였다. 이는 먼저 세속의 그리스도교 정부가 물리적 검(*gladius materialis*) 즉 세속적 정치 권위를 교권에 넘겨준 증거이며, 다시 이는 교권이 물리적 검에 대한 종국적인 법률상의 소유권을 가진 채, 교회의 감독 하에 그것이 사용되도록 되돌려준 증거로 해석되었다. 근년의 연구에 의하면 호노리우스는 캔터베리 출신으로서, 호노리우스 캔터베리(Honorius of Canterbury)였음을 시사하고 있다.

12세기 중엽 존 솔즈베리와 성 베르나르 클레르보(St. Bernard of Clairvaux)[18]
는 모두 세속 정부가 받은 물리적 검이 교권에서 유래되었다고 지적하였다. 이
들의 주장은 교황과 그의 개인적 친구들은 물론, 교황권 우위를 변론했던 지식
인들에게도 확신을 주었다. 존 솔즈베리는 세속 군주란 '사제가 손수 할 가치
까지는 없어 보이는 그러나 신성한 직무의 일부를 담당한다'고 말하였으며, 또
한 베르나르는 특히 교황 유게니우스 3세(1145~53)를 위해 집필한 편람 《명상
록》(De Consieratione)에서, 두 칼은 모두 교회에 속한 것으로서 정신적 칼은 교회
에 의해 사용되어야 하고, 물질적 칼은 교회를 위해 사용되어야 한다고 주장하
였다. 이와 같은 지적의 정확한 뜻이 분명하지는 않다. 그러나 아무튼 이는 교권
의 속권에 대한 일종의 감독적 통제권을 옹호하는 변론이었던 것으로 보인다.
그렇다고 해서 존 솔즈베리와 베르나르가 반드시 교황에 의한 현세적 권한의
직접적인 행사를 의도했다고 해석되기는 어렵다. 또한 자주 인용되는 신학자인
휴그 생 빅토르(Hugh of St. Victor, 1096~1141)의 "교권이 국왕의 권한을 제정하고
판단하는 권리를 가진다"라는 지적에 대해서도 비슷한 해석이 가능할 것이다.
휴그 생 빅토르의 지적은 군주를 도유하고, 대관하며, 정당하게 통치하겠다는
군주 서약의 준수 여부를 감독하는 권한이, 교회의 유서깊은 권위의 일부임을
지적하는 단순한 언급에 불과할 수도 있는 것이다.

중세 교회법에 대한 근년의 연구자인 스틱클러(A. M. Stickler)에 따르면, 그
라티안이 사용한 물질적 검이라는 용어는 이단자와 도덕률 위반자에 대한 교회
의 고유한 강제력을 가리키며, 이 권한은 유혈사태가 일어날 경우 교권 자체만
으로는 행사될 수 없었기 때문에 세속 정부에게 위임되었다고 주장하였다. 스
틱클러의 이론이 의미하는 바는 12세기 말엽과 13세기 초엽의 교회법 학자들이
이 용어를 혼용했기 때문에, 교권의 물질적 검에 대한 통제가 일부 학자들에 의

---

18) 성 베르나르 클레르보의 생애와 저술에 관해서는 《중세 유럽의 사상가들》, 243~247쪽을 참고
할 것.

해 세속 정부 그 자체에 대한 교권의 통제로 확대 해석되었다는 것이었다. 휴그치오 피사의 저작은 '물질적 검'이 가진 두 가지 의미의 해석 과정에서 의미있는 계기가 되었다. 휴그치오 피사는 문맥에 따라 두 가지 의미를 조심스럽게 구별하면서도, 저작의 여러 부분에서 물질적 칼의 두 가지 의미를 병행적으로 사용하였다. 스틱클러의 이론을 받아들인다면, 존 솔즈베리와 성 베르나르의 주장 역시 겔라시우스의 주장과 크게 다르지 않은 보다 온건한 맥락에서 이해될 수 있는 것이다.

디크레티스트들의 저술은 그 대부분이 간행되어 있지 않아서, 오늘날 이들에 관한 우리들의 판단은 불완전한 지식을 토대로 할 수밖에 없다. 그렇기는 하지마는 아마도 디크레티스트들에게는 두 부류가 있었던 것 같다. 12세기 교회법 학자들은 일반적으로 학문적 성향이 황제에 대한 시각에 압축되어 있다고 생각하였다. 일부에서는 교황이 성 베드로의 열쇠를 소유하고 있다는 점을 들어 적어도 황제에 대한 교황의 재가권이 여기에 포함되어야 한다고 해석하였다. 《립수스 대전》(Summa Lipsiensis)[19](1186)은 교황이 물리적 검을 황제에게 수여하였으므로 황제의 폐위를 통해서 그것을 박탈할 수도 있다는 견해를 표명하였다. 《립수스 대전》은 우선 인민에 의한 황제 권위의 박탈이라는 그레고리우스의 사상을 지지하였다. 그리고 황제 폐위에 관한 교황의 역할에 있어서는 교회의 파문이 신민으로부터 황제에 대한 충성을 철회시킬 수도 있는 만큼, 교황의 권한을 파문이라는 첫 조치에 한정하는 입장을 선호하였다.

휴그치오 피사는 진정한 겔라시우스류의 방식으로 두 정부의 영역을 선명하게 분리하였다. 그러나 그는 황제가 잘못을 범했을 경우, 교황에게 세속사에 관한 황제의 일까지 판단하는 권한을 부여하였다. 그는 황제가 신민을 부당하게 다룰 경우 신민이 호소할 수 있는 세속적 상위자가 없다는 것을 근거로 삼

---

19) 원 제목은 《Summa "Omnis qui iuste iudicat" sive Lipsiensis》으로서, '의롭게 재판하는 모든 사람을 위한 대전'의 뜻을 가지고 있다.

아 자신의 주장의 정당성을 설득하였다. 또한 교황은 고위 사제조직의 계서적 수장으로서 정의를 제시해주도록 요청받을 수도 있었다. 그러나 휴그치오 피사의 주장이 가지고 있는 이러한 봉건적 논리는 황제에게 속한 세속 통치자들을 판단하고 폐위하는 권리가 교황에게 부여되어 있다는 주장을 반박하고 있다는 사실 또한 역설적으로 보여준다. 왜냐하면 휴그치오 피사의 논리에는 세속 통치자가 속한 계서조직 내부에 이들을 판단하고 폐위를 결정하는 고유한 세속의 사법적 상위자가 존재한다는 인식이 전제되어 있기 때문이다.

이노센트 3세는 휴그치오 피사의 제자답게 정신적 권위와 세속적 권위가 각각 상이한 관리 영역을 가진다는 사실을 잘 이해하고 있었다. 그는 교권의 존엄함이 가지는 우월성을 의심하지 않았고, 속권을 계도하고 고귀하게 만드는 요소가 정신적인 것이라고 생각하였다. 그러나 이노센트는 교회의 계서조직에 대한 직접적인 명령권 및 특히 제국과는 구별되는 세속적 정부들 전반에 대한 통제권 주장을 선명하게 제기하지는 않았다.

돌이켜보면 우리는 12세기 사상에 내재되어 있던 모호성들을 어렵지 않게 파악할 수 있다. 유기적 정치공동체에 대한 주장은 지방적 특권들 및 치밀하게 보호된 관습들로 이루어진 복잡다기한 사회질서와 더불어 공존할 수 있었다. 중앙집권적인 로마적 법률 전통의 재발견은 그리스도교 공화국의 두 계서 조직 모두의 내부에서 군주제 체제가 그 위상을 유지하고 강화하는 투쟁을 벌이던 시기에 일어났다. 이들 모두 가운데 중앙집권화를 가장 강력하게 밀고 나간 조직이 바로 교황청 정부였다.

12세기의 역사적 추이는 중앙집권적 통제를 성취하려는 교회의 의도에 보다 많은 기회를 세속 정부의 그것에 비해 제공하였다. 그러나 세속 군주들도 열정적으로 교황청의 궤적을 따라가고 있었다. 제국은 자신의 지배 하에 있던 독일과 이탈리아 영토 내부에 충실한 정치적 통일체를 형성하는 데 실패함으로써, 제국 그 자체의 정치적 비중이 상실되고 있었다. 그러나 앙주 왕가와 출발이 늦

었던 프랑스 카페 왕가의 통치자들은 자신들의 왕국 내에 일군의 지방적 법률과 관습을 토대로 하여 종국적으로는 교황의 지배적 위상에까지 도전하게 될 행정제도를 이룩하고 있었다.

물론 12세기의 새로운 법률적 정치적 발견들이 전적으로 중앙집권적 군주제 정부를 강화하는 방향으로만 작용한 것은 아니었다. 로마법과 교회법 주석가들은 각자의 영역에서 중앙집권적 정부에 대해 매우 당혹스러운 문제들을 제기하였다. 신민에 의해 통치자의 권위가 박탈될 수도 있다는 로마법 학자들의 강조는, 원시 게르만족에게서 확인되는, 군주의 실정에 대한 개인적 집단적 저항권을 공동체 차원으로 옮겨놓았다. 신에 의해 부여된 교황권의 성격과 한계를 해명하고자 했던 디크레티스트들은 교황이 자신의 권한을 행사할 경우 무엇보다도 교회의 위상을 고려해야 함을 강조하였다. 교권과 속권 모두에서 통치자의 책무는 통치자의 증대된 권한과 밀접하게 결부되어 있었다. 후대에 남겨진 허다한 모호함과 긴장들에도 불구하고, 12세기는 앞으로 유럽적 정치 전통의 현저한 특징이 될 요소 즉 정부와 신민집단의 근본적 문제들을 고유한 당대의 언어로 표현하는 데 성공한 시기였다.

제5장 국가의 출현

오늘날 많은 사람들이 13세기를 중세 문명의 절정기로 간주하고 있는데, 이러한 시각에는 실제로 상당한 근거가 있다. 이 시기에 고딕 건축과 조각이 고전적 양식을 이룩하였으며, 회화와 민족문학 분야에서도 새로운 움직임이 일어났다. 철학과 신학 영역에서는 아리스토텔레스 저작들이 재발견되었고, 이와 더불어 스콜라적인 변증법적 추론 방법도 성장함으로써 이전 세기의 모호한 사변들에 정밀성을 더하는 수단을 가지게 되었다. 경제생활에서도 이 시기는 보다 용이해진 통신수단과 부르주아 상인 계층을 가진 도시들이 거듭 성장한 팽창의 시기였다. 다른 한편으로는 이러한 움직임과 함께 지속적인 인구 증가라는 사회적 변화가 일어났으며, 늘어난 인구는 동부 및 중부 유럽에서의 새로운 토지 개간 사업과 무슬림인이 지배하던 스페인 재정복 사업에서도 활로를 발견하였다. 유럽의 모든 지역에서 의복, 예법, 사상 등이 다원화하는 추세를 보였으며, 사람들은 이제 사랑과 법률 그리고 경제와 윤리에서도 봉건 세계의 조야한 단순함을 더 이상 적절하다고 여기지 않게 되었음을 보여주고 있다.

정치적 영역에서도 지금까지의 행정적 제도적 장치가 충분하지 못하다는 인식이 확대되어 갔다. 새로운 방법이 마련되어야 했고, 이를 작동시킬 새로운 인물도 필요하였다. 당시까지 서유럽 군주들은 관습법을 해석할 때 봉건적 자

문 기구의 후원과 동의를 기대하였다. 그러나 13세기에 접어들면서는 일찍부터 공동체 내의 다른 계층들로부터 보완적 조언이 필요하다는 것을 절실히 깨닫기 시작하였다. 새로운 사회계층 즉 부르주아, 도시민, 왕국 내의 지방 출신 젠트리, 사제 그리고 법률가 등의 계층은 13세기가 시작되기 이전에도 때때로 협의의 대상이 되고 있었다. 봉건적인 정치사회적 조직망은 설령 현명한 군주에 의해서 운용되었을 경우에도 군주가 목적하는 바를 모두 이루기에는 충분하지 못했다. 군주는 경제적 정치적으로 줄기차게 성장하여 중요성이 증가한 자신의 비봉건 신민들을 다루기 위해서, 전통적인 행정 절차를 조정하는 몇몇 조치들을 추가할 필요가 있었다. 군주들은 자신이 필요로 하는 화폐를 조달하기 위해 특히 비봉건 사회계층의 협력이 필요하였다. 13세기에 이르면 생활수준이 향상되어, 이제 전쟁을 위한 그리고 평화를 위한 업무 모두가 더 많은 비용을 요구하고 있었다. 군주 개인의 수입과 정상적 공과금으로는 더 이상 지출을 충분히 감당할 수 없었다. 새로운 징세 방법이 필요해졌던 것이다.

군주가 직면했던 문제는 필요한 초과 경비를 어떻게 가능한 한 고통스럽지 않게 신민들로부터 거둬들이느냐 하는 것이었다. 그런데 관련된 모든 사람과의 개별적인 협상은 명백히 비실제적이었다. 군주 역시 이 같은 협상 작업을 수행할 시간과 인내심을 가지고 있지 않았다. 그렇기는 하지마는 군주가 왕국 내의 몇몇 공동체들 또는 왕국을 하나로 묶어 협상할 경우에는 보다 쉽게 동일한 협상 결과를 얻을 수 있었다. 그런데 이것은 군주가 공동체들을 향해 희망하는 바를 전하고 대표자의 지명을 설득할 수 있을 때, 그리고 보다 중요한 요소로서 군주가 기대하는 바를 공동체로 하여금 수행하도록 할 때에야 비로소 군주가 기대했던 바도 성취될 수 있었다. 다시 말해서 서유럽 군주제는 일종의 대의체제를 향해 나아가고 있었던 것이다.

이와 같은 움직임의 토대는 속권과 교권 각각의 정치적 영역에서 이미 형성되고 있던 유기체적 조직을 통해 마련되었다. 상인 길드, 상조단체, 공동체 및

도시민 자문기구 그리고 교회와 수도원의 참사회 등은 모두 중세 사회가 경험하고 있던 사회단위가 증가하고, 자율적 존립을 보호하려는 이들의 새로운 사회적 요구가 크게 증대되고 있었음을 상징한다. 잠시 교회 영역을 논외로 한다면 무엇보다도 속권 그 자체가 일종의 법인체적 제도로 간주되기 시작하였으며, 세속 정치공동체가 일종의 유기체 조직이라는 인식도 보다 강력한 법제적 발전을 수반하였다. 특정 지역의 공공 정부가 비상시에 특별세를 요구할 수도 있는 권리를 보유한다는 관념은, 비록 정확한 번역은 어렵지만 용어의 의미는 분명한, '왕국의 공공 이익'(*utilitas regni*) 내지 '왕국의 불가결한 필요'(*necessitas regni*) 등의 개념에 의해 더욱 정당화되었다. 이런 용어는 군주 대권에 관한 봉건적 내지 게르만적 개념을 넘어서 공공 이익에 관한 로마법 이론 및 공동 선에 대한 아리스토텔레스 사상에 그 기원이 있었다. 더욱이 이는 희미하게나마 국가에 대한 근대적 이념까지 예시하고 있는 것처럼 보인다. 실제로 '스타투스'(*status*)라는 용어는 중세 공동체 내의 다양한 유형의 관습과 법률의 전체적 체계라는 의미로부터, 특정한 사회적 공동체 내의 최고의 입법적 권위체라는 의미로 바뀌고 있었다. '주권'이라는 용어도 13세기 말엽에는 프랑스의 봉건법 학자들이 주조해 낸 새로운 개념의 정치적 용어로 부상하였다.

여기서 우리는 봉건적 이념과 유기체 이념을 지나치게 구분하는 일은 경계할 필요가 있다. 13세기에는 봉건적 상위 주군으로서의 국왕과 정치공동체 전반의 공식적 수장으로서의 국왕 사이에 어떠한 심각한 모순도 느끼지 못했다. 보마노아(약 1250~96) 같은 저술가가 주권 등의 용어를 사용하였을 때, 그가 현대 사상들과 동일한 의미로 사용하지 않았다는 것은 확실하다. 보마노아가 사용한 주권은 한 국가의 공적 정부에 속하는 독점적 소유물이 아니었다. 그는 봉건법학자로서 자신이 거주하였던 프랑스의 한 지역의 지방적 관습을 이 용어로 묘사하고자 하였다. 그래서 그의 저서명도 단순히《보배 지방의 관습》(*Les Coutumes des Beauvasis*)이었다. 보마노아는 서슴지 않고 "모든 제후는 자신의 제

후령의 주권자다"라고 지적하였다. 이러한 지적은 주권과 국가를 직선적으로 일치시키는 오늘날의 우리에게는 거의 이해 불가능한 것이 사실이다. 그러나 로마법에 대한 지식도 어느 정도 가지고 있었던 그는 국왕을 '만인 위의 주권자'라고 부르고, '공동의 이익을 위한' 새로운 법률과 관습법의 제정권을 단지 국왕에게로만 제한함으로써 국왕의 특수한 위치를 설명하고자 하였다. 여기서도 보마노아는 법률 제정을 위한 군주의 발의권이 반드시 왕국 전체를 포괄하는 자문기구의 조언을 받아 시행되어야 하고, 또한 이는 종교적 도덕적 법령들을 침해하지 않아야 한다고 지적함으로써, 군주의 입법권에 대해 세밀한 제한을 가하였다.

보마노아에 견줄 만한 영국인 학자 브락튼(Henry Bracton, 1268년 사망)의 경우에도 봉건적 개념과 유기체 개념이 마찬가지로 혼합되어 있었다. 지방의 고유한 보통법 및 관습법을 구성하는 데 있어서 브락튼이 사용한 용어들은, 그가 유스티니아누스의 《로마법대전》 또는 그것의 중세적 개요집들 가운데 하나로부터 많은 영향을 받았음을 보여주고 있다. 브락튼은 여러 곳에서 게르만족의 모델에 기초를 둔 '법률의 규제를 받는 국왕'이라는 유서깊은 개념을 주장하였다. 그러나 전체적으로 보아 브락튼은 국왕의 의무 수행을 강제하기 위한 제도적 규제장치에 관한 한, 그것에 반대하는 성향을 가지고 있었다. 동시에 그는 국왕을 국왕답게 만드는 핵심적 요소인 사법적 행정적 기능과 자질들을 국왕은 언제라도 합법적으로 양도할 수 있다는 주장 역시 거부하였다. 브락튼이 강조하고자 했던 바는 국왕권의 개인적 측면이 아니라 제도적 측면이었던 것이다.

비봉건 신민들로부터 보다 많은 도움과 협력을 확보하려던 군주정 체제의 희망이 단기간에 완비된 형태의 대의제도로 나타난 것은 아니었다. 영국의 헨리 2세와 프리드리히 바바로싸 등은 지방의 유력 인사들을 만나고, 이들로부터 정보를 수집하며, 또한 이들에게 결정 사항들을 알려줌으로써 도시와 지방의 신민들과도 빈번히 접촉하였다. 그러나 군주의 이러한 활동은 지방 유력자들로

하여금 공동체의 전권적 대표자로 활동한다는 여하한 대의제 이론도 수반하지 않았다. 이 같은 이론은 명확한 법리상의 위임 개념을 채택하고서야 비로소 대두될 수 있었다. 정치적 책무들에서 명확한 법리상의 위임 개념이 활용되고 또 증대되고 있었다는 사실이야말로 13세기 정부가 이룩한 가장 중요한 혁신이었다.

영국을 한 구체적인 예로 든다면, 우리는 13세기 초엽과 말엽의 널리 알려진 국왕 소집장의 자구들을 비교해 봄으로써 대의제 이론의 도입을 확인할 수 있다. 첫 번째 소집장은 1213년 존 왕이 옥스퍼드 주와 다른 주의 세리프에게 '왕국의 일에 관하여 우리와 함께 의논할 4명의 사려깊은 인사들을 귀하의 주에서 뽑아 우리에게 보내라'고 한 문서다. 두 번째 소집장은 1295년의 이른바 모범의회를 소집한 에드워드 1세(1272~1307)의 문서다. 이 소집장에서 에드워드는 영국 전역의 주, 도시, 자치도시(borough)에서 선출된 인사들에게 각자 자신이 속한 공동체에 대해 '완전하고 충분한 권한'(*plenam et sufficienttam potestatem*)을 가지고 웨스트민스터에 모이라고 명령하였다. 그리고 소집장은 계속해서 '담당해야 할 책무가 무엇이든 이 같은 권한의 결핍으로 인해 책무가 지연되는 일이 없도록 하라'고 밝혔다.

두 소집장이 각각 의도한 회합의 형태에는 명백한 차이가 있었다. 에드워드 1세는 군주와 왕국 전체의 협의기구가 결정하는 것은 무엇이든 협의체 참석자들이 각자 속한 공동체에서 구속력을 가지고 이를 실행할 수 있는 완벽한 대의체적 회합을 의도하였다. 그러나 존 왕이 이 같은 대의체를 요구하였다는 증거는 찾아보기 어렵다. 존 왕의 소집장은《둠즈데이 북》시대 이후 행해져 온, 노르만 및 앙주 왕가의 선임자들이 행했던, 전례에 따라 단순히 믿을 만한 지방 정보를 수집하는 한 방법을 모색하였던 것처럼 보인다. 두 소집장의 두드러진 차이는 에드워드 1세가 왕국의 모든 공동체를 향해 각각의 대표자에게 '완전한 권한'을 부여하라고 요구한 점이다. 바로 이것이 소집된 대표자들을 자신이 속한

공동체의 진정한 대표로 만드는 요소였다.

'완전한 권한'이라는 개념이야말로 중세기에 성장하여 근대로 전달된 대의제의 핵심 개념이다. 이 개념의 중요성은 이를 나위가 없을 정도로 큰 것이었지만, 비교적 근년에 와서야 대의제의 발달 과정에서 점하는 그것의 독보적 중요성이 명백하게 밝혀졌다. 로마의 사법체계에서는 법적 송사에서 당사자가 대리인 또는 전권을 가지고 당사자의 이득을 위해 사건을 처리하는 프록토르(proctor)를 지명하고, 그에

에드워드 1세 시대의 영국 의회

게 최종적 판결의 수락을 위임하는 유용한 타협안이 널리 통용되고 있었다. 이같은 관행은 법정에서 자신의 사건을 직접 처리할 수 없다는 사실을 분명하게 인식하게 된 조합적 유기체의 경우 특히 유용하였다. 이 관례를 채택한 중세의 선구자들은 12세기 말엽 '완전한 권한'을 용어 그대로 언급하기 시작한 교회법학자들이었다. 12세기에 기록된 사건들 가운데 세속법에서 '완전한 권한'이 활용된 예를 찾아보기는 어렵다. 그러나 이와 같은 대표방식은 일상 생활의 여러 지평에서 성장하고 있던 조합적 유기체들에 의해 고취되고 있었으며, 또한 명백히 널리 알려지고 있었다.

이 방식이 분명하게 활용된 최초의 예를 우리는 이탈리아에서 발견할 수 있다. 1200년 교황 이노센트 3세는 교황령의 일부인 안코나 변경령의 도시 6 곳의 프록토르들에게 다양한 사법적 행정적 재정적 현안들에 관한 협의를 위해서 교황청 회의(Curia)에 참석할 것을 명령한 바 있다. 그 후 다시 이탈리아에서 1231년 프리드리히 2세(1197~1250)는 이탈리아 여러 도시들에 대하여 자신에게 조언하고 자신의 결정을 수락할 충분한 권위(이 경우 사용된 용어가 *auctoritas*이다)를 가진 프록토르를 파견하도록 소집장을 보냈다.

로마법의 뿌리가 가장 깊이 남아 있던 곳이 이탈리아였으므로, 애초에 사적 법률 행위에 사용하기 위해 고안된 기법을 공법 영역에 활용하는 데 앞장선 것이 이탈리아였다는 사실은 놀랄 일이 아니다. 뿐만 아니라 로마- 교회법 연구의 후원자이고 장려자였던 교황청이 대리인 대의기구(proctorial representation)를 하나의 정부 제도로 활용하려고 한 최초의 정치적 통치기구였다는 사실도 결코 기이한 일이 아니다. 그러나 이제 서유럽의 다른 지역에서도 이 제도를 비교적 신속히 적용하고 있었다. 그리하여 13세기 말엽이 되면 영국, 프랑스, 스페인 왕국에서도 국가적 차원의 대의제적 협의체가 일상화 되었다. 사실 대의제적 정치 자문기구를 이룩한 12세기 최초의 국가로 빈번히 언급되어 온 나라는 스페인이다. 그러나 근년의 연구에 따르면, 12세기 스페인의 대의기구가 진정한 대의체적 요소를 가지고 있었다고 할 어떠한 확정적 증거도 찾아볼 수 없다.

법인체적 대표제의 활용으로 국왕이 얻을 수 있는 이득은 극히 분명하였다. 국왕은 개인 및 단체와의 길고 지루한 모든 협상들을 단숨에 피할 수 있었고, 동의를 필요로 하는 여러 인물과의 회동을 대의체 기구라는 한 가지 처방으로 해결할 수 있었다. '완전한 권한'의 원리는 이러한 대의기구에서 제정된 모든 결정에 대해, 과거 자신이 속해 있던 단체의 합의 내용을 모르고 있다거나, 혹은 단체의 합의에 충분히 동의할 수 없다고 호소하는 공동체의 구성원에게까지 구속력을 발휘하였다. 여기에는 보다 로마적인 법률적 전통도 작용하였다. 즉 다수에 의한 결정은 다수에 반대되는 투표를 한 자들까지 포함한 공동체 전체를 구속한다는 원리가 공동체 내의 개별적인 이견자의 문제를 해결해 주었던 것이다.

뿐만 아니라 전권을 위임받은 대리인이 당사자의 부재 시에도 법률적 결정에 동의할 수 있다는 로마법의 가르침은 이것이 정치적 대의기구에 적용될 경우, 공동체가 자신의 대표자와 왕국의 중앙정부 간에 이루어진 합의에 대해 의무를 이행하지 않으려는 시도들을 봉쇄해주었다. '모든 사람에게 관련된 사항은 모

든 사람에 의해 동의되어야 한다'(*Quod omnes tangit ab omnibus approbetur*)라는 경구는 맹아적 민주정을 위한 주장이 아니라, 군주의 요구에 대해 왕국의 확실한 동의를 확보하고자 하였던 군주 정부를 위한 장치였다. 중세의 대의기구에는 국왕의 정책에 대한 동의 요청을 거부할 권리가 없었다. 단지 공동체의 대표자는 국왕에게 특별 재정세의 요구를 철회해 달라든가 또는 금액을 줄여달라는 청원을 해볼 수 있을 정도였다. 이때도 여전히 최종 결정권은 군주에게 있었으며, 이 같은 의미에서 국왕의 특권이 심각하게 도전을 받은 적은 한 번도 없었다. 중세 대의제도는 미국인 역사가 화이트(A. B. White)가 '국왕이 장악하였던 자치정부'(self-government)라고 묘사한 형태의 사실상 가장 세련된 모델이었다. 따라서 이러한 자치정부가 다른 곳보다 가장 오래 유지되었던 영국에서 대의제도가 가장 지속적인 성공을 거두었다는 사실은 오히려 당연한 일이었다.

교회 정부 역시 세속 정부와 마찬가지로 동일한 행정적 문제에 직면해 있었다. 13세기는 교황의 중앙집권적 정부가 교회에 대해서 가졌던 구심력이 절정에 달했던 시기였다. 그리하여 교황은 교회의 고위직 임명에서도 발언권을 가질 수 있었는데, '성직 서임'과 '서임 보류' 제도의 도입을 통해 사실상 교황은 빈번히 이 같은 임명권을 독점하였다. 한편 교황청 정부가 교회의 행정과 규율에 관한 모든 문제를 다루는 방대한 관료제를 형성해 감에 따라서, 교황청 관리들은 서유럽을 자유롭게 순회할 수도 있었다. 교황청 정부의 이러한 중앙집권화에 발맞추어 디크레탈리스트들은 모든 교회사에 대한 교황의 법률적 우위와 고위직으로부터 하위직에 이르는 성직자 계서조직의 여러 기능들에 대한 교황의 관리권을 강조하였다. 세속사 영역에서 군주제 정부가 그러하였던 것과 마찬가지로, 13세기 교회법 학자들은 모든 유형의 법률적 문제와 분쟁들을 흔히 지방 교구의 계서조직이 아닌 보다 전문적이고 효율적인 교황 내지 교황의 위임을 받은 관리자들이 담당하도록 권장하였다.

교황의 이러한 중앙집권화를 가리키는 일반적인 법률적 표현이 교황전능

권(*plenitudo podestatis*)이다. 이 용어는 교황청 정부에 대한 교황의 책무를 묘사하였던 성 베르나르가 처음 사용한 것으로 보이며, 최초의 공식적인 사용은 교황청 특사에 대한 권한의 위임을 밝힌 교황 알렉산더 3세(1159~81) 재임시 작성된 교황령에서였다. 말하자면 이는 로마법과 교회법에서의 '완전한 권한'의 위임 원리에 해당한다고 하겠다. 13세기에 이르러 그리스도교 공동체 내에서 점하는 교황권의 성격은 교회 정부 내에서 그리고 심지어는 세속사에까지 실질적인 절대적 지위가 교황에게 부여된다는 것으로 해석되었다. (이 점에 관해서는 앞으로 다시 고찰해 보도록 하겠다.) 대부분의 디크레탈리스트들은 입법자-군주 원리에 따라 세속사에 관해 황제에게 부여되었던 것과 같은 절대 주권을 교황이 교회사에 대해 보유한다고 생각하였다. 교황권의 범위는 신법과 자연법에 명시적으로 규정된 조항에 의해서만 제한될 수 있었다. 심지어 일부 교회법 학자는 이 같은 분야에서도 교황이 면제권을 행사할 수 있다고 주장하였다. 이 같은 교황권 우위론에서는 교회 내 전체 공의회의 위상이 심각하게 격하될 수밖에 없었다. 대다수의 디크레탈리스트들이 교회 공의회의 결의 내지 판단이 구속력을 가지려면 반드시 교황의 승인이 있어야 한다고 생각하였던 것이다.

근년의 연구는 13세기에 있었던 교황의 중앙집권적 전능권화 경향이 다른 법률적 개념과 병행하여 진전되었음을 보여주고 있다. 디크레탈리스트들이 총력을 기울여 규명한 이 원리는 무엇보다도, 교권이란 여러 유기체들로 구성되어 있으며, 각각의 유기체는 세밀하게 구분된 조직과 또한 그 대리인 관리자들을 가지고 있다는 생각이 그것이다. 물론 교회 정부의 이 같은 인식은 종국적으로 절대 군주정과 충돌하게 마련이었다. 그러나 13세기 교회 정부의 이러한 유기체 이론은 여러 성직자 계서조직이 교황청의 관리 하에 있었던 당대의 실제 상황과 완벽하게 일치하였다. 우리는 모리스 포우익 경(Sir Maurice Powicke)이 영국의 교회조직을 가리켜 '관습과 특권에 입각한 전통적 권한과 권리들에 대해 매우 민감하고 또한 따지기를 좋아하는 조직'이라고 했던 묘사를, 이 시기 교회제도

전반에 적용할 수 있을 것이다.

교회 내 유기적 조직들 간의 이해관계는 대체로 재판에 의해 결정되었다. 따라서 관련된 각 조직들로서는 불가침의 법적 지위를 보유하는 것이 무엇보다 중요하였다. 또한 그것의 구성원은 자신의 조직이 일종의 법인단체로 인정을 받음으로써, 이를 통해서 단순히 개인으로서는 주장할 수 없는 법률적 권리를 요구하는 것이 매우 중요하였다. 이 문제와 관련이 있는 동의와 조언의 문제를 거듭 검토하였던 디크레탈리스트들은, 당시 속권의 영역에서 대의제적 수렴 과정을 연상시켰던 과정을 통해서 이 문제를 해결하였다. 특히 주교와 교구 성직자와의 관계에서 주교가 점하는 법률적 지위, 및 주교와 주교좌 참사회와의 관계 등은 중대한 변화를 경험하였다. 이제 주교는 자신이 속하는 성직자 단체의 여러 권리들을 대표하는 대리인(proctor)으로 간주되었다. 극단적인 논리를 따른다면, 주교를 선출하는 참사회가 바로 주교권의 원천일 수도 있었다.

그렇다면 이 같은 법률적 이념이 어떻게 교회제도 전반에 적용될 수 있었을까? 일부 13세기 사상가들 특히 탁월한 교회법 학자였던 교황 이노센트 4세(1243~54)는 교회 전체를 하나의 유기적 법인체로 보는 이념과 교황전능권 이념이 완벽하게 조화될 수 있다고 생각하였다. 유기체를 구성하는 모든 조직들의 종국적 권한은 그 유기체의 수장에게 귀속된다. 따라서 교회 내 모든 조직의 최종 권한도 마땅히 교황에게 귀속되어야 한다는 것이었다. 여기서 우리는 다시금 로마법에 대한 절대주의적 해석의 여운을 확인하게 된다. 이와는 대조적으로 가장 위대한 디크레탈리스트였던 호스티엔시스(Hostiensis, 1271년 사망)는 법률적 유기체의 권위란 그 구성원들도 공유할 수 있다고 생각하였고, 이러한 신념을 교회 제도에 적용하였다. 이에 그는 추기경들이 교황권의 일원인 만큼 추기경단도 교황전능권에 참여할 권리가 있다고 주장하였다. (그러나 이 주장이 추기경들 없이는 교황의 활동도 없다고 호스티엔시스가 믿었음을 의미하지는 않는다.) 뿐만 아니라 비상사태 시에는 모든 신도집단을 대표하는 교회의 전체 공의회가 교회 조직

전반의 종국적 권위로서 기능할 수도 있다고까지 그는 주장하였다.

얼마 후 파리 대학의 교수였던 헨리 젠트(Henry of Ghent, 1293년 사망)와 갓프레이 퐁텐느(Godfrey of Fontaines, 1303년 사망)는 교회법적이라기보다는 신학적 견지에서, 교회의 권위란 반드시 그리고 항상 교회의 기존 법률에 따라서 그리고 정부 기능의 전통적 통로인 주교를 거쳐서 행사되어야 한다고 주장하였다. 갓프레이는 한 걸음 더 나아가 전체 신도집단 공동체가 이단에 대한 정죄의 판결도 내릴 수 있음을 시사하였다. 그러나 그도 신도집단 공동체에 의한 이 같은 판결이 대의제적 전체 공의회를 통해 천명되어야 할 것인지 여부에 관해서는 구체적으로 언급하지 않았다.

일인지배 제체와 교황에 의한 중앙집권화 그리고 유기체 및 대의제 이론은 13세기와 초기 중세기의 봉건 세계를 현저히 갈라놓았다. 새로운 경향은 정치권력을 범죄에 대한 단순한 구제책 내지 인간의 타락이 없었더라면 존재하지 않았을 필요악 정도로 간주하던 초기 교부들의 전통적 견해와는 잘 맞지 않았다. 이 시기에 사회적 정치적 생활에 대한 보다 긍정적인 시각을 포함하는 철학이 급격히 보급되고 있었다는 사실은 전혀 놀라운 일이 아니다. 이러한 상황에서 아리스토텔레스의 정치철학이 서유럽에 다시 도입되었던 것이다.

초기 중세 사회[20]는 철학으로부터 깊은 영향을 받았는데, 그것도 주로 성 아우구스틴에 의해 해석된 신플라톤주의의 형식을 취하는 경향이 있었다. 그런데 이 신플라톤주의 철학은 신학과의 경계가 매우 느슨했으며, 그 구분도 뚜렷하지 않았다. 이 암흑 시기에 형성되었던 그리스도교적 지혜는 일반적으로 물질세계와 자율적인 인간 이성 모두를 비판하는 경향을 띠고 있었다. 아리스토텔레스의 논리학적 저작 중 일부는 보에티우스(Boethius, 480~525)의 라틴어 번역본을 통해 서유럽에 알려지게 되었다. 그러나 아리스토텔레스의 대부분의 철

---

20) 초기 중세 사회의 성격에 관해서는, 《중세 유럽문화의 이해 1》, 71~103쪽을 참고하기 바람.

학적 저작들은 그리스도교 세계가 아닌 이슬람 문명권에 보다 널리 알려져 있었다. 그러다보니 12세기 말엽과 13세기 초엽 서유럽 사회에 아리스토텔레스가 다시 등장하게 된 것은 아비세나(Avicenna, 980~1037)와 아베로이스(Averroes, 1126~98)[21] 같은 무슬림 철학자들의 주석집의 소개와 더불어 진행된 지적 운동을 통해서였다. 《정치학》(*Politics*)은 아리스토텔레스 저작들 가운데서도 가장 늦게 서유럽에 알려진 저작의 하나다. 서유럽의 《정치학》은 1260년경 성 토마스 아퀴나스의 친구였던 윌리엄 메르벡(William of Moerbeke)이 그리스어를 직접 번역한 것이었다.

정치학이 독자적 학문 영역이라는 인식은 13세기 이전에도 있었다. 그러나 중세 정치이론이 성숙하게 된 계기는 아리스토텔레스 사상의 직접적인 영향이었다. 로마 제국의 해체 이후 처음으로 서유럽의 그리스도교 사상가들은 고유한 영역과 권한을 가진 정치적 사회의 가능성에 직면하였다. 아리스토텔레스에게 정치적 공동체는 '자연 질서의 일부'였고 인간은 '본성적으로 정치적 동물'이었다. 따라서 개인은 자신이 속한 정치적 공동체 생활에 반드시 참여함으로써만 진정한 의미에서 좋은 삶, 즉 정치공동체가 추구하는 적극적인 가치를 충분히 향유할 수 있었다. 우리는 이 혁명적 이론을 발견하게 된 13세기 사상가들의 흥분과 (때로는) 경악을 상상해 볼 수 있을 것이다. 만약 아리스토텔레스가 그대로 수용된다면, 종교적 정치적 공화국이라는 통일된 그리스도교 공동체에 대한 전통적 개념은 세속 공동체가 가져야 할 자율적 영역을 확실하게 보장하기 위해서 부득이 수정될 수밖에 없었다. 이와 같은 정치 인식의 수정은 어느 정도까지 중세 그리스도교의 정통 교리를 위협하지 않은 채 진전될 수 있을까?

문제는 정치학 영역에서만 일어나지 않았다. 아리스토텔레스 체계의 부활은 그리스도교 사상의 모든 영역에서 여러 쟁점들을 불러일으켰다. 그리스도

---

21) 아베로이스의 생애와 저술에 관해서는, 《중세 유럽의 사상가들》, 253~255쪽을 참고하기 바람.

교적 지혜 내지 철학의 영역에서도 신아리스토텔레스주의의 영향을 받아 신학으로부터의 자율성이 구체적으로 모색되었다. 그리하여 때로는 이것이 지나치게 과격한 형태를 띠기도 하였다. 예를 들면, 이른바 라틴 아베로이스 학파(Latin Averroists)는 아리스토텔레스를 스페인의 위대한 아랍인 주석학자 아베로이스에 비추어 이해하였다. 그리하여 이들은 아리스토텔레스로부터 인간 지성의 통일성에 관한 이론을 추론하였으며, 또한 개별 영혼의 실체를 부정하기도 하였다. 신앙의 진리와 이성의 진리를 날카롭게 구별하면서도, 동시에 정통 교리 역시 보존될 수 있다고 주장하였던 라틴 아베로이스주의자들의 논리는 당연한 일이지만 교회 당국자들의 의혹을 샀고, 아베로이스주의자에 대한 정죄는 아리스토텔레스주의 운동 전반에 대해 의혹을 갖도록 만들었다. 13세기의 여러 기록들에서 우리는 아리스토텔레스의 저작 전반에 대한 연구에 교황과 주교들이 내렸던 다양한 금지령을 확인할 수 있는 것이다.

그러나 여전히 일부 가톨릭 사상가들은 아리스토텔레스와 정통 교리가 조화를 이룰 수 없다고는 생각하지 않았다. 성 알베르투스 마그누스(St. Albert the Great, 1206~80)는 비록 추론적 양상으로나마 이 같은 작업을 시도하였으며, 그의 제자 성 토마스 아퀴나스(St. Thomas Aquinas, 1224~74)는 그리스도교와 아리스토텔레스 철학을 최초로 그리고 가장 인상적으로 종합해내는 작업을 수행하였다. 그리스도교 신앙과 아리스토텔레스와의 관계라는 제한된 맥락에서만 성 토마스 아퀴나스를 고찰한다면, 그가 스콜라 사상 전반에서 이룩한 새로운 시도의 의미에 대해 충분하고 정당한 평가를 내리기 어렵다. 그리스도교 신앙과 아리스토텔레스의 관계라는 측면은 성 토마스에 있어서 기본적인 주제이기는 했지만 그의 사상의 유일한 요소는 전혀 아니었다. 아퀴나스는 신플라톤주의라는 유서 깊은 중세 철학의 전통도 필요할 때마다 훌륭하게 활용하였으며, 로마법과 교회법 체계 역시 법률과 정치에 관한 저술들에서 훌륭하게 활용하였다. 아퀴나스는 실제로 로마법에 관한 직접적인 지식을 갖고 있지는 않았다. 그는

신분이 사제였던 만큼 어떠한 경우에도 개인적으로 로마법을 연구할 수는 없었을 것이다. 그러나 그는 교회법에 관한 풍부한 학식을 통해 로마법의 원리와 그것의 핵심적 가르침에 대해서도 정확히 이해하고 있었던 것처럼 보인다.

성 토마스 아퀴나스의 정치이론[22]을 별도의 연구영역으로 다루는 작업은 성 아우구스틴의 정치이론을 다룰 때와 마찬가지로 인위적인 면이 있는 것이 사실이다. 아리스토텔레스의 《정치학》에 대한 주석을 제외하고는 아퀴나스가 정치학에 관해 완결된 저술을 집필한 적은 없었다. 따라서 사회적 정치적 질서에 대한 아퀴나스의 견해는 그의 주요한 철학 및 신학 저작들에서 추출되어야 하는데, 이러한 견해들을 한데 묶어 보면 법률적 정치적 제도들에 관한 폭넓은 초상화를 우리는 그려볼 수 있는 것이다. 이 같은 초상화가 부분적으로는 모호해 보일 수도 있다. (사실 필자는 법률 및 정치 제도에 관한 성 토마스 아퀴나스의 서술이 세밀한 부분에서도 그리 모호하다고 생각하지 않는다.) 그러나 아마도 이는 전체적인 구성과 인식에 있어서 아리스토텔레스 사상이 부활된 이후, 중세의 정치 전통에 포함되어 있던 모든 요소들에 대한 가장 균형 잡힌 서술일 것이다. 성 토마스 아퀴나스의 정치적 견해는 주로 그의 방대한 저작 《신학대전》(Summa Theologica)의 일부로 구성되어 있으며, 다음으로는 키프러스 국왕을 위해 집필한 통치 기술에 관한 편람인 《통치가론》(De Regimine Principtum)에 기술되어 있다. 두 저작 모두 성 토마스 아퀴나스에 의해 완성되지는 못했으며, 또한 이들의 서술 스타일도 매우 다르다. 《통치가론》이 전형적인 교훈적 저작인 데 비해, 《신학대전》의 논술은 주장, 반론, 반론에 대한 답변, 그리고 질문들로 세밀하게 구분되고 또한 치밀하게 체계화된 스콜라적 변증법적 담론의 가장 위대한 걸작이다.

성 토마스 아퀴나스는 아리스토텔레스주의자로서 스스로를 정치사상가라고 공공연히 자처한 적이 없었다. 정치적 주제를 논의할 경우 성 토마스 아퀴

---

22) 토마스 아퀴나스의 정치사상에 관해서는, 《중세 유럽문화의 이해 2》(숭실대출판부, 2012), 47~80쪽 등을 참조하기 바람.

성 토마스 아퀴나스

나스는 이를 자신의 주요 신학적 사유의 경위를 해명하는 과정에서 부가적인 요소로 다루었다. 그리하여 《신학대전》에서 그는 정치적 권위에 대한 정의를 원죄 이전의 인간 상태에 대한 논의에 포함시켰던 반면, 그 밖의 정치적 문제들은 인간의 다양한 미덕과 악행들에 관한 검토를 통해서 언급하였다. 정치학을 이처럼 각주로 처리하는 것은 전문화를 선호하는 오늘날의 연구경향으로는 이해하기 어려운 것이 사실이다. 그러나 성 토마스 아퀴나스에 있어서 이 같은 구분은 논리적이고도 자명한 방법이었다. 그는 무엇보다도 철두철미 신학자였으며, 모든 연구를 신과 교회에 대한 봉사를 위해 수행하였던 진정한 도미니크회 수도사였다. 따라서 인간의 정치 생활에 대한 연구가 자신의 신학적 사유 전반에서 단지 일부, 그것도 가장 중요하지 않은 일부일 수밖에 없었다는 사실은 오히려 자연스러운 일이었다. 성 토마스 아퀴나스의 사유 세계 내에는 세속적 및 정신적 쟁점들 간의 긴장과 이원론이 자리잡을 여지가 없었다. 그의 서술의 치밀한 통일성은 13세기에도 여전히 작동하고 있던 통합적 그리스도교 사회라는 유서 깊은 이상의 매력을 명백히 드러내고 있다.

그렇다고 해서 토마스 아퀴나스가 이 땅의 모든 현세적 정부가 신정정치에 통합되기를 바랐다거나, 또는 철학이 단지 신학을 위한 보조 장치이기를 바랐다고 말하려는 것은 물론 아니다. 두 경우 모두에 대한 토마스 아퀴나스의 태도는 '자연은 은총을 파괴하는 것이 아니라 오히려 이를 완성한다'라는 경구에 잘 압축되어 있다. 인간 이성은 신의 초자연적인 선물과 양립될 수 없는 것이 아니라, 오히려 그것의 도움을 받아 충분한 성장과 능력을 발휘할 수 있을 것이었다. 이러한 논리는 부패한 인간 본성의 현재적 상태란 비록 비참한 상태이기는 하지만, 인간 본성이 완전히 타락한 것은 아니며, 무엇보다도 이는 신의 의도가 불완전하게 반영되었다는 점에 기인하고 있고, 실제로 이는 원죄로 인한 타락 이전에도 그러하였다는 추론을 필연적으로 가져왔다. 토마스 아퀴나스는 무후한 창세 상태에서조차 그 구성원들 간에는, 설령 모든 점이 동일하다 하더라

도, 연령과 성별에 따른 개인적 차이 등이 있었음에 틀림없다고 주장하였다. 또한 그는 이를 더욱 진전시켜 지적 능력에서도 개인들 간에는 차이가 있게 마련이고, 따라서 일부 사람은 다른 사람에 비해 지도자의 자질을 보다 잘 갖추고 있다고 생각하였다. 사실 이러한 지도자의 자질은 공동체의 공공 선을 위해 '원죄' 이전 상태에서도 활용될 필요가 있었을 것이었다. 여기서 토마스 아퀴나스는 정치 권위의 인위적 성격에 대한 유서 깊은 교부적 전통과 묵시적으로나마 결별하고 있었다. 성 토마스 아퀴나스는 정치적 생활을 인간의 본원적 요소 즉 인간의 자연적 질서 하의 삶의 핵심적 특징으로 간주하였던 것이다.

정치 공동체에 대한 이러한 인식은 그리스도교 사상에 포함되어 있던 원죄 및 원죄의 결과 그리고 이에 대한 구제책 등의 요소와 결부되어 왔던 당시까지의 족쇄들로부터 현세의 정치 공동체를 해방시켰다. 그리하여 정치 공동체를 구속의 섭리 및 구속의 은총이 전달되는 통로였던 교회와 결부시켰던 모든 유형의 본원적 연계로부터도 자유롭게 만들었다. 토마스 아퀴나스는 정치 공동체와 창조의 섭리를 결부시키기를 선호하였다. 그에게 있어서 정치 공동체란 신이 창조한 자연질서의 일부로서 이는 자연 상태의 인간이 설령 죄를 범하지 않았다 하더라도 존재했을 것이었다. 이에 비해 인간 영혼의 구속과 교회는 인간의 범죄에 의해 필요해진 것들이었다. 사실상 이러한 논리는 성 아우구스틴 이후 통용되어 온 그리스도교 공화국 개념과 밀접하게 결부되어 온 진정한 정치 공동체에 대한 정의를 토마스 아퀴나스가 바꾸어 놓는 결과를 가져왔다. 이제 정치적 사회는 마땅히 존재해야 할 고유한 권리를 가지게 되었으며, 그것의 정당성이 교회와의 관계에 의존할 필요도 없게 되었다. 우리는 중세 사상 처음으로 근대적 국가 개념과 유사한 인식을 확인할 수 있으며, 또한 국가라는 용어가 근대적 의미로 활용된 최초의 예들을 발견할 수 있는 시기와 장소도, 성 토마스 아퀴나스가 활동한 시기의 이탈리아에서였다는 사실 역시 흥미로운 점이 아닐 수 없다.

토마스 아퀴나스가 국가를 세속화하였다는 주장은 사실이 아니다. 토마스 아퀴나스에게 있어서 국가란 창조 섭리의 일부였다. 그는 국가의 중요성을 만물의 모든 단계에 대한 신의 영원한 계획에서 점하는 그것의 위상에 비추어 설명하였다. 모든 유형의 정치 공동체가 그것의 진정한 목표를 성취하기 위해서는 반드시 이 영원한 신의 계획에 비추어 그 위상이 해석되어야 한다고 그는 생각하였다. 교회법 학자 및 로마법 학자와 마찬가지로 토마스 아퀴나스 역시 보다 높은 지평의 보편법에 비추어 정치 활동의 종국적 의미를 발견하고자 하였던 것이다.

토마스 아퀴나스에 따르면 법률은 상호보완적이면서도 서로 구별되는 두 가지 함의를 가지고 있었다. 토마스 아퀴나스는 법률을 라틴어 용어인 'lex'와 'ius'로 각각 구분해서 사용하였다. 성 토마스의 규정에 따르면, '렉스'란 인간이 어떠한 행위를 하거나 또는 하지 않도록 인도하는 행위의 규범 내지 척도였다. 한편 '유스'는 특정 행위와 다른 행위에 공통적으로 적용되는 기준을 통해서 제시된 행위들 상호간의 관계를 의미하였다. 전자의 경우 법률은 합리적 의지에 의해 제정된 것으로서, 충분히 발달된 공동체를 지배하는 최고의 정부가 실천적 이성에 입각해서 내린 구체적인 명령이었다. 그러나 후자의 경우에는 보다 소극적인 의미의 법률 개념이 함의되었다. 성 토마스 아퀴나스는 '유스'를 신에 의해 특정 피조물에 부여된 목표를 성취하기 위해 함께 기능하는 그것의 여러 부분들의 본성적 성향을 가리키는 것으로 사용하였다. 또한 그는 '유스'를 공동체를 구성하는 개인들이 특정한 법률적 경제적 정치적 기준에 대한 합의 등과 같이 비교적 인위적인 관계에 대해서도 적용하였다. 정부와 그 기원에 대한 성 토마스 아퀴나스의 접근방식이 사회계약론과 상당한 유사성을 보이는 근거도 바로 이 같은 법률관에 있었다.

창조적 합리적 행위라는 의미에서 법률을 추동시키는 힘은 이성과 의지였으며, 법률의 목표는 공공 선이었다. 이 공공 선을 이루기 위해 개별적 행위들을

조정하는 기능이 '공동체 전체 또는 공동체 전체를 대리하는 특정한 인물들'의 역할이었다. 성 토마스 아퀴나스는 이 대리적 대표자를 '공동체 전체에 대해 책임을 지는 공적 인물'이라고 묘사하고, 대표자는 자신의 이성에 부합하는 법률을 자율적 판단에 따라 집행할 수 있는 강제력을 반드시 가져야 한다고 지적하였다. 토마스 아퀴나스는 법률을 '공공 선을 지향하고 공동체를 책임지는 정부에 의해 선포된 이성적 명령'이라고 정의하였는데, 여기에 그의 주장의 모든 요소가 포함되어 있다. 이 간결한 정의는 아리스토텔레스류의 철학적 인식과 이미 서유럽에 널리 알려져 있던 자연법 전통을 그가 얼마나 솜씨있게 결부시켰던가를 설명해주는 매우 좋은 예다. 아리스토텔레스의 영향은 입법 행위의 물질적 원인(법령의 제정), 공식적 원인(법령 배후의 합리적 동기), 능동인(입법적 권위의 주체), 그리고 종국적 원인(공공 선)이라는 고유한 분류체계에서 발견될 수 있다. 또한 이와 같은 입법론에서 합리와 선포가 강조되었다는 사실은 성 토마스의 관점이 유서 깊은 자연법적 전통을 함의하고 있음도 드러내고 있다.

사실상 성 토마스 아퀴나스는 전통적인 자연법 개념을 자신의 법률론으로 수용하는 데 별다른 어려움을 느끼지 않았으며, 'lex'와 'ius' 모두에 이 개념을 활용하였다. 법률에 대한 토마스 아퀴나스의 이원적 정의는 신이 그것을 통해서 모든 우주를 지배하는 규범인 영원법(eternal law)의 근거였던 동시에, 이 영원법을 토대로 세워졌던 인정법(human law) 및 신법(divine law) 등과 같은 다른 유형의 법률들에 대한 설명의 근거이기도 했다. 영원법은 신이 피조물들에게 부여한 합리적 지침이었으며, 또한 이는 비이성적 피조물에게 있어서도 신이 그들에게 창조 질서 내에서 부여한 역할을 성취하도록 만드는 고유한 본능을 통해서 명백히 확인되는 지침이었다.

심지어 인간조차 부분적으로는 비이성적 피조물의 범주로 분류될 수 있었다. 왜냐하면 자기방어와 종족보존을 지향하는 인간의 본능은 의식적으로 명령된 여하한 합리적 규제에 의해서도 제한될 수 없기 때문이었다. 그러나 인간

은 독특한 자질인 이성을 소유한 덕분에 영원법의 작용에 동참할 기회를 가지게 되었다. 성 토마스 아퀴나스에게는 '이성적 피조물의 영원법에의 참여'가 자연법에 대한 만족스러운 정의였던 것이다. 이에 비해 인정법 내지 실정법(positive law)은 자연법에 의해 제시된 일반적 합리적 원리들의 특정한 적용에 해당하였다.

앞으로 서유럽의 법률학 논의에서 중요한 의미를 가지게 될 '실정법'이라는 용어는, 4세기 칼키디우스(Chalcidius)가 집필한 플라톤의 저서 《티마이오스》(*Timaeus*)의 라틴어 번역본을 통해서 12세기 프랑스의 법률학자 및 철학자들에게 알려지게 되었다. 이 용어는 13세기 초엽 볼로냐의 법률학자들에게도 전파되었는데, 토마스 아퀴나스도 이 같은 배경 하에서 이 용어를 접하게 되었다. 토마스 아퀴나스는 '실정법'(*ius positivum*) 개념을 로마법 체계에서 각각 만민법(*ius gentium*)과 시민법(*ius civile*)으로 알려진 두 유형의 법률을 모두 포함하는 개념으로 사용하였다. 그는 만민법을 '특정 원리로부터 유래된 결론과도 같이, 자연법으로부터 유래된 자명한 교훈들'이라고 정의하였다. 한 예로서 그는 사고 파는 행위와 같은 사회적 활동을 들었는데, 로마법 학자 및 교회법 학자들과 마찬가지로 토마스 역시 재산제, 노예제와 같은 제도들의 정당성을 확인할 수 있었다.

한편 시민법은 특정한 적용 과정을 통해서 자연법에서 유래된 규범이었다. 만민법과 시민법은 모두가 자연법에 어떤 다른 요소가 추가됨으로써 그 의미가 수정된 것들이며, 또한 이는 각 조항들의 적정한 완화 내지 면제를 통해서 그밖의 수정들도 가해질 수 있었다. 이러한 수정은 자연법 정신에 위배되는 것이 아니었다. 오히려 그 반대로 이와 같은 수정은 공동체의 공공 선의 증진이라는 합리적 목표를 위해 자연법 정신에 의해 고취되어 왔다. 그렇지 않다면 이 같은 자연법의 수정은 모든 인정법이 입각해 있는 토대를 무너뜨리는 것이 되기 때문에, 이들은 법률이라는 이름조차 가질 자격이 없게 될 것이었다. 결국 이처럼 왜곡된 법률에 대해서는, 그것에 대한 저항이 더 큰 해악을 초래하지 않는 한, 모든

관련 당사자들에 의해 마땅히 저항되어야 했다.

뿐만 아니라 인정 실정법 자체가 상황의 필요에 따라 변경될 수도 있었다. 인정 실정법의 변경은 입법기관이 직접 수행하는 의도적인 수정을 통해서, 그리고 보다 점진적인 관습의 압력을 통해서 일어날 수 있었다. 토마스 아퀴나스는 전자의 방법에 관한 한, 공공 선이 법률 수정을 필요로 한다는 명백한 증거가 있을 경우에만 이러한 수정이 가능하다는 점을 강조하였다. 또한 그는 관습의 합리적 성격이 법률을 변경시킬 수 있다는 점에 관해서도 이는, 인정 실정법의 수정이 성문화를 통해서 이루어질 때 그러한 것과 마찬가지로, 이성적 의지에 의해 수행된다고 주장함으로써 그와 같은 변화의 정당성을 옹호하였다. 물론 관습법에 대한 성 토마스의 외경은 게르만적 전통에 잘 부합하는 태도였다. 그러나 동시에 이는 성문화되지 않은 법률이 악용될 가능성도 보다 적다는 아리스토텔레스적 시각과도 일치하고 있었다.

자유로운 공동체 내에서 이루어진 공공의 관행상의 합의(봉건적 상위자를 인정하지 않는 등)는 관습적 관행을 법률로 제정하는 데 충분한 여건을 제공하였다. 또한 상위 주군을 가진 공동체 내에서조차도 관습적 관행은, 만약 '공동체 내에서 법률을 집행해야 하는 사람들이' 그것을 허용만 한다면, 정당한 법률이 될 수 있었다. 이 경우 상위 주군 스스로, 설령 표면적으로는 아니라 하더라도, 이러한 관행의 법제화에 동의해야 한다는 것이 조건이라면 조건이었다. 아마도 토마스 아퀴나스는 이 문제를 당대 이탈리아 도시들, 즉 공식적으로는 여전히 제국에 속해 있었지만 예외없이 광범위한 헌정 상의 변화를 경험하고 있던, 자율적 상업도시들의 관점에서 다루었던 것 같다.

성 토마스 아퀴나스에게는 공공 선이 모든 법률 수정의 타당성을 판단하는 시금석이었다. 그렇다면 토마스 아퀴나스가 언급한 공공 선은 무엇을 의미하며, 또한 이는 개인의 국가에 대한 관계에 어떠한 영향을 미쳤을까? 관점에 따라서는, 토마스 아퀴나스의 답변을 플라톤이《국가론》(*Republic*)에서 취했던 바

와 같은 입장, 즉 개인에 대한 전체주의적 우선권을 국가에 부여한 것으로 해석할 수도 있다. 실제로 토마스 아퀴나스는 개인적 선은 그것이 공동체의 선에 미치는 기여 정도에 따라 판단될 수 있다고 주장한 바 있다. 왜냐하면 '개인은 도시의 일부로서 모든 개인은 도시 공동체 전체가 추구하는 공공 선과의 적절한 조화를 통해서만 선을 이룰 수 있기 때문이었다.' 19세기 벤담주의자들이 주장했던 바와는 달리, 공공 선이란 단순히 공동체 구성원들의 개별적 선들의 집합적 총체가 아니었다. 토마스 아퀴나스에게 공공 선과 개별 선의 차이는 양의 문제일 뿐만 아니라 유형의 문제이기도 했던 것이다. 이처럼 선의 유형을 강조하였다는 점에서 다시 한번 그는 아리스토텔레스와 많은 부분에서 일치하였다.

한편 성 토마스 아퀴나스는 그리스도교 사상가였기 때문에 개인을 국가의 단순하고 무가치한 일부로 간주하지 않았다. 모든 개인은 현세의 여하한 공동체보다도 높은 위상을 가진 운명체이며, 무엇보다도 불멸의 영혼을 소유한 존재였다. 사실 교회가 인간 지성의 통일성에 대한 아베로이스주의 이론을 정죄한 이유도 바로 이 개인적 불멸성을 옹호하기 위한 것이었다. 이에 우리는 성 토마스가 주장하였던 공공 선에 대한 개인의 예속이라는 논리의 근저에서, 그가 가졌던 정치적 공동체의 통일성 인식은 엄격한 유기체적 통일성이 아니라 신분체제 내지 계서조직의 통합성에 관한 인식임을 발견하게 되는 것이다.

우리는 토마스 아퀴나스가 스스로 밝혔던 자신의 입장에 대한 가장 선명한 설명을 《아리스토텔레스의 니코마쿠스 윤리학 주석》에서 확인할 수 있다. 그는 서문에서 자신이 생각하는 통합성의 형태에 관한 추론을 군대 내지 배에서 노를 젓는 선원들에게서 볼 수 있다고 지적하였다. 군대든 선원이든 이들 모두에 있어서, 전체의 각 부분들은 '통일체 전반의 행동 양식과는 다른 나름의 행동 양식을 가질 수 있었던 것이다.' 또한 그는 《신학대전》에서도 인정법을 논하면서 '공공 선은 많은 부분들로 구성된다. 따라서 법률은 개인들의 정당한 이해관계를 반드시 충족시켜야 한다'라고 선언하였다. 개인에 대한 그의 이 같은 인

식은 '설령 공공 선을 지향한다 하더라도 특정 인정법의 역점이 공동체 전반에 비추어 보아 불평등하게 배분된 경우, 이에 대한 저항권은 마땅히 인정되어야 한다'는 토마스의 태도에도 뚜렷이 반영되어 있다.

지금까지 우리는 정치적 정부의 목표와 의무에 관한 성 토마스의 견해를 검토하였다. 이제 정부의 실제적 구성에 관한 그의 견해를 살펴보기로 하자. 여기서 우리는 많은 주석가들이 서로 모순된다고 보았던 기록과 마주칠 수밖에 없다.《통치가론》에서 토마스 아퀴나스는 군주제를 최선의 정부 형태로 명확히 지지하였다. 군주제에 대한 변론을 그는 다양한 논증을 통해 주장하였는데, 이 가운데는 현대적 취향과 동떨어진 요소도 없지 않다. 토마스 아퀴나스에 따르면 군주제는 정책 방향의 통일성을 확보하는 데 가장 적합한 정부 형태일 뿐만 아니라, 우주를 통치하는 신의 방식과도 가장 유사한 정부 형태였다. 그는 한 사람에 의해 지배되는 체제를 가장 자연스러운 정부 형태로 보았던 것이다. 그는 군주제가 전제정으로 전도될 수도 있는 가장 나쁜 정치체제라고 지적한 적도 있었다. 그러나 동시에 그는《통치가론》에서 민주적 정부의 폐해가 한 개인의 전제정에 비해 더 유해한 결과를 초래할 수도 있다는 일관성이 다소 결여된 주장을 펴기도 하였다. 한편《신학대전》의 다른 부분에서는 군주제에 관한 또 다른 논증을 제시하였다. 정부가 보다 용이하게 하나의 통일체로 편성될 수 있는 경우, 이러한 정부의 지배를 받는 신민들 사이에서 일체감도 더욱 잘 진작될 수 있다고 토마스 아퀴나스는 지적하였다. 개인보다 더욱 용이하게 통일체로 환원될 수 있는 것은 없으므로, 따라서 군주제가 최선의 정부 형태라는 것이 그의 논리였다.

그러나《신학대전》의 또 다른 부분에서는 이 논리와 명백히 모순되는 견해도 발견된다. 구약성서에 기록되어 있는 유대인의 군주제를 논의하는 과정에서 토마스 아퀴나스는 군주정, 귀족정 그리고 민주정의 장점을 통합한 혼합정부 형태를 최선의 정치체제라고 지적하였다. 그는 아리스토텔레스가《정치학》에서

묘사했던 폴리티(*polity*)뿐만 아니라 보다 절대적 권위인 성서를 염두에 두고 있었다. 성서는 이스라엘 민족을 위하여 혼합적 형태의 헌정체제를 신성한 제도로 기록하였던 것이다. 그러나 토마스는 여기서도 혼합정부론을 제기한 지 얼마 지나지 않아서 다시금 부패하지 않은 군주제가 이상적 형태의 정부체제라고 거듭 밝혔다. 단지 그는 액튼(Acton) 경이 일인지배 체제에 대해서 그러했던 것처럼, 실제로 절대적 통치자가 권력의 유혹을 뿌리칠 수 있을 정도로 커다란 능력을 가질 수 있을 것인가 하는 점에 대해서는 여전히 의문을 표시하였다.

적어도 표면상 일관성을 결여하고 있는 이와 같은 주장들을 우리는 어떻게 이해해야 할까? 오늘날 일부 학자들은 《통치가론》이 토마스 아퀴나스의 진작이 아니었다고 선언함으로써 이 어려운 매듭을 단숨에 풀고자 하였다. 그러나 이것은 학문적 자포자기의 한 표현일 뿐 여하한 형태로든 《신학대전》에 포함되어 있는 상충된 주장들이 제기하는 복잡다기한 문제를 해결해 주지는 못한다. 이 당혹스러운 난제에 대하여 우리는 혼합정체에 관한 토마스 아퀴나스의 지적이 정확히 무엇을 의미하였던가를 검토함으로써 해결의 실마리를 찾을 수 있을 것이다. 그는 혼합정부 내의 귀족에 대해 군주에 예속된다는 점을 분명히 하였으며, 민주제란 '통치자가 인민 가운데 선출될 수 있고, 통치자에 대한 선거가 인민집단의 특권인 정치체제'라고 지적하였다.

이 같은 성 토마스의 제안은, 비록 군주가 귀족 조언자를 통해 활동하고, 애초의 군주직이 인민의 선거에 의한 것이었다 하더라도, 군주의 수중에 공동체에 대한 모든 행정적 사법적 통제권을 여전히 남겨두는 것이었다. 토마스 아퀴나스의 인민(*populus*)에 대한 언급을 보면, 그가 '(정치) 권위의 인민적 기원'이라는 로마법 원리를 염두에 두지 않았을까 하는 생각을 당연히 가지게 된다. 만약 이것이 사실이라면, 토마스의 지적들은 '군주의 통치권은 절대적이다'는 주장과 반드시 상충하는 것이 아닐 수도 있다. 《성 바울의 로마서에 대한 주석》에서 토마스 아퀴나스는 국가의 기원을 '국왕과 신민 간의 일종의 협약'이라고 지

적한 바 있다. 따라서 군주제가 인민의 선거에서 유래된다는 《신학대전》의 지적은, 절대 제정기의 로마법에 인민주권론이 포함되었던 것과 마찬가지로 절대 왕정에 대한 지지와도 상충하지 않는다. 이제 우리는 다음과 같은 결론에 도달할 수 있을 것 같다. 즉 절대주의와 헌정적 민주주의라는 오늘날의 대립적 명제가 불러일으키는 혼란스러운 쟁점이 아니라, 성 토마스 자신의 용어로 그의 여러 저작들을 검토한다면, 정치체제에 관한 토마스 아퀴나스의 다양한 진술들이 근본적인 모순을 반드시 포함하는 것은 아니라고 말이다.

국가의 본원적 성격에 대한 아리스토텔레스주의적 개념의 재출현은 13세기 말엽과 14세기 초엽의 여러 사상가들의 열정에 의해 더욱 조탁되었다. 피터 오베르뉴(Peter of Auvergne, 1302년 사망)는 아리스토텔레스의 《정치학》에 대한 주석서에서 계시적 그리스도교를 국가에 대한 논의로부터 배제하고, 성직자 계서조직의 기능을 자연종교를 가르치는 역할에 한정해서 설명하였다. 피터 오베르뉴의 국가주의적 접근방식은 후대에 이르러 토마스 모어(1478~1535)가 《유토피아》에서 취한 입장과 유사한 것이었다. 그러나 피터 오베르뉴 역시 토마스 모어 못지않게 정통 그리스도 교도였다는 사실은 기억해 둘 만하다. 성 토마스 아퀴나스의 제자이며 단테의 스승이었던 플로렌스의 도미니크회 수도사 레미기오 디 기로라미(1235~1319)는 이러한 입장을 가장 멀리까지 진전시켰다. 즉 그는 '만약 당신이 시민이 아니라면 당신은 인간이 아니다. 왜냐하면 인간은 본성적으로 시민적 동물이기 때문이다'라고까지 천명하였던 것이다. 국가에 대해 전체주의적 견해를 취하는 새로운 사상적 경향은 레미기오 디 기로라미의 "부분의 부분에 대한 결합에 비해 부분의 전체에 대한 결합이 보다 완전하다"라는 주장을 통해서 매우 두드러지게 표현되었다.

이 같은 사상가들은 상위 주군에 대한 개인적 충성이라는 봉건적 개념을 공동체 전체에 대한 충성 이론으로 변화시켰다. '조국을 위한 죽음'과 같은 전통적 고전적 이념이 새로이 유포되었으며, 심지어 몇몇 저술가들은 신비집단으로

서의 세속적 정치공동체 개념을 주장함으로써 교회의 용어가 국가적 이익을 변론하기 위한 개념으로 전용되기도 하였다. 정치학과 관련된 그리스도교 이전 사상의 재발견 열풍은, 그리스도교 공화국의 교권과 속권이라는 두 제도에 남아 있던 전통적인 그리스도교 정치·종교적 이념과 종국적으로는 상충하게 될 강력한 경쟁상대를 대두시켰다. 자급자족적 유기체로서의 국가 개념이 바로 그것이었다.

제6장 보편제국의 모색

    속권을 그리스도교 공화국의 한 부서로부터 자율적인 공동체 집단, 즉 국가로 변형시키려는 흐름은 교권 특히 교황청의 완강한 반대에 부딪쳤다. 마치 위협에 대한 반작용과도 같이 교황청은 교권의 수장이라는 위상으로 그리스도교 사회 전체에 대한 직접적인 군주권을 주장하기 시작하였다. 그리하여 13세기 교황권주의자들은 옛 그리스도교 공화국을 새로운 모델에 입각한, 그러나 여전히 교황군주제 정부를 가지며 세속 통치자들을 교황중심적 보편제국에 대한 예속적 협력자 신분으로 격하시킨 하나의 국가로 변질시켰다. 13·14세기에 일어난 교황청과 세속 군주 사이의 충돌은 모든 국가들 위에 군림하는 유일한 국가로 스스로를 확립하고자 했던 교황청의 노력이 불가피하게 초래한 사건들이었다.

    이번에는 교회법 학자들이 이론 투쟁의 전면에 나섰다. 우리는 이미 12·13세기의 전환기에 어떻게 이들이 물질적 검(*gladius materialis*)이라는 주요 개념을 독특하게 활용하기 시작했던가를 검토한 바 있다. 이제 교회법 학자들은 이 개념이 단순히 교회에 대한 강제력만이 아니라 세속적 정치 권위 등도 포함하는 것으로 생각하였다. 이노센트 3세가 교황으로 재직하던 시기에 영국의 교회법 학자였던 알라누스(Alanus)는 교황이 현세적 영역에서도 포괄적인 전능권을 가진

다고 주장하기에 이르렀다.

이노센트 3세 자신이 이를 명백히 공식적으로 주장한 것은 결코 아니다. 그러나 그의 외교정책 특히 제국에 관한 외교정책은 이 주장을 실천에 옮기려고 했던 것이 사실이다. 교황은 범죄가 저질러질 수 있는 모든 상황에 대해 거의 무제한적인 정치적 간섭권을 요구할 수 있다고 생각하였다. 또한 교황직을 묘사하는 용어로서 그리스도의 대리자(Vicar of Christ)라는 칭호를 처음 사용한 인물도 이노센트 3세였다. 교황권주의자들은 정치적 주장을 펼칠 때 이 같은 칭호를 현저한 신학적 근거의 기초로 삼았다. '그리스도의 대리자'라는 교황 개념은 이노센트에 의해 그리스도의 군주로서의 기능을 교황이 승계하였다는 생각과 결부되었다. 물론 이노센트는 이론상의 온건함을 확고하게 유지하였다. 그의 이러한 승계 논리는 실제에 있어서 교황청 국가(Papal-State) 정부의 정당성과 세속왕국들에 대한 교황의 봉건적 상위 영주권을 확인하는 정도였다. 그러나 13세기 후반의 신학자들은 로마 교황이 그리스도의 대리자라는 이 개념을 현세적사건들에 대한 교황의 직접권 이론(theory of direct power, 오늘날 이는 흔히 성직자 정치론과 동일한 성격의 논리로 간주된다)을 조탁하는 근거로 사용하였다.

알라누스와 마찬가지로 영국인이었던 로버트 그로쓰테스트(Robert Grosseteste, 1253년 사망)는 교황의 직접적 권한을 명백히 천명한 최초의 신학자가 되었다. 물론 그로쓰테스트는 '그리스도의 대리자'라는 표현을 직접 사용하지는 않았다. 그러나 그가 그리스도의 군주 대권을 계승한 인물이 교황이라는 점을 강조했다는 사실은 의미 깊은 일이 아닐 수 없다. 뿐만 아니라 이 직접권 이론의 선구자가 아리스토텔레스의 철학을 보급한 선두주자이기도 하였다는 점 역시 흥미롭다. 《니코마쿠스 윤리학》의 라틴어 번역을 주도한 인물이 바로 그로쓰테스트였던 것이다. 《영혼론》(De Anima)에서 아리스토텔레스는 고유한 형이상학적 관념 즉 하나의 전체로서의 인간 존재에 대한 지배력이 영혼에 속해야 한다고 밝혔다. 그리하여 이 같은 지적은 실제로 성직자 정치를 역설한 신학

자들에게 교권이 영혼의 지도자인 동시에 물질적 세속적 사건의 영역 또한 계도할 수 있다는 주장의 근거를 제공하였다.

이 주제에 대한 성 토마스 아퀴나스의 견해는 여러 다양한 해석들의 주제가되어 왔다. 마땅히 우리는 성 토마스가 겪은 지적 과정의 여러 단계에서 집필되었던 다양한 저술들에 간간이 언급되어 있는 관련 논거들을 종합적으로 검토해보아야 할 것이다. 이 주제에 대한 최초의 언급은 토마스 아퀴나스가 청년기에집필한《피터 롬바르드의 명제집 주석서》에서 확인된다.

성 토마스는 교권과 속권의 관계를 설명한 짤막한 논의를 통해서, 양자 모두가 각각의 고유 영역을 가지고 있으며, 각각의 고유 영역에서는 상대측의 권한도 이에 복속하여야 한다고 지적하였다. 만약 성 토마스가 여기서 멈추었더라면, 그는 안전하게 겔라시우스적 전통의 추종자라고 불릴 수 있었을 것이다. 그러나 실제에 있어서 그는 중요한 제한을 덧붙여 놓았다. "한 인간이 마치 교황이 그러한 것처럼 교권과 속권 모두를 주장해서는 안 된다. 교황은 그리스도의 뜻에 따라 정신적 및 세속적 권한 모두에 군림하는 최고의 상위 존재다. 그리스도는 멜기세덱(Melchisedech)[23] 이후 영원한 대사제이며, 만왕의 왕 그리고 만주의 주로서, 그의 권세는 영원히 소멸되지 않을 것이며, 그의 왕국은 영원히 부패하지 않을 것이다"라고 말하였기 때문이다.

후대의 주석가들은 빈번하게 성 토마스의 이 구절을 극도로 축소하여 해석하였다. 이들은 토마스의 지적이 중부 이탈리아의 교황청 국가에 대한 교황의현세적 지배권에 관한 것이었다고 해석하였다. 만약 이 같은 해석을 받아들인다면 여전히 토마스는 겔라시우스류의 이원주의적 입장에 서 있었다고 유추할 수

---

23) 멜기세덱은 성서에 언급되어 있는 아브라함 시대의 다소 신화적인 인물이다. 그는 살렘(이곳이 예루살렘이었다고 생각하는 성서지리학자들도 있다)의 국왕으로, 그리고 아브라함으로부터 1/10조를 받은 인물로 추정되었다. 그리하여 최초의 사제-국왕(priest-king)으로 간주될 수있었다. 히브리어로는 'malkisedeg'으로 표기되어 있는바, 'sedeg'은 (나의) 국왕 또는 정의의 국왕을 의미한다.

있다. 그러나 과연 이것이 토마스에 대한 정당한 해석이 될 수 있을까? 토마스 아퀴나스처럼 정밀한 사상가가 단순히 이탈리아 내의 교황령을 가리키고자 하였다면, 충분히 이 점을 명백히 할 수 있었을 것이다. 따라서 그의 언급을 있는 그대로 받아들이는 일, 즉 가장 폭넓은 의미에서 교황의 직접적 현세적 권한을 인정하려는 것이었다는 추정이 토마스의 고유한 견해에 보다 충실한 것처럼 보인다. 이 같은 추정은 그리스도의 군주권과 그의 영원한 왕국(*eternal Regnum*)에 대한 토마스의 언급을 통해 더욱 강화될 수 있으며, 당시 많은 저술가들이 이 개념을 성직자 정치론의 근거로 활용하였다는 사실은 의심할 여지가 없다. 토마스가 인용문 후반에서 밝힌 그리스도에 대한 인상적인 찬사를 단순히 중부 이탈리아의 일부 영토에 대한 교황 지배권의 정당성을 입증하는 마무리로 보기는 어렵다.

《통치가론》에서 토마스는 로마 교황을 대사제이며, 성 베드로의 승계자이고, 또한 그리스도의 대리자라고 밝히고, 그가 인간의 종국적 목표를 관리하는 정부이며, 따라서 종속적 목표들을 담당하는 다른 정부보다 우월한 위상을 가진다고 지적하였다. 이러한 지적을 가지고 토마스가 교황 직접권 이론을 명백하게 지지하였다고 해석한다면 이는 다소 성급한 판단일 것이다. 그럼에도 불구하고 여전히 이 지적이 다른 이론에 비해 교황 직접권 이론과 더욱 잘 어울리는 것처럼 보이는 것은 사실이다. 토마스가 속권과 교권의 관계를 논한 저작들 가운데 유일하게 남아 있는 것이 《자유토론 명제집》(*Quaestiones Quodlibetales*)이다. 그러나 여기서도 토마스는 몇몇 왕국들에 대한 교황의 봉건적 상위 영주권을 언급하였을 뿐, 주된 쟁점인 교황의 직접권에 대해서는 분명한 입장을 밝히지 않았다.

설령 토마스의 기본 입장이 성직자 정치론의 지지에 보다 가까운 것이었다는 점을 받아들인다 하더라도, 여하한 경우든, 그가 자신이 속한 이론가 집단의 매우 조심스런 일원이었다는 사실은 충분히 인정되어야 할 것 같다. 성 토마스

가 얼마나 신중했던가 하는 점은 다른 많은 성직자 정치론 저술가들과 그를 비교해 보면 아마도 매우 선명하게 드러날 것이다. 사실 이러한 비교를 통해 우리는 성직자 정치론이 13세기에 공식적인 교황권주의자의 이념에 얼마나 강력히 자리잡고 있었던가 하는 점도 동시에 파악할 수 있을 것이다.

교황 직접권 이론을 채택하게 되는 결정적인 계기는 두 명의 위대한 교회법 학자 겸 교황이었던 그레고리우스 9세(1227~41) 및 이노센트 4세(1243~54)와 황제 프리드리히 2세와의 투쟁 과정에서 만들어진 것으로 보인다. 이들 두 교황은 이탈리아의 지배권을 장악하려 한 프리드리히의 시도를 좌절시키는 데 결국 성공했다. 그러나 프리드리히의 호헨슈타우펜 왕가 계승자들에 대한 교황청의 최종적인 승리는 나폴리에서의 프랑스 왕가 성립 및 교황청 외교정책에 대한 상당한 정도의 프랑스의 간섭권 인정이라는 대가를 지불하고서야 비로소 성취되었다. 1236년 10월 23일 프리드리히에게 보낸 서한 〈은총을 기억하라〉(*Si memoriam beneficiorum*)에서 그레고리우스 9세는 〈콘스탄티누스 대제의 기진장〉을 근거로 인용하였다. 그레고리우스는 "사도의 수장이 전 세계의 사제와 영혼의 제국을 통치하므로, 따라서 마땅히 그가 전 세계의 물질적 세속적 사항들 역시 통치하여야 한다"는 〈기진장〉을 인용하고, 이를 속권인 제국 정부가 스스로 동의했다는 사실을 지적하였다.

교황 이노센트 4세

이노센트 4세는 교황으로서의 공식 성명 및 교회법 주석이라는 개인적인 활동 모두를 통해서 교황 직접권에 대한 자신의 주장을 훨씬 강력하고 완전하게 표명하였다. 그는 교황이 모든 인간의 최고 재판권자(*iudex ordinarius*)임

을 천명하였다. 물론 이노센트도 이교도들의 재산을 자연법적인 권리에 의한 것으로, 그리하여 정당한 이유 없이 박탈될 수는 없는 것으로 인정하였다. 그러나 그에 따르면 교황의 최고 사법권은 그리스도 교도들뿐만 아니라 이교도들까지 포함하는 권한이었다. 이와 같은 일반 이론에 입각함으로써 이노센트는 〈콘스탄티누스 대제의 기진장〉에 대해서도 이 문서는 교황청이 이미 법률상(*de iure*) 보유한 권리를 실제로(*de facto*) 소유하도록 인정한 것에 지나지 않는다고 선언할 수 있었다. 1245년 교황 이노센트 4세는 황제 프리드리히 2세의 폐위를 공포함으로써 자신의 이론을 철저하게 실천에 옮겼다. "교회 밖에서는 신에 의해 제정된 여하한 권위도 존재할 수 없다"라는 것이 그의 단호한 조치의 논리적 근거였다.

호스티엔시스(Hostiensis)는 보다 극단적인 입장을 취했다. 현세사에 대한 교황의 최고 통치권은 적절하다고 판단되는 경우 이교도들로부터 영토와 재산을 몰수할 수 있는 권리까지 포함한다고 그는 주장하였다. 이 점에 관한 호스티엔시스의 견해는, 비록 그가 집필 당시에는 성지 재정복이란 명분이 이미 설득력을 상실하고 있었지마는, 십자군 원정기의 그리스도교 제국주의를 드러내는 매우 흥미로운 예가 아닐 수 없다. 호스티엔시스는 이노센트와 마찬가지로 속권 특히 제국에 대해 교황이 완전한 권위를 가진다고 주장하였다. 물론 호스티엔시스는 교황청에 의한 이와 같은 정치적 권위의 실제 행사가 항상 적절하다고는 생각하지 않았다. 그러나 그가 밝힌 교황전능권(*plenitudo potestatis*) 신념이 이론상 현세사까지 포함하였다는 점은 여전히 사실이다. 이는 앞서 검토하였듯이 호스티엔시스가 교황권 우위의 범위를 교회 정부의 내부 사항들에 제한하는 경향을 가졌다는 점을 감안한다면 더욱 놀라운 것이 사실이다.

13세기로부터 14세기로의 전환기에 발발한 교황 보니파키우스 8세(Boniface VIII, 1294~1303)와 프랑스의 군주 필립 4세(Philip IV, 1285~1314) 간의 유명한 투쟁은 성직자 정치론에 대한 가장 포괄적인 논쟁을 수반하였다. 이 투쟁은 성직자의 면책과 과세라는 쟁점을 둘러싸고 세속법 체계와 교회법 체계의 충

돌로 시작되어, 교황청의 정치적 패배와 굴욕으로 종식되었다. 교황의 거주 지역을 프랑스령 아비뇽으로 이전한 사건은 꾸며낸 후일담이 아니다. 온건한 프랑스인이었던 교황 클레멘트 5세(1305~14)가 이를 실제로 감행하였으며, 그리하여 교황청은 1378년까지 그곳에 머무르게 되었다. 결과적으로 교황 직접권 이론이 정반대의 논리에 의해 와해되었는데, 이 같은 결과는 보기에 따라서 보니파키우스의 극단적인 투쟁에 그 일차적 원인이 있었다고 생각할 수도 있다. 분명한 사실은 교황과 군주 간의 투쟁의 치열함 때문에 교황권 지지자들이 이노센트 4세와 호스티엔시스의 논리보다 더 과격한 주장들을 쏟아놓게 되었다는 점이다.

13세기를 통해 논쟁의 속도와 강도를 조정하는 기능을 담당했던 교회법 학자들이 이번에는 뒷전으로 밀려났다. 전면에 나선 것은 주로 아우구스틴파 탁발수도회 출신의 일군의 신학자들이었다. 상대적으로 보니파키우스 8세 자신의 공식적 논조는 온건한 편이었다. 그의 널리 알려진 칙령 〈지극한 성스러움〉(*Unam Sanctam*)이 교황의 직접권을 주장한 것은 사실이다. 보니파키우스는 자신의 주장을 입증하기 위해 우주의 계서적 질서 및 '두 칼 이론'을 활용하였다. 그렇기는 하지만 "로마 교황에의 복속이 모든 인간 피조물의 구원에 꼭 필요하다"는 칙령의 마지막 문구가 반드시 정신적 수장권에 대한 선언 그 이상의 무엇을 의미하는 것은 아닐 것이다.

그러나 자일즈 로마(Giles of Rome, 1246~1316)의 저술 《성직자의 권한》(*De Potestate Ecclesiastica*)은 온건하게 해석할 여지가 거의 없다. 이 저작은 처음부터 끝까지 저자 자신의 여러 형이상학적 및 사회학적 가설과 논증들로부터 가장 엄격하고 극단적인 논리들을 추출하고자 노력하였다. 자일즈는 이 저술의 처음 3책에서 교황권과 세속권의 관계라는 일반적인 주제를 다루었다. 그러나 그는 프랑스 국왕과의 논쟁에서 야기된 새로운 요청에 따라 자신의 모든 논증을 왕국(*Regnum*)의 문제에 집중시켰다. 자일즈가 13세기 대부분의 교황권주의자들이 몰두하였던 주제인 제국을 다루지 않은 이유도 여기에 있었다.

자일즈가 활용하였던 널리 알려진 논증들은 그 저변에 인간 사회를 보는 성 아우구스틴적 철학에 대한 확연한 선호가 깔려 있었다. 반면에 자일즈는 솔직하게도 토마스–아리스토텔레스적 원리의 근간인 정치공동체의 본원적 성격을 인정하지 않았다. 그는 교회의 재가와 동의만이 세속적 정치공동체를 본래의 속성인 강탈 내지 불법적 침략으로부터 해방시킬 수 있다고 믿었던 것이다. 그의 논술이 《신의 도시》와 전반적으로 유사하다는 것은 의심할 여지가 없다. 성 아우구스틴과 마찬가지로 자일즈 역시 그리스도교 국가가 아닌 여하한 국가에게도 정의의 속성을 찾을 수 없었기 때문이었다.

그런데 제2부에서 자일즈는 성 아우구스틴이 거의 생각할 수 없었던 영역으로 논지를 옮겨갔다. 그는 사유재산에 대한 소유권의 정당성이 혈연적인 상속 또는 취득에 의해 결정되는 것이 아니라, 재산의 소유자가 교회의 충성스런 일원인가 또는 아닌가 여부에 달려 있다고 주장하였다. 이와 같은 주장 즉 이른바 '주권 이론'(*dominium* theory)이 자일즈의 입장의 진정한 독특성을 잘 드러내고 있다.

도미니움(*dominium*, 일반적으로는 '지배권' 또는 '소유권'으로 이해된다)이란 용어는 봉건적 소유 개념을 표현하기 위해 중세기에 활용된 라틴어다. 자일즈는 이 용어를 전제척으로 보아 재산 소유의 능력(proprietorial capacity)을 의미하는 것으로 사용하였다. 그는 정의에 입각하지 않고는 진정한 '소유의 권한'이 존재할 수 없으며, 교회만이 초자연적인 은총의 통로를 통해 정의를 배분할 수 있다고 생각하였다. 그에 의하면 모든 합법적인 재산 소유자는 세례를 받은 인물이어야 했다. 오직 세례만이 인간에게 정의의 불가결한 요건인 교회의 일원이라는 자격을 부여하기 때문이었다. 이 점에서 재산이 아버지 및 선조로부터 세습적으로 승계된다는 주장은 의미가 없었다. 재산을 합법적으로 소유하기 위해서는 그것의 보유자가 신체적으로 '태어나야'(*generatus*) 할 뿐만 아니라, 은총을 통해 정신적으로 '다시 태어나야'(*regeneratus*) 하기 때문이었다.

사실 인간의 출생은 재산 세습의 최초 요건만을 부여할 뿐, 이는 반드시 교회에 의해 승인되고 완성되어야 했다. 세례를 받았다고 하더라도 개인은 잠정적으로 또는 영원히 인간적 범죄라든가 교회의 파문에 의해 교회 구성원으로서의 자격을 상실할 수도 있었다. 그리하여 마침내 자일즈의 이론은 은총의 상태 내에 머무르지 않는 한, 인간은 어떤 재산도 정당하게 소유할 수 없다는 데까지 나아갔다. 따라서 자일즈가 "당신 자신보다 교회가 당신 재산의 더욱 진정한 소유자다"라는 인상적인 문구로 자신의 논리를 요약한 것은 결코 놀라운 일이 아니다. 더욱이 여기서 자일즈가 사용한 용어들이 당시 레미기오 디 기로라미(Remigio di Girolami) 같은 속권주의 사상가들이 국가에 대해 사용한 것과 같은 종류의 용어였다는 점은 의미 깊은 일이 아닐 수 없다.

자일즈는 자신의 이론이 사실상 인간의 본성적인 권리를 폐기하고 있다는 반론에 대응하여 도미니움을 두 유형으로 묘사하고 이들을 구별하였다. 그에 따르면 한 유형은 인간적 세속적인 것으로서, 이는 다른 한 유형 즉 교회만이 가지는 보편적 도미니움(universal *dominium*)에서 파생된 부분적이고 격이 낮은 것이었다. 자일즈는 이 보편적 도미니움을 '두 칼 이론'에 대한 극단적인 해석과 결부시켰다. 그리하여 결국 이와 같은 그의 설명은 속권의 입장에서는 받아들이기 어려운 난처한 것이 아닐 수 없었다. 이는 종국적으로 절대적 지배권 내지 소유권을 전적으로 그리고 엄격하게 교회와 교황의 수중에 두는 것이기 때문이었다.

자일즈 로마와 마찬가지로 아우구스틴회의 수도사였던 제임스 비터보(James of Viterbo, 1308년 사망)는 자일즈와 같은 시기에 《그리스도교 통치론》(*De Regimine Christiano*)을 집필하였다. 제임스 비터보는 보다 분명한 아리스토텔레스주의적 입장에서 자신의 주장을 개진하였다. 중세 교황권주의 저술가들 가운데서도 교회 그 자체를 아리스토텔레스적 요건에 부합하는 포괄적이고 자급자족적인 일종의 국가라고 설득하고자 하는 집념을 제임스보다 더욱 선명하

게 드러낸 인물은 없어 보인다.

제임스 비터보는 처음부터 왕국(*Regnum*)을 최고 형태의 인간 사회로 규정하였다. 뿐만 아니라 그는 중세의 다른 아리스토텔레스주의자들과 마찬가지로 아리스토텔레스의 단위인 도시국가의 의미를 보다 넓은 영토상의 정치 단위로 확대하였다. 아마도 아리스토텔레스('the Philosopher')는 중세의 영토 군주국이 진정한 정치공동체에 대한 자신의 개념에 부합하기에는 너무 크다고 느꼈을 것이다. 그러나 제임스와 13세기의 지식인들에게는 명백히 영토 왕국이 아리스토텔레스적 의미에서의 '완전한 사회'였다. 그리하여 교황권주의 이론가였던 제임스 비터보의 과제는 교회야말로 실제로 유일하고 완전한 형태의 지고한 왕국이며, 오히려 세속 왕국(secular *Regnum*)이 교회에 비해 부분적이고 불완전한 사회 단위임을 입증하는 일이었다.

도토리가 자라서 떡갈나무가, 그리고 어린이가 자라서 어른이 되듯이, 모든 유기체에서 시기적으로 나중에 일어나는 형태가 존재의 보다 높은 단계를 표시한다는 아리스토텔레스의 원리가 여기서 활용되었다. 이에 제임스 비터보는 연대기적으로 세속 왕국에 비해 교회가 늦게 형성되었다는 사실이 철학적 단계에서는 교회가 세속 왕국보다 우위라는 점을 보여주는 한 증거라고 논증하였다. 어떤 측면에서든 교회는 진정한 왕국(true *Regnum*)의 모든 특징을 가지고 있다는 것이 그의 주장이었다. 이를테면 교회는 법률적으로 상벌을 부과할 권한을 가진 지고의 정부 하에 통일되어 있으며, '좋은 삶'이라는 명확한 목표를 그 구성원들과 더불어 공유하고 있기 때문에, 사실상 교회만이 완벽한 왕국(perfect *Regnum*)임을 주장할 수 있다는 것이었다. 더욱이 세속 왕국이 인간 본성에 입각하고 있음에 비해 교회는 원죄로부터 벗어나 은총에 그 기반을 두고 있었다. 타락한 개인이 자신의 손상된 결함들을 보충하기 위해 계시를 통한 신의 은총을 필요로 하는 것과 꼭 마찬가지로, 세속 왕국 역시 그것의 완전한 본성적 잠재력을 실현하기 위해서는 교회의 신성한 계도를 반드시 필요로 하였다. 제임스 비

터보에 따르면 "모든 인간의 권한은 정신적 권한에 의해 계도되고 완성되지 않는 한 불완전하고 불충분한 것이었다".

제임스 비터보는 완전한 교회국가(church-state)의 관리자인 교황직의 위상을 계서체제의 정점에 위치시켰다. 그에 의하면 교황은 가장 완전한 형태의 군주권과 사제권을 소유하며, 뿐만 아니라 교황의 군주권은 그의 사제권에 비해서도 보다 높은 위엄을 가지고 있었다. 사제직이 중재의 직책인 데 비해 군주직은 절대적 권위를 가진 직책이라는 이유에서였다. 적어도 이론상 세속 왕국으로부터 모든 고유한 무기들을 빼앗고, 교권에 새로운 국가 개념의 모든 속성들을 포함시키고자 했던 교황권주의 성직자 정치이론가의 결의를 이보다 선명하게 보여주는 예는 없다. 희년이었던 1300년에 보니파키우스 8세가 1년 내내 장엄한 자색 복장을 하였다는 이야기는 사실이 아닐 수도 있다. 그러나 여전히 이는 당대의 많은 교황권 옹호론자들이 주장하였던 바를 상징적으로나마 정확히 표현하였다.

제임스 비터보의 결론은 자일스의 그것과 마찬가지로 극단적이었다. 그러나 결론에 이르는 제임스의 방법은 자일스가 흔히 의존하였던 바와 같은 일련의 도전적 추론에 입각한 것이 아니었다. 제임스는 일견 서로 모순된 것처럼 보이는 아우구스틴적 정치 전통과 아리스토텔레스주의적 정치 이론을 흥미롭게 결합시킴으로써 자신의 목표에 도달하고자 했다. 세속 왕국에 대한 정의와 마찬가지로 교회 왕국(ecclesiastical *Regnum*)에 대한 그의 정의 역시 아리스토텔레스적 범주에 입각하고 있었으며, 특히 두 왕국의 관계에 대한 논의에서, 제임스 비터보는 세속국가에는 은총이 없고 불완전한 데 비해, 교회만이 이 은총을 부여할 수 있다는 아우구스틴의 핵심 개념을 충실히 활용하였다.

이와 같은 성직자 정치론에 대해서는 심지어 성직자 집단 내부에서도 이견이 있었다. 레미기오 디 기로라미는 자신의 미간행본 저서《성직자 교수들의 오류에 대한 반론》(*Contra falsos ecclesiae professores*)에서 현세사에 대한 교회의 권위

는 단지 '간접적'으로만 행사되어야 한다고 역설하였다. 세속국가의 권리를 맹렬히 주장했던 레미기오 디 기로라미와 같은 속권주의적 태도는 사실상 예견된 것이었다. 또 다른 도미니크회 수도사였던 프랑스의 존 파리(John of Paris, 1306년 사망)도 여기에 직접적인 영향을 미쳤다. 보니파키우스 논쟁의 와중에 집필되었던 존 파리의 저작《국왕권과 교황권에 대하여》(De potestate regia et papali)는 자일즈 로마와 제임스 비터보의 맹공에 대한 강력한 반론이었다. 사실 존 파리의 저술은 경쟁자였던 교황권주의 옹호론자에 대한 단순한 반격 이상의 무엇이었다. 그것은 속권과 교권의 관계 및 교권의 대내 정부 모두에 대한 전면적인 실증적 검토의 시도였다. 존 파리의 학문은 매우 폭넓은 기초 위에 구축되었다. 그가 아리스토텔레스의 영향을 받았다는 사실은 오래 전부터 지적되어 왔다. 그런데 근년의 연구에 따르면, 존 파리는 당시 교회법 학자들의 움직임까지 충분히 파악하고 있었으며, 그리하여 그의 저술이 다음 세대의 교회법 학자들에게도 심대한 영향을 미치게 되었다는 사실이 확인되고 있다.

존 파리는 극단론자가 전혀 아니었다. 그는 청빈파 프란시스 수도회(the spiritual Franciscan)와는 달리 교회가 모든 현세적인 것들을 반드시 포기하여야 한다고 생각하지 않았다. 그러나 교회가 보유한 현세적인 것들이 세속 정부의 선물이며, 따라서 교황전능권 류의 과격한 주장은 현실성이 없다는 것을 교회가 분명하게 인식하기를 바랐다. 그는 제임스 비터보에 대한 반론으로서, 인간의 본성적 결사의 최고 형태인 왕국(Regnum)은 교회의 신성한 계도가 없다 하더라도 엄격히 본원적 의미에서 충분히 완전할 수 있다고 주장하였다. 존 파리는 은총의 영역과 자연의 영역을 첨예하게 구별하고, 이 구별을 모호하게 만드는 교황권주의자의 관점을 비난하였다. 뿐만 아니라 정신사의 관리를 단지 교회의 일로만 한정하지 않았다. 왕국은 공동체의 공공 선이라는 고유한 목표를 가지고 있으며, 여기에는 시민들을 덕스러운 생활로 이끄는 정신적 격려라는 요소도 불가피하게 포함되어야 하므로, 속권 역시 어느 정도는 정신적 영역을 간섭하게

마련이라고 그는 생각하였던 것이다.

존 파리는 이러한 속권주의 성향을 극단으로까지 밀고 나가지는 않았다. 그러나 이 논리가 교회에 대한 속권의 우위를 역설한 후대 이론가들에게 어떤 무기로 사용되었을지를 추정하기는 그리 어렵지 않다. 교권이 보다 높은 목표를 가지고 있으므로 속권보다 질적으로 우월하다는 점을 설령 인정한다 하더라도, 그것이 속권의 고유 영역에까지 교권에게 우위를 부여하는 것은 아니라는 것이 존 파리의 주장이었다. 존 파리는 교권과 속권 모두에 대해 고유 영역을 간섭할 경우 상호간의 거부권을 절대화하지 않았다. 그에 따르면 각각의 의무 태만이나 실정 때문에 상대가 간섭할 필요가 생기게 되고, 그렇게 되면 두 정부 모두 상대 영역에 대해 특정 조치를 취하는 것이 합법적일 경우도 있다는 것이었다.

교권과 속권 모두에서 일인지배 체제 즉 군주제 정부가 사유재산권에 관한 분쟁을 판단하고, 공적 직책에 속한 소유물을 각각 처리할 권한을 보유한다는 점을 존 파리가 인정한 것은 사실이다. 그러나 그는 신민의 재산에 관한 한, 교황직과 세속 군주직 모두에 대해서 여하한 절대적 소유권도 부여하지 않았다. 따라서 그가 직접적 보편적 현세적 권한이 교황에게 속한다는 생각을 부정한 것은 놀라운 일이 아니다. 흥미로운 점은 그가 자신의 결론에 이르기 위해 채택했던 추론의 과정이다. 여러 세기 만에 처음으로 그는 '두 칼 이론'과 성서에 나온 다른 비유적 이론들에 대한 복잡한 논쟁에 매듭을 짓는 듯한 대담한 조치를 취했다. 그는 이 비유들이 이론적 논의의 근거로 사용될 수는 없다고 선언했던 것이다. 보기에 따라서는 속권의 자율성에 관한 존 파리의 근거들 역시 그가 도전했던 비유적 근거들 못지않게 추상적일 수 있었다. 이를테면 그가 소중하게 평가하였던 증거 즉 '국왕권이 유래된 원천은 신의 지배 하에 있던 인민이었다'는 견해도 아마 그가 생각하였던 만큼 그렇게 확실한 역사적 사실은 아니었다. 그럼에도 불구하고 존 파리의 접근방식은 결과적으로 비유적 환상이 무절제하

게 활용되었던 당대의 논쟁을 보다 합리적인 수준으로 끌어올렸다.

존 파리는 자신의 인민주권론(theory of popular sovereignty)을 교권과 속권 모두에 적용하였다. 그는 디크레탈리스트[24]의 조합적 유기체 이론을 수용하여, 교회의 지상 권위가 교황직에 배타적으로 집중되어 있는 것이 아니라, 교회의 모든 구성원들에게 편재되어 있다는 결론을 추출하였다. 교황직의 권위는 전체 신도집단으로부터 나왔으며, 그 대리자인 추기경들의 선거를 통해 위임되었다. 따라서 교황직에 적합하지 못한 교황일 경우에는 동일한 추기경단 또는 보다 대의체적 기구인 전체 공의회(General Council)를 통해 폐위될 수도 있었다. 존 파리는 자신이 속한 도미니크 수도회뿐만 아니라 당시 유럽에 대두되고 있던 대의체적 협의기구에 대해서도 풍부한 지식을 가지고 있었다. 이 같은 지적 토대와 아리스토텔레스주의적 관점을 결부시켜, 그는 귀족제적 요소와 민주제적 요소가 조화된 군주제를 이상적인 정부 형태로 파악하였다. 결과적으로 그는 교황 측근에 각 지역과 왕국들의 대표자들로 구성된 항구적인 협의기구가 설치되기를 희망하였다. 우리는 그의 추기경단 개혁 구상의 토대가 바로 여기에 있었다고 추정해 볼 수 있을 것이다. 또한 존 파리는 전통적인 교회법 학자들이 그러했듯이, 교회와 더불어 전체 공의회를 종국적인 종교적 권위체로 간주하고, 이를 교황직보다 상위에 위치시키고자 하였다.

외견상 교권과 속권의 관계에 대한 존 파리의 견해는, 조화롭게 조절된 전통적 그리스도교 공화국에로의 단순한 복귀를 희망하였다는 인상을 줄 수도 있다. 그러나 면밀히 검토를 해보면, 그는 경쟁자인 절대주의 성직자 정치이론가들 못지않게 교권도 국가와 마찬가지로 아리스토텔레스적 정의 위에 편성되어야 한다는 새로운 가설을 수용하고 있었다. 존 파리는 교황권주의자와는 달

---

24) 필자는 디크레탈리스트(decretalist)와 디크레티스트(decretist)의 혼용을 피하고자 하였다. 디크레티스트의 기반이 12세기에 나온 그라티안(Gratian of Bologna)의 주저 《교회법령집》(*Decretum*) 이었음에 비해, 디크레탈리스트의 주된 연구대상은 그 이후 공포된 교황령 및 교회법이었다.

리 교회 정부를 절대 군주제에 입각시키지 않았다. 뿐만 아니라 전통적 그리스도교 공화국을 하나의 국가가 아닌 두 개의 구별되는 국가로 대치하였다. 바로 이 점이 그와 성직자 정치이론가들과의 근본적인 차이점이었다. 겔라시우스가 상호보완적인 두 부서로 파악했던 교권과 속권을 바야흐로 존 파리는 각각 자율적이고 자족적인 정부로 제시하였다. 물론 그는 이 양자 간의 비상시 상호 간 섭권을 여전히 인정하였다. 말하자면 그는 교권과 속권이 분리된 두 결사체임을 천명하는 최종 단계만은 남겨두고자 하였다.

이 마지막 단계의 제시자는 당시 대두하고 있던 국민국가의 야망을 억누르고 보편적 세계제국의 통치(사실상 단테는 이를 로마 제국의 통치와 동일시하였다) 이념을 수호하는 것을 기본적인 관심사로 삼았던 사상가였다. 단테(Dante, 1265~1321)[25]가 가장 위대한 중세 시인 중 한 사람이었다는 사실은 우리의 의도와 직접적으로는 관련되지 않는다. 여기서는 《신곡》(Divine Comedy)에서의 정치적 언급들이 정확히 무엇을 의미하는가에 대한 난삽하기 이를 데 없는 논란은 그냥 지나치기로 하겠다. 단테가 유럽의 정치사상에 기여한 바는 주로 그의 산문 특히 《제정론》(Monarchia)[26]에 기인한다. 단테의 산문들은 모두 황제 하인리히 7세(1308~13)가 이탈리아에서 황제권을 회복하기 위해 출정하고 있던 즈음에 집필되었다. 단테의 당시 서한들을 보면, 이 플로렌스의 시인 겸 정치가는 하인리히를 내란에 빠진 이탈리아를 구출할 신성한 구제자로 보고 환영했음을 알 수 있다. 그는 오직 황제만이 로마 제국의 요람을 혼돈에서 구해낼 수 있다고 믿었다. 단테가 제국 이념에 그렇게도 강렬히 사로잡힌 이유를 이해하려면, 당시 제국 문제라고 불렸던 화두의 핵심을 파악하는 일이 중요할 것 같다.

샤를마뉴 대제 이후 한 사람의 세속인 수장에 의해 서유럽의 통합이 실제

---

25) 단테의 생애와 저술에 관해서는, 《중세 유럽의 사상가들》, 340~350쪽 등을 참조하기 바람.

26) 《제정론》에 관해서는 이희만, 〈단테의 『제정론』에 관한 연구〉, 《숭실사학》, 1992, 141~177쪽 ; 박은구 《서양중세 정치사상 연구》, 63~66쪽 등을 참조하기 바람.

로 구현된 적은 없었다. 그러나 부활된 서로마 제국의 이념은 독일 군주의 후원을 받아 유지되고 있었으며, 이 제국 이념은 다소 모호한 형태로나마 서유럽의 다른 군주국들에 비해 법률상의 우위를 점하고 있었다. 제국 이념의 이 같은 우위는 부활된 로마법 연구를 통해 이론적으로도 뒷받침되었다. 한편 영토 군주 국가들의 성장은 보다 독립적인 자아 의식을 수반하게 마련이었는데, 이러한 국가들의 자아 의식도 조만간 법률적 기반을 추구하게 되었다.

국가별 분권주의를 지지하는 최초의 확실한 법률적 견해는 교회법 학자들에게서 나왔다. 알라누스는 모든 국왕이 자신의 왕국에서 황제가 제국에서 가지는 바와 동일한 최고의 사법적 권한을 가진다고 주장하였다. 교회법 학자들이 황제권의 주장을 격하시키기 위해 국가 단위 군주들의 법률적 독립을 지원하는 경향이 있었다는 사실은 오히려 자연스러운 일이었다. 당시 교황권에 대한 적대세력은 일반적으로 보아 황제권이기 때문이었다. 또한 대부분의 로마법 주석학자들이 황제의 양도할 수 없는 법률상의 우위를 주장하였다는 점도 충분히 이해될 수 있다. 그러나 13세기 중기 이후 특히 프랑스와 나폴리 왕국에서한 주요한 로마법 학자집단이 형성되었다. 이들은 로마법이 밝히고 있는 황제 주권의 모든 특권을 자신의 왕국 통치자에게 적용하고자 노력하였다.

이 법률학자 집단이 '국왕은 자신의 왕국에서 황제다'(*Rex est imperator in regno suo*)라는 유명한 공리를 낳은 기본적 토대였다. 물론 프랑스와 나폴리의 두 중심지 가운데 어느 쪽이 이 공리를 먼저 만들어냈던가 하는 쟁점은 여전히 논란거리다. 그러나 14세기의 로마법 해석학자들 즉 후기 주석학파(post-glossator)가 이 새로운 공리를 수용하였으며, 이들은 또한 황제의 특권을 명목상의 우위에도 훨씬 미치지 못하는 정도로 제한하였다. 이 같은 후기 주석학파에 의해서 신생 군주 국가들은 로마법을 폭넓게 활용할 수 있게 되었으며, 결과적으로 서유럽 근대 국가의 법전들은 로마법 체제로부터 깊은 영향을 받게 되었다.

보편적 권위에 관한 황제권의 주장을 부정하려는 경향은 점점 강화되었다.

이러한 경향은 13세기 후반 들어 제국이 하나의 제도로서는 거의 완전히 해체됨에 따라 더욱 뚜렷해졌다. 이즈음 독일의 군주직은 지속적으로 선거에 의한 승계 조직으로 변해 갔으며, 널리 알려진 7선제후는 통치권의 공백이 발생할 때마다 제위의 승계 문제는 물론, 이와 밀접히 결부되어 있던 제위의 폐위권도 함께 주장하였다. 교황청 역시 선거제 원리의 승리를 조장하는 데 적지않게 기여하였다. 교황청의 시도가 호헨슈타우펜 왕가의 제위에 대한 강력한 세습적 야망을 배제하려는 의도에서 나온 것이었다는 점은 의심할 여지가 없다. 널리 알려져 있는 당시의 선거절차는 교회법으로 제정되어 있던 집단선거제(collegiate election) 방식의 영향을 받았음을 명백히 보여주고 있다. 제국의 대공위 기간(1250~73) 동안 황제의 제국적 정치조직이 경험한 세력 약화의 과정은 처절한 것이었다. 심지어는 제국이라는 명칭을 더 이상 쓰지 말고, 제국 영토도 현실 정치의 기반 위에서 프랑스나 다른 지역 국가들에로 분할하자는 주장이 나올 정도였다. 물론 이러한 정치적 제안이 실제로 실천에 옮겨지지는 않았다. 아마도 이는 과거로부터의 지나치게 과격한 단절로 받아들여졌던 것 같다. 그러나 이러한 위협이 실제로 구현되지는 않았다 하더라도 위협 그 자체가 전통적인 제국 이념에 매달려 있던 자들 사이에 필사적인 저항의 움직임을 불러일으키기에는 충분한 것이었다.

조단 오스나브룩(Jordan of Osnabrück, 1275년 사망) 그리고 알렉산더 로에스(Alexander of Roes, 1281년 사망) 같은 황제권 옹호론자들은 합스부르그 왕가의 루돌프(1273~91) 및 알버트(1298~1308) 등과 같은 용렬한 황제 본인들보다도 더욱 완강한 제권주의자였다. 이들 초기의 제권주의 옹호론자들은 자신들이 설정한 황제의 보편적 정치적 우위를 입증할 합리적 근거를 발견하지 못해 적지않게 곤혹스러워했다. 그들이 샤를마뉴와 게르만족의 혈통에 부여했던 제위에 대한 불완전한 전설적 정보는 설득력 있는 근거가 되기 어려웠기 때문이다.

마침내 엥겔베르트 아드몬트(Engelbert of Admont, 1250~1331)가 진일보된 보다 강력한 제권주의 입장을 천명하였다. 그는 사회의 자급자족과 평화 그리

고 안전이 번영하는 국가의 불가결한 조건이라는 아리스토텔레스의 지적을 자신의 출발점으로 삼았다. 그리고 이 조건들은 오직 보편제국에 의해서만 충족될 수 있다고 주장하였다. 엥겔베르트는 자신의 주장에 대한 반론도 충분히 알고 있었다. 사실 그는 제국이 지향하는 보편적 평화를 실제로는 결코 이룩할 수 없다는 사실도 인정하였다. 그러나 그의 변함없는 지론은 설령 제국이 보편적 평화를 이루지 못한다 하더라도 보편적 평화에 대한 추구가 제국의 고유한 권리라는 점이었다. 이 평화를 추구하는 활동 자체가 제국의 영원한 운명을 실현하는 관건이라는 것이었다. 이 점에서 오늘날의 독자들은 엥겔베르트를 보며, "목적지에 도달하는 것보다 그곳으로 가는 여정이 더욱 좋다"라고 한 스티븐슨(R. Stevenson)을 연상할 수도 있을 것이다. 그러나 사실상 엥겔베르트 아드몬트의 논지는 성 아우구스틴의 정치적 비관주의로 되돌아가고 있었다.

한편 단테는 적절한 처방만 뒤따른다면 현세에서도 보편적 평화가 이루어질 수 있다고 생각하였다. 따라서 그는 이 목표가 확실히 성취될 수 있을 것인가 하는 의구심 때문에 고통을 받지는 않았다. 이탈리아 도시 내정의 갈등 및 도시들 간의 분쟁으로 쓰라린 경험을 했던 단테는 정치생활에 대한 메시아적 희망으로서 보편제국의 설립을 기대하였던 것이다. 그리고 그는 망명 생활을 통해 제국에 대한 모색을 심화시킬 수 있는 충분한 여가도 가질 수 있었다. 실제로 단테는 이 보편제국이 치명적 악덕인 욕망, 자만 및 탐욕(이들은《신곡》의 첫 장에서 표범, 사자 그리고 늑대로 극히 생생하게 상징적으로 묘사되어 있다)으로부터 인류를 집단적으로 그리고 개인적으로도 구원할 수 있는 유일한 희망이라고 확신하였다

보편제국에 대한 단테 이론의 최초의 윤곽은 미완의 저술인《향연》(Convivio)(아마도 이 책이 집필된 시기는 1304년에서 1308년 사이였을 것이다)에서 발견될 수 있다.《향연》은 바쁜 일반인들을 위한 일종의 '철학 자습 지침서'의 성격을 가진 저술이다. 이 책은 라틴어가 아닌 이탈리아어로 집필되었으며, 비유적인 의미들을 담은 함축적 운문들로 구성되었다. 저자는 이 운문에 대해 매번 산문적인 주

석을 달아 설명을 덧붙였다. 만약 엘리엇(T. S. Eliot)이 이러한 저술 작업에 종사했다고 상정한다면, 아마도 단테의 《향연》에 가장 가까운 현대적 버전이 되지 않을까 싶다.

단테는 제국과 제국의 기능들에 관하여 사실상 아리스토텔레스주의적 정의를 수용하였다. 그리고 그는 프리드리히 2세가 내린 귀족의 정의에 대해서는 동의하지 않았다. 즉 단테는 '오랫동안 확립된 부와 좋은 가정교육'이라는 귀족에 대한 프리드리히의 전통적 정의에 이의를 제기하였는데, 프리드리히의 정의가 충분히 윤리적인 정의로 생각되지 않았기 때문이었다. 단테가 윤리학에 속하는 영역에서 이전 황제들에 대해 감히 이의를 제기하였다는 사실이 오늘날 우리들에게 그리 기이해 보이지는 않는다. 이는 엘리엇이 인도 철학의 세부사항에 관한 빅토리아 여왕의 식견에 대하여 대담하게 도전하는 것이 조금도 이상해 보이지 않는 것과 마찬가지다. 오히려 엘리엇이 머뭇거리는 상황을 상정한다면, 그것이 기이한 일에 속할 것이다. 이 점에서 오늘날 단테 이해와 관련하여 당혹스럽게 여겨지는 점은, 오히려 역설적이게도 단테가 황제의 고유 영역에 대한 정교한 분석을 통해 자신의 입장을 변명하지 않았다는 사실일 것이다. 전반적으로 중세 사상에서는 추상적 권위에 대한 외경이 지나칠 정도로 두드러지는데, 특히 단테의 사상에서 이 점이 뚜렷하게 확인된다.

《향연》에서 단테는 권위 그 자체를 이론과 실제 모두의 영역에서 최고의 규범, 즉 "신뢰하고 승복할 수 있는 특별한 가치"로 정의하였다. 확고한 아리스토텔레스주의자였던 단테는 스타기라 출신의 아리스토텔레스(the Stagirite philosopher)를 순수한 인간 이성에 속하는 모든 사항에 관한 으뜸가는 권위라고 주저없이 불렀다. 《향연》에서는 그를 '인간 이성의 스승'이라고 묘사할 정도였다. 단테에게 아리스토텔레스는 언제나 먼저 진리의 적들과 싸워 승리한 다음, 그들에게 진리를 논증하여 주는 인물이었다. 요컨대 아리스토텔레스는 견줄 데 없는 철학의 권위 내지 스승이었던 것이다.

단테에게 있어서 인간 이성이라는 스승은 단순한 추상적 호칭이 아니었다. 철학은 인간의 올바른 실제적 행동을 결정하는 규범이기 때문이었다. 단테는 철학 분야에서 윤리학을 형이상학보다 우위에 둠으로써 철학의 실용성을 매우 강조하였으며, 그리하여 전통적인 스콜라적 분류체계를 역전시켰다. 물론 단테가 형이상학과 추상적인 명상 생활을 윤리학과 사회적 활동에 비해 본질적으로 열등하다고 생각한 것은 아니었다. 그러나 대다수 사람들은 이를 형이상학적 명상과 직접적으로 관련되어 있다고 생각하지는 않았다. 따라서 단테에게는 보다 공리주의적인 아리스토텔레스야말로 최후 최초의 철학적 권위였던 셈이다.

그러나 모든 훌륭한 철학자들이 그러한 것과 마찬가지로 아리스토텔레스 역시 단지 조언할 뿐 강요할 수는 없었다. 만약 아리스토텔레스가 무엇인가를 강요하고자 했다면, 자신이 순복을 요구할 수 있는 특별한 권리를 가졌던 영역 즉 단지 철학만을 우리들에게 물려주었을 것이다. 플라톤이《공화국》에서 주장한 철학자-군주에 관해 단테가 알고 있었다는 증거는 없다. 그러나 설령 단테가 알았다 하더라도 이를 활용하려고 하지는 않았을 것이다. 단테에 있어서 권위를 강제하는 힘이란 철학적 계서조직이 아니라 정치적 계서조직에 속하는 요소였기 때문이다.

단테 역시 당대의 다른 아리스토텔레스주의자들과 마찬가지로 도시에 대한 아리스토텔레스 나름의 정의를 왕국(Regnum)을 포함하는 일반적인 정치적 단위로 확대해서 이해하였다. 그러나 단테는 한 걸음 더 나아가 왕국들 간에 전쟁이 끊이지 않는다는 사실은, 전 세계를 평화롭게 할 보다 높은 위상의 정치적 권위의 창출이 여전히 요구되고 있음을 말해주고 있다고 주장하였다. 이 권위를 제권 체제라고 묘사했던 단테는 황제 정부가 상쟁하는 국가들 간의 완벽한 중재력이 될 것이며, 또 황제 정부는 모두를 지배할 것이므로 누구도 통치자의 선의를 왜곡하려는 야심을 품지 않게 될 것이라고 생각하였다. 제국 정부는 이른바 단테가 '우마나 키빌타'(umana civilta)라고 불렀던바, 즉 '인류 문명'의 올

바른 발달을 이끌 필수불가결한 핵심 안내자였다. 우리는 여기서 '우마나 키빌타'를 느슨하게나마 '인류 문명'(human civilization)이라고 옮길 수 있다. 미니오—빨루엘로(Minio-Paluello) 박사와 당뜨레베(d'Entrèves) 교수는 단테 특유의 이 용어가 아리스토텔레스의 《니코마쿠스 윤리학》의 12세기 라틴어 번역본에서 나왔을 것이라고 지적한 바 있다. 번역본 《니코마쿠스 윤리학》에서는 '키빌리타스' (civilitas)가 아리스토텔레스에 의해 정치공동체의 헌정적 구조를 묘사하는 데 사용되었던 단어를 가리키는 용어로 활용되었다.

단테가 제시했던 전 세계의 군주 즉 황제는 인류 문명의 발달에 반드시 있어야 할 평화의 유지에 요구되는 실질적인 지침을 부여하는 권위를 가진 유일한 인물이었다. 단테의 표현을 빌리면, 그는 '인간 의지의 기수'였으며, 그가 탄 정치적 전차가 바로 로마 제국이었다. 단테는 로마가 스스로 갖춘 품격과 신의 계획 모두에 의해서 세계를 통치할 자격이 있다는 것을 입증하기 위해서 《향연》의 많은 부분을 할애하였다. 대부분의 자신의 논증은 역사적 증거(오늘날의 기준에서 보면 거의 불충분한 것들이지만)들에 입각하고 있다고 그는 생각하였다. 단테가 자신의 저술의 근거였던 성서, 베르길리우스, 리비우스를 취급하는 방식은 대부분의 중세 저술가들이 그러했던 것과 마찬가지로 근본주의적이라고 지적할 수 있는 태도에 해당된다. 무엇이 권위인가에 대해 이미 언급한 바 있는 그의 태도는 사실상 어떤 다른 접근방식도 배제할 것이었다. 그러나 이 같은 여러 요소들을 충분히 고려한다 하더라도, 여전히 단테의 논증방식은 '환상적'이라고 할 수밖에 없다. 이를테면 그는 로마 제국의 신성한 기원을 입증하는 하나의 방법으로 로마의 건국과 다윗[27] 통치기의 동시성을 주장할 정도였다.

《제정론》은 단테 스스로에 의해서도 자신의 산문 걸작으로 기대되었던 것

---

27) 다윗(David)은 통일 이스라엘 왕국의 건국자이며 초대 군주였다. 그는 기원전 1000년 즈음부터 약 40여 년간 통치하였다고 짐작된다. 신약성서에서 그리스도는 빈번히 '다윗의 아들'(Son of David)로 묘사되어 있다.

같다. 《향연》과는 달리 그가 이 저술을 끝마칠 만큼 충분한 관심을 가졌다는 사실 자체가 이 점을 확인해 준다. 《제정론》 1권 서두에서 단테는 자신이 보편적 제국의 필요성을 증명하는 최초의 저술가이기를 희망한다고 밝혔다. 사실 《제정론》의 주요 사상들 가운데, 앞서 언급한 《향연》의 제국에 관한 논의 부분에 포함되어 있지 않았던 아이디어는 단지 두 가지였다. 그러나 이 새로운 두 가지 아이디어가 단테 사상에서 차지하는 중요성은 매우 각별하였다.

첫째, 이미 《향연》에서도 언급되었던 '인류 문명' 개념의 철학적 확대를 들 수 있다. 단테는 이 문명화 활동의 목표를 '먼저 사색을 수행하고, 다음으로는 이 사색의 결과 및 그것의 확산을 위한 행위를 수행하는 일, 즉 가능지성(the possible intellect)의 모든 힘을 끊임없이 실체화하려는 노력'으로 정의하였다. 이 해독하기 힘든 말은 인간 정신을 먼저 지식을 받아들이는 수동적 능력(수동지성 내지 가능지성)으로 구별한 다음, 이를 확실하게 파악된 지식의 형태로 체계화시키는 통합력 즉 능동지성(the active intellect)과는 분리시켰던, 스콜라적 전통을 상기한다면 그 의미가 다소 분명해질 것이다. 한편 이 같은 인식은 생물학과 인간의 재생산 과정을 보는 일반적인 중세인의 시각을 확인시켜 주는 좋은 한 예이기도 하다. 중세인들은 인간 및 생물의 재생산 과정에서 생산력을 지배하는 남성의 역할에 비해, 여성은 불가결하기는 하지마는 단순히 수동적인 역할만을 담당한다고 생각하였던 것이다.

단테에 따르면, 어떤 개인에게서도 인류의 수동지성이 하나의 전체로서 가지고 있는 지식의 모든 잠재력의 실체화를 기대할 수는 없다. 개인은 기껏해야 인류가 그것을 성취하도록 창조주에 의해 의도된 전체 지식의 적은 일부만을 습득할 수 있을 뿐이었다. 따라서 인류가 전체 지식 및 그것의 실체화를 이루려면 스스로를 하나의 보완적 협업 단위로 조직하는 일이었다. 그럼으로써만 이 거대한 과업의 성취를 기대할 수 있을 것이었다. 단지 하나의 보편적 공동체만이 인간 지성이 창출해 낼 수 있는 모든 잠재력을 안전하게 활성화시키는 산파

가 될 수 있다고 그는 생각했던 것이다.

단테가 이처럼 인간의 지적 활동의 통일성을 강조한 것에 대해 당시와 후대 사람들은 모두 그를 아베로이스주의자라고 비난하였다. 종교적으로 이미 정죄되었던 아리스토텔레스적 해석은, 인류 전체로서 단지 하나의 항구적인 수동 지성만이 존재하며, 개인의 지성들은 잠정적으로 그리고 부분적으로 이를 단지 나누어가지고 있을 뿐이라는 점을 가르치는 것처럼 보였던 것이 사실이다. 그렇다면 단테는 특히 시뇨르 부르노 나디(Signor Bruno Nardi) 같은 몇몇 비평가들이 주장한 바와 같이 수동지성의 통일성 이론을 실제로 가르치고자 하였을까? 사실 이 점에 관해 제시된 증거들을 검토해 보면, 명확한 판단을 내릴 만큼의 충분한 증거들을 찾기가 어렵다. 단테가 모든 인류의 지적 잠재력을 활성화하기 위해서는 다수 개인들의 협동이 바람직하다는 아베로이스의 견해를 긍정적으로 언급한 것은 분명하다. 그러나 단테가 이를 통해서 아베로이스적 노선에 입각하여 인간 지성의 엄격한 통일성을 주장하였던가 하는 점은 별개의 문제다. 질송(E. Gilson)은 *multitudo*(대중)라는 용어를 사용하여 단테가 의미하였던 바는 아베로이스적인 개념과는 거리가 멀었으며, 그 의미는 공통의 과업에 종사하는 개별적인 인간 지성의 순수한 복수 형태였다고 주장하였다. 사실 이와 같은 해석이 《신곡》(단테는 여기서 모든 사람은 각각 나름의 방식으로 지옥 또는 다른 곳으로 간다고 묘사하였다)이 포함하고 있는 심원한 개인주의적 논지와 보다 일치하고 있다고 필자는 생각한다.

덧붙여 말한다면, 단테 및 그 밖의 중세 사상가들의 저술로부터 이른바 정치적 아베로이스주의를 재구성하려는 시도들은 모두가 다소 비현실적이다. 아베로이스의 정치적 논평들은 플라톤의 《국가》와 아리스토텔레스의 《니코마쿠스 윤리학》에 대한 대체로 정확하지만 진부한 몇몇 주석서로 한정되며, 어느 곳에서도 아베로이스가 개인적인 정치철학의 체계를 제시하고자 하지는 않았다. 현재까지 우리가 알고 있는 한 아베로이스 자신의 저술은 물론 그의 라틴 제

자들의 저술로부터도, 아베로이스주의적 정치사상의 체계라고 부를 만한 것을 찾아보기가 어렵다. 몇몇 현대 학자들이 시도하였던 바, 단테와 마르실리우스(Marsiglio of Padua)의 주장들에서 그와 같은 가설적 체계의 영향을 찾아보려 하는 것은 다분히 무익한 추론에 불과해 보인다.

《제정론》제1권은 세계 군주정이 완전히 문명화된 인류 사회의 불가결한 요소인 평화의 상태를 구현하기 위한 한 조건이라는 주제와 관련된 일련의 다양한 논증들로 구성되어 있다. 제2권에서 저자는 《향연》의 지론 즉 이 군주정이 로마 제국이어야 한다는 사실을 다시 주장하고, 이 주장을 풍부하기는 하지만 반드시 강력한 설득력을 갖추었다고는 볼 수는 없는 논증들로 보강하였다. 그러나 그는 제3권에서 당시 교황청이 요구하였던 주제 즉 제국에 대한 교황의 직접적인 현세적 권한의 문제를 다룸으로써, 보편제국 내지 제권에 관한 중세적 논의를 새로운 단계로 나아가게 하였다.

단테는 교황청의 과장된 이념적 표현들을 '열쇠에 대한 열정' 및 '신학과 철학을 전혀 모르는 자칭 디크레탈리스트들의 무지의 탓'이라고 변명하는 등 지극한 외경심을 가지고 로마 교황청을 다루었다. 단테가 교회법 학자들의 전통을 한꺼번에 부정한 것은 아니었지만, 이를 그는 확연하게 성서, 교회의 전체 공의회(General Council) 그리고 교부들의 가르침 등에로 복속시켰다. 대부분 비유적이고 위역사적이기도 했던 교황과 황제 간의 유서깊은 논쟁의 난제들, 이를테면 해와 달, 두 칼, 〈콘스탄티누스 대제의 기진장〉 등에 관한 단테의 논증들은 지리할 정도로 장황한 갑론을박의 연속이다. 《제정론》의 이 부분을 읽다 보면, 이 현학적이고 무미건조해 보이는 저자가, 어떻게 동시에 《신곡》이라는 불후의 시가를 지은 작가일 수 있을까 하고 생각될 정도다. 그러나 단테의 이러한 논증은 저작의 가장 마지막 장에 이르러, 인간은 서로 구별되는 두 가지 운명 내지 '목표'를 가진다는 매우 독창적인 사상이 도입됨으로써 잠깐이나마 갑작스레 활기를 되찾는 모습을 볼 수 있다.

지금까지의 그리스도교적 스콜라 철학은 인간의 신성한 목표인 영원한 구원을 인간의 모든 것을 충족시키는 유일한 목적으로 간주하였으며, 현세의 행복 및 지상의 질서라는 종속적 목표들은 이 목적의 성취를 돕는 한 수단이 될 따름이라고 생각하였다. 이 점에서 단테는 이 땅에서의 인간의 운명, 특히 인간의 정치적 철학적 발달을 그 자체로서 하나의 목적으로 격상시킨 최초의 사상가로 보인다. 종교적으로 기이한 이 원리 때문에 아마도 교회는 《제정론》을 혐오하게 되었을 것이다. 그리하여 《제정론》은 16세기에 금서목록에 들게 되었으며, 1897년까지 계속 금서로 남아 있었다. 그러나 이 《제정론》에 언급된 '두 가지 목표들'에 관한 사상은, 이미 《향연》에서 언급된 바 있는, 인간 행위를 계도하는 세 가지 유형의 권위 영역에 관한 그의 독특한 구분과 논리적으로 밀접하게 결부되어 있다.

　단테의 견해는 인간이란 자신이 가진 물질적 및 정신적 본성에 의해 현세적 세계와 정신적 세계 모두에 토대를 가지므로, 따라서 인간은 이들 두 본성에 각각 상응하는 두 가지 목표를 가진다는 가설에 입각하고 있었다. 지상천국이 상징하고 있는 첫 번째 목표는 현세의 삶 속에서 획득될 수 있는 행복을 가리켰다. 그리고 천상의 낙원이 상징하는 두 번째 목표는 신의 소유를 통해서 비로소 성취 가능한 영원하고 지속적인 행복을 가리켰다. 그런데 이 두 번째 목표는 오직 신의 도움을 통해서만 이룩될 수 있을 것이었다.

　이들 두 가지 목표는 그것에 이르는 구체적인 방법들을 각각 요구하고 있었다. 현세적 목표는 순수한 인간 이성에의 복속을 요구하며, 아리스토텔레스로 대변되는 인간 이성은 그것의 으뜸가는 매체인 보편제국의 황제에 의해 수행되었다. 한편 신성한 목표는 신의 계시에 의한 초합리적 명령에의 복속을 요구하며, 이는 그것의 으뜸가는 매체인 교황직에 의해 수행되었다. 단테에 따르면 이들 두 정부는 각각 신으로부터 직접 그 권한을 위임받았으며, 양자 모두 상대방에게 위임된 영역을 침범하는 오류를 범하지 않는 한 서로 조화될 수 있었다.

요컨대 그는 성 토마스와 같은 그리스도교적 아리스토텔레스주의자들에 의해 이미 부분적으로 수용되었던 국가의 자율성 원리를 절대적이라 할 정도로까지 확대하였다. 질송이 설득력 있게 지적한 것처럼, 아마도 단테는 자신의 이론을 구성할 때 아리스토텔레스의 《니코마쿠스 윤리학》에 대한 주석서에서 성 토마스 아퀴나스가 가졌던 인식으로부터 많은 영향을 받았던 것 같다. 성 토마스는 아리스토텔레스가 정치학을 "인간 생활의 궁극적 목표에 관한 고찰로 간주한 바 있다"고 일찍이 밝혀 놓았던 것이다.

확실히 단테는 교권과 속권이라는 두 주요 부서 모두가 계시된 전통을 통해서 사고와 행동을 조정하는 유서 깊은 통합적 그리스도교 공화국 이념을 깨뜨리는 데 있어서 지금까지의 여하한 인물들보다 멀리 나아갔다. 반면 단테는 세밀한 균형을 갖춘 완벽한 이원구조로 통합적 그리스도교 공화국를 대치하고자 하였다. 그가 제시한 이원구조 하에서는 교회와 국가가 비록 필연적으로 상호 협동적이기는 하되, 상당한 정도로 서로 독립적인 체제이기도 했다. 교회의 목표가 그러한 것과 꼭 마찬가지로 세속국가의 목표 역시 신의 섭리에 복속해야 한다는 점에는 재론의 여지가 없었던 것이다.

그리하여 당뜨레베 교수가 근년에 취한 태도 즉 단테는 제국을 아우구스틴적 시각에 따라, 본성적으로는 선했던 정치공동체를 타락시키는 죄악을 실질적으로 억제하는 한 장치로 파악하였다는 견해 역시 흥미로워 보인다. 이러한 시각에 따르면 단테는 전통적인 중세적 입장에 보다 근접하게 된다. 그렇다고 해도 단테가 종국적인 정치단위로 생각한 것이 그리스도교 왕국이 아니라 보편적인 세계 국가였다는 사실은 변하지 않는다. 또한 이 보편제국은 그리스도교적이어야 한다는 점이 단테의 견해에 함의되어 있는 것도 사실이다. 그러나 합리적 철학이 이 보편제국의 핵심적 토대여야 한다는 단테의 주장은 그리스도교가 이 보편제국에 반드시 불가결한 요소는 아니라는 결론도 마침내 수반하게 될 것이었다. 당뜨레베 교수가 지적했던 것처럼, 《신곡》의 논리가 '두 가지 목표의

원리'를 부인하지 않는 한, 단테가 자신의 논리에 잠재되어 있던 모순에 직면하는 일은 없을 것이다. 이제 이 논리를 극단으로까지 밀고나가 세속국가의 새로운 자율성을 천명하는 작업은 다른 이탈리아인 사상가 즉 마르실리우스 파두아의 몫으로 남겨지게 되었다.

제7장 국가의 성장

　　마르실리우스 파두아의 생애는 세부적 부분들이 불확실하고, 사료도 드물다. 단테와 마찬가지로 마르실리우스 역시 이탈리아의 한 도시공화국 출신이었다. 이 도시공화국은 성직령에 의한 사법적 면책권을 주장하는 성직자들과 주기적으로 불편한 관계에 빠져들곤 하였다. 이에 파두아는 1280년대에 성직자에 대한 법률상의 특권을 사실상 중단하는 엄격한 법률들을 통과시켰다. 그러나 이 조치는 교황청의 성사금지령과 파문령을 초래하였으며, 결국 파두아도 여기에 굴복할 수밖에 없었다. 여기서 마르실리우스는 교황청의 정치적 간섭이 증대되고 있다고 생각하였다. 이에 그는 30대가 되면서 황제 하인리히 7세의 원정에 참여했을 뿐만 아니라, 뒤이어 북부 이탈리아에서 교황권주의자들과 황제권주의자들 사이에 일어난 10여 년에 걸친 이론적 투쟁에도 적극 참여하였다. 파두아 대학과 파리 대학에서의 학창 생활 기간에도 그는 이 같은 정치활동에 참여하였다. 마르실리우스는 중세 정치저술가로서는 최초로 기본적으로 의학 훈련을 받은 인물로 보이는데, 우리는 그의 저술들에서 다수의 의학적 표현과 비유들을 발견하게 된다.

　　앞으로 마르실리우스 파두아를 유명하게 만들 저서 《평화수호자》(*Defensor Pacis*)는 마르실리우스가 파리에 머문 지 수년이 지난 1324년에 완성되었다. 《평

화수호자》의 저자가 마르실리우스라는 사실은 널리 알려진 아베로이스주의 철학자였던 존 장당(John of Jandun)과 함께 그가 파리를 떠나는 것이 최선이라고 판단했던 1326년경까지는 의문시되지 않았다. 근년에 이들 두 사람의 제휴를 근거로, 《평화수호자》의 일부를 존 장당이 집필한 것은 아닐까 하는 이야기가 나온 것이 사실이다. 그러나 최근 지워쓰(A. Gewirth) 교수는 정치에 관한 논평들을 포함한 존 장당의 여러 저술들을 검토하여, 존 장당이 중세 스콜라적 태도의 일반적 특징 즉 정부의 윤리적 기능을 중시하는 견해를 가졌고, 이 견해는 《평화수호자》에서 표명된 견해들과는 거리가 멀다는 점을 제시한 바 있다.

두 망명객 즉 마르실리우스와 존 장당은 루드비히 바바리아(1313~46)의 궁정으로 피신하였다. 당시 루드비히는 교황청의 염원이었던 황제 선거의 감독과 재가권의 정당성을 여전히 입증하고자 노력하였던 교황 요한 22세(1316~34)에 정면으로 도전하여, 황제의 정치적 권리를 주장하고 있던 터였다. 마르실리우스는 1327년 루드비히가 감행했던 비현실적이고 환상적이었던 이탈리아 원정에 참여하였다. 이 원정을 통해 루드비히는 로마에서 이른바 로마 시민(*populus Romanus*)의 대표 및 그 자신이 세웠던 대립교황(anti-Pope)[28]에 의해 황제로 대관되었다. 그러나 이 수수께끼 같은 활동은 결국 황제측 군대의 철수로 종식되었으며, 무자비한 정죄로 완강하게 맞섰던 아비뇽의 교황 요한 22세는 이로 인해 결코 심각한 위협을 받지도 않았다. 그 이후 마르실리우스는 여생을 루드비히의 보호 하에 지내면서 황제권 옹호론자의 입장에서 몇몇 소책자들을 집필하였다. 그의 사망에 관한 최초의 언급은 교황 클레멘트 6세(1343~52)의 1343년 연설에서 발견된다. 이 연설에서 교황 클레멘트는 마르실리우스가 이미 사망했으며, 《평화수호자》는 자신이 읽은 책들 가운데 가장 이단적인 책이라고 선

---

28) 피에트로 디 코르바라(Pietro di Corbara)는 당시 황제 루드비히에 의해 대립교황 니콜라스 5세(1328~30)로 옹립되었다.

언하였다.

확실히 마르실리우스의 사유체계는 매우 독특하다. 그러나 그의 주장이 전통적으로 인정되어 온 문헌 근거들에 대한 재해석을 통해 얻어진 것이었다는 점 역시 여전히 사실이다. 마르실리우스에게 있어서 성서 이외에 으뜸가는 근거는 아리스토텔레스였다. 그러나 마르실리우스의 아리스토텔레스는 형이상학자라기보다는 경험주의 과학자였다. 마르실리우스의 논의는

교황 요한 22세와 추기경단

아리스토텔레스의 개념들 가운데 정치학의 능동인 즉 정부가 어떤 방법으로 정상적인 기능을 할 수 있을 것인가 하는 실천적 기술의 문제를 주로 다룬 데 비해서, 그것의 궁극인 즉 좋은 삶 자체에 대해서는 별로 다루지 않았다. 또한 그는 자신의 논증에 유용할 경우 기꺼이 교회법 학자와 신학자들도 인용하였다. 그는 교회법과 신학에 관해 체계적인 훈련을 쌓은 적은 없었지만, 그가 인용하고 있는 것들은 비록 그것이 이미 출판된 사료집들에서 나온 것이라 하더라도, 비전문가로서는 상당히 인상적인 수준의 것이었다. 이에 비해 로마법에 관한 지식은 다소 떨어졌던 것처럼 보인다.

따라서 그의 인민주권론[29]의 경우 비록 일부 학자들은 그 기본 정신을 로마법에서 찾고 있지만, 이탈리아의 도시국가에서 그가 실제로 체험한 것 이상의

---

29) 마르실리우스의 인민주권론에 관해서는 박은구, 《서양중세 정치사상 연구》(혜안, 2001) 94~176쪽 등을 참조하기 바람.

무엇으로 확대해석할 필요는 없을 것 같다. 당시 이탈리아 도시국가에서는 관직과 직책을 적어도 이론상으로는 전체 시민집단이 통제할 수 있었다. 마르실리우스는 일종의 이탈리아적 도시 공화주의로부터 자신의 반성직자주의적 및 반교황적 시각을 물려받았다. 11·12세기에 교황청의 동맹이었던 롬바르드 도시들은 이제 자신들의 자율권을 가장 절박하게 위협하는 것이, 교황청의 직접적 정치적 권한의 주장 및 북부 이탈리아에 대한 교황청의 군사적 개입이라고 생각하게 되었던 것이다. 단테와 마찬가지로 마르실리우스도 시정 경험을 통해 이탈리아에서의 교황 정치에 관해 비판적인 태도를 취하였다. 그러나 플로렌스의 시인이 보편적 세속 군주제를 통해 해결책을 마련하고자 했음에 비해, 마르실리우스는 당시의 여러 개별 국가가 자신들의 문제에 관해 배타적인 통제권을 가져야 한다는 주장을 천명하는 것에 만족하였다.

《평화수호자》가 근년의 연구와 해석상의 문제에서 보기 드문 대논쟁을 야기하였다는 사실은 그것이 가지는 강렬한 생명력을 잘 말해주고 있다. 극히 치밀한 비평가들조차 마르실리우스가 다룬 주제들을 검토함에 있어서, 완벽하게 비당파적인 입장에 서는 것은 매우 어렵다는 점을 인정하고 있다. 뿐만 아니라 마르실리우스의 사상을 논한 많은 저술가들의 오류도 지적하지 않을 수 없다. 많은 저술가들은 그의 사상을 해석할 때 지나치게 그리고 빈번하게 가톨릭 교회, 세속국가, 민주주의, 자유주의, 전체주의 등에 대한 자신들의 신념을 포함시켰다. 그 결과 마르실리우스 연구는 시대착오적인 위탁 업무가 되고 말았다. 우리가 발견해 내야 할 것은 《평화수호자》가 오늘날 가지는 의미가 아니라, 그것이 14세기에 가졌던 의미가 무엇인가 하는 점이다.

마르실리우스가 스스로 밝힌 《평화수호자》의 집필 의도는 국가의 질서와 평화의 원인을 분석하는 일이었다. 마르실리우스가 직접 국가라는 용어를 사용하지는 않았다. 그러나 이 용어는 자급자족적인 정치체에 관한 그의 이상을 설명하고 있는 여러 부차적인 개념들을 정확히 표현하는 용어다. 저작의 첫째

부분인 〈담론I〉은 이 문제를, 저자가 믿었던 바로는, 모든 역사 시기에 그리고 모든 종족에 대해 적용될 수 있는 일반적인 용어로 다루었다. 〈담론II〉에서 저자는 정치적 안정에 필수불가결한 이러한 요인들이 배타적 강제력을 갖춘 교권의 독자적인 법률체계의 주장으로 인해 위협받고 있다고 주장하였다. 마르실리우스에 따르면, 그리스도교 국가들 내부에서 발생하는 정치 권위의 위험스러운 분열은 그 책임이 교황청과 교권의 현세사에 대한 개입에 있었던 것이다. 〈담론II〉는 이 불행한 상황을 종식시키기 위한 실천적인 절차들도 포함하였다. 아마도 이 부분이 《평화수호자》 전체가 창출하게 될 도발적인 반성직자 정치논리의 한 축으로 사용될 것이었다.

그러나 〈담론I〉을 보다 중요한 공격적 논쟁인 〈담론II〉를 위한 형식적인 준비에 불과한 것으로 일축해 버린다면, 이는 중대한 오류다. 마르실리우스가 이해했던 정치학의 불가결한 요소인 구체적 정의에 관한 논의가 〈담론I〉에 포함되어 있기 때문이다. 정치적 공동체는 평화를 필요로 한다는 선언이 그 출발점이었다. 마르실리우스의 평화 개념은 베들레헴에서의 천사들의 노래와 성서에 기록된 예수의 가르침에 대한 부분적인 긍정적 인용들을 포함하고 있다. 그럼에도 불구하고 본질적으로 그것은 경제적 사회적 이해관계의 원만한 교류를 보장하는 충분한 물질적 풍요라는 소박한 부르주아적 기대였다. 바로 이 점이 마르실리우스의 정치사상의 두드러진 특징 즉 경제학, 생물학, 심리학 등을 활용한 실제적인 사회적 조건들에 대한 철저하고 집중적인 분석이 정치생활에서 특히 무엇을 요구하게 될 것인가를 시사하는 요소다.

아마 마르실리우스는 중세 최초의 정치사회학자라고 할 수 있을 것이다. 동시에 그는 충실한 아리스토텔레스주의자였다. 사실상 그는 정치공동체에 관한 논의를 적절히 구분된 여러 부분들로 구성되는 하나의 유기체에 관한 논의로 전개하였다. 중세적 배경은 마르실리우스로 하여금 이 논의를 적절한 조화를 이루는 건강한 동물체의 구성 요소에 관한 유추로 환원시켜 놓았다. 그에

따르면 '평화'란 그것을 통해서 모든 구성원이 이성과 창조의 목적에 부합하는 활동을 충분히 수행할 수 있는 도시 또는 왕국의 질서였다. 마르실리우스 역시 다른 중세 아리스토텔레스주의자들과 마찬가지로 아리스토텔레스의 정치단위였던 도시가 당연히 왕국을 포함하는 것으로 정당하게 확대될 수 있다고 생각하였으며, 또한 저작 전체를 통해서 끊임없이 자신의 배경이었던 이탈리아의 도시와 이보다 규모가 큰 서유럽의 정치단위였던 영토왕국을 결부시키고자 하였다.

《평화수호자》는 인간 사회의 발달 과정을 가정으로부터 촌락을 거쳐 도시로 성장한다는 아리스토텔레스의 성장 도식을 충실하고 간략하게 묘사하였다. 이 부분에서는 이미 주장되어 온 발달 과정의 설명에 구약성서의 비유들도 활용되었다는 점을 제외한다면 새로운 점이 거의 없다. 단지 마르실리우스는 자신의 주장을 확인하고 예증하기 위해 여러 차례에 걸쳐 구약성서를 근거로 활용하였는데, 그 최초의 활용이 이 주제에 관한 것이었다. 마르실리우스가 빈번하게 구약성서를 근거로 활용하였다는 사실은 라가르드(M. de Lagarde)의 근년의 해석이 부당하게 보이도록 만들 수도 있다. 라가르드는 마르실리우스가 구약성서를 정당한 경전으로 인정하기를 거부했던 왈도파(Waldesian) 같은 몇몇 중세 이단의 노선을 따랐다고 파악하였기 때문이다. 마르실리우스가 구약성서의 여러 규정들이 이제 더 이상 그리스도교 교도들에게 구속력을 갖지 못한다고 말한 것은 사실이다. 그러나 성 바울도 이와 똑같은 지적을 하지 않았던가?

마르실리우스는 가정으로부터 국가에 이르는 발달 과정에서 사회 활동의 전문화와 세분화가 증대되어 왔음을 추적하였다. 이러한 변화는 모두 구성원들의 공통 목표인 '생활, 그것도 좋은 생활'에 필요한 물자를 획득할 수 있게 만드는 방법이었다. 이 점에서 마르실리우스는 아리스토텔레스 정치사상의 목적론적 성격을 충분히 이해하고 있었다고 하겠다. 그가 아리스토텔레스와 구별되는 점은 역설적이게도 그가 살았던 시대의 그리스도교적 배경에 기인하고 있

다. 마르실리우스는 '좋은 삶'을 두 가지 의미 즉 하나는 현세와의 관계 속에서 그리고 다른 하나는 영원한 내세와의 관계 속에서 이해하였다. 아리스토텔레스와는 다르게 그는 국가가 이들 두 근본적인 인간의 욕구를 모두 제공할 수 있다고 생각하지는 않았다. 그는 무엇보다도 세속 정부가 성직자 정치 조직에 대하여 고유한 자율적 영역을 가지고 있음을 입증하고자 노력하였다. 그가 종교를 추방하거나 국가를 세속화하기를 원한 것은 전혀 아니었다. 오히려 반대로 정치지도자와 종교지도자 모두가 상호 보완적이어야 한다고 역설하였다. 그러나 동시에 그는 두 영역의 좋은 삶이 혼동되어서는 안 된다는 점도 강조하였다. 바로 이 점을 근거로 해서 마르실리우스는 인간의 정치적 세속적 정부에 관한 과학을 종교적 의무 내지 진리와는 분리해서 다루었던 것이다. 종교적 의무 내지 진리에 관한 한 마르실리우스는 아베로이스의 방식에 따라, 여하한 경우에도 그것이 인간의 합리적 범주에서 유래된 용어로는 충분히 규명될 수 없다고 생각하였다.

정당한 정치적 발달에 기여하거나 또는 그것을 저해하는 인간의 심리적 요소들을 평가할 때 마르실리우스는 극단적인 비관주의와 낙관주의 간의 대차대조표를 작성하였다. 이 작업을 통해서 그는 인간이란 본성적으로 '충족한 삶'이라 할 무엇을 추구한다는 희망적인 견해를 취하였다. 아마도 그가 '건강한 의미의 자아실현 충동'이라고 묘사하였던 것이 바로 여기에 해당된다고 보인다. 마르실리우스는 이러한 욕망을 가지지 않는 자가 있다면, 진정한 의미에서 인간의 자격을 구비하지 못한 '기형적' 사람임에 틀림없다고 생각하였다. 여기서 다시 마르실리우스는 정치적 논술에 적용될 신체적 내지 정신적 건강 상태에 관한 의학적 유추를 염두에 두었던 것 같다.

일반적 인간 본성에 대한 이와 같은 신념은 다른 한편으로는 그것의 무제한적 표출이 무정부 상태를 초래하게 마련이라는 인식을 통해 균형을 유지하였다. 실제로 마르실리우스는 정치학을 순수한 인간적 관계들로 설명하려는

자신의 의도에 따라 원죄에 관해서는 언급하지 않았다. 오히려 마르실리우스는 인간 사이의 갈등이 모든 개인에 내재하며 열정과 감정을 일으키는 서로 상반되는 '심리적 요인들'의 충돌에서 기인하는 것으로 설명하였다. 마르리실리우스는 여기서 중세기에 수용되었던 의학적 원리를 개인 및 집단의 심리에 대한 진단으로 변용하고 있었다. 그리고 그는 이 '요인들'이 잘 정비된 통합적 조정력을 갖춘 사회 생활에 의해서만 조화를 이룰 수 있다고 결론지었다. 인간 본성이라는 원재료들은 정치적 기술을 통하여 조정될 수 있는 형태로 다듬어져야 한다는 것이었다.

이 같은 정치적 기술의 원리는 엄격히 실용주의적이었다. 마르실리우스는 인간 활동을 '내면적' 활동과 '외형적' 활동으로 구별하였다. 매우 독특한 견해로 보이는 이러한 구별은 전자가 내면적인 사유의 세계를, 그리고 후자가 외부적인 활동의 세계를 각각 가리키는 것으로 설명될 수 있다. 마르실리우스는 사회 생활이란 단지 후자에 관한 것일 뿐이고, 한 인간의 순수한 내면생활은 그의 양심 및 종교의 문제로서 이에 대한 상벌은 현세에 속하지 않는다고 주장하였다. 동시에 마르실리우스는 그것에 복종하지 않을 경우 초자연적 형벌의 위협을 수반하는 종교적 도덕률에 대하여, 정치적 권위 역시 기율의 보전이라는 자신의 임무를 수행하기 위해서 이를 유용한 부가적 수단으로 사용할 수도 있다는 점을 거의 마키아벨리적인 태도로 인정하였다.

공동체의 여러 사회계층을 아리스토텔레스적 시각에 따라 제시하고, 사회 내의 성직자 계층의 목표란 이성에 의해 증명되는 것이 아니라 신앙을 토대로 상정될 수 있을 뿐이라고 강조한 다음, 마침내 마르실리우스는 사회를 관리하는 주된 세력이라고 스스로 간주하였던 조직에 관해 상론하였다. 그는 이를 특유의 용어인 '인간입법권자'(*legislator humanus*)라는 개념으로 설명하였다. 명백히 마르실리우스는 이 용어를 하나의 전체로서의 정치결사체, 즉 종국적인 주권적 권위(sovereign authority)의 주체로 이해하였다. 인간입법권자는 공동체의 모든

계층에게 국가 내에서 담당할 특정 임무를 할당하고, 모든 개별 구성원들을 각자의 재능에 따라 다양한 계층으로 구분하는 기능을 수행하였다.

마르실리우스가 특별히 주목한 계층은 그가 '통치집단'(*pars principans*)이라고 부른 집단이었다. 이 집단은 국가 내에서 정부의 행정 업무를 수행하는 부분이었다. 그는 '통치집단'이 취할 수 있는 여러 형태들을 규정하기 위해 다시 한번 아리스토텔레스에 의존하였다. 마르실리우스 자신은 선거를 통한 공화제적 정부 형태 또는 적어도 선거제 군주정을 선호하였다. 〈담론 I〉의 후반부에서 세습제 군주정에 대한 다양한 찬반 논의를 소개했던 그는, 결국 보다 나은 정부란 그것의 권위가 종국적 주권자인 인간입법권자의 규제에 주기적으로 복속하는 체제로부터 기대될 수 있다는 결론에 도달하였다. 이 점에서 마르실리우스가 수년간 경험했던 세습제 군주정 체제 하의 프랑스 생활은 이탈리아 도시들의 공화주의 전통에 대한 그의 신념을 완화시키는 데 아무런 역할도 하지 못했던 것 같다. 사실 그의 이 같은 정치적 태도 표명은 마르실리우스에 대한 교황청의 정죄 조치에 프랑스 정부가 기꺼이 협력했다는 사실과도 무관하지 않아 보인다.

정부 형태가 어떠하든 그것의 으뜸가는 목적은 법률의 선포와 집행에 있었다. 그런데 법률이란 과연 무엇인가? 마르실리우스는 〈담론 I〉에서 법률 개념을 규정하는 논의 전반을 통해서 법률을 가리키는 용어로 렉스(*lex*)를 사용하였다. 사실 마르실리우스가 법률의 첫 번째 의미로 다룬 "특정한 행위 또는 열정에 대한 감성의 본원적 경향"이라는 개념은 성 토마스 아퀴나스가 유스(*ius*)의 범주로 다루었던 바와 보다 일치한다고 주장될 수도 있다. 마르실리우스가 언급하였던 '렉스'에는 또 다른 의미에서 인정적 과정을 통해 형성된 도덕적 규범 내지 종교적 훈계도 포함되어 있었다. 그런데 마르실리우스는 이 가운데 어느 것도 진정한 정치적 의미의 법률 개념일 수는 없다고 지적하였다. 왜냐하면 이들 모두에는 강제력이 결여되어 있기 때문이었다. 그에 따르면, 현세의 정치공동체가

관리하는 법률은 물질적인 강제적 수단을 통해 그것의 결정을 집행할 능력을 가진다는 점에서 다른 모든 형태의 법률과 구별된다. 어떠한 종교적 교훈도 적절한 정치적 권위를 가지지 않는 한, 즉 통치집단에 의해 강제적 법령으로 제도화되지 않는 한 진정한 의미에서의 법률이라 불릴 수는 없었던 것이다.

지금까지 많은 학자들 이를테면 성 토마스가 자신의 법철학의 기반을 도덕률과의 일치에 두었던 데 비해서, 마르실리우스는 그 기반을 힘과 강제력이라고 지적하였다. 그러나 이미 고찰했듯이 토마스 아퀴나스도 강제력을 법률의 본질적 특성의 하나로 규정한 바 있으며, 한편 마르실리우스가 법률의 제정 과정에서 도덕적 요소를 무시하였다는 지적도 사실이 아니다. 마르실리우스는 법률이 강제적이어야 한다는 자신의 생각을, 만약 법률이 '완벽하려면' 도덕적 원리에 대한 지식이 필수적이라는 주장을 통해 보완하였다. 불완전한 법률의 한 예로서 그는 게르만족의 살인보속금(wergeld) 관습을 지적하였다. 마르실리우스의 설명에 따르면, 이 관습은 비록 법률이 필요로 하는 강제력을 갖추고 있기는 하지만, 진정한 법률의 핵심적 구성 요소라고 할 '올바른 사물질서에 대한 정당하고 실체적인 법제화'라는 요소가 결여되어 있었다.

우리는 여기서 마르실리우스의 이러한 입장이 성 토마스 아퀴나스의 견해와는 어떻게 다른가 하는 질문을 당연히 던질 수밖에 없다. 마르실리우스는 법률에서 점하는 의지라는 요소를 매우 강조하였고, 성 토마스는 이 맥락에서 이성이라는 요소에 커다란 역점을 두었다. 그러나 마르실리우스의 법률 개념을 순전히 주의주의적(voluntaristic)이라고 판단하는 것은 성 토마스의 그것을 완전히 합리주의적(rationalistic)이었다고 판단하는 것과 마찬가지로 오류다. 마르실리우스 법철학의 고유한 특징은 그의 독특한 용어들에 함의되어 있는데, 이것이 중세적 선례들로부터 과격한 결별을 고하는 것은 결코 아니기 때문이다.

마르실리우스는 법률의 지배가 개인의 지배에 비해 보다 바람직하다고 선언하였다. 개인의 지배는 설령 그것이 선정이라 하더라도 주관적이고 자의적인

것임에 비해, 법률의 지배는 집단의 지혜와 공동체 전체의 경험을 제도화한 것이기 때문이었다. 마르실리우스는 자신의 이 생각을 "법률은 여러 개의 눈들로 구성된 하나의 눈이다"라는 강렬한 경구로 표현하였다. 여기서 우리는 마르실리우스가 절대군주제 정부 형태를 반대했던 아리스토텔레스의 논지를 충실히 추종하고 있음을 분명하게 확인하게 된다. 뿐만 아니라 그리스도교의 현세적 수장으로서 교황은 속권과 교권 모두의 실정법을 초월하여 이들을 지배하는 권한을 가진다는 보편주의 성직자 정치론 역시 그가 염두에 두었음도 충분히 느끼게 된다.

〈담론 I〉의 제2장은 마르실리우스가 파악한 법률 제정의 이상적인 절차를 설명하고 있다. 법률 조항의 문구 자체는 공동체 내에서 법률과 도덕에 관하여 보다 전문적인 지식을 가진 구성원들에 의해 기초될 수 있었다. 그러나 이들의 제안은 공동체 전체에 의해 정당한 강제력이 부여될 때 비로소 정치적 의미의 법률로 간주될 수 있었다. 이들의 권한은 기껏해야 법률을 비강제적인 교훈의 의미로 유지할 수 있을 따름이었다. 그러므로 마르실리우스에 따르면, 법률의 고유한 능동인은 "그들의 선택 내지 희망이 시민 전체의 모임에서 명확한 법률 조항의 형태로 표명될 수 있는 인민, 시민단 전체 또는 이들 가운데 보다 중요한 집단(*valentior pars*)"이었다. 계속해서 마르실리우스는 '보다 중요한 집단'의 구성 원리도 부연해 두었다. 즉 "이는 법률 제정의 대상이 되는 공동체 구성원의 수와 질에 따라 결정된다"는 것이었다.

최근에 이르기까지 마르실리우스가 시민의 '질'에 대해 어떻게 언급했는지 하는 문제는 《평화수호자》의 연구자들도 거의 알지 못했다. 《평화수호자》의 최초 편찬본이 이 부분을 빠뜨렸고, 그 이후의 편찬본들 역시 동일한 오류를 답습하였기 때문이다. 사람들이 마르실리우스의 인식에 대해 다수결에 의한 민주적 지배를 확연히 예견케 하는 것으로 간주하기 쉬웠던 이유도 여기에 있었다. 20세기에 들어와 프레비테 오턴(C. W. Previté-Orton)은 19세기 자유주의 연

구자들의 구미에 맞아떨어졌던 이 같은 견해가 잘못되었다는 사실을 밝혀냈다. 프레비테 오턴은《평화수호자》에 대한 자신의 비판본을 준비하던 중에 '*in qualitate*(질에 따라서)'라는 부가적인 문구가 직접 검토했던 대부분의 사본들에 포함되어 있다는 사실을 발견하였다.

프레비테 오턴의 이 발견은 마르실리우스에 관한 당대의 자유주의적 해석에 대해 다소 극단적인 반동적 해석을 초래하였던 것 같다. 이를 계기로 마르실리우스는 새롭게 확인된 두 단어를 근거로 한 과도한 해석, 즉 과두정주의자라든가 심지어는 위장된 전체주의의 주창자 등으로 묘사되었기 때문이다. 그러나 최근 지워쓰(A. Gewirth) 교수의 치밀한 분석이 가해진 영역판본은 이러한 과장에 대해 설득력있는 논박을 펼치고 있다. 지워쓰 교수는 '보다 중요한 집단'을 해석할 때 사실상 마르실리우스는 이를, 기형인을 제외한 공동체의 모든 구성원과 개인들은 본성적으로 선을 욕구한다는, 자신의 종래 주장과 결부시키고 있다고 지적하였다. 마르실리우스에 따르면, 왜곡된 본성으로 모두가 합의한 공동체의 결정을 뒤집으려 하는 자가 있다면 그는 단지 기형인일 뿐이었다. 명백히 마르실리우스는 '보다 중요한 집단'이란 공동체의 대다수 즉 기형적이지 않은 정상적인 시민들로 구성된다고 생각하였다. 이 집단을 통해 질과 수 모두에 대한 마르실리우스의 주장이 조화를 이루고 있다고 지워쓰는 주장하였다.

'공동체가 투표를 통해서 자신의 의사를 표명할 수 있다'는 원리에 대해 교회법과 로마법 이론이 보인 유사성에도 불구하고, 마르실리우스는 여기서 새로운 경지를 개척한 것처럼 보인다. 종래의 중세 사상은 공공 선의 관리를 비교적 적은 수의 사람들 또는 심지어 한 개인에게 양도하는 경향이 있었다. 마르실리우스는 법률의 '발견 및 제정'이 설령 통치집단(*pars pincipans*) 내지 전문가의 특권이라고 하더라도, 자유로운 일반 시민들 역시 법률을 구상하거나 제안된 법률의 유용성 여부에 관한 나름의 판단을 표명할 수 있는 권리를 완벽하게 가진다고 주장하였다. 마르실리우스는 이 점을 회화와 조각 같은 예술 분야에 비유

하여 그 정당성을 설명하였다. 즉 실제로 독창적인 창작 내지 디자인의 재능은 단지 소수 사람들만의 전유물이다. 그렇다 하더라도 평범한 다수가 이들이 완성한 작품을 놓고 그들 나름의 판단을 내릴 수 없느냐 하면, 그것은 또한 아니라는 것이다. '정치도 일종의 예술이다. 정부는 예술가이고 시민은 비평가 집단을 형성한다. 따라서 건강한 정치생활을 위해서는 정부와 일반 시민이 모두 똑같이 필요하다'는 것이 마르실리우스의 확고한 지론이었다.

마르실리우스는 자신의 견해를 위해 다른 근거들도 제시하였다. 이를테면 그는 공동체란 스스로가 동의한 법률에 보다 잘 따른다는 널리 알려진 주장을 제기하였으며, 그 밖에도 《정치학》에 포함되어 있는 아리스토텔레스류의 '폴리티(polity)' 내지 혼합국가 개념을 근거로 이성과 더불어 권위 역시 변론하였다. 마르실리우스는 자신이 고유하게 제기한 '통치집단'이 아리스토텔레스류의 여러 요구들을 충족시키는 조직이라고 천명하였다. 그리스어를 몰랐던 마르실리우스로서는 아리스토텔레스의 진정한 의도를 스스로 왜곡하고 있음을 깨닫지 못하였던 것 같다. 아리스토텔레스가 본래 의도했던 바는 보다 많은 재산을 소유한 투표자들을 우선시킴으로써 투표상의 다수결 원칙을 조화시키는 데 있었다. 그러나 마르실리우스는 자신의 고유한 공화제적 민주주의 신념과 당대의 교회법 학자들이 가지고 있다고 판단되었던 과두정적 경향을 대비시켰다. 마르실리우스의 인민주권론은 무엇보다도 교권의 현세적 권한 요구에 대한 자신의 공격의 이론적 기반이었던 것이다.

〈담론 I〉의 마지막 장의 대부분은 '통치집단'의 권한과 의무에 관한 논의에 할애되었다. 마르실리우스는 국가에서 차지하는 '통치집단'의 기능을 심장이 인간의 몸에서 담당하는 기능에 비교하였다. 정부와 심장은 모두 자신이 속한 유기체를 감독하고 보존한다. 그리하여 인간의 몸이 두 개의 심장을 가질 수 없는 것과 마찬가지로 국가에서도 통치를 담당하는 부서가 두 개일 수 없었다. 이 같은 기본적 기능과 조건에 비한다면 '통치집단'의 실제 구성은 대체로 부차

적인 중요성밖에 갖지 못하는 화두였다. 그것은 세습제 군주정일 수도 있었고, 선거제 군주정일 수도 있었으며, 또한 마르실리우스가 선호하였던 체제 즉 숫자상의 단일체가 아니라 정신적으로 통합성을 가진 일종의 협의체제일 수도 있었다. 핵심은 일단 인간입법권자에 의해 부여된 통치집단의 권한은 다른 여하한 권위에 의해서든 분할될 수 없으며, 또 분할되어서도 안 된다는 점이었다. 그렇지 않을 경우 종국적으로 국가는 분열과 무정부 상태에 빠지게 될 것이었다.

마르실리우스는 '인간입법권자'가 '통치집단'에 부여하는 절대적 권한 때문에 자신의 외형적 민주주의를 스스로 유명무실하게 만들었다고 이따금 비난받아 왔다. 사실 이러한 비난은 일군의 로마법 학자와 마르실리우스에 대해 동시에 가해졌다. 그런데 이 같은 비난이 정당성을 가지려면, 마르실리우스가 인민으로부터 세속 군주에게 이전된 권위를 돌이킬 수 없는 성격의 이전으로 믿었다는 점이 밝혀져야 한다. 그러나 마르실리우스의 견해를 검토해 보면, 이 권위가 돌이킬 수 없을 만큼 완전히 이전된 것은 아니라는 사실이 명백히 드러난다. 왜냐하면 그는 '인간입법권자'가 언제나 종국적 주권을 보유하며, 그리하여 필요한 경우 '통치집단'을 견제하거나 심지어 이들을 폐위할 수도 있다고 밝히고 있기 때문이다. 마르실리우스 역시 성 토마스 아퀴나스와 마찬가지로 '통치집단'에 대한 징벌을 옹호하지는 않았다. 이들의 사소한 잘못까지 징벌하는 것은 정부의 평판을 떨어뜨리고, 이는 이득보다 손실이 더 많다는 생각에서였다. 다시 한번 우리는 13세기 이탈리아 도시국가의 관행이 마르실리우스 사상의 기저에 폭넓게 깔려 있음을 확인하게 되는 것이다.

〈담론Ⅱ〉는 당대 교회가 요구했던 정치적 권한들에 대하여 마르실리우스가 오랫동안 준비해 온 공격을 제시하고 있다. 〈담론Ⅱ〉의 기본 관심은 아마도 정치사상 연구자들보다는 신학자 내지 교회사가들에게 더욱 중요한 주제일 것이다. 따라서 여기서는 〈담론Ⅰ〉에 대해 검토했던 것처럼 자세하게 〈담론Ⅱ〉를 다루지는 않겠다. 정치적 세력으로서의 교권은 해체되어야 하고, 교회가 재구성

되어야 한다는 점에 관한 마르실리우스의 혁명적 제안은, 종국적으로 〈담론 I〉에서 그가 제시했던 인민주권론 및 대의체 이론에 입각하고 있었다. 설령 교회의 정신적 훈계라 하더라도 국가에 의해 공식적 법률로 제정되지 않는 한, 그것이 본원적으로 강제력을 가지는 것은 아니라는 주장은 교회 정부의 법률체계가 만들어 놓은 교회법의 자율성과 심지어 우월성 주장을 단숨에 파괴하는 논리였다.

마르실리우스는 교회를 "그리스도를 믿고, 그의 이름으로 기도하는 신도집단 전체"라고 규정하였다. 이러한 교회의 개념 규정 자체가 반드시 비정통적인 정의는 아니었다. 이미 우리는 12세기의 디크레티스트들, 특히 휴그치오의 저술에서 이와 유사한 언급을 발견한 바 있다. 휴그치오는 일찍이 '로마 교회'라는 용어의 의미를 '전체 신도집단'으로 해석하였던 것이다. 그리하여 '신도집단 총체'라는 표현도 14세기의 많은 교회법 학자들에 의해서 교회에 대한 기본적인 개념 규정으로 수용되기에 이르렀다. 그러나 당연한 일이지마는, 이들은 이 같은 교회 개념을 토대로 반성직자주의적 결론을 추출할 의도는 전혀 없었다. 따라서 역설적이게도 그러한 결론의 추출이 바로 마르실리우스 교회론의 진정한 독창성이 드러나는 대목인 셈이다.

마르실리우스에게는 신도집단 전체(사실상 그것은 기도하는 '인간입법권자'였다)가 정치공동체에서와 마찬가지로 종교적 문제에서도 '통치집단'을 매개로 하는 지배적 권위체여야 했다. 오직 '신도집단 전체'만이 성직 임명을 관리하고, 교회의 개별 구성원에게 기율을 부과하며, 심지어 파문까지 명할 권리를 가지고 있었다. 성직자 계서조직은 세속사는 물론 심지어 정신적 사항들에 대해서도 그리스도로부터 여하한 유형의 강제적 사법권도 부여받지 않았다. 특히 그는 교황이라 하더라도 동료 주교들에 대해 전통적으로 유지되어 온 명목상의 우위 이외에는 아무것도 주장할 수 없다고 생각하였다. 존 파리와 마찬가지로 마르실리우스 역시 성직자 정치론이 빈번히 의존하여 온 성서의 자구들에 대한 비유적 해석을 부정하였던 것이다. 그러나 마르실리우스는 존 파리의 입장보다

더욱 멀리 나아갔다. 그는 정신사를 관리하는 정부로서 교황청이 제기하는 요구들이 성 베드로에 기반을 두고 있다는 것에 관해서조차 의문을 제기하였기 때문이다. 《평화수호자》의 바로 이 부분을 근거로 정통 가톨릭 교회는 마르실리우스를 이단이라고 단죄하였다.

그렇기는 하지만 마르실리우스가 종교를 배제한 국가를 변론하려 했던 것은 전혀 아니었다. 뿐만 아니라 사실상 그는 합법적인 속권이라면 여하한 경우에도 정통적 가톨릭 교회를 후원하게 마련이라는 유서 깊은 중세적 가설을 의심하지 않았다. 어떤 측면에서 보면 그는 합법적인 속권만이 종교적 진리에의 복속을 가능하게 이끄는 강제력을 행사할 수 있다는 전통적 인식을 극단적으로 주장하기도 하였다. 그러나 만약 교황청이 교회의 교리를 결정하는 데 있어서, 최종적이고 도전받을 수 없는 권리를 가지지 않는다는 마르실리우스의 주장이 받아들여진다면, 과연 종교적 진리는 어떻게 결정될 수 있을까?

마르실리우스는 이 국면에서 정당하게 조직된 전체 공의회의 무오류성에 호소함으로써 돌파구를 찾았다. 그는 다시 교회법적 선례에 따라 무오류한 전체 공의회의 권위에 호소하였던 것이다. 그러나 마르실리우스가 구상했던 공의회는 당시 로마 교회의 공의회와는 많은 차이가 있었다. 무엇보다도 그것은 속권 즉 마르실리우스가 '신앙을 가진 이 땅의 인간입법권자'라고 불렀던 모호한 권위에 의해 소집될 수 있었다. 이 점에서 마르실리우스는 단테가 구상했던 형태의 그리스도교 보편제국의 이상을 공유하고 있는 것처럼 보이는 것이 사실이다. 또한 그가 몇 차례에 걸쳐 제국 정부에 관해 언급한 것 역시 명백히 사실이다. 그러나 이때도 마르실리우스는 제국 정부에 대한 열정을 현저하게 결여하고 있었다. 실제로 마르실리우스는 전쟁을 이 세상의 잉여 인구를 줄이는 자연의 한 방법이라고 냉소적으로 평하기조차 하였다. 보편적인 국제적 평화가 바람직하다는 점에 대해서도 그는 전혀 확신을 갖고 있지 않았던 것이다. 그리하여 '신도집단 전체' 즉 '신앙심을 가진 지상의 인간입법권자'는 사실상 마르실리

우스의 보호자였던 신성 로마 제국의 황제일 수도 있었고, 영주권을 가진 그 밖의 봉건적 상위 영주일 수도 있을 것이었다.

일단 전체 공의회가 소집되면, 정치적 사항들에 대해 '인간입법권자'가 '보다 중요한 집단'을 통해서 법률을 승인하는 것과 마찬가지로, 여러 그리스도교 정치공동체의 신도들에 의해 공의회의 구성원이 선출될 것이었다. 성직자뿐 아니라 평신도들도 공의회에 대표로 파견될 수 있었다. 우리는 여기서 당대의 교회법적 전통과는 현저하게 구별되는 또 하나의 차이를 발견하게 된다. 즉 마르실리우스에 따르면, 이 같은 전체 공의회의 결정은 무오류한 것이다. 그러나 공의회의 결정을 집행하려면 각 국가의 '인간입법권자'의 협력이 반드시 필요하였다. 이 대목에서 마르실리우스는 자신이 구상했던 체제의 명백한 난점을 정면으로 다루지는 않았다. 이를테면 상이한 국가들의 다양하고 독립적인 '입법권자들'이 전체 공의회의 결정을 승인하거나 집행하기를 거부할 경우 어떻게 될 것인가? 또한 각 국의 '인간입법권자'에 의한 교회의 완벽한 관리와 마르실리우스 자신이 여전히 유지하고자 하였던 보편교회의 무오류성에 대한 신념은 어떻게 조화될 수 있을 것인가? 등의 문제들은 난제가 아닐 수 없다. 마르실리우스 역시 자신의 체제 내에서 일관성이 결여되어 있는 요소들 간의 충돌 문제를 충분히 검토하지는 못하고 있었다.

교황 클레멘트 6세가 《평화수호자》에서 발견한 240 항목의 비정통적 주장이 모두 실제로 있었다고 말하려는 것은 아니다. 그러나 여기서 우리는 《평화수호자》가 진정한 도전임을 명백히 하는 언급들을 충분히 포함하고 있다는 사실에는 기꺼이 동의할 수 있다. 그것은 교권의 현세권 주장에 대해서뿐만 아니라 성직 자체의 정신적 자율성에 대한 도전까지 포함하고 있었다. 지금까지 그리스도교 사회를 구성해 온 속권은 이제 마르실리우스로부터 공공연히 세속국가가 되었고, 이 국가의 본원적 기원을 인간의 본성적 욕망과 의지에서 찾았으며, 더 이상 세속국가는 스스로를 멸망하게 마련인 인간 본성을 잠정적으로 관리

하는 차선의 방편이라고 부끄럽게 여기지도 않게 되었다.

마르실리우스가 주창한 대의 민주제는 이 새로운 성격의 국가와 완벽하게 일치하였다. 정치적 권한의 기본적 조건이 대다수 정상인의 의지라면, 아마도 이들의 기대를 가장 정확하게 표현할 수 있는 제도가 선거에 의한 대의제일 것이다. 공화주의가 마르실리우스 체제의 핵심적 요소의 하나였음은 명백히 사실이다. 그러나 그렇다고 해서 이 점이 마르실리우스의 체제에 포함되어 있는 공화주의가 압도적 요소였다거나, 또한 그것이 절대주의를 위해 변용될 수는 없었다는 점을 말해주지는 않는다. 《평화수호자》를 처음으로 영어로 번역한 인물이 윌리엄 마샬(W. Marshall)인데, 그의 번역작업은 사실상 이 저작을 헨리 8세(1509~47)가 선전 무기로 활용할 수 있도록 하려는 일종의 외과적 수술 행위였던 것이다.

그러나 마르실리우스의 혁신성과 근대성이 지나치게 강조되어서도 또한 안 된다. 그가 여러 측면에서 전통적인 중세 세계의 사상과 용어들에 의해 제약을 받았다는 점은 이미 지적한 바 있다. 특히 두드러지는 점은 종교를 정치와 구분하는 그의 논리가 그리스도교와 세속 정치질서의 분리를 요구하고 있는 것처럼 보일 때도, 여전히 그 자신은 그리스도교와 세속 정치질서 간의 긴밀한 관계를 유지하고자 하였다는 사실이다. 바로 이러한 태도가 앞서 지적한 바와 같이 마르실리우스의 논리들 가운데 아마도 가장 난해한 대목일 것이다. 만약 〈담론Ⅱ〉가 그의 《평화수호자》 전체의 초점이라고 한다면, 동시에 그것은 그의 체제 가운데 가장 취약한 부분이기도 하다. 마르실리우스는 그리스도교 사회 내의 교회와 국가의 관계를 터놓고 해체함으로써 이 같은 논리적인 난점을 해결하려 하지 않았다. 아마도 그로서는 이를 생각도 할 수 없었을 것이다. 그러나 그가 교권과 속권 모두의 영역에서 최종적 권한을 주권적 인민집단에로 이전시켰다는 사실은 콘스탄티누스 황제의 개종 이후 서유럽이, 정도의 차이가 있기는 하지마는, 교회에 양도하였던 독특한 정치적 역할의 종식을 예시하고 있

다. 마르실리우스조차 이 점을 인식하지 못하였음에도 불구하고, 바야흐로 그리스도교 공화국은 소멸되고 있었으며, 그 자리에 새로운 정치적 이상 즉 근대국가가 대두되고 있었던 것이다.

제8장 불확실성의 시대

유럽 역사상 마르실리우스에서 마르틴 루터에 이르는 200년 동안의 시기보다 평가와 해석이 어려운 기간은 없다. 이는 판단의 기반인 사료가 부족해서라거나 단편적이어서가 아니다. 오히려 어려움은 이미 우리가 가지고 있는 사료더미를 어떻게 해석할 것인가 하는 방법의 문제에 있다. 중세와 르네상스의 시대구분을 둘러싼 논쟁은 예술로부터 경제학에 이르기까지 이 시기 모든 분야의 인간활동을 연구하는 역사가들이 직면하고 있는 어려움을 매우 선명하게 드러내고 있다. 아마도 가장 합리적인 해결책은 이 시기의 변화를 혁명적인 전환으로 파악하기보다는 강조점의 변화로 파악하는 태도일 것이다. 그러나 이 같은 탈출구조차 고전적 중세적 요소 가운데 어떤 요소들이 이 시기에 와서 강조되고 또 경시되었던가 하는 논쟁거리는 여전히 남아 있는 것이 사실이다.

정치사상을 연구하는 이들도 이 같은 문제에서 자유롭지 않다. 아마도 14·15세기 정치사상의 전반적 경향을 평가하거나, 또는 개별 사상가의 입장을 해석할 때, 오늘날의 저술가들의 견해와 접근방식이 극히 다양한 주된 이유도 이 점 때문일 것이다. 몇몇 저술가들은 교회와 국가라는 두 정부 모두에서 꾸준히 성장한 절대주의 체제를 이 시기의 주된 특징으로 파악하고 있다. 그러나 일부 학자는 대의제의 활력이 지속되었으며, 심지어 강화되기조차 하였다는 사실

에 주목한다. 또한 일부에서는 속권과 교권의 관계가 점차 해체되고 있었다는 점을 정치학에 관한 한 유럽 사상의 탈그리스도교화의 서곡으로 지적하는 반면에, 다른 일부에서는 공의회 운동을 통해서 그리스도교 공화국을 여러 독립적인 조직들로 이루어지는 사회체제로 재편하고자 하는 노력이 가장 야심적으로 경주되었던 시기였다고 주장하고 있다. 이와 같은 오늘날의 강조점의 차이는 이 시기에 흐르고 있던 다양한 긴장의 한 반영에 불과하다. 사실 이 시기의 다양한 긴장은 예민한 감수성을 가진 당시의 지식인들 역시 불안스럽게 느끼곤 하였다. 이 시기에 접어들면서 한편에서는 중세적 과거를 비판하거나 심지어 파괴하는 흐름이 형성되었으며, 다른 한편에서는 여전히 중세의 전통을 소중히 생각하고, 이 전통을 보다 확고한 토대 위에서 새롭게 재구성하려는 시도도 추구되고 있었다. 아마도 이 시기를 매혹적이게 만드는 가장 주요한 원인이 바로 이와 같은 불확실성에 있을 것이다.

이 시기 전체를 편의상 세 유형의 긴장을 중심으로 검토해 보고자 하는데, 이 세 유형의 긴장은 당대의 정치적 담론들을 관통하였던 세 화두를 중심으로 정리해 볼 수 있을 것이다. 첫째, 정치생활의 토대는 객관적 자연법이라는 신념의 유지 및 이 가설에 도전하는 새로운 모색들과의 대립. 둘째, 대의제 관행들을 근거로 한 추론들에 의해 더욱 다양하게 전개된 통치자와 공동체 사이의 정치권위의 배분에 관한 끊임없는 논쟁. 그리고 셋째, 그리스도교 공화국을 재활성화하려는 다양한 시도들 및 그럼에도 불구하고 피할 수 없었던 중세적 그리스도교 공화국 개념의 점진적인 해체 등이 그것이다.

이론적 지평에서는 자연법에서 유래된 시민의 의무와 권리가 정치공동체의 기저를 이루는 지속적인 토대였다. 이 시기 말엽에 이르러 성 토마스 모어는《유토피아》(Utopia, 1516)를 통해 자연법과 자연종교라는 전제에 입각한 이상사회를 제시하였다. 모어의 이상형에는 계시의 빛이 제공하는 공공 선이 자리잡을 여지가 사실상 거의 없었다. 아리스토텔레스의 재발견이 말기 중세에 가르쳐준

이성과 계시 영역의 상호분리라는 맥락 속에 모어를 놓고 보면,《유토피아》에 나타나는 자연주의, 외형상의 이신론, 및 교황권주의적 교회 정부의 수호를 위한 그의 순교 사이에 게재되고 있는 표면상의 모순도 해소될 것이다. 모어는 자신의 이상적 자연 국가(natural state)를 토지를 횡령하고 정치적으로 부정직했던 당대의 영국과 강렬하게 대비시켰다. 이를 통해서 그는 명시적으로 주장하지는 않았던 도덕률을 제시하고자 하였던 것이다.

이에 앞서 영국의 정치저술가 존 포테스큐 경(1394~1476)도 자신의 저작《자연법의 본성》(*De Natura Legis Naturae*)과《영국법의 우수성》(*De Laudibus Legum Angliae*)을 통해서, 모든 정치공동체의 자연법은 실정법을 기반으로 해야 한다는 점을 분명하게 주장하였다. 모어와 마찬가지로 포테스큐도 그가 받은 훈련과 직업으로 보아 법률학자였다. 그러나 그는 이 점 역시 모어와 마찬가지인데 신학에 관해서도 잘 알고 있었으며, 그의 주장은 당대의 영국 상황이라는 무대에 의해 조절되었던 신학과 법률학의 흥미로운 융합을 제시하고 있다.《자연법의 본성》에서 포테스큐는 당대의 정치 현안이었던 장미전쟁 과정에 표명되었던 랭카스터가의 주장을 지지하였다. 반페미니스트주의적 대법관이었던 포테스큐는 랭카스터가의 주장이 요크가의 모계에 의한 세습 논리에 비해 자연법의 가르침에 보다 일치하고 있다고 선언하였던 것이다.

15세기 성직자들 가운데서도 가장 박식한 인물이었던 니콜라스 쿠사(Nicholas of Cusa, 1400~64)는 국가의 자연법적 토대를 보다 체계적인 철학적 용어로 표현하였다. 그는 자신의 저서《가톨릭의 조화》(*De Concordantia Catholica*)에서 통치자와 피치자 간의 조화로운 협업에 각각 기반을 둔 교회와 국가 모두의 개혁을 위한 청사진을 제시하였다. 니콜라스는 여기서 "모든 법령은 자연법에 기초하여야 한다. 그렇지 않을 경우 그 법은 무효다"라고 천명하였다. 또한 모든 인간의 본원적 평등에 관한 스토아 및 교부적 전통을 수용하였던 그는 "모든 인간은 본성적으로 자유롭다"라고도 주장하였다. 앞으로 우리는 니콜라

스가 밝힌 이 원리들로부터 유추된 정치 권위에 대한 다양한 추론들을 살펴보게 될 것이다. 단지 여기서는 중세적 가설 즉 기본적으로 자연법이 정치적 현실과 여건을 유지하는 힘이라는 인식을 니콜라스에게서 거듭 발견하게 된다는 사실만을 지적해 두기로 하자.

사실상 이는 우리가 논의하고 있는 시기의 지배적 전통이었다. 그러나 보다 회의적인 사조도 없지 않았다. 이미 우리는 마르실리우스에 의한 자연법 개념의 생물화를 언급한 바 있다. 그와 동시대인으로서 교황으로부터 함께 망명한 동료였던 영국인 프란시스회 수도사 윌리엄 오캄(William of Ockham, 1290~1349)도 자연법의 정당성을 의심하지 않았다. 그러나 오캄은 자연법의 근거에 관한 설명에서 종래의 강조점을 현저하게 바꾸어 놓았다. 그는 자연법의 기원을 불변하는 신성한 이성의 범주에서가 아니라 신의 자의적 의지에서 찾았다. 이와 같은 논리는 전체적으로 보아 오캄의 신학과 윤리학에서 뚜렷이 확인되는 주의주의적(voluntaristic) 경향과도 일치한다. 오캄에게 있어서 모든 법률은 반드시 정당한 권위를 갖춘 인물의 의지에 입각하여야만 했다.

오캄은 교권과 속권 모두가 남용하고 있던 교황전능권 논리에 항의하기 위해《개요집》(*Breviloquium*)을 집필했는데,[30] 그는 여기서 현세사에 관한 교황의 권리목록을 가장 잘 판단할 수 있는 것은 신학자가 아니라 로마법 전문가라고 주장하였다. 그는 성서를 교회사를 관리하기 위한 이상적 편람으로 간주하고 이를 교회법적 판결보다도 우위에 두었다. 따라서 자연법 영역이 침해당했을 경우에도 이를 판단하는 으뜸가는 권위 역시 성서일 수밖에 없었다. 이 점에서 오캄은 그라티안이 그러했던 것과 마찬가지로 신법과 자연법 간에 상정되었던 유서 깊은 중세적 융합으로 회귀하고 있는 것처럼 보인다. 그러나 실제로 이 주제와 관련하여 오캄이 수행했던 역할은 13세기 아리스토텔레스주의

---

30) 윌리엄 오캄의 교회론에 관해서는 박은구,《서양중세 정치사상 연구》(혜안, 2001), 304~384쪽을 참조하기 바람.

자들이 애써 이룩해 놓은 순수이성과 자연법 사이의 연계를 명백히 약화시키는 것이었다.

이성보다 계시에 의존했던 오캄의 태도는 자연권이라는 추상적 체계가 아니라 스스로 '복음적 자유의 법칙'이라고 불렀던 바에 입각하여, 그리스도교 공동체들의 권리를 교황청의 권위에 맞서서 변론했던 사실에서도 명백히 드러난다. 이로부터 200년 이후 이성과 신앙을 보다 첨예하게 구별하였던 루터 (1483~1546)는 은총에 의해 의롭게 된다는 개인적 신념에 입각해서 자신의 '그리스도 교도의 자유'를 확립하였으며, 또한 그는 자신의 사유체계에서도 합리적 자연법 개념을 폐기시켜 버렸던바, 이는 그가 자신의 신학에서 자연종교를 확고하게 폐기하였던 것과 조금도 다르지 않았다. 오캄에 보다 가까운 시기의 인물로서는 옥스퍼드 대학의 동료이기도 하였던 존 위클리프(John Wycliffe, 1320~84)가 순수한 자연법적 토대에 입각한 정치적 권한이라는 개념을 부정함으로써 마찬가지로 극단적인 입장을 취했다. 오캄은 자연법이라는 주제에서 세밀한 개념 규정과 제한을 통해 합리주의자들의 태도와 완전히 결별하는 일은 없도록 조율하였다.

그러나 위클리프의 경우에는 합리주의적 입장을 완전히 거부해 버렸다. 위클리프는 자일즈 로마(Giles of Rome, 1247~1316) 및 그 밖의 아우구스틴주의자들로부터 리처드 피츠랄프(Richard Fitzralph, 1360년 사망)와 대주교 아마프 (Archbishop of Armagh)를 통해 전달되었던 은총에 입각한 주권 이론을 수용하였다. 그리하여 그는 합리주의로부터 급격한 방향전환을 도모하고, 이 은총주의 주권론을 성직에도 적용시키고자 하였다. 위클리프에 따르면 성직자 계서조직의 구성원인 모든 사제의 사법권은, 그가 인정적 범죄로부터 얼마나 자유로운가에 의해 그 사법권의 정당성도 결정되었다. 성사의 원리에 대한 위클리프의 종국적인 부정 및 원형적 프로테스탄티즘을 연상시키는 예정론에 입각한 종교적 개인주의의 주장 등이야말로 그의 추종자들이 정통 교회로부터 받았던 맹렬

한 탄압의 이유를 설명해주는 핵심 요소들이었다.[31]

속권에 관한 위클리프의 견해는 보다 우호적이었다. 먼저 군주의 권한은 신에 의해서 인간의 범죄에 대한 일종의 구제책으로 제정된 것이었다. 따라서 그것은 설령 군주정이 정의롭지 못한 경우에도, 폐기될 수는 없는 신성한 근거를 가지고 있었다. 위클리프에 따르면 세속 통치자에 대한 저항은 여하한 경우에도 불법적인 행위였다. 이 점에서 위클리프의 견해는 오캄과 마찬가지로 합리적 자연법에 토대를 둔 정부라는 중세적 이념을 벗어나고 있었다. 위클리프는 속권의 정치적 권위를 오히려 자의적인 신의 명령과 결부시켰던 것이다. 이와 같은 도전적 주장들에도 불구하고 정치적 권위와 이성적 법률 간에 유지되었던 전통적인 관계는 꾸준히 보전되고 있었다. 그리하여 이 유대는 근대에 이르기까지도 정치적 사유의 영역에서 강력한 추동력으로 유지될 수 있었다.

세 유형의 주요 긴장 가운데 두 번째 화두는 통치자와 그가 속한 공동체의 관계, 및 통치자와 실정법의 관계와 같은 구체적이고 실제적인 이슈에 대한 것이었다. 정치공동체의 전통적인 법률과 관습을 유지하고, 공동체를 구성하는 개인과 단체의 권리들을 보호하는 일은 변함없이 정부의 주요 임무로 간주되었다. 통상적인 상황 하에서라면 군주가 왕국에 대한 자신의 의무를 수행할 최선의 방법을 결정하는 문제에 있어서 광범위한 자유를 갖는다는 점에 모두가 동의하였다. '군주는 법률에 복속되지 아니한다'(*princeps legibus solutus*) 등의 문구로 표현되는 절대주의적 요소들이, 아마도 인민과 법률에 관한 군주의 의무감보다는 군주의 주권적 의지를 고양하는 경향을 강화시켰던 것 같다. 실제로 14·15세기 로마법 학자들이 국왕권의 신성성 이론의 개척적 입안자들이었다는 주장이 제시되고 있기도 하다.

---

31) 위클리프의 교리와 보헤미아의 후스파 운동은 논의가 거듭되고 있는 흥미로운 주제다. 또한 후스 및 후스파 내부의 여러 분파가 가졌던 정치적 견해는 그 자체가 정치사상의 흐름에 있어서 흥미로운 한 장이다. 그러나 여기서는 이 문제에 관한 논의를 생략하였다. 그것은 중세 사상의 주된 흐름이라는 맥락에서 볼 때 비교적 주변적인 것으로 판단되었기 때문이다.

이러한 견해가 약간의 진실을 포함하고 있는 것은 사실이다. 그러나 대부분의 중세 통치자들은 로마법의 이 원리를, 특별한 상황이 발생할 경우 통치자는 보통법의 자구적 제한을 받지 않아도 된다는 전통적 권한을 강화하는 데 널리 활용하였다는 점 역시 지적되어야 한다. 국가적 비상시에 특별세 부과가 가장 빈번하게 추진되었다는 사실이 한 좋은 예이며, 아리스토텔레스적 형평의 원리 역시 속권의 비상시 특별세 부과 권한을 변론하는 데 빈번하게 활용되었다. 따라서 로마법에 내재되어 있던 절대주의적 요소가 여전히 중세 세속정부의 주요 축으로 자리잡고 있던 게르만적 관습법 전통과 당시의 통치 현실에서 함께 병행될 수 없는 것은 아니었다고 판단된다.

앞에서 게르만적 전통의 일부가 중세 군주의 정치적 의무, 즉 군주는 공동체의 조언을 그 주요 구성원들을 통해 구해야 한다는 통치원리의 근거가 되었다는 점을 검토하였다. 또한 군주의 이 같은 인식이 어떻게 로마법적 교회법적 개념과 결부되어 대의제 체제가 보다 선명한 윤곽을 갖추게 되었던가 하는 점도 검토하였다. 13세기 서유럽의 규모가 큰 영토국가들의 경우, 대의제 기구가 여전히 그리고 거의 전적으로 군주의 의사에 따라 소집되고 있었다. 단지《평화수호자》의 집필 배경이 되었던 보다 작은 규모의 도시국가에서만 대의제도가 법률적 통치의 지속적이고 핵심적인 기구의 일부로 간주되었다. 그러나 14·15세기에는 영토국가에서도 대의제에 관한 한, 비슷한 경향을 보이게 되었다. 당연한 일이지마는 이 국면에서 가장 두드러진 예가 영국이다. 14세기를 지나면서 영국 의회는 국민적 불만을 수렴하는 수단, 그리고 엄숙하게 법률을 선포하고 이를 전파하는 수단으로 널리 활용되었다. 14세기 말엽에 이르러서는 의회가 부적절한 군주로 선포된 리처드 2세(1377~99)의 폐위를 서명하는 장소로까지 활용되었다.

중세 말기의 의회를 17세기 이후에나 볼 수 있을 그러한 주권과 입법권의 보유 조직으로 상정한다면 그것은 지나친 일이다.[32] 당시까지의 의회는 중세

적 법률체계 하에서 나름의 합법적 권리를 확보하고자 했던 일종의 협력기구였다. 15세기 중엽 포테스큐는 이 협력기구를 '군주제적이고 정치적인' 헌정체제를 구성하는 핵심 요소로 규정하였다. 포테스큐는 여기서 '정치적'이라는 용어를 '혼합적' 정부 형태를 설명하는 아리스토텔레스류의 의미로 사용하였으며, 자신의 이 문구가 성 토마스 아퀴나스의《통치가론》의 영향을 받았음을 명백히 밝히기도 하였다. 포테스큐는 의도적으로 영국의 체제를 프랑스 체제와 대비시켰는데, 애국적 경멸감을 가졌던 그는 프랑스 체제를 전형적인 전제적 정부의 하나로 파악하였다. 그렇다고 해서 프랑스의 삼부회와 스페인 왕국의 신분제 의회(Cortes)가 중세 말기에 사멸되어 가고 있었던 것은 전혀 아니었다. 이들은 나름의 특권을 방어하기 위해 격렬히 활동하기도 하였다. 프랑스와 스페인의 신분제 의회가 영국 의회와 달리 향후 몰락하게 된 진정한 원인은, 무엇보다도 두 왕국의 군주들이 이 대의체들을 영국만큼 중앙집권적 정부구조와 결부시키지 못하였기 때문이라는 역설에 그 이유가 있다. 유럽 대륙의 신분제 대의기구는 그 시야가 국가적이라기보다는 지방적인 것에 머무르는 경향이 있었고, 따라서 그 대가를 치를 수밖에 없었던 것이다.

세속국가에 관한 한 군주제와 대의제 원리 사이의 충돌 가능성은 전체적으로 보아 여전히 장래의 문제였다. 그러나 14·15세기의 교회 정부에서는 일인지배적 수장제 원리와 대의제 원리들 간에 전면적인 내부 충돌이 일어났다. 이 같은 충돌은 이른바 교회의 대분열(Great Schism, 1378~1417)을 초래하였던 1378년의 교황 선거가 낳은 논쟁적 분열의 결과였다. 경쟁하는 교황들을 각각 추종하던 신도집단 간의 해묵은 분열은 교황에 대한 모든 권한의 집중을 토대로 유지되어 왔던 전통적인 수장제 교회 정부 체제의 붕괴를 노정하였다. 교회의 분열은 교황의 중앙집권적 권한을 심각하게 약화시켰으며, 이 분열이 장기화됨에 따

---

32) 말기 중세 사회와 신분제 의회에 관해서는《중세 유럽문화의 이해 1》, 306~353쪽 , 및《2》, 253~348쪽 등을 참조하기 바람.

라 교황은 심지어 불신의 대상이 되기조차 하였다. 그리하여 권위의 분배 문제에 관한 새로운 해결책이 교회 정부 내부에서 제기되기에 이르렀던 것이다.

앞서 우리는 13세기의 교회법 전통이 교회를 법률적 의미에서 일종의 유기적 법인체(corporate body)로 간주하는 시각과 어떻게 결부되었던가 하는 문제를 살펴보았다. 14세기 교회법 학자들도 이러한 경향의 사고를 유지하였고 또한 더욱 진전시켰다. 그러나 이러한 사고 경향의 논리적 귀결로서, 교황은 교회라는 유기체의 대리적 수장으로서 마땅히 교회를 구성하고 있는 신도집단 전체로부터 나와야 한다는 점을 교황청이 인식하였던 것 같지는 않다. 대분열기 이전의 교회법 학자들은 여전히 엄격한 교황전능권 이론을 주장하였다. 이들은 스스로 점차 비중을 높여 가며 교회사에 적용하고 있던 '유기체 이론'과 교황전능권 이론을 체계적으로 종합하기 위한 어떠한 시도도 하지 않았다. 유기체 이론이 대의제적 전체 공의회를 교회의 최고 권위기구로 규정하는 공의회 이론과 결부되기 위해서는 보다 자극적인 개념이라고 할 '교회=그리스도의 신비스러운 몸'이라는 새로운 교회 개념을 필요로 하고 있었다.

전체 공의회와 교황의 관계라는 주제는 디크레티스트와 디크레탈리스트들도 함께 논의에 동참했던 중요한 이슈였다. 그러나 반교황주의 논객들이 공의회 원리를 교황권의 남용으로 간주된 것들에 대한 규제 장치로 인식하기 시작한 것은 14세기의 일이었고, 교회의 대분열이라는 위기가 닥치기 이전에는 교황에 대한 공의회 우위론이 그렇게까지 광범위하게 대두되지는 않았다. 앞서 우리가 고찰한 바 있는 마르실리우스의 극단적 공의회주의는 황야의 스쳐가는 바람소리에 지나지 않았던 것이다. '고전적' 공의회주의 시기인 콘스탄스 공의회(1414~18)로부터 바젤 공의회(1431~49)에 이르는 기간의 공의회주의 변론가들의 한 특징은 스스로 마르실리우스의 이상을 폐기하였다는 점이다.

오캄도 빈번히 공의회 우위론자 중 한 명으로 간주되었다. 그러나 오캄의 방대한 《대화집》(*Dialogus*)에 포함되어 있는 주장과 반론의 난삽한 논술을 면밀

히 검토해 보면, 그는 어느 쪽에 가까우냐 하면 오히려 공의회주의 원리의 비판자임을 알 수 있다. 그가 천명한 유명론 철학의 개인주의적 전제들 때문에 오캄은 모든 대의기구 역시 일종의 가상적 법인체 이상의 무엇이라고 인정하기가 어려웠다. 그가 명백히 지적했듯이 개별적으로 오류를 범할 수 있는 몇몇 개인들이 공의회라는 이름으로 모였다고 해서, 어떻게 이들이 교황에 비해 보다 높은 무오류성을 주장할 수 있을 것인지를 그는 이해할 수 없었던 것이다. 이 모호하고 당혹스러운 저술가에 관해 우리가 판단할 수 있는 것은, 오캄이 기존의 모든 교회 내 권위의 무오류성에 관한 한 극단적인 회의주의를 받아들일 준비가 되어 있었다는 점 정도다. 그는 다소 충격적이기조차 한 디크레티스트의 추론, 즉 단 한 사람, 심지어 한 명의 아주머니 또는 한 명의 어린이에 의해서도, 정통 교회는 충분히 보전될 수 있다는 극단적 가능성을 주저하지 않고 반복하였다.

15세기 초엽의 공의회주의 사상가들은 교권의 전통적 계서조직 체제를 그대로 보존하는 일에 마르실리우스나 오캄에 비해 훨씬 많은 관심을 기울였다. 이들 모두는 성직자에 의한 교회 정부의 독점을 엄격히 신봉하였다. 교회의 대분열을 종식시켰던 콘스탄스 공의회에서 황제 지기스문트(1410~37)가 수행했던 역할이 유서 깊은 황제교권주의 전통에 존경할 만한 가치를 새롭게 부여하였던 것은 사실이다. 그러나 여전히 이들은 평신도의 참여라는 마르실리우스류의 인식에는 전혀 호감을 갖고 있지 않았다. 파리 대학의 저명한 총장이었던 장 제르송(John Jerson, 1363~1429) 같은 인물에게 있어서, 교회 정부의 공의회에 대한 의존은 기본적으로 다른 방법으로는 해결될 수 없는 분열의 치욕을 종식시키기 위한 일종의 비상수단이었다. 제르송은 교회 정부의 일상적 제도와 절차에 대한 기능 정지를 정당화하기 위하여 아리스토텔레스의 '형평'의 원리에 호소하였다. 그는 교황에 의한 공의회 소집이 합법적인 전체 공의회의 필수적 전제조건이라는 보편주의적 교회법 전통을 분명히 염두에 두고 있었다. 그러나 여러 명의 자칭 교황들 가운데 정당한 교황이 누구인지가 불분명하고, 이들 가운데 누구

도 공의회 소집에 동의하지 않을 경우에는 어떻게 해야 하는가? 이 같은 딜레마 때문에 제르송은 신의 섭리가 교회를 위해 보다 신뢰할 수 있는 어떤 통치 권위를 유보해 둔 것이 분명하다는 신념을 갖게 되었다.

《성직자의 권한》(De Potestate Ecclesiastica)은 콘스탄스 공의회 기간 동안 집필된 공의회 이론에 관한 가장 완성도 높은 저작인데, 여기서 제르송은 전체 공의회가 교회에 대한 최고의 사법적 권한을 완전히 가지고 있으며, 이는 다른 여하한 교회 권위 심지어 교황에 의해서조차도 공유될 수 없다고 주장하였다. 《성직자의 권한》의 논지는 '함께 모인 그리고 통일적 조직'인 전체 공의회가 신도집단 전체에 잠재적으로 내재하는 유기체적 주권에 대하여 아리스토텔레스적 의미의 공적인 형식을 부여한다는 전제에 근거하고 있었다. 교황이나 추기경들은 오류를 범할 수 있지만 교회와 이를 대표하는 공의회는 무오류한 진리의 보고라는 것이었다. 제르송은 교회의 일상적인 행정적 수장이라는 교황의 위상과 기능에 도전하려고 하지 않았다. 단지 교황직의 사법적 권한이란 성직자 계서 조

직 내에서 점하는 그것의 위상에 의존하기 때문에, 공의회를 통해 기능하는 교회 정부의 유기체적 주권활동에 의해서는 그것이 규제될 수도 있다고 제르송은 생각하였다. 교황의 권위는 교회라는 유기체 조직의 '성장' 내지 공공 선의 함양을 위한 일종의 수단이라는 것이었다. 이상적으로 보면 공의회가 교회 내에서 다른 어떤 권위보다도 높은 위엄을 가진 교황을 마땅히 포함하여야 했다. 그러나 교황이 공의회의 활동을 비이성적으로 방해하려 할 경우, 공의회는

콘스탄스 공의회에 참석한 황제 지기스문트

교황 없이도 소집되어 진행될 수 있으며, 심지어 교황을 교체하는 조치들도 취할 수 있어야 했다.

제르송의 교회에 관한 대의제 정부론은 단지 성직자 계층에 한정되었다. 제르송이 교회 전체의 안녕에 영향을 미치는 문제에 관한 한 '모든 신도'가 자문 자격으로 조언할 수도 있다는 점을 인정한 것은 사실이다. 그러나 이 경우에도 공의회의 의제와 심의에 관한 투표권은 여전히 성직자에게만 있었다. 제르송이 교회 공의회를 아리스토텔레스의 혼합정부의 조건들에 부합하는 제도로 이해 하였다는 사실은 의미 깊다. 그러나 여기서도 그는 이상적인 혼합정부의 한 관 건으로 아리스토텔레스가 지적했던 민주적 요소를 빠뜨리고 있었다. 사실상 제르송은 교회 정부에 관한 평신도의 참여를 필수 요소로 여기지 않았다. 왜냐 하면 성직자가 평신도들을 대표하여 공의회에 참석하기 때문이었다. 이러한 주 장은 1832년 이전에 선거제도의 개혁에 반대하던 자들이 개진하였던 영국 하원 의 무투표권자에 대한 '실질적' 대리 이론을 상기시킨다.

제르송의 대의제 이론이 모든 신도집단의 직접적 대리권을 주장함으로써 완벽한 이론적 결론을 추출하는 데 이처럼 실패하였다는 사실은 공의회 운동 전반에 내재되어 있는 모호성을 잘 드러내는 한 표식이다. 공의회주의자들은 정치적 권위에 관한 전통적인 계서적 개념, 즉 권위란 아래로부터가 아니라 위 로부터 부여되는 것이라는 인식과 명확히 결별하지 못한 과도기 상태에 여전 히 머무르고 있었다. 바로 이 점이 당시 사상가들의 뛰어난 재능, 심지어 제르 송 같은 인물의 역량에도 불구하고, 핵심적으로 아래로부터의 위임에 입각한 대의제 원리가 충분히 꽃을 피우지 못한 주된 이유였다. 제르송의 '실질적' 대 리 이론은 교회 정부에 대한 완전한 민주적 규제와 교황에 의한 전통적인 군 주제 정부라는 두 입장의 타협안이었고, 따라서 실패할 수밖에 없었다. 왜냐 하면 공의회뿐만 아니라 교황 역시 '실질적'으로 신도 공동체를 대표하는 '공 적 인물'임을 주장할 수 있었기 때문이었다.

공의회 운동의 다음 세대 이론가인 니콜라스 쿠사는 《가톨릭의 조화》(1434)에서 성직자 계서조직의 권위를 두 가지 의미로 이해할 수 있다고 주장함으로써, 종래 공의회 이론의 결함을 보완하고자 하였다. 첫 번째 의미인 성사를 집전하고 계시된 진리의 의미를 설명하는 권한은 위로부터, 즉 신성한 제도로부터 부여되었다. 그러나 두 번째 의미인 성직자 계서조직이 교회에 속한 평신도들에 대해 가지는 사법권은 교회 밖의 정치 제도의 그것과 유사하며, 따라서 세속정부와 동일한 규칙을 따라야 한다는 것이었다. "모든 인간은 본성적으로 자유롭기 때문에, 모든 정부의 권위는 그것이 성문법에 입각하든, 군주의 실제 명령에 입각하든, 인민의 공통된 합의와 동의로부터 유래된다"라고 니콜라스 쿠사는 밝혔다. 정치적 사회체란 스스로 선택한 통치자에 복속하기로 하는 인민들 사이의 협약에 의해서 형성된다는 것이 그의 주장이었다.

이 같은 맥락에서 보면, 그리스도교 계서조직은 그 자체가 자신의 구원을 성취하고자 했던 신도들의 자발적 복속 위에 설립되었다. 이에 니콜라스 쿠사는 교회 권위의 이와 같은 본원적인 인민적 기원이, 주교와 사제들에 대한 신도집단의 선거라는 원시 그리스도교 관행을 당대에도 부활시킴으로써, 마땅히 강조되어야 한다고 주장하였다. 교황의 수장권 역시 이 일반 법칙에서 예외일 수 없었다. 교황 수장권 또한 '인간과 교회법으로부터' 유래된 것이었다. 니콜라스 쿠사에게 있어서 교회법은 그리스도교 공동체의 관습이었다. 따라서 모든 관습법이 그러한 것과 마찬가지로 교회법 역시 본원적으로 자연법 질서의 일부인 '인간 동의의 원리'를 기반으로 하고 있었다. 그러므로 교황이 교회법 위에 군림하는 전능권 요구는 정당한 것일 수가 없었다. 교회의 정상적 관리를 위해 교황은 반드시 추기경단의 조언에 따라 움직여야 하고, 교회법을 개정할 때는 반드시 전체 공의회의 승인이 있어야 하였다.

그리스도교 공동체라는 유기체의 상이한 기관들 사이에 보다 공정한 권위의 분배를 이룩하고자 했던 니콜라스 쿠사의 시도는 제르송 세대의 공의회 이

론에 비해 훨씬 면밀하게 조정된 논리였다. 사실상 니콜라스 쿠사의 체계는 엄격한 교회 공의회 우위론과는 대단히 거리가 멀어서, 니콜라스 쿠사 사상에 '공의회 이론'이라는 용어를 붙이는 것 자체가 과연 적합한지 의문을 느낄 정도다. 니콜라스 쿠사의 사유체계의 핵심은 그리스도교 공동체의 모든 구성원들을 하나로 묶어줄 공통의 조화와 동의의 원리에 대한 추구였다. 이 같은 그의 의도를 가장 잘 드러낸 것이 스스로 붙였던 저작의 표제《가톨릭의 조화》였다.

모든 구성원의 정당한 권리를 보호하고자 했던 니콜라스 쿠사 이론의 정교함은 매우 독창적이다. 이를테면 교회 공의회가 일종의 '원로들의' 회의일 경우 그 위상은 교황직보다 하위일 수 있었다. 이 경우 교황은 주교에 대한 감독권을 당연히 보유하였다. 반면에 완벽한 대표자라는 교황의 자격이 문제될 경우 공의회는 교황직보다도 오히려 상위기구가 된다. 왜냐하면 공의회의 무오류성이 교황의 그것에 비해 '논란'이 적고, 또한 만장일치에 의한 것이기 때문이었다. 니콜라스 쿠사는 전체 공의회의 결정사항이라 하더라도 교회 내의 여러 다양한 교구들이 공의회의 결정을 명확히 수용할 때까지는 해당 교구에 구속력을 가져서는 안 된다고 밝히기도 하였다. 그리하여 그는 만장일치의 중요성을 특히 강조하였다. 마찬가지로 교황의 권리도 보호하였다. 이를 위해 그는 신앙 문제에 관한 공의회의 결정사항이라 하더라도 교황의 동의 없이는 효력을 갖지 못한다고 밝혔으며, 동시에 교황에게는 주교 계서조직의 사법권을 무시하지 말라고 경고하였던 것이다.

니콜라스 쿠사 조정안의 탁월한 정교함과 그 저변에 흐르는 교회개혁을 위한 순수한 열정에도 불구하고, 제르송과 마찬가지로 니콜라스 쿠사 역시 중세 교회의 계서제적 전통과 대의제 이념 간의 화해라는 불가능한 과제를 성취할 수는 없었다. 결국 니콜라스 쿠사도 양자 가운데 어느 하나를 선택할 수밖에 없었는데, 그는 교황제를 선택함으로써 추기경으로서 자신의 생애를 마감할 수 있었다.

스페인의 도미니크회 수도사였고 추기경단 내에서는 니콜라스 쿠사의 동료였던 존 토르퀴마다(John of Torquemada, 1466년 사망)[33]는 여하한 공의회주의 이론가에 못지않게 맹렬하게 교황청의 군주제적 지배를 옹호하였다. 기념비적인 저작 《교회대전》(Summa de Ecclesia, 1436)에서 존 토르퀴마다는 공의회주의적 입장에 대하여 근본적인 신학상의 반론이라 할 만한 주장들을 천명하였다. 그의 저작은 특히 바젤 공의회(1431~49)의 주장을 반박하기 위해 집필되었다. 그는 13·14세기의 교황권주의적 교회법 주석학자들보다 더욱 논리적으로, 교회란 전체 공의회라는 고유의 대의기구를 갖는 일종의 유기적 공동체라는 전제를 전면 부정하였다. 그에 따르면 교회는 기본적으로 각자가 영원한 운명을 소유한 개인들의 집합체로서, 교황청의 존재 이유는 무엇보다 이들에게 구원에 이르는 방법을 가르치는 데 있었다. 그러므로 신도들에 대한 교황청의 권위는 본질적으로 군주제적일 수밖에 없었다. 그렇지 못할 경우 교황청은 반드시 필요한 무오류의 지침들을 제대로 전할 수 없게 될 것이었다. 뿐만 아니라 그는 다소 설득력이 덜한 논증, 즉 군주제가 이상적인 정부 형태로 이미 인정되어 왔으므로, 교회 역시 군주제적 형태의 정부에 의해 통치되어야 한다고 덧붙이기도 하였다.

존 토르퀴마다의 주장은 공의회주의 운동기 동안 교황의 권위에 대한 명백한 위협으로 간주되었던 유기체적 사고방식과의 과격한 결별을 보여주고 있다. "토르퀴마다야말로 국왕 신성권의 최초의 주창자였다"라는 피기스(J. N. Figgis)의 평가가 많은 의미를 내포하고 있는 것 같지는 않다. 그러나 당시 세속 군주들이 군주권을 억제하려는 대의제적 시도들에 대해 반동적이었던 것처럼, 존 토르퀴마다는 교황청의 입장에서 공의회주의 운동에 대해 비슷한 역할을 수행하였던 것이다.

---

33) John of Torquemada는 Johannes de Turrecremata로도 표기된다. 그를 그의 조카인 토마스 토르퀴마다(Thomas Torquemada, 1420~98)와 혼동해서는 안 될 것이다. 토마스 토르퀴마다는 1483년 설립된 종교재판소(The Supreme Council of the Inquisition)의 최고재판관으로 18년간 일하는 동안 가혹한 종교재판을 실시한 인물로 그 악명이 널리 알려져 있다.

세속 군주들은 몇 가지 이론적 무기를 가지고 있었다. 하나는 절대주의적 세속 군주권에 호의적이었던 로마법 주석학자들의 영향 증대였다. 이른바 로마법 계수운동이 15세기에 튜튼적 관습의 본고장인 독일 지역에서 일어났는데, 이는 로마법의 저변에 깔려 있던 중앙집권적 정부 원리가 새로운 형태의 지역 공국들에게 매력적이었다는 사실을 잘 보여준다. 독일 지역의 로마법 계수운동에 해당하는 프랑스에서의 움직임이 '인문주의 해석학파'라는 새로운 로마법 학자들의 등장이었다. 이들은《로마법대전》이 고대라는 시대 상황에서 가졌던 본원적 의미에 많은 관심을 가지고 있었다. 프랑스에서도 로마법 원전의 자구적 의미의 부활은 군주에 대한 권력집중을 강화시켰고, 결과적으로 이는 중세적인 대의제 이념을 쇠퇴시키는 역할을 하였다. 실제로 대의제 이념의 쇠퇴는 16세기 이후 유럽 대륙에서 대의체의 소집이 점점 드물어졌다는 사실에서 잘 드러나고 있다. 이 점에서는 단지 영국만이 중세적 과거와의 연속성을 보다 많이 보전하였다. 왜냐하면 영국의 군주제는 자신의 중앙집권적 권한을 확립할 때 왕국 내의 다양한 대의체 집단들을 무시한 것이 아니라, 오히려 이들과 면밀히 제휴하는 전통적인 정책을 유지했기 때문이었다. 영국의 경우에도 국왕권은 빈번히 의회를 억압하기 위해 위협하거나 혹은 통제하였지만, 여전히 의회는 국왕 통치기구의 필수불가결한 일부였다.

　　중세 말기가 경과하면서 대의제는 전반적으로 호감을 잃어 가고 있었다. 그렇다고 해서 성숙한 절대주의 군주제 이론이 바야흐로 그 자리를 대신 차지하게 되었다고 말하기도 어려울 것이다. 심지어 교황 피우스 2세가 된 피콜로미니(Aeneas Sylvius Picolomini)와 같이 개성이 강했던 사상가들은, 설령 황제가 부당하게 행동한다 하더여라도 법률에 대해 책임을 지지는 않는다는, 무제한적 제권주의 이론을 주장하기도 하였다. 그러나 전체적으로 보아 당시의 세속 군주들은 스스로 양도될 수 없다고 선언했던 '국왕의 권리'에 대하여 보다 전통적인 호소를 강화하는 입장이었다.

이 불확실성의 시기의 세 번째 쟁점은 교권과 속권의 밀접한 유대가 점점 더 단절되어 갔다는 사실이다. 속권이 고유하고 자율적인 기능을 갖춘 국가로 전환했던 데는 학식과 재력을 갖추고 행정적으로 유능했던 속인 집단의 대두와 이들이 수반했던 경제적 정치적 변화의 영향이 매우 컸다. 또한 여기에는 로마법과 아리스토텔레스의 재발견이 가져온 이론적 충격 역시 심대하게 작용하였다. 이제 행정과 지식의 세계를 성직자가 독점하던 시대는 지나가고 있었으며, 이와 더불어 세속 정부와 성직자 계서조직 간의 밀접한 정치적 유대 역시 약화되고 있었다.

그리스도교 공화국의 진정한 조정자라는 유서 깊은 황제교권주의(Caesaro-papism) 이념의 쇠퇴는 시대의 변화를 알려주는 한 표식이었다. 단테는 이러한 제권주의 이념에 실질적으로 그리고 이론적으로도 중세 제국이 가져본 적이 없었던 보편적 기초를 더욱 확실하게 부여하고자 하였다. 그러나 이 같은 경향은 단테 이후 오캄처럼 덜 야심적인 인물에 의해, 교황이 자신의 의무를 수행하는 데 실패하는 비상 상황에서는, 교권의 대내 문제에 황제가 개입할 수 있는 권리를 가져야 한다는 견해 정도에서 머뭇거리고 있었다. 오캄 사상의 원류의 하나로 보이는 존 파리가 그러했던 것처럼, 오캄 또한 황제가 자신의 의무 수행에 실패하는 비상 상황에서는 속권에 대한 교황청의 간섭권 역시 동시에 인정하였다. 15세기에 이르러서도 니콜라스 쿠사는 여전히 그리스도교 공화국 내의 주요 권위체들 간의 조화로운 협력이라는 유서 깊은 이상을 붙들고 있었다. 그러나 이러한 꿈이 성취될 가능성은 이미 사라진 지 오래였다. 무엇보다 교황청 조직 자체가 이러한 현실을 가장 먼저 인식하였다.

15세기 국제관계의 특징 가운데 하나는 서유럽 여러 나라들에서 중요한 종교적 이슈들이 교황과 관련 국가의 세속 군주들 사이에 이루어진 쌍무적 합의를 통해 타결되었다는 점이다. 교황 마르틴 5세(Martin V, 1417~31) 치하에 재통합된 교황청과 콘스탄스 공의회에 참석한 '국가들' 사이에 이루어진 이른바

1418년의 협약은 이러한 추이를 잘 드러내는 한 예이며, 오스트리아의 프리드리히 3세(1440~93)와 교황 니콜라스 5세(1447~55) 사이에 이루어진 1448년의 비엔나 협약, 그리고 프랑스의 프랑수아 1세(1515~47)와 교황 레오 10세(1513~21) 사이에 이루어진 1516년의 볼로냐 협약 역시 이와 같은 국제 정치의 흐름을 보여주는 예들이다. 이 협약들을 보면 세속 군주들은 교황청에 대해 사실상 독립적인 입장을 취하고 있다. 이들 협약은 교회의 수장인 교황과 그의 정신적 아들인 군주 사이에 이루어진 약속이라기보다는 대등하고 주권적인 정부들 간의 협정이라는 성격을 뚜렷이 드러내고 있는 것이다.

이와 같은 정치 현실의 변화는 이론적 측면에서도 교황의 직접적 현세권 개념의 쇠퇴를 초래하였다. 바야흐로 교황의 직접권 논리는 교황의 정치적 활동에 오히려 당혹스런 부담으로 작용하고 있었다. 탁월한 교황권주의자로서 최초로 성직자 정치이론의 현실적 무용성을 선명하게 지적한 공적은 마땅히 존 토르퀴마다에게 돌려져야 한다. 이 점에서 존 토르퀴마다는 다시 한 번 자신이 진정성 있게 섬겼던 제도 즉 교황청을 위해 낡은 입장을 과감히 희생시킬 수 있었던 계몽적 보수주의의 한 표본이라 하겠다. 흔히 존 토르퀴마다는 현세사에 대한 교황청의 '간접적' 권한이라는 근대적 가톨릭 정치이론의 창안자로 묘사되고 있다. '간접적 권한'이란 용어가 그의 저술에 실제로 있었던 것은 아니다. 그러나 현세사에 관한 교황권의 영역에 대한 그의 이론적 규정은, 이후 이를 더욱 구체화시켰던 벨라르민(Bellarmine, 1542~1621)[34] 등과 같은 후대 간접권 이론의 주창

---

34) 벨라르민은 루뱅 대학과 예수회가 설립한 로마 대학에서 철학과 신학을 가르쳤으며, 추기경이 된 1599년 이후로는 탁월한 교회행정가로 일하였다. 그는 신의 의지가 정의의 원천이라는 주의주의 논리를 완강히 거부하고, 신법은 근본에서 신의 지혜에 입각해 있으며, 도덕률에 대한 인간의 인식 역시 인간 본성에 관한 이해를 토대로 하는 지적인 것이라고 주장함으로써 주지주의를 옹호하였다. 토마스주의자였던 그는 정치사상에서도 교회와 국가의 구별 및 교회 정부의 자율성을 변호하는 병행주의적 입장을 취하였다. 그의 저술로는 *Disputationes de controversiis christianae fidei adversus huius temporis haereticos*, 4 vols. (1596) ; *De potestate summi pontipicis christiani* (1619) 등이 있으며, 그에 대한 연구서로는 J. Brodrick, *Robert Bellarmine : Saint and Scholar* (Westerminster, MD., 1961) 등이 있다.

자들의 의도와도 폭넓게 일치하였다.

　존 토르퀴마다는 자신의 《교회대전》에서 교황은 종교를 보전하고, 영원한 구원을 위해 신도들을 계도하며, 범죄를 벌하고, 그리스도 교도들 사이에 평화를 유지하는 데 필요한 현세적 권한을 가질 권리가 있다고 천명하였다. 여러 측면에서 토르퀴마다의 정의는 죄악이 범해질 수 있는 현세사에 대해 폭넓은 간섭권을 요구하였던 교황 이노센트 3세의 주장을 연상시킨다. 실제로도 존 토르퀴마다는 교황 이노센트 3세를 자신의 논리의 확실한 근거로 자주 인용하였다.

　교황의 간접적 권한에 대해, 아마도 근대 가톨릭의 '간접권 이론' 옹호자라면 받아들이기 주저할 법한, 매우 광범위한 결론들을 존 토르퀴마다는 이노센트 3세를 근거로 추출하였다. 그에 따르면 교황은 자신의 직무에 속하는 과제인 '보다 높은 목표를 위해서' 세속 군주에게 '법률을 부여할' 수 있었다. 또한 교황은 자신의 의무를 다하지 못하는 세속 군주를 폐위시킬 수 있었고, 더욱이 파문된 군주에 대한 신민의 충성서약도 해제할 수 있었다. 이와 같은 정치행위의 실제적 예로서 존 토르퀴마다는 교황 그레고리우스 7세를 언급하기도 하였다. 뿐만 아니라 교황은 이단을 억압하고 정당한 전쟁을 수행하기 위해 무력 사용을 요구할 수도 있었으며, 이교도 내지 배교자 통치자의 그리스도 교도에 대한 통치권을 박탈할 수도 있었다.

　명백히 토르퀴마다는 이교도의 통치권이라 하더라도 그 자체로서는 합법적이고 정당한 것임을 인정하였다. 그러나 정의가 약화되는 경우 교황은 이를 보강할 수도 있다는 것이 그의 생각이었다. 심지어 우리는 존 토르퀴마다에게서 교황청이 제국을 이전할 수 있으며, 황제 공위기에는 교황이 직접 통치를 담당할 수도 있다는 이미 낡아빠진 오랜 주장들까지 일부 발견할 수 있다. 그럼에도 불구하고 전체적으로 볼 때 토르퀴마다의 입장은 제국과의 시대착오적 분쟁을 덮어두고, 보다 실질적 정치적 지평이 된 교황청과 국민국가들의 관계에 관심을 집중하는 것이었다. 분명 그는 교황청의 모든 규제에서 벗어나는 속권

의 자율성을 주창한 인물로 평가되지는 않는다. 그러나 그의 저작이 13·14세기의 정치적 논의에서 중요한 이슈로 간주되었던 현세사에 관한 교황전능권이라는 성직자 정치론의 화두를 선명하게 포기한 것 또한 여전히 사실이다.

존 토르퀴마다 및 그가 변론하고자 투쟁했던 교황청은 교회와 국가의 관계를 당연하게도 불가분의 관계라는 맥락에서 생각하였다. 이러한 입장은 전통적인 태도였을 뿐만 아니라 당대의 정치저술가들도 모두 같은 인식을 공유하고 있었다. 심지어 마키아벨리(1469~1527) 같은 회의주의자도 제도권 종교를 여전히 정치구조의 주요 버팀목으로 간주하였다. 마키아벨리가 자신의 정치적 견해를 이론화하는 작업에서 의식적이든 무의식적이든 마르실리우스를 염두에 두고 있었다는 사실은 분명해 보인다. 마키아벨리의 주장은 종래 이미 제기되었던 사유의 한 흐름을 매우 정교하고 유명하게 만든 해설자의 역할을 상기시킨다. 마키아벨리에게서 우리는 윤리학을 정치학으로부터 분리시키는 역할, 즉 정치학이 일상적 도덕률과 반드시 일치할 필요가 없는 몇몇 고유한 법칙들을 가지고 있다고 상정하는 태도를 확인할 수 있다.

우리는 정치적 목표를 성취하기 위해서는 비도덕적 수단까지도 정당화될 수 있다는 마키아벨리의 국가이성(*raison d'etat*)의 원리를 잘 알고 있다. 또한《군주론》(*The Prince*)에 실린 냉소적인 경구들조차, 르네상스기 이탈리아의 일상적인 정치적 관행을 그가 가감없이 옮겨놓은 진술에 불과한 것임도 우리는 알고 있다. 물론 우리는 국가이성 이론의 중세적 선례들에 대해서는 잘 알지 못한다. 그러나 주권자가 공공 선을 위해 특별한 비상조치를 취할 수 있다는 말기 중세의 사유 경향은 분명 정치적 마키아벨리즘으로 나아가는 추론의 한 단계였다. 이와 더불어 교회의 대분열 기간 동안 몇몇 분노한 성직자들은, 교회의 재통합을 위해서는 모든 조치, 심지어 가장 폭력적인 조치까지도 취할 수 있다는 생각을 하게 되었다. 이에 디트리히 니엠(Dietrich of Niem, 1340~1418)은 자신의 저작《교회 통합과 개혁을 위한 전체 공의회의 방안》(*De modis uniendiae reformandi*

ecclesiam in concilio universali)에서, 만약 교황이 교회 통합에 장애물이 된다면 그를 투옥하거나 심지어 처형하는 것조차 합법적일 수 있다고 주장하였던 것이다.

이와 같은 교회이성(raison d'Eglise), 만약 이렇게 불러도 된다면, 이론은 당시 제기되고 있던 독특한 정치의식의 한 유형과도 무관해 보이지 않는다. 파리의 지식인 장 프티(Jean Petit, 1350~1411)는 1407년 오를레앙 공이 폭군이고 공공선을 위협하는 인물이라는 이유로, 그를 살해할 것을 주장함으로써 폭군시해론을 제기하였다. 한편 르네상스 인문주의자들에 의한 그리스·로마사 연구의 부활도 이 같은 견해를 후원하였다. 이는 시저를 살해한 브루투스에 대한 두 위대한 시인의 묘사를 비교해 보면 여실히 파악할 수 있다. 즉 단테는 브루투스를 대역자로 보고 그를 지옥(*Inferno*)의 가장 아래쪽에 위치시켰다. 이에 반해 세익스피어는 브루투스를 "모든 로마인들 가운데서도 가장 고귀한 로마인"으로 묘사하였다. 세익스피어에 따르면 브루투스가 시저를 살해한 데는 다음과 같은 이유가 있었다.

··· 모름지기 순수하고 정직한 생각으로, 그리고 모든 사람의 공공 선을 위해서 ···

필자로서는 중세 정치사상에 대한 전체적인 해명작업을 어떻게 마무리해야 할지 판단하기가 쉽지 않다. 중세의 여러 위대한 제도들, 이를테면 가톨릭 교회, 대의제도 그리고 교회법 및 세속법 등은 오늘날에도 여전히 우리와 함께하고 있다. 사실 이 제도들은 중세인들이 전혀 생각하지 못했던 방식으로 지금도 여전히 매우 강력한 영향력을 발휘하고 있다. 그러나 우리가 불확실성의 시기라고 부른 기간의 어느 지점에서인가 연결 고리에 단절이 발생하였다. 우리의 작업도 바로 이 단절을 계기로 삼아 마무리하는 것이 좋을 듯 싶다. 이 시기 말엽에 이르면 중세 정치이념의 근본인 그리스도교 공화국(Christian Commonwealth)

에 대한 이념이 소멸되었으며, 더불어 유기적으로 통합되어 있던 교회 정부와 세속 정부의 유대도 소멸되었다. 모든 인간의 운명이 그러하듯이, 아마도 그리스도교 공화국의 이념 역시 그것이 처음 형성된 순간부터 소멸되어 가고 있었을 것이다. 그러니까 이 책은 그리스도교 공화국 이념이 무덤으로 가는 여정에서 경험한 다양한 변화들을 추적하는 데 많은 부분을 할애하였다. 사회적 정치적 지평에서 볼 때 그리스도교 공화국의 해체는 종교개혁이 일어나기 이미 오래 전부터 진행되고 있었다. 그리하여 서유럽 그리스도교 사회의 종교적 파편화가 16세기에 접어들어 돌이킬 수 없는 사실로 받아들여졌다는 것은, 유서 깊은 그리스도교 공화국 이념이 마침내 소멸되었으며, 이와 더불어 중세 세계 역시 종식되었음을 알리는 최종적 선언이었다고 할 것이다.

제 2 부
중세 정치체제의 구조와 이념

Medieval Political Thought   W. Ullmann

W. 울만의 머리글

오늘날의 정치적 인식이 어떻게 현재의 모습을 가지게 되었는가 하는 문제의 규명은 현대 정치사상 전반에 대해 현저히 증가된 관심과 결부되어 있다. 역사연구의 가치가 과거에 있었던 것을 발견하는 것만이 아니라, 과거 상황이 어떻게 그리고 왜 그러했으며, 오늘날은 어떻게 되었는가를 발견하는 것인 만큼, 정치사상의 역사적 발전에 관한 연구를 새삼 변론할 필요는 없을 것이다. 이 점은 중세 정치사상사와 관련해서는 특히 자명한데, 근대는 여러 측면에서 중세의 직계 상속자 내지 그 후예이기 때문이다. 한 세대 전에 있었던 중세를 다소 경원시하던 태도는, 오늘날 중세에 대한 관심의 고조 내지 열렬한 관심에 의해서 뒷전으로 밀려나게 되었다. 왜냐하면 근대 이데올로기의 지적 평가를 위해서는 이 이데올로기들이 어떻게 출현했던가에 대한 이해가 필요하다는 점이 널리 인식되었기 때문이다. 특히 영국의 군주정, 의회, 법률, 사법제도 등과 같은 공공제도는 그 기원을 명백히 중세에서 찾을 수 있고, 아마도 보다 중요한 점은, 이 제도가 중세에 처음 형성되었을 뿐만 아니라 오늘날도 여전히 유지되고 있다는 사실일 것이다. 주권, 민주정치, 정치적 권위, 정치적 의무, 의무감, 적법한 명령과 정의 등에 대한 이념들 역시 오늘날도 중세의 그것과 결코 다르지 않은 채 우리들의 것으로 유지되고 있다.

중세가 몇 가지 점에서 우리에게 익숙지 않은 특징을 가지고 있었다는 점은 분명하다. 그러나 사물의 본질과 내면의 핵심을 파악하기 위해서는 사물의 내용과 형식을 분리할 필요가 있다. 서유럽에 관한 한 부적절한 편집증을 제거하고 보면, 중세야말로 근대적 의미의 정치사상이 출현한 유럽의 형성기 내지 사춘기였다. 역사적 연속성의 원리가 어떤 정합성을 가지고 있다면, 이는 특히 정치사상사의 영역에서 그러하다. 정치사상은 중세에 독특한 중세적 역사상을 부여했을 뿐만 아니라, 정치적 문제와 공공의 관심사에 대한 우리들의 사고 방식을 서서히 그리고 왕왕 어렵사리 형성해 왔다. 대개 사상은 단지 언어를 통해서만 표현된다. 언어는 거친 상념에 옷을 입히고, 살을 붙이며, 그리하여 이를 보다 진전된 의사전달의 수단으로 만든다. 예민한 귀를 가진 사람이라면 누구나 정치사상의 중세적 함의와 근대적 그것 사이의 연계성을 포착할 것이다. 만약 우리네 선조들이 왜, 어떻게, 그들의 방식대로 사고하고 행동했으며, 현대의 사상과 행위가 왜, 어떻게, 그것과 다르게 보이는가 하는 점을 우리가 알아보고자 한다면, 중세는 그리스도교가 결정적이고 주도적 역할을 수행하였던 신앙의 시대였음에 비해, 현대인은 종교적 고려의 영향을 덜 받는다는 사실이 바로 과거를 탐구하게 하는 가장 강력한 동인이 될 것이다.

　또한 역사가는 설령 정치사상이 흔히 서로 다른 형태를 취한다고 하더라도, 그 본질에서는 계통적 연속성이 있음을 곧 발견하게 될 것이다. 중세기에 지배적이었던 몇몇 정치이념은 오늘날에는 호감을 주지 못하며, 심지어 지적 경원을 불러일으킬 수도 있다. 물론 이 같은 반응은 충분히 이해될 법하다. 그럼에도 불구하고 이 같은 거리감 자체가 바로 지금의 모습이 갖추어지기 이전의 우리들의 모습을 이해하는 데 중세에 대한 탐구가 얼마나 필요한 작업인가를 잘 말해주고 있다.

　필자는 앞서 언급한 생각과 고려들에 입각해서, 5세기로부터 15세기에 이르는 중세기 동안 정치적 이념들이 어떻게 발달하고, 진보하며, 쇠퇴하고, 또한 변

화했던가를 간략하게 개관하였다. 근년에 들어서 중세 정치사상사에 대해 많은 연구가 이루어졌다. 이 같은 연구는 정치사상을 실제로 창출했던 전제뿐만 아니라 역사적 과정 그 자체에 대해서 보다 생산적이고 적합한 평가를 하는 데 크게 기여하고 있다. 이에 필자는 세부사항에 대해서는 그것이 설령 중요하다고 하더라도, 이 책의 주제를 이해하는 데 직결되지 않을 경우 가능한 한 피하고자 하였다. 이 책의 목적은 중세에 스스로를 각인하고, 결과적으로 근대 세계에 잠재적인 영향을 끼쳤으며, 이를 형성하였던 정치사상을 계통적으로 설명하려는 것이다. 이 같은 작업은 필자가 특히 초기 중세에 있어서 정치이념의 실체를 이해하도록 해주는 공식적 준공식적 지배 행위들에 관심을 집중하였는다는 점에 설득력을 더해 줄 것이다.

또한 이 점은 명시적으로 성 아우구스틴[1]에 할애한 장이 없다는 사실도 설명해 줄 것이다. 성 아우구스틴의 '정치' 사상을 단순화하는 것은 위험하며, 쉽게 오해를 초래한다. 이를 제대로 파악하기 위해서는 중세 정치사상에 대한 개관에서는 충분한 지면을 할애할 수 없는, 그의 고유한 신학에 반드시 정통할 필요가 있다. 그렇다고 하더라도 아우구스틴주의의 독특한 원리들에 대해서는 응분의 탁월성이 부여되었다. 중세 말기의 인물인 윌리엄 오캄[2]에 대해서도 이와 비슷하게 말할 수 있다. 오캄의 정치사상을 제대로 평가하려면 그의 유명론과 신학사상에 정통해야 한다. 그리고 7권으로 발간될 예정인 오캄의 정치적 저술의 출간은 현재 3권째 머무르고 있으며, 오캄에 대한 연구는 작금에 와서야 물밀듯 쏟아져 나오고 있는 실정이다.

---

1) St. Augustine. 354~430. 북부 아프리카 히포(Hippo)의 주교. 암브로시우스, 제롬, 그레고리우스 1세와 함께 4대 라틴 교부의 한 사람으로 평가되고 있다. 신의 은총과 예정에 의해 인간의 구원이 이루어진다고 주장함으로써 초기 그리스도교 이념과 이론 즉 정통론의 기초를 세웠다. 주저로는 《신의 도시》와 《고백록》 등이 있다.

2) William of Ockham. 약 1285~1349. 영국 프란시스회 수도사로서 옥스퍼드 대학의 신학자 겸 철학자. 교황 요한 22세와 프란시스의 청빈을 둘러싸고 격렬한 논쟁을 벌인 후 1326년에 정죄당하였으며, 신성 로마 제국의 황제 루드비히 4세의 궁정으로 피신하였다. 뮌헨에 머물면서 교황청의 세속사 개입을 비판하는 저서를 집필하였으며, 《명제집》, 《대화》 등의 저서를 남겼다.

이 책이 의도하는 바는 이해 가능한 범주 내에서 주요 토픽들을 간략하게 개관하는 것이다. 필자는 주제별 접근방식과 연대기적 접근방식을 결합하고자 하였다. 필자의 경험에 비추어 볼 때, 이 같은 결합이 정치사상을 고유한 역사적 맥락 하에서 이해하는 데 적합한 조망을 제공하였기 때문이다. 중세에는 정치사상이 흔히 전문서적이나 팸플릿이 아니라, 일견 정치적 이념과는 거의 무관해 보이는 의사전달 수단을 통해서 표명되었다. 군주의 대관식이 한 예에 해당한다. 따라서 다양한 사료와 정보들을 통해 주제를 재구성하는 것이 바람직하다. 중세 사상은 우리들의 그것에 비해 훨씬 유기적으로 결합되어 있었기 때문에, 중세 정치이념들 역시 오늘날에는 사상과 삶을 결합시키는 힘으로서는 그 기능을 상실한 몇몇 방식들에도 표명되어 있다.

역사적으로 볼 때, 근대 정치사상 전반은 중세 정치사상을 형성한 매우 다양한 동인들의 단순한 파생물에 불과하다. 이들 가운데 한 가지 또는 다른 주제들을 탐구하고자 하는 독자를 위해 간단한 일차사료와 이차문헌 목록을 부록으로 첨부하였다.

W. 울만

서 론

중세가 여러 점에서 근대로 이어졌다고 하는 빈번한 주장은 중세 정치사상이 근대에 와서야 비로소 완전한 결실을 보게 된 근대 정치이념의 형성에 미친 영향을 고려할 때 각별한 설득력을 가지고 있다. 실제로 누적적 지속적인 발전 양상은 다른 영역보다도 이념의 영역에서 특히 현저하다. 한 예로서, 말기 중세의 정치사상의 기원이 초기 중세에 있다고 생각하지 않는다면, 이는 비역사적이고 사실상 지나치게 단순하다. 역사적 과정 그 자체를 해명하고자 할 때 정치사상사에 대한 연구처럼 유용한 역사학 분야는 거의 없다. 한 성인의 성격을 평가할 때도 동일한 접근방식을 택한다. 우리는 성인의 성격적 특징을 설명하면서 이를 처음부터 완성된 인격체로 간주하지는 않는다. 오히려 우리는 성인 시절과 청년기에 미친 영향력과 동인을 해명해주는 세부사항들을 유년기나 청소년기에서 찾으려고 한다. 요컨대 우리는 어떤 사건, 환경, 경험, 및 그 밖의 요인들이 어떻게 그 사람의 성격을 형성했던가를 설명하려고 하는 것이다.

현대의 제도와 정치사상이 어떻게 형성되었던가를 이해하는 데도 이와 매우 유사한 계통적 접근방식이 유용하다. 왜냐하면 이 같은 제도와 사상은 무에서 나온 것이 아니라 역사적 과정 그 자체에 확고하게 뿌리내린 것이기 때문이다. 특히 중세는 정치사상과 제도들이 실제로 어떻게 출현하였던가를 이해하는

데 유용한 기회를 제공한다. 천 년 이상에 걸친 이 기간 동안 서유럽에서는 공공 정부의 문제에 관한 한 모델로 삼을 만한 역사적 유형이나 정치적 경험이 없었던 사회가 출현하였고, 또한 성장하였다. 게르만족의 침략 기세가 한 풀 꺾이고, 약간의 질서와 평온을 되찾게 되자, 공공 질서와 평화를 어떻게 유지하고, 공적 생활을 어떻게 규제하며, 사회의 모든 구성원의 관심사를 어떻게 해결할 것인가 하는 문제가 제기되었다. 이는 많은 부분 정치질서의 문제로 분류될 수 있으며, 개념적으로는 정치사상의 범주에 속할 수도 있다. 크게 보아 여전히 원시적이었던 중세 사회는 나름의 해결책을 모색할 수밖에 없었던 것이다.

사람들은 늘 공공 분야의 권력의 원천이 종국적으로 어디에 있는가를 묻곤 하였다. 법률에 강제력을 부여하는 것은 무엇인가? 법률이 구속력을 가지는 이유는 도대체 어디에 있는가? 오늘날 서유럽에서 이러한 질문에 답하기란 어렵지 않다. 그러나 지금의 사고방식과 관행은 전적으로 중세에 형성된 이념적 틀에 의해 조건지워진 격렬한 유혈투쟁의 산물이다. 왜냐하면 역사적으로 보아 중세기에는 정부와 법률에 관한 두 개의 주요 이론이 있었기 때문이다. 이들 가운데 때로는 한 이론이, 때로는 다른 한 이론이 지배적이었지만, 두 이론 모두가 나름의 효력을 발휘하였다.

우리는 연대상 선행했던 정부와 법률에 관한 한 개념을 상향적 이론이라고 부를 수 있다. 그것의 주된 특징은 권력의 기원이 인민 내지 공동체에 있다는 인식이다. 이는 게르만족의 통치방식을 기술할 때 타키투스가 서술한 정부론이다. 권력의 원천이 인민이었기 때문에, 바로 인민이 전쟁의 지휘관, 공작, 군주, 및 이와 유사한 지도자들을 그들의 전체 모임에서 선출하였다. 피선된 이들은 선거인단으로부터 부여받은 권력 이외에는 어떤 권력도 소유할 수 없었다. 이들은 공동체의 대표로 간주되었으며, 동시에 인민집단에 대해 책임을 져야 했다. 따라서 통치자가 지도자로서 내린 명령에 대해서는 저항권도 존재하였다. 인민의 시각에서 볼 때 이 저항권은, 만약 군주가 자신들의 의지를 더 이상 대변하지

못할 경우, 군주를 손쉽게 폐위하고 제거할 수 있음을 의미하였다.

비록 시간이 흐름에 따라 특정 가계에서 군주가 선출되는 관행이 발달되었다고 하더라도, 이 원칙은 여전히 변함없이 남아 있었다. 비유적으로 말하자면 권력은 피라미드의 저변에서부터 그 정점인 국왕 내지 군주를 향해 위로 올라갔다. 인민집단이 통치자의 정부를 규제하였으며, 또한 인민집단은 법정으로서도 실효적으로 기능하였다. 권력의 원천이 인민이었기 때문에, 이 같은 상향적 정부이론을 우리는 인민주의 정부론이라고도 부를 수 있을 것이다.

이와는 반대되는 이론이 하향적 정부론이다. 이에 따르면 권력의 원천은 그리스도교 이념이 지배적으로 성장함에 따라서, 신 자체로 간주된 지고의 존재에게 있었다. 5세기 성 아우구스틴은 신이 군주를 매개로 인류에게 법률을 선포한다고 주장하였다. 그리고 13세기 성 토마스 아퀴나스(1225~74)도 권력이 신으로부터 유래된다고 밝히면서, 이와 유사한 견해를 표명하였다. 여기서도 우리는 피라미드의 비유를 떠올리게 되는데, 이 경우에는 모든 권력의 총체가 피라미드의 정점에 위치하고 있었다. '아래'에서 발견되는 모든 권력은 '위'로부터 나온 것이었다. 왜냐하면 성 바울이 언급했듯이, '권력은 단지 신으로부터만 유래되기' 때문이었다. 이 같은 체제에서는 신에 의해 위임된 권력에 관해서만 단지 말할 수 있을 따름이었다. 신은 지상의 대리자를 임명하였으며, 사실상 바로 이 대리자가 현세화된 권력의 원천으로 간주되었다. 이 이론에 따르면, 인민도 '위로부터' 주어진 권력 이외에는 아무런 권력도 가지지 않았다. 모든 관리자는 '위로부터' 임명되었고, 인민집단에 의해 선출된 것이 아니었다. 최고 관리자는 오직 신에게만 책임을 졌다. 종국적으로 모든 권력이 신에게 있었기 때문에, 이 같은 정부이론을 우리는 신정적 정부론이라고 부를 수 있을 것이다.

중세 정치사상사는 대체로 보아 이들 두 정부 사이의 갈등의 역사다. 그리스도교의 압도적인 영향력으로 인해 게르만족들은 거의 전적으로 라틴-로마적 외양을 갖춘 그리스도교 교리에 내재되어 있었던 하향적 이론을 수용하였

다. 이른바 상향적 정부론은 13세기 말기에 이론적 명제로 다시 등장하였으며, 그 이후로는 하향적 정부론이 계속해서 배후로 밀려나게 되었다. 그리하여 오늘날 이는 단지 몇몇 잔재만이 남아 있는 실정이다.

하향적 정부론의 수용은 초기 중세 정치사상이 가지게 된 그리스도교적 라틴적 양상의 특징을 분명하게 이해할 수 있도록 만들어 준다. 왜냐하면 이 이론의 주창자들 가운데는, 모두가 그렇지는 않았다 하더라도, 스스로 의사표시를 적절히 할 수 있는 충분한 교육을 받은 성직자들이 압도적으로 많았기 때문이다. 11세기에 이르기까지 교육받은 평신도 집단은 존재하지 않았다. 평신도를 위한 보통교육이 없었고, 그나마 명맥이 유지되던 교육은 성직자의 수중에 있었으며, 거의 전적으로 성직자를 위한 교육이었다. 군주와 황제의 서기와 관리들은 속인이 아니라 성직자에서 충원되었다. 초기 중세 정치사상은 현저한 그리스도교적 성격 때문에, 근대 정치사상뿐만 아니라 고대 그리스 및 로마의 정치사상과도 뚜렷하게 구분된다.

그러나 이 책에서는 초기 중세의 정치 이데올로기가 그 이후의 발전에서 얼마나 기본적이고 결정적이었던가를 보여줄 것이다. 그 이후의 발전이란 그 이전의 원리들에 대한 평가 없이는 이해될 수 없다. 이른바 중세 정치사상은 그리스도 중심주의 이론에 의해 형성되었다. 시각을 달리해서 보면, 이는 그리스도교 교리를 통치 문제에 적용하고자 했던 시도였다고 생각해 볼 수도 있다. 그러나 이는 중세 정치이론이 초기에 얼마나 교회중심적이었던가를 드러내는 한 표식에 불과하다. 사실 중세 정치사상의 전제가 오늘날 현대인들에게 익숙한 그것과는 근본적으로 달랐기 때문에, 중세 정치이론이 20세기의 독자들에게 보다 생경하고 보다 추상적으로 보이는 것은 당연하다. 그럼에도 불구하고 근대 정치사상과 중세 정치사상의 차이는 기본적으로 내용의 차이라기보다는 정도의 차이에 지나지 않는다. 엄밀히 말하면 초기 중세 사회는 비교적 덜 복잡하고 단순했기 때문에, 오히려 역사가로서는 사회의 고유한 신선함이 상실되게 마련인 완

전히 발달된 사회에 비해서 보다 확신을 가지고 초기 중세 사회의 기본 인식들을 추적할 수 있다.

중세 말 이래로 정치이론은 주로 학자, 이론가 및 철학자 등에 의해 제시되었다. 그러나 이 같은 정치이론의 토대가 마련되고 있었던 시기에는 사정이 그렇지 않았다. 5세기로부터 11세기까지는 정치이론의 규명을 직업으로 하는 저술가가 거의 없었다. 정치사상의 내용을 줄곧 형성해 온 주제들을 다루는 저서나 논문 내지 소책자의 집필은 이루어지지 않았다. 정부 그 자체, 교황, 군주 및 황제들이 통치 행위를 통해서 정치이념을 창출하고 형성하였으며, 또한 이를 적용하였다. 모든 정치이론은 정부가 취한 조치에 포함되었으며, 이 조치들은 종종 실제적이고 구체적인 상황과 도전에 대한 대응이 아니었다. 초기 중세의 정치사상은 역사적 과정 그 자체와 함께 개별 정부의 공식적 선언으로부터 도출될 수밖에 없다. 정치사상의 초기 역사가 당시의 실제 역사와 불가분하게 결부된 이유가 바로 여기에 있었다. 이 같은 상황에서 정부가 정치적 견해를 표명하는 수단은 법률이었다. 정부의 임무는 통치하는 일이고, 문명화된 사회에서의 통치란 단지 법률이라는 수단에 의해서만 이루어질 수 있기 때문이다. 통치의 이념과 실제 간의 긴밀한 통합성은 각별히 강조되어야 할 이 시기의 특징이다.

여기서 우리는 이른바 정치학과 법학 즉 법률에 관한 학문과의 밀접한 연관성이라는 또 다른 특징을 볼 수 있다. '정치적'인 것은 무엇이든, 중세 대부분의 시기 동안 법률 용어로 표명되었다. 법률은 사회의 목표를 실체화하고자 했던 다양한 정부들의 노력의 소산이었다. 이교도 사회든, 그리스도교 사회든, 이슬람교 사회든, 또는 자본주의 사회든, 모든 문명사회를 특징짓는 요소는 법률이었다. 그러니까 법률은 통치수단으로서 명확한 목적을 추구하며, 이 같은 목적은 오늘날도 그러하듯이 법률이 제정되기 이전의 사회적 관점과 이론에 그 근거가 있다. 따라서 중세 법률도 당대 사회의 의도, 목적 내지 목표라는 관점에서 이해되었다. 이른바 법률에 대한 목적론적 인식은 중세 전 시기에 걸쳐 특별한

의미를 가지고 있었다.

중세 법률은 당연히 정치이론에 적용되었으며, 사실상 중세 대부분의 시기 동안 역사가가 순수한 정치이론을 인식하는 유일한 수단은 법률이었다. 정치이론은 법률에 각인되어 있고, 법률에 의해 적용되었기 때문이다. 다행히도 중세 법률 문서는 풍부히 남아 있어서, 이로부터 우리는 기본적 정치이념들을 확인할 수 있다. 이는 달리 표현될 수도 있을 것 같다. 법률은 정의의 개념을 구현하려는 시도였다. 그러나 무엇이 정의에 해당하는가 하는 것은 개별 정부의 판단에 달려 있었다. 중세 정치이념은 그것에 담긴 정의의 내용을 통해 확인할 수 있고, 또한 정치 이데올로기를 풍미하고, 이를 이해하도록 해주었던 것도 정의 개념이었다. 그런데 정의 이념은 중세 정부의 법률들로 구체화되었다. 여기서 우리는 권력의 원천이 어디에 있는가 하는 문제의 결정적 중요성을 이해할 수 있다. 요컨대 이 문제의 답은 정부의 법률 제정권 여부에 달려 있었던 것이다.

근대 정치사상이 출현했던 시기의 사람들에게는 친숙하고 불가결했던 사고방식이 이 시대 사람들에게는 전혀 익숙한 것이 아니었음을 우리는 유념하여야 한다. 우리는 인간 행위들을 일정한 시각에서 바라보며, 이를 보다 명확히 구분된 범주로 분류한다. 그리하여 우리는 종교적, 도덕적, 정치적, 및 경제적 규범 등을 이야기하고, 여러 다양한 행위가 종교적이라거나 또는 정치적이라거나 하는 등으로 말하게 된다. 이들 다양한 규범의 틀은 결코 동일하지 않으며, 많은 경우 모든 규범을 조화시키기란 매우 어렵다. 그러나 인간 행위를 결정하는 규범의 이 같은 원자화는 최근의 현상이다. 중세 대부분의 시기 동안에는 인간 행위를 세분하거나 다양한 범주로 구분하지 않았다. 그리스도교 사상 자체가 여하한 종류의 세분화에도 반대하고 있었다.

도덕적, 종교적, 및 정치적 시각에서 하나의 동일한 인간 행위를 관찰할 수 있다는 것은 중세인들에게는 친숙한 사고방식이 아니었다. 당시 중요했던 것은 통합적인 그리스도 교도였다. 종교는 정치로부터, 그리고 정치는 도덕과 그 밖

의 것들로부터 분리되어 있지 않았다. 문제는 인간의 사회적 행위 내지 도덕적 행위가 아니라, 그의 그리스도교 신앙이었다. 적어도 공적 영역에서 인간 행위는 그리스도교 이외의 다른 어떤 규범에 의해서도 판단될 수 없다고 생각되었다. 이 중세적 시각의 총체성 내지 '전체주의적' 성격(적절한 용어가 없어서 붙인 이름일 뿐, 근대의 전체주의와는 무관함을 덧붙여 둔다)은 이른바 정치적 이념과 인식들이 원래 어떻게 출현했는지를 알아보고자 할 때, 반드시 명심해야 할 특징이다. 성 바울이 언급했듯이, 그리스도교 사회에 있어서 중요한 것은 오직 세례를 받은 그리스도 교도였다. 인간은 세례에 의해 '새로운 피조물'이 되고, '본능의 인간'을 벗어나, 신의 속성에 참여하게 되었다. 여기서 중요한 점은 신자 즉 그리스도 교도란 적어도 이론상 단순한 본능적 인간과는 구별된다는 사실이었다. 인간은 한 사람의 그리스도 교도로서 교회에 통합되었다.

초기 중세와 고중세기에는 인간 행위를 종교적, 정치적, 도덕적 등의 규범으로 구분하지 않았다. 그럼에도 불구하고 교회 구성원 즉 성직자와 평신도 사이에는 중요한 구별이 있었다. 따라서 만약 교회를 언급할 때 성직자만을 고려한다면 이는 상당한 오류가 될 것이다. 교회는 성직자와 평신도로 구성되며, 양자 간의 문제가 중세 정치의 한 핵심 주제를 이루었다. 성직자와 평신도는 사제와 군주로 집약되었으며, 다시 이는 교권(*sacerdotium*)과 속권(*regnum*)에 그 초점이 맞추어지게 되었다.

13세기 이전에는 독립적 자족적 자율적 시민공동체라는 고유한 실체 및 법률에 입각한 국가 개념이 일반적이지 않았다. 이 같은 개념은 그리스 철학자 아리스토텔레스의 영향을 받은 결과로서, 13세기에 등장하였다. 왕국과 제국은 전체 그리스도 교도 공동체(whole body of Christians)라는 보다 큰 단위의 일부로 간주되었지, 개별적 자급자족적 자율적 주권 집단으로는 간주되지 않았다. 흥미롭게도 '정치적'이라는 용어조차 13세기 이전에는 정부와 저술가의 어휘에 포함되어 있지 않았다. 사실 이 용어의 부재를 설명하기란 어렵지 않다. 정치적

이라는 용어는 당시 등장하기 시작한 국가 개념과 밀접한 관련을 가지고 느릿 느릿 사용되기 시작하였다.

13세기 이전에는 국가라는 개념도 정치적이라는 개념도 없었다. 당시까지 사용된 용어는 '국가' 또는 '정치적'이 아니라 '정부'(*gubernatio, gubernatum, gubernator*)였으며, 이는 법률을 제정하는 로마 용어인 사법권(*jus dicere*)과 관련이 있었다. 우회해서 다음과 같은 근본적인 문제로 되돌아가 보자. 권력의 원천은 어디에 있으며, 종국적으로 누가 법률제정권을 가지는가? 중세기에는 교회와 국가 간에 갈등이 있었다는 주장이 아무리 반복된다 하더라도, 이는 사실상 역사적인 의미를 가지기 어렵다. 당시 있었던 것은 교권과 속권 사이의 갈등이었으며, 이 갈등은 하나의 공동체인 그리스도 교도들로 구성된 통합된 사회 내부에서의 투쟁이었지, 자율적이고 독립적인 별개의 집단들인 국가와 교회 간의 투쟁이 아니었다. 궁극적으로 '정치' 사상은 사회가 가야 할 길을 제시하는 정부의 종국적 권위의 문제를 다루었던바, 이것이 바로 주권 문제였다.

그러나 중세의 지배적 정부론이었던 하향적 정부론을 따로 떼어서 고찰해서는 안 된다. 이는 당시 지배적이었던 종교사상의 한 산물로, 그리고 연역적 추론방식의 한 결과, 내지 이의 실제적 적용으로 간주되어야 한다. 중세사상과 특히 하향적 정부론의 탄력성을 확고히 해준 것은 연역적 추론방식이었다. 왜냐하면 일반적으로 인정되고 의문의 여지가 없는 보편적 원리, 예를 들어서, 이 세상을 통치하는 신성한 정부로부터 특정 원리와 이론들이 도출되었기 때문이다. 연역적 논리에 의해 가장 포괄적인 원리로부터 극히 지엽적인 현상들까지 철저한 추론으로 재구성될 수 있었다. 그러니까 이는 가장 하찮은 요소에서 전체적으로 보아 모두를 포괄하는 보편적 원리를 역추적할 수도 있는 고도로 발달된 논리 방식이었다. 보편적인 원리 내에 단순히 함의되었던 지엽적 요소의 성격들까지 연역적 방식은 명료하게 드러낼 수 있었다. 요컨대 중세의 공공 정부에 관한 이념의 역사는 유럽 중세에 만개했던 사상의 역사의 일부인 것이다.

제1장 중세 정치사상의 토대 : 로마적 배경과 성서적 배경

1. 로마 제국기의 로마 교회

근년의 연구를 통해 4세기에서 5세기에 이르는 로마 제국 말기에 정부의 기본적 개념과 이념적 토대가 마련되었다는 사실이 점점 더 분명해졌다. 또한 이 시기는 여하한 사상도 게르만적 요소의 영향을 받지 않았다는 점에서 특히 중요하다. 로마적 인식과 게르만적 인식 사이에 지적인 접촉이 없었고, 양자의 교류에 의한 상호결실도 없었다. 아마도 이 시기는 이 같은 접촉이 없었던 중세의 유일한 시기일 것이다. 통치의 개념은 순수히 로마적이었으며, 이는 그리스도교 사회의 정부제도를 주로 형성한 주역들이었던 로마 교회와 동로마 제국 모두에서 그러하였다.

로마 제국이 쇠락의 길을 걷고 있었음에도 불구하고, 기본적으로는 로마 정부의 특징을 유지한 일류급 행정기구를 여전히 보유하고 있었다는 사실은 당연히 강조되어야 한다. 말하자면 로마 제국은 오랜 역사 과정의 산물로서 고대 로마가 추구했던 모든 고유의 특징들을 보존하고 있던 고도로 발달된 입헌 제도와 법률제도를 가지고 있었다. 당시 콘스탄티노플과 로마로 수도가 양분

되었던 로마 제국은 실제 권력과 구체적인 영향력에서 과거 제국의 그림자였다. 그러나 빈발하는 경제적 위기와 외부로부터의 끊임없는 군사적 침공 및 로마 시민권 지위의 하락에도 불구하고, 제도적 입헌적으로 보아 로마는 여전히 아무것도 잃지 않았다. 당시 세계에서 통치 조직이라는 지평에서 볼 때, 로마 제국은 당당히 문명국가로 분류될 수 있는 유일한 실체였다. 왜냐하면 로마 제국은 법률에 의해 지배되고 있었으며, 더욱이 로마 제국은 적어도 제국민들에게는 변함없이 세계를 포괄하는 제국이었다. 심지어 제국의 마지막 수십 년 동안도 로마 제국은 이 사명감을 잃지 않았다.

그리스도교를 제국의 종교로 만든 황제 발렌티아누스 2세,[3] 그라티아누스[4] 및 테오도시우스 1세[5]의 칙령은 세계사적 의미를 가진 전향적 사건이었다. 뿐만 아니라 이는 교황청 즉 로마 교회를 일종의 통치제도로 부각시키는 계기가 되었다. 통치 이념의 발전이라는 맥락에서 볼 때, 제국의 칙령은 더할 나위 없이 중요하다. 이제 그리스도교는 제국 정부의 승인을 얻은 유일한 종교가 되었으며, 그리하여 설령 이데올로기로서는 아니라 하더라도, 종교적인 힘으로 제국의 통합을 지원하였다. 그러나 이 칙령에는 당시 황제들로서는 예견하지 못했고, 아마 예견할 수도 없었을, 다른 개연성들도 내포되어 있었다. 칙령에서 규정된 신조는 '사도 베드로가 로마인들에게 신앙을 부여하였다는 것'이었으며, 칙령이 보다 세밀하게 규정했듯이, 제국의 신민은 '사도적 규율과 복음의 가르침'에 따

---

3) Valentinian II. 375~392. 발렌티아누스 1세의 아들로 이복형제인 그라티아누스에 의해 이탈리아와 일리리쿰을 지배하는 공동황제가 되었다. 테오도시우스가 임명한 장군 아르고바스트를 해임하자, 그의 추종자들에 의해 살해당한 것으로 추정된다.

4) Gratian. 375~383. 로마 제국 황제. 발렌티아누스 1세의 아들로 이복동생인 발렌티아누스와 함께 제국 서부를 함께 지배하였다. 브리튼의 사령관 막시무스에 의해 살해당하였으며 종교적인 면에서는 제국의 이교적 요소에 대해 강경한 정책을 펼쳤다.

5) Theodosius I. 379~395. 스페인 출신의 황제. 그라티아누스에 의해 공동황제로 임명된 후 서고트족을 평정하였다. 그라티아누스와 발렌티아누스 2세가 사망하자 유일한 황제로서 지배하였다. 아리우스파 및 다른 이단들을 금하였으며, 그리스도교를 제국의 공식 종교로 채택하였다.

라 생활해야 한다는 것이었다.

　그러나 로마 교회가 제국의 칙령에 의해 세워진 것은 아니었고, 심지어 그것에 의해 정당화되지도 않았다. 칙령이 수행한 역할은 로마 교회에 제도적 기능 즉 교황청이 이미 다양한 방식으로 주장하고 있던 그 기능을 인정했다는 점이다. 이후 교황청은 정당한 통치제도로서 기능하기 시작하였고, 법률이라는 수단을 통해 운용되었다. 초기와 중세 교황청의 이 법제적 양상은, 많은 오해를 야기하였으나, 교황청의 시각과 역사적인 관점에서 볼 때 충분한 근거를 가지고 있었다. 우선 법률의 운용은 교황청 자체가 고안한 것이 아니라 전적으로 로마적 토양에서 성장하였고, 또한 로마의 주변 여건으로부터도 많은 자극을 받았다. 더욱이 교황청이 효율적인 정부기구로 출현하기 오래 전에, 그리스도교의 교리와 이론은 법률이라는 옷을 걸치고 있었다는 점도 반드시 강조되어야 한다. 법률가 터툴리안[6]은 라틴 신학의 초창기에 활동하였으며, 지속적인 영향력을 행사한 인물이었다. 요컨대 종교적 규범과 원리 즉 그리스도교의 교리는 법률적 경구와 규칙의 형태로 전달되었다. 라틴 그리스도교와 라틴 교리의 창시자들에 있어서 신과 인간의 관계는 권리와 의무의 구조로 인식되었으며, 로마적 사법체계로 조직되었다. 교리의 이 같은 법률적 운용의 결과, 법제적 사고의 영향을 쉽게 받았던 라틴 세계와 그 이후의 게르만 세계는 신앙, 종교 및 신조를 법률의 형태로 전수받게 되었던 것이다.

　둘째, 교리적 도구로서 법률은 그 기원을 성서에 두고 있었다. 비록 근년에 와서야 제대로 인정을 받기는 했지만, 성서 특히 구약성서는 많은 법률적 사항들을 포함하고 있었다. 그리하여 결과적으로 중세의 다양한 기본적 통치이론들도 성서에 근거해서 형성되었다. 그러나 한 권의 저술이 영향력을 행사하려면

---

6) Tertullian. 3세기 라틴 교회의 대표적인 교부로서 약 220년 이후 사망한 것으로 추정된다. 논쟁적인 다수의 교리와 금욕에 관한 저서를 집필하였다. 초기 그리스도교의 가장 탁월한 문장가이자 논객의 한 사람으로 인정받고 있다.

당대인들이 이해할 수 있도록 쓰여져야 한다. 이 점에서 4세기 말과 5세기 초에 활동한 성 제롬[7]의《불게이트판 성서》즉 히브리어와 그리스어로 된 성서의 라틴어 번역본은 결정적으로 중요한 역할을 하였다. 제롬이 활용한 언어는 4세기 로마의 교양계층이 쓰던 언어였으며, 그의 번역본은 로마 법률학자의 언어와 밀접히 결부된 용어와 개념들을 포함하고 있었다.《불게이트판 성서》의 라틴어 용어들이 언어학상 정확한 것이었다 하더라도, 이들 용어에는 원래의 히브리어 내지 그리스어의 의미와 반드시 일치하지는 않는, 로마적 법률적 의미가 확대 또는 축소되어 포함되어 있었다는 사실은 마땅히 강조되어야 한다. 어떠한 경우든 성서에 내포되어 있던 강한 법률적 요소들은《불게이트판 성서》를 통해서 로마법이라는 철저히 사법적인 외양을 취하게 되었으며, 그리하여 이는 통치와 관련된 사항들에도 많은 영향을 미치게 되었다.

통치 이념의 발전에서 라틴화 내지 로마화한 성서의 영향력은 결정적이었다. 비록 5세기까지는 로마 교회의 기능의 정교화 내지 이론적 합리화가 없었다 하더라도, 조직과 교리 문제에 관한 한 로마 교회는 관행과 선례를 통해서 우선권과 우월성을 가지게 되었다. 지상권至上權의 실천적 행사를 위한 주장이 5세기에 이르기까지 교회 내부에서 꾸준히 제기되었다. 교황 클레멘트 1세[8]가 약 92년경 고린도인들에게 보낸 서한은 로마 교회가 주장했던 권위와 위상의 주요 근거였다. 그 이후 줄곧 주장된 장자적 내지 수장적 로마 교회의 위상은, 비록 도전을 받기는 했지만 실질적인 지지를 확보할 수 있었다. 그러나 교황청의 여하한 이론, 교리 및 조치도 로마 교회를 여타의 교회들과는 근본적으로 다른 지

---

7) St. Jerome. 약 341~420. 달마티아 출신으로 로마에서 그리스도 교도가 되었으며, 약 370년경에 수도사가 되었다. 시리아에서 은자로 있으면서 성서를 라틴어로 번역하였으며, 이것이 불게이트판 성서다. 그리스도교의 라틴화에 크게 기여한 그는 베들레헴의 한 수도원에 정착하여 학문활동에 전념하였다.

8) Clement I. 88~97. 통상 3대 로마 주교 즉 교황으로 인정되고 있으며《고린도인들에게 보내는 클레멘트의 1차 서신》의 저자로 알려져 있다. 이 서신은 로마 주교의 우월성을 주장하는 학자들에게 중요한 근거로 인용되곤 하였다.

평에 올려 놓지는 못했다. 확실히 키프리안[9] 같은 저술가들은 그 이후 그리스도교 사회의 정부에 관해서 교황청 사상의 기초가 될 견해들을 조율하였으며, 그밖에도 몇몇 주장들이 개별적으로 제기되기는 하였다. 그러나 정작 로마 교황청 진영 내부로부터는 그리스도교 왕국에서 교황청이 갖는 고유한 지위를 설명하는 여하한 문헌상 사료상의 증거도 제시되지 못했다.

앞서 언급한 380년의 제국 칙령은, 로마 교회가 요구하였고 또한 부분적으로 행사하였던, 통치권에 관한 교리적 설명을 불가피하게 만들었다. 교황 다마수스[10]의 재임기와 5세기 중엽 교황 레오 1세[11]의 재임기 사이의 기간을 교황청의 기능을 통치조직으로 활성화하려는 이념의 배태기로 간주하는 것은 당연하다. 그리고 이 같은 교회 정부의 이념은 철저하게 신중심주의 입장[12]과 일치하면서 교황의 수장제적 위상에서 절정에 이르렀다. 교황의 수장적 기능과 황제의 군주적 기능은 모두가 일인지배 체제를 가리킨다는 점에서, 기본 개념에 있어서는 이들 사이에 어떠한 본질적 차이도 없다. 단지 양자 사이에 차이가 있다면, 첫째, 황제와 교황에게 각각 일인지배자적 위상이 제도화되었던 이유, 그리고 둘째, 양자의 일인지배 체제가 시행될 대상이었던 각각의 사회 즉 신도집단과 신민집단에 대한 견해 등에 차이가 있었을 따름이었다.

로마 교황청의 교황수장제 개념은 마태복음 16장 18~19절에 대한 해석에서 유래되었다.

---

9) St. Cyprian of Carthage. 258년 사망. 이교도 출신의 수사학자였으나 그리스도 교도로 개종하였고, 249년 카르타고의 주교가 되었다. 도덕과 성서 및 교회의 단일성에 관한 수많은 저서와 서한을 집필하였고 발레리아누스(Valerian) 황제 치하에서 순교 당하였다.

10) Damasus. 366~384. 스페인 출신 교황. 교황 재임 기간 동안 도나티스트들과 마케도니아파 등의 이단들의 종파적 분열에 시달렸다. 하지만 라틴어를 서유럽 교회의 공식언어로 확립하고, 377년 성서의 라틴어 번역본을 준비하기 위해 성 제롬을 비서에 임명하기도 하였다.

11) Leo I. 440~461. 이단을 박멸하고 서유럽 교회를 통합하려고 노력하였다. 449년 단성론자를 비판하였으며, 레오의 이론은 451년 칼케돈 공의회에서 정통교리로 채택되었다. 아프리카, 스페인 및 갈리아에 대한 교황 사법권을 주장하였다. 훈족의 아틸라와의 협상을 통해 로마를 보호함으로써 외교적 재능을 발휘한 탁월한 교회행정가이기도 하였다.

12) 이는 신이 우주, 사회, 역사 등 모두의 의 중심이자, 핵심적 관리자라는 견해다.

그대는 베드로이며 나는 이 반석 위에 나의 교회를 세울 것이라 … 그리고 나는 그대에게 천상의 왕국의 열쇠를 줄 것이다. 그대가 무엇이든 땅에서 매면 하늘에서도 매일 것이요, 그대가 무엇이든 땅에서 풀면 하늘에서도 풀릴 것이라.

성 베드로가 실제로 로마에서 죽었다는 것은 당시 줄곧 사실로 받아들여졌다. 그러나 현존하는 사료를 통해 보는 한, 교황청은 이를 교황수장제의 핵심적인 근거로 주장하지 않았다. 후대에 매우 중요해질 마태복음의 이 구절이 초기에는 교황청 기능을 보장하는 유력한 근거로 인용되지 않았다는 사실이 오히려 매우 기이해 보일 정도다. 명백히 세 명의 황제가 공포한 칙령은 수장제 이념의 명료화 과정을 촉진하였다. 또한 로마 교회에 자문을 구하는 관행이 증가한 것도 교리상의 설명을 필요로 하고 있었다. 의심할 여지가 없는 사실은 성서의 폭넓은 가독성이 이 같은 교리적 설명을 잠재적으로 지원하고 있었다는 점이다. 명백히 성서는 일반 신도들도 이해할 수 있는 당대의 언어로 이루어졌으며, 특히 성서가 제시했던 교회 정부의 기능은 법률적 사항들과 밀접히 결부되어 있었다. 요컨대 성서적 로마적 토양에서는 모든 통치 이념이 법률적인 것이었다.

당시 만족할 만한 교리의 확립을 어렵게 만든 화두는 성 베드로의 인격이 아니라 그의 기능의 승계에 관한 문제였다. 베드로가 로마에서 순교하였다는 것을 아무리 사실로 받아들인다 하더라도, 복음서와 바울 서신 및 당시 알려져 있던 다른 여러 사실들 가운데 어느 것 하나도, 베드로의 계승자에 대해서는 아무런 시사도 해주지 않았다. 더욱이 이는 특정인이 특정 장소에서 죽었다는 사실과 승계에 관한 법률이론과는 어떤 연관성도 없었다. 그런데 4세기 말에 그리스어로 된 한 위조문서가 작성되었는데, 이것이 빈약하나마 역사적 증거로 제시되었던 것처럼 보인다. 이 문서는 유세비우스[13]의 유명한《역사》가 라틴어로 번

---

13) Eusebius. 265~약 340. 카이자레아의 주교. 교회사가이자 호교론자.《교회사》(*Historia ecclesiastica*)와《연대기》(*Annales*) 등의 저서를 남겼다. 그는《교회사》를 그리스도교의 기원에서

역되면서 세상에 널리 알려지게 된, 루피누스 아쿠레야[14]에 의해 4세기 말 내지 5세기 초에 번역되었다. 어쩌면 망각되었을 수도 있을, 이 번역문서를 통해서 베드로직의 승계라는 역사적 주제는 이제 성공적인 과정을 걷게 되었다.

교황 클레멘트 1세가 예루살렘에 있던 예수의 실제實弟 성 제임스에게 보낸 서신으로 추정되는 다소 긴 이 문서에 따르면, 클레멘트는 성 베드로가 자신의 임종을 앞두고 한 최후의 유언을 제임스에게 알려주었다. 이 서신은 로마공동체 앞에서 성 베드로가 자신의 묶고 푸는 권한을 교황 클레멘트에게 이양했으며, 그리하여 앞으로는 클레멘트와 그의 후계자가 지상에서 묶는 것은 천상에서도 묶이게 될 것이라고 밝혔다. 말하자면 이 문서는 성 베드로가 가장 가시적이고 구체적인 유언을 통해서 자신의 지위를 이어받을 후계자를 지명하였으며, 또한 클레멘트의 후계자에 대한 베드로직의 양도도 구체적으로 언급하였다. 이같은 언급이 갖는 중요성은 로마의 그리스도 교도 모임에서 목격된 역사적 사건의 형태로 권한 이양이 이루어졌다는 점이다. 여기서 이 서신이 제기한 엄청난 난제들을 설명할 필요는 없을 것이다. 왜냐하면 로마에서 성 베드로를 따랐던 인물은 리누스였으며, 성 바울도 리누스를 실제로 언급한 바 있다는 사실이 널리 알려져 있었기 때문이다. 그러나 마태복음의 구절에 입각하여 교황수장제 이론을 뒷받침하는 하나의 역사적이고 구체적인 사실로서 이 서신이 중세 내내 반복해서 인용되었다는 사실은 밝혀둘 필요가 있다. 이 서신은 오늘날도 남아 있는 초기 교황법령집에 수록되어 있으며, 이미 5세기 중엽에 멀리 갈리아에서 개최된 공의회에서도 인용되었다.

324년 리키니우스에 대한 콘스탄티누스 대제의 승리까지 확대해서 서술하였는데, 이 저서는 콘스탄티누스 대제에 관한 중요한 사료가 되었을 뿐만 아니라 초기 중세의 역사서술에도 영향을 주었다.

14) Rufinus of Aquileja. 410년에 사망한 수도사, 학자 및 역사가. 한때 이집트에서 은자 생활을 하였으며, 후에는 예루살렘에 수도원을 건립하였다. 유세비우스의 《교회사》에 대해 주석을 다는 등 신학작품을 저술하였고, 그리스어로 된 교부들의 다수 저작들을 라틴어로 번역하기도 하였다.

교황 클레멘트 1세의 이 서신이 지명된 후계자에 대한 사도 베드로의 권한 위임이라는 추상적 이념을 구체적 실제적 사건으로 제시하였다고 하더라도, 이른바 역사적 사건을 교리적 방식으로 설명할 필요는 여전히 남아 있었다. 그런데 로마적 토양에서는 이 같은 설명이 오직 로마법의 도움을 통해서만 가능하였다. 법률사상은 실제 사건의 추상화로서, 이 자명한 이치는 우리들의 당면 주제에 각별히 해당된다. 마태복음의 구절 및 명목상 성 베드로가 갖고 있던 권한의 클레멘트에로의 역사적 가시적 위임 등은 모두 법리적 이론화를 요구하였다. 로마 교회의 상황을 고려할 때, 성서의 역사적 사실에 대한 법리적 추론을 다양한 방식으로 드러내는 교황청의 법령과 교리들이 5세기에 다수 출현하였다는 것은 결코 우연이 아닌 것이다.

교황 레오 1세는 이전 세대의 역사적 교리적 발전을 모두 집대성하였으며, 로마법과 로마법적 기법에 정통하였던 그는 로마 교회 내에서 오랜 시간을 견디게 될 한 이념을 표방하였다. 레오 1세의 이론은 교황의 수장제적 기능에 관한 설명에서 절정에 달하였다. 이에 따르면 교황은 그리스도가 성 베드로에게 부여한 권한과 기능의 법률적 후계자다. 이 같은 승계는 베드로직의 기능 및 권한의 연속성을 토대로 하고 있었다. 이를 근거로 교황은 그리스도가 성 베드로에게 원래 부여했던 바와 동일한 권한을 계속해서 행사하였다. 그런데 레오는 이 경우, 후임자 교황들이 성 베드로로부터 물려받는 것은 단지 그리스도가 성 베드로에게 부여한 직책만이라고 또한 생각하였다.

마태복음 16장 18절 이하의 구절에서 밝힌 바와 같이, 그리스도가 특정 사회와 그 사회에 적절한 정부를 모두 설립하였다는 것이 교황청의 이론이었다. 사실상 이 이론은 모든 사회와 정부의 역사에 독특한 성격을 부여하고 있었다. 왜냐하면 당시까지 알려져 있던 여하한 이론도 특정 형태의 정부 수립은 물론, 한 사회의 토대를 목적론적으로 해명하고자 하지는 않았기 때문이다. 이 점에서는 중세 전 시기에 걸쳐 친교황적이든 반교황적이든 모든 의견이 뚜렷이 일치

한다. 단지 의견의 일치하지 않았던 부분은 교황이 관리하게 될 수장제적 정부의 영역과 범위에 관한 문제였다. 아무튼 레오 1세는 '성 베드로의 보잘것없는 후계자'(indignus haeres beati Petri)라는 교황론을 확립하였다. 이는 매우 간결한 명제였기 때문에 지금까지도 정당한 평가를 받지 못하고 있다. 그러나 이 명제는 앞으로 전개될 교황론 전반의 핵심이었으며, 또한 이는 현저히 그리스도교화된 풍토에서 제기될 당시와 그 이후의 모든 법률적 기대를 충족시키는 관건이었다. 사실상 레오의 이 명제에 내포되어 있던 두 화두는 교황의 후계권과 교황직에 대한 교황의 개인적 자질의 부족함 여부였다. 레오에 따르면, 가이사 빌립보 지방에서 그리스도를 인지하였던 것은 베드로의 개인적 공적이었다. 이로 인해 베드로는 그리스도로부터 묶고 푸는 권한을 부여받았다. 그리스도에 대한 고백은 성 베드로의 고유한 개인적 공적이므로 위임될 수 없는 것이었다. 가이사 빌립보 사건 이후 누구도 이와 유사한 공적이나 차별성을 정당하게 주장할 수는 없었다.

그러나 레오의 견해에 따르면, 그리스도가 성 베드로에게 부여한 권한과 직책은 전혀 다른 문제였다. 로마 상속법에 따라 추론하였던 레오는 이 같은 권한 즉 묶고 푸는 권한이란, 원래 그것을 부여받았던 사람의 인격과는 전혀 무관한 객관적 독립적 요소라고 생각하였다. 따라서 이는 양도도 가능했으며, 이 양도는 상속 관행에 의해 이루어져야 했다. 로마법에 따르면, 합법적 상속자는 사망한 사람의 법률적 지위를 계속 유지하였다. 다시 말해서 상속자는 사망한 사람의 법률적 자산과 채무를 고스란히 떠안았다. 망자는 상속자를 통해 살아 있었다. 그러나 고인의 인격적 자질은 당연히 양도될 수 없었다. 바로 이 같은 상속 관행의 법리에 입각하여 레오 1세는 성 베드로의 '보잘것없는 상속자'라는 간결한 명제를 채택하였다. 베드로의 묶고 푸는 권한은 양도되었다. 그리하여 그 권한은 상속을 통해 후임 교황에게 승계되었다. 그러나 성 베드로의 개인적 공적은 양도될 수 없다는 것이 그의 논리였다.

이 논리는 두 가지 중요한 결과를 수반하였다. 첫째, 모든 교황의 권한은 정확히 성 베드로의 권한과 동일하였다. 교황의 권한과 베드로의 권한 사이에는 법률상 아무런 차이가 없었다. 교황의 개인적 자질이 아무리 부족하다고 하더라도, 베드로는 교황을 통해 그 기능을 지속하였다. 이 견해가 갖는 근본적 중요성은 교황이라는 직책과 이를 보유한 사람의 인격 간의 명확한 분리였다. 이 구분만큼 중요한 교리는 거의 없다. 왜냐하면 여기서는 직책 보유자의 인격적 자질이 관심사가 아니기 때문이었다. 교황이 성자 같은 인물이든, 악당이든, 보잘것없는 사람이든, 그것은 중요하지 않았다. 관건은 모든 교황이 정당하게 자신의 직책을 수행하고, 그의 교황령, 법률, 명령 등과 같은 통치행위들이 교황의 직책에 부여된 기능에서 유래된다는 점이었다. 교황이 성자와 같은 인물이어서 그의 통치행위가 강제성을 가진다거나, 이와 정반대로 교황이 악당이어서 그의 통치행위의 강제적 성격이 조금이라도 상실되는 것은 전혀 아니었다. 당시까지 어떤 통치이론도 직책과 인격과의 이 같은 구분만큼 유용한 논리는 없었다. 10세기와 11세기에 교황청이 심연의 늪에 빠졌을 때조차도, 교황청의 통치행위가 비난받아 마땅한 인물에 의한 것이기 때문에 그것이 무효라고 반박한 비판자는 없었다. 교황청에 의해 공포된 교황령이 공식적인 것이며, 교황이 합법적으로 선출되었다는 사실이 흔들리지 않는 한, 교황의 통치행위는 언제나 정당성을 보장받았으며 또한 구속력도 가지고 있었다.

둘째, 교황은 전임 교황을 직접 승계하는 것이 아니라 중재자 없이 성 베드로를 직접 승계하였다는 것이 레오의 수장제 교황론의 다른 한 핵심이다. 요컨대 모든 교황의 통치권은 전임 교황을 통해 양도된 것이 아니었다. 베드로 권한의 대물림 같은 것은 없었다. 모든 교황이 수장권자라는 점에서 성 베드로의 직접적 계승자로 간주되었다. 교황의 이 같은 위상을 전문적 용어로 법률적 주권 (*potestas jurisdictionis*)이라고 부른다. 왜냐하면 교황직은 법률의 제정, 과거에 있었던 법률, 및 시행되지 않았던 법률 등의 선포와도 관련되어 있기 때문이다. 이

는 교황직의 다른 측면 즉 로마 주교로서의 일상권(*potestas ordinis*)과는 달랐다. 로마 주교로서의 일상적 기능은 사도들로부터 로마 교구의 실제 주교에게 연대기적으로 전수된 것으로서, 이 일상권은 교황 통치권과는 무관하게 전적으로 서품, 견진성사,[15] 교회의 봉헌 및 그 밖에 이에 상응하는 성사의 문제와 관련된 주교로서의 권한이었다.

그러니까 교황직의 이 측면이 여기서 우리의 관심사는 아니다. 성 베드로가 보유했던 '묶고 푸는' 권리의 상속자 겸 계승자로서의 교황은, 레오 1세가 언급한 전능권(*plenitudo potestatis*)[16]을 보유하였다. 그런데 이 전능권은 전적으로 통치와 법률의 문제와 결부되어 있었기 때문에 교황은 교회의 수장(*principatus*)(이는 교황청이 로마 제국의 국제로부터 차용한 용어의 또 다른 한 예다)으로서, 이의 정당성에 관한 한 여하한 사제의 재가도 필요로 하지 않았다. 만약 세례를 받았다면, 이론상으로는 어떤 평신도도 교황이 될 수 있었다. 단지 중요한 점은 합법적으로 교황에 선출되었는가 하는 것이었다. 일단 합법적으로 선출되기만 하면, 교황은 성 베드로의 계승자가 되었다. 중세 내내 교황으로 선출될 당시 주교로 서임받지 못한 사제는 물론, 심지어 사제로도 서품을 받지 못한 교황들이 다수 있었다. 심지어 11세기 중엽 이전에는 주교가 교황이 되는 것이 사실상 불가능하였

---

15) 미사, 세례, 임종 시 행하는 종부성사, 고해성사, 혼례성사, 성직서품식 등과 더불어 가톨릭 7성사의 하나. 세례받은 신자의 신앙을 견고하게 하고자 행하는 의식으로 주로 미사 때 성유를 머리에 부음으로써 이루어진다.

16) '*plenitudo potestatis*'라는 술어가 광범위하게 쓰이기 시작한 것은 12세기의 일로, 이를 전능권이라 옮겼다. 그 이유는 대체로 다음의 세 가지다.
① 기본적으로 *plenitudo potestatis* (fullness of power : 전능권)는 *plena potestas* (full power : 전권)와 구별될 필요가 있다. 중세 교회법 학자들은 교황 및 교황 정부의 *plenitudo potestatis*를 그 기원상 '인간의 위임'에서 유래되었다기보다 '신으로부터 주어진' 신적 기원의 권위로 해석하였다. 반면 로마법적 용어인 *plena potestas*는 소송 당사자가 자신의 대리인에게 특정 권위나 권한을 조건 없이 위임한 경우에 사용되었던 개념이다. 이는 일차적으로 '전권'을 위임받은 특정(소송) 대리인의 '*libera potesta*' (무제한적 권한)를 가리켰다.
② 무엇보다 *plenitudo potestatis*는 그 본질상 자신의 의지(*voluntas*) 이외에는 어떠한 법률이나 규범에 의해서도 제한받지 않고 이를 집행할 수 있는 성격의 권한으로 간주되었다.
③ 또한 *plenitudo potestatis*는 그 권한의 작용 영역에서, 어떤 신분 내지 직책상의 구분과도 무관하게 그리고 예외없이 공동체 구성원 전체에 미치는 권한을 의미하였다.

다. 왜냐하면 주교는 자신의 교구와 혼인가약을 맺은 것으로 간주되어 주교 반지를 끼었으며, 이 혼인은 항구적인 것이기 때문이었다. 따라서 만약 어떤 주교가 교황이 된다면, 그는 두 번 혼인하는 셈이 될 것이었다.

교황 레오의 이론에 따르면, 관리자(*gubernator*)로서의 교황의 지위는 전적으로 법률적인 것으로서, 이는 완전히 객관적인 관점에서 인식되었다. 더욱이 교황직의 이러한 법률적 해석에는 이에 못지않게 중요한 결과를 초래했던 논리도 포함되어 있었다. 성 베드로가 교회의 '건설자' 즉 그리스도의 도구로 활용될 건설자로 세워졌다는 것이 마태복음의 구절에 대한 레오의 해석이었다. 베드로의 권한은 그리스도의 고유한 권한과 동일하였다. 베드로는 그리스도로부터 '천상 왕국의 열쇠'를 부여받았기 때문이었다. 그리하여 그리스도의 권한이 베드로의 권한과 동일하고, 베드로의 이 같은 권한은 또 다시 그를 계승한 교황의 권한과 동일하다는 것이 레오의 인식이었다. 그 결과 교황은 관리자로서의 기능을 통해서 자신의 고유한 위상을 형성하였다. 교황의 위상은 교회를 넘어서 그리고 교회를 초월하는 것이며, 또한 교황의 이 같은 지위는 그를 단순한 교회의 구성원으로부터 벗어나게 한다는 것이었다.

레오 1세의 관리자 교황관이 중세 정치에서 점하게 될 비중은 실로 큰 것이었다. 왜냐하면 교황이 보유한 직책은 베드로를 중재자로 해서 그리스도로부터 유래되었으며, 교회의 '건설자'로서의 성 베드로 즉 교황은 이 땅의 그리스도교 교회의 진로를 감독해야만 하기 때문이었다. 교황수장제 개념은 당대의 제권 개념이나 후대의 군주권 개념과 결코 다르지 않았다. 왜냐하면 교회는 그 자체의 고유한 법률에 근거해서 존재하는 것도, 다른 어떤 기관으로부터 독립된 자율적 공동체로 존재하는 것도 아니기 때문이었다. 이와는 정반대로 오히려 교회는 공적인 측면과 관리적 측면에서 교회의 '건설자'에게 전적으로 의존하였다. 교회가 교황에게 위탁되고 맡겨졌다는 주장은 5세기 이후 끊임없이 제기되었다. 중세 교황들이 즐겨 인용했던 문구, 즉 '나에게 맡겨진 교회'(*ecclesia mihi*

commisa)[17]는 다른 한편으로는 신도집단인 교회가 고유한 권한을 결여하고 있는 것으로 간주되었음을 함의한다. 교회가 소유한 모든 것과 교회의 개별 관리자가 보유한 모든 기능은 교황으로부터 '유래된' 것으로 간주되었다. 이 '유출 이론'은 레오 1세 이전에도 확인된다. 일찍부터 회화 용어에서는 성 베드로가 그것으로부터 다른 강이 흘러나오거나 또는 지류들이 파생되었던 강의 원류로 묘사되었던 것이다.

통치 차원에서 볼 때, 교회가 교황에게 위임 내지 위탁되었다는 인식은 교회가 감독과 안내의 손길을 필요로 하는 미성년자로 간주되었음을 의미한다. 그러나 이에 못지않게 중요한 다른 결론 역시 우리는 간과할 수 없다. 즉 교회가 교황에게 어떤 권한을 부여한 것이 아니기 때문에, 신도공동체인 교회로서는 교황의 권한을 박탈할 어떤 합법적 수단도 갖고 있지 못하다는 점이었다. 이는 실제로 교회라는 영역에 국한되지 않았던 중세 통치 이념의 복합적 구조에서 매우 중대한 의미를 가질 수밖에 없었다. 그런데 이 점을 명백하고 확고하게 표현할 우선권은 교황청에 있었다. 교황 레오 1세는 자신의 이론을 개진하기 약 30년 전에, 다른 교황의 재판과 결정을 언급하면서 이는 그 밖의 재심이나 상고가 필요 없다는 논지의 선언을 하였다. 교황이 재판권자라는 것이었다.

약 420년경 교황 조지무스[18]는 문서를 통해서 실제로 '교황재판권자' 이론을 주장하였으며, 이는 5세기 말경 연대가 맞지 않는 여러 위서들에 의해서 매우 중요한 헌정적 원리로까지 제시되었다. 말하자면 교황은 누구에 의해서도 판단의 대상이 될 수 없고, 따라서 폐위될 수도 없다는 것이었다. 로마 교회의 현행 법은 지금도 이 점, 즉 '교황은 누구로부터도 판단 받지 아니한다'(*papa a nemine judicatur*)라는 원리를 밝히고 있다. 여기서 우리는 사실상 법률적 용어로 표현

---

17) 우리는 이와 동일한 경구를 이후의 왕국들에서 보게 될 것이다.

18) Zosimus. 417~418. 그는 도덕론자였던 펠라기우스파와 자신이 아를레의 주교로 임명한 파트로클르수의 강력한 도전으로 인해 시련을 겪었다. 그는 자신에 대한 성 아우구스틴의 비판이 거세지자 펠라기우스파에 대한 초기의 호의적 태도를 철회하였던 것 같다.

된 교황권의 기본 원리에 대한 고전적인 예를 보게 된다. 이는 교황에 의한 교황 주권의 천명 즉 교황권의 배타적 우월성 내지 수장권 원리의 선언에 다름 아니다. 근대적 의미의 주권 개념은 국가에 해당하나, 중세의 이 주권 개념은 영토 개념이 아닌 인신적 개념으로 등장하였다. 통치자는 상위자이기 때문에 그의 기능은 여하한 적법한 재판으로부터도 영향을 받지 않는다는 것이 주권 개념의 요체였다. 교황의 지배를 받는 사람들은 하위자로서 5세기 로마 제국의 헌정 용어로 표현하자면 통치자의 신민들이었다. 교황은 중세 말기의 군주들이 그러했듯이 신민의 모든 재판으로부터 면제되었다. 왜냐하면 신민은 교황의 직책과는 무관하며, 교황에게 여하한 기능도 부여하지 않았기 때문이었다.

주권 개념의 출현에 있어서 성서 특히 구약성서는 각별한 의미를 가지게 되었다. 구약성서에는 통치자 흔히 군주의 지위가 주권 개념을 포함한 용어로 서술되었다. 여기서 우리는 인민 위에 있는 통치자 내지 신민들 위에 군림하는 통치권 같은 언급을 빈번히 발견하게 된다. 인신적 주권 개념의 구조에서는 어떤 교회의 구성원도 본성적 권리로서 교황을 향해 특정한 행위, 법률 또는 칙령을 요구할 수 없었다. 모든 통치권의 총체는 교황에게 있었으며, 이것이 바로 전능권 개념이었다. '아래로 전달된' 모든 권력은 이를 명시적으로 양도하거나 혹은 이에 묵시적으로 동의하였던 교황의 산물이었다. 말하자면 교회 구성원에게는 그의 직책에 대한 어떤 권리도 없었기 때문에, 이들은 '상위자'인 주권적 교황의 은총을 통해서만 그것을 보유할 수 있을 따름이었다. 주권자인 교황이 자신의 총애를 입은 사람들로 구성된 법정 앞에 설 수는 없었다. 이 같은 교황권 이론에 따르면, 교황은 이 땅의 누구에게도 책임을 지지 않는 고유한 위상을 가지고 있었다.

은총의 개념은 그 개념이 갖기 시작한 신학적 의미와 결코 혼동되어서는 안 된다. 통치 차원에서 볼 때, 설령 신민이 통치행위에 관해 언제든 제안, 건의, 탄원을 할 수 있다 하더라도, 사실상 이는 신민이란 통치행위에 대해서는 아무런

권리도 없다는 관념을 단지 표현할 따름이었다. 은총 개념의 통치 이념적 함의에 관한 한 교황청은 변함없는 일인자였다. 교황청의 모델은 은총의 함의를 정확히 같은 용법으로 사용하였던 구약성서였다. 이 점에서 '지금의 내가 된 것은 신의 은총에 의해서다'라는 바울의 이론도 그리스도 교도는 여하한 권리도 가지지 않는다는 생각을 강화하였다. 바울이 바울된 것은 신의 은혜, 은총 및 선한 행위 등으로 표현된 신의 선의의 산물이었다. 신의 선의에 의한 선물, 즉 베네피키움(*beneficium*) 관념은 통치적 지평에서 은총의 의미를 극명하게 담고 있었다. 우리는 바로 이 은총 개념이 제국의 권리 침해로 간주된 것들에 대한 교황청의 입장의 근간을 이루어 왔음을 볼 수 있다. 은총으로 표현되든, 신의 선의로 표현되든, 그 기저에는 신에 의해 행해진 양도의 개념이 깔려 있었다. 이 '양도 이론'이야말로 모든 신정적 유형의 정부 조직의 기반이었다.

5세기 교황청 이론에 대한 이 같은 개관은 정치유형학적 관념을 담고 있는 비교황청 사료들을 일별해 보더라도 충분히 보완될 수 있다. 난해하다는 이유로 흔히 간과되어 왔음에도 불구하고, 이 사료들은 중세 내내 교회 정부와 군주 정부 모두에 지대한 영향을 끼쳤다. 5세기 후반에 집필되어 많은 영향력을 행사한 이 소책자 형태의 사료집이 누구에 의해 작성된 것인가 하는 점에 관해서는 알려진 바가 거의 없다. 이 저자는 흔히 재판관 드니[19] 또는 위 드니라고 알려져 있는데, 왜냐하면 저자가 자신을 사도행전 17장 33~34절에 나오는 성 바울의 추종자라고 밝혔기 때문이다. 저자는 시리아인으로서 자신의 정체를 숨기고 모든 중세인들에게 바울의 실제 제자인 것처럼 설득하는 데 성공한 인물이라는 추정이 매우 그럴듯해 보인다.

저자 위 드니(Pseudo-Denys)는 그리스도교 세계의 권력의 기원에 대한 반철

---

19) Denys the Areopagite. 그의 이름은 아테네에서 성 바울의 설교 (사도행전 17장 34절)를 듣고 세례를 받은 디오니시우스와 혼동해서 잘못 붙여진 것 같다. 그의 저작들은 우주에 대한 설명과 상징에서 매우 강력한 신플라톤주의적 개념을 보여주고 있다.

학적 반신학적 설명을 제공하였으며, 계서체제(*hierarchia*) 개념을 사실상 고안해 낸 인물이었다. 헬레니즘, 바울 그리고 신플라톤주의적 전제로부터 출발했던 그는, 모든 권력의 총체를 소유한 유일 지고의 존재가 있는데 이 존재가 신이라고 주장하고, 스스로 이를 단일성의 원리라고 불렀다. 모든 권력은 이 지고의 존재로부터 유래되었고, 이 세상의 질서도 이로 인해 보장받았다. 그의 견해에 따르면 질서는 관리자의 등급과 서열의 차이로 이루어지는데, 모든 관리자들은 그들의 직계 상위 관리자에게 직접 복속하도록 배열되었다. 이 서열, 기능, 및 질서의 차이가 계서체계라는 용어에 의해 표현되었던 것이다. 신은 천상에 다른 질서를 수립했던바, 이 천상의 질서의 모형이 지상의 질서였다. 위 드니에게 있어서는 교회 계서체제가 천상의 계서체제의 단순한 연장이었던 것이다.

위 드니는 교권의 계서체제와 관련하여 매우 치밀한 구조를 완성하였다. 모든 권력이 위에서 아래로 흐르고, 지고의 존재로부터 하위 등급으로 내려가므로, 모든 권력이 총체적으로 정점에 수렴되는 일종의 피라미드형 체제가 있다고 그는 주장하였다. 그는 계서에 의한 하향적 권력의 적정한 배분을 통해서 조화와 질서의 보장을 발견하였다. 권력은 오직 신에게만 있다는 바울의 견해가 위 드니의 저술의 근거로서, 그는 실제로 이를 현실 정치의 영역에도 적용하였다. 이를 근거로 그가 더욱이 강조했던 것이 하급자의 상급자에 대한 복종의 원리였다. 성서에도 명백히 예시되어 있던 이 복속 개념은 위 드니를 통해서 현저하게 하향적 내지 신정적 함의를 띠게 되었다. 이 소책자들의 중요성은, 당시 이미 광범위하게 수용되었던 하향적 견해에, 그것이 반철학적 반신학적 기초를 제공하였다는 점에 있었다. 이들은 당시까지 묵시적이었던 명제를 명시적이게 만들었던 것이다.

2. 로마 제국의 정치사상

이제 고대 말기 로마 제국의 통치 이념을 고찰할 차례다. 교황청의 통치 이념과 로마 제국의 그것이 아무리 유사하다 하더라도, 양자 간에는 여전히 본질적인 차이가 있었다. 교황청의 통치 이념은 비록 당시로서는 유일하게 국제적인 활용이 가능했던 로마의 법률과 언어로 표현되기는 했지마는, 무엇보다도 그것은 성서적이고 종교적인 추론의 산물이었다. 반면에 제국의 통치 이념은 역사적 논쟁의 산물로서 성서에서 유래된 논쟁에 의해 그 논쟁적 성격이 더욱 강화되었다. 그러니까 어떤 점에서 이는 교황청 정부이론과는 정반대되는 것이었다. 성서로부터 출발한 통치이론이 로마법의 도움을 받아 결론을 제시하였던 반면, 제국의 통치이론은 역사적 실체를 유지했을 뿐만 아니라 성서에 의존함으로써 역사적 사실을 보다 강화하였다.

로마 제국 말기 및 그리스도교화된 제국에서 발달했던 제국이론은 문자 그대로의 일인지배 체제에 입각하였던 황제의 정치적 종교적 영역 모두에 걸친 기능에서 절정에 달하였다. 황제의 사제적 기능은 고대 이교도의 관행에 확고하게 기초하고 있었으며, 이는 조금도 약화되지 않았다. 그것은 일신교적 성격을 가진 그리스도교에 의해 오히려 크게 고무되었다. 일신교였던 그리스도교는 천상에 단 한 분의 신이 존재하는 것처럼 지상에도 오직 단 한 명의 군주가 있어야 한다는 관념을 강화시키고, 이를 정교화하는 데 크게 기여하였다. 근년의 연구결과 그리스도가 황제로 간주되었으며, 이것이 실제로 황제의 일인지배자적 위상을 강화시켰다는 점이 명백하게 입증되고 있다. 그리스도교와 로마의 제권 개념을 결부시킨 4세기의 유세비우스는 이 같은 제국 이데올로기와 각별한 연관을 가지고 있었다. 유세비우스에 따르면, 아우구스투스 이전에는 다신론 및 다수의 지배자들이 있었다. 그러나 아우구스투스의 지배와 시기적으로 일치하는 그리스도의 탄생 이래로는 오직 유일신만이 존재하였다. 따라서 제국에 있어

서도 평화, 신앙, 및 참된 종교를 수호하는 유일한 통치자는 황제일 수밖에 없다는 것이었다. 이제 제국론을 특징짓는 경구는 '하나의 신, 하나의 제국, 하나의 교회'가 되었으며, 이 맥락에서 '제국 신학'은 이제 당당하게 변론되기에 이르렀다.

　이 같은 제국 이론의 공식적 뿌리들을 평가할 때, 이는 그리스도교의 이상, 헬레니즘의 관념, 그리고 무엇보다도 동방 견해의 혼합물이라는 사실을 기억할 필요가 있다. 하지만 이 모든 것들은 황제의 존엄성을 강조하였다. 콘스탄티누스 황제가 제국의 수도를 콘스탄티노플로 옮긴 이후, 4세기에 이르러서야 황제 개념이 성숙의 경지에 이르렀다는 사실은 결코 우연이 아니다. 수도의 천도는 비잔틴 제국뿐만 아니라 통치 이념 자체에 중대한 결과를 초래한 사건이었다. 이미 언급된 속권과 교권의 결합으로 황제의 특별한 위상은 절정에 이르렀고, 이제 황제는 그리스도의 현세적 대리인으로 표현되었다. 천상의 그리스도의 전능권(fullness of power)이 지상의 대리인을 통해서 구체화되었다고 주장되었다. 황제의 법률, 칙령, 명령 등이 곧 신의 법률, 칙령, 명령이었던바, 이는 황제를 통해서 이 땅에서 분명하게 각인될 것이었다. 이를테면 신성한 예배를 드리는 동안 침묵해야 하는 것과 마찬가지로, 황제의 칙령과 법률들이 선포되고 공포될 때에도 침묵해야 하였다. 4세기에서 5세기로의 전환기에 활동했던 성 존 크리소스톰[20]은 신민들에게 '신성한 침묵' 속에서 경외심 및 존경심과 더불어, 성서의 말씀에 귀를 기울이는 것과 같은 마음 자세로 제국법의 반포를 경청해야 한다고 권면했던 것이다.

　황제의 고유한 위상을 강조했던 신성성의 후광이 황제의 인격과 직책에 부여되었는데, 이 점은 황제가 갖는 신의 현세적 대리자 기능에 의해 더욱 뚜렷해

---

20) St. John Chrysostom, 329~407. 콘스탄티노플의 대주교. 동방교회의 4대 교부 중 한 사람. 탁월한 웅변으로 '황금의 입'이라는 별명을 얻었다. 콘스탄티노플 대주교에 임명된 그는 교회 및 세속 사회의 부패를 신랄히 비판하여 왕비 유독시아와 알렉산드리아의 총대주교 테오필루스의 반감을 사 유배되었으며, 그 후 사망하였다.

지게 되었다. 실제로 황제는 사제의 기능에 속하는 예배 의식도 집전하였는데, 예를 들어서 종려주일 행렬에서는 황제가 예루살렘으로 입성하는 그리스도를 상징하였다. 또한 황제는 세족 목요일에 12명의 가난한 사람들의 발을 손수 씻겨주었으며, 성탄절과 그 후 12일 동안은 비잔틴의 12명의 귀족들과 함께 식사를 하였다.

이 같은 맥락에서는 교리의 반포자라는 황제의 기능이 각별히 중요하였다. 사실상 그는 '살아 있는 법률'이었으며, 법률의 강제성도 다른 요소가 아니라 오직 황제의 의지에 의한 것임을 이는 의미하였다. 제국법의 핵심 요소는 신민의 동의가 아니라 '군주의 의지'였던 것이다. 제국의 문제들에 대해 신에게만 책임을 졌던 황제는, 신민이 올바른 신앙을 가지고 있는지를 또한 감독해야 했다. 이를 위해 황제는 교리적 문제들도 법제화하였다. 그 밖에도 과세, 통치조직의 편성, 군사적 명령, 평화조약과 전쟁의 선포 등이 전적으로 황제의 권한에 속하였다. 하향적 정부론은 동로마 제국에서 실제로 실현되었다. 모든 관리는 고위직이든 하위직이든, 직책을 불문하고, 황제가 신에게 복속하는 것과 마찬가지로 황제에게 복속하였다. 이들은 황제에 의해 임명되었으며, 오직 황제에게만 책임을 졌다. 마치 황제가 신민을 초월하여 오직 신에게만 책임을 지듯이, 모든 공권력은 황제의 이름으로 행사되었으며, 황제는 헌정상 신민에게 책임을 질 필요가 없었다.

황제의 이 같은 준 신적 지위는 고유한 제의적 상징에 의해서도 적절하게 강조되었다. 이 상징주의는 후대의 역사가들이 제식의 기저에 깔린 이념들을 재구성하는 데 매우 중요한 요소였다. 이를테면 황제의 모든 통치 행위는 신성한 행위라는 보증을 가졌다. 그리하여 제국의 공식 축제는 신성한 예배로 간주되었다. 모든 행렬에는 엄격히 규정된 예배 의식, 환호, 찬양, 무릎꿇기 등이 도입되어 제식에 수반되었으며, 황궁의 모든 건축물에도 종교적 신성성이 부여되었다. 황궁의 중심 즉 옥좌가 있는 홀은 콘스탄티노플에서 다른 어떤 건물보다도 신

성시되었다. 이곳에서 황제는 신민 대중의 환호와 찬양을 받은 후, 하늘을 향해 대중의 염원과 기도를 신에게 드렸다. 이는 그리스도와 그리스도 교도 대중 사이에서 황제가 행하는 중재자의 역할을 묘사하는 특징적이고 상징적인 제스처였다.

이러한 상징적 표현은 황제가 전지전능한 통치자의 대리자이며, 다른 여하한 인간 대리자로부터도 간섭받지 않는 지상의 자율적 통치자임을 명백히 하였다. 황제와 더불어 제국의 일들을 논의했던 원로원은 황제의 '신성한 위원회' 내지 '신성한 궁정 원로원'으로 불렸다.[21] 뿐만 아니라 그리스도를 묘사한 상징과 그림들이 황제 자신의 묘사에도 적용되었다. 이교도적 황제숭배가 고스란히 그리스도교 제국에서도 지속되었다. 황제가 그리스도 교도로 개종했던 반면에, 그의 정부는 제국의 이교도적 이념을 수행하였던 것이다. 6세기의 황제 유스티니아누스가 '법률은 우리의 신성한 입에서 기원하며, 이 법률은 신의 가르침'이라고 선언하였듯이, 신은 바로 황제의 입을 통해 말하였던 것이다. 황제는 '신성'한 존재였다. 따라서 황제는 '신성한 유스티니아누스'와 같은 명칭으로 불려야 했으며, 대중 앞에도 신성하게 등장해야 하였다. 황제의 '신성한 오른손'은 서명을 위해 붉은 잉크를 사용하였고, 황제의 문서를 수령받은 신하는 머리를 조아리면서 외경심을 보이고 또한 이에 입맞추어야 했다.

아마도 썩 적절한 명칭으로는 보이지 않는 황제교권주의[22]라는 이 통치제도의 절정은 신의 권력과 권위가 실제로 황제를 통해 행사되었다는 점에 있었다. 마치 스스로가 신인 것처럼, 황제는 로마 제국과 동일시되었던 '세계'의 자

---

21) 이러한 명칭은 후에 교황의 원로원이었던 추기경단에도 적용되었다.

22) Caesaropapism. 세속 군주가 교권과 속권 양자를 행사한다는 이론으로, 황제가 교회와 국가의 수장이라는 고전적인 로마황제의 개념에서 유래하였다. 최초의 그리스도 교도 황제 콘스탄티누스(306~337)는 교회의 성직자를 임명하고 해임하기도 하였다. 451년 칼케돈 공의회의 선포에도 불구하고, 이러한 정책은 황제 제노(474~491)와 유스티니아누스 대제까지 지속되었다. 비잔틴 제국이 채택한 이 황제교권주의는 로마 교회와 비잔틴 제국이 결별하는 한 원인이 되었다.

율적 통치자로서 그리고 세계의 통치자로서 군림하였다. 황제를 심리할 여하한 공동체, 권위, 더욱이 법정 등이 없었기 때문에, 황제는 모든 면에서 법률을 초월한 존재였다. 이와 유사한 성격의 인신적 주권이 교황에게서도 발견된다. 그럼에도 불구하고 황제의 군주제적 정부가 전제적 통치를 위한 백지 위임장으로 간주되지는 않았다. 이와 반대로 황제만이 신이 계획하고 요구하는 바를 이해하는 존재였기 때문에, 그는 법률의 최고 수호자로서 신의 정의가 요구하는 바에 따라 법률도 자의적으로 바꿀 수 있었다. 여기에 제국의 법률이 '신성한 법률'로 불린 이유가 있었다. 황제의 인격 속에 내재해 있던 신은 법률을 매개로 말하였고, 공의회 등의 교회조직은 황제의 소집과 동의에 의해서만 그 지위를 유지하였다. 공의회의 칙령들은 황제가 이를 재가함으로써 비로소 제국의 법률이 될 수 있었다.

또한 교회의 관리자들도 제국 정부에 의해 임명되고 해임되는 제국의 공복이었다. 제국 정부로서는 그리스도교적 로마 제국과 교회의 차이를 개념상 구분할 수 없었다. 제국 정부는 제국 또는 교회가 될 수는 있었으나, 양자 모두가 될 수는 없었던 것이다. 지상의 신인 황제와 신을 구분하기란 현실적으로 불가능한 것처럼 보였다. 다시 말해서 로마 황제가 세계의 통치자라는 고대의 이교도적 관념은 그리스도교의 보편적 지배 관념이라는 외투를 걸치고 다시금 등장하였다. 그리스도교 신앙에 의해 그리스도교를 전파하고 모든 문명화된 민족들을 결속시키는 일은 황제의 권리이자 의무였다.

니케아에 모인 주교들에게 콘스탄티누스 대제가 보낸 서한은 교회조직에 관한 제국 이념을 설득력있게 표현하였다. 공의회의 주교들이 스스로 대내적 문제를 책임지고 있다고 간주했던 반면에, 황제는 스스로를 대외적 문제를 담당하는 일종의 주교로 생각하였다. 무엇보다도 이는 그리스도교의 법률적, 조직적, 헌정적, 및 순수히 대외적인 조정과 관리 업무가 주교의 임무가 아닌 황제의 소관 업무임을 가리키고 있었다. 우리는 후대의 중세 군주들에게서도 이와 동

일한 견해를 발견하게 될 것이다. 황제직의 '사제적' 성격은 그의 성사적, 카리스마적, 그리고 영적 자질과는 무관하였다. 그것은 단지 통치자와 법률 제정자라는 황제 정부의 외연적 조직과 밀접히 결부되어 있었다. 이 점에서 중세의 어떤 황제나 군주도 카리스마의 보유를 전제로 하는 성직서임, 성별화, 및 특정 성사의 집전 등을 요구할 수 없었다.

비록 하향적 정부론이 황제 중심적 동로마 제국체제에서 가장 현저하게 가시화되었다고는 하더라도, 5세기와 6세기에 이를 과학적으로 논의하고 정교화하는 문헌상의 활동을 찾아보기는 어렵다. 제국 정부와 교황 정부가 제기한 이론의 차이는 두 정부가 각각의 수장제적 기능이 신으로부터 유래되었음을 논증하는 방식에서 가장 잘 드러난다. 교황 정부의 수장제 기능은 마태복음 구절에 대한 추상적인 해석에 기초한 것임에 비해서, 제국 정부의 수장제 기능은 부분적으로는 역사적인 방식으로 그리고 부분적으로는 황제가 신에 의해 임명되었음을 드러내는 가시적인 방식으로 논증되었다. 이는 순수하게 추상적이었던 방식과는 오히려 반대되는 것이었다. 대관식 개념은 신의 황제 임명을 매우 쉽게 가시적으로 논증할 의도에서 출현하였다. 신의 가시적 황제 임명을 묘사한 그림들 가운데 최초의 상징물은 콘스탄티누스 대제 바로 직후에 출현하였다. 황제의 머리에 제관을 씌우기 위해 구름 사이로 내려오는 한 손이 새겨진 메달이 그것이었다. 5세기 중엽 이후 콘스탄티노플 대주교가 집전했던 비잔틴 제국의 황제 대관식은 매우 중요한 의식이 되었다. 이는 제권의 기원이 신으로부터 유래되었으며, 또한 신에 의한 황제 임명, 및 선포를 설명하는 데 기여하였다.

동로마 제국이 보다 형이상학적 철학적 사색에 몰두하였던 것에 비해, 서유럽은 보다 세속적 현실적 문제 특히 법률적 문제에 집착하였다. 그런데 5세기의 서유럽은 여러 현실적인 여건에 비추어 볼 때 사실상 로마를 의미하였다. 5세기 후반에 접어들면서 동로마 제국 정부는 통치 이념의 순조로운 시행을 심각하게

방해하는 장애물이 로마 교황청이라고 인식하게 되었다. 실제로 교황 레오 1세는 타의 추종을 불허할 정도로 로마법에 정통한 인물이었다. 그리하여 교황청은 로마의 모든 제도들 가운데 가장 효율적인 제도적 방편 즉 법률에 의한 지배를 통해서 동로마 제국 정부에 도전하고 있었다.

당시 교황청은 로마의 유산인 로마법을 활용함으로써 동로마 제국에 대해 적대적인 태도를 취하였다. 451년 칼케돈 공의회[23]에서 공포된 정교한 대관식 의례와 공공연한 반교황적 법률은 모두 교황청의 도전을 촉발하였다. 칼케돈 공의회에서 반포된 칙령 제28조가 신로마라고 불리기에 충분했던 콘스탄티노플이 구로마와 동일한 지위를 갖는다고 강조한 점은 의미깊은 일이었다. 또한 제17조는 한 도시의 시민의 지위가 그 도시의 교회의 지위를 동시에 결정한다고 선언하였다. 명백히 이 조항들이 의도했던 바는 교황청의 지위를 현저히 약화시킴으로써 구로마를 보잘것없는 지위로 격하시키는 데 있었다. 뒤이은 황제의 통치행위들 특히 교회의 고위 관리자들에 대한 임명과 면직은 불가피하게 교황의 저항을 불러일으켰다. 더욱이 황제 제노[24]는 동로마 제국 내의 적대적인 파벌을 화해시키고자 신민의 신앙을 강조하는 칙령을 공포하였다. 이에 5세기의 교황청은 법률과 교리의 정비를 통해서 제국 정부의 도전에 대응하였으며, 동시에 교황청은 이러한 도전을 핵심적인 쟁점과 원리들에 대해 교회의 입장을 천명하는 기회로 활용하였다.

---

23) 451년 황제 마르시아누스가 소아시아의 칼케돈에 소집한 교회 총회. 이 공의회에서 단성론자를 정죄하였으며, 그리스도가 인성과 신성을 동시에 가지고 있다는 교리가 천명되었다. 이 공의회는 그리스도의 본성에 관한 교황 레오 1세의 지위를 강화시킨 반면, 단성론자를 정죄하였으나 동로마 교회에서 콘스탄티노플의 우월성을 제공하기도 하였다.

24) Zeno. 474~491. 황제 레오 1세에 의해 제국 군대의 사령관이 되었다. 레오의 딸과 혼인하였으며, 레오가 사망하자 제위에 올랐다. 동고트족 군주 테오도릭을 설득하여 오도아케르를 무찌르게 하였다. 482년 로마 교회와 단성론자 모두를 만족시키기 위한 칙령을 발표하였으나, 수용되지는 않았다.

3. 로마적 이념과 성서적 이념의 성장

교황청의 입장과 제국의 견해는 앞서의 요인들, 및 교황과 황제가 각각 지배하고 있던 정치 현실에 대한 근본적으로 상이한 관점들로 인해 조화될 수 없었다. 교황청과 제국은 각각 다른 시각으로 당대의 정치 현실을 이해하였다. 황제에게 있어서 이는 그야말로 그리스도교화된 로마 제국이었다. 이에 비해 교황에게 있어서 이는 성직자와 평신도로 구성된 교회였던바, 로마 제국은 부차적인 것이었다. 황제는 이를 로마 제국으로 간주하였기 때문에, 순수히 세속적인 문제든, 정신적인 문제든, 조직상의 문제든, 제국의 모든 문제에 대한 수장제적 통치 기능을 자신의 의무에 포함시켰다. 신은 로마 제국의 통치를 황제에게 위임하였다는 것이다. 그러나 그리스도교가 제국에서 현저한 역할을 담당하고 또제국의 결속에도 매우 중요하였기 때문에, 황제는 종교분쟁에 개입하고, 총대주교, 대주교 등 적절한 관리자를 임명함으로써 교회조직을 구성할 때도, 그리스도교와 관련된 이러한 기능을 자신에게 부여된 최우선 의무의 하나로 간주하였다.

그러나 이를 교회로 이해했던 교황청은 제국의 그리스도교적 성격이 황제에 의해서조차 보다 강조됨에 따라, 5세기 후반에 접어들어서는 그가 단지 황제라는 이유만으로 일인지배적 통치를 할 자격이 있는가에 대해 의문을 제기하기시작하였다. 한편 이 시기 교황들은 로마법에 근거한 교리를 가지게 되었고, 교황청도 문제의 핵심이 어디에 있는지를 깨닫게 되었다. 문제는 누가 신앙과 교리를 확립하고, 이 그리스도 교도 사회에 법률을 부여하며, 성직자 조직을 통제할 것인가 하는 점이었다. 황제인가? 교황인가? 교황청에 의해 제기된 문제는그리스도교가 인간의 모든 것을 관장하고, 모든 영역에서 인간의 삶을 결정한다는 점이었다. 제국 정부와 교회 정부 모두에 있어서 중요한 요소는 인간의 종교적, 정치적, 도덕적 행위 등과 같은 부분적 영역이 아니라, 전체로서의 인간 내

지 인간의 총체성이었다. 황제가 제국의 그리스도교적 성격을 대단히 강조하였던 만큼, 이와 더불어 교황들도 몇몇 핵심 쟁점을 제기하기 시작하였다. 전체 그리스도교 교도라는 유기적 공동체의 토대를 이루는 교리, 목적, 및 목표를 누가 결정할 자격이 있으며, 누가 교회의 교리를 공동체의 강제적 법률로 전환시킬 것인가? 황제인가? 교황인가?

이러한 성격의 질문에 답하는 데 있어서 교황은 제국보다 항상 유리한 입장에 있었다. 이미 지적했듯이, 교황은 자격을 갖춘 사람만이 교리를 선포해야 한다고 주장하였다. 순수히 추상적인 신앙의 원리는 납득 가능한 언어로 조탁되어야 하는데, 이를 수행하기에 적합한 자질을 갖춘 사람이 교황 외에 누가 있겠는가? 제국이 그리스도교 사회였기 때문에, 그리스도교에 엄밀성과 실체성을 부여해야 할 필요성은 매우 절실하였다. 그리스도교는 모든 사회생활에 결정적인 중요성을 가진 살아있고 움직이는 힘이었으며, 사회의 모든 구성원에게 침투해 들어갔다. 그런데 과연 황제는 교리를 선포하고, 교회조직의 관리자를 임명하는 데 필요한 지식을 갖추고 있는가? 신앙과 교리에 관한 추상적 원리를 구체적인 조치와 언어 즉 법률로 전환하는 것이 통치였다. 교황청에 따르면, 황제는 그리스도 교도로서 마땅히 그도 교황청의 사법체계와 법률에 복속해야 하였다. 뿐만 아니라 우리는 5세기 이후의 교황청이 단지 주변적인 문제만이 아니라, 그리스도교 사회의 기본 구조에 영향을 미치는 핵심 원리들에 대해서도 관심을 가지게 되었다는 사실을 기억해야 한다.[25]

5세기 말 교황청은 바로 이 핵심 원리에 대한 답변을 도출하는 과정에서 중요한 주장들을 여러 차례 천명하였다. 사실 이 주장들은 너무나도 근본적이어서, 이는 중세 내내 그리고 아마도 그 이후로도, 지속적인 유효성을 가지게 될

---

25) 오늘날의 상황에서 한 가지 사례를 들어보기로 하자. 외견상 오른손으로 운전할 것인가 또는 왼손으로 운전할 것인가 하는 문제가 그리스도교의 성격에 근본적인 영향을 끼치지는 못할 것이다. 단지 이 문제가 사회의 기본 구조에 영향을 미친다는 점이 입증되는 경우에 교황청은 이에 관심을 가질 것이다.

견해들이었다. 우리는 여기서 그리스도교 사회에서 황제 내지 군주의 기능과 지위는 어떠해야 하는가라는 화두부터 검토해 보도록 하겠다. 4세기 말에 이미 성 암브로시우스가 '황제는 교회 위에 있는 것이 아니라, 교회 내에 있다'라고 주장하였다. 교황과 그리스도 교도 통치자의 관계를 부자관계로 비유했던 그의 지적은 5세기에 곧 채택되었다. 로마 시대 가정에서 아버지의 지위에 관해 알고 있던 모든 사람에게 이 같은 지적이 함의하는 바는 의문의 여지가 없었다. 교황 레오 1세는 그리스도 교도 통치자의 주된 의무가 그리스도 교도 사회의 보호라고 말하기 앞서, 세속통치권의 목적에 일찍부터 관심을 돌렸다. 레오의 신학적 논지는 '군주가 칼을 휴대하는 데는 이유가 없지 않다'라는 바울의 기록을 환기시키는 것이었다. 군주가 칼을 휴대하는 이유는 지상에서 신의 계획을 실현하는 데 일조할 의무가 있기 때문이었다. 군주는 세속사의 관리에 그리스도교 원리를 적용하기 위해 칼을 수여받았던 것이다.

성 바울에 근거를 둔, 통치자 기능에 대한 이 같은 견해는 세속통치자의 여하한 자율성도 부정하였다. 그러나 교황청의 시각에 따르면, 이 견해가 신의 계획을 구현하는 데 황제의 역할이 중요하지 않다는 것을 의미하지는 않았다. 신 이외에 다른 권력은 존재하지 않는 만큼, 이는 신이 세속통치권을 창출하였으며, 사물의 신성한 계획에 있어서 세속통치자가 칼로써 죄악을 멸하는 보조적 기능을 가지고 있음을 의미하였다. 이러한 맥락에서 볼 때 신은 세속통치자에게 실질적 권력을 부여하였다.

하지만 교황 겔라시우스 1세[26]가 동로마 제국의 황제에게 반론을 제기하였듯이, 군주의 의무는 가르치는 것이 아니라 배우는 것이었고, 황제는 교회의 주

---

26) Gelasius I. 492~496. 아프리카 출신의 교황. 교회와 국가의 관계에 대한 그의 유서 깊은 이론에 따르면, 그리스도교 사회에는 정신적 칼과 세속적 칼이라는 두 개의 칼이 있으며, 이 양자는 서로 조화와 협력을 유지하여야 한다는 것이다. 이 이론은 후대에 교권과 속권의 관계에 대한 전거로 인용되곤 하였으며, 병행주의 정치이론의 효시로 간주되기도 하였다. 또한 그는 콘스탄티노플의 주장에 맞서 로마 교회의 우월성을 강조하기도 하였다.

인이 아니라 교회의 아들이었다. 이로 인해 겔라시우스는 마태복음의 구절에 근거하여, 교황의 묶고 푸는 모든 포괄적 권한을 주장하였다. 교황에 의해서 모든 것이 묶이고 또 풀릴 수 있다는 생각에서였다. 겔라시우스가 교황의 영역으로 부여하였던 묶고 푸는 무제한적 법률상의 권한이라는 이 기본 성격은 중세 내내 변함없이 유지되었다. 겔라시우스에 따르면, 황제의 통치가 전체 그리스도교 사회의 구조와 복지에 영향을 미칠 경우, 자신의 통치를 성직자 관리자에게 복속시키는 것이 황제의 의무였다. 겔라시우스는 이 같은 상황을 제대로 인식하고 자신의 통치를 성직자에게 복속시킨 황제라야 비로소 정당하게 스스로를 '가톨릭의 황제'라고 부를 수 있다고 주장하였다.

요컨대 겔라시우스는 사회의 그리스도교적 구성에 영향을 미치는 기본적 문제들과 관련하여 교황의 우월성 즉 교황 주권을 주장한 셈인데, 결과적으로 이는 황제의 낮은 위상 즉 교황 지배에 대한 황제의 복속을 역설한 것이었다. 겔라시우스는 교회의 이 주권자적 지위를 그의 가장 잘 알려진 기록에서도 명확히 하였다. 여기서 그는 교황의 권위와 황제의 단순한 권력을 비교해서 언급하였다. 사실 이 용어들은 통치자의 '권위'가 단순한 '권력'에 비해 상위이고 또한 우월하다는 로마의 국제로부터 차용된 것이었다. 통치자의 '권위'는 스스로 뛰어난 자질로 이루어지며 독창적 강제적 방식으로 상황을 주도하는 능력을 의미하였다. 이에 비해 '권력'은 권위가 확립해 놓은 바의 집행과 결부되어 있었다.

물론 권위와 권력의 문제는 애초에 교회와 국가 간의 문제와는 아무런 관련이 없었다. 교회와 국가는 구분이 되지 않았을 뿐만 아니라, 겔라시우스의 어떤 업적을 보아도 그가 양자 간의 구분선을 의식하였다는 시사를 찾아보기는 어렵다. 그러나 설령 교회와 국가의 구분이 있었더라도, 어떤 문제나 갈등이 일어나지는 않았을 것이다. 관건은 단일한 공동체 구조에 지대한 영향을 미치는 문제에서 최종 결정권을 황제와 교황 중 누가 가지느냐 하는 것이었다. 한편에 교회 그리고 다른 한편에 국가라는 식의 두 공동체가 아니라, 오직 하나의 공동

체가 있을 따름이었다. 단지 황제는 이 공동체를 그리스도교적 로마 제국으로 간주한 반면, 교황은 이를 로마적 그리스도교 교회로 이해하였다. 그럼에도 불구하고 겔라시우스의 이러한 견해는 그리스도교 공동체 내의 주권 개념에 대한 최초의 해명이었다.

그리스도교적 주장이 가미됨으로써 교황의 주권 개념은 강화되었다. 그리스도교 세계에서 최후의 심판 날에 군주의 행위를 판단해야 했던 교황의 '권위'는 매우 강렬할 수밖에 없었다. 최후의 심판 날에는 군주와 황제도 신이 그들에게 부여한 책무를 어떻게 수행했는지를 해명해야 할 것이었다. 교황 정부론에 현저한 엄밀성을 제공했던 겔라시우스의 상세한 해명에서 보듯이, 통치자는 누구든 자신의 통치권에 대한 권리가 없었다. 통치권은 신의 특별한 선물 내지 은총으로서 누구도 이를 주장할 수 없었다. 겔라시우스에 의하면, 그리스도교 세계의 통치권은 신에 의해 모든 군주에게 부여된 특권이었다. 다시 말해서 통치권은 신에 의해 양도된 권한이었다. 겔라시우스는 당대 황제들의 열렬한 선전, 즉 권력이 신으로부터 유래된다는 이론의 방향을 선회시켜, 그것이 오히려 황제에게 반하도록 하였다. 그리스도교 세계에서 심판 날에, 황제가 자신의 통치권에 부여된 신성한 의무와 은총을 어떻게 행사하였는지를 판단할 이는 성 베드로의 후계자이자 계승자인 교황이라는 것이었다.

겔라시우스는 소책자에서 이 같은 이념을 심화시켰을 뿐만 아니라, 중세 정치사상에 각인될 다른 한 주제도 제기하였다. 그는 오직 그리스도만이 군주인 동시에 사제였으며, 그리스도 이후에는 군주직과 사제직이 구분되었다고 주장함으로써, 황제의 군주-사제적 통합에 강력하게 반대하였다. 누구도 상대방의 영역에 간섭해서는 안 된다는 것이었다. 겔라시우스가 강조하려고 했던 바는 군주 기능과 사제 기능의 차별성이었다. 이 땅의 현세사에 관한 한 신이 직접 군주제를 마련하였으므로, 사제는 현세사에 대한 개입을 피해야 하였다. 그리스도교 사회의 유용한 공적 목표들을 충실히 구현하기 위해서는 양자가 각각 자

신의 직무에 충실해야 할 것이었다. 겔라시우스에 따르면, 현세사는 군주의 고유 영역에 속하며, 또한 군주는 자신의 구원을 위해 교황의 도움을 반드시 필요로 하였다. 오직 교황만이 소명에 의해 군주의 구원을 성취하는 여건을 조성할 수 있었다.

이 중대한 주장에서 겔라시우스는 그리스도교 사회에 대한 여하한 성격의 등가적 이원론도 제안하지 않았다. 그러나 자신이 제시했던 이 분업론으로 인해 겔라시우스는 사실상 위대한 중세 정치사상가가 되었다. 근본적이고도 핵심적인 사항들에 관한 주권 내지 권위는 교황에게 있었다. 그러나 교황주권이 제시했던 목표의 집행, 즉 겔라시우스에 의하면 '현세적' '세속적' 사항들의 실천은 군주의 과제였다. 이 같은 분업의 원리는 무엇보다도 유기적 전체의 각 부분에는 특정 기능들이 부여되었다는 성 바울의 논리에 기초하였다. 따라서 사회의 모든 구성원은 궁극적으로 신으로부터 유래된 영역의 직책에 충실해야 하였다. 그러나 그리스도교 사회 내의 종국적 권위가 오직 교황에게 속했으므로, 결국 이러한 분업의 원리는 군주정 개념과 밀접하게 결부되기 마련이었다.

바로 이 점이 겔라시우스가 로마 군주정의 일상적 용어로서 빈번히 활용되어 온 개념이었던 원수정을 자신의 작업에 활용했던 이유였다. 교황청의 원수정은 단지 법률이라는 수단을 통해서만 공적 영역에서 실체가 될 수 있었다. 교황의 묶고 푸는 권한은 황제의 권한에 비해 우월하게 행사될 수 있었는데, 이는 겔라시우스가 밝혔듯이, '하위 관리자가 상위 관리자의 잘못을 용서해 줄 수는 없기' 때문이었다. 더욱이 '제자가 스승 위에 있을 수는 없기' 때문에, 그가 일관되게 주장했던 것처럼, 제국 정부가 지상의 모든 규제와 사법권으로부터 면제되어 있던 교황을 심문할 권한을 가질 수는 없었던 것이다.

겔라시우스의 이론에 대해 몇 가지만 지적해 두기로 하자. 동로마 제국 정부에서 두드러졌던 군주-사제적 구조와 로마 교황청에 의해 숙성되었던 이데올로기 간에는 인간의 상상력으로는 결부시키기 어려운 현격한 차이가 발생하

였다. 실제로 겔라시우스의 저항과 그의 심화된 교황 개념은 동·서 로마 사이에 약 30년간 지속되었던 최초의 심각한 분열이 낳은 산물이었다. 동로마 제국이 지속적으로 강조했던 황제 기능에 대한 역사적 변론은 성서에 입각해서 자신의 고유한 역할을 끊임없이 주장했던 교황청에 의해 상쇄되었다. 천여 년에 걸친 이 갈등의 역사는 양자의 타협이 불가능하다는 점을 여실히 보여주었다. 이 분쟁의 초기에 이미 말기 중세의 속권과 교권 간의 갈등에 포함될 모든 요소가 포함되어 있었다. 속권이 역사적 사실들에 기초해 있었다면, 교권은 그리스도교의 추상적 교리들에 입각하고 있었다.

아마도 중요한 점은 겔라시우스 이념이 통치학에 미친 영향력일 것이다. 현대인들이 5세기에 사용된 논쟁과 추론방식에 익숙할 수는 없다. 그러나 사상의 역사적 발전을 평가할 때 우리는 공식적인 주장들로부터 그것의 실체 내지 본질을 도출해야 한다. 설령 교황청 이론이 그리스도중심적인 지적 체계에서 조탁된 것이라 하더라도, 여전히 그것은 모든 근대적 '정치' 사상에 관련된 원리들을 포함하고 있었다. 통치권, 통치권의 필요성에 대한 이유, 법률, 직책과 기능, 분업, 주권 등의 개념은 모두가 근대 정치학도들에게 매우 친숙한 주제들이다. 근대 정치사상과 그것의 선구적 기원과의 유일한 차이점은 답변을 제시하는 형식에 불과하였다.

제2장 서유럽의 형성

1. 동로마 제국의 황제교권주의

519년 동·서 유럽 간에 최초로 이루어진 분열의 종식은 서로 상대방의 체면을 살리는 정교한 처방에 의해 도입된 미봉적인 일시 휴전에 불과하였다. 초기 교황들이 제안하였던 교황청의 사법적의 우월성에 대한 강력한 주장은 동로마 제국 정부를 자극하였다. 더욱이 동로마 제국은 비범한 능력과 열정 그리고 확신에 가득 찬 '로마의 황제'였던 동시에 아마추어 신학자이기도 했던 유스티니아누스 대제[27]를 맞게 되었다.

이 마케도니아 출신의 농부가 '세계의 통치자'가 되기 전에 이미 콘스탄티노플에 대중적 전승이 존재했었다는 사실은 의미가 없지 않을 듯하다. 즉 성 베드로가 로마 교회를 설립한 것은 부인하기 어렵다 하더라도, 베드로의 동생이었던 성 안드레도 콘스탄티노플에 총대주교좌 교회를 설립하였다는 전승이 그것

---

27) Justinian I, 527~565. 종종 '로마의 마지막 황제이자 비잔틴 제국 최초의 황제'로 불린다. 게르만족들에 의해 통치되던 제국의 서부지역을 재정복하려는 일념을 가지고 있었다. 그가 사망하자, 이 재정복 사업은 와해되기 시작하였다. 이탈리아는 롬바르드족의 이탈리아 침공을 받았으며, 스페인은 서고트족의 수중에 떨어지고 말았다. 《로마법대전》의 편찬은 그의 훌륭한 업적에 속한다.

이다. 이 전승은 양 주교청이 사도 형제들에 의해 설립되었음을 보여주기 위해 비잔틴 양식으로 고안되었던바, 그것의 함의는 매우 분명하였다. 적어도 콘스탄티노플은 로마와 동등한 지위를 가져야 했으며, 콘스탄티노플 교회도 로마 교회의 모든 특권을 적어도 동등하게 가져야 하였다. 칼케돈 공의회의 칙령을 조금만 살펴보아도 이러한 경향은 충분히 확인할 수 있다. 또한 5세기에서 6세기로의 전환기에 로마에서는 베스트셀러 소설 격이었던 성 실베스터[28]의 전승이 출현하였다. 이는 콘스탄티누스 대제의 개종을 다룬 것으로, 중세 교황청의 가장 영향력 있는 문서 위조의 한 모델로 활용될 것이었다.

모든 점에서 유스티니아누스 대제의 일념은 고대 로마 제국의 회복이었다. 그러나 이탈리아의 재정복이나 이에 수반되었던 군사적 행정적 조치들은 우리의 관심사가 아니다. 우리의 직접적 관심사는 유스티니아누스가 로마 황제로서의 사명감을 가지고 로마법을 부활시키며, 모든 수집 가능한 법률들을 편리하게 이용할 수 있는 법전으로 편찬할 필요성을 느꼈다는 사실이다. 물론 5세기 황제 테오도시우스 때 법전 편찬이 시도되기는 하였지만, 법전 편찬사업은 유스티니아누스가 행한 최초의 통치행위의 하나였다. 그러나 유스티니아누스의 염원은 사법과 공법 등 모든 로마법을 이용 가능하게 하는 것이었다. 이에 그는 527년 법전편찬 위원회를 설치하였고, 이 위원회는《로마법대전》(Corpus Juris Civilis)[29]으로 알려지게 된 대법전을 약 6년 만에 극히 신속하게 편찬하였다. 세 부분으로 구성된《로마법대전》은 오늘날에 이르기까지도 로마법에 관한 지식과 연구의 기초가 되고 있다.

50권으로 구성된《법령집》(Digest)에는 법률학의 일반적 원리와 사법이 포함

---

28) 콘스탄티누스 대제가 불치병인 나병에 걸리자, 황제는 교황 성 실베스터(314~335)에게 치유를 위해 기도해 줄 것을 요청하였다. 교황의 기도로 병이 치유되자, 그가 그리스도교로 귀의하였다는 전설을 가리킨다.

29) 《로마법대전》의 3부분에 대한 역어로《법학제요》,《학설휘찬》,《칙법집》 등의 용어를 쓰기도 한다. 그러나 이러한 역어를 반드시 따라야 할 필요는 느끼지 못하였다.

되어 있으며, 주제에 따라 개별 법률들을 분류하고, 다시 여기에 표제를 달아 세분화하였다. 또한 로마법 학자들의 주장과 견해도 일목요연하게 수록되었는데, 이들의 주장과 견해의 대부분은 단지《법령집》을 통해서만 오늘날까지 알려지고 있다. 이들은 사실상 당시까지 남아 있던 법률학자들의 저술에서 발췌한 것들이었다. 그러나 법전편찬 위원회는 황제로부터 필요한 조정권을 부여받았으며, 이 조정권으로 인해 몇몇 원래의 견해는 개찬된 것으로 알려져 있다. 유스티니아누스 대제는 이《법령집》전체에 법률적 강제성을 부여하였다. 그리고 여기에 실린 법률학자들의 모든 개별 견해도 제정법의 위상으로 격상시켰다. 당시까지 산재해 있던 수많은 저술, 재판, 지식의 보고 등이 이제 편리하고 균형잡힌 법전으로 편찬되었던 것이다.

주로 공법을 다루었던 황제의 법률 즉 제국 법령들은 12권으로 구성된《칙령집》(Code)에 수록되었다. 그리하여《칙령집》역시 표제와 법령으로 세분되었으며, 법령은 유스티니아누스 대제기까지 연대기적으로 정리되었다. 《칙령집》에 수록되지 않은 제국의 모든 법령은 법률적 강제력을 상실하게 되었다. 《로마법대전》의 세 번째 부분은 간략한 텍스트 즉 로마법의《개요집》(Institutes)으로서, 이는 베이루트에서 법률학도용 편람으로 활용되었다. 《칙령집》이 편찬된 이후 반포된 유스티니아누스 대제의 법률들은 이른바《신법집》(Novelle)에 수록되었는데, 이는 12세기 이래로《로마법대전》의 네 번째 부분으로 추가되었다.

유스티니아누스 대제의《로마법대전》편찬은 실로 그 역사적 의미가 엄청나게 컸다. 《로마법대전》의 의미는 순수히 법률적 내용이라기보다는 그것이 전달한 이념과 로마 문화에 있었다. 때로는 단지 발췌문 정도 내지 요약문의 형태로 연구되었다 하더라도,《로마법대전》은 중세 내내 변함없이 로마 제도의 법률적 지혜의 총화로 간주되었다. 《칙령집》은 다른 모든 유사한 업적을 압도하였으며,《법령집》은 전혀 새로운 무엇인가를 창출하였다. 사실 중세 유럽인들은 여기서 로마의 모든 것을 줄곧 대변하여 온 법체계를 처음 접하였다. 유스티

니아누스의 법전이 유럽을 이루는 동인의 하나가 되었다는 지적은 결코 과장이 아니다. 《대전》의 정의, 법률의 개념, 법률의 구분, 법률의 절차 등에 관한 일반 원리는 중세 법률 개념의 핵심이 되었다. 한편 《칙령집》과 《법령집》은 법률의 이름으로 순수한 군주제 형태의 정부를 제안하였다. 더욱이 유스티니아누스의 《칙령집》은 중세 대학의 학문적 논의의 주제가 되었으며, 정부이론의 주요 원천의 하나가 되었다. 《칙령집》의 언어, 구조, 문장 등 법률 제정에 불가결한 이 요소들은 모두가 주제와는 별도로 그 이후 세대들의 모델로도 줄곧 기여하였다. 《로마법대전》은 이 모두를 가능케 한 토대였다고 하겠다.

유스티니아누스 대제는 《로마법대전》에서 제국의 주권 문제에 관한 자신의 견해를 표명하였다. 그에게 있어서는 로마 황제인 자신이 최고의 주권적 통치자라는 점에 의문의 여지가 없었다. 그는 모든 그리스도교 문헌들로부터 유래된 그리스도교적 원리에 입각하여 제국을 계도하고 지배하는 자였다. 실제로 《칙령집》의 첫 표제도 '삼위일체와 가톨릭 신앙에 관해서'였으며, 신민은 법률을 통해서 신앙에 관한 계도를 받는다고 선포하였다. 성직자의 기능과 구조에 대한 유스티니아누스의 입법 조치들도 이에 못지않게 중요하였다. 물론 그는 황제로서 제국의 성직자 관리들이 적임자로 구성되어야 한다는 사실을 잘 알고 있었다. 그러나 이 적임자의 원리는 외견상 교황청 주장과 동일하였음에도 불구하고, 실제 적용 면에서는 현저한 차이가 있었다. 교황청이 적절하다고 간주한 사람이라 하더라도, 황제의 눈에 반드시 적절한 인물일 수는 없었던 것이다.

유스티니아누스 대제의 칙령 즉 《신법》 제6조는 앞서 언급한 교황 겔라시우스의 이론에 대한 다소 점잖은 그러나 실제에서는 꽤 효과적인 반박이었다. 《신법》의 논리체계에서는 교황의 사법적 우월성을 보장하는 여하한 근거도 찾아보기 어려웠다. 유스티니아누스 대제와 그 이후 황제들이 교황에게 양보한 것은 명예상의 지위였다. 로마의 명예로운 지위와 제국의 로마적 성격에 대한 유스티니아누스의 애정을 고려한다면, 이러한 양보는 충분히 이해될 만하다.

무엇보다도 제국에 독특한 모습을 부여한 것이 로마였으므로, 로마의 주교인 교황에게는 다른 총대주교좌에 비해 명예상의 우위를 제공하였던 것이다. 당연한 일로서 유스티니아누스의 황제 정부는 신앙의 정통성과 반이단에 관한 법률을 제정하였다. 단지 정통 그리스도 교도만이 군에 복무할 수 있되 성직자는 군복무에서 제외되었으며, 이단에게는 신앙의 전파 금지 및 서적의 소각이 명해졌다. 성직자에게는 극장, 서커스, 경마 관람, 사적 제사의식 등이 금지되었으며, 제의 상의 의무와 주거의무 등도 황제의 법률로 제정되었다.

536년 콘스탄티노플 공의회 참석자들도 '황제의 명령과 의지에 반하여 여하한 것도 교회 내에서 행해져서는 안 된다'고 선언함으로써, 제국체제를 전폭적으로 지지하였다. 황제 유스티니아누스의 정부는 순수한 군주정 원리의 실효성을 입증하였다. 이에 따르면 모든 권력은 신성하게 제도화되고 또한 신적 영감으로 고취된 황제의 위엄으로부터 유래되었다. 순수한 신학적 논쟁에 대한 황제의 개입이 수용되었던 이유도 여기에 있었다. 이 하향적 정부론의 기본 특징은 복합성, 즉 부분적으로는 헬레니즘적이었으며, 부분적으로는 로마적이었고, 부분적으로는 그리스도교적이라는 점에 있었다. 이 같은 복합적 결합이 가졌던 일관성과 내적 탄력성은 의심할 여지가 거의 없다. 이러한 정부 이념이 제국의 법률과 국제에 충실히 반영되고 있었다.

명백히 교황청의 기본 이념과는 상충하였던 이 같은 이데올로기와 법률은 점차 그리스도교 사회를 지배하게 되었다. 6세기 역사는 이러한 제국체제가 구체적으로 실천되었음을 입증하고 있다. 한편 교황청은 매우 어려운 딜레마에 직면할 수밖에 없었다. 로마인으로서 교황은 황제의 신민이었으며, 이 때문에 교황은 황제의 군주-사제적 체제에 저항할 수 없었다. 이는 교황의 딜레마였다. 만약 제국체제를 수용하면, 그는 그리스도가 성 베드로에게 부여한 교회를 '세우는' 의무 즉 교회를 관리해야 한다는 성 베드로의 후계자로서의 고유한 소명, 직책, 및 기능 등에는 소홀하게 될 것이었다. 그러나 만약 교황이 자신의 고

유한 소명을 수행하려 하면, 그는 황제 권위의 무제한적 행사에 저항해야만 했다. 그런데 황제의 신성한 위엄에 대한 저항에는 대역죄에 해당하는 심각한 위험이 수반되었다. 헌정적 관점에서 볼 때, 황제의 포괄적 입법권을 부정하는 사람들에 대해 제국 정부가 취했던 단호한 조치는 전적으로 수용되었으며, 또한 언제나 정당화되었다. 이 점에 관한 한 교황청이든 제국 정부든 타협이 불가능하였다. 교황이나 황제 중 한 사람만이 주권자여야 하기 때문이었다.

교황 그레고리우스 1세[30](590~603)의 치적의 중요성은 이러한 시대 상황에 비추어 설정되어야 한다. 그레고리우스 1세는 교황이 되기 전 교황청의 동로마 제국 대사를 역임하였다. 따라서 그는 군주-사제 체제가 콘스탄티노플에서 얼마나 강력한지를 개인적으로 경험한 바 있었고, 이를 충분히 이해하였다. 이에 그는 로마 교회가 황제 정부에 맞서 계속 저항하는 것은 위험하고 어리석은 일이라는 온당한 결론에 도달하였다. 즉 황제에 대한 저항은 그것이 수반하는 심각한 헌정적 결과로 인해 위험한 일이었다. 또한 그것은 통치체제의 변경 가능성이 희박했기 때문에 어리석은 행위이기도 했다. 그렇다고 해서 그레고리우스가 황제의 제국체제를 승인한 것은 또한 아니었다. 이는 유감스럽기는 하지만 자신의 역량으로도 어찌해 볼 수 없는 그러한 상황이었다.

여기서 교황 그레고리우스의 번뜩이는 법률적 예지와 통찰력이 발휘되었다. 황제 정부와 황제의 사법권이 효력을 발휘하지 못하는, 지역에서 교황이 자신의 고유한 정부론을 밀고 나간다면 불리할 바가 전혀 없다고 생각하였다. 이에 그레고리우스는 방향을 전환하여 갈리아 지방과 영국에 선교사를 파송하였다. 실제로 그레고리우스는 이 지역에서 교황청의 모든 통치이론을 전파하였으며, 사실상 이를 실천에도 옮겼다. 무엇보다도 그는 교황청의 헌정적 지위와 관

---

30) Gregory the Great, 라틴 4대 교부의 한 사람. 초기에는 세속 정치에 참여하였으나, 수도사가 되었고, 시실리에 많은 수도원을 건립하였다. 선교활동을 적극 장려하였고 수도원운동의 확산에 기여하였으며, 예배 의식을 개혁하기도 하였다. 또한 주교들의 목회 지침서인 《사목규정》과 성 베네딕트를 포함한 성인전 모음집인 《대화》 등을 저술하였다.

련된 여러 문제에서 교황청의 방해받지 않는 우월한 기능을 강조할 수 있었다. 그레고리우스의 현실론은 중세 교황청 정부를 실체적으로 구현하는 작업에 있어서 불가결한 전제조건이었다. 그가 '유럽의 아버지'로 불리는 것은 전적으로 타당하다. 서유럽 즉 라틴 유럽은 그레고리우스가 택한 현실론의 산물이었다. 이제 서유럽은 일종의 문화적 단위로 출현하게 되었을 뿐만 아니라, 또한 이는 로마 즉 라틴적 특성의 영향을 대단히 강하게 받는 계기가 되었다. 그는 유럽의 주변지에도 선교사를 파송했는데 북유럽과 중부유럽은 영국과 스코틀랜드 선교사들에 의해 그리스도교화하게 되었다.

탁월한 언어 구사력을 가졌던 교황 그레고리우스 1세는 수용성이 강했던 미개간의 서유럽 토양에 유서 깊은 사상을 강력하게 전파하였다. 그렇기는 하지만 그가 교황청 이론에 획기적이고 새로운 논리를 제공한 것은 또한 아니었다. 그레고리우스에 따르면 로마 교회는 '그리스도의 몸인 보편교회 전체'의 축소판으로서, 이 몸은 로마 교회의 모권과 교황의 부권을 인정하는 민족과 왕국들로 구성되었다. 갈리아 지방의 프랑크족은 진정한 그리스도교 정통주의를 보여주고 있었기 때문에 각별히 예찬되었다. 그레고리우스가 서유럽의 군주와 동로마 제국의 황제를 대우하는 방식이 대조적이었다는 사실은 매우 중요하다. 그는 전자를 자신의 '가장 사랑스러운 아들'로 언급하였다. 그러나 그는 후자를 '황제 폐하'라고 불렀다. 물론 이 같은 차이는 황제의 진노를 사지 않으려는 데서 나온 신중한 배려였다. 그는 위험하고도 의미 깊은 개념인 군주라는 용어를 서유럽에 대해서는 빈번히 사용했지만, 동유럽에 대해서는 결코 사용하지 않았다. 더욱이 그는 서유럽 군주들과 접촉하는 과정에서 천상의 권력이 지상 권력의 모델이며, 지상 권력은 천상의 권력에 봉사해야 한다고 강조하였던바, 이는 위 드니(Pseudo-Denys)의 영향을 여실히 드러내고 있었다.

그레고리우스가 교황청의 교서와 조치를 무시하는 데 대해 가했던 제제조치는 통치 권위의 표현이었다. 파문은 형벌적 조치로서 유기체인 그리스도 교

도 집단으로부터의 추방을 의미했는데, 그에 따르면 교황청은 성직자뿐만 아니라 군주에 대해서도 파문권을 행사할 수 있었다. 또한 성직자는 교황의 교서를 전달하는 기관이었다. 이를 통해서 성직자는 신의 교회의 '양육자'가 될 것이었다. 그레고리우스는 콘스탄티누스 대제가 니케아 공의회에 참석하여 행한 선언(이는 루피누스가 번역한 유세비우스의 저작에 실려 있다)을 통해서, 교황의 주권적 기능을 더욱 강화하였다. 이 선언에 따르면 콘스탄티누스는 공의회의 주교들에게 "그대들은 참된 신이 세운 신들이다. 우리가 신들을 재판하는 것은 옳지 않다"라고 밝혔다는 것이다. 한편 그레고리우스는 보편교회 내에서의 서열과 질서의 계서적 차이를 강조하였다. 보편교회의 원활한 운용은 계서적으로 구분되는 기능들에 의해 제공될 수 있기 때문이었다. 이 점은 고중세에 매우 중요한 원칙이 되었다. 무엇보다도 그레고리우스 1세는 그리스도 교도의 유기적 연합체를 '그리스도교 공동체 사회'라고 불렀으며, 이는 성 베드로의 후계자에 의해 적절한 하위관리들을 매개로 통치될 것이었다.

그레고리우스 1세가 서유럽에 지대한 영향력을 행사할 수 있었던 것은, 사실상 그의 모든 저술이 보존되었다는 점, 그리고 더욱 중요한 요인으로서 그의 공식 서한들이 문서대장에 기록되어 문서보관소에 소장됨으로써 후대 교황들에게 고스란히 전수되었다는 점 때문이었다. 그 이후 교황청과 서유럽 간에 누적된 긴밀한 접촉은 결과적으로 순수히 게르만적인 요소와 순수히 로마적 그리스도교적인 요소들의 결합을 이루어냈다. 이 결합 과정은 게르만족의 침입과 그 여진이 가라앉으면서 조성된 다소 우호적인 여건들에 의해 더욱 촉진되었다. 스페인과 프랑스뿐만 아니라 롬바르드족이 지배했던 북부 이탈리아에 평화가 자리잡자 교황청 정부 이념의 전파도 현저하게 촉진되었다.

한편으로 이는 동·서 유럽 사이에 패인 골을 더욱 확대시켰다. 활기차고 긍정적이며 미래지향적인 새로운 문명 즉 로마—라틴적인 문명이 성장하였는데, 이 문명은 고도로 발달된 성숙한 동유럽 문화를 당시까지는 거의 이해하

지 못하였다. 라틴어는 서유럽의 공통어가 되었으며, 그리스어는 동유럽의 공식적 일상 언어로 유지되었다. 로마의 정신 특히 로마법은 교황 그레고리우스 1세의 광범위한 선교활동으로 개설된 여러 도로들을 통해 서유럽 지역에서도 확고한 발판을 마련하였다. 이념의 전파는 대다수 대중이 문맹이었기 때문에 로마적 예배 의식의 채택에 의해 크게 조장되었다. 예배 의식은 많은 점에서 글로 쓰여진 설명을 대신하였다. 제식의 절차와 예배 행위 등은 왕왕 심오한 이념을 표현하는 수단이었다. 이들은 상징적 의미를 비교적 손쉽게 이해될 수 있도록 전달하였다. 가톨릭 교회의 예배 의식은 압도적으로 로마적 성향을 띠었는데, 교회는 제식적 상징들이 전달한 이념을 반추해 보도록 지속적으로 조장하고 촉진하였다.

그렇기는 하지마는 신정적 하향적 정부론의 수용에 현저히 기여했던 핵심적인 한 도구는 라틴어 성서였다. 이 점은 몇 가지 불분명한 이유로 오랫동안 주목을 받지 못했다. 명백히 라틴어 성서(Vulgate)는 순수히 로마적인 이념들이 수용될 수 있도록 비옥하지만 아직 개간되지 않았던 서유럽의 토양을 고르는 데 매우 중요한 역할을 하였다. 성서의 잠재적 영향력을 파악하는 데는 모든 지식인들에게 극히 친숙했던 유일한 책이 성서였다는 점을 언급하는 것만으로도 충분할 것 같다. 라틴어 성서의 보급은 특히 로마의 영향을 강하게 받았던 서유럽 지역에서 이루어졌다. 이 점은 통치자들의 상서성 관리들을 보면 쉽게 확인할 수 있는데, 이들은 통치 이념에 관한 전문적인 글의 내용을 이해하지 못하였음에도 불구하고, 명료한 통치체제를 자신들의 상서성 문서에 적용하고 있었다.

앞서 지적했듯이 성서는 공공 정부와 직접적으로 관련이 있는 다수의 주제들을 포함하고 있었으며, 그리하여 라틴어 성서가 서유럽 사회의 로마화 라틴화 과정을 지원한 주된 요소의 하나였다는 사실은 이를 나위가 없다. 그런데 특히 여기서 강조되어야 할 점은 라틴어로 된 성서는 단지 진리 그 자체만이 아니라, 라틴화된 진리를 포함하고 있었다는 사실이다. 이제 신의 말씀은 라틴어

로 기록되고 또 선포되었다. 당시 게르만 통치자들의 사고를 형성하는 데 신정적 로마-라틴적 모델이 미친 잠재적 영향력을 이해하는 데는 사실상 많은 역사적 상상력을 필요로 하지 않는다. 무엇보다도 라틴어 성서는 서유럽을 로마지향적 사회로 만든 가장 중요한 요소였으며, 뿐만 아니라 성서는 로마법에 고유하게 내포된 이념들을 전파하고 또 그 영향을 촉진하는 데 있어서 결정적인 역할을 하였다고 평가된다 하더라도, 그것이 결코 과장은 아닐 것이다.

이 같은 고찰은 한편으로는 서유럽과 동유럽의 상이해진 양상들에 대해서도 의미있는 설명을 제공해준다. 단적으로 동유럽에는 로마-라틴적 요소가 없었다. 그런데 서유럽에서는 성서가 기본적으로 법률 문서로 해석되었다. 더욱이 서유럽에서 라틴어 성서는 물리적 지리적 장애물 등이 적을수록 보다 강한 영향력을 행사하였다. 이 점은 스칸디나비아 반도와 북부 유럽이 남서부 유럽에 비해 훨씬 후대에 이르기까지 신정적 하향적 형태의 정부 흔적을 볼 수 없었던 이유도 부분적으로 설명해준다. 북부 유럽에서는 남서부 유럽에 견줄 만한 로마법의 영향력을 발견할 수 없다. 북부 유럽에서는 라틴어 성서가 그 밖의 다른 지역들에 비해 훨씬 후대에 알려졌던 것이다.

이 점은 유럽 각 지역의 서로 다른 양상들도 적어도 부분적으로 설명해주고 있다. 더욱이 정치적 주제들에 관한 지식의 근거가 되었던 법률 문서들은 로마적 라틴적 영향의 차이를 꽤 충실하게 반영하고 있다. 라틴어 성서와 로마법의 영향력이 결합된 바로 그 지역에서 매우 두텁고 가장 심도 있는 법률 문서들이 발견되고 있는 것이다. 그런데 이에 비해 라틴어 성서의 영향이 적었던 지역에서는 법률 문서들도 적게 확인되고 있다. 이를테면 스칸디나비아에서는 법률 문서들이 고중세기가 되어서야 나오기 시작했다. 따라서 신정적 하향적 정부론이 남부 유럽과 서부 유럽에서 압도적이었던 사실과는 대조적으로 상향적 정부론이 스칸디나비아 반도의 국가들에서 오랜 생명력을 누릴 수 있었다는 사실은 시사하는 바가 매우 크다.

2. 신의 은총에 의한 군주

아마도 이 주제에 관한 한 그리스도가 빌라도에게 말한 요한복음의 본문보다 더 구체적인 텍스트는 없을 것이다.

> 권력이 '위로부터' 그대에게 부여되지 않았더라면, 그대는 나에게 대항하는 '권한'을 결코 보유하지 못하였을 것이다.[31]

'위로부터 부여된 권력'이라는 이 텍스트의 자구적 의미는 앞서 지적했듯이, '권력은 오직 신으로부터만 유래된다'라는 구절과 '내가 나 된 것은 신의 은총이다'라고 했던 바울의 지적과 깊은 관련이 있으며, 또한 이는 중세의 신정적 군주정의 본질을 대변하고 있다. 설령 신정적 정부가 교황청으로부터 가시적이고 구체적인 영향을 크게 받지 않고 성장하였다 하더라도, 교황청의 하향적 정부관과 신정적 군주관은 본질에 있어서 동일하였다. 양자는 그리스도중심적 구조 내에서의 권력, 지배, 및 직책에 대해 아래로부터 제기되는 권리 주장의 여지를 남겨두지 않는다는 점에서 공통의 시각을 가지고 있었다. 우리는 여기서 황제에게 베풀어진 '신의 은총'에 관한 겔라시우스 1세의 지적을 상기하게 되는데, 교황청의 여하한 간섭도 없었던 신정적 형태의 군주정에서도 우리는 동일한 관점이 공유되고 있음을 발견하게 되는 것이다.

실제로 초기 상향적 정부론으로부터 하향적 정부론에로의 이전을 드러내는 구체적인 근거는, 문헌이 보여주는 한, 이탈리아 북부의 롬바르드족에게서 발견된다. 6세기말 이래로 롬바르드족 군주들은 '신의 은총에 의한 군주'로 자칭하기 시작하였다. 그 밖에도 7세기 앵글로-색슨족 군주들은 군주권이 신으로부터 유래되었다는 이론에 친숙해졌으며, 왕권을 신의 선물로 간주하였다. 8

---

31) 요한복음 19장 11절.

세기 이래로 이 같은 명칭은 남서부 유럽의 모든 군주들에게 일반화되었다. 이 호칭의 의미는 매우 명확해 보인다. 당시까지 신민이나 신민의 대의기구에 의해 선출되었던 군주는 이 호칭을 통해 자신의 군주권이 신의 선의, 은혜 내지 은총에 입각한 것임을 명확하게 공포하였다. 여기서 중요한 점은 군주와 신민 간에 유지되었던 밀접한 관계가 단절되었다는 사실이다. 신민은 군주에게 권력을 부여하지 않았으므로, 법률적인 수단에 의해 군주권을 박탈할 수 없었으며, 권력은 오로지 군주에게만 위임되었다.

본원적 권력이 신에게 있다는 사실로부터 몇 가지 중요한 결과들이 초래되었다. 이는 군주가 자신의 통치권에 대해 여하한 권리도 없다는 인식을 분명하게 드러냈다. 누구도 다른 사람으로부터 은혜와 호의를 요구할 권리를 가질 수는 없었다. 이는 바울 사상의 공공 정부로의 이전 바로 그것이었다. 군주가 자신의 통치권에 대한 권리를 갖지 못하는 것과 마찬가지로, 신민 역시 군주에게 여하한 통치행위도 기본적 권리로서 요구할 수 없었다. 이 같은 신정적 형태의 정부는 군주의 총애에 따라 신민에게 직책과 권한이 부여됨으로써 그것의 고유한 성격이 입증되었다. 신민의 직책과 권리는 군주가 이를 부여하지 않는 한 신민이 스스로 보유할 수는 없었던 것이다. 기본 논리는 신으로부터 유래된 모든 권력이 군주를 매개로 하고, 군주는 그 일부를 신민에게 분배한다는 것이었다. 이러한 논리는 양도 이론의 그야말로 핵심이었다. 이에 따르면 신민은 군주의 양도 내지 총애를 통해서만 비로소 직책, 기능, 권리 등을 부여받았다. 따라서 오늘날 영국 여왕이 여러 가지 임명안에 대해 '너그럽게' 동의한다고 선언할 때, 이는 여왕이 사용하는 군주의 총애 관념을 명백히 드러내는 것으로서, 이는 사실상 7세기까지 거슬러 올라가는 매우 유서 깊은 전통을 반영하는 것이기도 하다.

양도의 원리는 군주정의 기본 개념을 담고 있는 가장 오래된 기록들에도 쓸모있는 운용 도구로 언급되고 있다. 이른바 《마르쿨프 포르물레》(*Marculf*

Formule)는 7세기 프랑크족 군주들이 활용했던 상서성의 편람으로서, 여기에는 관심을 끄는 여러 이념들 특히 양도에 관한 보완적 원리와 군주의 총애에 관한 견해들이 포함되어 있다. 이 편람은 통치 문제에서 그리스도교적 이론과 라틴어 성서가 게르만족에게 어떤 영향을 미쳤던가를 잘 보여주는 예다. 또한 이 편람은 프랑크 왕조의 상서성이 군주의 주권, 다시 말해서 군주의 우위를 어떻게 인식하였던가 하는 점도 뚜렷하게 보여주고 있다. 군주가 신의 은총의 수혜자였던 만큼, 중요한 것은 '군주의 의지'였다. 군주는 신의 모든 의도와 목적을 수행하는 신의 지상 대리자였던 것이다.

반면에 신민은 군주 총애의 단순한 수혜자에 불과하였으므로, 마땅히 군주의 의지에 복속해야 하였다. 그런데 군주는 신민에게 베푼 자신의 총애를 철회할 수 있었고, 그럴 경우 신민은 총애를 상실할 뿐만 아니라, 더 이상 여하한 총애도 기대할 수 없었다. 이 같은 논리를 이해하는 것은 중요하다. 앞으로 살펴보겠지만, 군주의 대관식 특히 도유식은 제식적 절차를 통해서 이를 강력하게 지원할 것이기 때문이었다. 이러한 전제에서 유서 깊던 저항권이 더 이상 제기될 수 없었음은 오히려 당연한 일이었다. 군주의 명령이 아무리 부당하고 비합법적이라고 생각되더라도, 신민에게는 그것에 대항할 저항권이 없었다. 왜냐하면 군주는 신의 대리자로 활동했기 때문이다. 여기서도 성 바울의 이론은 합법적 저항권에 대한 부정을 어렵지 않게 정당화시킬 것이었다.

신민은 자율적 본성적 권력의 소유와는 현저히 거리가 멀었다. 이론과 실제 모두에서 신민은 신에 의해 군주 정부에 위임되고 위탁되었다. 신민은 자신의 일을 스스로 처리할 능력을 결여하고 있었기 때문에, 이론상 왕국의 신민은 법률적으로 미성년자와 다를 바 없었다. 뿐만 아니라 수천여의 특허장과 수십여의 상서성 공식 문서집이 드러내고 있듯이, 군주의 관행과 이론은 모두 신민을 군주의 보호 아래 있는 존재로 간주하였다. 예를 들어 보호권(*Munt*)[32]은 군주의 신민에 대한 보호 관념이 명백하고 중요한 통치권의 일부였음을 뚜렷이 드러내

고 있다. 이는 아버지가 자녀에게 물질적인 도움을 제공하는 것과 동일한 종류의 보호였으며, 보호자가 피호자에게 제공하는 보호, 내지 앵글로–색슨족이 지배하던 시기에 영국에서 남편이 아내에게 제공했던 보호와 유사한 성격의 보호였다.[33] 보호자는 그에게 위탁된 피보호자의 이해관계가 보호조치를 필요로 할 때, 무엇이 최선인지를 잘 알고 있는 것으로 상정되었다. 무엇보다도 보호자는 피보호자의 이익을 위해 행동한다는 것이 그 기본이었다.

중세적 개념에 따르면, 보호자는 보호권을 통해 피보호자에 대한 사법권을 보유하였다. 이는 군주의 후견권 내지 앵글로–색슨족이 '문드 보라'라고 불렀던 관행과도 정확히 일치하였다. 군주의 보호권은 피보호자인 신민에 대한 사법권을 포함하였다. 그럼에도 불구하고 피보호자 내지 신민의 이해관계가 군주의 그것과 항상 일치하는 것은 아니었다. 물론 피보호자 내지 신민도 자신들의 염원, 열망, 요구 등을 표명할 수는 있었다. 그러나 보호자 내지 군주가 이들에 의해 구속되지는 않았다. 샤를마뉴 대제의 자문관은 5세기 교황 셀레스틴 1세[34]가 일찍이 남긴 지적, 즉 '신민의 말에 따라서는 안 되며, 오히려 이들을 가르쳐야 한다'는 언급을 거듭 강조하였다. 신정적 군주정의 이념적 정점은 신민에게 보호를 제공하는 권력이라는 인식이었다. 여기서는 피보호자와 마찬가지로 보호를 제공하는 기능이 군주의 일로 위탁되었다. 또 다시 주권 개념이 대두되었다. 이제 군주는 신민 밖에 그리고 신민 위에 있는 존재가 되었다. 한편 군주의 위상이 주변 신민에 비해 보다 높은 지평에 자리잡게 되자, 군주의 이 같은 위상은 왕위에 부가되었던 상징체계에 의해 더욱 명시적이고 구

---

32) 라틴어로는 문디움(*mundium*) 또는 문데부르디움(*mundeburdium*), 앵글로-색슨어로는 '문드 보라'(*mundbora*)라고 불렸다.

33) 로마서 12장 3절. 그리고 독일어의 포르문트(*Vor/-mund*)와도 비교해 볼 것.

34) Celestine I. 422~432. 로마 남부의 캄파냐 출신의 교황. 로마의 우월성을 주장하였으며, 콘스탄티노플의 대주교 네스토리우스를 정죄하고 폐위하였다. 또한 그는 펠라기우스파에 대항하기 위해 브리튼에 헤르마누스 옥세르를 선교사로 파송하기도 하였다.

체적으로 표출되었다.[35]

보호 개념은 일찍이 7세기와 8세기 초엽의 법률에서 롬바르드족과 서고트족 군주들이 자신의 군주정에 활력을 불어넣고자, 이 용어를 사용했던 이유를 설명해주고 있다. 보호를 실제적 효율적으로 제공한 수단은 법률이었다. 군주는 자신의 고유한 법률을 통해 위임된 왕국의 복지와 평화를 증진시켰으며, 질서정연한 발전의 토대도 마련하였다. 법률은 신민이나 인민에 의해 제정된 것이 아니라, 군주에 의해 이들에게 부여되었다. 따라서 8세기 이래로 법률은 압도적으로 군주법이 되었으며, 사실 이 군주법이 당시까지 지배적이었던 형태의 법률이었던 민속법(folk-law), 즉 인민들에 의해 만들어졌던 관습법을 축출하게 된 이유도 해명해주고 있다.

뿐만 아니라 상향적 정부론이 하향적 정부론에 자리를 양보하기 전까지 왕국에서는 인민이 보장했던 평화 즉 인민의 평화(Volksfriede)가 지배적이었다. 그러나 하향적 정부론에 자리를 양보한 후에는 인민의 평화도 군주가 보장한 평화 즉 군주의 평화(Königsfriede)에 의해 뒷전으로 밀려났다. 군주가 신으로부터 부여받은 최고의 의무는 평화의 유지였다. 군주는 보호를 제공하고 평화를 유지함에 있어서 주로 법률을 매개로 하였으며, 전적으로 자신의 통찰력, 지식, 및 판단에 따라 행동하였다. 왕국의 평화를 유지함에 있어서 오직 군주만이 신에게 책임을 졌다. 그리하여 군주정 개념은 실질적 중요성을 가지게 되었다. 8세기 군주는 과거의 군주들을 구속해 왔던 신민의 족쇄로부터 스스로를 효과적으로 해방시켰다. 군주는 이제 신민으로부터 명시적으로 분리되었으며, 사실상 이는 상황의 반전을 의미하였다.

성직자 특히 주교단이 7·8세기에는 군주정에 위탁된 신민집단에 포함되어

---

35) 이 우월성(주권)은 '전하'와 같은 용어로 흔히 표현되었다. '위대한' 내지 '고상한'이라는 의미를 지닌 '폐하'라는 개념 못지않게 번역하기 힘든 독일어 술어인 '오브리히카이트'(Obrigkeit) 및 '호하이스트게바이트'(Hoheistgebeit)도 이와 동일한 이념을 표현하고 있다.

있었다. 8세기 프랑크족 왕국은 군주에 의한 수장제 정부의 훌륭한 모델이 되었다. 군주는 종교회의를 소집하고, 이를 주재하였으며, 공의회의 칙령을 승인하였다. 또한 공의회가 성직자와 이에 버금가는 귀족 평신도로 구성되었다는 점도 여전히 의미깊다. 비록 프랑크족 통치자들이 비잔틴 제국의 군주-사제 조직을 알고 있었다는 증거를 찾아보기 어려운 것은 사실이지마는, 그럼에도 불구하고 서유럽이 사실상 동유럽에서 볼 수 있는 형태의 지배체제로 발전해 갔다는 사실은 매우 흥미롭다. 그러나 서유럽에서는 이 과정이 이론화 내지 과도한 추론을 통해서가 아니라 오직 실천적 관행에 의해서 추진되고 있었다.

3. 로마 사상과 프랑크 사상의 융합

8세기 중엽까지는 프랑크족과 교황청 간에 여하한 긴밀한 관계의 진전도 찾아보기 어렵다. 753~754년에 이루어진 교황 스테파누스 2세[36]의 프랑크 왕국 순방은 유럽의 역사뿐만 아니라 통치 이념의 발달에 있어서도 결정적인 영향력을 미쳤다. 이 순방이 이루어지기 직전에 프랑크족의 지도자 피핀[37]은 이미 교황청과 밀접한 관계를 맺었는데, 이는 예상하지 못한 결과를 초래하였다. 피핀은 군주 칠데릭 3세[38]를 제거하기 위해 일으킨 쿠데타의 지지를 확보하고자 교황 자카리우스[39]에게 실제로 권력을 가진 자를 군주라고 불러야 하는지, 아니면

---

36) Stephen II. 752~757. 교황령의 영토를 침공한 롬바르드족의 침략에서 구해줄 것을 프랑크족의 군주 피핀 3세에게 간청하였다. 그리하여 피핀은 두 차례에 걸쳐 롬바르드족을 격퇴하고, 이들이 탈취한 영토를 교황에게 기증하였다.

37) Pepin. 751~768. 프랑크 왕국의 군주. 메로빙 왕조의 궁재(宮宰)로 형제 칼로만과 함께 칠데릭 3세에 대한 반란을 기도하였다. 권력을 장악한 후 로마교황청의 지지를 얻었으며, 프랑크 왕조의 창시자가 되었다.

38) Childeric III. 743~751. 메로빙 왕조의 마지막 군주. 이미 오래 전에 군주로서 유명무실하였으며, 궁재 피핀에 의해 수도원에 감금된 후 폐위당하였다.

39) Zacharias. 741~752. 그리스 출신의 교황으로 비잔틴 제국, 롬바르드족 및 프랑크족과의 외교

명목상 군주로 불리지만 아무런 권한도 행사하지 못하는 자가 군주인지를 자문하였다. 이에 대해 교황은 피핀에게 우호적이었으며, 사도의 권위로서 피핀을 군주로 명하는 기대 이상의 조치까지 취해 주었다.

물론 이 같은 교황청 이념의 표명은 다음 세대의 교황들에게 매우 유리한 것일 수 있었다. 그러나 이 조치가 뒤이은 사건들의 전개에는 거의 아무런 영향도 미치지 못하였다. 스테파누스의 순방 목적은 교황과 그 직책에 대한 프랑크족의 순수한 외경을 이용해서 교황청을 제국의 국제에서 해방시키고, 제국 정부의 군주-사제적 지배로부터 벗어나려는 데 있었다. 교황이 피핀에게 도움을 요청한 구실은 로마에 대한 롬바르드족의 공공연한 위협이었다. 그리고 이를 달성할 수 있도록 한 수단이 위조문서였던 〈콘스탄티누스 대제의 기진장〉(Donation of Constantine)[40]이었다.

교황청이 제국 정부의 체제에서 해방되는 과정은 본고의 주제와는 무관하기 때문에 여기서 다루지는 않겠다. 다만 그 결과가 이른바 교황령 국가의 확립이었다는 점은 지적해 두는 것이 좋을 것 같다. 실제로 교황령 국가는 제국 영토의 일부를 떼내어 형성되었으며, 오직 교황에 의해서만 관리되었다. 이 교황령 국가는 1870년까지 존속하였고, 오늘날도 바티칸시로 축소되어 유지되고 있다. 피핀과 그의 아들 샤를마뉴는 교황령 국가의 안전보장을 약속하였는데, 이는 비잔틴 제국이 아닌, 근대적 용어로 말하자면, 공법에 의해 승인되었으며, 특히 교황 스테파누스 2세의 행위와 서한은 교황청 정부의 이념을 충실히 반영하고 있었다.

협상을 성공적으로 수행하였으며, 751년에는 피핀을 프랑크족 군주로 승인하였다. 또한 성보니파키우스를 비롯한 선교사들을 파견하여 갈리아와 독일의 그리스도교회에 기여하였으며, 비잔틴 제국의 황제 콘스탄틴 콜로니무스가 추진한 성상파괴운동을 격렬하게 비판하였다.

40) 황제 콘스탄티누스가 교황 실베스터 1세에게 교회의 최고 권위를 양여하였을 뿐만 아니라 이탈리아에 대한 통제력을 부여하였다는 위조문서. 이 기진장은 8세기 초에 교황청에 의해 작성된 문서로서 중세에는 이탈리아에 대한 교황청의 지배권의 근거로 인용되곤 하였다. 그러나 1440년에 이탈리아의 인문주의자 로렌조 발라에 의해 위조문서로 판명되었다.

〈콘스탄티누스 대제의 기진장〉은 관심을 가질 만한 충분한 가치가 있다. 비록 〈기진장〉이 일차적으로는 동로마 제국을 표적으로 삼고 있었다 하더라도, 여전히 〈기진장〉은 그것에 내재되어 있던 일반 원리에 의해 서유럽에서도 적용될 개연성을 가지고 있었다. 오늘날 많은 학자들 사이에 견해가 일치하고 있듯이, 이 문서의 위조가 로마 교황청에 의해서 늦게 잡아도 750년 초엽 즉 교황의 프랑크 왕국 순방 이전에 교황청 상서성에 의해 만들어졌다는 점은 확실하다. 이 위서가 유럽 전역과 특별히 교황청에 미친 영향에 대해서는 새삼스러운 설명이 필요치 않을 것 같다. 이 위서는 앞서 언급한 5세기 말 성 실베스터의 전설에 입각하여, 교황청의 통치 이념과 제국의 통치 이념 간에 최초로 심각한 마찰이 일어났던 바로 그 시기에 작성되었다.

동로마 제국 정부의 핵심적 주장에 따르면, 새로운 로마인 콘스탄티노플이 제국의 수도이며, 구로마를 포함한 다른 모든 도시들은 이 콘스탄티노플에 복속하였다. 앞으로 살펴보겠지만 이는 칼케돈 공의회의 칙령에 기초를 둔 것으로서, 말하자면 이는 콘스탄티노플이 어떻게 사실상 제국의 수도가 되었고, 그리하여 어떻게 로마를 격하시켰던가 하는 문제를 해명하였다. 콘스탄티누스 대제가 제국 정부를 로마에서 자신이 건립한 새로운 도시인 콘스탄티노플로 이전했음은 의심의 여지가 없다. 성 실베스터 전설의 저자가 은연중에 드러내고자 했던 바는 제국 정부의 수도를 로마에서 콘스탄티노플로 옮긴 것이 교황 실베스터의 동의와 묵인 아래 이루어졌다는 점이었다. 이 역사적 사실은 〈기진장〉에서 순전히 신학적인 관점에서 해석되었다.

성 실베스터의 전승이 독자들에게 강조하고자 했던 사실은 콘스탄티누스 대제가 로마 세계의 모든 성직자의 수장이 되는 특권을 양도하였다는 점이었다. 여기서 저자는 콘스탄티누스의 그리스도교로의 개종에 관해 매우 소상하게 언급하였다. 콘스탄티누스가 자신의 모든 악행에 대한 철저한 참회의 표시로서 스스로 어떻게 교황 앞에 종종 부복하였으며, 제관을 포함한 황제의 상징

물들을 벗어던졌던가를 장황할 정도로 서술하였다. 이에 의하면 황제는 회개하며 비통하게 울먹였고, 땅바닥에까지 내려온 황제의 의관은 눈물로 뒤범벅이 되었다. 이는 감상적이고 낭만적인 색조로 묘사된 사실적 초상화를 상기시킨다. 하지만 이 초상화가 개종 배후의 이념까지 숨길 수는 없다. 콘스탄티누스가 수도를 콘스탄티노플로 천도한 후에도 여전히 황제였다는 사실에 대해서는 누구도 의구심을 가지지 않았다. 그러나 콘스탄티누스가 황제의 상징, 특히 제관을 교황 앞에서 어떻게 벗었던가를 전승은 세밀하게 언급하였다. 그리하여 의문도 자연스럽게 제기될 수밖에 없었다. 즉 누가 황제에게 제국의 휘장을 다시 부여하였고, 누가 황제의 머리에 제관을 다시 씌워주었던가? 실베스터의 전승이 이에 답하지는 않았다. 이에 대한 답변은 〈콘스탄티누스 대제의 기진장〉의 작성자에 의해 제공되었다.

〈기진장〉에 따르면, '제국의 권력과 영광, 활력, 영예, 및 위엄을 로마 교회에 부여하기를' 원하였던 콘스탄티누스 황제는 제국의 모든 휘장, 상징물, 창, 홀, 보주, 제국의 깃발, 제위복, 제의 등을 교황에게 양도하였다. 그리하여 이들 모두가 교황의 소유가 되었을 뿐만 아니라, 더욱이 콘스탄티누스는 겸손의 표시로서 '마부'의 역할까지 수행하였다. 짧은 거리였지만 교황의 말을 손수 끌었던 것이다. 여기서 한 걸음 더 나아가 황제는 로마시 전체와 이탈리아의 모든 속주와 서유럽 지역 및 그가 거처하였던 황궁 등을 교황에게 기증하였다. 마지막으로 콘스탄티누스는 교황의 머리에 제관도 씌워주고자 하였다. 그러나 교황은 의미심장하게도 제관의 착용은 거절하였다. 그럼에도 불구하고 콘스탄티누스는 교황이 제국의 휘장을 사용할 수 있다고 선언하였으며, 법률상의 권리 가운데 집정관 및 귀족 임명권을 교황에게 양도하였다. 이 같은 맥락에서 교황은 당시까지는 생소한 칭호였던 '그리스도의 대리자'로 묘사되었던 것이다.

콘스탄티누스의 이 '양도'는 포괄적이고 총체적인 성격의 것으로서 더 이상 바랄 무엇이 없을 정도였다. 교황은 사실상 동유럽의 군주—사제의 모형으로서

교황 실베스터 1세의 말을 끌고 있는 콘스탄티누스 대제

교황−황제가 되었던 것이다. 비록 이 관념이 중세 말 유럽에서 결정적으로 중요하게 되었다고는 하지마는 당시에는 거의 중요하지 않았다. 기진장 작성자에게 오히려 중요했던 것은 콘스탄티노플이 어떤 방식으로, 그리고 어떤 연유에서 제국의 수도로 격상되었던가를 설명하는 일이었다. 〈기진장〉에 따르면 설령 교황이 제관 착용을 거부하였다 하더라도 제관은 교황의 소유물이었다. 누구도 콘스탄티누스가 콘스탄티노플로 천도한 이후 제관을 썼다는 사실에 결코 의문을 제기하지 않았던 만큼, 콘스탄티누스가 교황의 동의와 승인 하에 제관을 착용하였다는 사실을 해명하는 것이 위서 작가의 의도였다. 만약 교황이 원했다면 제관을 쓸 수 있었지만, 교황은 자신이 소유한 제관의 사용을 황제에게 위임하였다. 교황이 지배권의 최고 상징인 제관 착용을 거부함으로써, 제관이 수도로 격상된 콘스탄티노플로 옮겨졌다는 사실은 보다 함축적인 의미를 가지게 되었다. 이제 제국 정부와 통치권의 상징이 콘스탄티노플에 소재하게 되었기 때문이었다. 그리하여 등장한 이론에 의하면, 교황은 제관을 언제든 다시 로마로

옮길 수 있었으나, 그가 묵인함으로써 제관이 콘스탄티누스 대제와 그 후계자들의 머리에 씌워졌다는 것이었다. 제관의 처리는 교황의 재량권에 속한다는 것이었다. 〈기진장〉에 따르면 사태의 진상은 비잔틴 제국의 주장과는 정반대였다.

〈기진장〉에 나타난 정부론은 로마─그리스도교 세계의 통치권의 기능, 목적, 및 목표에 관한 것이었다. 이 점들을 논증하는 것이 위조문서 작가의 궁극적인 실제 의도였다. 그는 교황청 정부론을 논증하기 위해 역사적 사실들에 의존할 수밖에 없었다. 그러니까 여기서 인용된 역사적 사실들은 교황청의 그리스도교적 통치 이념을 위한 도구 그것이었다. 아마도 현대인의 심성을 8세기 중엽으로 되돌려 놓을 수는 없을 것이다. 첫째, 당시 교황청은 비잔틴 제국의 군주─사제 체제의 구체적인 운용을 실제로 경험하였는데, 이로 인해 교황이 주요 권리들을 의미있게 행사하기가 사실상 불가능하였다. 둘째, 당시 통치 이념들은 비유적 구체적 방식으로 매우 적절하게 표명되고 있었다. 우리는 비잔틴 제국의 황제들이 그리스도교 교리에 관해 특별한 영향력을 행사했음을 기억해 둘 필요가 있다. 그러나 교황청의 입장에서 보면, 이는 모든 핵심적 교리 가운데서도 가장 중요한 교리, 즉 전체 그리스도 교도에 대한 관리 업무야말로 교황청의 기능이라는 원리를 훼손하는 것이었다. 불과 몇 년 전 황제는 우상숭배에 관한 법률을 제정하고, 우상숭배를 금지하였으며, 이 같은 조치가 황제의 권리라고 천명하였다. 왜냐하면 황제는 군주인 동시에 사제이기 때문이었다. 그러나 교황청은 바로 이 점에 동의하지 않고, 모든 그리스도 교도에 대한 관리는 마땅히 교황청의 소관 업무라고 주장하게 되었던 것이다.

교황은 그리스도교 세계의 주권을 요구하였고, 이 주권을 상징하는 것은 제관이었다. 이 위조문서 저술가가 콘스탄티누스로 하여금 제관을 교황에게 양도하게 한 것도 이 때문이었다. 비록 동로마 제국의 황제들이 천여 년에 걸쳐 줄곧 통치권의 로마적 성격을 강조하기는 하였지만, 그러나 교황들은 로마 황제가 로마 교회의 가르침에 반드시 따라야 한다고 주장하였다. 황제가 이를 거

부하는 경우, 그는 로마 황제이기를 포기하고, 단지 그리스 황제 내지 그리스 군주로 강등될 것이었다. 비잔틴 제국의 황제도 곧 이 소식을 전해들었다. 즉 콘스탄티노플 황제가 제관을 머리에 쓰는 것은 교황의 은총이며, 이는 언제든 철회될 수 있고, 다른 모든 은총과 마찬가지로 이를 요구할 권리는 누구에게도 없다는 것이 교황청의 입장이었다. 이 모든 논쟁은 바울과 겔라시우스의 통치권 이론이 전형적인 8세기적 상징들로 표현되었음을 드러내고 있다.

교황 스테파누스 2세가 확신을 가지고 프랑크 왕국에 접근하였던 근거도 이 〈기진장〉에 있었다. 다행히 현존하고 있는 〈기진장〉의 초기 '사본'은 8세기 것으로서, 스테파누스 2세가 기념비적인 방문에 즈음하여 잠시 머물렀던 성 드니 수도원에 보관되어 있다가, 파리로 옮겨진 이후, 지금도 여전히 파리국립도서관에 소장되어 있다. 보다 중요한 점은 스테파누스의 여러 행위와 진술이 이 문서를 충실하게 반영하고 있다는 사실일 것이다. 영토 문제의 해결도 콘스탄티누스의 증여에 입각함으로써만 설득력 있게 해명될 수 있었다. 교황이 주장한 영토는 성 베드로의 사유재산이었다. 스테파누스 2세는 피핀에게 콘스탄티누스가 교황에게 양도한 영토를 신앙심 없는 롬바르드족이 탈취해 갔다고 지적하였다. 이에 피핀은 그리스도 교도 군주로서의 기능과 성 베드로에 대한 그의 확고한 존경심을 발휘하였다. 그는 그리스도 교도 군주로서 교회와 수도원 등의 종교단체와 또한 스스로를 제대로 보호할 수 없는 사람들을 보호할 의무를 가지고 있다고 설득되었던 것이다.

여기서 교황이 납득시킨 핵심적 내용은 성 베드로 교회가 프랑크 왕국의 교회는 물론 다른 모든 교회의 모교회가 된다는 교황청의 유서 깊은 이론이었다. 교황 스테파누스 2세는 이러한 상황을 피핀에게 생동감 있게 설명하고, 롬바르드족이 탈취해 간 성 베드로 소유의 영토를 회복하지 않고, 이 같은 약탈을 계속 용인할 경우, 성 베드로 교회와 피핀이 소유한 교회의 역사적 기초가 파괴될 것임을 지적하였다. 프랑크족의 영토로부터 로마 교회에 이르기까지 군주의

보호 의무가 확대되어야 한다는 것이 교황이 군주에게 요청했던 주된 내용이었던 것이다. 피핀에 의해 기꺼이 수용되었던 군주권의 그리스도교적 이념으로 인해, 교황의 요청은 카로링 왕조라는 비옥한 토양 위에 떨어져 자라게 되었다.

그러나 교황 스테파누스 2세는 이를 확고하게 실행하기 위해서 교황청의 다른 통치 이념도 활용하였다. 이는 〈콘스탄티누스 대제의 기진장〉에 명시적으로 포함되어 있던 요소로서 피핀을 로마 귀족으로 임명하는 일이었다. 이 같은 조치는 세속 통치자가 교황청의 보조자라는 후대의 교황청 이론의 역사적 선례가 될 것이었다. 교황청에 의해 피핀이 귀족으로 임명되는 사건이 가지는 의미는, 피핀의 군주권에 귀족으로서의 보호 의무가 부가되었다는 점이다. 당시까지 피핀의 군주권에는 보호(Munt)[41]라 불렸던 자율적 보호 기능이 포함되어 있었다. 그러나 이제 그는 보호의 주체인 귀족으로 변모하였다. 교황으로부터 어떤 지침을 받으면, 그는 마땅히 적극적으로 행동해야 하였다. 물론 보호의 성격은 자율적이었다. 귀족의 본질은 보호가 존재 이유인 군대 장교의 그것에 비교될 수도 있을 것이다. 교황은 피핀을 로마 귀족으로 임명함으로써 중요한 통치 이론을 제공하였던바, 그 보증서가 위조된 〈기진장〉이었다.

교황청의 입장에서 볼 때 귀족 임명은 군주의 성채에 대한 최초의 공략을 의미하였다. 피핀은 그 직책이 갖는 함의를 충분히 인식하지는 못했을 뿐만 아니라, 그것을 활용하지도 않았다. 요컨대 그는 교황청의 통치 이념 논쟁과는 거리를 유지하였다. 그러나 피핀의 아들 샤를마뉴는 왕위를 계승한 직후부터 바로 이를 활용하였다. 샤를마뉴의 왕위계승은 그동안 교황청이 일관되게 추진하였

---

41) 어린이나 정신이상자의 보호자와 경찰의 보호라는 다소 거친 비교를 해 볼 수 있다. 전자는 보호자의 봉사를 위한 측면에서 접근하는 것이 당연하다. 그러나 보호자는 보호의 최상의 이해관계가 무엇인지를 결정하고, 그러므로 만약 보호의 염원이 적절하지 않거나 자신의 최상의 이해관계와는 상반된다고 생각될 경우, 보호를 거부할 수도 있다. 이에 비해 경찰은 범죄와 그 밖의 예방활동을 위해 출동 요구를 받게 되면 조치를 취한다. 경찰은 사람들의 이해관계가 걸린 문제에 개입할 권리가 없으며, 도움을 청하면 이에 응한다. 이것이 경찰의 존재 이유이기 때문이다.

던 정책의 진일보를 의미하였다. 그럼에도 불구하고 피핀은 롬바르드족을 정복한 다음, 말하자면 피정복지 영토를 성 베드로 교회에 양도함으로써 귀족 보호자로서 행동하였다. 즉 그는 미래의 교황령 국가가 될 이 영토를 '정당한' 소유자에게 되돌려주었던 것이다.

754년 교황은 피핀과의 회동에 즈음하여 그를 도유하였다. 여기서 이 도유식의 선례와 그것의 역사를 자세히 검토하지는 않겠다. 그러나 도유는 당시에 이미 스페인의 서고트족, 프랑크족, 및 앵글로-색슨족의 관례가 되었으며, 그 개념은 구약성서에 기원을 두고 있었다. 도유식의 핵심적 의미는 이를 통해서 군주와 신 사이에 긴밀한 유대가 확립되었다는 점이다. 도유식은 신의 은총을 군주에게 부여하는 가시적인 행위였던 것이다. 눈여겨볼 대목은 당시의 로마에는 도유식이 알려져 있지 않았다는 사실이다. 여기에는 교황이 도유식을 집전함으로써, 신과 군주 사이의 중재자로 기능한다는 사실을 강조하는 매우 치밀하게 준비된 사전계획이 있었다. 신은 분명한 의도를 가지고 베드로의 후계자인 교황을 통해서 피핀을 도유했다고 주장되었다. 말하자면 신은 피핀을 로마교회의 특별 보호자로 삼았다는 것이었다. 성 보니파키우스가 이미 752년에 피핀을 도유하였다는 사실은 교황청 문서에 다시 언급되지 않았다. 마치 그런 일이 결코 일어난 적이 없었던 것처럼 말이다.

오히려 교황은 피핀과 주고받은 다수의 서신에서 피핀이 교회의 특별한 보호자이며, 이는 교황인 자신을 통해서 부여되는 위상임을 거듭 강조하였다. 교황청은 자신에게 유리한 목적론적 견해, 즉 그리스도교 군주는 마땅히 교황청에 봉사해야 한다는 논리를 충분히 활용하였다. 이제 피핀의 군주권에는 로마인의 관리자 내지 귀족으로서의 이데올로기적 의무가 부과되었으며, 이는 도유행위에 의해 더욱 신성한 의무로 채색되었다. 교황은 피핀과 주고받은 여러 서신들에서 자신의 기능을 매우 구체적으로 해명하였다. 교황은 도유식을 통해서 피핀이 성 베드로에게 받쳐졌던 정의를 실질적으로 구현하는 로마 교회의 강력

한 팔이 되었다고 선언하였다. 사실 이는 성 베드로 '자신'이 피핀에게 보낸 다급하고도 집요하게 집필된 서신의 주제였다. 교황청의 여러 서신들에 따르면, 피핀은 교황청의 도유 행위를 통해 군주로 옹립되었다. 논쟁의 여지가 없는 명백한 이 사실은 다시 한번 오랜 기간 유지될 정치적 구도의 한 초석으로 기능하게 되었다.

그런데 피핀이 교황의 요청에 의해 행동을 하기는 하였지마는, 그가 교황청 이론의 함의를 어디까지 수용하였는지는 알 수 없다. 그러나 교황청의 기록이 고유한 이데올로기의 보고인 문서보관소와 문서대장에 줄곧 유지되어 왔다는 사실은 분명 가치가 있다. 이와 더불어 교황청이 준비한 실천강령을 실행에 옮기는 과정에서 교황청 스스로가 강력한 주도권을 행사하였다는 점 역시 의미가 있다. 당대의 통치 문제에서 교황청의 지적 우월성과 경험은 남다른 의미를 가지게 되었다. 이 상황을 주도하기 위해 교황청이 활용했던 전문적 견해와 기법을 이해하기 위해서는, 교황청이 성장하고 발전한 토대였던 로마 제국의 강력하고 압도적인 법률적 전통을 언급하지 않을 수 없다.

교황청의 이데올로기적 주도권을 평가할 때 동·서 유럽 간의 본질적 차이가 결코 간과되어서는 안 된다. 서유럽 사람들은 성 베드로와 그의 후계자인 교황에게 진정한 존경심을 가졌는데, 이는 비잔틴 제국에서는 전혀 찾아볼 수 없는 현상이었다. 비잔틴 제국으로서는 로마를 제국의 탄생지로 간주하였으며, 그리하여 이에 상응하는 관심을 가지게 되었다. 로마는 성 베드로가 순교한 유명한 장소이자, 그의 계승자가 거주하는 도시였으며, 두 명의 사도에 의해 건립되었고, 신도집단 전체로 구성되는 그리스도 교회의 축소판이 소재하는 곳이었다. 이를테면 로마는 특별한 외경의 대상이었다. 새로운 로마였던 비잔틴에서 역사적 사실로 간주되었던 것이 구로마와 서유럽에서는 교회적 종교적 문제가 되었다. 로마의 영감을 받은 라틴어 성서 그리고 성서에 대한 철저한 법리주의적 해석 등이 이와 같은 요소들과 결부됨으로써, 서유럽의 통치 이념은 압도적

으로 종교적 교회론적 주제의 양상을 띠게 되었다. 이처럼 서유럽의 통치 이념이 지나치게 교회론적인 주제가 됨에 따라서, 그것이 로마 교회 즉 교황청에 의해 형성되고 또한 영향을 받는 것은 오히려 당연한 일이었다.

4. 유럽의 개념

이 같은 영향의 결과 교황청은 8세기 말엽의 고유한 통치이론을 보다 강력하게 실천에 옮겼다. 그 바탕에는 무엇보다도 8세기 중엽 교황청과 프랑크 왕국 간에 형성된 우호적 관계라는 조건이 있었고, 또한 이는 교황청이 비잔틴 제국과 돌이킬 수 없을 정도의 완전한 결별을 선언하는 최종적인 행위로 비춰졌다. 교황청의 관점에서 볼 때, 800년 성탄절에 피핀의 아들 샤를마뉴[42]에게 베푼 대관식은 그를 로마 귀족으로 간주하는 이념의 논리적 귀결이었다. 왜냐하면 앞서 살펴보았듯이, 피핀이 이미 로마의 관리 내지 귀족으로 임명된 터였다. 교황은 피핀의 왕권에 한 가지 직책을 더 추가하였다. 이를테면 교황은 샤를마뉴를 대관함으로써 로마 귀족이라는 직책을 신성한 로마 제국의 제권으로 전환시켰다. 제관을 자유로이 이용할 수 있는 보증서는 〈콘스탄티누스 대제의 기진장〉에서 유래되었다. 〈기진장〉은 황제가 자신의 소유였던 제관의 자유로운 활용을 교황에게 허용하였다.

그러니까 엄격히 말한다면, 비잔틴 황제의 제관도 그 소유권은 교황에게 있었다. 그런데 이 제관을 비잔틴에서 로마로 '다시 옮긴' 이가 교황 레오 3세[43]였

---

42) Charlemagne. 차알스 대제로도 불리는 프랑크 왕국의 군주(768-814)이자 신성 로마 제국의 황제(800-814). 색슨족과 롬바르드족을 정복하여 이들을 가톨릭으로 개종시키는 데 기여하였으며, 바바리아를 장악하였다. 또한 고전의 부활과 문예활동 즉 이른바 8세기 르네상스를 지원하였다. 그의 궁정 엑스 라 샤펠(독일어로는 아헨)은 당시 유럽의 지적 생활의 중심지였다.

43) Leo Ⅲ. 795-816. 로마의 추기경 출신의 교황. 그의 교황 선출에 반대한 정적들의 공격으로 샤를마뉴 궁정으로 피신하였다가 샤를마뉴의 도움으로 지위를 원상 회복하였다. 레오는 800년

다. 또한 레오 3세는 이와 더불어 전임 교황 스테파누스 2세가 시작했던 정책을 확실하게 마무리하였다. 대관식은 로마가 다시금 로마 제국의 중심지가 되는 최종적이고 장엄한 행위가 되었다. 왜냐하면 '세계의 통치자'라고 자처하는 로마 황제가 두 사람일 수는 없기 때문이었다. 이 같은 교황청의 움직임은 동로마 황제를, 앞서 밝혔던 이유들을 근거로, 자칭 로마인의 황제라는 위상으로부터 단지 그리스 군주 내지 그리스 황제의 위상으로 강등시키는 과정의 마무리이기도 했다. 교황청에 따르면 로마 교회에 충실한 로마인만이 로마인의 황제가 될 수 있었다. 말하자면 그리스도교 세계의 정부는 로마지향적이어야 하며, 로마로부터 영감을 받아야 한다고 주장했던바, 이는 무엇보다도 우월적 지위가 보장되어 있던 로마 교회 즉 교황청의 재가를 의미하고 있었다. 바로 이 점을 비잔틴 제국은 집요하게 부인하였던 것이다.

교황청으로 하여금 행동에 나서도록 만든 직접적 원인은 샤를마뉴 정부의 진정한 군주–사제 구도의 천명이었다. 비잔틴 제국과 비교해 볼 때, 샤를마뉴가 행사한 군주권은 추론과 신학에 기초한 것이 아니었다. 오히려 다음과 같은 단순한 명제에 근거한 것이었다. 즉 신의 은총의 수혜자인 샤를마뉴는, '신의 은총에 의한 군주'라는 칭호가 충분히 그리고 명백히 천명하고 있듯이, 신이 그에게 위탁한 왕국을 계도하고 지도할 책무를 가지고 있다는 것이었다.

유럽 통치 이념의 발달 과정에서 가장 흥미로운 사실은, 각각의 기원만큼이나 서로 달랐던 비잔틴 제국 정부와 프랑크 왕국 정부가 동일한 통치체제에 이르게 되었다는 점이다. 이는 교황청으로서는 추방하기를 염원하였던 정부를 그것도 둘씩이나 직면해야 한다는 불길한 조짐의 대두를 의미하였다. 799년 교황 레오 3세는 라티스본에 거처하던 샤를마뉴의 방문에 즈음하여, 아헨[44]에 '제2의

성탄절에 샤를마뉴를 황제로 대관하였다.
44) Aachen. 쾰른의 남서부에 위치한 도시. 샤를마뉴가 즐겨 거처하던 곳으로 샤를마뉴 제국의 문화와 학문의 중심지였다. 샤를마뉴와 루이 경건왕 치세 때 수도 역할을 하였으며, 오토 1세 때부터 16세기 초반까지 독일 군주가 대관을 받았던 곳이다. 프랑스어로는 엑스 라 샤펠(Aix-

로마'를 건설하려는 그의 계획을 알게 되었다. 군주의 거처였던 아헨에는 샤를마뉴의 '신성한 궁전'과 교황청의 숙식을 위한 라테란이라는 건축물도 있었다. 이 건축 계획이 콘스탄티노플 대주교가 황제의 황실 사제인 비잔틴 제국의 체제를 그대로 재현하는 것임을 확인하는 데는 많은 상상력을 필요로 하지 않았다. 가시적 형태와 구체적 조형으로 이념을 구체화하는 것보다 설득력 있고 동시에 위험한 정책은 없다. 비잔틴 제국의 공위 또한 교황이 주도권을 행사하는 데 부가적인 동기가 되었다. 여제 이레네[45]가 비잔틴의 제위를 차지하였던 것이다.

그러나 이 모든 것이 샤를마뉴가 전적으로 불의의 기습을 당했음을 의미하지는 않는다. 샤를마뉴는 로마의 몇몇 정적들에 대항하기 위한 교황의 도움 요청에 부응하기 위해서 800년 12월 로마에 머무르고 있었다. 여기서 샤를마뉴가 황제로 대관하는 세밀한 절차에 관해서는 논란이 없지 않다. 그러나 그가 황제가 되는 데 동의하였다는 사실은 의심의 여지가 없다. 샤를마뉴와 교황은 황제권의 성격에 관한 한 견해차가 있었다. 사실상 황제로 즉위한다는 것은 단지 명목상의 문제일 수도 있었다. 이를테면 앵글로–색슨 군주 및 다른 군주들 역시 자신들을 황제로 부르기를 좋아하였다. 황제라 하더라도 단지 명령을 내리는 자라는 점에서는 실질적으로 군주와 다를 바 없었다. 그러니까 우리는 황제를 '효율적인 군주'라고 말할 수도 있을 것이다.

레오 3세에 의해 연출된 성탄절의 제관[46] 수여는 단순한 황제의 옹립이 아니라, '로마인의 황제'의 옹립이었다. 이는 고대 로마 황제들이 그러했던 것과 꼭 마찬가지로 샤를마뉴가 바로 세계 최고의 통치자임을 드러내는 전문 용어였

---

la-Chapelle)로 불린다.

45) Irene. 797~802. 레오 4세의 왕비로 780~797년까지 아들 콘스탄티누스 6세를 대신하여 섭정을 실시하였다. 권력을 자의적으로 행사하다가 802년 폐위되어 레스보스로 유배되었다. 787년 니케아 공의회를 소집하였으며, 성상파괴운동을 비판하고 성상숭배를 회복시켰다.

46) 레오가 샤를마뉴의 머리에 씌워준 왕관은 어떤 종류의 왕관이었을까? 그는 이것을 어디에서 구하였을까? 로마 주변에는 왕관이 없었다. 아직까지 이 문제는 미제로 남아 있다.

다. 그러나 이것이 레오와 샤를마뉴 사이에 사전에 논의되지는 않았던 것 같다. 군중들이 큰 소리로 환호했기 때문에, 결과적으로 레오의 대관식은 이 프랑크 왕국의 샤를마뉴를 '로마인의 황제'로 옹립하는 정치적 행위가 되었다. 기록이 보여주고 있듯이, 제관을 쓴 황제에게 부여된 명칭이 '로마인의 황제'였던 것이다. 그러나 정작 샤를마뉴는 이 같은 성격의 제권에 반대하였다. 왜냐하면 그는 보편적 통치권을 의미하는 로마 황제직을 의도하지도 않았거니와 이를 받아들이는 데 동의하지도 않았기 때문이었다.

샤를마뉴의 진정한 의도는 비잔틴 황제가 동유럽의 통치자이듯이, 자신이 서유럽의 통치자가 되는 것이었다. 그는 동로마 제국과의 동등한 위상 내지 일종의 공존을 원하였다. 만약 샤를마뉴가 레오의 의도를 수용하였다면, 동유럽의 황제는 더 이상 '로마인의 황제'일 수 없었으며, 또한 그는 결코 의도하지 않았던 보편적 통치자의 역할을 혼자서 수행해야 하였을 것이다. 물론 교황이 부여한 이 역할을 샤를마뉴는 거부하였다. 따라서 교황의 계획은 표면상 수포로 돌아갔다. 그러나 이후의 역사가 입증하고 있듯이, 이는 교황청 정부론의 진전에서 있었던 일시적인 정체에 불과하였다.

샤를마뉴를 고취시킨 통치 이념은 '유럽의 통치자'라는 것이었다. '유럽 개념'이 실질적이 된 계기도 여기에 있었다. 샤를마뉴가 실로 실체화하고자 했던 유럽은 라틴-그리스도교 공화국이었다. 이는 신에 의해 임명된 군주인 샤를마뉴가 피레네 산맥으로부터 엘베 강에 이르는 '유럽 왕국'을 실질적으로 지배하는 것을 의미하였다. 이 구도에서 교황의 임무는 군주의 성공을 기원하는 일이었다. 샤를마뉴는 대관식과 관련된 복잡한 함의와 난해하기 이를 데 없는 로마의 제권 이념을 이해하지 못했다. 그는 단지 자신을 프랑크 왕국의 군주라고만 생각하였다. 그는 자신의 왕국을 자율적으로 통치하는 현실주의자로서, 로마적 유산으로 채색된 그리스도교적 요소가 자신의 왕국에서 얼마나 중요한 역할을 담당하는가 하는 점을 충분히 깨닫고 있었다. 그의 구도에 의하면 유럽과

교회는 동일하였다. 양자는 함께 라틴-그리스도교 사회라는 유기적 공동체를 형성하였다. 샤를마뉴의 핵심 자문관이었던 알퀸[47]도 이를 가리켜 성 아우구스틴의 《신의 도시》의 실제적 표현이라고 지적하였다. 이와 더불어 샤를마뉴는 이 땅에서의 신의 대리자, 즉 그의 결정이 곧 신의 결정이 되는 '그리스도의 대리자'로 언급되었다.

이 같은 요소들은 신정적 하향적 시각과 정확히 일치하였다. 샤를마뉴의 유럽 정부는 많은 점에서 신정적 군주정의 당대적 증거였다. 그는 모든 종류의 예배 의식, 종교, 성사, 및 수도원 문제 등에 관해 법률을 제정하였으며, 주교와 성직자를 임명하였다. 뿐만 아니라 그는 자문기구에 불과했던 교회 공의회도 소집하였다. 종교회의의 칙령은 군주의 동의를 통해서만 법률이 될 수 있기 때문이었다. 사실상 샤를마뉴가 로마로부터 그리스도교 신앙을 수용하였다는 점 한 가지만 제외한다면, 그의 정부와 비잔틴 제국 정부 간에는 차이가 거의 없었다. 단지 샤를마뉴는 신앙에 대한 해석을 교황의 고유한 기능으로 간주하였다. 그러나 로마 교황이 설명한 신앙 가운데 무엇을 법률로 정할 것인가를 판단하는 일, 즉 통치 행위는 군주의 과제였다.

샤를마뉴와 비잔틴 정부 간의 이 중대한 차이점은 이후의 군주와 황제들의 주된 관심사가 되었다. 이는 일견 복잡하지만 사소한 것으로서, 샤를마뉴 치세기에는 그 함의가 사실상 인식도 되지 못했다. 왜냐하면 로마 교회의 가르침의 우위에 대한 인정이 교황청의 사법적 우위 즉 법률적 수단에 의한 통치 행위를 요구하는 권한의 조건이 되었기 때문이다. 이는 비잔틴 제국이 로마 교회의 가르침에 대해 어떤 우위도 인정하지 않음으로써 피했던 난제였다. 뿐만 아니라 그것은 중세 이후의 군주들이 로마 교회와의 유대를 완전히 단절함으로써 회피

---

47) Alcuin, 735~804. 요크 주교좌 성당의 사서로 활약하다 샤를마뉴의 자문관이 되었으며, 이른바 8세기 르네상스의 주역의 한 사람이 되었다. 불게이트판 성서를 개역하였으며, 그의 서한집은 라틴 문장의 한 모델이 되었다.

하였던 주제이기도 했다.

프랑크족 군주가 로마인의 황제로 옹립된 것은 광범위한 영역에서 매우 심대한 반향을 불러일으켰다. 그러나 이는 당대보다는 후대에 더욱 의미심장한 사건이 되었다. 비잔틴인들은 로마인이 아닌 자는 결코 황제가 될 수 없다고 생각하였다. 샤를마뉴는 자신이 단지 라틴-그리스도교 공화국을 통치하는 황제에 불과하다는 점을 설득하려고 노력하였으나, 비잔틴인들은 이를 결코 납득하지 못했다. 보다 중요한 점은 라틴-그리스도교 공동체로서의 '서유럽 제국'을 강조함으로써 동·서 유럽 간의 간격이 더욱 커져갔다는 데 있다. 이제 유럽이라는 개념의 함의는 '그리스인들' 즉 동로마 제국이 유럽에 속하지 않는다는 것이었으며, 비잔틴 제국도 이를 분명하게 인식하였다. 문화사적 관점에서 볼 때, 8세기에서 9세기로의 전환기는 매우 중요하다. 유럽은 로마-라틴적 문화의 구현체로 서술되었는데, 이는 거의 전적으로 종교적 맥락에서 이해되었기 때문이었다.

바야흐로 비잔틴 제국은 점점 더 유럽에 낯선 존재가 되어 가고 있었다. 5세기에 동·서 유럽 사이의 최초의 분열을 초래했던 순수한 종교적 논쟁은 이제 유럽이라는 영토적 실체와 그 외부 세계로 점점 더 고착되고 심화되었다. 유럽 대륙은 라틴적 요소를 가진 지역과 그리스적 요소를 가진 지역으로 양분되었으며, 그 중 전자만이 문화적 실체로서의 유럽이 되었다. 통치 원리에 있어서도 이때부터 서유럽은 로마의 절대적 영향 하에서 성장했던 반면에, 동유럽은 계속 그리스적으로 유지되었고, 그리하여 유럽의 시야에서도 벗어나게 되었다. 우리는 샤를마뉴 치세 이후 전개된 수십여 년의 과정에서 로마의 영향을 구체적인 형태로 확인할 수 있다. 샤를마뉴의 후계자들은 정확히 샤를마뉴가 거부하였던 그 길로 나아갔다. 이들은 샤를마뉴가 받아들이지 않았던 통치자의 위상 즉 '로마인의 유일하고 합법적인 황제'이자 '서유럽의 황제'라는 교황청의 견해를 수용하였다. 그리하여 동·서 로마 황제 중 누가 진정한 로마인의 황제인가라

는 결정적인 문제도 제기될 수밖에 없었다. 이 문제가 1204년 '십자군'의 콘스탄티노플 정복[48]을 통해서 마침내 해결되었던 것이다.

　메로빙 왕조와 프랑크 왕국의 군주들은 비록 의도적이지는 않았지만, 로마에 의해 고취된 통치 이념으로 하여금 후대에 큰 반향을 불러일으키며 승리해 나가도록 강력하게 지원하였다. 이들은 또한 교회의 성직자들이 이 과정에서 주도적 역할을 하도록 만드는 데도 일조하였다. 이는 구약성서에 모델을 둔 군주 도유식의 관행에 그 근거가 있었다. 프랑크 왕국의 자문관들은 군주 도유식의 관행에 대해 정통한 지식을 가지고 있었다. 구약 시기에는 신의 의지를 깨달은 선지자가 군주에게 성유를 부음으로써 유태 민족의 군주로 임명되었다고 이들은 생각하였다. 더욱이 이들은 신의 은총이 성유의 수혜자에게 구체적으로 부여된다고 생각하였다. 이들은 군주를 구약성서에서 유래된 '신이 기름부은 자'로 언급하였으며, 샤를마뉴를 새로운 '다윗'이라 부른 것도, 그가 구약성서적 관행에 입각한 군주임을 드러내기 위함이었다.

　그러니까 군주가 주장했던 '신의 은총에 의한 군주' 개념은 기름부음을 베푸는 도유의 예배 의식에 의해 강력히 지지되고 있었다. 이 같은 군주의 외형적 성별화는 내면적으로도 도유에 따른 심원한 변화를 군주에게 일으킨다고 믿어졌다. 군주는 신의 은총을 온 몸으로 받음으로써 그의 모든 존재가 변화되며, 이로 인해 군주와 신 사이에는 강력한 유대가 맺어진다는 것이었다. 이에 '군주의 가슴이 신의 손 안에 있다'라는 경구도, 군주의 인신조차 공적 통치 행위의 영역으로 이전되어 군주에 대한 매우 각별한 보호를 함의하는 것으로 해석되었다. 시편 105편 15절의 '내가 기름부은 자를 건드리지 말찌니라'라는 말씀처럼, 신민의 군주에 대한 접근 불가조차 성서적 승인을 받게 되었다. 또한 신민이 군

---

48) 당시 비잔틴 제국에서는 제위를 둘러싼 갈등이 야기되었으며, 폐위된 황제의 아들은 슈바벤 공에게 부왕의 복위를 요청하였다. 이 같은 정치적 상황에다 이탈리아 도시들의 경제적 이해 관계가 결부된 제4차 십자군은 성지 예루살렘 대신 콘스탄티노플을 정복하고 약탈하는 만행을 저질렀다.

주에게 손을 대는 것도 불경죄에 해당하는 범죄로 간주되었다. 도유식은 신정적 왕권의 본질을 부각시키는 완벽한 수단이었던 것이다. 왕권과 도유식은 신이 군주에게 자신의 공동체를 위탁하였다는 사실과 더불어, 군주가 얼마나 이 공동체로부터 초월해 있는가를 보여주는 가시적 수단이 되었다.

외부적 요인들 때문에 곤경에 처했던 비잔틴 제국은 800년 성탄절에 일어난 사건을 다시는 원상회복시킬 수 없었다. 설령 이탈리아 정복이 12세기 후반까지 비잔틴 제국의 주요 정책으로 유지되고 있었고, 9세기 초엽 서유럽 교황청의 입장에서는 마치 비잔틴의 군주–사제가 또 다른 프랑크의 군주–사제로 바뀌는 것처럼 보이기는 했지만 말이다. 샤를마뉴의 효율적 저항은 교황청의 전진을 일시적으로 저지하였다. 그러나 강력한 주도권을 장악한 교황청은 고유한 통치 이념을 확고하게 구체화하였다. 후대의 발전을 확실하게 준비하는 작업, 바로 그것이 정확히 9세기 교황청이 이룩했던 산물이었다. 5세기가 교황청의 성장 과정에서 점하는 바와 같은 의미를 9세기는 유럽의 형성과 성장 과정에서 점하게 되었던 것이다.

성직자를 적절히 교육시킬 필요가 있다고 인식한 것은 샤를마뉴 정부의 훌륭한 업적이었다. 그는 이른바 카로링 왕조 르네상스[49]를 강력하게 지원하였으며, 그의 정부가 취했던 교육적 조치들은 서유럽 그리스도교 공동체의 성장에 매우 유익한 결과들을 낳았다. 그러나 교육의 혜택은 성직자, 특히 주교단이 독점하였고, 이에 상응하는 평신도 교육이 시도되지는 않았으며, 심지어 이는 구상조차도 되지 않았다. 강화된 교육의 주된 수혜자가 성직자였다는 사실은 서유럽 정치문화의 성장에 중대한 결과를 초래하였다. 왜냐하면 교육받은 성직자들이 지적 운동의 기수가 되었으며, 이 지적 운동이 9세기에 제도적인 구성과 이

---

49) 샤를마뉴가 지원하고 아헨을 중심으로 일어난 고전과 교부의 저서의 부활을 가리킨다. 샤를마뉴는 알퀸을 비롯하여 테오둘프 오를레앙, 피터 피사 및 부제 바울 등 당대의 저명한 학자들을 궁정으로 불러모았으며, 학문활동을 장려하였다. 이로 인해 풀다, 레이쉬노, 성갈 등의 수도원 학교가 크게 번성하였으며, 이른바 카로링 서체가 태동하게 되었다.

념적인 색채를 제공하였기 때문이다.

부분적으로는 고등교육을 통해 각성된 비판 정신을 통해서, 그리고 부분적으로는 라틴 및 교부 저작들을 재생시켰던 9세기 르네상스가 이룩한 성과들을 통해서, 여전히 미개지로 남아 있던 서유럽 토양에 로마–라틴적 요소가 더욱 강조되고 또한 이식되었다. 샤를마뉴의 교육에 대한 적극적 관심의 혜택을 직접 받은 다음 세대의 지식인들은 그리스도교 사회의 공공 정부에 관한 명제, 주제, 이론 등을 규명하였던바, 이들이 당대의 정부체제와 현저한 대비를 이룬 것은 오히려 당연한 일이었다. 두 가지 화두를 지적해 두기로 하자. 먼저 군주 대관식과 관련된 예배 의식의 정비, 그리고 9세기 중엽에 만들어진 대규모의 위조문서 등이, 이 시기 르네상스 운동의 영향을 직접 받았던 세대의 산물들이었다. 이들은 먼저 샤를마뉴에 의해서 주로 야기되었던 '신의 은총에 의한 군주'를 다루었다. 그리고 그 이후 교황청과 프랑크 왕국의 주교들의 노력이 결합하여, 중세 정부사상에 두드러진 그리스도교적 성격이 출현하게 되었다. 이제 9세기의 발전을 개관할 차례다.

제3장 카로링 왕조 이후의 발전

1. 정치사상의 성직화

9세기 교황청은 과거 어느 시기보다도 강력한 정치적 주도권을 행사하였던 것 같다. 프랑크 왕국의 군주 샤를마뉴는 로마적 교황청주의적 이념체계에 대해 무지를 드러냈던 만큼, 그를 황제로 대관하였던 교황 레오 3세(795~816)의 의도가 어디에 있었는지는 여전히 미제로 남아 있다. 그 밖에도 대관식 자체가 전통적인 제식적, 예배 의식적 특성을 보이지는 않는다. 설령 대관식이 성 베드로 성당에서 거행되었다 하더라도, 여기에는 군주─황제에 대한 도유가 없었으며, 기도문 낭송도 없었고, 특히 제식적 지평의 행위로 결부될 만한 다른 어떠한 요소도 없었다. 대관식은 단지 교회 경내에서 거행된 막후에서 조정된 연극에 불과하였다. 레오 3세의 직접적 후계자는 이 의식의 결함을 누구보다도 잘 알고 있었다. 이에 교황 스테파누스 4세[50]는 '로마인의 황제'를 옹립하려는 교황청의 의도를 납득시키기 위해 프랑크 왕국을 재차 순방하였다. 당시 프랑크 왕국에서는 샤를마뉴의 아들 루이 1세가 왕위를 계승하였으며, 샤를마뉴는 비잔틴 제

---

50) Spephen Ⅳ. 816~817. 로마의 귀족가문 출신 교황으로, 817년 루이 경건왕을 대관하였다. 신앙과 도덕의 문제에서 교권의 우위를 천명하였다.

국의 관행을 모방하여 그를 이미 공동황제로 삼은 상태였다.

816년 랭스에서 이루어진 스테파누스 4세와 루이 1세[51]의 회동은 다음 두 가지 이유에서 기념비적 만남이었다. 첫째, 당시 교황은 콘스탄티누스 황제가 썼던 제관을 만들었으며, 그것을 실제로 루이에게 씌워주었던 것으로 여겨진다. 교황이 콘스탄티누스의 제관을 제작하였다는 사실보다 더 시사적이고 설득력 있는 에피소드는 없다. 800년에 이 제관이 없었다는 것은 명백한 약점으로 여겨졌으며, 그것이 이제 보완되었던 것이다. 둘째, 교황 스테파누스가 대관식에서 루이 1세를 도유함으로써 이제 도유식과 대관식은 하나의 예배 의식으로 통합되었다. 그리하여 이 두 의식은 앞으로 대관식의 핵심적 요소가 되었다. 도유식이 프랑크족 내지 앵글로-색슨족 및 서고트족에 그 기원이 있었다면, 대관식은 비잔틴 제국에서 유래되었다.

816년에 거행된 대관식은 이해하기 쉬운 상징적 형태들로 공공 정부에 관한 기본 개념을 표현하였다. 도유의 상징성은 그리스도의 은총이 군주에게 충만히 부여됨으로써, 이제 군주가 '그리스도의 모상' 내지 '그리스도의 표상'이 되었음을 의미하는 데 있었다. 사실상 주교 도유식과 군주 도유식 사이에 본질적인 차이는 없었다. 단지 군주와 황제의 도유식에서는 '지워질 수 없는 거룩한 성품'이 부여되지 않았고, 안수가 없었으며, 군주와 황제는 '영혼을 치유할' 권한까지 부여받지는 않았다. 두 경우 모두 제식적으로 보아, 도유의 정확한 위치는 통치권을 상징하는 머리의 정수리였다. 그러나 후대에 이르러 황제 도유는 정수리가 아닌 양 어깨 사이의 등에 행해지게 되었다.

816년 교황은 미완의 상태였던 800년의 의식을 완결하기 위해 다시 프랑스를 순방하였다. 그러나 그로부터 7년 후 교황은 더 이상 방문할 필요가 없게 되

---

51) Louis I. 경건왕 루이로 불리는 신성 로마 제국의 황제(814-840). 781년 아퀴텐느의 군주, 813년 공동황제가 되었고, 817년 장남 로타르를 왕위계승자로 지명하였다. 독일의 교회 재건을 지원하고, 특히 성 베네딕트 아니엔느(St. Benedict of Aniane)의 수도원 개혁을 지원하였으며, 학문 활동도 적극 후원하였다.

였다. 루이의 아들 로타르 1세[52]가 이탈리아에 체류하는 동안, 부활절에 '로마인의 황제'로 대관받기 위해 로마를 방문하도록 초청받았기 때문이었다. 또한 로타르 1세도 그의 부왕에 의해 공동 황제가 되었다. 주도권은 다시금 교황청의 수중에 놓였다. 대관식은 성 베드로 성당의 주 제단에서 거행되었으며, 그 후 성 베드로 성당은 황제의 대관식이 거행되기에 가장 적절한 장소로 간주되었다. 이 대관식에서는 보다 세밀한 의미가 첨가되었다. 황제는 대관식이 이루어지는 동안 교황으로부터 칼을 수여받았다. 물론 칼을 수여하는 선례는 8세기에도 있었다. 757년 스테파누스를 계승한 교황 바울 1세[53]는 758년 피핀에게 칼을 하사하였다. 칼은 항상 물리적 힘의 상징으로 이해되었는데, 교황의 칼 수여는 황제가 '교황으로부터 힘'을 부여받았을 뿐만 아니라, 교황을 보호할 책무 역시 황제에게 있음을 상징하게 되었다.

그러므로 이 상징물이 심오한 이데올로기적 함의를 지니게 된 것은 결코 놀라운 일이 아니었다. 후대에 이르러 황제는 교황으로부터 실제로 권력을 부여받은 것으로 간주되었다. 그리하여 '군주가 칼을 휴대하는 데는 이유가 없지 않다'는 사도 바울의 지적에 실질적인 함의가 실리게 되었으며, 이 맥락에서 '군주가 칼을 휴대하는 이유는 악을 행하는 사람을 응징하기 위한 것'이라는 의미도 첨부되었다. 결과적으로 사악한 것과 박멸되어야 할 것이 무엇인가 하는 점은 이제 그리스도교 사회에서 이를 공포할 자격을 갖춘 사람의 몫으로 남게 되었다. 이로 인해 황제의 보조적 기능도 명백히 표명되었던 것이다.

하지만 823년에 그것이 실제로 적용될 가능성은 거의 없었다. 그럼에도 불

---

52) Lothair I. 루이 경건왕의 아들이자 신성 로마 제국의 황제(840~855). 841년 신성 로마 제국 전역을 장악하려던 그의 기도는 형제 차알스와 루이에 의해 좌절되었다. 그 후 이 세 형제 간에 신성 로마 제국을 분할하는 베르덩 조약이 843년에 체결되었다. 그리하여 로타르는 라인 강과 로마를 포함하는 제국의 중부지역을, 루이는 동부지역인 오늘날의 독일 그리고 차알스는 서부지역인 오늘날의 프랑스를 각각 차지하게 되었다.

53) Paul I. 757~767. 교황 스테파누스 2세의 형제. 롬바르드족의 침략을 받았으나 피핀 3세의 도움을 받아 교황령을 보존하였으며, 성상파괴운동을 둘러싼 비잔틴 제국과의 종교적 논쟁은 그의 재임기간 내내 지속되었다.

구하고 교황청의 통치 이념은 때때로 그것의 현장적 적용 가능성보다 훨씬 앞서 나갔다. 교황의 황제에 대한 칼 수여식은 확실히 죄악의 박멸에서 황제가 교황의 보조자라는 관념을 낳았다. 그 이후 특히 11세기 이래로 이 칼은 성 베드로 성당의 성전에 보관되었는데, 그 위치는 교황의 제의가 놓인 바로 그 자리였다. 교황의 제의와 마찬가지로 이 칼이 성 베드로에게서 유래되었다는 인식이 명확해지게 되었던 것이다. 당대의 주교 아고바르 리용[54]이 언급하였듯이, 이 칼은 9세기에 야만족들을 복속시켜 그들로 하여금 그리스도교를 수용하도록 만듦으로써, 그리스도교 신도집단으로 구성된 왕국의 국경을 확장하기 위해서 등과 같은 구체적인 물리적 함의도 가지게 되었다.

823년에는 교황 파스칼 1세[55]가 군주 루이 1세를 초빙하였다. 그러나 이에 비해 850년에는 군주의 부친이 교황에게 아들 루이 2세를 '로마인의 황제'로 대관해 줄 것을 요청하였다. 군주 루이가 부왕에 의해 공동 황제가 되지 못했기 때문에, 대관식과 도유식은 루이 2세를 황제로 옹립하는 유일한 헌정적 행위였다. 또한 황제 루이는 도유식이 거행되기 이전에 극히 짧은 거리이기는 하지만 교황의 말을 손수 끌었는데, 이는 〈콘스탄티누스 대제의 기진장〉과도 전적으로 일치하는 의식이었다. 이 세 번의 대관식이 각각 나름의 의미 있는 세부사항들을 첨부한 것은 사실이다. 그러나 샤를마뉴가 대관을 받은 지 75년 후의 대관식은 교황청이 더욱 확고한 주도권을 행사하게 되었음을 명백하게 보여주고 있다. 교황 요한 8세가 대머리왕 샤를르[56]를 방문하였기 때문에, 초청장이 발송

---

54) Agobard of Lyon. 769~840. 스페인 출신의 리용의 대주교. 황제 루이에 대항한 로타르를 지지하다가 폐위되고 추방당하였으나 838년에 복권되었다. 그리스도가 신의 양자로 택함을 받았다는 양자설 주창자를 격렬하게 비판하였다.

55) Paschal I. 817~824. 교황청 출신으로 스테파누스 4세를 뒤이어 교황이 되었다. 루이 경건왕으로부터 교황 주권과 교황 선거의 자율성을 인정받았으며, 823년 루이의 아들 로타르 1세를 공동황제로 대관하기도 하였다.

56) Charles, the Bald. 서프랑크 왕국의 군주(843~877). 그의 치세 동안 왕국의 북부와 서부 국경지역이 바이킹족에 의해 약탈되었고, 그의 형제인 독일의 루이에게 침략을 당하기도 하였다. 870년 메르센 조약에 의해 로타링기아를 루이와 분할하였으며, 875년 교황 요한 8세로부터 제관

될 필요가 없었으며, 아무런 요구 사항도 제출되지 않았다. 교황이 분명하게 밝혔듯이, 샤를르는 교황에 의해 황제로 부름을 받아 선출되었고 또 재가를 받았다. 샤를르는 '교황의 특권을 통해서 로마인의 황제가 되었다.' 요한 8세에 따르면 그의 선택은 신성한 영감에 의한 것이었다.

교황 요한 8세[57]는 황제에 대해 '우리들이 바라던 인물로서, 우리들에 의해 임명되었으며, 신의 부름을 받았다'라고 주장하였다. 여기서 우리는 교황청의 추상적 통치 이념이 뚜렷하게 실체화된 것을 확인할 수 있다. 이는 교황청의 통치 이념이 샤를마뉴의 후계자들에 의해 수용되었다는 사실만큼이나 중대한 진전이었다. 역사상 9세기 교황청의 일관되고도 의도적이며 역동적인 정치적 주도권 프로그램에 비견할 만한 것은 찾아보기 어렵다. 이 과정은 어떤 통치조직이든 자신의 구상을 가차없이 추진하고, 그것이 시대 정서에 부합하기만 한다면, 그것의 일관된 청사진 내지 프로그램을 가진다는 것이 얼마나 유리한지를 잘 입증하고 있다. 신성한 질서, 신법과 전통, 그리고 강력한 실천적 행보 등을 정당화시키는 교황청의 뛰어난 정치적 기법들을 상기한다면, 교황청이 점했던 우위는 오히려 자연스러운 결과에 속할 것이다.

샤를마뉴가 원칙의 문제로서 완강하게 거부하였던 '로마의 제권'은 9세기에 접어들어서는 점차 그의 후계자들의 정책이 되었다. 샤를마뉴의 후계자들은 교황청의 매우 정교한 지적 추론과 시각을 수용하였다. 이에 따르면 진정한 '로마의 제권'은 오직 교황을 통해서만 보유될 수 있을 뿐, 동로마 황제는 단지 그리스 지배자로 강등되었다. 통치권과 지배의 보편성은 교황으로부터 대관받은 '로마인의 황제'에게만 부여된다는 것이었다. 샤를마뉴의 후계자들이 전반적으

을 수여받았다. 그는 교회를 적극 후원하였으며, 학문을 장려하였다.

57) John Ⅷ. 872-882. 로마의 대부주교를 역임하였으며, 교황 재임기간 동안 동로마와의 분열이 주된 과제로 등장하였다. 이슬람이 이탈리아를 침략하자 로마를 방어하기 위해 성을 건조하였다. 879년 포티우스를 콘스탄티노플의 대주교로 승인하였으며, 슬라브족을 개종시키기 위해 파송된 선교사들에게 슬라브어의 사용을 용인하기도 하였다.

로 교황청 이론을 수용하게 되었음을 보여주는 증거들은 많이 있다. 여기서는 이들 가운데 한 가지 사례만 검토해 보기로 하자. 871년 루이 2세와 비잔틴 제국 황제가 주고받은 서신은 서유럽 제국과 교황청 이념의 고전적인 사례다. 루이 의 서신이 주장하는 바에 따르면, 비잔틴 제국의 황제는 정당한 로마인의 황제 가 아니었다. 왜냐하면 그는 교황에 의해 황제로 옹립되지 않았기 때문이었다. 사실 교황은 로마인이 아닌 비잔틴 황제를 로마인의 황제로 옹립할 수는 없었 다. 그리고 교황의 최고 수장적 기능을 인정하는 사람만이 로마인이 될 수 있었 다. 따라서 비잔틴 제국의 통치자는 단지 그리스 군주에 불과하였던 것이다. 더 욱이 그리스인들이 완전히 잘못된 신앙을 가지고 있다는 사실은 널리 알려져 있다고 서신은 주장하였다.

이 서신은 서유럽인만이 진정한 신앙 즉 이단[58]과는 다른 정통 교리를 신봉 하고 있으며, 이 정통 신앙의 보루인 교황청은 자신의 유능한 보호자 내지 수호 자를 확보하기 위해서 최고 통치권을 부여할 권리를 반드시 가져야 한다고 주 장하였다. 그리고 루이 2세는 동로마 제국의 경쟁자에게 자신이 교황청으로부 터 통치권을 수여받았다고 언급함으로써 의구심을 불식시키고자 하였다. 이 서 신이 지니는 의미는 분명하다. 교황청의 이데올로기가 매우 짧은 기간 내에 실 체적으로 구현되었다는 점이다. 앞서 지적했듯이, 8세기 중엽의 교황은 일종의 탄원자로 기능하였다. 이로부터 한 세기가 채 지나지 않아서 교황은 자신의 이 데올로기에 따라 유럽의 모습을 형성하였으며, 이제 유럽은 교황이 선택한 '로 마인의 황제'에 의해 통치되기에 이르렀던 것이다.

순수한 정부 이념의 실천적 이행은 정부 이론에 직접적으로 관계되는 다양 한 문헌상의 주장들을 수반하였다. 예를 들어서 지식인 겸 서지학자였던 아나 스타시우스에게 있어서, 교황은 권력을 배분하는 신의 지상의 대리자이자 천상

---

58) 이 서신에서는 '잘못된 교리'(cacodoxy)라는 용어로 표기되었다.

의 문지기였다. 아나스타시우스는 베드로의 묶고 푸는 권한의 포괄성을 매우 명확하게 천명하였다. 교황이 문을 닫으면, 누구도 이를 다시 열지 못한다고 생각하였다. 말하자면 그리스도교 사회의 최고 사법권 즉 주권이 교황에게 있다는 것이었다. 물론 이 같은 주장들 가운데 전부는 아니었다 하더라도, 많은 부분이 성서에 근거를 두고 있었다. 중요한 점은 성서의 진술이 직접적으로 교황에 의해서만 적용되었다는 사실이다. 이 점이 교황청의 성서 독점권이라 불린 것은 당연한 일로서, 이는 니콜라스 1세[59]에 의해서도 여실히 확인된다.

니콜라스 1세는 시편 45편 17~18절을 적용하여 교황은 전 세계를 지배하는 군주로 세워졌다고 주장하였다. 더욱이 니콜라스 1세는 유서깊은 교리에 입각하여, 교회에 속하는 모든 사항은, 교회사에 관한 모든 권한이 축약되어 있는 로마 교회 내에서 그것의 완전한 형태를 유지할 수 있다고 천명하였다. 그에 의하면 교황을 판단할 수 있는 사람은 이 땅에 없었다. 오히려 모든 그리스도 교도가 교황의 신민으로서 교황으로부터 권력을 부여받았다. 최고 사법권은 오직 교황에게만 있으며, 교황의 교서는 모든 그리스도 교도에게 구속력을 가지게 될 것이었다. 또한 니콜라스는 교황이 모든 그리스도 교도들로 구성된 유기적 공동체를 주재하며, 이는 교회 정부에 위탁되었고, 이 전체 신도집단으로 구성된 사회는 교황이 부여한 법률에 의해 관리되고 계도되어야 한다고 선언하였다. 왜냐하면 교황만이 성 베드로의 유일한 후계자이기 때문이었다.

한편 니콜라스 1세는 대관식을 통해서 황제가 칼을 사용하는 권리와 통치권을 '양도받았다'라고 지적하고, 계속해서 제권의 기능과 목표도 천명하였다. 무엇보다도 이는 '황제의 모태로서 거룩하고 사도적인 로마 교회를 함양하고 그 평화를 위한' 것이었다. 여기서 교황은 로마 황제가 보유한 칼의 이유와 목

---

59) Nicholas I. 858~867. 로렌느의 군주 로타르 2세에게 이혼한 전부인과 재결합할 것을 강요하였고, 힝크마르 대주교에게 대항한 부주교들의 교황청 항소권을 인정하기도 하였다. 로마 교회의 우월성을 둘러싸고 콘스탄티노플의 대주교 포티우스와 격렬한 논쟁을 벌이기도 하였다.

표를 분명하게 제시하였다. 한 서신에서 니콜라스는 심지어 라틴어도 모르고 단지 그리스어만 아는 콘스탄티노플의 황제가 어떻게 로마인의 황제가 될 수 있겠는가 하고 반문할 정도였다.

니콜라스 1세에게 있어서 평신도와 성직자의 공동체이자 '신도집단 전체로 구성된 사회'는 오직 그리스도교 신앙으로 결합된 유기체였다. 그는 만약 이 신앙의 유대가 깨어진다면 이와 함께 사회 전반도 붕괴할 것이라고 주장하였다. 이 같은 관점에 기초하여 그는 군주가 져야 할 의무들에 관해 세부지침도 제시했는데, 그 의무 중의 하나가 이단 척결이었다. 또한 군주는 교황의 신민이기 때문에 군주라 하더라도 자신의 주군인 교황을 재판하는 권한을 가질 수는 없었다. 마태복음 6장 24절과 누가복음 16장 13절에서 지적되었듯이, 제자가 스승보다 상위자가 될 수는 없기 때문이었다. 여기서 니콜라스 1세가 주장하고자 했던 바가 바로 세속 법정의 재판 내지 군주 재판으로부터 보장되어야 할 사제의 면책 특권에 대한 이론이었다.

사제의 면책권 원리는 교황청의 기능주의적 접근방식에서 유래되었다. '신도집단 전체로 구성된 사회'에서는 교회법이 군주법에 마땅히 우선되어야 한다는 논리가 그것이다. 이에 따르면 세속법은 보조적 성격의 규범일 따름이었다. 세속법은 특정한 교회법이 반포된 적이 없고, 교회법 원리와 상충되지 않을 경우에만 보조적 실효성을 가진다는 태도였다. 요컨대 군주법은 그리스도교 사회의 존재 목적에 부합해야 하고, 로마 교회가 천명한 신앙과 일치해야 하였다. 왜냐하면 니콜라스 1세가 지적했던 것처럼, 모든 법률의 기능은 사회의 '질서'를 유지하는 것이기 때문이었다. 만약 군주가 자신이 관할하는 사법권을 벗어난다든가, 심지어 그리스도교 사회의 목적에 반하는 법률을 제정한다면, 이러한 법률을 준수할 의무가 없었다. 물론 이것이 진정한 저항권은 아니었다. 정당한 불복종은 그것을 공포할 자격을 갖춘 사람에 의해 승인되어야 한다는 생각 때문이었다. 우리는 교황청의 이 같은 견해가 군주 도유식의 절차 내지 취지와

도 전적으로 일치하고 있음을 곧 확인하게 될 것이다. 니콜라스에 따르면 전제 군주로 판명된 통치자는 사실상 이단과 다름이 없었다. 군주가 교황청의 교서를 무시할 경우 이는 군주에 의한 반란의 표식이었던 동시에, 니콜라스와 그 후계자들에게 있어서 이는 앞서 언급한 이단적 행위 바로 그것이었다. 니콜라스에 의하면 교황은 주권자였다. 따라서 '전능한 신의 권위에 기초'하는 계도로 간주되었던 교황의 교서는 최종적인 무엇이었다.

니콜라스의 이념은 그의 후계자였던 교황 아드리아누스 2세[60]에 의해 강화되었다. 아드리아누스 2세는 베드로가 그리스도에 의해 교황으로 임명되었기 때문에, 그의 후계자들의 교서 역시 그리스도가 공포한 것과 동일한 효력을 갖는다고 주장하였으며, 교황의 사목 우위설을 각별하게 중요시하였다. 또한 정의가 법률의 기초이며, 교황청의 교서는 정의의 이념을 현저하게 구체화한다고 주장하였다. 이 같은 견해는 그 이후 교황 그레고리우스 7세에 의해 보다 완전하고 성숙한 형태로 발전되었다. 아드리아누스는 교황의 포괄적 사법권이 베드로의 위임으로부터 유래된다고 반복해서 천명하였다. 베드로의 위임에 담긴 '무엇이든지'는 '모든 것'을 의미하였다. 이에 아드리아누스는 제후들에게 자신의 명령에 따르지 않으면 파문에 처하겠다고 위협하였으며, 자신이 제후들에게 무기 휴대와 적극적 군사행동의 준비를 명령할 권한을 가지고 있다고 선언하였던 것이다. 더욱이 아드리아누스에 의하면, 교황은 왕국의 안정을 위해서 군주를 포함한 모든 그리스도인에 대해 신도들의 총체인 그리스도교 사회로부터의 추방을 명할 수도 있었다. 사회적 안정은 무엇보다도 군주가 그리스도인 군주로서 자신의 의무를 다하는 데 있기 때문이었다.

교황청 이데올로기의 실효적 적용을 가능케 한 계기들은 9세기 두 교황들

---

[60] Adrian II. 867~872. 교황 재임기간 동안 교황청의 힘이 현저하게 쇠퇴하였다. 로렌느의 로타르의 재혼 문제로 설전을 벌였으며, 주교권을 강화하고 교황청의 간섭을 배제하려던 주교 힝크마르의 강력한 도전을 받기도 하였다. 한편 대머리왕 샤를르와 독일 왕 루이는 로렌느를 양분함으로써 아드리아누스의 저항을 무시하였다.

의 견해에 대한 간단한 검토를 통해서도 여실히 드러난다. 니콜라스 1세와 아드리아누스 2세의 언어는 명령을 내리는 통치자의 언어였으며, 또한 이들은 교황청에 의해 정의가 구현된다고 주장하였다. 이들에 따르면 정의의 구체적인 내용은 오직 자격을 갖춘 사람, 또는 11세기 교황 그레고리우스 7세의 표현을 빌리면, '그리스도의 정서와 마음'을 가진 사람에 의해서 비로소 구체화될 수 있었다. 교황청 이념의 구체화 과정에서 무엇보다 중요시되었던 원리가 역할 분담의 원리였다. 이에 따르면 군주든, 황제든, 주교든, 모든 직책을 가진 사람은 각자에게 위임된 영역의 한계를 반드시 지켜야 하였다. 아드리아누스 1세[61]와 그레고리우스 1세가 '모든 사람은 자신의 직책에 만족해야 한다'라고 밝혔던 것도 이 같은 맥락에서였다. 한편 이 점은 사회의 정태적 특성을 반영하고 있다고도 하겠다.

2. 위조문서

9세기의 지적 운동은 전적으로 프랑크 왕국의 고위 성직자의 산물이었다. 교황청은 프랑크 왕국의 주교들에게서 매우 강력한 동맹세력을 발견하였다. 물론 카롤링 왕조 르네상스에 의해 예배 의식, 신학, 철학 등이 발전하였다 하더라도, 고위 성직자들은 그리스도교 사회의 정부에 관한 문제에 있어서도 적극적인 관심을 기울였다. 814년 샤를마뉴 대제가 사망한 후 빈번히 개최되었던 프랑크 왕국의 공의회를 통해 주교단은 그리스도교 사회의 주도적 기관으로 부상

---

61) Adrian I. 772~795. 로마 귀족 출신으로 이례적으로 부제 신분에서 일약 교황으로 선출되었다. 롬바르드족으로부터 위협을 받게 되자 샤를마뉴에게 도움을 청했으며, 성상파괴운동과 관련해서는 비잔틴 제국의 여제 이레네에게 제2차 니케아 종교회의의 개최를 촉구하였고, 또한 그는 당시 스페인에 광범위하게 확산되고 있던 그리스도 양자론자(養子論者)들을 비판하기도 하였다.

하였다. 816년 이래 계속해서 개최된 여러 주교회의는 교황청의 이론을 지지하는 이론과 교리를 표명하는 동시에, 신정적 형태의 군주정을 파괴하고 잠식하기 시작하였다. 이 작업에 전념한 이들 역시 주교들이었다. 평신도의 경우 설령 상당한 교육을 받았다 하더라도, 이들은 자신의 입장을 명확히 표명할 수단을 갖고 있지 못했다. 더욱이 군주의 자문관은 예외없이 성직자였다. 이 점에서 우리는 통치 이념의 그리스도교적 요소로의 각색을 어렵지 않게 이해할 수 있는 것이다.

교회 공의회에서 다양하게 표명된 견해들은 교황령이 '그리스도교 사회의 올바른 질서'라고 불렀던 주제들도 다루게 되었다. 또한 몇몇 교서들은 그리스도교 사회에서는 성직자만이 사회를 존속시키는 사회적 의무와 신앙의 문제들을 규명할 자격이 있다고도 주장하였다. 근본적으로는 이 같은 논지를 적용함으로써 일요일 노동 금지 및 축제일에 적합한 사적·공적 행위 규범 등을 다룬 교서들이 반포되었다. 826년 교황 유게니우스 2세[62]가 주재했던 로마 공의회에서 아내의 부정행위를 이혼 및 남편 재혼의 정당한 사유로 간주하는 오랜 교리가 유지되었다는 점 역시 흥미롭다. 한편 829년 파리에서 공포된 교서 등은 군주의 기능을 사목자의 그것과 마찬가지로 형평과 정의감에 입각한 지배여야 한다고 지적하였다. 그러나 정의의 구체적 내용은 군주에 의해서가 아니라 특별한 자격을 갖춘 성직자에 의해 규정되어야 할 것이었다.

입법화 추세의 진전은 7세기 초 이시도르 세빌(Isidore of Seville)의 견해를 반영하고 있었다. 이시도르도 군주의 기능을 보조적 성격의 것으로 규정하였다. 군주는 사제의 판단을 칼로써 구현하는 인물이기 때문이었다. 군주의 관리자적 기능의 주요 실체도 바로 이 점에 있었다. 또한 종교회의주의자들은 니케아 공의회에서 콘스탄티누스 대제가 주교들에게 행하였다는 위증, 즉 '신은 그대들에

---

62) Eugenius II. 824~827. 황제 로타르 1세가 인정한 자유로운 교황 선거를 통해 교황이 되었다. 성상파괴운동은 그의 교황 재임기간 동안 가장 첨예한 종교적 쟁점이었다.

게 재판권을 부여하였으므로, 우리가 그대들에게 재판을 받는 것은 당연하다. 하지만 그대들은 어떤 사람에 의해서도 재판받지 아니한다'라는 진술도 재강조되었다. 이 같은 견해가 군주의 통제에서 벗어날 수 있는 성직자 면책 특권의 토대였다. 군주라 하더라도 단지 신을 위한 봉사자의 한 사람에 지나지 않는다는 것이었다.

성직자 통치 이념은 교회가 선언한 파문 등의 판단들이 공적 영역에 미친 영향력으로 인해 더욱 공고해졌다. 850년 파비아 공의회에서 강조되었듯이, 파문당한 개인은 군복무권 내지 모든 공직권을 상실하였다. 그는 궁정의 모든 직책과 위엄으로부터도 배제되었다. 또한 주교의 명령에 완강히 저항하거나 불순종하다고 판명될 경우에도, 그는 군주법의 보호를 박탈당하고, 이어 파문도 당하였다. 실제로 군주 정부는 이 같은 신정적 추세를 선호하였으며, 많은 점에서 군주의 법령들은 공의회의 칙령에 대한 보완적 입법 조치였다. 군주는 교회법적 관점에서 볼 때, 위법 사항에 해당되는 고리대금업 내지 십일세의 의도적인 납세 거부와 같은 사항에 대해서도 법률 보호의 박탈 및 재산 몰수 등을 명할 수 있었다. 교회의 법령 제정이 군주의 고유한 통치 조치의 기초를 이루게 되었다는 사실은 중대한 진전이었다. 물론 양자 사이에 호혜주의적 공감대가 형성된 것은 아니었다. 군주의 칙령이 교회사의 영역에서 아무런 실효도 가지지 못했음에 비해서, 교회는 이용 가능한 기록 문서들로부터 유력한 지원을 받았다. 이들 기록 문서에 담긴 견해들은 하향적 성직적 형태의 정부론 못지않게, 당대의 지적 전망 전반의 형태와 구성에 있어서도 많은 영향을 미쳤다.

독일에서는 사유교회 체제(propriety church system)라는 독특한 제도가 만들어졌다. 이 제도에 따르면 토지소유자는 자신의 토지에 교회를 세울 수 있었으며, 이 경우 그 교회는 토지소유자의 사적 소유가 되었다. 그리하여 토지소유자는 교회를 맡을 성직자도 임명할 권리를 가지게 되었다. 이 체제는 시간이 경과하면서 모든 유력한 주교좌 및 대주교좌 교회들을 곤경에 빠뜨리게 될 것이

었다. 우리는 이 제도가 전적으로 농업적 사회에서 성장하였음을 쉽게 간파할 수 있다. 한편 이 체제는 나름 커다란 이점도 가지고 있었다. 영주는 초보적 수준으로나마 읽고 쓰기가 가능했던 사제에게 자녀 교육은 물론 온갖 종류의 집안 일을 맡길 수 있었기 때문이다. 그러나 분명한 사실은 시간이 경과하면서, 이 체제가 비잔틴 제국에서 성행하였던 바와 동일한 사태를 초래하게 되었다는 점이다. 비록 동·서 유럽의 발전 경로가 기본적으로는 달랐지만 말이다. 사실상 서유럽의 군주와 황제는 종종 이 체제를 통해 성실하고 충직한 성직자에게 매우 부유한 주교직, 수도원장직, 및 그 밖의 다른 성직록들을 충분히 제공하였다. 이로 인해 세속 영주는 이들 성직자의 임명에 대해 보다 확고한 통제력을 확보하게 되었다. 11세기경에는 예배 의식과 제식적 절차 전반에 뚜렷한 발전이 있었다. 그것은 주로 봉건적 영역으로부터 유래되었으며, 이는 세속 군주에 의한 성직자의 직책과 성직록 수여에서 절정에 달하게 되었다.

이 체제는 그러나 소수의 급진적 저술가들로부터 신랄한 비판을 받았다. 828~829년 아헨에서 개최되었던 신분제 의회에 관한 발라 주교의 회고담과 요나스 오를레앙과 아고바르 리용 등이 이를 잘 드러내고 있다. 이들에 따르면 교회는 신에게 바쳐진 것으로서, 어떤 의미에서든 법률적 계약의 주체가 될 수 없었다. 교회는 세속 영주의 통제에서 벗어나야 되며, 세속 영주는 교회의 후원자 내지 보호자로서 교회와 교회 성직록 보유자를 임의로 처리해서는 안 된다고 주장되었다. 12세기에는 이 같은 조치들이 정확히 그들의 주장대로 이뤄지게 되었다. 12세기에 이르면 세속 영주들에 의해 행사되었던 평신도의 교회소유권이 단순한 후원 내지 단순한 증여로 축소되었던 것이다. 하지만 9세기에 표명되었던 이들의 주장은 단지 추구하는 강령의 선언 정도에 해당하였다.

프랑크 왕조 성직자들의 다양한 활동들의 특징적 성격은 840년대 말엽과 850년대 초엽, 랭스와 마인츠 지역 등에서 만들어진 많은 양의 위조문서에서 가장 잘 드러난다. 이들에 의해 작성된 위조문서의 양을 감안할 때, 이들이 의도했

던 바는 신정적 정치이론에 전통의 후광을 씌워 그 이론을 강화시키려는 데 있었다. 대부분의 중세 위조문서 저술가들이 그러했던 것과 마찬가지로, 이들도 많은 경우에 전혀 터무니없는 무엇을 만들어내지는 않았다. 이들은 사실상 기왕에 수용되고 있던 이론에 오랜 교회령을 덧입히는 작업을 하였다. 신정적 이론의 본질이나 교리가 항상 고안된 것만은 아니었던 셈이다. 이들이 고안해 낸 것은 '교리를 입증해 줄 공식적인 칙령 내지 법률'이었으며, 이들 칙령과 법률은 간편한 한 권의 책으로 편리하게 '수합'되었다.

이 중요한 위조문서들의 명성은 누구나 손쉽게 이용할 수 있고, 또한 접할 수 있는 '참고자료'였다는 점에도 크게 기인하였다. 세 가지 위조문서들 가운데 우리들의 관심을 가장 많이 끄는 것이 위 이시도르(Pseudo-Isidore) 문서다. 실존 인물인 이시도르 세빌에 기초해서 만들어진 것으로 추정되는 이 문서는, 사도시대 이래의 교황청 기록문서와 종교회의 문서들에 대한 '자구적 모사'를 포함하고 있다. 두 번째 중요한 위조문서는 베네딕투스 레비타(Benedictus Levita)로서, '수도사 베네딕트'라는 제목부터가 그것의 내용만큼이나 날조된 것이었다. 이 위조문서는 마인츠 근교나 마인츠에서 작성되었으며, 군주의 칙령과 황제의 칙령을 '수집'함으로써 위 이시도르 위조문서와 동일한 목표를 추구하였다. 이 위조문서의 저자는 총 1721개 이상의 칙령과 법률을 인용하였는데, 진본은 그 중 약 400개에 불과하였다. 세 번째 위조문서는 약 785년 교황 아드리아누스 2세가 주교 앙길람에게 보냈다고 추정되는 서한들의 표제어들을 한데 묶은 단순한 모음집이었다.

'위 이시도르 위서'는 통치 이념의 발전을 해명하는 데 결정적으로 중요하다. 대부분의 기본 이념들이 이 문서에서 발견되고 있기 때문이다. 모든 내용들이 견고한 겉장 사이에 매우 간편하게 수록되었으며, 많은 사본들도 14세기까지 전해져 내려왔다. 이 문서가 특히 교황청 정부에 미친 영향은 실로 막대하였다. 교황 니콜라스 1세가 이 사본을 최초로 활용한 이후, 교황청은 이 위서에서

끊임없이 자신의 논지를 변론하는 고갈되지 않는 근거들을 발견하였다. 이 위서에 관한 모든 사실은 19세기에야 비로소 밝혀졌다.

　4세기 교황 실베스터 1세에 이르기까지 모든 교황의 교서들은 허위로 작성되었으며, 이같이 위조된 교황청 '교서'의 효시가 예루살렘의 성 제임스에게 발송된 교황 클레멘트 1세의 서신이었다는 점은 의미심장하다. 이 서신의 내용은 그 자체로서 매우 특별한 것이었지마는, 위서 저술가들에게는 그것으로 충분하지 않았다. 이에 오늘날처럼 정교하게 인쇄된 10쪽이나 되는 분량이 첨가되었고, 여기에 베드로의 묶고 푸는 권한에 대한 모든 상상력까지 동원되었다. 몇몇 긴 '교서들'이 각별히 강조하였던 내용은 사회 질서의 엄격한 계서적 위계화와, 이를 토대로 한 군주 및 황제 지위의 강등, 그리고 모든 사항을 포괄하는 교황의 사법적 권한 등이었다. 이들에게 중요했던 것은 성직자가 세속 법정으로부터 면책받는 특권을 가진다는 점과 교황이 모든 주요 소송을 심리한다는 사실이었다. 이는 후대에 이르러 주교 및 대주교에 대한 교황의 지배를 확립하는 데 매우 중요한 근거가 되었다. 교황이 소집하거나 동의하지 않은 공의회가 선포한 교서는 여하한 구속력도 갖지 못한다는 이론 또한 후대에 이르러 더욱 중요성을 띠게 되었고, 그리하여 특히 강조되었다.

　여기서 〈콘스탄티누스 대제의 기진장〉에 특별한 위상이 부여되었다는 사실은 충분히 이해가 될 법하다. 교황청에 관한 한, '위 이시도르 위서'는 수장제 이론을 매우 명확하게 부각시켰다. 당시의 취약한 역사의식을 감안할 때, 오늘날의 독자들이 뚜렷이 느끼는 바와는 달리, 시대착오적인 오류가 전혀 감지되지 않았다는 사실도 결코 놀라운 일이 아니다. 이 위서에 확실한 권위를 더해준 요소는 '유서 깊은' 사료가 보여주는 형식 즉 교황청 교서의 법제적 양식이었다. 이 확실한 권위로 인해서 후대인들이 이 위조문서의 진정한 성격을 이해하기 어려웠던 것이 사실이다. 성서 다음으로 '위 이시도르 위서'는 교황청이 줄곧 이용했던 가장 유용한 소책자였다. 이제 로마와 랭스는 커다란 하나의 물줄기로 합류

하였다. '위 이시도르 위서'의 몇몇 중요한 진술들이 후대의 교회법령집에 재수록되었다는 사실은 조금도 놀라운 일이 아니었으며, 이러한 교회법령집이 편찬될 때마다 '유서 깊은' 법률은 더욱 증대된 권위를 가지고, 새로운 영향력을 행사하게 될 것이었다. 위조문서 작성자들은 명백히 통치체제에 활력을 불어넣기 위해 자신들의 뛰어난 지적 수단들을 활용하였으며, 이들이 통치체제에 미친 영향은 중세는 물론 그 이후 시기에서도 뚜렷이 확인되고 있다.

3. 군주 대관식의 정치사상

9세기 이념들의 현저한 그리스도교적 양상은 군주 대관식에 활용된 절차, 예배 의식, 상징물 및 기도문 등에 충실히 반영되었다. 9세기 이전의 서유럽에서는 이들에 비교할 요소가 전혀 없었던 만큼, 이는 중세 군주권의 조직과 성격에 대한 의미 있는 이해의 단서들을 제공해주고 있다. 군주 대관식의 절차는 9세기 성직자들, 특히 주교들이 심혈을 기울인 노력의 산물이었다. 하지만 신정적 형태의 정부를 지지함으로써 주교단으로 하여금 신정적 군주를 세우는 의식을 제정하도록 만든 장본인은 다름 아닌 군주들이었다. 군주와 주교는 이 점에서 서로 손을 잡았다. 대관식의 집전은 줄곧 주교단이 매우 소중히 여겨온 특권 가운데 하나였다. 모든 제스처, 예식, 상징물, 및 기도문 등은 매우 간결하면서도 정확한 의미를 지녔기 때문에, 대관식은 장황한 학술적 논문보다도 때로는 더욱 많은 것을 시사하고 있다. 대관식 예식의 가장 중요한 텍스트는 9세기에 기원을 둔 것이며, 그 밖에도 여러 텍스트들이 오늘날 남아 있는데, 특히 영국에서는 이 텍스트들이 군주 대관식에 여전히 활용되고 있다.

비록 대관식 절차가 통치 이념을 연구하는 역사가의 많은 관심을 끌지는 못하였지만, 그러나 일별해 보는 것만으로도 이는 명쾌한 원리들을 분명하게

보여준다. 여기서는 이 원리들 가운데 한두 가지에 대해서만 검토해 보도록 하겠다. 무엇보다도 '신의 은총에 의한 군주'라고 자칭했던 군주들은 신정적 정부를 부각시키는 데 매우 부심하였다. 사실 도유식의 제식적 발달은 다분히 이 점을 목표로 하고 있었다. 도유 의식은 주교가 군주 머리에 성유를 부어 은총을 가시적으로 수여함으로써 그 절정에 달하였다. 여기서 텍스트는 대주교의 중재적 기능도 명확히 하였다. 바야흐로 도유식은 일종의 성사로 간주되었으며, 주교는 이 성사를 적법하게 집전하는 유일한 관리자가 되었다. 이 제식적 절차의 중심이 되는 도유 행위에서 결정적 역할을 담당하는 이가 주교라는 점은 이를 나위가 없다. 누구도 주교만이 행할 수 있는 이 도유 행위 없이는 군주가 될 수 없었던 것이다.

최초의 기도문 텍스트는 원래 9세기 전기의 프레이징 강복 기도문(Benedictional of Freising)에 포함되어 있었다. 이 텍스트는 도유의 목적을 명확히 밝히고 있는데, 이에 따르면 도유의 목적은 도유를 받는 군주로 하여금 '주인되신 신이 지배와 통치를 위임한 바 있는 신민집단 위에' 군림하는 통치자가 되도록 만드는 데 있었다. 도유식은 군주를 다른 모든 사람들로부터 구별시킬 뿐만 아니라, 기름부음 받은 군주 통치권의 정통성을 신성하게 보장하는 제식이었다. 도유를 통해 군주는 '신이 기름부은 통치자'가 되었던 것이다. 그러나 성사로서의 도유식이 군주에게 엄청나게 유리하다는 점이 명백해진 12세기에 이르러서는 도유식이 '성사'로부터 단순한 '성사적 의식'으로 평가절하 되었다. 요컨대 도유를 집전하는 주교에 의해서 부여되었던 신의 은총은, 9세기 교리에서 주장되었던 것처럼 철회될 수도 있는 성격의 것이었다. 그러나 이 점이 군주 도유와 주교 도유 간의 본질적인 차이를 드러내는 요소는 아니었다.

군주는 도유를 통해서 신민들 위에 세워졌다. 도유식 문헌에서는 '임명되었다'라고 기록되어 있는데, 이 경우 도유의 함의는 자명하였다. 신민집단은 신의 은총의 신성한 수여와는 무관한 요소였다. 다른 많은 문헌들이 지적하였듯

이, 인민은 군주에게 위임되었던 것이다. 군주는 인민 밖에 그리고 인민 위에 군림하였다. 종래의 추상적인 용어들이 대관식의 절차와 제식들을 통해서 가시적으로 구체화되었다. 뿐만 아니라 이 문헌들은 인민을 군주의 통치에 위임된 존재로 묘사함으로써 이들의 낮은 위상을 강조하였다. 인민은 신민(*populus tibi subjectus*) 내지 하위자(*populus subditus*)라는 것이었다. 신정적 정부제도의 기본 개념이라고 할, 상위 군주에 대해 저항권이 결여된 예속민(sub/ject) 내지 아랫사람(Unter/tan)이라는 신민 개념이 바로 여기서 확인된다.

군주에 대한 신민의 복속이 신정적 정부체제의 핵심적 특성임을 입증하는 문헌은 그 밖에도 많이 인용할 수 있다. 물론 신민은 군주에게 총애를 요구하고, 개선책을 제시하며, 제안을 하기도 하는 등, 이와 유사한 다른 것들도 요구할 수는 있었다. 그러나 신민은 이들을 실행에 옮길 권한을 갖고 있지 않았다. 이는 군주 대관식에서도 구체적으로 표명된 추상적 이론이었다. 군주 정부는 신민 위에 군림하였으며, 군주는 신민의 일원이 아니었다. 이는 군주의 옥좌가 '보다 높이' 배열되는 위치에 의해서도 표현되었지만, 동시에 이는 군주에 대한 반역이야말로 신과 국가에 대한 '대역죄'에 해당된다는 관념의 대두에 의해서도 표출되었다. '폐하'라는 용어는 로마 말기에서 그 기원을 찾을 수 있다. 그러나 이 시기에 군주를 '폐하'라고 부른 이유는 무엇보다도 군주의 '우월한' 위상을 드러내려는 의도 때문이었다. 실로 군주는 왕국에서 누구보다도 가장 '중요한' 존재였던 것이다.

군주의 대관식이 매우 명확히 밝혔던 바가 군주의 우월성(*superioritas*), 즉 그의 주권(*sovereignty*)이었다. 여러 문헌들에서 명시적으로 밝혀져 있듯이, 군주는 왕국에서 최고 위상을 가진 '지상의 존재'였다. 이 점에서 군주의 목표와 교회의 목표가 다르지 않았다. 군주의 주권 즉 '폐하의 우월성'은 대관식 문헌들에서 전적으로 평신도(*plebs*)에 대한 권한이라는 함의와 결부되어 있었다. 이를테면 대관식의 제식적 절차는 군주가 성직자 특히 주교단에 대하여 여하한 권한도

행사하지 못하도록 세심하게 짜여졌다. 동시에 이는 신민과의 관계에서 군주의 주권자적 위상을 극히 강조함으로써, 스스로를 신민과 분리시키고자 했던 군주의 목표를 명확히 보장하고 있었다.

이 같은 맥락에서 주교단과 군주는 동일한 언어를 사용하였다. 실제와 이론 모두에서 군주는 제식적 절차를 갖춘 대관식을 통해서 일종의 성직자(*persona ecclesiastica*)가 되었다. 말하자면 군주는 의식을 집전하는 주교들에 의해 선택되었고, 또한 성직적 구조에 편입되었던 것이다. 이것이 갖는 중요한 의미는 평신도와 성직자 사이에 두터운 경계선이 그어졌다는 점이다. 이 구분선은 추상적 교리로서는 왕왕 주장되었으나, 이제는 대관식이라는 공적 행위를 통해서 보다 명확히 제시되었다. 요컨대 군주는 성직자 진영으로 끌려가 버린 자신을 발견하였다. 군주가 자신의 신정적 기능을 강조하면 할수록, 주교단과 군주와의 유대는 더욱 견고해지게 마련이었다. 군주가 아무리 자신의 지배권과 통치권을 주장한다 하더라도, 그리고 아무리 정교한 해석을 활용한다 하더라도, 군주가 성직자를 지배해야 한다는 견해에 도달할 수는 없었던 것이다.

대관식 문헌들이 밝혔듯이, 법률의 제정은 군주의 의무였다. 그러나 군주의 법률이 신법과 상충되어서는 안 되며, 주교단은 신법의 정당한 해설자로 간주되었다. 랭스의 대주교 힝크마르[63]는 '그대가 나를 랭스의 대주교로 임명하지는 않았다. 그러나 나는 내 모든 동료들과 더불어, 그대가 법률을 잘 지킨다는 점을 조건으로 해서 왕국 정부를 그대에게 맡겼다'고 군주에게 말하였다. 사실 군주를 선출하는 행위는 끊임없이 이어져 내려왔다. 그러나 대관식 그 자체에서는 이 선출 과정에 대한 언급은 물론 이를 가리키는 조그마한 암시조차도 발견하기 어렵다. 오히려 문헌들은 '주교들이 군주를 선출하였다'라는 주장을 분명

---

63) Hincmar. 약 805~882. 프랑크족의 귀족가문에서 출생. 성 드니 수도원에서 수학하였으며, 루이 경건왕의 왕실 사제로 활약하였다. 루이 사후에는 대머리왕 차알스의 궁정에서 일하였으며, 845년 랭스의 대주교에 임명되었다. 종전에 상실한 랭스 대주교령을 회복하고, 교회의 사목적 기능을 통해 사회질서를 유지하려고 하였다.

하게 밝히고 있어서, 마치 대관식에 앞서서 여하한 선출의 과정도 없었던 것처럼 보이도록 만들고 있었다. 이 점에서 힝크마르의 주장은 대관식 문헌들의 논지를 충실히 보여주고 있는 것이다. 한편 대관식 문헌들은 군주와 주교의 기능에 관해서도 확실하게 언급하였다. 주교가 영혼의 치유자라면, 군주는 '그리스도의 역군'(*athleta Christi*) 내지 '신의 농부'(*cultor Dei*)였다. 여기서 우리는 사제의 칼이 실효적이지 못할 때, 칼을 뽑는 것은 군주의 의무에 속한다는 유서 깊은 이시도르의 논지가 실천적으로 적용되고 있음을 보게 된다. 군주는 '역군'으로서의 역할을 수행함으로써, 악을 범한 자에게 '공포의 대상'이 되어야 할 것이었다.

군주의 예속민 집단인 신민과 성직자 특히 주교 사이에 그어진 날카로운 구분이 초기에는 군주에게 매우 유리하게 작용하였다. 이 점은 성직자와의 투쟁에 몰두하고 있던 고중세기 군주가, 신정정치에 의해 단절되었던, 신민과의 유대 회복을 원하고 있었던 만큼 오히려 당연한 일이었다. 또한 이 같은 구분은 신민으로부터 군주를 분리하거나, 군주로부터 신민을 분리하는 일에도 크게 기여하였다. 무엇보다도 군주를 규제하려는 여하한 시도도 신정주의적 논리에 의해 저지될 수밖에 없었다. 신민은 여하한 권한도 부여받지 못했으며, 사실상 신민은 마치 미성년자와도 같이 군주 정부에 위탁되었다고 간주되었다. 뿐만 아니라 이 같은 논리는 신정주의 정부 하의 폭군이라는 해결하기 어려운 난제에 대한 이유도 설명해주었다. 대관식의 의미를 평가함에 있어서, 우리는 대관식 날이 중세 군주의 공식적인 통치 개시일로 산정되었음을 유념할 필요가 있다. 군주라 하더라도 대관을 받기 전까지 단지 '공' 내지 '제후'에 불과하였다. 따라서 군주의 통치 기간도 취임일이 아닌 대관식 날로부터 추정하는 것이 관행이 되었다.

사실상 정부 이론의 모든 함의적 특징들이 대관식 절차에서 인상적이고 감동적인 형태로 표현되었다. 이를테면 양도 이론, 순복의 원리, 신민의 복속을 위한 보완책으로서 법률 제정이 아니라 법률을 부여하는 권한, 그리고 무엇보다도 군주의 주권 개념 등이 제식들을 통해서 표명되었다. 신민의 '미성년자' 개념

을 영속시킨 중세적 요소들 가운데, 9세기에 그 기본 구조가 형성되었던 대관식 절차보다 더 큰 역할을 한 요소는 아마 없을 것이다. 대관식 절차는 그리스도교화가 현저하게 진전되었던 이 시기의 양상에 완벽하게 부합하였으며, 또한 이는 중세 전 시기에 걸쳐 끊임없이 유지되어 신정적 군주권을 강력하게 지지하였다. 그리하여 이 같은 대관식은 군주의 후견으로부터 신민의 해방을 가로막는 장애물로도 동시에 기능하였다.

'위 이시도르 위서'의 견해와 대관식 절차의 기저에 깔려 있던 이념의 결합이 미친 영향력을 알아보는 것은 흥미로운 일이다. 우리는 이를 여러 종교회의들에서 확인할 수 있다. 예를 들어서, 916년 호헨아니테임 공의회의 교서는 '위 이시도르 위서'의 기본 논지와 군주 대관식에 내포되어 있던 이념들을 매우 교묘하게 결합하였다. 공의회주의자들은 사회의 엄격한 계서적 질서를 강조하였기 때문에, 제후보다 우월한 군주의 지위를 보장하기 위해서, 이들은 군주에게 보호의 손길을 뻗쳤다. 이를테면 군주 정부에 저항하는 폭도들은 '신의 적'으로 낙인찍혔다. 왜냐하면 이들은 '신이 기름부은 자'에 대항해서 반란을 일으켰기 때문이었다. 더욱이 특별한 자질을 갖추고 있다고 스스로 생각했던 종교회의 참석자들은, 신법의 우월성을 견지한다는 입장에서, 공공연히 군주에게 대항했던 세속 제후들을 재판하였다. 이들에 의하면 군주를 살해하려고 하거나, 군주의 생명을 위협하거나, 음모에 가담한 사람은, 예외없이 법률 보호를 박탈당하고 또한 영원한 저주도 받을 것이었다.

이러한 공의회의 교서들이 즉각적으로 당대에 영향을 미쳤던 것은 사실이다. 그러나 교서에 담긴 실천적 판단들이 전반적으로 실행에 옮겨지지는 않았다. 우리는 10세기 상황에서 실제와 이데올로기 사이에 매우 팽팽한 긴장이 있었음을 보게 된다. 주교단은 자신들이 원했던 것 이상으로 군주에게 의존하였다. 그러나 사실상 이들은 자신들이 고안한 프로그램이 필요로 하고 있던 수단과 조정력 및 당국의 필수적인 지원 등을 결여하고 있었다. 이들이 중앙정부에 의

해 추진되어야 할 정책적 수단을 가지고 있지 않았다는 사실은 재론의 여지가 없다. 사유교회 제도는 성직자의 권한을 철저히 주장하는 교권에 대항하는 데 매우 효율적인 도구였다.

그러나 군주에게도 위험은 도사리고 있었다. 군주가 실제에 있어서 고위 성직자를 아무리 강력하게 통제한다 하더라도, 현저히 성장한 성직자 정치이념이 행사하였던 효능을 부정할 수는 물론 없었다. 군주측에는 속인 군주론을 형성하는 데 필요한 지적 능력을 갖춘 이론가가 존재하지 않았던 것이다. 이 점을 논외로 한다 하더라도 군주는 신정적 정부 형태를 고수함으로써, 스스로 성직자 진영에 자신을 내맡기지 않았던가? 이 밖에도 정부론의 형성을 개별적으로 열망했던 속인 지식인에 비해서 적어도 고위 성직자는 지적으로 훨씬 우월하였으며, 보다 많은 경험을 가지고 있었다는 사실 역시 기억할 필요가 있다. 성직자는 군주가 가지지 못했던 지적 실천적 프로그램을 가지고 있었다.

그리스도교라는 이념이 가진 엄청난 힘은 정치적 지평에서 신정적 왕권체제와 결부되었으며, 이 체제는 식자층 주교단이 통치구조에 관한 논의에 개입할 수 있는 문호를 열어주었다. 실제로 9세기 군주들은 과거 군주들을 얽매었던 신민들의 결박을 풀어버렸다. 그러나 이 과정에서 군주는 성직자들 특히 신의 은총을 중재하고 실제로 군주를 '신으로부터 도유받은 자'로 만들었던 고위 성직자들에 의해 더욱 강한 속박을 받게 되었다. 게다가 완전히 성숙한 교황청 이데올로기가 일단 작동하게 되자, 신이 위임한 사항을 군주가 어떻게 수행하였는가를 심판 날에 교황이 판단한다는, 겔라시우스류의 유서 깊은 이론은 더욱 구체적이고 엄격하게 적용되게 마련이었다. 중세 정부론 내지 통치 이념의 성장은 압도적으로 성직자 내지 그리스도교적 요소에 의해 결정되었다. 성직자는 활용 가능한 지적 수단과 문헌 및 재료들을 사실상 독점하고 있었다. 성직자 외에 사회의 다른 어떤 집단이 이에 견줄 만한 강점을 가질 수 있었겠는가?

4. 서유럽 제국의 정치 이데올로기

10세기의 역사적 상황이 실제에 있어서 정치 사상의 발달에 유리한 것이었다고 보기는 어렵다. 유럽은 바이킹족과 마자르족(헝가리인)의 침입 여파로 인해 여전히 고통당하고 있었다. 프랑크 제국은 붕괴하여 다수의 여러 자립적인 지역들로 해체되었다. 경제적 상황 또한 작황 부진 등으로 인해 매우 열악하였다. 이 시기 서유럽은 여하한 건설적 프로그램 내지 사상도 가지지 못했던 불안정한 사회였던바, 이는 다시 지방주의적 세력들의 부상을 촉진하고 있었다. 이러한 상황이 다양한 지적 성장을 저해하였으리라는 점은 매우 자명해 보인다. 독일에서는 하인리히 1세[64]의 확고한 정부가 질서 수립에 기여하였다. 그런데 그가 도유를 명시적으로 거절한 서유럽의 유일한 군주였다는 사실은 의미심장하다. 작센 공이었던 하인리히는 왕위 계승 시에 고위 성직자들에 의해 집전되는 도유식이 앞으로 그에게 커다란 잠재적 불이익이 되리라는 점을 명백하게 깨닫고 있었던 것이다.[65]

하인리히 1세의 통치 이념은 5년 동안 그의 상서성에 단 한 사람의 필경사밖에 없었다는 사실에서 더욱 분명하게 드러난다. 상서성은 고위 성직자의 상설 훈련기관이었던 동시에 군주가 주교 후보를 지명하는 인력풀이었는데도 말이다. 또한 그의 궁정에는 왕실 부속성당도 없었다. 하인리히의 군주 정부는 당시까지의 현저한 추세였던 왕권의 성직화를 반전시킬 태세였다. 그러나 이것이 목표 그 이상이 될 수는 없었다. 그의 군주 정부는 적어도 고위 성직자의 적극적인 후원 없이는 추진될 수 없음을 사실상 보여주었다. 시간이 지남에 따라 하인

---

64) Henry I. 919-936. 독일의 군주이자 작센의 공. 슬라브족과 마자르족의 침입에 대비하기 위해 성채들을 건설하였다. 강력한 스와비아와 바바리아의 공들의 자율성을 인정한 동시에 로타링기아에 대한 지배권을 재확립하였다.

65) 당대의 연대기 작가 비두킨트(Widukind)는 하인리히가 '군주다운 절제'의 미덕을 발휘하여 도유식을 정중하게 거절하였다고 서술하였다.

리히는 자신의 통치 원리를 불가피하게 수정할 수밖에 없었던 것이다.

하인리히 1세의 이 같은 사례는 언급할 만한 가치가 있다. 그것은 계서적 교회의 협력 없이는 10세기의 어떤 군주도 오랫동안 질서있는 통치를 할 수 없다는 것을 설득력 있게 보여주었다. 그러나 하인리히의 아들 오토 1세[66]의 통치는 대전환점이 되었다. 교황청은 200년 전과 동일한 상황에 처해 있음을 발견하였다. 오토 대제는 마자르족의 위협으로부터 유럽을 구원한 구세주로 대두하였고, 그 이후에는 독일에 평화를 정착시켰으며, 951년에는 이탈리아를 정복하여 그곳의 군주도 되었다. 이에 교황 요한 12세[67]는 계속 위협을 가하는 롬바르드족 군대를 격퇴시켜 줄 것을 오토 대제에게 요청하였다. 그러나 교황의 이 호소가 담고 있는 각별한 함의는 비잔틴 제국의 위협적인 시도 때문이었다. 남부 이탈리아, 아풀리아 및 칼라브리아 등의 지역은 비잔틴 제국의 관리들이 관장하던 영토였고, 950년대에는 이들의 북진 시도도 있었다. 당시 교황청은 심각한 침체 상태에 빠져있기는 하였지마는, 비잔틴 제국의 군사적 위협에 대해서는 명확한 인식을 가지고 있었다.

이 같은 상황에서 교황 요한 12세가 오토 1세에게 제시한 인센티브가 제위였다. 말하자면 그를 비잔틴 제국의 여하한 정복 시도도 용납하지 않는 로마의 황제로 승인한다는 것이었다. 이는 충분히 이해될 법하다. 비잔틴 제국은 로마 제국의 적법한 후예라는 주장을 포기한 적이 없었고, 결코 포기하려고도 하지 않았기 때문이었다. 이 점에서는 로마를 다시금 소유하려는 비잔틴 제국의 주장 역시 이해될 수 있을 법하다.

---

66) Otto I. 936~973. 독일의 군주로 962년 신성 로마 제국의 황제로 대관받았다. 브란덴부르크와 마그데부르크 등의 동부지역을 독일 영토로 삼았고, 이 지역을 그리스도교화하였다. 또한 이탈리아에 대한 지배를 강화하였으며, 자신을 황제로 대관한 교황 요한 12세를 폐위하고 새로운 인물을 교황에 옹립하기도 하였다. 고전 학문과 예술이 부활된 이른바 10세기 르네상스의 강력한 후원자이기도 하였다.

67) John XII. 955~963. 부친 알베릭 2세의 도움으로 약관 18세에 교황이 되었다. 이탈리아 군주 베렌가 2세의 위협을 받게 되자 독일 군주 오토 1세에게 도움을 청하였으며, 그 대가로 그를 신성 로마 제국의 황제로 대관하였다.

오토 대제가 장엄하게 대관되었던 962년의 성촉절[68]에 서유럽에서 부활된 로마 제국은, 이후 여러 세기에 걸친 교황청과 독일 간의 긴밀한 관계 및 수많은 통치 이념의 정교화 과정을 알리는 서막이었다. 여기서 교황청과 독일의 관계가 우리의 관심사는 아니다. 그러나 통치 양상에 관한 한, 로마 교회가 독일의 영주소유 교회체제를 닮아갔다는 점은 상당한 관심을 끄는 대목이다. 따라서 피선된 교황은 교황직 후보자의 적임성 여부를 판단하는 황제 특사에게 서약을 해야 했으며, 이는 일인지배체제 원리의 작동을 의미하였다. 일인지배자만이 특정 직책의 후보자에 대한 적임 여부를 말할 수 있었던 것이다. 이것이 독일의 사유교회 체제가 광범위하게 확산된 이유였으며, 바야흐로 이 제도는 점차 모든 주요 주교좌 및 대주교좌 교회까지 포함하게 되었다. 교황 요한 12세가 많은 증거를 들어 자신이 대관했던 오토를 황제 후보자로서 부적절하다고 주장하자, 새로이 대관된 황제는 이 원리를 역으로 교황청에 적용할 확고한 근거로 활용하였다. 이러한 의도는 963년 12월 6일 공포된 '오토니아눔(*Ottonianum*)'이라는 유명한 문서에서 구체화되었다. 그리고 이는 1059년까지 교황에 대한 독일 군주의 엄격한 통제를 지지하는 입헌적 토대가 되었다. 963~1059년에 이르는 시기에 25명의 교황이 교체되었는데, 그 가운데 12명의 교황이 황제에 의해 직접 임명되었고, 또 5명의 교황은 황제에 의해 폐위되었던 것이다.

　서유럽의 로마 황제권 개념은 교황청의 지적 산물이다. 이는 중세 유럽의 로마 제권을 이해하고자 할 때 기본이 되는 사실이다. 교황청은 로마 황제의 옹립을 통해 비잔틴 제국에서 벗어나는 데 성공하였다. 그런데 이 애초의 목적은 비잔틴 제국과의 분리 이후에도 여전히 유지되었다. 오토 1세 시대로부터 서유럽 황제들은 로마 황제의 진정한 계승자라고 주장하였으며, 제권이 로마의 보편주의 이념에서 비롯된다고 생각하였다. 널리 알려져 있듯이, 황제는 '세계의 지

---

(68) 교회에 많은 촛불을 밝혀 성모 마리아의 순결을 기념하기 위해서 2월 2일 거행되는 축일.

배자'로 명명되었다. 결과적으로 샤를마뉴 대제와는 날카롭게 대비되는 로마 황제권 개념은 교황의 그것과 결코 다르지 않았다. 사실상 이 점은 일찍이 9세기 때부터 목격되었으며, 이는 9세기 이래로 더욱 더 실질적인 중요성을 띠게 되었다. 한편 비잔틴 제국의 황제는 단지 그리스 군주로 강등되었고, 서유럽 황제들은 그리스 군주의 로마 제권에 대한 요구란 그리스인의 분노와 자만심에서 비롯되었다고 주장하였다. 그러나 이 같은 서유럽인들의 주장의 전제는 서유럽 황제에 대한 교황의 대관식 집전이었다. 서유럽에서는 교황의 도움 없이 로마 황제가 될 수 없었고, 결코 로마 황제로 등장하지도 못하였다. 교황은 서유럽의 황제를 옹립하는 대관식에서 헌정적 역할을 수행하였으며, 그것은 대주교가 단지 선언적 역할밖에 하지 못했던 비잔틴 제국과는 확연히 대비되었다.

말하자면 서유럽 황제의 전제조건은 교황청의 로마 황제권 이데올로기가 수용됨으로써, 그것의 토대인 〈콘스탄티누스 대제의 기진장〉[69] 역시 명백히 수용되었다는 점이다. 교황청의 이데올로기적 기준이 아니라 단지 역사적 기준만이 고려될 경우, 로마 황제의 재론의 여지가 없는 계승자인 동로마 제국의 황제는 줄곧 자율성을 가진 문자 그대로의 전제적 지배자였다. 서유럽 황제에게 결여된 것이 바로 이 점이었다. 이에 서로마 황제는 교황에 의해 세워졌으며, 전체 그리스도교 사회의 축소판인 로마 교회의 수호라는 특별한 목적을 위해 황제가 되었다는 목적론적 주장을 줄곧 활용하였다. 황제는 보편적 지평상의 정부기구로 간주되었던 교황청의 강력한 팔이 될 것이었다. 이 같은 통치 이념은 유명한 해와 달의 비유에도 적용되었다. 이 비유에 따르면, 달은 해로부터 빛을 받으며 또한 해는 교황을 그리고 달은 황제를 각각 가리키고 있었다.

황제 오토 1세의 치세 이후 한 세기 동안 교황청의 실제적 권위는 허약하였다. 그러나 그를 계승한 모든 황제들은 대관식에 대해 우려를 가지고 있었다.

---

69) 교황 요한 12세는 오토 1세의 대관에 즈음하여 오토를 위해 특별히 장식된 그 위서의 사본을 가지고 있었다.

이러한 관행의 지속이 교황청의 이데올로기를 강화하리라는 점이 분명해 보였기 때문이었다. 이 같은 토대 위에서 12세기의 교황청은 '사도의 은혜'라는 형식을 통해서, '신의 은총으로서의 황제 통치권'이라는 겔라시우스의 유서 깊은 이론을 제기하였다. 또한 양도 이론은 모든 세속 통치자들 가운데서도 가장 탁월한 통치자에게 적용될 것이었다. 여기서 교황은 '신의 은총'을 황제에게 전달함으로써 신과 인간의 중재자적 기능을 담당하였던 것이다. 한편 독일인들은 이 같은 교황청의 기본 원리에 도전하였다. 이들에 따르면, 독일 군주는 독일인의 군주일 뿐만 아니라, 이탈리아에 대한 군주권을 행사함으로써 '로마인의 군주'이기도 하였다. 독일 군주는 황제권을 가질 권리가 있으며, 교황은 이를 부여할 의무가 있다는 것이었다. 이러한 독일인들의 주장이 시험대에 오르게 되면서, 역사적으로든 이데올로기적으로든 그것이 아무런 근거도 가지고 있지 않음이 입증되었다.

로마인의 황제를 옹립함에 있어서 교황청은 그리스도교 사회의 정부에 관한 자신의 소중한 몇몇 이념들을 납득시킬 수 있는 명분을 끊임없이 발견하였다. 로마인의 황제라는 개념은 교황에게 보편적 지평상의 보조자를 창출해 내는 조직이라는 위상을 제공하였다. 이 세속의 보조자(advocatus)는 교황청의 프로그램을 실행에 옮길 강력한 팔이 될 것이었다. 이로 인해 황제는 '로마 교회의 특별한 아들'이라 불리게 되었던 것이다.

사실 독일 군주가 로마 황제권 개념에 매력을 가지게 된 이유는 설명하기가 어렵지 않다. 교황이 주관한 독일 군주의 황제 대관식이 사실상 군주권에 어떤 구체적인 권리를 추가하지는 않았다. 그러나 부여받은 명칭은 단순한 위임 또는 보다 높은 지위나 명성 정도가 아니었다. 중세 군주들이라고 해서 감상적이거나 낭만적이기만 했던 것은 결코 아니다. 그러나 황제라는 명칭은 보편적 지배권에 대한 보증으로서, 사실상 이는 동로마 황제가 단순한 경쟁자를 넘어 적이 되었음을 의미하였다. 이 맥락에서 비잔틴 제국에 대한 교황청의 적대감이

불가피하게 서유럽 황제를 주목하게 만들었던 것이다. 교황청과 그것의 산물인 서로마 황제 모두가 비잔틴 제국에 대해 적대적이었다는 점에서, 이들 간에는 아무런 차이가 없었다. 이들의 목적은 한 가지였다. 비잔틴 제국을 서유럽에 완전히 복속시키거나, 아니면 비잔틴 제국을 제거하는 것이었다. 10~13세기에 이르는 기간 동안 서유럽 황제들은 서유럽 제국의 이데올로기를 실행에 옮기고자 다양한 수단을 활용하였다. 서유럽 제국의 왕자와 비잔틴 제국 공주와의 혼인도 하나의 수단이었다. 12세기 프리드리히 1세[70] 치세 하의 군사적 조치도 여기에 속하는 다른 한 사례였다.

독일은 11세기로부터 13세기에 이르는 기간에 시행된 식민화 프로그램의 일환으로 러시아를 포함한 동유럽에 선교사를 파견하였으며, 이와 더불어 비잔틴 제국의 영향력은 주변 지역으로 축소되었다. 12세기 말 엄청난 액수에 달하는 재정적 착취도 '동로마 제국'의 힘을 약화시키는 데 기여하였다. 마지막으로 12세기에 독일은 시실리를 정복하였는데, 그 의미는 확실히 적지 않았다. 이는 지리적으로 중요한 바다였던 지중해에 일급의 거점을 제공해주었다. 프리드리히 1세의 아들로서 최초의 시실리 점령자였던, 하인리히 6세[71]가 추진한 비잔틴에 대한 공세 정책은 비잔틴 제국이 직면했던 절박한 위험을 잘 말해주고 있다.

비잔틴 제국은 사면초가에 빠졌다. 마침내 십자군 이념이 대두하였고, 이는 비잔틴 제국을 굴복시키기 위한 또 다른 수단이 되었다. 십자군 운동의 주창자인 그레고리우스 7세가 동·서 유럽이 공식적으로 분열된 지 20년 후인 1074년에 분명하게 밝혔듯이, 로마 교회와 비잔틴 교회의 통합이 그의 유산된 십자군 운

---

70) Federick I Barbarossa. 신성 로마 제국의 황제 (1152~90). 독일과 이탈리아 정쟁의 한 원인이었던 교황파와 황제파 간의 갈등을 해소시키려 하였으나 무위로 돌아갔다. 신성 로마 제국의 옛 영광을 회복하기 위해 감행한 이탈리아 원정은 오히려 황제권을 약화시키는 요인이 되었다.

71) Henry VI. 1190~97. 독일의 군주. 프리드리히 1세의 아들로 남부 이탈리아와 시실리에 대한 지배를 확립하였다. 3차 십자군 원정에서 귀환하던 영국의 리차드 1세를 포로로 잡아 막대한 액수의 배상금을 받고 그를 석방하기도 하였다. 하지만 십자군 원정을 준비하던 도중에 사망하였다.

동의 목표였다. 뿐만 아니라 1204년 콘스탄티노플이 '십자군 원정대'에 의해 함락되자, 교황 이노센트 3세는 콘스탄티노플 교회가 이제 그 모체인 로마 교회로 사실상 복귀하였다고 주장하였다.

5세기로부터 10세기 초엽에 이르기까지 비잔틴 제국이 교황청의 주요 역할을 부정했던 것은 교황청에게는 심각한 문제였다. 앞서 살펴보았듯이, 교황청은 자신의 우월한 사법적 역할을 서유럽 황제의 옹립을 통해 실현하고자 했고, 이를 통치상의 유일한 효과적 수단으로 간주했으며, 이 역할에 관한 비잔틴 제국의 권한 부정은 매우 중대한 결과를 초래할 수 있었다. 한편 서유럽 황제에게도 교황청의 경우와 마찬가지로, 비잔틴 제국이 로마 황제의 역할을 인정하지 않는다는 것은 심각한 문제였다. 그런데 서유럽 제국의 '정치 사상'의 발전은 물론, 교황청 '정치 사상'의 발전을 이해하기 위해서도 관건은 비잔틴 제국이었다. 순수한 이데올로기가 역사적 사건들의 경로를 결정하였는데, 이 이데올로기는 '세계의 유일한 통치자'라는 개념에서 유래된 것이었다.

그러나 서유럽 황제란 특정한 목적을 위해서 교황에 의해 고안되고 의인화된 개념 그 이상은 아니었다. 서유럽 황제는 최고 지배자로서 대외적으로 과시할 의관도 없었다. 그리하여 10세기 말엽 이후로 비잔틴 제국의 전형적 문장, 의식, 상징, 관습, 전문용어, 직책 등이 수용되었다. 이들은 '비잔틴 제국에서' 목격되었던 것들이었다. 로마 황제의 법률들인 유스티니아누스 대제의 법전이 서유럽 황제의 법률이 되었음은 분명하다. 의미심장하게도 유스티니아누스 황제의 《칙령집》은 그것의 의미가 완전하게 인식되기 몇 십 년 전인 10세기 말 오토 3세[72] 치세 하에서 이미 차용되기 시작하였다. 서유럽의 제국법들이 《칙령집》에 통합되었던 것이다.

---

72) Otto III. 983~1002. 독일의 군주이자 신성 로마 제국의 황제. 후에 교황 실베스터 2세가 된 게르베르트를 사사하였으며, 오랫동안 모친 테오파노가 섭정을 실시하였다. 교회개혁을 지지하였으며, 고대 로마 제국의 영토를 회복하기 위한 사전작업으로 로마에 거처를 마련하기도 하였다.

또한 로마 세계 즉 로마-그리스도교 세계의 군주 정부 역시 지속적인 조치를 취하였다. 11세기 동안 서유럽 황제는 교황의 명칭인 '신의 하인들 가운데 하인'(*servus servorum Dei*)[73]이라는 자신의 진정한 국왕-사제적 지위 즉 일인지배자로서의 위상을 강화하고자 하였다. 이에 그는 이를 '로마인의 황제'라는 타이틀과 결부시켰다. 이 타이틀에 내재되어 있던 통치 이념은 다른 많은 방식에서뿐만 아니라 교황의 임명 및 폐위에서도 실질적으로 수행되었다. 오토 3세[74]는 〈콘스탄티누스 대제의 기진장〉의 성격을 제대로 인식하였다. 이에 그는 1001년경 이 '가상으로 꾸며진 위조문서'의 먼지를 털어내고, 그것의 수장제적 이념을 실행에 옮겼다. 그는 자신의 권위에 입각해서 방대한 영토를 베드로의 계승자인 교황 실베스터 2세[75]를 통해서 성 베드로에게 양도하였다. 이 조치가 가지는 의미는 〈콘스탄티누스 대제의 기진장〉을 환기시킴으로써, 교황이 살아있는 황제의 진정한 수혜자가 되었다는 점이다. 황제는 '자신의 관대함'을 통해서 '로마 세계 최고의 대주교'인 교황에게 큰 선물을 하였던 것이다. 이때 오토는 교황을 '로마 세계 최고의 대주교'라 불렀는데, 이는 무엇보다도 콘스탄티노플이 아니라 로마가 '군주의 도시'(*urbs regia*)이며 또한 로마가 '세계의 수도'임을 가리키는 표현이었다. 이러한 시사적 표현은 교황청뿐만 아니라 비잔틴 제국을 겨냥한 것이기도 하였다. 그리하여 매우 역설적이게도 교황청은 손수 만든 로마 제국의 이데

---

73) 이 용어는 교황 그레고리우스 1세가 최초로 사용했던 것으로 알려져 있다.

74) 오토 3세는 로마에서 거행된 선대 황제의 대관식에 즈음하여 콘스탄티누스 대제의 기진장을 화려하게 장식된 사본으로 만들어야 했던 부제 요한을 통해 기진장이 위작임을 알게 되었다. 요한은 964년 이전에 자신의 손가락을 절단하였던 교황 요한 12세와 언쟁을 벌였는데, 이에 '손가락 없는 부제 요한'이라는 별명을 가지게 되었다. 그 이후 오토의 궁정으로 피신하여 이 비밀을 폭로하였다. 필자가 알고 있는 한, 이는 기진장이 허위라고 언급한 중세 최초이자 마지막 사례였다. 종전의 문헌에서 언급된 이 문서는 교황청 문서보관소에 보관되었으며, 물론 19세기까지 외부 세계에 알려지지 않았다.

75) Sylvester II. 999~1003. 프랑스 출신 최초의 교황. 랭스 성당학교의 좌장이었던 그는 라틴어, 천문학, 수학 및 논리학 지식으로 명성이 자자하여 '금세기의 가장 학식 있는 사람'으로 불렸다. 오토 3세의 개인교사를 역임한 그의 이력은 라벤나의 대주교와 교황이 되는 데 커다란 자산이 되었다. 성직매매와 축첩제도를 혁파하려고 하였으며, 수도원장 선출의 자율성을 확립하는 데도 기여하였다.

올로기가 작동함으로써 콘스탄티노플 대주교좌와 기본적으로 동일한 지위로 격하되었던 것이다.

그리스도 교도 통치자였던 황제들은 매우 절실한 과제이기도 했던 성직제도의 개혁에 통치 차원에서 많은 관심을 기울였다. 특히 이는 그들의 사유교회 체제로 인해 여하한 상황에서도 성직제도가 그들의 통제 아래 있었다는 사실에 힘입은 바 컸다. 11세기 전반기는 제국 정부에 의해 주도되었던 개혁의 시대였다. 황제들에 의한 성직자 조직의 정화 작업은 사실상 통치 조치였다. 그리하여 문자 그대로 군주와 황제에 의한 성직과 성직록의 수여를 의미하였던 서임권 행사를 통해서 수백 명의 성직자가 임명되었다. 일인지배자로서의 통치 기능이 이보다 더 잘 입증될 수는 없었다. 독일인들이 로마 제국 이데올로기의 포로가 되지 않았더라면, 그들이 로마 교황청에 무슨 일이 일어났는가 하고 관심을 기울이는 일은 거의 상상하기 어렵다. 이는 8세기 피핀과 샤를마뉴가 로마 교황청에 대해 행한 개입에 의문을 제기하는 것과 마찬가지로 순수히 가설적인 질문에 불과한 일이 될 것이다. 피핀과 샤를마뉴는 로마 황제가 아니었지만, 성 베드로의 후계자들의 권리가 침해당하자, 이에 대한 관심을 근거로 로마 교황청에 사실상 깊숙이 개입하였던 것이다.

만약 성직자의 '수장'인 교황 자신이 개혁되지 않았더라면, 성직자의 갱신이나 개혁은 완수되지 못하였을 것이다. 황제 하인리히 3세[76]는 수장제적 통치 이념을 그리스도교 사회에 이식시키면서 최고 통치자로서의 역량을 유감없이 발휘하였다. 무엇보다도 그는 교황을 제거하고, 자신이 지명한 인물을 임명하는 극단적인 조치를 통해서 이를 수행하였다. 그런데 이들 황제가 임명한 교황들은 실로 자신이 대치했던 자들과는 판이한 재능을 가진 인물들이었다. 이제 교

---

76) Henry III. 1039~56. 독일의 군주. 콘라드 2세의 아들로 1046년 신성 로마 제국의 황제로 대관받았다. 스와비아, 바바리아 및 프랑코니아의 공이었으며, 폴란드, 보헤미아 및 헝가리에 대한 주권을 행사하였다. 뿐만 아니라 교권에도 개입하여 여러 명의 교황들을 폐위하였다.

황청 업무를 맡게 된 이들은 알프스를 넘어 프랑스 및 독일 지역 출신의 여러 유능한 성직자들까지 로마로 불러들였다. 그리하여 오히려 이들은 당대의 세속통치자들이 표명했던 통치 이데올로기의 기본적 가설들의 정당성에 대해 다양한 방식으로 심각한 의문을 제기하였다. 사실 이들이야말로 신정적 정부론의 열렬한 변론가들로서, 이들은 로마 교황청의 주요 직책을 맡아 자신들의 프로그램을 가차없이 추진하였다. 더욱이 하인리히 3세의 때 이른 죽음은 이들에게는 커다란 행운이자 기회였다. 그의 죽음은 이들에게 20년도 채 지나지 않아 사태를 반전시키는 계기를 제공하였다. 바로 이들이 교황청–성직자 통치제도를 완전히 성숙시키는 주역들이 되었다.

5. 연구 노트

이 장의 논의는 다소 보완될 필요가 있다. 카로링 왕조 르네상스는 문학적 영역 내지 문화의 영역에 한정되지 않고, 보다 폭넓고 깊이 있게 진행되었기 때문이다. 카로링 왕조 르네상스는 세례 행위를 통한 개인의 재탄생이라는 모델에 기초해서 사회 전반의 재형성 즉 그리스도교 사회의 재탄생과 관련을 맺고 있었다. 개인이 본성적 속성을 벗어나서 다른 존재가 되는 것과 마찬가지로, 모든 개인들의 총체인 사회 역시 동일한 방식으로 교회라는 새로운 단위가 되었으며, 이를 통해서 게르만족은 바야흐로 과거 및 역사적 본성적 부산물 등으로부터 벗어나게 되었다. 교회는 신이 그것을 직접 만들었다는 이념에 기초하고 있었던 것이다. 이제 사회의 성격은 특정 교리 즉 그리스도교적 규범과 법률에 따라 형성되었다. 이는 특정 이념의 프로그램과 청사진에 입각해서 사회 전체를 재편하려는 유럽 최초의 시도였다. 유사한 노력이 뒤이은 역사를 통해서 반복될 것이며, 이 같은 시도는 지금도 지구적 지평에서 여전히 목격되고 있다.

이 같은 카로링 왕조기의 르네상스 이념이 미친 영향은 실로 큰 것이었다. 이는 특히 다음과 같은 주제들과 깊은 관련을 맺었다.

(1) '신의 은총에 의한 군주'라는 칭호가 군주들에 의해 채택됨으로써 통치자는 교회의 간섭에 문호를 열어주었다. 왜냐하면 성직자만이 신의 은총이라는 종교적 문제에 관해 판단할 수 있다고 주장되었기 때문이다. 그리하여 이는 통치 이념의 성직화를 초래하였을 뿐만 아니라, 통치자는 상위법적 규범 즉 신법에 복속해야 한다는 이론 역시 발전시켰다. 기본적으로 신법은 매우 폭넓은 의미로 이해되었고, 교회법 또한 포함하게 되었으며, 무엇보다도 성직자에 의해 해석되었다.

이것이 갖는 의미는 적어도 이론상 군주를 일련의 규범에 복속시킴으로써, 신정적 군주제에 내재해 있던 왕권의 절대화를 사전에 방지하는 데 있었다. 이 규범은 서유럽 통치자들이 자발적으로 채택한 왕권의 종교적 토대와 직결되어 있었다. 더욱이 이러한 상위법 내지 기본법은 군주보다도 우선하였으며, 군주로부터 완전히 독립적이었다. 널리 알려져 있듯이, 국가의 수반, 장관 등 공공 정부를 기본법에 어떻게 예속시킬 것인가 하는 문제는 제2차 세계대전 이후 중요한 쟁점이 되었는데, 이 쟁점이 처음 제기된 것은 프랑크 왕국 및 그 이후에 출현했던 신정적 왕권이라는 맥락에서였다. 말하자면 근년의 업적으로 칭송되고 있는 법률적 지배 이념의 기원은 명백히 프랑크족 정부와 저술가들에 있다고 할 것이다.

(2) 왕국은 인정적 본성적 기원을 지닌 것이 아니라, 신적 기원을 가지고 있다는 주장으로 인해서, 군주도 왕국을 관리하기 위해 신으로부터 임명된 위탁자로 간주되었다. 왕국은 군주에게 단순히 위임되었기 때문에, 군주는 왕국의 보호자라는 관념이 형성되었던 것이다. 9세기 중엽 이후 15세기에 이르기까지 군주는 왕국의 보호자로 불렸다. 게르만족의 유서 깊은 개념인 문트(*Munt*)는 약자에 대한 보호로 이해되었는데, 이는 로마의 보호자(*tutor*) 개념과 쉽게 결합되

었다. 로마적 보호 개념에 따르면, 보호자의 유일한 관심사는 맡겨진 피보호자의 안녕이었다. 또한 초기 중세의 관행과 이론이 누적되고 발점함에 따라, 후견권 내지 보호권 개념은 사적 영역에서 공적 영역으로 이전되었으며, 개별적 보호자의 지위도 집단적 보호자 즉 왕국으로 이전되었다.

9세기에 진전된 이 같은 보호권 개념의 확대 의미는, 군주가 보호자로 기능함에 있어서 왕국에 속한 어떠한 재산 내지 권리도 임의로 양도할 수 없다는 점에 있었다. 그런데 만약 보호자가 피보호자를 팔거나, 그의 재산을 압류하거나, 어떤 식으로든 그의 법률적 지위를 약화시켰다면, 이는 실로 보호자의 역할을 욕되게 할 것이었다. 이 개념은 군주에게도 그대로 적용되었다. 그리하여 군주의 보호자 기능이 중세 왕권의 핵심적 속성이 되었던 것이다. 이는 양도불가론의 매우 중대한 기원이었다. 이에 따르면 통치자는 군주 내지 왕실의 여하한 공적 권리도 이전, 수수, 기증, 즉 양도할 수 없었다. 이 공적 권리들의 보존은 대관식에서 군주가 이행하기로 장엄하게 서약한 주요 의무의 하나였다. 그러니까 1220년에 반포된 교황 호노리우스 3세의 교서 〈인텔렉토〉(Intellecto)는, 새로운 법률의 천명이라기보다는 9세기 초엽 이래로 유지되어 왔던 상황을 단지 명확히 한 것이었다. 더욱이 이 같은 기반 위에서만 비로소 위서인 〈콘스탄티누스 대제의 기진장〉의 효력에 대해 공격을 가할 수 있을 것이었다.

(3) 군주의 보호자 기능과 그것의 양도불가성은 게르만족의 문트와 로마의 보호자 개념에 기초하였을 뿐만 아니라, 통상적으로는 인정되지 않았지만, 성 바울의 서신 갈라디아서 4장 1~2절 및 이에 대한 성 제롬, 성 아우구스틴 등의 교부들의 해석에도 기초를 두고 있었다. 성 바울의 텍스트에 대한 면밀한 해석 작업과 더불어 로마 사상과 그리스도교 사상의 결합 역시 진전되었다. 이들의 결합은 왕국이 법률상 미성년자의 수준에 머무르고 있다는 견해, 및 미성년자란 자신의 문제를 정리하고 해결할 법률적 능력이 없는 것과 마찬가지로 왕국 역시 고유한 문제를 해결할 능력을 결여하고 있다는 견해 등을 수반하였다. 이

같은 견해는 보호자의 필요성을 더욱 강화시켰으며, 군주가 바로 그들이 발견한 보호자였던 것이다. 중세 군주의 무제한적 절대주의적 군주로의 전락에 강력히 저항했던 인식의 근거도 여기에 있었다. 고중세 시기에는 거의 모든 이론가들이 국가 내지 왕국을 보호자를 필요로 하는

신민의 보호자로서의 군주

미성년자로 간주하였던 만큼, 결국 이는 봉건적 보호자 군주관을 보편적인 견해로 확산시켰던 것이다.

(4) 이 같은 시각은 결과적으로 상위자로서의 군주의 기능과 하위자로서 왕국을 구성하는 개인들을 크게 강조하였다. 봉건적 군주권에 대해서는 다양한 규범들이 적용되었고, 그 결과도 상이하였다. 그러나 상위자 군주 대 하위자 구성원 개인이라는 구도는 개인들에 속한 여하한 본성적 자율적 권리 개념의 발전도 극히 어렵게 만들었다. 신민으로부터 자율적이고 독립적인 권리를 보유한 시민으로의 이데올로기적 변화는, 수세기에 걸친 유서 깊은 전통, 및 왕국과 신민이란 공법상 군주라는 보호자의 보호의 손길을 필요로 하는 단순한 미성년자에 불과하다는 후대의 화석화된 견해 등로부터 강력한 저항을 받았다. 군주의 신민이 문자 그대로 후견인으로부터 해방되는 인정법적 효력이 발생하기까지는 다수의 혁명과 수많은 희생이 따르게 될 것이었다. 오늘날도 우리는 이 같은 혁명을 여전히 목격하고 있는 실정이다.

(5) 재생(renaissance)의 개념 또한 군주에게 적용되었다. 군주는 주교들에 의해 집전되는 성사, 즉 군주 도유식을 통해서 다시 태어난다는 것이었다. 성사는 군주를 신의 아들로 만드는 절차인 셈이었다. 이같이 급속하게 발전했던 신정

적 왕권 및 그것에 내재된 태생적 전제주의의 가능성은 앞서 언급한 바 있는 여러 상응하는 정교한 견제 장치들에 의해 완화되었다. 특히 이는 기본법에 대한 군주의 복속이 강조됨으로써 이루졌는데, 이러한 강조는 군주를 신민으로부터 분리시키고, 군주를 자신의 영향력 안에 끌어넣는 데 탁월한 능력을 발휘했던 주교들에 의해 주로 행해졌다. 주교는 군주를 일종의 사제적 인물로 만듦으로써 비교적 손쉽게 그를 통제할 수 있었다. 군주는 스스로를 자신에게 위임된 신민의 상위자로 간주하였고 또한 실제로도 상위자였다. 그러나 동시에 군주는 신정적 성격의 왕권이라는 바로 그 전제들 때문에 통치행위와 입법권에서 중요한 제약도 받을 수밖에 없었다. 군주를 군주의 지위에 오르게 만든 토대가 신의 은총에 대한 종교적 성서적 견해였던 것이다.

여기서 반드시 강조되어야 할 점은 이 같은 종교적 함의로 채색된 통치권이 중세를 넘어서까지 심대한 영향을 미쳤다는 사실이다. 하지만 이와 같은 성격의 통치권이 유럽 문명권에서는 최초로 통치자도 법률에 복속해야 한다는 이론을 동시에 태동시켰다. 도유식을 매개로 신의 은총이 군주에게 부여되었고, 군주는 법률을 준수하고 또한 신민의 보호자 역할을 충실히 수행하겠다는 장엄한 서약을 하는 것이 대관식 성사의 두 핵심적 성격이었다. 대관식 성사에는 모든 핵심적인 이데올로기적 헌정적 요소들이 포함되어 있었으며, 이는 세심하게 짜인 구체적 상징성과 간결한 예찬 등의 수단을 통해서 전달될 수 있었다. 특히 이 모든 성사적 함의는 군주의 재탄생에서 그 절정에 달하였다.

제4장 성직자 정치론의 성장

1. 주요 특징

본 장에서는 신정적 통치 이념의 본질을 해명해두는 작업이 도움이 될 것 같다. 신정적 이념에 따르면, 교황은 성 베드로의 계승자로서 신도집단 공동체 즉 교회를 이끌고 계도할 권리와 의무가 있었다. 교황이 그렇게 할 수 있었던 수단은 두 가지였다. 하나는 보편적 타당성을 가진다고 간주된 최고의 사법적 기능을 통해서였으며, 다른 하나는 스스로 반포한 법률과 이 사법적 기능을 토대로, 교황 자신이 그리스도교 공동체의 주요 이해관계와 구조적 문제에 영향을 미치는 모든 사항에 대해 깊은 관심을 가지는 일이었다. 신정적 관점에서 볼 때, 무엇이 그리스도교 공동체에 유익하며, 어떤 사건, 어떤 조건, 어떤 행동, 어떤 상황이 공동체의 주요 관심사인가를 판단하는 이는 교황이었다. 교황은 '일상적 재판관'(judge ordinary)이었으며, 언제 입법화가 필요한가에 대해서도 특별한 지식을 가지고 있다고 상정되었다. 교황의 기능은 위탁된 공동체를 관리하는 진정한 수장의 기능 그것이었다.

성직자 정치론의 보다 본질적인 특징은 직책의 계서적 등급화에 있었다. 이는 이른바 공동체 전반의 질서와 원만한 운용을 보장하기 위한 것이었다. 공동

체의 질서는 모든 구성원이 자신에게 부여된 기능을 벗어나지 않고 수행함으로써 유지되는 것으로 이해되었다. 주교는 자신의 고유한 기능을 가졌으며, 군주역시 그러하였다. 만약 군주와 주교가 상대방의 기능에 간섭하거나 이를 방해한다면, 질서는 무너지고, 무질서가 뒤따르게 될 것이었다. 따라서 기능 공동체구성원들 간의 상호 영역에 관한 한계의 설정이 신정적 정치론의 가장 뚜렷한특징이었다. 말하자면 분업의 원리가 신정적 이론의 핵심적 구조적 요소였던 것이다. 최고의 계도적 관리권 즉 최고의 권위인 주권은 교황에게 있었으며, 교황은 신도집단 공동체 위에서 그리고 밖에서 '조타수' 즉 지배자로서의 자신의 판단을 제시할 것이었다.

신정적 이론에 비추어 볼 때, 성직자와 평신도의 관계에 대한 비유는 검토할 만한 가치가 있다. 신정론은 영혼과 육체의 비유를 끊임없이 활용하였는데, 이는 평신도의 열등함과 성직자의 우월성을 입증하고, 영혼이 육체를 지배하는것과 마찬가지로 성직자가 평신도를 지배해야 한다는 점을 강조하기 위함이었다. 예를 들면, 11세기 중엽의 추기경 훔베르트[77]는 군주가 성직자의 강력한 팔인데 비해, 성직자는 행해야 할 바를 알고 있는 전체 교회의 눈이라고 주장하였다. 이 같은 대립 명제를 해석할 때 우리가 순수한 비유 그 자체에 현혹되어서는 안될 것이다. 영혼과 육체의 비유가 말하고자 했던 바는, 그리스도에 대한 신앙이전체 교회를 결속시키는 견고한 유대이고, 신앙에 대한 해명이 성직자의 소관업무이기 때문에, 사회의 외적 규제인 법률도 신앙에 기초해야 한다는 점이었다. 신앙과 법률은 서로 원인과 결과의 관계를 맺고 있었다. 이 비유에서 '영혼'은 정의와 법률의 순수한 관념 즉 올바른 생활 방식에 관한 오염되지 않은 그리스도교적 관념 그 이상도 그 이하도 아니었다. 볼 수 있는 눈을 가진 성직자만이 신

---

77) Humbert. 약 1000~61. 교황청 서기로 활약하였으며, 교황 레오 9세에 의해 추기경이 되었다. 교회개혁과 로마 교회의 우월성을 극단적으로 주장하였다. 1054년 교황 특사로 비잔틴 제국을 방문한 그는 콘스탄티노플의 대주교를 파문함으로써 로마 가톨릭 교회와 그리스 정교회의 최종적인 결별을 가져다주는 한 요인을 제공하였다.

앙이 요구하는 법률적 사법적 행위가 무엇인가를 인식할 수 있다는 것이었다. 모든 법률은 정의의 개념을 구체화하고, 정의는 그리스도교 신앙의 핵심적 요소이기 때문이었다. 요컨대 이 비유에서 '영혼'은 그리스도교 정의의 개념을 의미하고 있었다.

중세의 이 같은 '법률적 지배' 이념이 법률 우위의 개념을 배태하였음은 의심할 여지가 거의 없다. 신도집단은 오직 그리스도교적 정의에 입각한 법률에 의해서만 결속될 수 있었다. 그러니까 이 그리스도교적 정의는 신앙의 구체화였던 동시에 목적론적 논리도 반영하고 있었다. 법률은 신도집단의 목표를 성취하는 적절한 수단으로 간주되었기 때문이다. 또한 법률은 그리스도교라는 유기적 공동체를 지배하는 영혼이었다. 중세의 법치주의 특히 신정적 형태의 정부는 이 점을 수월하게 설명할 수단을 갖고 있었다. 공공 집단은 오직 법률을 통해서만 존속될 수 있고, 발전하며, 그 목적을 성취한다는 주장이 빈번히 제기되었던 것이다.[78] 신정적 정부론의 기본 개념에 따르면, 군주는 성직자의 지배에 예속되며, 그리스도교 사회의 핵심적 구조에 관한 사항들에서 법률을 제정할 자격을 가지지 못하였다. 근본적으로 영혼과 육체 이론(theory of *anima-corpus*)은 무엇보다도 법률이라는 수단에 의해 공적 유기체적 집단이 지배되어야 한다는 인식을 표현한 논리였다.

따라서 교황 그레고리우스 7세[79]의 재임기간(1073~85) 이래로 만개하기 시

---

78) 이러한 토대 위에서 통치자의 '살아있는 법률'의 의미를 이해하기란 어렵지 않다. 일반적으로 이 이념체계는 '군주의 의지'가 법률의 핵심적 요소를 형성한 하향적 정부론에서만 존재할 수 있었다. 다시 말해서 법인체적 공동체에 생명을 불어넣거나 영감을 불어넣은 것은 바로 이 군주의 의지였다. 이 이론은 사실상 헬레니즘에서 기원하였으며, 헬레니즘 세계에서 통치자는 살아 있는 법(*nomos empsychos*)으로 알려졌다. 이는 살아 있는 법률에 대한 자구적 해석이다.

79) Gregory Ⅶ. 힐데브란트(Hildebrand)로 불린 클루니 수도원 출신의 개혁교황. 속권으로부터 교회의 독립과 성직자의 정화 즉 성직매매 금지, 성직자의 혼인 금지 및 속권의 주교 임명 금지 등이 그가 추진한 개혁의 주된 내용이었다. 이를 통해 강력한 교황권을 확립하고자 하였다. 하지만 이는 특히 독일의 군주 하인리히 4세와 성직임명을 둘러싼 서임권 투쟁을 야기하였다. 그는 하인리히 4세로부터 카놋사의 굴욕적 항복을 받아내기도 하였으나, 하인리히가 대립교황을 세우고 완강하게 저항하자 마침내 유배되어 살레르노에서 사망하였다.

작한 성직자 정치이념 역시 각별히 법률을 강조하였다. 그레고리우스 7세는 '법률적 훈계'를 군주로 하여금 구원에 이르게 하는 요소라고 교조적으로 천명할 정도였다. 군주는 신에 의해 왕국의 관리를 위탁받은 성별된 인물이었다. 그러니까 특히 이들은 자신이 '정의의 애호자'(*amatores justitiae*)임을 입증해야 할 필요가 있었다. 그런데 정의는 그리스도교 신앙의 한 요소로서 단지 로마 교회에 의해서만 해석되어야 했다. 로마 교회가 '정의의 전당'인 이유도 여기에 있었다.

한편 군주의 의무는 교황의 명령에 대해 복종하는 일이었다. 모든 그리스도교도가 예외 없이 교황의 신민이기 때문에, 군주 역시 마땅히 교황의 신민이라는 것이었다. 이 같은 목적론적 주장은 대관식에 대한 해석뿐만 아니라, 특히 누적된 지식과 학문체계에 기초함으로써 치밀한 논리를 갖추게 되었다. 신이 군주에게 공적 영역의 권력을 부여한 의도는 악에 대한 징벌이었다. 악이 존재하지 않았더라면, 물리적 힘도 필요하지 않을 것이었다. 이에 비해 교황은 법률이라는 수단을 통해서 사물이든 사람이든 아무런 차별이 없는 보편적 통치권의 행사를 주장하였다. '성 베드로의 권한'은 포괄적인 것으로서, 누구도 그리고 무엇도, 교황의 사법권으로부터 벗어날 수 없다고 생각하였다. 예를 들면 그레고리우스 7세는 다음과 같이 명확히 선언하였다.

만약 교황청이 정신사를 판단하는 권리를 가지고 있다면, 또한 세속사를 판단하는 권리 역시 가져서는 안 되는 이유가 어디에 있단 말인가?

그레고리우스 7세는 이렇게도 주장하였다.

만약 교황이 천상의 일을 결정하고 판단한다면, 하물며 그가 현세사와 세속사를 결정하고 판단해야 한다는 것은 이를 나위가 없지 않은가?

교황청의 입장에서 볼 때, 교황은 정신사뿐만 아니라 세속사라는 매우 무거운 짐조차 지고 있다고 말할 수도 있었다. 교황은 자신의 통제와 감독 아래 신도집단 공동체의 진로를 책임지고 있다고 생각하였던 것이다. 확실히 교황의 관리권은 특히 군주와 밀접히 결부되어 있었다. 이를테면 교황은 교황청의 명령과 교서를 집행하는 특별한 수단을 가지고 있는 셈이었다. 더욱이 앞서 언급한 이유로 인해 군주는 일종의 '사제적 인물'이었으며, 군주의 직책은 무엇보다도 악에 대한 징벌과 관련이 있었다. 여러 교황들이 반복해서 강조하였듯이, 왕국과 군주의 영혼은 교황의 권한에 속하였다.

그러나 성직자 정치론이 발달해 감에 따라, 신도집단의 근본적이고 핵심적 이해관계와 결부되어 있어서 교황의 개입이 필요할 경우에만, 교황이 사법적 권한의 행사를 고려한다는 제한조치도 제정되었다. 교황 이노센트 3세[80]는 누구보다도 이 원리를 익숙한 용어로 간결하고 훌륭하게 표현하였다. 그는 봉건적 사항 자체가 교황의 사법권과는 무관하다고 주장하면서도, 봉건적 사항이 범죄에 결부된 경우에는 교황 사법권이 전적으로 행사되어야 한다고 주장했던 것이다. '범죄이기 때문에'(*ratione peccati*)라는 용어가 교황의 우월적 사법권을 드러내는 전문적 표현이었다. 분명한 사실은 언제 죄에 연루되었던가 하는 판단을 교황 스스로 한다는 점이었다.

한편 성서의 독점 과정도 크게 진전되었다. 교황은 '내가 그대를 민족과 왕국들 위에 세웠노라'라는 예레미야 1장 10절의 말씀을 자신에게 적용하였다. 이노센트 3세에 의하면, 이는 교황의 '대권'이었다.(오늘날 대권을 가리키는 prerogative라는 용어는 여기서 처음 사용되었다.) 그런데 이는 수장제 원리의 명시적 표현 바로 그것이었다. 이노센트 3세는 자신이 신보다는 못하지만 인간보다는 우월하다고

---

80) Innocent Ⅲ. 1198~1216. 중세의 매우 강력한 교황이었던 그는 볼로냐와 파리 대학에서 수학하였으며, 교회법 학자로서 명성을 얻었다. 수많은 교황령을 작성하였으며, 제4차 알비 십자군을 조직하였을 뿐 아니라 교회개혁의 청사진을 제시한 제4차 라테란 공의회(1215)도 주재하였다.

생각하였다. 이러한 관점은 교황권 이론의 진수를 극명하게 드러내고 있다. 요컨대 이는 교황의 위상을 신도집단 공동체 밖에서 그리고 신도집단을 초월해서 군림하는 것으로 상정하였던 교황주권 의식을 여실히 말해주고 있었다. 교황청 정부의 지배자가 법률을 부여하는 통치 행위도 엄밀하게는 교황의 이 같은 '우월적' 위상에 그 근거가 있었다. 그리스도의 대리자 개념을 초래했던 12세기의 발전은 특히 이러한 관점을 강조하였다. 그리스도의 대리자라는 교황 개념이 교황의 기능에 어떤 변화를 가져온 것은 아니었다. 그러나 이 개념은 교황이 이미 가지고 있던 권한을 재확인해 주었다.

그리스도의 대리자 개념이 초점을 맞춘 것은 그리스도가 베드로에게 부여하였다고 전해지는 '대리 권한'이었으며, 이것이 승계를 통해서 행사될 수 있다는 점이었다. 무엇보다도 이는 교황의 위상과 기능을 매우 명확하게 만들었다. 그 결과 성서에 나오는 그리스도에 관한 많은 구절들이 이제 교황에게 직접 적용되게 되었다. '모든 권한이 나에게 부여되었던 바로서…' 등과 같은 마태복음의 구절이 여기에 속하는 한 예일 것이다. 교황의 그리스도 대리자직은 교황이 천상과 지상의 교차점임을 입증해 주었다. 이에 이노센트 3세는 교황이 천명한 바는 다름이 아니라 그리스도가 천명했던 바라고 주장하기에 이르렀다. 뿐만 아니라 이노센트 4세[81]는 교황을 그리스도의 '육신적 현현체'라고도 천명하였다. 교황청 정부가 진정한 수장제 정부로 간주되었던 것도 이 같은 논리에 그 근거가 있었다. 몇몇 교회법 학자들은 성 베드로가 부여받았던 '천상 왕국의 열쇠'가 바로 교황이 장악하게 된 '법률이라는 열쇠'라고 해석하였다. 교황 그레고리우스 9세[82]는 교황청 정부의 수장제 이론을 이렇게 간결하게 표명하였다.

---

81) Innocent IV. 1245~54. 교회법 학자 출신의 교황. 전임 교황들과 마찬가지로 독일의 프리드리히 2세와 심각한 갈등을 빚었으며, 1245년 리옹 공의회에서 그를 파문하였으며, 폐위시키기도 하였다. 강력한 교황권을 행사한 그는 이슬람에 대항하기 위해 수차례에 걸쳐 몽골에 특사를 파견하기도 하였다.

82) Gregory IX. 1223~41. 교황 이노센트 3세의 조카로 파리 대학과 볼로냐 대학에서 수학하였으며, 이단을 박멸한다는 명목 하에 종교재판소를 설치하였다. 교황이 된 이래 숨을 거둘 때까

그리스도는 승천하면서 이 땅에 한 명의 대리자를 남겼다. 따라서 그리스도 교도가 되기를 원하는 모든 사람은 마땅히 이 대리자의 정부에 복속해야 한다.

교황 이노센트 4세는 신이 지상의 모든 만물의 창조자라는 논리를 근거로, 단지 그리스도 교도만이 아니라, 모든 인간이 교황의 신민이라는 주장을 제기하였다. 교회법 학자들의 이론에 의하면, 사실상은 아니라 하더라도, 적어도 법률상으로는 교황이 현세의 보편적 통치자였던 것이다. 교황 그레고리우스 9세가 지적하였듯이, 교황은 모든 인간의 육체와 영혼 모두에 대한 상위 주권을 가지고 있었다. (적어도 그것의 소유가 주장되었다.) 이노센트 3세도 그레고리우스 9세에 앞서 이와 유사한 이론을 주장하였다. 지상의 군주는 단지 육체에 대한 권한만을 가진 데 비해서 성직자는 영혼의 문제에 관하여 천상과 지상 모두에서 권한을 가진다는 것이었다.

이노센트 3세에 의하면, 교황은 신도집단의 통치자이기 때문에 그의 법률은 모든 사람과 모든 사물에 적용되었다. 정신사와 세속사의 구분선을 여하히 설정하든, 이 구분선은 교황의 통치 이념에 대해서 가지는 어떤 실체적 의미는 사실상 없다고 그는 생각하였다. 그에 따르면 교황이 관리하는 이 신도집단의 목표가 내세에 있기 때문에, 모든 세속적인 것은 정신적 목표에 복속해야 하였다. 성 바울도 가시적인 것, 육체적인 것 그리고 세속적인 것에 대한 정신사의 우위를 빈번히 강조한 바 있었다. 교황청은 성서의 독점화 과정을 통해서 바울의 이 견해를 교황청의 견해로 만들 수 있었던 것이다.

12·13세기 교황들이 표명했던 견해는 앞서 언급한 그레고리우스 7세의 주장과 크게 다르지 않았다. 이제 교황청 정부는 충분히 교육받지 못한 당대인들에게는 순전히 세속사로만 간주되었던 문제들에 실제로 개입하기 시작하였

_____

지 독일의 프리드리히 2세와 갈등을 빚었으며, 프란시스회와 도미니크회의 열렬한 지지자이기도 하였다.

다. 근본적으로 교황청의 입장은 그리스도교가 인류 전체와 인간의 모든 행위를 서로 다른 영역으로 구분하지 않고 규제해야 한다는 시각에 토대를 두고 있었으며, 이러한 시각은 '전체주의적' 정부제도를 초래하게 되었다. 만약 세속사가 교황의 사법권으로부터 면제되어야 한다면, 그것은 교황의 묶고 푸는 권한에 부여된 모든 포괄적인 성격뿐만 아니라, 교황청이 인식하였던 그리스도교의 본질과도 상충될 것이었다. 이 점에 대한 군주의 반론은 앞으로 살펴보겠다.

이 같은 교황 정부 체제에서는 세속사든 세속 군주든 자율적 독립적 자생적 여지를 가지기 어려웠다. 왜냐하면 이 모든 것들이 교황이 주도했던 목표에 이르는 수단이기 때문이었다. 수장제 체제의 주권자였던 교황은 그야말로 신도집단 위에 그리고 이를 초월해 존재하였다.[83] 뿐만 아니라 성 바울이 '우리는 그리스도 안에서 하나의 몸'이라고 밝힌 바 있듯이, 신도집단은 하나의 공동체였으며, 또한 이는 분리될 수 없었다. 이러한 신도집단의 단일성은 정부의 단일성을 요구하였고, 교황이 신도집단의 복지에 관한 모든 주요 관심사의 '감독자'였던 만큼 교황수장제 정부로 표출되었던 것이다.

또한 교황청 정부의 수장제적 논리는 교황이 내린 조치와 교서에 대해 교황 자신은 책임을 지지 않는다는 점을 성공적으로 설득하였다. 앞서 언급하였듯이, '교황은 누구에 의해서도 판단되지 아니한다'라는 경구는 중세의 교황 주권을 드러내는 단적인 표현이었다. 교황은 모든 사건의 최종 중재자이자 최고 재판관이라는 것이다. 따라서 교황 법정으로부터 공의회로의 상고는 당연히 이단 혐의를 유발시켰다. 그렇기는 하지마는 교황의 완전한 주권은 철저히 사법적인 영역의 개념으로 인식되었다. 바꾸어 말하면 교황의 완전 주권은 다른 신

---

83) 교황은 교회의 일원이 아니며 교회 밖에 교회를 초월해 있다는 이론은 단지 관리자로서의 그의 능력과 결부된다는 점이 아마도 분명하게 지적되어야 할 것이다. 교황의 사적 능력에 관한 교리 즉 한 사람의 그리스도 교도라는 교리에서 교황은 교회의 일원이었으며, 그러므로 그 자신의 고해 신부를 두었다.

성한 전능함과는 아무런 관련이 없는 권한이었다. 그리하여 주로 14세기 초 프랑스인들에 의해 제기된 바 있는, '만약 교황이 그리스도의 대리자라면 왜 기적을 행하지 않는가'라는 반교황적 비판은 사실상 핵심을 벗어난 것이었다. 모든 교황은 예외없이 베드로의 권한을 신적인 내지 신성한 전지전능함을 전제하고 있다고 상정하였으며, 또한 그것을 단순한 사법적 권한이라고 주장한 적이 없었기 때문이다.

우리는 이와 같은 교황수장제 정부론에서 하향적 정부론에 대한 고전적 변론을 확인하게 된다. 교황의 법률에 강제적 규범의 성격을 부여한 물리적 요소는 교황의 의지였다. 이는 '군주의 의지'가 법률에 강제력을 부여한다는 유서 깊은 로마법 원리가 활용된 것이었다. 일단 법률이 군주에 의해 신민에게 부여되면, 신민은 그것에 복종해야 할 의무를 가진다는 것이었다. 교황 그레고리우스 7세가 교황의 교서를 한 점 의혹도 없이 받아들이는 사람만이 가톨릭 교도라고 불릴 수 있다고 강조하였던 근거가 여기에 있었다.

교황 레오 1세가 훌륭하게 정교화시켰던 교황의 인격과 직책의 구분은 아마도 여하한 정부체제도 가지지 못했던 유용한 통치 원리가 되었던 것 같다. 이제 교황 개인의 인격, 성격, 품행 등에 관련된 모든 고려는 뒷전으로 밀려나게 되었다. 반면에 교황이라는 직책 내지 그것에서부터 나온 법률과 교서 등이 무엇보다 중요하게 되었다. 교서나 법률의 정당성은 교황의 인격에 결코 의존하지 않는다는 것이었다. 따라서 교황의 개인적 처신에 대해 쏟아졌던 모든 비난이 교황의 직책과는 무관한 것으로 일축될 수 있었고, 또한 실제로 일축되었다.

종국적으로 교황의 주권자적 위상은 전임 교황들이 공포한 법률조차 예외없이 개정할 수 있는 완전한 자유를 모든 교황이 가진다는 선언에서 극명하게 표출되었다. 오늘날 의회가 차기 의회를 구속할 수 없는 것과 마찬가지로, 교황은 후계자를 구속할 수 없었는데, 이것이 일인 통치자였던 교황 주권의 시금석처럼 보였던 것이다. 모든 교황은 그 기능에서 전임 교황을 승계하는 것이 아

니라, 중재자와는 무관하게 성 베드로를 직접 승계한다는 인식이 이 같은 자율적 교황주권론의 기본 토대였다. 물론 현세적 승계가 교황의 최고 사제로서의 위상에 필수적인 것이었지마는, 그러나 성 베드로의 권한은 교황직을 통해서 유지되었다. 교황이 성 베드로의 지위와 직책을 직접 승계한다는 인식이야말로 중세의 모든 교황들이 전임 교황의 오류를 시인하지 않았던 이유도 종국적으로 설명해준다. 만약 특정 교황의 오류를 인정할 경우, 그것은 그리스도의 대리자적 권한을 가진 인물로 간주되었던 성 베드로가 오류를 범했다고 인정하는 것과 다를 바 없기 때문이었다.

수장제적 정부 체제를 운용하고자 하는 경우, 하위 관리자들에 대한 확고한 통제는 예외없이 불가결한 요소였다. 교황수장제에서 이는 특히 주교단에 대한 교황의 규제를 의미하였다. 주교단을 통제하지 않고는 군주든 교황이든 통치 권한을 효율적으로 행사할 가능성이 사실상 없기 때문이었다. 교황과 세속 군주 특히 독일 군주가 서임권 투쟁기 동안 첨예한 갈등을 겪었던 이유도 여기에 있었다. 서임권 투쟁은 교황 그레고리우스 7세의 재임기간에 발생한 주요 국면이었다. 주교들의 교황에 대한 통치 차원의 복속, 즉 사법적 복속은 오로지 단계적으로 진전되었다. 이는 교황에게 당연히 행해야 했던 주교의 서약으로부터 시작되었다. 그리고 이는 주교의 몫이었던 정례적인 교황 알현, 및 주교를 부를 때 '신의 은총과 교황의 은총에 의한 주교'라는 의미심장한 호칭을 사용했던 주교 임명식과 더불어 종결되었다.

주교에 대한 의미있는 규제의 진전은 교황과 주교단 사이에 있었거나, 또는 있었던 것으로 여겨진 입헌적 관계의 정교화 과정과 더불어 전개되었다. 이는 교황 그레고리우스 7세의 재임기간에 가시화되기 시작했으며, 위 이시도르의 위조문서에서도 뚜렷이 예견되고 있었다. 그렇기는 하지마는 이 과정이 마무리되는 데는 많은 시간이 필요하였다. 이는 주교가 자신의 교구에 대한 관리권을 교황으로부터 부여받는다는 이론에서 절정에 달하였다. 그러나 이 이론이 성무

에 관한 주교의 지위를 손상하지는 않았다. 그러니까 교황에 의한 주교 해임과 성직 정지는 주교의 관리권과 결부되어 있었다. 주교가 해직 내지 성무 정지 명령으로 인해서 설령 자신의 교구에서 관리권을 행사할 수 없다 하더라도, 여전히 그는 주교의 지위를 유지할 수 있었다.

물론 이 이론은 주교단으로부터 격렬한 저항을 받았다. 주교단은 그들의 성사 기능과 교황의 성사 기능이 다르지 않다는 점을 강조하였다. 주교단은 그 근거로 마태복음 18장 18절을 들었는데, 이는 마태복음 16장 18절에 대한 교황청의 시각과는 현저하게 대비되는 관점이었다.[84] 주교단은 교황청의 논지에 대한 완강한 반대 입장을 굽히지 않았다. 그래서 주교단의 이론이 와해되지는 않았지만, 12세기 이래로 이는 다시 수면 아래로 잠복하였다. 주교단의 이러한 논리가 다시 대두하게 된 것은 14세기말 공의회주의 이론에 의해서였다. 물론 교황청에 따르면, 주교의 관리권 역시 전능권을 보유한 교황으로부터 유래되었다. 주교는 단지 교황전능권에 부분적으로 참여하는 것에 불과하다는 논지가 변함없는 교황청의 입장이었다.

교황 정부의 이념을 동일한 논리로 추구할 경우, 교황이 세속 통치자들을 규제해야 한다는 주장 역시 불가피하게 제기된다. 그런데 세속 통치자에 대한 교황의 규제는 로마인의 황제에 대한 경우와 다른 세속 군주에 대한 경우가 기본적으로 달랐다. 교황청의 이데올로기는 이 점에서 확고했으며, 게르만 군주는 '사도의 은총'이었던 황제의 통치권에 대해서 아무런 권리도 가지고 있지 않았다. 그런데 12세기 말엽에 이르러 '제국의 이전' 이론이 대두되었다. 이 이론에 따르면 교황은 황제의 제위를 그리스인으로부터 게르만인에게로 이전하였다. 사실 이는 〈콘스탄티누스 대제의 기진장〉을 역사적 맥락에 비추어 해석하고자

---

84) "나는 분명히 말한다. 너희가 무엇이든지 땅에서 매면 하늘에서도 매여 있을 것이며 땅에서 풀면 하늘에서도 풀려 있을 것이다."(마태복음 18장 18절)
"잘 들어라. 너는 베드로이다. 내가 이 반석 위에 내 교회를 세울 터인즉 죽음의 힘도 감히 누르지 못할 것이다."(마태복음 16장 18절)

했던 단순한 시도였다.

교황청의 제국 이론은 이노센트 3세에 의해 고전적으로 천명되었다. 이노센트는 누구도 은총을 요구할 권리를 가질 수는 없으므로, 게르만 군주 역시 황제의 제위에 관한 한 아무런 권리도 가지고 있지 않다고 주장하였다. 따라서 군주가 황제의 제위를 주장하고자 한다면, 그는 반드시 교황으로부터 대관과 동의를 받아야 하며, 또한 교황의 재가도 받아야 한다고 지적하였다. 이노센트 3세는, 만약 교황에게 선택권이 없고, 게르만 군주가 제위에 대한 권리를 가진다면, 이는 사실상 이단, 폭군, 저능한 인간 등도 황제로 대관될 수 있을 것이라고 주장하였다. 교황에 의해 제위를 대관받기까지는 여하한 군주도 로마인의 황제가 될 수는 없었다. 그는 단순히 황제 후보자에 불과하였다. 교황청 이론에서 줄곧 주장되었던 바는, 황제 후보인 군주의 적임성 여부를 교황이 검토해야 한다는 점이었다. 왜냐하면 군주는 교황청의 강력한 팔이기 때문이었다.

더욱이 9세기 이래로 교황청은 고유한 통치 이념들을 황제 대관식 절차에서 도출하기 위해 많은 노력을 기울였다. 중세의 공식적인 황제 대관식 절차를 제정한 인물은 이노센트 3세였다. 그는 엄격하고 뛰어난 방식으로 교황청 이론을 대관식의 상징성에 통합시켰다. 순수한 추상적 이념은 다시금 물리적이고 쉽게 이해될 수 있는 제스처와 행위 등으로 표출되었다. 반지, 칼, 홀, 보주, 왕관 같은 상징물들은 모두가 기도문과 더불어 황제에게 수여되었는데, 이는 대관식의 의미에 대해서 아무런 의문의 여지도 남기지 않기 위함이었다.

황제의 도유식에서는 사실상 성유가 아닌 그보다 질이 낮은 오일이 사용되었던 만큼, 예배 의식에 있어서 이는 군주 도유식에 비해 그 격이 낮았다. 이 오일은 군주 도유식에서처럼 머리에 부어지는 것이 아니라, 견갑골 사이 그리고 칼을 사용하게 될 오른팔에 부어졌던 것이다. 또 다른 중요한 특징은 새로이 선출된 황제가 교황에게 충성, 보호, 및 방어를 약속하는 서약을 행했다는 사실에 있다. 이는 황제로 선출된 자가 교황에 의해 성직자의 일원이 되었다는 사실

못지않게 중요한 의미를 가지고 있었다. 군주는 실제로 튜닉[85]과 달마틱[86] 및 사교관[87]을 착용할 수 있는 권리를 가지게 되었다. 전체적으로 보아, 이노센트 3세가 제정한 황제 대관식 절차는 비잔틴 제국적 요소와 서유럽 군주권의 특징을 결합한 셈이었다.

그러나 아마도 가장 중요한 점은 어떠한 황제에게도 착좌석이 없었다는 사실일 것이다. 중세 교황청으로서는 황제의 기능에 대한 교황청의 견해를 가장 명확하게 전달하는 방법이 여기에 있었다. 즉 황제를 위한 옥좌를 두지 않는 일이었다. 황제는 추앙받는 그러나 여전히 한 사람의 관리자이기 때문에, 그가 관리자인 한 옥좌에 앉을 수는 없다는 것이었다. 또한 대관식 절차는 황제가 보편적 지평의 지배자인 교황의 관리자 내지 보조자이며, 그 권력이 신으로부터 유래되었다는 점을 명확히 하였다. 어떤 교황도 바울의 이 원리에서 벗어나지 않았다. 교황이 신과 황제가 될 군주의 중재자로 기능했으므로, 황제에게는 자율적 권한이 없었다. 황제가 이 권한을 가질 경우, 그는 교황의 총애를 간청할 필요가 없게 될 것이라고 이노센트 3세는 여러 차례 대담하게 주장하였다.

그럼에도 불구하고 이노센트 3세는 자신이 독일 군주의 선임에 관여하기를 원하지는 않는다고 피력하였다. 동시에 그는 독일 제후들의 군주 선임권이 교황에 의해 부여된 것임을 거듭 선언하였다. 이노센트 3세는 제국 문제에 관한 한, 자신이 구약성서에 등장하는 군주–사제인 멜기세덱을 모델로 하는 인물, 즉 속권과 교권 모두를 보유한 인물임을 종종 상기시켰다. 교황의 통합적 지배권 논리가 황제의 옹립 과정에서도 완벽하게 표출되었던 것이다. 그레고리우스 9세가 천명하였듯이, 교황은 황제를 존재하도록 만드는 독특한 매개자(*factor proprius*)

---

85) 성찬식 때 입는 통이 긴 사제복으로 양 팔을 감싸는 소매나 길쭉한 틈이 나 있다.

86) 짧은 소매가 달린 느슨한 모양의 외출용 제의. 초기에는 주교가 착용하였으나, 4세기경부터는 부제들도 입고 다녔으며, 12세기부터는 주로 부제들의 공식 제의가 되었다.

87) 주교나 다른 고위 성직자가 머리에 착용하는 모자. 주로 12세기부터 사용되기 시작하였다. 가톨릭 교회의 사교관이 방패 모양인 데 비해 그리스 정교회의 사교관은 왕관 모양이었다.

였다.

이노센트 3세의 이론은 성 베르나르 클레르보[88]로부터 많은 영향을 받았다. 성 베르나르는 한 세대 전에 '두 칼 이론'에 관한 논의를 성직자 정치론적 입장에서 소개하였다. 이 이론은 누가복음 22장에 기원을 두고 있었으며, 하인리히 4세와 샤를마뉴의 자문관이었던 알퀸에 의해 이미 다른 의미로도 활용된 바 있었다. 한편 성 베르나르에 따르면, 교황은 정신적 칼과 세속적 칼 모두를 보유하였는데, 전자는 사제인 교황의 강제력을 그리고 후자는 군주의 강제력을 의미하였다. 그리하여 이는 교황이 대관식에서 세속적 칼을 황제에게 수여하고, 황제는 이때부터 교황의 뜻에 따라 그 칼을 사용하게 된다고 이해되었다.

'두 칼 이론'이 의미하는 바는 황제가 소유한 실질적 물리적 힘이 교황 내지 교황의 중재를 통해서 신으로부터 유래되었다는 사실이었다. 이시도르의 유서 깊은 이론 역시 비유적 함의를 보태게 되었다. 그레고리우스 9세는 신이 교황에게 두 칼을 수여하였으며, 교황은 그 중 하나를 사용하고, 나머지 하나는 다른 사람에게 양도하였다는 사실을 분명하게 지적하였다. 그리고 그레고리우스 9세의 후임자였던 교황 이노센트 4세도, 물리적 칼이 상징하는 힘의 경우 잠재적으로는 교황에게 귀속되나 실제로는 황제에게 속한다는 점을 거듭 강조하였다. 이 '두 칼의 비유'는 오직 황제직과 결부되었다. 따라서 13세기 말엽 교황 보니파키우스 8세[89]가 교서 〈지극한 성스러움〉(*Unam Sanctam*)에서 천명했던 바는 사실들의 실제적 전개 양상과는 거의 일치하지 않는다.

---

88) St. Bernard of Clairvaux. 1090~1154. 클레르보 수도원장이자 12세기의 대표적인 종교지도자. 1115년 클레르보에 시토 수도원을 건립한 이래, 그의 말년에 수도사의 수는 약 700명에 이르렀다. 제2차 십자군 원정을 촉구하는 설교를 하였으며, 피터 아벨라르를 비난하는 데 주도적인 역할을 하였다. 저작으로는 《명상록》 등을 남겼다.

89) Boniface VIII. 1294~1303. 이탈리아 아냐니(Agnani) 지방의 베네딕티 가에타니에서 출생. 1234년 이래 당대까지의 교회법을 집대성하였으며 영국 에드워드 1세와 프랑스 필립 4세에게 성직자에 대한 과세는 교황의 동의 없이는 불법이라고 주장하였다. 군주권을 강화하고 있던 프랑스의 필립 4세의 밀사 노가레에 의해 사로잡혔으나, 아냐니 주민의 반발로 곧 석방되었다. 그러나 이 충격으로 얼마 후 사망하였다.

보니파키우스가 이 두 칼의 비유를 통해서 적용하고자 했던 지배자는 결코 황제로 대관된 적이 없었고, 황제로 대관되고자 하지도 않았던 군주들이었기 때문이다. 그러니까 이는 함의적 비유에 대한 특징적인 확대 해석에 해당한다. 그러나 중요한 점은 특히 이노센트 3세, 이노센트 4세 및 그레고리우스 9세 등의 교황들에 의해서, '두 칼 이론'에 관한 교서들이 '다수 대중과 순복에 관하여'라는 이름으로 교회법전에 공식적으로 포함되었다는 사실이다. 이 교회법 조항은 중세적 의미의 주권 개념과 이에 상응하는 신민의 복속 의무를 이해하는 데 매우 중요한 요소가 될 것이었다.

14세기 초엽 교황청의 제국 이론이 극단화함에 따라, 황제 공위시에는 교황이 잠정적으로나마 제국의 관리자 내지 대리자가 되어야 한다는 견해가 비록 제기되기는 하였다. 그러나 교황청은 군주들에 관한 한 결코 철저한 통제를 실시하지는 않았다. 황제와는 달리 대부분의 군주들은 교황에 의해 대관되지 않았으며, 또한 교황은 군주 선임에 관한 최소한의 개입조차 이론적 근거에 따라 주장하지도 않았다. 이를테면 황제에 관해서 적용되었던 논리가 군주에게는 거의 적용되지 않고 있었던 것이다.

그럼에도 불구하고, 이노센트 3세는 '범죄이기 때문에'를 명분으로, 군주가 행한 '몇몇 행위들에 대한 검토'뿐만 아니라, 순수히 군주의 세속사에 관한 사항들에 대해서도 개입할 수 있다고 주장하였다. 이노센트의 이 같은 입장은 교황 정부론의 저변에 흐르는 시각을 명확히 드러냈다. 요컨대 이노센트의 관점에서 볼 때, 교황은 전체 그리스도교 공화국의 평화를 위해서 불가피하다면 이에 필요한 개입을 해야 한다는 입장이었다. 교황은 전체 그리스도교 사회의 '감독관'이기 때문이었다.

공공 이익의 개념 즉 공공의 안녕과 복지에 대한 관심은 교황청 이데올로기에 의해 줄곧 유지되었으며, 바야흐로 이노센트 3세에 의해 사실상 정부 이론의 수준으로 확대되었다. 그에 따르면 공공 이익은 사사로운 이익에 마땅히 선행

하인리히 4세가 클루니 수도원장 휴와 마틸다 백작부인에게 도움을 청하는 모습

되어야 했던 것이다. 대부분의 경우 교황과 군주 사이에 알력이 없었다고 해서, 교황청이 군주에 대한 사법권을 갖지 않는다는 이론을 낳지는 않았다. 왜냐하면 중대한 사건들은 일반적으로 경계가 모호하고 논란의 여지가 많았는데, 이에 대해 교황은 언제든 우월한 사법적 권한을 주장할 수 있었기 때문이다. 말하자면 분업의 원리가 교황청과 군주들의 관계에서 충실히 적용되고 있었다고 하겠다.

'신의 은총에 의한 군주'라는 군주측의 견해는 사실상 교황청 이론의 일부였다. 교황은 유서 깊은 겔라시우스의 이론에 입각해서 군주가 어떻게 자신의 직무를 수행하고 있는가를 판단해야 하였다. 만약 군주가 자신의 직무를 제대로 수행하지 못하고 있다고 판단되는 경우, 교황은 적정한 조치를 취해야 한다고 스스로 생각하였다. 이 경우 교황은 군주를 완전히 제거하거나, 또는 군주에 대해 종교적 규제를 가해야 할 것이었다. 여기서 적정성의 원리 내지 유용성의 원리가 특히 실효적이었다. 이에 그레고리우스 7세는 이 원리를 철두철미하게 적용하였다. 1076년 독일의 군주 하인리히 4세가 최초로 왕권을 정직당하고, 그로부터 4년 후 그가 마침내 폐위되었던 것도 바로 이 때문이었다. 그레고리우스 7세가 거듭 명확하게 밝혔듯이, 교황은 특정 군주가 자신에게 위임된 직무를 수행하는 데 부적절하다고 판단하는 경우, 마땅히 그의 군주직 폐위를 선포해야 하였다.

한편 군주의 제거와 마찬가지로 군주의 옹립 또한 교황의 권리이자 의무라는 주장도 거듭 제기되었다. 이를테면 이노센트 3세는 불가리아의 요아니차(Joannitza)를 군주로 옹립하면서, 그가 '불가리아 왕국의 정신적 평안과 세속적 평화를 공고히 하기를 원한다'라고 선언하였다. 무엇보다도 군주란 일종의 '사제적 인물'로 간주되었는데, 이러한 인식은 교황주의 이론의 출현을 용이하게 하였을 뿐만 아니라, 이의 실제적 적용에도 크게 기여하였다.

그런데 군주 폐위가 교황이 택할 수 있는 최종적 제재 수단이었다면, 군주 파문[90]은 다른 기준에 근거를 두고 있었다. 군주는 무가치한 존재이기 때문이 아니라, 로마 교회에 불순종하는 자식임이 드러났기 때문에, 교황이 그를 파문한다는 것이었다. 그렇기는 하지마는 군주 파문의 결과는 군주 폐위 못지않게 준엄하였다. 파문당한 사람은 일종의 접촉성 전염병에 걸렸다고 간주되었으므로 다른 모든 사람들과의 여하한 왕래와 접촉이 금지되었다. 실제로 이는 점차 교리로 발전하였으며, 심지어 이 교리는 후대에 이르러 법률로 채택되었다. 파문당한 군주는 직계가족만 접촉할 수 있었으므로, 따라서 파문된 군주의 통치는 사실상 매우 어려워졌다. 폐위가 군주의 지배보증에 영향을 미쳤다면 파문은 그리스도교 공동체로부터의 배제를 의미하였던 것이다.

교황은 그리스도교 사회의 주권자적 기능을 통해서 보다 많은 권리를 요구하게 되었다. 이와 함께 교황청도 이들을 의미 있게 활용하였다. 예를 들면 교황은 군주들 간에 체결된 조약의 무효화 내지 백지화를 선언할 권리를 주장하였다. 그리하여 교황은 영국의 대헌장(*Magna Carta*)[91] 및 13세기 독일의 법전 〈색

---

90) 교회의 법률이나 신조를 위반한 사람에게 가하는 처벌. 파문당한 사람은 교회의 구성원직을 박탈당하거나 신도집단과의 접촉이 금지된다. 다소 경미한 처벌을 받은 사람은 신도집단과의 접촉은 가능하였던 데 비해 준엄한 처벌을 받은 사람은 다른 사람과의 접촉이 금지되었다.

91) 군주 존(John)의 일련의 실정으로 인해 그의 지배에 불만을 품은 제후들이 반란을 일으키자 당황한 존이 1215년 제후들과 체결한 국왕 특허장으로, 모두 63개 조항으로 이루어져 있다. 이를테면 39조는 이른바 적법한 절차의 중요성을 강조함으로써 군주의 법률에 의한 지배 원칙을 세운 획기적인 헌정 문서다. 이후 영국 제후들은 자신들의 권리가 위협받거나 군주가 자의적으로 지배하게 되면 이 대헌장을 환기하였다. 요컨대 대헌장은 제후들과 자유민의 권리를

슨족의 거울〉 등의 세속법을 무효화시킬 권리를 주장했으며, 뿐만 아니라 도로나 강에서 부당한 통행세와 운임을 징수하는 사람들에 대해 제재를 가할 권리, 군주를 지원하거나 이단에 맞서기 위해서 군대를 파견할 권리, 서로 반목하는 당파들 간의 적대 행위를 중지시키고 평화협상에 임하도록 명령할 권리, 군사적 정복을 통한 영토의 합법적 소유를 인정할 권리, 성사금지 또는 파문당한 군주에 대한 신민 불복종을 명령할 권리 등도 주장하였다. 그레고리우스 7세가 하인리히 4세[92]를 폐위할 즈음 천명하였듯이, 교황은 교황전능권에 근거해서 왕국, 제국, 공국 및 필요한 경우 모든 사람의 소유를 징발할 수조차 있었다. 그레고리우스의 이 같은 견해는 부분적으로는 재화의 사적 소유권이 신의 은총의 산물이라는 이론에 근거하였다. 재화의 소유자가 신의 은총을 무가치하게 만들었음이 입증되었기 때문에, 교황은 마땅히 이 재화를 징발할 수 있다는 생각이 그 근거였던 것이다.

13세기 초엽에는 신앙의 일탈을 다룰 특별 법정을 설치해야 한다는 주장도 제기되었다. 부분적으로는 공공 이익에 대한 요구, 그리고 부분적으로는 보편적 그리스도교 사회를 결속시키는 유대의 보호, 및 부분적으로는 신앙에 대한 잠식과 일탈로부터 신앙의 수호 등과 같은 의무를 지고 있다는 인식에 근거를 두고 있었다. 그레고리우스 9세와 이노센트 4세는 종교재판소[93] 제도를 설치하

인정하는 헌정문서였을 뿐만 아니라 영국 입헌주의의 중요한 토대가 되었다.

92) Henry Ⅳ. 1056~1106. 독일의 군주. 하인리히 3세의 아들로 불과 6세의 나이에 왕위에 올랐으며, 성년이 되어서는 어려서 상실한 영토의 회복에 주력하였다. 하지만 이는 독일 제후들의 반발을 불러일으켰으며, 서임권 투쟁에서 이들이 그레고리우스 7세와 제휴하는 빌미가 되기도 하였다. 그레고리우스 7세와 맞서다 1077년 카놋사에서 굴욕적인 항복을 하였다. 1084년 로마로 진격하여, 대립교황을 세우기도 하였으나 아들이 가담한 내전으로 인해 말년을 고통스럽게 보냈다.

93) 교황 그레고리우스 9세에 의해 1233년 왈도파와 알비파를 척결한다는 명분 하에 설립된 특별 법정. 형식적으로는 지역 주교들이 사법권을 행사하였으며, 특히 도미니크회 수도사들이 재판관으로 활약하였다. 하지만 이단의 척결뿐 아니라 교황청에 비판적인 세력들을 억압하는 강력한 무기로 활용되었다. 종교재판은 주로 프랑스, 이탈리아 및 독일의 일부 지역에서 시행되었으며, 13세기 후반을 정점으로 하여 14세기 초에는 상당히 약화되었다.

면서, 이는 교황의 법률에 복속하지 않는 반란자들을 심리하게 될 제도임을 강조하였다. 종교재판소 제도가 교황청 통치 이념의 발전에 직접적으로 기여한 것은 아니었다. 그러나 특별 종교재판소 제도는 몇몇 점들에 관한 한 상당한 위력을 행사한 것이 사실이다. 첫째, 이단주의는 일종의 범죄행위라는 개념이 형성되었다. 이노센트 3세는 이를 신의 존엄성을 훼손하는 신성모독죄로 해석하였으며, 교황청이 제시한 신앙으로부터의 일탈로 간주하였다. 따라서 이단자의 경우에는 아직 세상에 태어나지 않은 후손의 재산몰수까지도 포함하는 준엄하고도 무시무시한 추가 제재를 받아야 했다.

둘째, 세속 군주는 자신이 지배하는 영역 내에서 이단을 박멸할 의무가 있다는 개념도 형성되었다. 이 의무를 태만히 하는 군주는 그 자신이 이단으로 선포될 것이고, 교황은 그의 신민들로부터 군주에 대한 의무를 면제할 수도 있었다. 그리고 가톨릭의 정통 신앙을 신봉하는 새로운 군주가 그를 대신해서 왕국을 지배하게 될 것이었다. 이 같은 주장은 실제로 1215년 제4차 라테란 공의회[94]의 중대한 결정이 되었다. 그리하여 이러한 인식과 논리는 중세 내내 유지되었으며, 실제로 이는 그 이후로도 상당한 영향을 미쳤다.

이 같은 조치들의 저변에 깔려 있던 통치 이데올로기가 현대인들에게 낯선 것은 사실이다. 그러나 이는 후대에 '정치적'인 것으로 판명될 많은 개념, 경구 및 주제들을 구체화하고 있었다. 역사적으로 볼 때, 주권, 법률, 복종 등의 개념은 전적으로 교회제도 내에서 실효적으로 작동하였다. 교회론과 정치유형론이 별개의 사유영역으로 분화한 시기가 13세기 말엽에 와서의 일임을 우리는 기억할

---

94) Lateran Council, 1215. 라테란은 그리스도교화한 로마 제국기로부터 14세기에 이르기까지 교황의 주요 거주지였다. 12, 13세기에는 주로 이곳에서 교회개혁이 논의되었다. 라테란 공의회는 크게 4차례 개최되었다. 첫 번째 공의회는 서임권 문제가 일부 해소된 1123년에 열렸다. 두 번째 공의회는 교회 분열을 해소하고, 아놀드 브레시카(Arnold Bresica)를 정죄하기 위해 1139년에 개최되었다. 교황 알렉산더 3세에 의해 소집된 세 번째 공의회는 신성 로마 제국의 바바로싸와의 협약을 확증하고, 광범위한 교회개혁을 논의하였다. 마지막으로 교황 이노센트 3세에 의해 1215년에 개최된 4차 공의회에서는 도덕의 개혁뿐 아니라 교리를 명료화하고, 이단 탄압의 정당성을 거론하기 시작하였다.

필요가 있다. 사실상 13세기 말엽 이후에 이 모든 개념이 정치유형론이라는 새로운 학문영역의 작업도구가 될 것이었다. 교황청은 나름의 통치원리가 실제로 적용되었던 전성기가 훨씬 지나고서야, 고유의 정부론을 힘차고 간결한 형태로 장엄하게 선포하였다. 그러니까 이는 교황청이 이룩한 시대착오적인 위업의 하나라 할 것이다.

1324년 보니키우스 8세에 의해 공포된 교서 〈지극한 성스러움〉(*Unam Sanctam*)은 교황주의 논리의 뛰어나고 간결한 요약이다. 이는 여러 문헌과 사료들을 능란하게 조합하고 발췌한 문서였다. 보니파키우스는 교황주의 이론을 제시하면서 성서는 물론 키프리안, 위 드니, 성 베르나르, 휴그 생 빅토르, 토마스 아퀴나스 등의 인물들을 다양하게 활용하였다. 새로운 요소가 있는 것은 아니었다. 그러나 〈지극한 성스러움〉은 뒤늦게나마 교황주의 통치 이념을 탁월하게 요약하였다는 점에 그 의의가 있었다.

보니파키우스 8세는 교회란 분리될 수 없는 공동체이며, 교회 밖에서는 구원이 불가능하다는 유서 깊은 신념으로부터 출발하였다. 이는 원래 키프리안의 이론으로서, 한 세기 전에는 이노센트 3세 역시 강조한 바 있는 논리였다. 단일성의 원리는 하나의 신, 하나의 신앙, 성 아우구스틴으로부터 유래된 하나의 세례 등에 이미 표명되어 있었다. 보니파키우스 8세에 따르면 이 단일성의 원리가 교황수장제 정부의 토대였다. 교회는 하나의 머리만을 필요로 했다. 두 개의 머리를 가진 것은 괴물이었다. 교회의 머리는 그리스도 자신으로서, 이 땅에서는 그리스도의 대리자가 이 머리에 해당될 것이었다.

이러한 단일성의 원리는 13세기 초엽 영국의 교회법 학자 알란에 의해서도 주장되었다. 비잔틴인들이 무엇을 주장하든, 모든 그리스교도는 필연적으로 '그리스도의 양'에 속한다. 따라서 이들은 마땅히 교황에게 복속해야 한다는 것이 그의 생각이었다. 이는 토마스 아퀴나스 역시 《그리스인들의 오류에 대한 반박》(*Against the Errors of the Greeks*)이라는 저작에서 천명한 이론이기도 하였다.

그러나 보니파키우스의 단일성의 원리는 분업론을 통해서 보완되었다. 교황은 자신에게 주어진 두 개의 칼을 모두 사용하지 않고, 오직 하나의 칼만 사용하는 반면에, 베르나르의 이론[95]을 확대적용함으로써, 다른 하나의 칼은 '교황의 명령과 묵인 하에' 황제와 군주들이 사용하게 되었다는 것이다. 또한 보니파키우스는 계서적 등급제를 설명하면서는 위 드니의 견해를 활용하였다. 즉 그는 하위자는 상위자 내지 상위자의 상위자인 최고 권력의 지배를 마땅히 받아야 한다고 생각하였다. 그런데 최고 권력자란 주권자를 가리키는 만큼, 이는 모든 사람이 주권자에게 복속해야 한다는 주장이기도 하였다.

이 같은 교황주권론적 견해는 탁월한 교회법 학자이자 추기경이었던 헨리 수자[96]에 의해 한 세대 전에도 분명하게 표명된 바 있었다. 그에 따르면 교황은 법률에 관심을 가져야 하고, 군주는 교황의 법률을 집행할 의무가 있었다. 또한 그는 그리스도교 사회의 원만한 운용을 위해서는 '주권자'인 교황이 법률을 공포하고, 군주는 교황에 의해 공포된 법률을 따르고 준수하여야 한다고 천명하였다. 보니파키우스는 성서의 권위를 전제하였던 휴그 생 빅토르의 모델에 따라서, 교권이 언제나 교황에게 복속하는 속권을 옹립해야 한다고 주장하였다. 교황에 대한 속권의 복속은 그레고리우스 7세 때부터 유래된 것으로서, 이는 군주의 대관식 절차들에 명백히 함의되어 있었다. 보니파키우스에 따르면, 교황의 법률에 복종하지 않는 자는 누구든 신의 권한 그 자체에 저항하는 자였다. 성 바울의 로마서 13장 4절이 바로 그 근거였다. 구원의 성취를 위해 모든 인간이

---

95) 존 솔즈베리의 이론은 보니파키우스의 이론과 다르지 않았다. 12세기 중엽 존 솔즈베리는《정치가론》에서 강제적 힘의 상징인 칼이 군주에 의해 사용된다고 지적하였다. 성직자에게는 피를 흘리는 일이 금지되어 있으므로 성직자는 그 칼을 군주에게 양도하였고, 동시에 군주는 성직자에게 복속해야 한다고 주장하였다. 그에게 있어서 군주란 어떤 의미에서 '형 집행자'였다.

96) Henry of Susa(Hostiensis), ?~1271. 오스티아의 추기경 겸 교회법 학자. 주석집으로서 법률에 대한 해설서이기도 했던《황금 대전》(Summa Aurea)을 저술함으로써 '법률의 대가 겸 가장 탁월한 교황령 해석자'라는 칭호를 얻었다.

로마 교황에게 복속해야 한다는 것이 그의 결론이었다.[97]

2. 정치적 저술의 등장

교황의 통치 이념에 대한 설명은 아무리 간략한 것이라 하더라도 교황주의 이론을 지지한 저술들을 반드시 참조해야 한다. 교황청 자체가 이들로부터 많은 정보를 얻고 있었기 때문이다. 교황 그레고리우스 7세의 재임 시에 일어났던 서임권 투쟁은 새로운 종류의 문헌 즉 다양한 정치논술적 저술들의 출간을 야기하였다. 이 정치적 저술들의 중요성을 이해하기 위해서는 두 가지 점을 유념해야 한다. 첫째, 서임권 투쟁은 본질에 있어서 세속 영주 내지 군주에 의한 주교와 성직자의 서임이라는 문제보다 훨씬 많은 문제들과 결부되어 있었다. 이 갈등의 전체적 규모는 전통적인 사물의 질서가 순수히 사색적이고 추상적인 사고방식을 근거로 한 질서에 의해 대체되기 시작한 사건이었다는 점에서 평가되어야 한다. 둘째 교회로부터 직접적으로 영향을 받는 계층은 평신도 집단이었다. 따라서 이 같은 교속 간의 갈등의 심각성은 그것이 성직자와 평신도 간의 잠재적 갈등으로 간주될 때, 보다 쉽게 이해될 수 있다. 요컨대 '평신도는 성직자에 대해 뿌리깊은 증오심을 가졌다'라고 밝히고 있는 오랜 기원을 가진 증언들이 많이 있으며, 이러한 증언들은 당시의 교회법령집들에서도 손쉽게 찾아볼 수 있었다.

서임권 투쟁 과정에서 특히 그레고리우스 7세는 파격적인 선언들을 통해서, 평신도가 성직자의 신민이며, 여하한 평신도도 성직자를 비판해서는 안 된다는

---

97) 16세기 초엽에 개최된 제5차 라테란 공의회에서 재천명되었던 〈지극한 성스러움〉에서 '모든 인간 피조물'이라는 문구가 삭제되고, 이것이 '모든 그리스도 교도'로 대체되었다는 사실은 주목할 만한 대목이다.

점을 명확히 하였다. 서임권 투쟁에서 제기된 첨예한 쟁점들은 모든 공적 사회적 생활의 기본 요소들과 결부되어 있었다. 왜냐하면 관습적이고 전통적인 생활 방식을 무시하려는 노력들이 시도되었기 때문이다. 오늘날의 현대인들은 사회적 혁명과는 전혀 다른 지적 혁명을 이해하거나 상상하기가 매우 어려울 것이다. 그러나 이 지적 혁명은 교황 그레고리우스가 역사적으로 보아 유서 깊고 전통적인 성직자 정치론 특히 교황청 이념을 적용함으로써 초래한 사건이었다.

또한 제기된 쟁점들이 성격상 매우 근본적인 것이었기 때문에, 결과적으로 이는 교황측 진영과 반교황측 진영 모두에서 활발한 저술활동을 고무하였다. 이 같은 정치적 문헌들의 중요성은 유럽의 역사상 최초로 평신도 집단 특히 이탈리아 출신의 일반민들이 펜을 들어 글을 쓰기 시작하였다는 사실에 있다. 한 예가 1080년대에 집필활동을 하였던 피터 크라수스 라벤나(Peter Crassus of Ravenna)였다. 갈등에 함의되어 있던 보다 깊은 쟁점들에 충격을 받았던 평신도들이 행동에 나서게 되었던 것이다. 이들은 주로 라벤나 대학 출신이었는데, 30년이 채 지나지 않아서 또 다른 평신도 집단이 대두되었고, 이들이 볼로냐 대학을 설립하였다. 이제 볼로냐 대학은 중세 내내 모든 법학 연구의 중심지가 될 것이었다.

볼로냐 대학에서의 강의

둘째, 이 문헌들은 오늘날의 팸플릿 정도에 해당한다. 차이가 있다면, 이 문헌들은 두 대립적인 주장을 철저하게 검토하고 또 적절한 참고문헌도 갖춘 학문적 산물이었다는 점이다. 그리하여 신정적 제도가 근거하고 있던 기본 개념들에 대한 최초의 과학적 검토가 시도되었다. 예를 들면 권위의 원천, 권위의 본질, 권위의 영역과 한계, 법률의 개념, 권리의 개념, 입법권의 개념 등이 여기에 해당하는 주제들이었다. 그레고리우스 7세가 주교와 제후들을 군주에 대한 서약에서

해방시킨 이래로, 이 서약에 수반되었던 의무의 성격, 서약파기를 선언할 수 있는 교황의 권리, 속권의 종교적 함의 등과 같은 같은 특정 주제들도 물론 폭넓게 검토되었다. 이 시기 문헌들이 가지는 각별한 중요성은 부분적으로 그 논의가 목적론적 관점에서 이루어졌다는 점에도 있다. 이 시기 정치적 문헌들은 역사 그 자체를 특정 관점을 변론하거나 반박하는 데 활용하였던 것이다.

이 같은 저술활동의 목표는 무엇보다도 여론를 창출하고 형성하는 데 있었다. 이 점이야말로 이 시대의 또 다른 한 독특한 성과물이었다. 물론 대중을 대상으로 한 집필은 소수에 불과하였다. 그러나 이는 중요한 소수였다. 전체적으로 보아 이 시기에 활용된 다양한 저술들은 단지 일부만 출간되었다. 그러나 이들의 지적 학문적 수준은 매우 높았다. 속인 진영의 견해가 단지 이따금씩만 대변된 것은 오히려 당연한 일이었다. 성직자 진영은 비록 일부 쟁점들에서 교회의 오해를 사기도 했지마는, 보다 많은 확신을 가지고 교황측을 변론하였다. 이 같은 맥락에서 주교중심적 성직자 정치론이 몇몇 주교와 성직자를 반교황 진영으로 내몰았다는 점이 충분히 이해될 수 있는 것이다.

서임권 투쟁이 수반했던 지적 자극은 많은 분야의 지적 활동들을 크게 고무하였다. 대학의 대두도 이 갈등의 쟁점들과 밀접하게 결부되어 있었다. 이 점에서는 볼로냐 대학이 특히 그러하였는데, 초기 볼로냐 대학은 평신도를 위한 평신도의 대학이었으며, 무엇보다도 로마법 연구에 많은 관심을 기울였다. 그러다 1140년대에 이르러 평신도가 아닌 성직자들에 의해 교회법에 대한 과학적 학문적 탐구가 수행되었다. 볼로냐 대학이 법학 연구에 집중한 이유는 명백하다. 초기부터 중세의 통치 이념은 줄곧 사법체제 내지 법률적 맥락에서 인식되었다. 역대 교황들은 특히 교황주의 이론을 지속적으로 천명하는 과정에서, 그리스도교 사회의 공공 생활에 적용 가능한 법률을 반포하는 인물이 교황임을 주장하였다. 그리하여 이 같은 법제주의에 대한 반발 역시 법률학적 형태를 띠게 되었던 것이다.

앞서 언급하였던 피터 크라수스가 바로 로마법을 학문적 탐구의 주제로 삼은 주인공이었다. 그는 로마법을 교황주의 통치 이념의 법리적 주장을 공박할 수 있는 가장 적절한 도구로 간주하였다. 중요한 사실은 로마법 연구가 이제 속인 진영의 관심사가 되었다는 점이다. 이들은 로마법을 교황주의 통치 이념이 걸치고 있던 법리적 외투를 공격할 수 있는 유일한 토대로 인식하였던 것이다. 교황주의 통치 이념에 대한 공격이라는 지평에서 볼 때 유스티니아누스 《칙령집》은 그 기본 성격이 여전히 신정적인 것이었기 때문에 이론적 체제가 그리 견고하지는 못했던 것이 명백히 사실이었다. 그러나 《칙령집》은 적어도 세속 통치자를 위한 저작이었으며, 또한 그것은 로마의 세속적 지혜를 담고 있었다. 물론 당시 걸음마 단계에 있던 세속 법률학으로서는 오랫동안 누적되어 주도권을 장악하고 있던 성직자 진영의 교회법 전통에 효과적으로 대응하기는 역부족이었다. 신정적 제도는 장기간에 걸친 성장의 산물로 숙성되어 있었으며, 또한 실제로도 작동되고 있었다. 속인 진영은 역사와 사실에서 다소 유리할 수도 있었다. 그러나 이들은 오히려 경쟁자들이 능숙하게 활용했던 언어, 성서, 교부들의 저작, 비유와 개념 등에 마찬가지로 의존하고 있었다.

성직자 정치론자들은 무엇보다도 신정적 군주론을 적용함으로써 군주를 인민으로부터 분리시켰다. 그러나 이 과정에서 그들은 값비싼 대가를 치르게 되었다. 세속 진영에 절실하게 요구되었던 바는 그리스도교 중심적 전제와는 무관한 일련의 이념들이었다. 그러나 이것이 신정적으로 해석된 로마법 체계를 성직자 정치론적 이론과 대비시킴으로써 얻어질 수는 없었다. 로마법이야말로 대체로 보아 신정적 성격의 법률 이론으로 간주되었던 것이다. 명백히 중세 대학의 법학자들 즉 로마법 학자들은 탁월한 법률학 저서들을 집필하였으며, 여기에는 후일 정치사상의 논의에 유용하게 쓰일 많은 요소들이 포함되어 있었다. 그러나 이들로서는 12세기와 13세기에 확고한 기반을 갖추고 있었던 성직자중심적 통치체제를 와해시킬 수 없었다. 당시의 로마법 학자들로서는 이 같은 해체를

이루어 낼 수단을 가지지 못했던 것이다.

한편 볼로냐 대학에서 가르치고 연구했던 교회법 학자[98]들은 성직자 정치론적 체제의 전문가 집단으로서 이에 지대한 영향을 미쳤다. 당시 통치 행위는 법률과 전반적인 사법적 원리들에 대한 지식을 전제하고 있었는데, 볼로냐 대학의 교회법 학자들이 교황청 정부에 훌륭한 인적 자원을 제공하였던 것이다. 1140년경 그라티안[99]의 《교회법령집》(*Decretum*)이 발간된 이래로, 교황청 정부는 줄곧 잘 훈련된 법률학자 집단을 보유할 수 있었다. 사실 이들의 법률적 지식과 전문성이 교회법 그 자체의 수립에 크게 기여한 요소였다. 앞으로는 교황들 가운데 다수가 볼로냐 대학 또는 다른 대학의 법학 교수였거나, 아니면 법률에 조예가 깊은 법률가 출신들이었다.

13세기와 14세기는 위대한 법률가–교황의 시기였다. 이들이 행한 입법 활동의 산물인 교황령은 추상적인 교황주의 이론을 간결한 법률 용어 내지 교황수장제적 법률체계로 조탁하였다. 수천에 달하는 교황령이 초기에는 비공식적으로 수집되었다. 그러나 이노센트 3세 이후부터는 이들이 공식적 체계적으로 수집되어, 그 체제와 구성에 있어서 유스티니아누스의 《대전》과 다를 바 없는 교회법전으로 수록되었다. 로마법 연구는 언제나 많은 결실을 낳는 교회법 연구의 전제조건이었다. 그러나 이들 두 법률체제 간에는 큰 차이가 있었다. 교회법을 로마법과 구별시키는 요소는, 교회법이 살아 있는 법령들을 포함하고 있다

---

98) 중세 법률학의 성장에 기여한 지식인은 대략 세 그룹이다. 첫째, 디크레티스트(decretist)와 디클레탈리스트(decretalist)로 구분되는 교회법 학자들이다. 전자는 그라티안의 《교회법령집》 연구에 주력한 데 비해, 후자는 《교회법령집》 이후 공포된 교황령 및 교회법을 주로 연구하였다. 둘째, 로마법 학자들이다. 셋째, 인간 사회의 철학적 구조에 대해 관심을 가졌던 스콜라 신학자들이 여기에 해당한다.

99) Gratian. 약 1179년경 사망. 중세의 가장 탁월한 교회법 학자의 한 사람. 볼로냐 대학에서 로마법을 공부했으며, 이의 원리와 방법론을 교회법에 적용하였다. 그의 《교회법령집》의 원래 명칭은 '조화되지 않는 교회법의 조화'였다. 《교회법령집》은 초기 교부들, 교회 공의회의 법률, 및 황제들의 칙령에 기초하여 교회법을 체계화했으며, 또한 교회법 연구의 표준적 교과서로 기여하였다.

는 점이었다.

　교회법은 당대의 사상에 기초하고 있었으며, 당대의 사회적 요구에 그 초점이 맞추어져 있었다. 사회적 요구가 제기되면 교황은 주권자적 위상에 걸맞게, 전임자의 교황령을 포함한, 여하한 법률도 단번에 폐기할 수 있었다. 이에 비해 로마법은 커다란 '역사적' 약점을 가지고 있었다. 말하자면 로마법은 그것이 법제화되던 시기 때부터 '역사적' 약점이 된 것, 즉 그것은 중세의 많은 법률적 쟁점들을 알지 못하였다. 한 예로서 로마법은 봉건제에 관해 완전히 무지하였다. 로마법은 당대의 봉건적 상황에 적응함으로써, 살아 있는 법률이 되어야만 하였다. 로마법 학자가 군주와 황제의 상서성에 채용되었다면, 교회법 학자는 공식적으로 고위 행정직에 종사하였다. 그리하여 때로는 해당 분야의 최고위직에 오르기조차 하였다. 바로 이 교회법 학자들이 교황청에 법리적 도구와 근거를 제공한 집단이었던 것이다.

　서임권 투쟁에서 제기된 중요한 이슈들은 법률학의 성장에 자극을 주었을 뿐만 아니라, 다른 지적 분야들에도 많은 결실을 가져다주었다. 일반적으로는 12세기 르네상스[100]가 서임권 투쟁이라는 대 격변에 의해 예비되었다는 사실을 충분히 이해하지 못하고 있다. 법률학은 추상적 이념 즉 권리 내지 정당한 권위 등을 법제화하는 실제적 입법 과정에 주된 관심을 기울였으며, 또한 법률의 기저를 이루는 정의의 문제에 대해서도 다양한 검토를 시도하였다. 한편 정의라는 기본 주제에 관해서는 법학 이외에 철학적 신학적 검토 역시 활발하게 진전되었다. 그러나 12세기에 관한 한, 이 같은 검토는 대학의 강의실 밖에서 이루어지고

---

100) 12세기의 문화적·사회적 역동성과 창조성을 총칭하는 용어. 특히 라틴 고전에 대한 관심의 증대, 논리적 증명방법으로서 변증법의 대두, 로마법의 부활에 기초한 교회법의 체계화, 새로운 정치이론의 등장, 고등교육기관으로서 대학의 출현 등이 현저한 특징이다. 철학의 아벨라르, 교회법을 체계화한 그라티안, 우아한 라틴어 문체를 사용한 존 솔즈베리 등이 대표적인 학자들이다. 12세기 르네상스라는 용어를 학문적으로 정립한 학자는 J. 하스킨즈(J. Haskins)로, 그는 《12세기 르네상스》(1927)에서 이 시기의 고전에 대한 관심 특히 라틴 고전작품의 부활로 대변되는 일련의 문화적 역동성을 총칭하여 12세기 르네상스라고 불렀다. 8세기 르네상스, 9세기 르네상스, 10세기 르네상스 등의 용어들도 여기서 파생되었다.

있었다.

당시 지적 관심과 주제를 공유하는 공동체들이 있었던 것은 사실이다. 그러나 모든 지적 영역이 이러한 제도들의 다양한 갈등에 의해 시달리고 있었다. 우리는 모든 정신적 영역의 지식의 총체에 관한 한, 그것이 천년에 가까운 누적 과정의 산물임을 기억해야 한다. 이같이 수집된 지식들에는 이를 나위 없이 서로 판이하고 모순되는 견해와 주장이 광범위하게 포함되어 있었는데, 이 점에서 철학과 신학은 물론 법률학 역시 예외가 아니었다. 법률학의 실제적 문제들이 변증법이라고 알려진 탐구방식을 다시 한번 가동시켰다.

서로 조화되지 않는 진술들을 어떻게 다루어야 할지를 묻는 주교의 문제제기에 대해, 1088년 교황 우르반 2세[101]가 제안한 조언이 변증법적 탐구방식을 확산시키는 계기가 되었다. 우르반은 불변하는 성격의 진술과 시간, 장소, 관련 인물들이 처했던 상황적 요구에 따라 만들어진 가변적인 진술 내지 텍스트 간에는 분명한 구분이 있어야 한다고 조언하였다. 이 같은 조언의 기저에는 신의 피조물인 인간 정신의 단일성에 비추어 볼 때, 이는 근본 문제들에 관한 한 여하한 자기 모순도 일으키지 않는다는 신념이 깔려 있었다. 모순은 단지 현상적인 것일 뿐 실제적인 것은 아니라고 이들은 생각하였다. 그리하여 시간, 장소, 및 관련 인물에 따라 논점을 구분하는 이 같은 정신적 작업이 스콜라적 내지 변증법적 방식을 출현시켰으며, 사실상 이 탐구 방법이 중세 스콜라 학문을 형성한 근간이었다.

이러한 탐구 방법론의 결실은 법률학에서도 뚜렷이 확인된다. 그라티안은 자신의 저작에 《조화되지 않는 교회법의 조화》(*Concordia discordantium canonum*)라는 제호를 붙임으로써, 서로 조화되지 않고 모순되는 교회법령들을 일치시키

---

101) Urban II. 1088-99. 수도사이자 클루니 수도원장 출신으로 그레고리우스 7세가 추진한 개혁운동의 열렬한 지지자였다. 교황 빅토르 3세를 계승하였으나, 독일의 하인리히 4세가 클레멘트 3세를 대립교황으로 옹립하는 사태에 직면하기도 하였다. 1095년 클레르몽 공의회를 소집하였으며, 여기서 제1차 십자군 원정을 선포하였다.

려는 의도를 분명하게 드러냈다. 신학과 철학에서도 이와 유사한 결실이 목격되었다. 동시대의 저술인 아벨라르[102]의《예 그리고 아니오》(Sic et Non)가 법률학 영역에서 그라티안의 저서가 점하는 위상에 해당되는 철학적 결실이었다. 이른 바 12세기 인문주의는 11세기 말엽에 진행되었던 통치 이념의 실천적 적용이 광범위하게 일깨웠던 다양한 세력들이 낳은 결실이었다고 하겠다.

존 솔즈베리[103]는 12세기 중엽 인문주의의 한 전형을 제시하고 있다. 그는 격렬한 논쟁을 불러일으킨 당대의 쟁점들에 관해서 여러 계몽적인 기록들을 남겼다. 그의 주요 사상에 대한 간략한 개관을 근거로, 존 솔즈베리가 교황−성직자 정치론적 논리를 강력히 지지했던 당시의 몇몇 고립된 지식인들 가운데 한 사람이었다고 상정하는 것은 적절해 보이지 않는다. 존 솔즈베리 이외에도 몇몇 교회법 학자들이 자신의 주석, 소책자, 대전 등에서 그와 동일한 주제를 다루고 있었다. 더욱이 많은 비법률학적 저술가들, 예를 들면, 성 베르나르, 휴그 생 빅토르,[104] 호노리우스,[105] 게로 라이헤르스베르그[106] 등은 물론 탁월한 사상가였던 성

---

102) Peter Abelard. 1079~1142. 12세기의 대표적인 스콜라 철학자. 로설렝, 귀욤 샹포 및 안셀름을 사사하였으며, 파리 근교의 멜렁에 학교를 설립하였다. 또한 노트르담 성당학교에서 변증법과 신학을 가르치면서 전통적인 지식인들을 비판하였다. 그는 이 성당의 주교좌 참사원의 조카 엘로이즈와 사랑에 빠졌으나, 이 사랑은 두 사람 모두에게 불행한 결과를 가져다주었다. 주요 저작으로는 스콜라 철학의 보편자 논쟁을 야기한《예 그리고 아니오》및 자신의 불운한 생애를 기술한《재난의 역사》등이 있다.

103) John of Salisbury. 1115/20~89. 12세기의 대표적인 인문주의자. 프랑스에서 아벨라르, 귀욤 콩슈 등 당대의 저명한 학자들을 사사하였다. 그 후 캔터베리 대주교 테오발드의 서기로 현실 정치에 입문하였으며, 토마스 베켓의 서기로도 일하였다. 교회의 독립을 둘러싼 군주 헨리 2세와 토마스 베케트와의 갈등으로 프랑스로 망명하기도 하였다. 샤르트르의 주교로서 생을 마감하였으며,《논리학변론》,《교황청의 역사》등의 저서를 남겼다.

104) Hugh of St. Victor. 1096~1141. 1108년에 건립된 생 빅토르 수도원의 대표적인 학자로서 인간의 경험이 지식의 최상의 형태라는 신비주의 이론을 정립하였으며, 지식입문서인《스콜라적 입문서》(Didascalion)와《성사론》등의 저술을 남겼다.

105) Honorius Augustodunensis(Autun). 약 1156년경 사망한 레겐스부르그 수도원의 베네딕트 수도사.《세계의 모습》(Imago Mundi)을 비롯해서, 성서 주석, 우주론, 지리학, 신학 등에 관한 소책자들을 집필하였다.

106) Gerhor of Reichersberg. 1169년 사망. 성 아우구스틴 수도원의 수도사이자 라이헤르스베르그 수도원의 부수도원장으로 오랫동안 재직하였다. 아벨라르와 길베르 드 라 포레(Glibert de la Porée)의 견해를 비판하고 교회개혁 및 교회와 세속 정부와의 관계에 대한 글을 집필하기도

안셀름,[107] 길버트 크리스프[108]도 유사한 주제를 다룬 바 있었다. 그러나 존 솔즈
베리의 견해는 간략하나마 요약할 만한 가치가 있다. 사실 그의 주저 《정치가
론》(*Policraticus*)은 16세기에 이르기까지 상당한 영향을 끼친 저작이었다. 《정치
가론》에 관한 한 저자의 이름이 곧 잊혀지고, 책의 제호가 저자의 이름으로 간주
되었던 시기가 있었다는 것은 오히려 주변적인 일화에 속한다. 존 솔즈베리는
그가 후대에 끼친 영향력을 제외하더라도 충분히 평가받아야 할 몇 가지 이유
가 있다. 무엇보다도 그는 현장적 감각, 폭넓은 시야, 및 고전에 대한 해박한 지
식을 가진 인물이었으며, 특히 그가 현장적 사건으로 목격하였던 토마스 베켓
[109]과 국왕 헨리 2세 간의 투쟁은 여러 측면에서 그로 하여금 당시까지 누적되어
온 성직자 정치론의 기본 요소들을 재검토하도록 만들었다.

　　존 솔즈베리는 고대와 로마 문화에 정통하면서도, 극히 포괄적인 그리스도
교 공화국 즉 그리스도교 정치공동체(*Respublicea Christiana*)라는 인식에 입각하
여 자신의 논리를 전개하였다. 그는 이를 '라틴 세계'와 동일시하였으며, 또한 그
에게 있어서 그리스도교 공동체란 모든 그리스도 교도의 유기적 가시적 연합체
바로 그것이었다. 그의 사상체계에서는 영혼이 육체를 지배한다는 인식이 핵심
적 요소였기 때문에, 이 비유를 그가 공공 정부의 영역에 전환시키는 데는 별 다
른 어려움을 느끼지 않았다. 이는 존 솔즈베리가 왜 법률을 전체 그리스도교 사

하였다.

107) St. Anselm. 1033~1109. 캔터베리의 대주교. 영국에서의 교권과 속권과의 관계와 관련하여 군주
　　윌리암 러퍼스 및 헨리 1세와 격렬한 논쟁을 벌이기도 하였다. 주저 《신은 왜 인간이 되었는
　　가》(*Cur Deus Homo*)에서 신의 성육신에 관한 정통 교리를 강조하였다. '나는 이해하기 위해 믿
　　는다'는 경구가 말해주듯이 그는 신의 존재를 증명하고자 노력하였다.

108) Gilbert Crispin. 약 1117년경 사망. 베네딕트 수도사로 웨스트민스트의 수도원장을 역임하였다.
　　안셀름 벡(Anselm of Bec)의 영향을 받았으며, 《유대인과 그리스도 교도와의 대화》를 저술하
　　였다.

109) Thomas Becket. 1118?~70. 캔터베리의 대주교 테오볼드를 사사하였으며, 켄테베리의 부주교를
　　역임하였다. 1155년 헨리 2세의 상서에 임명되었으며, 마침내 1162년 테오볼드의 뒤를 이어 켄테
　　베리 대주교가 되었다. 그러나 이후 교회의 독립을 둘러싸고 헨리와 갈등을 빚었으며, 1170년
　　헨리의 병사에 의해 살해당했다. 1173년 성인으로 추대되었으며, 그의 무덤은 중세에 가장 인
　　기 있던 순례지의 하나가 되었다.

회를 유지하는 관건으로 간주하고, 왜 이 주제에 그렇게도 많은 관심을 기울였던가 하는 점도 자연스럽게 설명하고 있다.

존 솔즈베리는 군주가 법률을 제정할 때 성직자의 의견을 반드시 들어야 한다고 주장하였다. 그에 따르면 성직자만이 법률의 핵심적 요소를 판별할 자격을 갖추고 있었다. 그에게 있어서 법률은 그리스도교 신앙에 기초한 행위규범으로서, 성직자 이외의 누구도 제안된 법률적 조치가 그리스도교 신앙에 부합하는지 여부를 판단할 자격을 갖추고 있지 못했다. 그가 '법률의 모든 기능은 종교적이고 신성하다'라고 지적함으로써, 목적론적 논리를 고전적 형태로 표명하였던 이유도 여기에 있었다. 그에게 있어서 법률은 유기체적 공동체를 통치하는 수단이었으며 또한 권위를 갖춘 지침 내지 명령이었는데, 여기서 그가 상정했던 사회는 기본적으로 그리스도교 공동체였다. 존 솔즈베리는 '정치'를 '종교'에서 분리하지 않았던 것이다.

단일성 이념은 유기적 그리스도교 공동체의 단일한 통치권을 전제하고 있었으며, 존 솔즈베리에게 있어서 이는 교황의 수장권이었다. 교황은 여러 민족과 왕국들보다 우위에 있었으며, 사람이든, 사건이든, 누구든 무엇이든, 교황의 사법적 판단으로부터 자유로울 수는 없었다. 교황의 법률은 무조건적 순복을 요구하였다. 이미 살펴보았듯이, 존 솔즈베리는 군주가 성직자로부터 칼을 사용하는 권한을 부여받은 것은 사실이지마는, 그러나 압도적인 권위는 여전히 성직자에게 있다고 주장하였다. 어떤 의미에서 그는 군주를 '형의 집행자' 정도로 간주하였다. 왜냐하면 군주의 한 주된 업무가 죄악의 억제였기 때문이었다. 앞서 우리는 이 같은 논리가 원래 성 바울과 이시도르의 이론이었음을 지적한 바 있다. 존에 있어서도 통치자는 바로 이를 위해서 신에 의해 옹립되었다. 군주의 통치가 이 목표를 구현하고자 하는 한 군주의 위상은 사실상 '신의 이미지'에 해당된다는 것이었다.

또한 존 솔즈베리는 신정적 형태의 정부에서 법률을 구성하는 요소란 '군주

의 의지'이며, 군주의 의지는 '신의 법률에 복속되어야 하고', 법률을 법률답게 만드는 요소가 '신의 은총' 내지 '신의 뜻의 형상화'라고 주장하였다. 그에게 있어서 법률은 정의의 이념의 구현으로서, 이는 전적으로 그리스도교적인 개념이었으며, 그것의 내용은 단지 특별한 자격을 갖춘 사람에 의해서만 판별될 수 있었다. 이 같은 이념의 많은 부분은 13세기 주교 그로쓰테스트[110]에 의해서 예리하게 해명될 것이었다.

존 솔즈베리는 그리스도 교도적 군주의 통치방식과 정반대되는 통치자를 전제적 군주로 규정하였다. 그러니까 전제적 폭군은 그리스도교적 군주의 '훼손'이었으며, 또한 폭군이 바로 '악마의 이미지'였다. 그에게 있어서 폭군은 그리스도 교도인 인민의 재앙거리였기 때문에, 폭군을 살해하는 것조차 정당하다고 언급될 정도였다. 물론 존 솔즈베리가 《정치가론》의 다른 곳에서 폭군의 개과천선을 위해 기도할 것을 제안한 것은 사실이다. 폭군시해와 기도라는 폭군에 대한 두 가지 제안은 존 솔즈베리와 같은 성향의 이론가에게 있어서 신정적 군주제가 제기하는 어려움을 여실히 드러내고 있다. 군주가 법률의 원천이고, '군주의 의지'가 법률에 강제성을 부여하는 한, 폭군을 법률적 수단에 의해 제거하는 헌정적 묘안을 찾을 수는 없었던 것이다. 무력 또는 기도에 대한 호소는 신정적 군주권의 한계를 불가피하게 인정하는 것이기도 했다. 13세기의 토마스 아퀴나스도 폭군의 문제를 다루면서 이와 동일한 어려움에 직면할 수밖에 없었다.

성 바울은 자신의 사상을 설명하기 위해 여러 서신들에서 인체를 비유적으로 활용하였다. 그의 비유는 '성령'에 의해 지배되는 인체의 여러 부분들 간의 긴밀한 관계를 보여주고 있다. 신체의 모든 부분은 각기 고유한 기능을 가지고 있다. 하지만 어떤 부분도 자신만을 위해 기능하지는 않고, 몸 전체를 위해서 기

---

110) Grosseteste of Lincoln. ?~1175. 링컨의 주교. 정치가인 동시에 학자. 주교좌의 행정에 관한 지침서를 마련하였으며, 성직자의 도덕성을 강조하였다. 또한 옥스퍼드 대학의 지적 전통의 확립에 일익을 담당하였으며, 언어학, 자연과학 및 신학의 발전에도 기여하였다. 아리스토텔레스의 저작에 대한 그의 주석은 당대의 전거로 인정되었으며, 로저 베이컨에게도 영향을 미쳤다.

능한다. 이러한 통합적 기능주의는 목적의 단일성에 입각한 보완적인 역할 분담의 원리로서, 이는 오직 목적론적 맥락에 의해서만 설명될 수 있다. 이 같은 유기체적 사회 개념은 중세에 지대한 영향을 미쳤으며, 존 솔즈베리에서 절정에 이르렀던 것이다.

하향적 정부론의 운용도 이 유기체적 사회 이념에 의해 특징적으로 논증되었다. 왜냐하면 유기적 사회공동체의 '영혼'이 군주이기 때문이었다. 존 솔즈베리는 자신의 유기체주의 사회론을 논리적으로 끝까지 밀고 나갔다. 즉 군주의 자문기구인 원로원을 심장에, 재판관, 지방장관 등을 유기체의 눈, 코, 혀에, 그리고 농민집단을 공동체의 발에, 또한 행정적 관리조직을 유지하는 국고 내지 재무성을 위장에 비유하였다. 그러나 분명히 지적해 두어야 할 점은 존 솔즈베리의 이론체계 어디서도 군주에 대한 저항권을 제안하는 시사는 찾아볼 수 없다는 사실이다. 존 솔즈베리에 의하면 군주의 의무는 신민을 보살피고, 성 바울의 고린도전서 12장 22절에 기초하여, 비교적 '미천한' 구성원들에게 각별히 관심을 기울이는 일이었다. 신민은 군주에게 자신의 염원과 요구 등을 표명할 수는 있었다. 그러나 이 모든 것이 신민의 자율적 권리와는 거리가 멀었다. 신민이 의무와 권리를 동시에 가진다는 여하한 정치목적론적 논리의 출현도 그의 신민 개념은 사실상 배제하고 있었다.

앞서 지적하였듯이, 존 솔즈베리는 12세기에 신정적 정치이론을 천명한 많은 이론가들 가운데 한 사람이었다. 성숙한 신정적 이데올로기를 대변하는 것으로 간주해도 될 법한 13세기 말기의 한 저술을 언급하는 것으로 이 장을 마무리하도록 하겠다. 여러 가지 사항을 고려해 볼 때, 자일즈 로마[111]는 검토해 볼

---

111) Giles of Rome. 1316년 사망. 성 아우구스틴회 수도사. 철학자 겸 신학자로 부르게스의 대주교를 역임하였다. 프랑스 군주 필립 4세의 개인교사를 역임했음에도 불구하고 필립과 교황 보니파키우스와의 갈등에서는 교황을 지지하였다. 아리스토텔레스에 대한 주석과 피터 롬바르드의 《명제집》에 대한 주석 등을 집필하였다. 이들 저서는 아우구스틴주의뿐만 아니라 토마스 아퀴나스의 영향을 보여주고 있다.

가치가 있다. 그의 저작 《성직자의 권한》(*On Ecclesiastical Power*)은 교황과 프랑스 군주 사이에 심각한 갈등이 고조되었던 시기에 집필되었다. 그는 교회법과 철학의 영역 모두에서 훌륭한 훈련을 받았으며, 철학과 신학에 관해 몇몇 알려진 글들의 필자이기도 했고, 아우구스틴회의 탁월한 수도사였으며, 일찍이 프랑스 군주 필립 4세의 개인교사를 역임하기도 했던 인물이었다. 그의 저작은 교황청의 논리를 잘 반영하고 있었다.

자일즈 로마의 집필 목적은 교황이 전 세계에 대해, 다시 말해서 모든 사람과 모든 사물에 대해, 주권 즉 '최고권'을 보유하고 있으며, 군주 역시 성직자들과 조금도 다름없이 교황의 신민임을 입증하는 데 있었다. 더욱이 교황은 교황전능권 논리에 입각해서 교권과 속권 모두를 가지고 있었다. 따라서 교황에게 복속하지 않는 자는 누구도 자신의 권력을 합법적으로 행사할 수 없었다. 자일즈 로마의 이 같은 주장이 그 자체로서는 전혀 새로운 것이 아니었다. 그러나 그의 저작에 독특성을 부여한 것은 결론에 도달하기까지 활용된 논의의 화두 내지 그 내용이었다.

자일즈 로마의 핵심 사상은 주권(*dominium*) 이념이었다. 그에게 있어서 이는 재산에 관한 것이 아니라 통치권 내지 지배권을 의미하였다. 이 용어는 특정인이 다른 사람에 대해서 가지는 우월한 지위를 가리키는 도미니우스(*dominus*)로부터 유래되었다. 그에 따르면 도미니움(주권)이라는 추상적 개념은 이론의 영역에서 상위자와 하위자의 관계를 가리키고 있었다. '지배권'은 좁은 의미에서 특정 사물이 군주에 속하는 것임을 가리키는 일종의 재산권이었던 동시에, 또한 이는 한 사람의 다른 사람에 대한 인신적 복속을 폭넓게 함의하는 개념이기도 하였다. 이 경우 우리는 이를 통치의 권위라고도 해석할 수 있을 것이다. 두 경우 모두에 있어서 핵심적인 요소는 도미니움 즉 주권을 가진 자에 의한 권한의 행사가 합법적이라는 사실이다. 다시 말해서 주권자에게는 이 같은 권한을 행사할 권리가 있다는 사실이었다.

자일즈 로마에게 있어서 지배 내지 통치의 권리는 성사 특히 세례를 통해서 부여되는 신의 은총에 의해서만 획득될 수 있었다. 따라서 이교도는 합법적인 재산도 합법적인 권위도 가질 수 없다는 이론이 제기되었다. 이교도가 가진 것은 부당하게 그리고 찬탈을 통해서 획득된 것이라는 생각이었다. 통치권 내지 지배권은 단순한 세습 내지 단순한 혈통 또는 정복 등에 의해 획득되는 것이 아니라, 오직 재탄생 즉 세례가 수반하는 재탄생을 통해서 주어지는 신의 은총에 의해서만 획득될 수 있었다. 이 점에서 자일즈 로마는 한 세대 이전의 이노센트 4세를 사실상 모델로 삼고 있었다. 이노센트 4세는 모든 피조물이 '창조주의 대리자'에게 복속해야 한다고 주장했던 것이다. 자일즈 로마에 따르면, 신에 의해 창조된 모든 사물은 마땅히 신에게 복속해야 했다. 이와 마찬가지로 이 땅의 신의 대리자 역시 약간의 제한에도 불구하고 신성한 권력 내지 천상의 권력을 보유하고 있다고 그는 생각하였던 것이다.[112] 이 밖에도 파문된 사람은 재화에 대한 합법적인 소유권이 없다고 그는 주장하였다. 그에 의하면 주권 즉 최고의 권위는 베드로의 묶고 푸는 권한에 단단히 뿌리박고 있었다.

이와 같은 논리에 입각하여 자일즈 로마는 교황이야말로 '현세적 권력을 창출해야' 한다고 주장할 수 있었다. 그리하여 이로부터 왕권을 옮기거나, 군주를 폐위하는 등의 권리가 도출된 것은 오히려 당연한 일이었다. 그는 고대의 지상권 원리와 이에 수반되었던 역할 분담의 원리를 교황이 소유한 최고의 주권 즉 도미니움의 형식으로 제안하였다. 비록 교황이 '으뜸가고 우월한 권위'인 주권을 가지고 있기는 했지마는, 그러나 현세사에 관한 한 교황은 이 땅의 권력을 매개로 이를 관리하였다. '이 땅에서 현세 정부가 인민을 통치하는 방법이란 사실상 교회 정부가 제시한 원리에 따라 물질적 재화를 관리하는 기술에 다름 아

---

112) 신이 모든 피조물을 지배함으로써 활동하는 것과 마찬가지로, 이와 동일한 방식으로 신의 대리자인 교황은 교회와 신도집단을 통해 활동한다. 자일즈 로마는 또한 다음과 같이 언급하였다. '모든 인간과 모든 소유물은 교회의 지배 아래 있다. 왜냐하면 전 세계와 세상에 살고 있는 모든 사람은 교회에 속해 있기 때문이다'.(2.11)

니었다'.

자일즈 로마에 따르면, '두 칼 이론'은 권력 그 자체와 권력의 운용 내지 적용이 구분되어야 한다는 사실을 잘 보여주고 있었다. 교황만이 정치권력 즉 통치권을 소유하며, 이는 신으로부터 유래된 것이기 때문에 언제나 유익하였다. 그러나 군주에 의한 정치 권력의 행사는 좋을 수도 또는 나쁠 수도 있었다. 따라서 이 같은 권력의 올바른 사용을 위해서 군주는 지도되고 계도될 필요가 있었던 것이다. 교권이 중심적이며, 속권이 주변적이라는 자일즈 로마의 주장은 주권에 대한 중세적 견해의 표명 바로 그것이었다. 그에게 있어서 교황은 어떤 의미에서 보면 '권력의 진정한 원천'이었다. 다른 여하한 권력도 이보다 더 완전할 수는 없기 때문에, 교황의 권력이야말로 진정한 '천상의' 권한으로 간주될 수 있었던 것이다.

신은 현세의 사물들에 대해 그것의 고유한 활동들을 허용함으로써, 동시에 이들을 관리하는 것과 마찬가지로, 신의 대리자도 현세적 권력들에 대해 그것이 고유한 기능을 행사하도록 허용함으로써, 또한 이들을 관리해야 한다.

자일즈 로마는 법제적 안전성이라는 관점에서 볼 때, 교황이 선대 교황들의 견해를 따르는 태도는 권장할 만하다고 충고하였다. 그러나 상황이 필요로 할 경우, 교황은 신이 그러하듯이 심지어 법률을 무시할 수도 있다고 그는 지적하였다. 신이 기적을 통해서 자연 법칙을 이따금씩 무시하는 것과 마찬가지로, 신의 대리자인 교황 역시 실정법을 무시할 수 있으며, 심지어 때로는 실정법을 초월해야 한다고 그는 생각하였다. 교황의 사법권은 탄력적이고 가변적인 것으로서, 어떠한 규정도 그를 엄격히 강제할 수는 없었던 것이다. 자일즈 로마는 보편적 주권 개념을 이렇게 설명하고 있다.

물질적 세속적 사항들의 관리는 현세 권력에 위임되었다. 이에 현세 정부는 직책의 수행을 통해서 이들을 직접적으로 다루게 되었다. 그러나 기본적 통치권에 관한 한 교회 정부에 전 세계와 모든 현세사에 대한 으뜸가고 우월한 권위가 본원적 권리로서 위임되었다. 비록 교회 정부의 이러한 권한이 복음에 순복하지 않는 자들로 인해 현실에서 실제로 행사되지는 않는다고 하더라도 말이다.

매우 간략하게 요약해 본, 이와 같은 신정적 견해는 법률에 대한 교황의 관심을 잘 드러내고 있다. 종국적인 목표로 계도되어야 할 신도집단은 단순한 신비적 성사적 공동체만이 아니라 이 땅에서의 재화와 소유도 구체적으로 가진 공동체였다. 그리스도 교도의 내세의 삶도 이 땅에서의 현세적 삶에 달려 있었다. 그리스도 교도의 유기적 연합체가 단순히 신비적 공동체로만 간주된다면 법률, 법정, 제도와 같은 장치들이 필요하지 않을 것이다. 그러나 이 공동체가 유기체적이고 통치되어야 할 집단으로 간주되었기 때문에, 이를 위해서는 신도집단을 계도할 법칙이 반드시 있어야 하였다. 적어도 이것이 교황청의 기본 입장이었다. 교황청은 무엇보다도 통치 조직으로서 다른 모든 정부들이 그러했던 것과 마찬가지로 자신이 제정한 법률의 준수를 요구하고 있었다.

교황청의 성직자 정치론 체제가 극히 명백히 하였던 바가 법률과 신앙 간의 특별한 관계였다. 사실 이 점은 다른 모든 신정적 정부에도 마찬가지로 적용될 요소였다. 현세와 내세까지 미칠 교황 정부의 제도와 효능에 대한 신앙은 역설적이게도 이 땅에서의 신앙 그 자체와 개별 신조들을 규제해야 할 법률을 만들어 내게 되었다. 따라서 신민은 법률과 명령의 옳고 그름을 논한다거나 의문을 제기할 수 없었다. 신민이 해야 할 일은 단지 이들에 순복하는 것이었다. 6세기 말엽 그레고리우스 1세가 밝혔고 또한 거듭 주장되었듯이, 상위자의 결정은 옳고 그름과는 무관하게 신도집단에 대한 구속력을 가지고 있었다. 이 같은 교황청의 이론에 따르면, 교황은 매우 독특하고 특별한 방식으로 신을 위해서 그리

고 신을 대신해서 법률제정권을 행사할 수 있고 또 행사해야 하였다. 무엇보다도 이 교리는 모든 인간이 다른 사람보다 신에게 복속해야 한다는 견해를 반영하고 있다고 간주되었다.

이러한 직책과 인격의 구분은 결과적으로 성직자 정치론 이념에 엄청난 활력을 제공하였다. 직책에 대한 이 탈인격적 객관적 시각은 '법률에 강제력을 부여하는 요소는 단순히 인간이 아니라 신 그 자체다'라는 이노센트 3세의 주장에 그대로 반영되었다. 또한 이 같은 시각은 '교황청을 매개로 하여 제후가 지배하고 ⋯ 군주가 통치한다'라는 보니파키우스 8세의 선언 등에도 뚜렷이 반영되었다. 이는 물론 잠언서 8장 15절의 '나로 말미암아 왕들이 치리하며⋯' 등의 구절을 활용한 것이다. 교황직의 성 베드로적 속성 즉 교황은 그리스도의 대리자로서 그리스도의 권한을 보유한다는 원리는 모든 인격적 성품에 대한 고려를 배제하였다. 법률의 강제성은 교황의 인격이 아니라 교황의 직책에서 유래된다는 것이었다. 엄격한 의미에서 교황청은 일종의 정부제도이기 때문에, 법률과 사법체계에 대한 교황청의 의존은 특별한 설명을 필요로 하지 않는다. 정부의 조치와 명령의 객관적 타당성이 입법기관의 주관적 개인적 성격, 다시 말해서 입법자–교황의 인격이 도덕적으로 선한가 또는 악한가 하는 점에 달려 있다고 한다면 질서정연한 정부는 결코 기대될 수 없을 것이기 때문이다.

논리적 추론에 비추어 볼 때, 이 같은 정부체제를 내부에서부터 효과적으로 공격하기는 거의 불가능하였다. 실제적 역사적 과정도 이 점을 입증할 터였다. 그러나 교황청의 통치 이념이 입각하고 있던 전제와는 무관한 이념이 침투하면서, 교황직에 대한 전통적 객관적 탈인격적 견해는 인격적 주관적 인간적 견해에 의해 뒷전으로 밀려날 수밖에 없게 되었다. 이러한 현상이 발생하자, 통치제도로서 부여되어 온 교황청의 권위와 지위도 당연히 위축될 수밖에 없었다. 교황 그레고리우스 9세가 기념비적인 선언을 통해서 밝혔던 바와 같은 신앙, 즉 교황청을 신적인 제도로 믿는 신앙, 교황을 천국에 이르는 문을 열고 닫을 수

있는 하늘의 열쇠를 가진 보유자로 간주하는 신앙, 교황의 위상을 신과 인간의 중재자로 보는 신앙이 사라지면서 새로운 변화는 불가피하게 되었다.

이제 사람들은 성서에 대한 신앙, 즉 성서를 해석하는 개인적 능력을 믿기 시작하였다. 이 같은 상황의 변화와 더불어 신정적 교황 정부론의 수명은 점점 더 단축되었다. 변화한 것은 신앙 그 자체가 아니라, 신앙이 입각하고 있던 토대였다. 성직자 정치체제의 토대는 교황청 제도를 일종의 통치 조직으로 간주하는 인식이었다. 그러나 후대에 이르러서는 성서 및 성서를 완벽하게 해석할 수 있다고 스스로 생각했던 개인들로 그 토대가 바뀌게 되었다. 이와 같은 변화의 결과는 무엇보다도 신도집단이 특별한 자질을 갖춘 교회의 감독으로부터 자유로워지게 되었다는 사실, 즉 신민의 해방이 일어났다는 점이다. 한편에서는 신앙이 가시적 객관적 외연적 직책의 수행으로 간주되었던 반면에, 다른 한편에서는 신앙이 성서를 매개로 해서 일어날 수 있는 신과의 합일, 즉 비가시적 주관적 내면적 직접적 합일로 간주되었던 것이다.

제5장 신정적 군주와 봉건적 군주

1. 신정적 군주정의 본질

앞서의 우리는 신정적 군주권의 성격과 특징을 개념적으로 뚜렷하게 부각시켜 보았다. 이는 당시 전반적으로 만연해 있던 신중심적 그리스도교적 인식에 확고하게 뿌리내리고 있었다. 필자는 7·8세기에 신정적 군주권이 대두하였다는 사실을 지적한 바 있다. 이와 더불어 군주는 당시까지 신민에게 묶여 있던 군주권 즉 원래 자신에게 통치권을 부여했던 사람들로부터 벗어나기 시작하였다. 이러한 결별은 군주가 자신을 위해서 '신의 은총에 의한 군주'라는 타이틀을 채택함으로써 더욱 가시적이고, 널리 이해될 수 있는 형태로 진전되었다.

군주권은 이제 신민의 의사에 의해서가 아니라, 신의 뜻에 의해서 보장될 수 있었다. 군주가 신의 은총에 의해 통치권을 부여받았다는 논리는 원래 그리스도교적 사상, 보다 정확히 지적한다면, '내가 나 된 것은 신의 은총에 의해서다'라는 바울의 교리로부터 영향을 받았다. 이 같은 신정적 군주권의 핵심 특징은 앞서 지적했듯이, 시간이 흐름에 따라 신성한 은총으로부터 신적 권리로 바뀌게 되었다. 특히 신정적 군주권은 하향적 형태의 정부구조 및 이로부터 유래된 군주의 주권자적 기능을 통해서 보다 확고한 성격을 가지게 되었다.

중세기의 군주 정부는 이에 상응하는 교회 정부에 비해 다소 관행적인 조직이었다. 8세기로부터 11세기에 이르는 기간 동안 속권주의 정치이론을 표명한 군주측 저술가는 단 한 명도 없었다. 성직자 정치론이 이용 가능한 모든 문헌과 교리를 동원해서 당당한 이념적 구조를 세우고, 장족의 발전을 이룩했던 바로 그 시기에, 군주 정부는 왕권이론을 제대로 변론하는 저서를 단 한 권도 출간하지 못했던 것이다. 역설적이게도 군주론의 주요 특징은 사실상 성직자들에 의해서 조탁되었다. 군주의 대관식 절차가 그 대표적인 사례일 것이다. 이는 전적으로 주교들의 노력의 산물로서, 군주가 이를 전폭적 무조건적으로 지지함으로써 제도화되었던 만큼, 돌이켜보면 이는 역설이 아닐 수 없는 것이다. 군주의 상서성은, 전부는 아니라 하더라도, 대부분이 성직자들로 구성되었다. 이 성직자 관료들은 군주의 공식문서, 칙령, 특허장 등에서 군주의 견해를 표명하였다. 그런데 이를 자세히 살펴보면, 군주의 견해와 성직자 자신의 생각이 거의 구분되기 어려운 것이 실정이다.

교황청 문서의 서문에는 교황주의 논리에 대한 긴 해설이 실려 있으며, 법률 문서에 실린 이러한 해설은 법률적 강제력까지 가지고 있었다. 그러나 군주 문서의 서문은 드물고 간략했을 뿐만 아니라, 대부분의 경우 그것은 진부한 신정적 진술을 벗어나지 못하였다. 요컨대 군주측에는 교회측이 그러했던 것과는 달리, 권력의 실천적 청사진의 제시를 '본연의' 사명으로 하는 평신도 지식인이 존재하지 않았던 것이다. 성서에 근거하여 주장을 제기하고, 신정적 군주권의 성서적 기초를 강조하며, 군주가 교회와 사제에 대해 집단적 개별적으로 행한 수많은 기부 행위를 지적하는 일 등은 상당한 효용을 가지고 있었다. 그럼에도 불구하고 성서의 보다 믿을 만한 해석자로 간주되었던 이는, 당연한 일이지마는, 어설픈 군주가 아니라 치밀한 교황이었던 것이다.

실제로 11세기 이전에는 군주가 주로 사유교회 체제의 운용을 통해서 주교단을 비롯한 성직자 집단을 확실하게 통제하고 있었다. 그런데 놀랍게도 이 체

제를 누구도 이데올로기적으로 변론하려 하지 않았다는 사실로 인해서 우리는 충격을 받게 된다. 그리하여 이 체제에 대한 정교한 이론적 공세가 시작되자, 이 관행적 통치 조직에 대한 여하한 이론적 변론도 사실상 불가능하게 되었다. 물론 이러한 류의 이론이 전혀 없었던 것은 아니었다. 그러나 신정적 군주제 정부 형태는 정교하지 못한 종교적 추론에 근거를 둔 관행적인 제도였기 때문에, 치밀하게 짜인 통합적 이론 앞에서는 무기력할 수밖에 없었다.

서임권 투쟁 과정에서 교황 그레고리우스 7세가 독일의 군주 하인리히 4세의 항의에 맞서 보낸 답신보다 이러한 상황을 잘 대변해주는 예는 아마도 없을 것 같다. 하인리히 4세는 자신의 행동이 모든 선대 군주들이 행했던 바와 완전히 일치하며, 자신의 정부 역시 선대의 관습에 기초한 것임을 충분히 설득력 있게 항변하였다. 이에 대해 교황 그레고리우스 7세는 다음과 같이 응수하였다. 즉 '그리스도는 내가 곧 관습이다'라고 말씀하시지 않고, '내가 곧 진리다'라고 말씀하셨다는 것이었다. 사실이 어떻고, 역사가 어찌 되었든, 교황만이 알고 있는 이 '진리'의 문제에 직면하자, 군주측 변론의 근거였던 관습과 사실들은 그 의미가 모두 퇴색될 수밖에 없었다.

신정적 군주정이 명확히 하였던 바는 무엇보다도 신민에 대한 군주의 주권이었다. 이 점에 관한 한 성직자 정치론자 역시 이를 지지하고 있었다. 이 같은 군주 주권의 구조는 교황 주권의 그것과 결코 다르지 않았다. 즉 군주는 신이 군주 정부에 위임한 신민 밖에 그리고 신민 위에 군림한다는 것이었다. 결과적으로 군주의 통치 활동 내지 행위에 대해 책임을 물을 수 있는 여하한 법정도, 조직도, 수단도 있을 여지가 없었다. 군주는 법률 위에 있는 존재였던 것이다. 따라서 '어떠한 영장도 군주를 기소할 수는 없었으며', '군주는 잘못을 범할 수 없었다'는 것이었다. 앞서 존 솔즈베리가 봉착했던 난제들도 바로 이 점이었다. 오늘날도 영국 여왕이 여전히 중세의 신정적 개념을 반영하는 '주권자'로 언급되고 있다는 점은 흥미로운 사실이다. 한편 신민은 여하한 권리, 여하한 직책,

여하한 기능을 행사하든, 그것은 군주의 위임과 은총 즉 양도 이론을 통해서 이루어졌다. 신민은 군주가 신으로부터 그러했듯이 군주로부터 권리와 권한을 부여받는다는 것이었다. 제임스 1세[113]의 다음과 같은 주장은, 그것이 실제로 행해졌던 때보다는, 아마도 중세에 훨씬 더 그 정당성이 폭넓게 수용되었을 견해였다.

> 우리는 신민이 선왕들의 은총과 총애에 의해서 부여받았던 특권들을 인정할 것이다. 그러나 이 특권을 근거로 우리에게 반군주적 언사를 사용하는 것은 결코 용납하지 않을 것이다.

일단 이러한 노선이 설정되자, 앞서 살펴보았던 문트(*Munt*) 개념, 즉 최고의 보호권 개념이 군주론에도 적용되어야 한다는 걸림돌이 제거되었다. 그리하여 이는 신민집단을 결과적으로 미성년자와 동일한 수준에 놓도록 하였다. 여기서 반드시 지적되어야 할 점은, 신민이 법률 제정에 필요한 적절한 자격과 역할을 가지지 못하게 되었다는 사실이다. 법률의 구성 요소는 신민의 동의가 아니라 군주의 의지였으며, 신에 의해 임명된 군주가 선포한 법률은 마땅히 그것에의 순복을 신민에게 요구할 수 있었다. 군주의 법률에 대한 순복은 때로는 신민의 충성서약을 통해서 더욱 강화되었다. 이 경우 군주의 법률에 대한 순복은 신민의 의무로서 거듭 엄중하게 요구되었다.

앞서 지적했듯이, 신민은 법률을 제안할 수 있었으며, 또한 군주의 조치에 대하여 탄원할 수도 있었다. 단지 군주는 현실적인 편의성을 이유로 이를 무시

---

113) James I. 1565~1625. 영국의 군주 겸 스코틀랜드의 군주(1567~1625). 1603년 엘리자베스 I가 상속자 없이 사망하자, 왕위에 오름으로써 스튜어트 왕조를 창시하였다. 왕권신수설에 입각한 절대주의 왕권을 추구하고, 의회의 권위와 기능을 무시함으로써 통치기간 내내 의회와 갈등을 빚었다. 한편 그의 지시로 이루어진 성서의 영역본 《King James' Version》은 뛰어난 업적에 속한다.

하도록 조장하는 잘못된 조언을 따랐을 따름이었다. 그러나 신정적 군주체제에서는 군주를 강제할 법률적 수단이 없었다. 모든 것은 군주의 은총 내지 동의에 달려 있었다. 대관식 문헌조차 군주를 '신과 신민집단의 중재자'라고 거듭 밝히고 있었다. 설령 우리가 이를 통치의 자의성과는 달리 보아야 한다고 애써 지적한다 하더라도, 여전히 신정적 군주정은 절대적 정부였다. 신정적 군주정이 결코 무시할 수 없는 규범이 있었다면, 그것은 오직 신법뿐이었다.

보편적으로 수용되었던 신정적 군주론은 영국의 군주 헨리 2세[114] 치세 때 집필된 《재무관의 대화》(*Dialogue of the Exchequer*)였다. 이에 따르면 누구도 그리고 어떤 경우에도 평화와 공공의 선을 위해 제정된 군주의 법률을 철회할 수는 없었다. 구체적인 현실 상황 하에서 '평화와 공공 선'이 무엇인지를 판별하는 인물은 오직 군주였다. 왜냐하면 군주만이 평화 즉 군주의 평화를 보존하고 증진시킬 책무를 지고 있기 때문이었다.

신민집단은 무엇이 최대의 이익이며 또한 공공 선인지를 충분히 알 수 있는 존재로 간주되지 않았다. 13세기에는 군주가 전능권을 갖고 있으며, 그러므로 여하한 제한도 받지 않는다는 프랑스의 루이 9세[115]의 주장을 우리는 확인할 수 있다. 교황측으로부터 차용되었던 군주전능권 개념에 따르면, 군주의 통치권은 여하한 인정법 내지 인정 제도에 의해서도 규제되지 않는다는 것이었다. 이 점에서 무제한적 군주권(*liberum regimen*)이란 군주의 주권 개념 바로 그것이었다. 법률 제정자(law-giver)로서의 신정적 군주는 사실상 법률 밖에 그리고 법률

---

114) Henry Ⅱ. 1154~89. 전임 군주 스티븐(Stephen) 시절의 무정부 상태를 종식시키고, 플란타지넷 (Plantagenet) 왕조를 열었을 뿐 아니라 스코틀랜드 경계로부터 피레네 산맥에 이르는 앙주 제국(Angevin Empire)을 건설하고 영국의 사법제도 정비에 크게 기여하였다. 그러나 군주의 사법권을 강화하기 위해 공포한 이른바 클라렌든 헌장(Clarendon Constitution)은 교회 특히 대주교 베켓과의 갈등을 야기하기도 하였다.

115) Louis Ⅸ. 1226~70. 프랑스 카페 왕조의 군주. 어려서 등극하여 1242년까지 모친 블랑슈 카스티유가 섭정을 하였다. 두 차례나 십자군 원정에 참가하였으나, 제2차 원정 도중 북아프리카의 튀지니에서 사망하였다. 회계청, 파리고등법원 및 감찰관 등의 행정조직을 정비함으로써 왕권 강화에 크게 기여하였다.

위에 군림하였다. 이 같은 군주의 위상은 당대의 그림들에서도, 높은 단 위에 군주의 옥좌를 위치시킴으로써 상징적으로 표현되기도 하였다.

신정적 군주권은 명백한 약점을 가지고 있었다. 군주와 신민 사이에 간격이 불가피하게 생겨났기 때문이다. 뿐만 아니라 보다 중요한 한계도 제기되었다. 신정적 군주는 직책상 신법 아래 위치하고 있기 때문에, 군주의 사법적 판단과 칙령은 여하한 경우에도 신법과 모순되어서는 안 된다는 주장이 제기되었던 것이다. 이를테면 군주의 옆구리는 신의 의

프랑스의 왕 루이 9세, 오른쪽은 정의를 왼쪽은 자비를 상징하고 있다.

지 및 신법의 해석을 소명으로 하는 자들의 개입에 항상 노출되어 있었다. 물론 이들의 개입은 많은 경우에 효율적이지 못했다. 그러나 이는 논리에 의한 것이라기보다는, 현장의 지배적 정치 분위기와 인간적 요소들에 의해 크게 영향을 받았다.

신정적 군주권의 자율적 위상은 군주 대관식 예배 그 자체에 의해서 상당한 정도로 완화되었다. 군주 즉위식과 관련해서 이러한 대관 의식을 만든 이론가들은, 군주가 주교들을 매개로 신의 은총인 왕권을 부여받았다는 사실을 설득하는 일에 많은 공을 들였다. 군주를 도유하는 성사를 집전하는 인물이 바로 주교들이었다. 군주를 '신이 기름부은 자'로 세우는 의식에서, 주교단은 신의 은

총을 전달하는 기관이었으며 신의 의지를 매개하는 중재자였다. 그러니까 주교단은 자신들의 위상을 신과 군주 사이에 위치시킬 수 있었던 것이다.

신정적 통치체제에서는 이론상 군주에 대한 성직자의 사법적 판단의 가능성이 언제나 존재하였다. 11세기 하인리히 4세는 자신이 '신의 기름 부음받은 자'이기 때문에 교회의 사법권으로부터 면제된다는 점을 거듭 강조하고, 이를 근거로 교권에 항의하였다. 그런데 교황 그레고리우스 7세는 동일한 논지에 입각하여 하인리히의 군주권을 박탈하고, 그를 파문하였다. 여기서 두드러지는 점은 물리적 힘의 상징인 칼의 수여식에서 주교의 중재 역할이 특히 강조되었다는 사실이다. 이 의식에 수반되었던 기도문은 칼 수여의 의미에 대해 의문의 여지를 남기지 않았다. 군주 대관식에서도 이와 유사한 점이 확인된다. 세월이 지나면서 대폭 보완된 대관식 문헌들은 군주의 기능에 대한 목적론적 견해를 명확히 하였다. 이들은 거룩한 교회를 수호하기 위해 군주권이 부여되었다는 사실을 거듭 밝혔다. 군주가 성직자의 일원이 된다는 것은 유익한 점만큼이나 많은 약점도 동시에 가지고 있었다. 신정적 군주권의 약점이 설령 직책상의 것은 아니라 하더라도, 소명으로서는 여전히 한계를 가지고 있었다.

이 같은 맥락에서 중세의 군주 선출이 갖는 의미는 중요하다. 엄격히 이론적으로 보더라도 중세의 군주 선출은 선거의 통상적인 의미를 가지지 못했다. 군주 선출의 결과는 피선된 자가 기존의 군주직에 임명된다는 것이었다. 군주직 그 자체에 대해서는 선거인단이라고 하더라도 아무런 관련이 없었다. 이들은 군주라는 직책의 본질, 영역, 성격 등을 수정하거나 변경하지 못했으며, 이러한 점들에 관한 한 전혀 개입할 수도 없었다. 군주라는 직책은 '선거인단'에 의해 주어지는 것이 아니었다. 이는 마치 교황직이 추기경단이라는 선거인단에 의해 부여되는 것이 아니고, 주교직이 주교좌 참사회라는 선거인단에 의해 부여되는 것이 아닌 점과 마찬가지였다.

이는 선거인단이 군주의 직책을 합법적으로 박탈할 수 없는 이유가 무엇인

지도 설명해준다. 즉 이들이 군주에게 그 직책을 부여하지는 않았기 때문이었다. 군주라는 직책은 말하자면 하늘에 속하는 신성한 직책이었다. 권력은 선출을 통해서 피선자에게 부여되는 것이 아니었으며, 선출이 피선자를 군주로 만든 것도 아니었다. 기본적으로 '선출'은 선택된 후보자를 군주직의 적임자로 지명한다는 것을 의미하였다. 군주직은 대관식, 보다 정확하게 말하면, 도유식을 통해서 부여되었다. 이론상 선거인단은 대관식에서 계서적인 사제단을 통해서 부여될 군주직의 후보자를 제안하는 역할만을 수행하였다. 이 때문에 대관식 문헌에서도 주교들이 대관식을 통해서 군주를 '선출'하였다고 기록되어 있는 것이다. 따라서 군주는 '피선된' 날로부터 군주직의 수행을 개시하는 것이 아니라, 대관식 날로부터 군주로서 활동을 시작하였다. 대관식을 군주의 즉위 원년으로 간주하는 관행은 13세기까지 지속되었다.

이처럼 선거는 일종의 (군주직 후보자에 대한) 지명 절차라는 이론은 세습적 군주정을 도입하려는 지속적인 노력 역시 해명해주고 있다. 심지어 단순한 지명조차 음모, 책략 및 뒷거래에 대한 여지를 폭넓게 제공하였던 것이 사실이다. 또한 '선출'과 헌정적 행위인 대관식 사이에는 시간적 간격도 분명 있을 수 있었다. 따라서 군주의 사망과 더불어 모든 정의와 법률의 원천인 군주의 평화 역시 사라진다는 사실을 우리는 기억할 필요가 있다. 여기서 제기되는 문제가 군주 공위시 권력이 어디 있는가 하는 점이었다. 이에 대한 공식적 답변은 군주에게 직책과 권한을 부여했던 원천, 즉 신에게 군주의 모든 권력이 재귀속된다는 것이었다. 따라서 군주의 사망과 더불어 초래된 공위 상태는 도유될 때까지 유지될 수밖에 없었다. 그리하여 세습군주제는 부분적으로는 군주의 사망과 새로운 군주의 도유식 사이의 시간 간격을 줄이기 위해서, 그리고 부분적으로는 정부 형태의 연속성을 확보하기 위해서, 중세 내내 상당한 정도로 선호되었던 것이 사실이다. 그러나 세습제 군주정에 대한 이러한 선호도는 통치 이념의 발전과는 무관한 이유로 인해 흔히 실제로 구현되지는 못했다.

2. 신정적 군주정에 대한 변론

격렬하게 진행된 서임권 투쟁은 교황측 논지들을 반박하려는 다수의 군주측의 저술들을 등장시켰다. 군주 진영이 공격 목표로 삼았던 것은 마태복음에 대한 교황청의 해석을 근거로 했던 교황전능권이었다. 마태복음 16장 18~19절에 입각했던, 교황수장제 이론은 교황전능권 즉 군주 내지 황제보다 우월한 교황 주권의 실천을 도모하였다. 보편적 주권 내지 그레고리우스 7세의 표현을 따르면 보편적 통치권(regimen universale)의 실제적 적용은 군주 진영의 저항을 초래하게 마련이었다.

그렇다면 군주측은 이 같은 시도에 어떻게 대응하였던가? 신정적 이론의 맹공에 대항하기 위한 군주론의 핵심적 논지는 무엇이었던가? 신정적 군주론의 약점이 노출된 것도 바로 이 맥락이었다. 군주의 이데올로기적 지위는 중세의 그리스도중심적 시각에 맞게 조정되어 있었다. 이는 성서에 대한 해석과 신 및 신의 은총에 속하는 모든 사항에 관한 해석을 독점하고 있었던 전문가 집단에 대해 효율적인 저항을 사실상 어렵게 만들고 있었다. 여기서는 이 같은 맥락에서 제기된 견해들 중 일부만을 간략히 소개하도록 하겠다.

신정적 교황 정부가 군주의 주권자적 위상에 대해 가한 공격의 파괴력을 오늘날 충분히 평가하기는 아마도 어려울 것이다. 우리들의 사고방식과 고중세(the High Middle Ages)의 사고방식이 너무나 다르기 때문이다. 무엇보다도 현대인에게는 이 같은 성격의 갈등이 초래된 개념이 익숙하지 않으며, 이 갈등이 취한 형식도 매우 생경할 수밖에 없다. 중세기에는 자족적 자율적 사법적 시민 공동체라는 근대적 국가 개념이 없었다. 정확히 말해서 바로 이 국가 개념은 군주가 발견하려고 했으나 발견치 못했던 개념이었다. 군주는 이런 개념을 만들 지적 수단이나 도구를 갖고 있지 못했다.

당시 있었던 것은 속권(regnum) 개념과 교권(sacerdotium) 개념이었다. 그러

나 양자 모두는 하나이며 동일한 공동체인 교회의 일부였다. 국가 개념은 증기 엔진이나 전기만큼이나 중세 성기의 사람들에게는 낯선 것이었다. 교황청의 신정적 견해는 교회가 성직자와 평신도로 구성된다는 사실로 인해 자신의 논지를 비교적 쉽게 밀고 나갈 수 있었다. 무엇보다도 중요한 것은 교회였으며, 또한 교회의 수장은 베드로의 계승자이자 그리스도의 대리자인 교황이라는 점이었다. 그리스도가 몸소 교회를 설립하였고, 왕국은 단지 이 교회의 일부에 불과하다는 사실이었다. 이 같은 교회 개념으로 인해서 군주가 자신의 주권을 교황에 맞서 방어하고 주장하기가 매우 어려웠던 것이다.

신정적 교황 정부가 취한 조치에 가장 많은 영향을 받은 쪽은 독일 군주였다. 빈번히 지적되고 있는 것처럼, 하인리히 4세가 교회 대 국가 간의 투쟁을 일으키지는 않았다. 만약 그렇게 할 수 있었다면, 이는 그의 군주직이 매우 강력하여야 했을 터인데, 그의 위상이 실제로 매우 강력했다면, 교회 대 국가 간의 투쟁 자체가 결코 일어나지 않았을 것이었다. 실제 사정은 오히려 그 반대였다. 하인리히는 당시로서는 유일하게 이용 가능했던 개념인 교권과 속권이라는 지평에서 반교황 투쟁을 전개하였다. 군주 진영은 교황이 주장했던 수장제 주권 개념에 반발하였다. 하인리히와 그의 추종자들은 이것이 성서나 여하한 교리에도 근거하지 않은 교황의 권력 찬탈이라고 확신하였다. 이에 군주 진영은 그리스도가 그리스도 교도 공동체에 대하여 이원적 통치 권위를 확립하였다는 논리를 전개하였다.

이 새로운 이원적 정부이론을 변론하기 위해서 두 칼의 비유가 도입되었다. 물론 하인리히가 사용했던 이 비유의 의미는 두 세대 후 제기되었던 베르나르 클레르보의 그것과는 근본적으로 상이한 것이었다. 아마도 1076년 3월에 행한 하인리히 4세의 핵심적 주장을 인용하는 것이 이를 설명하는 좋은 방법일 듯하다.

교황 그레고리우스 7세는 신의 재가 없이 속권과 교권을 찬탈하였다. 그는 속권과 교권이 기본적으로 한 사람이 아니라 두 사람의 수중에 각각 있기를 원하셨던 신의 거룩한 명령을 경멸하였다. 그리스도는 자신의 수난을 통해서, 교권과 속권 즉 두 칼의 자족성의 의미를 전형적으로 제시하였다. '주여, 보시옵소서. 여기 두 칼이 있나이다'라고 제자들이 말하자, 그리스도는 '그것으로 족하다'라고 말씀하시지 않았던가? 이로써 그는 이원적 체제의 자족성과, 정신적 칼 및 세속적 칼이 교회 안에서 사용될 것임과, 이 칼들에 의해 모든 악이 제거될 것임을 의미하셨던 것이다.

종국적으로 반교황적 만병통치약으로 도입되었던 이원주의 개념이 의미했던 바는 최고 권위의 분할 즉 수장제 개념 그 자체의 분할이었다. 반교황주의 이원론에 따르면, 단일하고 분할될 수 없는 교황의 주권은 이를테면 반반씩 나뉘어져야 하였다. 그러나 이러한 이원주의 논리는 전통적인 군주권 개념 자체도 양분하고 있었음이 사실이다. 당시까지는 군주가 자신의 왕국에 대해 사실상 진정한 주권을 가지고 있다고 주장하는 데 큰 무리가 없었다. 그러나 이제 군주는 교황 역시 이른바 정신사에 대한 주권을 가지고 있다고 인정하게 되었던 것이다. 군주가 주장했던 것은 단지 세속사에 대한 주권이었다.

분명 위상이 제고된 신정적 이데올로기에 대항할 무기로 도입되었던 이원론은 고군분투하던 속권측의 지연전술의 양상을 역력히 보여주었다. 이원론의 기본적 정당성은 세속사의 자율성 변론에 있었다. 군주는 자신의 권한이 세속사에 한정된 것을 스스로 인정하였다. 그런데 세속사가 자율적이기 때문에, 단지 세속사만을 다루는 군주 역시 자율적이어야 한다는 것이었다. 여기서 이 같은 주장의 현실성 여부를 논하지는 않겠다. 철저하게 그리스도중심적인 상황에서, '정신사'와 '세속사'를 구분하는 기준이 무엇이며, 무엇보다도 '누가 이 구분선을 그을 것인가?' 하는 문제들이 제기되기 때문이다.

실제로 다음 세대의 최고 두뇌집단들은 '정신사'와 '세속사'를 구분하는 근거를 찾아보고자 하였다. 그러나 이 같은 노력은 무익한 것으로 판명되었다. 특히 교황 사법권에 속하는 쟁점들의 범위가 점점 확대됨에 따라서, 이 같은 노력은 더욱이 쓸모가 없어지게 되었다. '정신사'에 다소 우회적인 방식으로 결부되었던 사항들조차 점점 더 세속사의 일부가 아니게 되었다. 예를 들면, 지참금으로 제기된 문제도 혼인과 관련이 있었기 때문에 정신적 사항에 속하게 되었다. 군주 진영이 '세속사'에 자율성을 부여한 것은 명백히 정치 사상의 진전을 의미하였다. 그러나 당시의 지적 분위기를 고려할 때, 이같이 부여된 세속사의 자율성이 세속적 가시적 육체적 현세적인 것들에 대한 바울의 견해를 와해시키기에 충분한 설득력을 가질 수 있었을까? 더욱이 그레고리우스의 주권 이론이 실제로 이러한 인식에 기초한 것이었을까? 이러한 인식 위에 그리고 그 너머에, '범죄 때문에' 및 '몇몇 이유들에 대한 검토의 결과' 등과 같은 교황 사법권 원리가 작동되고 있었던 것이다.

그럼에도 불구하고 하인리히 4세에 의해 처음으로 주장된 이원적 군주정부 이론은 커다란 반향을 불러일으켰다. 11세기 말엽의 많은 정치논술가들도 이를 채택하고 지지하였다.《교회의 단일성 보존에 관하여》라는 소책자의 저자가 한 전형적인 예였다. 여기서 저자는 성 베드로의 전능권을 천명했던 교황주의 성직자 정치론을 공격하였다. 저자는 교황주의 이론이 마태복음에 대한 잘못된 해석에 기초하고 있다고 주장하였다. 그리스도가 베드로에게 위임한 것은 포괄적인 위임이 아니며, 베드로의 묶고 푸는 권한은 단지 묶고 풀기에 적합하고 용이한 것에만 적용된다고 그는 생각하였다. 물론 저자는 여기서 교황이 무엇을 묶고 또 무엇을 풀어야 할 것인지에 대해 구체적으로 밝히지는 않았다. 그러나 저자의 의도는 명백히 교황청의 사법적 권한을 축소하는 데 있었다.

이 저자의 견해에 따르면, 교황에게는 베드로의 위임을 근거로 군주와 관련된 법률을 제정할 권한이 없었다. 교황은 군주에 대한 격려, 자문 및 조언을 할

수 있을 정도였지, 법률 제정에서 구속력 있는 어떤 가르침을 줄 수는 없었다. 더욱이 교황에게는 군주에 대한 파문권이나 폐위권이 없었다. 군주는 상위자를 두지 않았으며, 여하한 사람에 의해서도 판단을 받지 않기 때문이었다. 이에 따르면 교황은 자신의 권한이 본성적으로 제한적 성격의 것임을 무시하고, 부당하게도 다른 사람의 기능을 침해하였다.

교황이 에스겔서 21장 14절에 언급된 칼들을 단지 복제하거나, 그저 2~3배 증가시키는 정도에 머무르지 않고, 엄청나게 증가시켰던 이유도 여기에 있었다. 교황이 주권적 권한을 행사함으로써 전례없는 위난, 죄악, 스캔들, 및 내란 등이 야기되었으며, 교황이 자신의 권한을 벗어난 법률을 제정함으로써 군주의 속권을 침해하였고, 또한 교회의 단일성을 파괴하는 주범이 되었다는 것이다. 그리하여 여기서 저자는 이원적 형태의 정부를 제안하였다. 단지 그는 교황권의 본성에 관해서는 분명하게 지적하면서도, 군주 진영의 다른 이론가들이 그러했던 것과 마찬가지로, 교황수장제의 한계에 대해서 이를 구체적으로 규정하지는 않았다.

교황의 입법권을 제한함으로써 교황수장제를 탈세속화시키고자 했던 이러한 시도는, 세속 군주정의 자율적 토대를 발견하려는 시도에 다름 아니었다. 물론 당시 군주권의 관리 영역은 '현세사'에 제한되어 있었다. 그러니까 자율적 군주정의 토대에 대한 추구는 당시의 저술가들이 활용했던 수단으로는 발견하지 못했던 인식, 즉 국가 개념에 대한 추구였다. 자율적 세속군주정의 토대는 전적으로 그리스도중심적이었던 사유체계와는 무관한 것일 수밖에 없다. 속권의 자율성을 위한 여건은 '신의 은총에 의한' 군주의 시대가 얼마 남지 않게 된 13세기에 이르러서야 비로소 충족되기 시작하였다. 역설적이게도 신정 정치에 대한 군주 진영의 끈질긴 집착은 중세의 그리스도 교도 군주들을 교권과의 관계에서 커다란 곤경에 빠뜨렸던 것이 사실이다.

이 같은 이원주의 정부론은 그리스도에 관한 이원적 대리직 개념 또한 제시

하였다. 이는 12세기 황제 프리드리히 1세[116]가 확인했던 호헨슈타우펜 왕가[117]의 공식적인 통치 이념으로부터 비롯되었던 논리적 성장의 산물이었다. 프리드리히 1세는 그리스도가 군주 겸 사제였다고 주장하였다. 그리스도의 세속 군주직의 대리 기능은 황제의 수중에, 그리고 그의 영적 사제직의 대리 기능은 교황의 수중에 있었다. 더욱이 교황은 그리스도의 단지 사제직만의 대리자였던 만큼, 그에게는 법률의 제정권이 없었다.

이러한 견해를 표명했던 이들의 목표는 공통적으로 교황청 정부의 탈세속화였다. 왜냐하면 프리드리히 1세가 밝혔듯이, '황제들의 신성한 법률과 우리네 선조들의 훌륭한 관습이' 제국을 통치하는 유일한 토대이기 때문이었다. 교황은 군주 정부나 황제 정부에 간섭할 권한이 없다는 것이 이들의 일관된 시각이었다. 이들은 교황의 고유한 통치 권위를 사실상 부정하였다. 교황이 황제를 훈계할 수는 있지마는, 황제나 제국을 교황의 법률과 사법권에 복속시킬 수는 없다는 것이었다. 교황청의 통치권 주장 및 정부는 오직 법률이라는 매개 수단을 통해서 이해될 수 있다는 교황주의 논리에 대해서, 이원주의 정부론자들은 이를 반교황적 저술 활동 및 교황청에 대한 공식적인 공격 등을 통해서 전면적으로 부정하였던 것이다.

적어도 제국 내에서 교황의 법률 제정 기능을 부정하는 근거를 제공했던 토대는 로마법이었다. 11세기 말엽 이후 로마법은 교황청에 대항하는 군주와 황

---

116) Frederick I. 바바로싸로 불리는 독일의 군주(1152~90)이자 신성 로마 제국의 황제. 제3차 십자군 운동을 주도한 군주이자 군인으로서 비상한 재능을 가지고 있었음에도 불구하고, 유력한 제후들로 인해 독일에서 확고한 군주권을 확립하지는 못하였다. 또한 북부 이탈리아에서의 제국의 권위를 강화하기 위해 수차례에 걸쳐 원정을 시도하였으나, 롬바르디아 동맹과 교황 알렉산더 3세의 저항으로 성공을 거두지 못하였다.

117) 스와비아 출신의 귀족가문으로 1137년부터 1254년까지 독일 왕위를 장악하였다. 왕조의 창시자인 프리드리히 폰 뵈렌공은 스와비아에 슈타우펜성을 축성하였으며, 이 성의 이름에서 호헨슈타우펜 왕가라는 명칭이 유래하였다. 살리가의 마지막 군주 하인리히 5세가 상속자 없이 사망하자, 살리가의 재산은 호헨슈타우펜 왕가의 소유가 되었다. 1137년 콘라드 3세는 호헨슈타우펜 왕가의 최초의 군주로 등극하였다.

제측 이데올로기의 보고로 활용되었다. 앞서 언급한 피터 크라수스 라벤나는 1180년대 서임권 투쟁의 와중에서, 로마법 특히 유스티니아누스의《칙령집》에 근거하여 정치적 저술 활동을 했던 인물이었다. 그는 군주측의 견해를 강화하기 위해 로마법을 활용했던 최초의 인물로서, 로마법을 통치학의 일부로 만든 주인공이었다.

피터 크라수스에 따르면, 그레고리우스 7세가 범한 과오는 무엇보다도 그가 교황청 이념과는 전적으로 무관한 법률제정자라는 기능을 찬탈한 데 있었다. 이로 인해 그레고리우스는 황제의 '신성한' 법률들에 체화되어 있던 신성한 정의를 무시했다는 것이었다. 그러나 피터 크라수스의 저서가 각별한 관심을 끄는 또 다른 이유는 성직자와 세속인 사이에 상정되었던 날카로운 구분선 때문이었다. 그에 따르면 교황은 성직자에 관한 한 법률을 제정하고, 이들을 지배하였다. 그러나 세속인은 오직 황제의 법률에 의해서만 지배되었다. 그러니까 하나는 성직자에게, 다른 하나는 세속인에게 적용되는 이원적 법률체제가 있다고 그는 주장하였던 것이다. 그는 세속사와 정신사의 구분을 통해서가 아니라, 기본적으로 평신도를 위한 법률로서의 로마법 및 전적으로 성직자를 위한 법률로서의 교회법을 각각 변론함으로써 일종의 이원적 정부체제를 구상하였다. 그에 따르면 교황청은 로마법을 의도적으로 경멸하고 무시하였기 때문에 평화의 파괴자가 되었다. 로마법은 신이 황제를 매개로 부여했던 법률인 만큼 성직자 역시 이를 마땅히 준수하여야 했다.

일부 저술가들은 주교와 성직자의 봉건적 위상에 의해서도 영향을 받았다. 이들은 군주의 수장적 주권을 강화하기 위해서 주교에게 분봉된 교회령 등의 물질적 소유에 관심을 집중하였다. 이들의 목표는 교회의 직책과 교회의 재산을 분리하는 일이었다. 갈등의 원론적인 쟁점의 하나가 군주와 세속 영주에 의해 주교와 성직자가 서임될 때 성직과 교회재산이 함께 주어진다는 사실에 있었음을 우리는 기억할 필요가 있다. 군주에 의해 성직과 성직록이 수여되었다

는 사실이 논란의 근거였다. 당시 이 그룹의 저술가들은 군주 측의 소중한 권리로 간주되었던 소유에 대한 실질적 권한을 지지하고, 이에 대한 교황의 지배권 요구를 비판하였다.

'실질적 권한'은 군주가 군주로서 기능하는 데 불가결한 요소였으며, 군주의 주권과도 밀접하게 결부되어 있었다. 따라서 이러한 군주의 권리들은 양도 불가능한 것으로서, 군주는 어떠한 경우에도 이를 처분할 수 없다는 것이었다. 이들은 한편으로는 군주에게 성직수여권이 없다는 점을 인정하면서도, 동시에 군주권은 전적으로 군주의 것으로서, 군주권을 통해서 성직록 등의 소유가 부여되었던 성직자는 자신의 임기 동안 단지 소유의 이용권만을 가진다는 점을 강력하게 주장하였다. 1111년 2월 군주의 권리는 다음과 같은 것들을 포함한다고 규정되었다.

도시, 공국, 변경령, 백작령, 화폐 주조권, 통행세, 관세권, 시장, 백인대 법정, 장원, 군대 및 성채

비록 성직자가 서임과 더불어 이들에 관한 권리를 부여받는 것은 사실이지만, 그것의 소유자는 여전히 군주였다. 따라서 군주 주권도 이들에 대한 물질적 소유에 기초하고 있었다. 원래 11세기의 기도 페라라(Guido of Ferrara)에 의해 제시되었던 이 견해는 탁월한 실용주의적 논리로 간주되었을 뿐만 아니라, 또한 통치 이념의 건설적인 토대도 형성하게 되었다. 그리하여 우리는 여기서 국가 개념에 관한 몇 가지 맹아적 요소들조차 찾아볼 수 있는 것이다. 역사적 맥락에서 이러한 논리의 실질적 의미는 서임권 투쟁을 종결지은 협정들에서 그것이 채택되었다는 사실에 있었다.

전체적으로 보아 군주측 논술가들은 교회의 공식적 입장과 신정적 이데올로기를 신랄히 비판하기는 하였지만, 그럼에도 불구하고 이들은 적수였던 교황

청이 가지고 있었던 바와 같은 논리적 일관성을 갖추지는 못하였다. 이 점에 대한 부분적인 설명을 우리는 신정적 군주권 그 자체에서 찾을 수 있다. 그리고 교황과 군주 간의 투쟁의 성격 역시 이에 대한 부분적인 설명을 제공하고 있다. 이 투쟁의 핵심은 순수히 이념적인 영역의 갈등이었음에도 불구하고, 교황의 가부장적 권한이 현저하게 노정되었다는 점이었다. 또한 중세 교황청은 그리스도교적 이념 그 자체와 결부되어 있었다. 당시 사회의 여하한 조직과 제도도 교황청과 같은 유구한 기억을 가지지는 못하였다. 교황청 이데올로기의 보고였던 문서대장과 문서보관소에서 모든 통치 행위와 이론에 대한 근거가 발견되었고, 또한 필요에 따라 발견될 수 있었다.

이에 비해서 교황의 날카로운 공격을 한동안 감수할 수밖에 없었던 독일 군주에게는 체계적인 문서보관소커녕 심지어 왕실의 수도조차 없었다. 독일 군주들의 진정한 힘은 그야말로 '유서 깊은 관습' 내지 오래된 관행에 있었던바, 이는 이데올로기적 지원이나 논리와는 대체로 무관하게 누적되어 온 것들이었다. 그리하여 이들에게 '무슨 근거로'라는 난처한 질문이 제기되기만 하면, 약점은 쉽사리 노정될 수밖에 없었던 것이다. 우리는 전통과 관습에 대한 군주의 변론을 무장해제시켰던 교황의 대응 방식을 기억할 수밖에 없다. 이데올로기 투쟁에서 중요한 것은 관습이 아니라 이념 그 자체였던 것이다. 군주 진영은 경쟁자였던 교황청의 이데올로기가 오랫동안 사실상 압도당한 이후에야, 비로소 군주의 실질적 기능으로부터 그 근거와 논리를 찾기 시작하였다.

황제측은 군주측보다 상대적으로 더욱 불리하였다. 서유럽의 로마 황제는 기원과 실제 역사 모두에서, 황제가 교황청의 지적 개념의 산물임을 드러내고 있었다. 9세기 이래로 교황청은 로마 제권에 대해 정교한 지적 기반을 구축하고, 제권의 주요 통치 요소들을 대관식에서 구체화하였다. 그러나 황제측에서는 이에 상응할 만한 아무런 이념적 성장도 누적시키지 못했다. 교황 진영은 성숙한 이데올로기의 방대한 이념적 무기와 역사적 선례들을 가지고, 황제로 하여금 대

관식 절차들에 명백히 포함되어 있던 상징성을 잊지 않도록 강요하였다. 그러니까 황제측은 전적으로 교황이 선택하고 마련한 이론적 실제적 근거 위에서 자신의 논리를 전개할 수밖에 없었다.

12세기와 13세기 제국 진영을 공식적 및 준공식적으로 대변했던 호헨슈타우펜 왕가는 다음의 두 가지 점을 주장하였다. 첫째, 제후들이 독일 군주를 옹립함으로써 그에게 로마 황제권을 공식적으로 부여하였다. 둘째, 교황이 집전하는 대관식 절차는 단지 형식에 불과하다. 대관식은 선언적 의미만을 가질 뿐 헌정적 효력은 없다는 것이 이들의 생각이었다. 따라서 독일인 군주는 마땅히 교황에 의해서 대관되어야 할 권리를 가지고 있다는 것이 황제 진영의 시각이었다. 이는 '로마인의 군주'로 선출됨으로써 갖게 된 황제권(*imperata*)의 일부였던 만큼, 독일 제후들은 교황에 의한 황제 대관을 자신들에게 부여된 당연한 본성적 권리로서 요구하였던 것이다.

제위의 수여가 '사도의 은혜 내지 은총'이라는 교황청의 견해는 여기서 무시되었다. 심지어 독일 제후들은 교황청의 견해가 '전례없이 무례'하다고까지 주장하였다. 이는 호헨슈타우펜 왕가가 1199년부터 1201년 동안 교황 이노센트 3세를 향해 실제로 사용했던 표현이었다. 법정에서 피선된 황제 후보자보다 상석을 차지하는 재판관은 없었다. 만약 독일 제후들이 교황을 황제의 선출과 제국 문제에 관한 재판관으로 인정한다면, 그것은 교황의 권력 찬탈을 도와주는 셈이 될 것이므로, 독일 제후들은 이를 완강히 거부할 수밖에 없었다. 한편 교황의 그 같은 개입은 '세속사'에 대한 간섭 내지 침해로 간주될 것이었다.

호헨슈타우펜 왕가의 이러한 견해는 1138년에 가서야 '합법적 권리'(*Licet Juris*)라는 제국 법률로 제정되었다. 이에 따르면, 독일 군주로 피선된 황제 후보자는 교황의 여하한 예비 심사와 재가 없이도 로마인의 황제가 되었다. 그러나 이 법률이 통과되던 시기에 관한 한, 적어도 두 세대 동안 신성 로마 제국은 그 중요성을 상실하였다. 또한 교황도 당시에는 로마가 아니라 아비뇽[118]에 거주하

고 있었다.

황제의 권리와 기능을 변론하는 정치논술가의 저술들이 적었다는 사실은 12세기와 13세기의 한 중요한 특징이었다. 이탈리아 대학의 로마법 학자들은 세속인들이었다. 그러나 이들은 여러 측면에서 이미 하향적 정부론에 길들여져 있었으며, 다소 제한된 독자들에게 자신의 견해를 전달하였다. 이들이 주장한 이론이 훗날 매우 가치 있는 것으로 판명되기는 하였지마는, 그러나 당대에는 이들이 거의 적용되지 못했다. 이를테면 로마법의 입법자-군주(*lex regia*)가 한 좋은 예다. 입법자-군주에 따르면 로마 인민은 한때 모든 권력을 보유하였으나, 이를 황제에게 양도하였다.

로마법의 입법자-군주 개념은 상향적 정부론의 형성에 기여할 수도 있었고, 후대에는 실제로 그와 같은 기여를 담당하였다. 그러나 중세에 실제로 행해졌던 로마 황제의 옹립이라는 관점에서 보면, 이는 설득력이 거의 없는 개념이었다. 그럼에도 불구하고 7명의 독일인 선제후[119]들은 자신들이 로마인의 황제가 될 군주를 선출하며, 또한 입법자-군주론에서 언급되고 있던 로마인의 위상을 바야흐로 독일인이 점하게 되었고, 자신들은 이러한 독일인의 공공 이익을 위해서 행동한다는 논리를 표명한 바 있는데, 바로 이 같은 주장의 근거가 입법자-군주론이었다.

호헨슈타우펜 왕가의 가장 유능한 황제 프리드리히 2세[120]의 입장은 그레고리우스 9세와 이노센트 4세(1239~45)의 신정적 공격에 대한 황제 진영의 논지

---

118) 프랑스 남부의 프로방스에 있는 도시. 1309년 교황 클레멘트 5세가 이곳을 거주지로 삼은 이래, 1377년 그레고리우스 9세가 로마로 복귀하기까지 교황청이 이곳에 있었다.

119) 신성 로마 제국의 황제를 선출한 7명의 유력 제후들, 즉 마인츠, 트리에르, 쾰른의 대주교, 작센공, 팔츠백, 브란덴부르크 변경백 그리고 보헤미아왕이 그들이다.

120) Frederick Ⅱ. 1215-50. 독일의 군주로서 1220년 신성 로마 제국의 황제가 되었다. 1198년 시실리 왕국의 군주가 된 그는 교황 이노센트 3세의 도움으로 시실리를 장악하여 절대적인 지배체제를 확립하고 십자군 원정에 참가하여 예루살렘 군주로 옹립되기도 하였다. 이탈리아 특히 롬바르디아 지방에 대한 통치를 강화하기 위해 원정에 나섰다가 목숨을 잃었다.

의 빈약을 그대로 드러내고 있었다. 프리드리히 2세는 유능한 이론가 집단이었던 피터 비네아[121]와 타다에우스 수에사(Thaddaeus of Suessa) 등의 도움을 받아, 교황 이노센트 4세가 정의를 유린하고, 권력을 남용했다고 비난하였다. 따라서 그를 공의회 법정에 회부할 것을 전 그리스도교 사회에 강력하게 요구하였다. 이들에 따르면 공의회야말로 전체 교회로부터 권력을 위임받은 기구로서, 전체 교회를 대변하기 때문이었다. 달리 지적하자면, 교황에 관한 한 황제 진영은 신정적 정부론에 근거하여 논의를 전개하면서도, 동시에 황제 역시 누구에 대해서도 책임지지 않는다는 점을 명확히 하였다. 왜냐하면 황제의 권력은 신으로부터 직접 유래되기 때문이었다. 황제에게는 오직 하향적 정부론만이 적용될 수밖에 없었던 것이다. 이 같은 유형의 논지는 신정적 이데올로기에 의해서 구축되고 있었던 황제 진영의 어려운 여건을 여실히 드러내고 있다고 하겠다.

3. 영국의 군주권과 입헌주의

정부 이론의 검증 기준이 헌정적 발전 여부에 있다면, 신정적 하향적 정부론은 이 같은 검증 기준을 통과할 수 없다. 교황이든, 군주든, 황제든, 만약 통치자가 자신의 고유한 왕국을 형성한다면, 그는 모든 면에서 주권자로서 법률을 초월하는 존재가 된다. 한편 공동체 구성원이 정부와 법률의 제정에 참여하지 못하고, 군주를 통해서 선포되는 법률을 '신의 선물'로 부여받는다면, 이들은 단순한 신민에 불과하게 된다. 그리하여 통치자의 수장적 주권적 의지의 행사를 신민이 규제하는 헌정체제를 만들어 내는 작업은 인간 능력 밖의 일이 된다. 이러

---

121) Peter de Vinea, 독일 군주인 동시에 시실리의 군주였던 프리드리히 2세의 공증인이자 재판관으로 활동하였다. 1249년 프리드리히 2세가 반역죄를 뒤집어씌워 그의 눈을 멀게 하자, 자결하였다.

한 이데올로기 내에서는 주권에 대한 통제, 규제, 내지 억제 장치를 통해서 통치자의 기능을 제한하기란 개념상 불가능하다. 헌정적 발전이라는 관점에서 본다면 신정적 이론은 단숨에 무용지물로 낙인찍힐 수도 있었다.

신정적 이론은 개념적 엄격성과 비탄력성으로 인해서 스스로 헌정주의적 성장 과정의 추동력이 되기를 포기하였다. 모든 '정치' 이론의 시금석은 그것이 헌정적 체제로 탈바꿈할 수 있는가 또는 없는가 하는 점에 달려 있다. 일단 통치자의 기능이 자율적인 위상의 권한으로 제도화되면, 그것은 모든 성장 과정의 종착점이었다. 이 같은 여건에서는 선택가능한 유일한 방법이 혁명의 길일 것이었다. 그렇기는 하지마는 신정적 이론이 아무리 논리적이고, 완벽하며, 질서정연하게 구축된다 하더라도, 그것에는 실제 정부에서 불가피하게 포함될 수밖에 없는 인정적 요소들이 거의 고려되지 않고 있었다. 이 같은 정부론은 통치 행위가 인간의 고유한 야망, 의지 및 편견 등과 같은 현세적 구체성과 다양성으로 가득 채워진 인간 사회의 영역이 아니라, 마치 그것이 사상과 추상적 원리의 영역 내에서만 이루어진다고 상정하는 것과도 같았다. 신정적 하향적 정부론은 실체를 단순히 개념에 종속시키려는 시도였던 것이다.

신정적 군주정에 대한 중세적 교정 수단은 봉건적 상위 주군으로서의 군주의 기능이었다. 신정적 기능과 봉건적 기능 양자를 결합하지 않은 군주는 거의 없었다. 중세 군주권이 신정적 통치자 및 봉건적 상위 주군이라는 두 영역의 기능을 동시에 가지고 있었다는 사실을 염두에 두지 않고, '군주'만을 해명하는 것은 현대적 논의가 가지고 있는 커다란 맹점의 하나다.

지금까지 우리는 신정적 군주에 관해 검토하였다. 그러나 실제적 관점에서, 특히 '정치 이론'의 발전이라는 관점에서 볼 때, 보다 중요한 요소는 군주권의 봉건적 측면이다. 군주의 봉건적 기능은 군주의 신정적 기능과는 뚜렷이 대비된다. 이 점에서 중세 군주는 이중적 성격의 존재였다. 군주의 신정적 기능에 따르면, 일단 군주의 의사에 의해서 법률이 제정되며, 군주는 그 법률을 행사함에 있

어서 누구의 간섭도 받지 않는 자율적 존재였다. 반면에 군주의 봉건적 기능에 따르면, 헌정적 요소인 군주의 법률 제정과정에 관한 한 봉건적 직속영주[122]의 묵시적 내지 명시적 동의가 매우 중요하였다. 이는 봉건적 통치 행위란 군주라 하더라도 봉건적 계약 상의 상대방 당사자의 조언과 동의가 반드시 있어야 한다는 원리에 그 근거가 있었다.

군주와 가신 내지 군주와 제후 간의 봉건적 유대는 사실상 일종의 계약이었다. 그리하여 일단 이 계약적 성격이 공인되면서부터는, 근본적으로 다른 성격의 봉건적 군주권이 출현하게 되었다. 봉건적 기능이라는 점에서는 군주라 하더라도 공동체 밖에 그리고 그 위에 존재할 수 없었다. 군주는 모든 측면에서 공동체의 일원이었다. 따라서 이 같은 구조에서는 군주의 주권자적 의지가 과시될 여지가 없었다. 우리는 중세 군주권의 이 같은 양면성에 마땅히 주의를 기울여야 한다. 무엇보다도 중세 군주권의 이 같은 양면성 사이에는 타협적 완충적 여지가 남아 있지 않았다. 여기서 우리는 중세사 및 중세 사상에서 왕왕 확인하듯이, 군주권과 같은 핵심 제도에서도 근본적인 모순이 내재되어 있었다는 사실에 직면하게 되는 것이다.

오래 전 헨리 메인 경[123]이 지적하였듯이, 봉건사회는 계약이라는 법률에 의해 지배되었다. 영국의 헨리 브락튼[124]은 누구보다도 이 점을 명확히 하였다. 그

---

122) tenant-in-chief. 통상 봉토는 주군인 영주와 가신 사이에 충성과 보호를 매개로 수여되었다. 그러나 직속영주는 군주와의 봉건적 관계에서 봉토를 직접 수여받았으며, 그리하여 군주에게 직접 종속되었다. 이는 특히 노르만의 정복으로 중앙집권적 권력이 강화된 영국 봉건제의 특징이기도 하였다.

123) Sir Henry Maine. 1822~88. 영국의 법제사가. 1847~54년까지 캠브리지 대학의 영국 헌정사가 교수로 재직하였으며 1863~69년까지는 인도의 법률자문위원으로도 활동하였다. 그 후 정부 행정에도 참여하였다. 주요 저작으로는 《고대의 법률》, 《영국의 초기 제도사》, 《초기의 법률과 관습》 등이 있다.

124) Henry Bracton. ?~1268. 군주 법정의 재판관 겸 법률학자. 《영국의 법률론과 관습법론》(De Legibus et Consuetudinibus Anglicae)을 저술하였으며, 이는 중세말 법률학자를 위한 기본 교과서이자 전거로 활용되었다. 그는 로마법의 영향을 받았음에도 불구하고 법률의 사례와 선례를 강조하였으며, 영국 보통법의 형성에도 기여하였다.

는 13세기 중엽 군주 법정의 재판관으로 일하면서, 봉건적 계약은 주군과 가신 사이에 법제적 유대를 형성한다고 주장하였다. 이 법제적 유대는 군주를 봉건적 공동체의 일원으로 인식하게 했을 뿐만 아니라, 계약의 양 당사자에게 영향을 미치는 사항에서 동의가 효력을 발휘할 수 있도록 하였다. 양 당사자의 이해관계를 규정하는 법률은 군주와 가신 간의 쌍무적 동의였다. 계약이 유지되기 위해서는 우선 양 당사자가 필요했으며, 또한 계약의 핵심적 요소는 양 당사자 모두가 이에 능동적이어야 한다는 점이었다. 이는 또 다른 결과 즉 봉건적 계약의 당사자가 계약에 부합되게 행동하지 않는 경우, 계약 취소 내지 계약 무효의 가능성도 배제하지 않았다. 예를 들면 불충이 이 같은 예의 하나였다.

그러나 봉건적 계약, 내지 법률로서의 계약 그리고 쌍무적 동의로서의 법률 등의 특징은 어느 하나도 신정적 군주권에는 적용되지 않았다. 왜냐하면 본원적으로 공동체란 신에 의해 군주에게 위임된 것이므로, 군주와 공동체 사이에는 계약이 체결될 수 없다고 그것은 전제하고 있기 때문이었다. 신정적 왕권을 실제로 곤경에 빠뜨렸던 문제는 폭군으로 판명된 군주에 대한 저항을 어떻게 규정할 것인가 하는 점이었다. 그러나 이 난제는 봉건적 군주권에 의해서 방지되었다. 봉건법 자체가 이러한 개연성에 대비하고 있었다. 군주권의 이 같은 봉건적 측면은 특별한 내재적 힘, 강인함, 탄력성과 더불어 유연성과 적응력도 제공해주었다. 군주권의 봉건적 속성은 자생적으로 성장하였고, 인정적이었으며, 시대적 요구에 대응할 채비를 갖추고 있었던 것이다. 봉건적 군주권과 신정적 군주권의 차이는 실로 현저하였다. 봉건적 군주권은 극히 실제적인 유형의 계약의 산물이었음에 비해서, 신정적 군주권은 누적된 원리, 교리, 권위 등의 요소들이 점점 더 부과되었던 추론과 이론이었던 것이다.

이를테면 군주의 봉건적 측면은 그를 '인간적'이게 만들었다. 그러나 우리들의 직접적 역사학적 관심사는 봉건적 정부의 관행이 후대 정부 이념의 중요한 선구자 내지 토양이 되었다는 사실에 있다. 이 같은 봉건적 측면이 이론상 인민

주의 내지 상향적 정부론으로 간주될 기초를 제공하였다. 군주권의 봉건적 기능이라는 영역을 통해서, 통치 수단이었던 법률은 조언과 동의 그리고 협업의 과정을 거치며 팀 워크를 이루어 낼 수 있었다. 법률은 군주와 제후들의 공동 노력의 산물이었던 것이다. 동시에 군주는 봉건적 군주권에 포함되어 있던 쌍무적 기능의 딜레마를 인식하면서부터, 군주의 봉건적 기능을 극소화하는 대신 자신의 신정적 위상을 강조하게 되었다. 신정적 군주권이 자신을 자유롭고 방해받지 않는 통치권자로 자리매김해 주기 때문이었다.

두 측면 가운데 어느 쪽이 종국적으로 우세할는지는, 이론이 아니라 이들이 속했던 상황의 실제적 여건에 달려 있었다. 일반적으로 보아, 군주가 신정적 기능을 보다 능숙하게 수행할수록, 제후들은 자신의 권리를 주장하고 보존하는 데 관심이 덜했던 것이 사실이다. 보다 유능한 군주일수록 신정적 요소들을 잘 다루었으며, 이는 때로 눈부신 결과를 초래하기도 하였다. 그러나 군주의 신정적 기능이 강조되면 될수록, 입헌주의의 발전 가능성은 줄어들었다. 그리하여 신정적 토대로부터 입헌주의로 나아가는 과정이 혁명으로 얼룩지기도 하였다. 한편 봉건적 토대로부터 입헌주의에 이르는 길은 정치적인 논쟁과 타협 그리고 점진적인 진보의 과정이었다. 사실 이것이 영국과 프랑스의 헌정적 발전에 대한 부분적인 설명일 것이다.

13세기 초엽 이래로 영국 군주권의 성장은 군주의 신정적 기능에 비해서 군주의 봉건적 기능이 보다 강화됨에 따른 것임을 드러내고 있다. 존 왕[125]은 선대 군주들 특히 헨리 2세와 같은 인물이 가졌던 봉건적 의무를 감소시키는 능력, 수완, 내지 재원 등을 가지지 못하였다. 그는 신정적 왕권이라는 미묘한 기재를 너무나 서투르게 다룬 나머지, 오히려 그는 제후들로부터 공개적인 적대감과 반

---

125) John, 1199~1216. 노르망디와 앙주 등의 영토를 상실하여 실지왕(lackland)이라는 불명예스러운 이름이 붙기도 하였다. 대내적으로도 캔터베리 대주교의 임명을 둘러싸고 교회와 갈등을 빚었을 뿐 아니라 제후들의 권리를 침해하여 제후들의 반란을 야기하였다. 존은 이 반란에 굴복하여 "제후들의 헌장"에 동의하였으며, 이것이 바로 대헌장이다.

대헌장에 서명하는 존 왕

발을 불러일으키곤 하였다. 이는 신정적 군주로서 존 왕이 법률을 무시했기 때문이라기보다는, 그의 통치방식 즉 세금 징수의 범위와 과도한 금액, 횡령, 법률 위반 등과 같은 여러 요인들이 복합적으로 작용한 결과였다.

사실 존 왕이 법률을 무시했다는 진상을 밝히기 위해서, 그를 소환할 법정도 없지 않았던가? 군주에 대한 공개적인 반발을 불러일으켰던 원인은 군주권의 오용이 아니라 바로 남용이었다. 이 밖에도 노르망디 상실, 교회의 성사금령, 부빈 전투[126] 패배 등 역시 제후들의 반발을 산 요인이었다. 사실 존 왕은 당대인들에게 신정적 정부의 지속성을 보여주는 것 같았다. 그를 넘볼 수 없는 군주로 만들었던 요소는 무엇보다도 '신이 기름부은 자'라는 그의 위상과 강력한 교리적 배경이었다.

한편 제후들은 자신들의 생각을 표명할 만한 지적 자질을 제대로 갖추지 못하고 있었다. 13세기 초엽의 문헌사료인 《영국의 법률》(*Leges Anglorum*)은 군주가 '영국의 법률'에 따라야 하며, 그것도 '제후들의 도움을 받아 법률을 선택해야만 한다'라고 지적하였다. 이 익명의 저자가 강조하고자 했던 바는, (1) 당대의 군주들이 점점 더 의존하게 되었던 로마법이 아니라, (2) 잠재적 근거였던 신정적 기초 또한 아니라, 무엇보다도 군주는 봉건적 토대에 입각해서 통치해야만 한다는 점이었다. 군주를 제한할 수 있는 유일한 수단은 이론과 실제 모두에서 군주에게 봉건적 기능을 제공했던 군주권의 봉건적 계약적 토대를 통해서 마련되

---

126) 1214년 7월 27일 프랑스의 필립 2세가 영국의 존과 신성 로마 제국의 오토 4세의 연합군을 맞이하여 대승을 거둔 전투. 이 전투로 필립의 왕권이 강화되었던 데 비해, 존과 오토는 심각한 정치적 타격을 받았다. 부빈 전투는 프랑스가 13세기 유럽의 강국으로 부상한 상징적 사건으로 간주되기도 한다.

대헌장 39조, 즉 자유민의 권리

었다. 전체적으로 보아 《대헌장》(*Magna Carta*)은 봉건적 지배 원리가 적용된 대표적 예였다. 1215년의 봄 몇 개월은 존 왕이 봉건적 토대로 선회할 수 있는 마지막 기회였던 것 같다.

당연한 일이지마는, 대헌장 제39조는 근본적인 중요성을 가진 조항의 하나로 간주되어 왔다. 이 유서깊은 조항의 핵심은 1036년 독일의 군주 콘라드 2세[127]가 제정했던 봉건법까지 거슬러 올라간다. 이 봉건법이 영국의 당대 상황의 요구에 의해 조정되었던 것이다.

> 모든 자유민은 여하한 경우에도 자유민들로 구성되는 적법한 법정과 영국의 법률에 의하지 않고서는, 체포되거나, 구금되거나, 재산을 박탈당하거나, 법률의 보호를 받지 못하거나, 추방되거나, 또는 어떠한 신체적 위해도 당하지 않는다.

이 조항이 가지는 의미는 앞서 언급된 사례들을 다룰 때, 적법하게 구성된

---

127) Conrad Ⅱ. 1024~39. 독일의 군주이자 살리가 혹은 프랑코니아가의 창시자. 1027년 교황 요한 19세로부터 신성 로마 제국의 황제로 대관받았다. 슬라브족의 저항에 맞서 동쪽 국경선을 방어하고 왕령지를 확대하는 등 군주권 강화에 기여하였다. 1032년 왕후 기젤라의 유산상속으로 부르군디를 손에 넣었다.

법정에 의해서 영국의 법률이 적용되어야 한다는 데 있었다.[128]

영국의 법률은 군주가 제정한 법률이 아니라, 군주와 제후가 함께 동의한 법률이었다. 법률이야말로 왕권의 봉건적 기능에 기초해서 제후들이 취했던 결정적인 조치였다. 이 국법은 봉건적 계약이 초래한 산물이었으며, 군주와 제후의 공동 노력의 소산이었다. 말하자면 국법은 군주와 제후에게 공통적으로 적용되는 법률이었던 것이다. '왕국의 법'(law of land)이라는 표현은 후대의 영국 보통법에 대한 13세기적 표현이었다. 왕국의 법 즉 국법은 반드시 성문화되지는 않았지만, 그러나 영국적 봉건체제에 깊이 뿌리내린 일련의 규범들을 포함하고 있었다. 그리하여 이는 재산, 소작제, 상속제 등을 중요하게 다루고 있었다.

왕국 법령의 주요 내용은 군주와 제후 모두의 묵시적 명시적 동의로부터 유래되었다. 통치사상은 물론 법률의 역사적 발전이라는 관점에서 보더라도, 이 왕국 법령의 개념은 매우 중요한 단계에 해당한다. 이는 중세 유럽의 법률체계 가운데서도 제3의 유형에 해당하는 위대한 법률이었다. 이는 로마법과 교회법 다음의 것으로서, 이 영국의 '국법'은 봉건제에 입각한 보통법의 선구적 유형이기도 하였다. 또한 이는 토착적 자생적 법률이었기 때문에, 여기에는 탄력성, 적응성, 내구성 같은 봉건적 선례들의 모든 속성이 포함되어 있었다. 14세기 후반에 접어들어 '왕국의 법령'은 군주, 성직자, 세속 영주 그리고 왕국의 전체 공동체에 의해서 의회를 통해서 제정되었다'라는 주장도 제기되었다.

메이트랜드[129]가 정확히 지적하였듯이, 실제로 존 왕의 전제정은 제후들의

---

128) 그 조항에서 사용된 유디키움(*Judicium*)이라는 라틴어는 동시대의 사법권의 재판이 아니라 법정 즉 법원을 의미하였다. 당시 재판을 가리키는 용어는 센텐치아(*sententia*)였다. 더욱이 벨 (*vel* : 만약 그대가 원한다면)은 이접적 접속사가 아니라 접속법으로 사용되었다. 입안자들이 '또는'이라고 말하려 하였다면, 마찬가지로 아우트(*aut*)라고 말하였을 것이다. 이들이 체포와 구금에 가담하자, 또한 벨(*vel*)을 사용하였다. 왜냐하면 이들은 한 곳으로 수렴하는 두 가지 행위를 하였기 때문이다. 감금은 체포를 전제하였고, 그리하여 국법의 적용은 재판소 즉 법정을 전제하였다. 왜냐하면 누군가 법률을 적용해야 했기 때문이다.

129) Maitland, 1850~1906. 영국의 탁월한 헌정사가. 1881년 캠브리지 대학에서 영국 헌정사를 강의하였으며, 군주 법정의 청원서와 영주 법정의 문서, 브락튼을 비롯한 법률학자의 저작들을 번역

입법 참여권을 실체화하였다. 제후들의 마음에 언제나 살아 있던 이 이념은《대헌장》이 공포된 지 20년 후에 소집된 머튼[130] 대회의에서 생생하게 대두되었다. 예를 들어서, 서자의 부모가 혼인하여 다른 아들을 낳은 경우 서자가 장자인지의 여부, 그리고 그가 장자상속의 원칙에 따라 재산을 상속받을 수 있는지 등의 이슈가 이 회의에서 논의되었다. 이 같은 이슈들에 관한 한 봉건법은 매우 분명하였다. 즉 서자는 여전히 서자로서 재산을 상속받을 수 없다는 것이었다. 로마법과 이를 따랐던 교회법은 봉건법과는 반대 입장이었다. 요컨대 이 경우 서자는 재혼으로 인해서 자동적으로 적자가 된다는 것이었다. 그로쓰테스트 링컨(Grosseteste of Lincoln)의 주도 하에 당시의 주교들은 로마법과 교회법의 채택을 주장하였다. 반면에 제후들은 '우리는 영국의 법률이 개정되기를 원하지 않는다'라는 명확한 입장을 가지고 이에 대응하였다. 영국의 법률이 적용되어 왔고, 여기에 동의해 왔다는 것이 제후들이 밝힌 이유였다. 말하자면 동의가 법률의 변경 제안을 제지하였던 것이다.

신정적 군주에게 약속 이행을 요구하는 것이 불가능하다는 사실을 제후들은 잘 알고 있었다. 이 점은《대헌장》의 이른바 안전 조항에 의해서도 극명하게 드러나고 있다. 향후 일종의 헌정적 장치를 마련하려던 시도였던 이 조항은, 사실 어디서도 대관식에서의 군주의 서약이나 약속을 언급하지는 않았다. 이 헌정적 장치는 군주가 봉건적 공동체의 일부임을 전제하고, 그가 의무를 태만히 할 경우를 대비하여 제안되었다. 군주는 신정적 통치자로서가 아니라, 오직 이러한 봉건적 계약적 전제에 의해서만 비로소 규제될 수 있었다. 군주에게는 영장이 발부되지 않는다. 예견되는 처벌 조항들로부터 군주의 인신을 제외시키는 것이, 맹아적 '보통법'으로서는 신정적 군주에게 제공할 수 있었던 가장 강력한 잠재적 보호 장치였던 것이다.

하였다.《의회비망록》(1893),《에드워드 1세 이전의 영국법》(1895) 등의 저서를 남겼다.
130) Merton. 런던의 남부에 있는 도시.

《대헌장》에 기초했던 그 이후의 발전은 영국 헌정사에 속한다. 그러나 우리는 13세기에 군주와 제후들로 구성되었던 '왕국 공동체' 이념이 대두되었다는 사실을 지적하여야 한다. 그리하여 이제 공동체에 속한 문제는 군주와 제후라는 두 당사자에 의해서 다루어지게 되었다. 브락튼이 지적했듯이, 보다 중대한 결과는 법률이 두 당사자에 의해서 제정되었다는 사실이었다. 군주는 입법 과정의 일부였기 때문에, 군주라 하더라도 일방적으로 법률을 무시할 수는 없었다. 《대헌장》 제39조가 표방하였던 바는, '군주도 신과 법률 아래 있어야만 한다'라는 브락튼의 설명에 포함되어 있다. 브락튼은 무엇보다도 조언과 동의라는 절차를 통해서 법률을 제정한 사람들의 공동의 승인 없이는 법률을 변경하거나 무효화시킬 수 없다는 점을 분명하게 지적하였다. 브락튼에 따르면, 군주가 신의 대리자인 한 신민으로 하여금 법률을 준수하도록 만들고, 평화를 보존할 의무가 있었다. 군주가 대관식에서 칼을 수여받은 이유도 이 때문이었다.

영국은 봉건적 원리를 용이하게 적용하는 데 유리한 여건을 가지고 있었다. 이를 토대로 13세기 영국은 앞으로 더욱 강화될 헌정적 발전을 시작할 수 있었다. 따라서 후속해서 일어난 의회의 발전은 각별한 의미를 가질 수밖에 없다. 맥길웨인(McIlwain)이 지적했듯이, 봉건적 협의체가 이제 국가적 대의기구로 변모하였던 것이다. 그리하여 봉건적 보상(*quid pro quo*)도, 군주가 왕국 신민의 청원에 동의해 준 대가로, 왕국의 대의기구에 의해서 승인되어야 하는 것으로 변경되었다. 이제 법률은 군주에 의해 부여되는 것이 아니라 공동의 노력으로 제정되며, 특히 이는 군주와 제후 내지 의회라는 유기체적 기구에 의해서 제정된다는 것이었다. 1308년 에드워드 2세[131]의 대관식 서약에 부가되었던 새로운 조항은 《대헌장》 이후 13세기가 경험한 이데올로기적 헌정적 발전을 구체적으로 보여

---

131) Edward II. 1307~27. 대내적으로는 왕권에 대한 제후들의 도전에 효과적으로 대응하지 못하였고, 대외적으로도 스코틀랜드 정복전쟁을 재개하였으나 1314년 배넉번(Bannockburn) 전투에서 패배하는 등 정치적으로 곤경에 처하였다. 1319년부터 1326년에 이르기까지 그의 정부는 사실상 유명무실하였다.

주고 있다. 법률이 군주와 왕국 공동체 모두에 의해서 공동으로 제정되었기 때문에, 왕국 공동체는 법률의 시행을 감독하는 권리 역시 가진다는 인식이 구체화되었던 것이다. 군주가 법률을 일방적으로 무시하는 사태를 아래와 같은 군주의 구체적인 서약을 통해서 방지하고자 하였다.

왕국 공동체가 선택하게 될 법률과 정당한 관습을 지키고 보호하겠노라

군주가 법률 아래 있다는 브락튼의 견해는 1308년의 대관식 서약에서도 다시 등장하였다. 신정적 군주의 지배 아래 있는 신민은 주권자에 의해 부여된 법률에 대해 여하한 권리도 없었으므로, 군주로 하여금 신민이 스스로 제정한 법률을 준수토록 강제할 법제적 개연성이 없었다. 그러나 왕국 공동체는 법률의 제정에 대해 권리를 가지고 있었으며, 법률 제정 과정의 동반자였다. 그리하여 군주에게 법률의 준수를 강제할 수도 있게 되었다. 원래 신정적 의식으로 고안되었던 장엄한 대관식 예배에서 왕국 공동체는 이 같은 지위를 부여받았던 것이다.

그러나 이것이 전부는 아니었다. 왕실에 대한 추상적 개념의 성장은 봉건적 의미의 군주와 봉건적 직속 영주제를 모두 포함하는 봉건적 사회관과 밀접하게 연계되어 있었다. 왕실이 사실상 왕국 그 자체였다. 이 같은 관점에서 볼 때, 왕실 내지 실체로서의 왕관은 군주와 왕국을 통합하는 비실체적 법률적 연대를 상징하게 되었다. 왕실이 군주권의 항구적 거주지가 되었던 것이다. 왕실은 공동체만으로 또는 군주만으로 이루어지는 것이 아니라, 공동체와 군주 모두에 의해서 이루어졌다. 교황청의 일부 요구사항들에 대해서 항의하였던 에드워드 1세[132]는 다음과 같이 주장하였다.

---

132) Edward I. 1272~1307. 영국의 군주이자 헨리 3세의 아들. 시몽 드 몽포르의 반란을 진압하였으며, 스코틀랜드 정복에 많은 시간과 정열을 소모하였다. 결국 이 정복 과정에서 목숨을 잃었다. 일련의 전투에 필요한 전비를 마련하기 위해 소집된 제후 및 성직자들과의 잦은 회합은 대의체 즉 의회의 발전을 가져다주는 한 동인이 되었다.

왕실 문제와 관련된 사항에 관한 한, 짐은 왕국의 고위 성직자 및 제후들과 먼저 상의하지 않고서는 아무것도 행할 수 없다.

여기서 우리는 '모든 사람에게 관련되는 것은 모든 사람에 의해 동의되어야 한다'라는 로마법 경구가 13세기 말엽의 통치 이념에 손쉽게 수용되었던 이유를 이해할 수 있게 된다. 더욱이 14세기에 접어들면서 엑스터 주교는 왕실의 실제적 성격을 공동체의 수장인 동시에 구성원의 동료였던 군주 개념에서 확인한 바 있었다. 그리하여 이는 유기체적 사회 인식을 다시금 특별히 부각시키는 계기가 되었다. 왕실 개념은 군주와 공동체를 보호하는 방패로서의 함의를 가질 수 있었으며, 실제로도 그렇게 사용되었기 때문이다. 이제 왕실의 이름으로 보호 의무를 게을리한 군주 및 왕실 권리를 침해하는 사람들 모두에 대해서 다양한 비판을 가할 수 있게 되었다. 무엇보다도 왕실은 교황청의 요구에 저항하는 완벽한 보루로 기여하였다. 교황청이 내세운 법률 조항을 왕실의 이익에 반하는 것으로 저항할 수 있었으며, 이를 근거로 왕실은 교황청의 요구를 거부할 수도 있었다. 그러나 이 같은 방패로서의 왕실을 프랑스 군주는 가지지 못했다. 이 점에 대해서는 다시 검토해 보도록 하겠다.

영국에서 진전되었던 왕권에 대한 봉건적 이론의 실제적 적용은 대의기구의 성장 역시 설명해 준다. 대의체 이념은 봉건제에 그리 낯선 개념이 아니었다. 그러나 유념해 두어야 할 중요한 점은 유력한 봉건적 개념들이 대의기구의 성장을 위한 토양을 마련했으며, 동시에 이는 영국으로 하여금 당시 대륙의 정치 이념들을 용이하게 수용하도록 만드는 데 크게 기여하였다는 사실이다. 그렇지 않았더라면 순수한 신정적 정부에 반하는 상향적 인민주의 이념의 영향은 심각한 반발을 초래할 수도 있었을 것이다. 1365년 대법관 토르페(Thorpe)가 '의회는 왕국의 전체 공동체를 대표한다'라고 했던 지적은, 당시 유럽 대륙에서 유포되었던 매우 선진적 이념인 인민주의 이념에 버금가는 주장이었다.

사실 영국의 입헌주의는 봉건적 통치 원리로부터 많은 도움을 받았다. 확고한 신정적 정부가 지배하던 국가에서 시도되었던 인민주의적 상향적 통치 이념의 실행은 혁명을 초래하는 길밖에 다른 방법이 없었다. 반면에 봉건적 통치 이념의 적용은 누적적 진화의 토대를 제공하였다. 영국 군주권에 관한 한, 신정적 군주의 날개는 봉건적 원리들이 현실에 실천적으로 적용됨으로써 하나씩 꺾일 수밖에 없었다. 영국 군주는 자신도 미처 제대로 깨닫지 못하는 사이에 살아남게 되었던 셈이었다. 이처럼 강력하게 발달된 봉건적 군주권이 초래했던 한 결과는, 여러 차례에 걸친 도입 노력에도 불구하고, 결국 로마법이 영국에서는 실제로 커다란 중요성을 가지지 못하였다는 사실이다.

　물론 영국의 군주 정부는 효율성과 속도에서 압도적으로 신정적이었던 유럽 대륙의 군주정과는 비교가 되지 못했다. 대륙의 군주정은 신정적 이데올로기에 입각하였던바, 이는 군주정을 강력하게 만들었고, 또한 그 정부를 효율적으로 만들었다. 반면 압도적으로 봉건적이었던 영국 왕권은 유력자와 제후들의 동의 내지 조언과 함께 작동될 수밖에 없었고, 신정적 왕권의 화려한 장식과는 무관한, 성가시고, 무거우며, 삐걱거리는 통치 기재였다. 그러나 이 낡고 비효율적인 군주권이 입헌적 발전의 토대를 제공하였으며, 그리하여 이는 헌정적 영역과 중세라는 시대 구분을 훌쩍 뛰어넘는 지속적인 영향력을 영국 사회에 미치게 될 것이었다.

　영국적 상황과는 달리 프랑스와 독일의 군주권은 신정적 기능의 행사에 크게 의존하였다. 프랑스 군주권은 신정적 측면에 현저하게 기울어져 있었는데, 여기에는 군주, 교황, 및 주교단 모두가 밝혔던 것처럼 그럴 만한 이유가 있었다. 5세기 말 클로비스[133]의 세례 시에 사용된 것으로 추정되는 성유는 프랑스 군주권의 고유한 신정적 성격을 설명해 주는 특별한 요소였다. 다른 어떠한 군주도 클로비스와 비교될 수는 없었다. 이를테면 그는 하늘로부터 직접 성유를 받았다. 그러나 모든 다른 군주들은 성유를 구하기 위해서 약종상에 가야만 하

지 않았던가? 또한 클로비스는 초능력 즉 기적을 행했으며, 신유의 능력도 가졌던, 유럽에서 '가장 그리스교도적인 군주'이기도 하였다. 이 때문에 군주의 신비가 크게 강화되었으며, 칭호 자체가 '프랑스의 신성한 군주들'로도 불리게 되었다.

반면에 프랑스의 봉건 제후들은 몇몇 원인들로 인해 공동 전선을 펴지 못했으며, 또한 공동 정책도 추진하지 않았다. 신정적 군주권은 몇 가지 사례들에 의해서 더욱 강화되었다. 예를 들면, 영국에 비해 프랑스에서는 '군주의 전능권'에 기초하여 군주가 법률을 제정·반포하였다. 또한 로마법이 간접적인 방식으로나마 비교가 안 될 정도의 강력한 영향력을 행사하였다. 그리하여 군주 대관식 절차가 조정되어 인민주의적 군주권 개념의 마지막 흔적이었던 승인식(the Recognition)조차 배제되었으며, 또한 군주는 빈번히 '국왕-사제'로 특징지워졌다. 뿐만 아니라 왕실 법정은 로마법 전문가였던 직업적 법률학자들에 의해 압도적으로 충원되는 경향을 가지고 있었다.

탁월한 법학자였던 보마노아[134]는 브락튼과 동시대를 살았던 프랑스인으로서 속어인 프랑스어로 집필하였으며, 법률이 효력을 가지기 위해서 군주가 왕실 자문회의에 참석할 필요는 없다고 지적하였다. 보마노아는 '군주의 마음에 드는 것은 무엇이든 법률로 주장될 수' 있다는 입장을 취했다. 더욱이 그는 의미 깊게도 군주의 지위를 공고히 하기 위해서 주권자라는 용어와 개념을 사용하였다. 군주는 모든 제후에 비해 우월한 주권자로서 공공 선과 공공 이익을 위해서 원하는 바를 무엇이든 명할 수 있다는 것이었다. '군주는 자신의 왕국에서

---

133) Clovis. 480-511. 프랑크족의 군주. 칠데릭 1세의 아들로 프랑크족 살리가의 왕이 되었다. 정적을 잔인하게 학살하여 권력을 강화하고, 알레마니족(Alemani)과 서고트족(Visigoths)을 물리쳐 대부분의 갈리아 지방을 차지하였다. 당시 다수의 게르만족들이 이단이었던 아리우스파(Arianism)를 수용한 때에, 그는 정통 가톨릭으로 개종함으로써 교회의 지원을 받았으며, 이는 권력 신장에 중요한 역할을 하였다.

134) Beaumanoir, 1246-96. 프랑스의 저명한 시인이자 왕실 법정의 재판관. 그의 저술 《보베지의 관습법》은 중세 프랑스의 가장 인기 있는 법률 서적의 하나가 되었다.

황제다'라는 관념이 13세기 프랑스에서 여러 차례 표명되었다는 것은 결코 놀라운 일이 아니다. 모든 주권적 권리의 총체가 로마 황제에게 있다고 상정되었던 것만큼, 이는 프랑스의 모든 법학자들에게 친숙했던 로마법적 언어로 군주의 주권 개념을 훌륭하게 표현한 것이었다. 이를테면 프랑스 군주는 '모든 법률을 자신의 마음 속에' 가지고 있다고 간주될 수도 있었다.

그러나 이렇듯 현저한 신정적 왕권 개념 때문에 프랑스 군주들은 교황의 간섭에 특히 취약하였다. 13세기에서 14세기로의 전환기에 영국 군주들은 왕실을 앞세워 자신을 보호하고 교황청의 간섭을 물리칠 수 있었다. 이 시기에 발발했던 교황 보니파키우스 8세와 군주 필립 4세 간의 심각한 갈등은, 교황에 대해 군주의 권리를 강력하게 옹호하는 정치적 문헌들을 폭발적으로 양산하였다. 이들 문헌은 부분적으로는 군주의 관리들에 의해서, 그리고 부분적으로는 파리대학의 교수들에 의해서 익명으로 집필되었다. 식자층 세속인들이 이러한 정치적 논쟁에 광범위하게 참여했다는 사실은 주목할 만한 대목이다. 봉건적 군주권의 발달이 미미했던 프랑스에서는 군주권에 대한 논의가 신정적 왕권 수준에서 전개될 수밖에 없었던 것이다.

아마도 가장 뛰어난 군주권 변론서의 하나가 대화체로 구성되었던 《사제와 기사 간의 논쟁》일 것이다. 이는 보니파키우스 8세가 열렬히 주장했던 교황 전능권과 교황의 포괄적 법률 제정권에 다시금 초점을 맞추었다. 이 논쟁에서 명백히 승자가 되었던 기사는 교황의 주권적 권한에 논의를 집중하여, 그리스도는 교황이 주장했던 바와 같은 그러한 권한을 결코 교황에게 준 적이 없다고 지적하였다. 기사의 핵심 논지는 주권이 법률 제정의 전제조건인데, 교황은 바로 이 주권을 가지고 있지 않다는 것이었다. 그에 따르면 교황은 법률과는 어울리지 않는 정신적 지배자에 불과하였다. 이 같은 논지는 입법자─교황에 대한 유서깊은 저항이 아닐 수 없다. 사실 저자는 사제에게 이를 논박할 충분한 기회를 제공하지는 않았다. 저자의 유일한 양보라면, 범죄에 대해 교황 사법권을 인

정하는 정도였다.

　신부님, 교회가 죄에 대한 사법권을 가지고 있다는 사실은 부정할 수 없습니다. 교회가 이 같은 사법권을 가지고 있는 만큼, 이 사법권이 정의 내지 불의를 다루게 됩니다. 그런데 만약 이때 불의가 세속사와 결부되어 있다면, 교황은 당연히 이 사항들의 재판관이어야 합니다.

　그러나 이 주장은 기사의 실제 답변이 아니었다. 기사가 하려고 하였던 답변은, 만약 교황이 모든 면에서 상위자라면, 이는 터무니없는 일로서 난센스이며, 성서에 의해서도 이는 입증될 수 없다는 지적이었다. 그리고 기사는 성직자가 왕국에서 향유하는 엄청난 특권과 보호를 강조함으로써, 자신의 논박을 멈추지 않았다.

　군주가 성직자를 보호하기 위해 생명과 재산의 손실을 감수하고서 싸우는 동안, 그대 성직자들은 그늘에 누워 있었고, 화려한 식사를 즐겼으며, 심지어 스스로를 주인이라고까지 불렀다. 만약 그렇다면 군주와 제후는 성직자의 노예가 아니고 무엇인가?

　유서 깊은 논지는 다시금 반전되었다. 이번에는 프랑스인 특유의 번뜩이는 일격과 일침에 의한 것이었다.

　이 시기의 또 다른 저술 역시 언급될 만하다. 저자는 아마도 군주의 관리인이었던 피에르 플로트였던 것 같은데, 이 글 역시 짧고 익명으로 된 소책자였다. 제목은 처음부터 없었거나 또는 소실된 것처럼 보이는데, 이 저술은 '일부 성직자가 있기 이전에, 프랑스의 군주는 왕국의 보호자였다'로 시작되었다. 이 저술의 중요한 특징은 성직자의 이념적 우위를 군주직이 연대기 상으로 먼저 있었다

는 사실로 대체하고자 하였고, 무엇보다도 성직자들 역시 왕국의 구성원으로서 피할 수 없는 의무를 가지고 있다는 노골적인 주장을 통해서, 그들의 정치적 면책 특권을 반박한 점이었다. 저자는 공공 선의 증진을 위해서는 모든 사람이 각자의 몫을 감당해야만 한다고 주장하였다. 만약 성직자가 세금 납부를 거부할 경우, 이는 공공 선을 위해 재정적인 기부를 필요로 하는 사람들을 돕는 대신, 자신의 지위를 남용하여 향연을 벌이고 사치스런 생활을 영위하는 것에 지나지 않았다. 여기서 우리는 교황과 군주 간의 갈등이 성직자에 대한 과세 문제였음을 기억할 필요가 있다. 저자에 따르면 성직자는 세금을 납부하지 않음으로써, 스스로 반역죄 내지 대역죄를 범하고 있다는 것이었다.

이 저서의 기저에 깔린 기본 전제는 명백히 새로운 정신적 경향을 보여주고 있다. 여기서 제시되고 있는 세밀한 분석은 법률과 국가에 대한 새로운 철학의 침투를 상당 정도로 드러내고 있는 것이다. 이 새로운 철학은 교황청에 적대적이었던 프랑스 군주에 의해 매우 능숙하게 또한 역설적으로 제공되었다. 그리하여 그 결과는 군주의 교황에 대한 커다란 승리였다. 이 저술의 의미는 무엇보다도 저자가 성직자를 그들보다 먼저 존재했던 국가의 구성원으로 간주한 데 있었다. 따라서 성직자는 세금 납부는 물론 국가의 보존에도 기여해야 한다고 주장되었던 것이다. 14세기 초기의 프랑스 저술가들이 다루었던 주제는 맹아적 형태의 국가 개념이었다. 이 주제에 관한 논의는 앞으로 통치에 영향을 미치는 모든 사항에 심대한 변화를 초래할 것이었다. 이 시기에 비로소 국가 개념과 순수한 의미의 정치사상이 대두되었던 것이다. 이를 해명하기 위해서는 아리스토텔레스 사상이 13세기 말엽에 미친 영향에 대해 먼저 검토할 필요가 있을 것 같다.

제6장 아리스토텔레스의 부활

1. 상향적 정부론의 실천적 징후

13세기 후반 후 미친 아리스토텔레스[135]의 영향은 인식의 대 전환이라고 할 만한 지적 변화를 초래하였다. 13세기 아리스토텔레스의 부활이 가져다준 충격은 실제와 이론 모두에서 중세와 근대를 구분하는 분수령이 되었다. 중세의 신정적 하향적 형태의 정부가 가졌던 지배력과 당시 만연했던 정치사상의 저변에 깔려 있던 그리스도교의 속성을 감안할 때, 여기서 문제는 이 같은 아리스토텔레스 사상의 급격한 발전을 무슨 기준에 의해서 그리고 어떻게 설명할 것인가 하는 점이다. 특정 이론이 아무리 일관성 있고 또한 설득력이 있다 하더라도, 이를 수용하기 위한 토양이 마련되어 있지 않다면 그 이론의 수용 가능성은 크지 않을 것이다.

아리스토텔레스가 그토록 신속하게 유럽의 사상가와 그리고 부분적으로는 정부의 관심을 사로잡은 이유가 어디에 있을가? 이를 설명하기 위해서는, 간

---

135) Aristotle. B.C. 384~322. 그리스의 철학자이자 물리학자. 플라톤의 아카데미에서 약 20년간 수학하였으며, 그 후 소아시아의 아소스로 가서 철인왕을 구현하려고 하였으나 실패하였다. 한때 알렉산더의 개인교사를 역임하였다. 《범주론》, 《변증론》, 《물리학》, 《형이상학》, 《니코마코스 윤리학》, 《정치학》 등의 저서를 통해 광범위한 분야에서 중요한 지적 유산을 남겼다.

략하게나마 중세 사회생활의 몇 가지 대중적 특성들을 고찰할 필요가 있다. 중세 인민주의의 실천적 징후들은 아리스토텔레스 사상의 수용을 위한 토양을 마련했다는 점에서 역사적으로 중요하다. 이 징후들이 없었더라면, 고대 철학자 아리스토텔레스에 의해서 야기되었던 지적 혁명의 이유를 해명하기가 어려울 것이다.

신정적 하향적 정부론은 그리스도교 이념들에 부합하는 유일한 정부 형태로서 공식적 및 비공식적으로 강력히 주장되었던 것이 사실이다. 그럼에도 불구하고 사회 기층민은 많은 점에서 하향적 정부의 기본 원리를 부분적으로나마 실행에 옮기는 일에는 거의 관심을 가지고 있지 않았다. 보다 강력해진 권좌를 차지한 통치자들은 자신의 시야 저 아래 있던 대중의 행위에 관해서는 거의 기록을 남기지 않았고, 남아 있는 소수의 기록들마저도 사물을 처리하는 행동 양상에 관한 한, 대중들은 본성적 방식이라 부를 수밖에 없는 방식을 따랐음을 보여주고 있다. 그렇기는 하지마는 당시 통치자는 대중과의 접촉이 너무 적었기 때문에, '저 아래에서' 진행되던 일들을 잘 알지 못하였다. 또한 대중의 행위는 지식인 저술가들의 관심도 끌지 못하였다.

그러나 대중 즉 '기층민'의 '일상적' 생활 방식을 보다 면밀히 검토해 보면, 이들이 상향적 정부 원리에 현저하게 의존해서 생활의 많은 부분을 영위했음을 발견하게 된다. 보편사적 관점에서 볼 때 상향적 정부론은 고도로 복잡하고 지적인 하향적 정부론에 비해서, 설령 본성적이라고는 할 수 없다 하더라도, 다소 정교하지 못한 정부론과 밀접하게 결부되었던 점이 사실인 것처럼 보인다. 사회 기층민의 삶의 영위 방식이 갖는 중요성은 그것이 순수히 중세적인 정부 이념과 보다 근대적인 정치이론 사이의 핵심적 가교였다는 사실에 있다. 사회의 기층적 영역에서 우리는 근대 세계에 친숙한 이론적 사변적 정치 이념의 실제 징조들을 발견하게 되는 것이다. 봉건적 성격의 정부가 운용되었던 곳에서도 역시 새로운 지향을 위한 토대는 상당한 정도로 마련되고 있었다.

우리는 기층적 영역에서 대중적 결사체들에 대한 많은 증거를 발견하게 된다. 이들은 고답적인 이론과 사색의 산물이 아니었다. 이들의 수많은 결사체, 조합, 형제단, 대학 등은, 인간이 보다 큰 규모의 사회 단위에 결부되고자 하는 본성적 충동을 달래고자 한 해결책이었다. 이들은 부분적으로는 자기방어를, 부분적으로는 오늘날의 상호부조에 해당되는 무엇을, 그리고 부분적으로는 파당적 이해관계를 추구하고자 하였다. 그 목적이 어디에 있든, 이들은 개인들에게 피난처를 제공하였다. 그러나 이 모든 결사체의 조직과 구조는 상향적 정부론에 기초하고 있었다. 구성원들 스스로가 자신들의 문제를 해결하고자 했던 것이다.

이러한 결사체들은 신정적 방식으로 지배되었던 왕국 내에서 유지되었던 인민주의의 온상이었다. 예를 들면, 촌락 공동체는 '위로부터' 부과된 여하한 규제 없이도 자신들의 문제를 조절하였다. 촌락 공동체 스스로 파종기, 수확기 및 휴지기를 정하고, 경작지를 보호하기 위한 대책도 마련하였다. 용수 공급, 목초지 활용 및 강, 우물, 개천 등의 이용, 그리고 가축과 화재로 인한 곡물의 피해보상, 불법 벌채로 인한 삼림의 피해보상 등과 같은 사항도 공동체가 스스로 규제하였다. 작업조건이 고정되어야 했던 채석장, 대장간, 기와 제조장, 도기 제조소 등에도 동일한 규제가 적용되었다. 촌락 공동체가 '관리자들'을 세우는 기재는 매우 단순하였다. 그러나 이는 언제나 자율적 관리에 대한 욕구를 적극적으로 드러내고 있었다. 촌장은 물론 그 밖의 관리자들도 대의체 이념이 반드시 필요하지는 않았던 소규모 공동체에 의해서 선출되었다. 단지 이들은 정확히 말해서 '국가 대사'에 대한 열망을 가지고 있지는 않았기 때문에, 정부의 주목도 받지 못하였던 것이다.

그럼에도 불구하고 이러한 고려들은 도시 정부에 보다 강력하게 적용되었다. 도시가 '자유롭기' 위해서는 반드시 군주로부터 특허장[136]을 받아야 했지만, 그러나 도시 정부 자체는 전적으로 상향적 정부론의 원리에 근거하여 운용되었

다. 도시 자문위원회의 구성 자
체가 상향적 정부론의 적용을 여
실히 제시하고 있는 것처럼 보인
다. 그 밖에도 특히 북부 이탈리
아에서는 특정 목적을 위해 도시
들이 상호 제휴하여 결성한 도시
동맹이 다수 있었으며, 13세기 초

중세의 길드 모임

엽에는 도시 관리자의 선출 과정을 매우 세밀하게 규정한 지침들도 등장하였다.

영국 역시 13세기 초엽 입스위치(Ipswich) 도시 공동체가 어떻게 자신의 관리 인 및 12명의 주요 항만감독관을 선출했는지에 대한 좋은 사례를 제공하고 있 다. 도시의 길드[137]와 형제단의 출현 역시 자치에 대한 도시민의 간절한 열망을 보여주는 표식이었다. 이들은 모든 점에서 자율적 공동체였던바, 이 점에 있어 서는 장인 길드든, 상인 길드든, 직인 길드든, 별다른 차이가 없었다. 자율적 공 동체의 구성과 운영이라는 지평에서 볼 때, 동의의 개념이 두드러진 요소였음은 자명한 사실이다. 이에 관한 이론적 논의는 확인하기 어렵지마는, 이는 명백한 실천적 관행이었다. 이 같은 배경 하에서 중세 관습법의 우위가 또한 이해될 수 있다. 관습법이라는 존재 자체가 사실상 인민 의지의 효능에 대한 증거였다. 인 민의 의지는 실천적 관행을 통해서 묵시적 동의로 표출되었다고 간주될 수 있 는 것이다. 관습법은 인민 의지의 묵시적 동의의 표식이었으며, 또한 여기에 공

---

136) charter. 계약, 헌정, 특권 등의 법률적 행위를 기록하여 증명하는 서류. 원래 라틴어 *c(h)arta*에서 유래하였으며, 파피루스의 종이를 의미하였다. 특허장은 크게 의정서(protocol)와 내용을 담고 있는 텍스트로 구성되어 있다. 의정서에는 작성자와 수령자의 이름 및 직책, 인사가 그리고 말 미에는 작성자의 서명, 증인, 공증인 등의 이름이 기재되어 있다. 대부분의 중세 도시는 영주나 군주로부터 이 특허장을 사거나 부여받았다.

137) guild. 원래 상호 보호와 종교적 우애를 위해 결성된 단체에 부여된 명칭. 외부 상인들과 직인 들의 경쟁으로부터 동료 성원들의 보호, 가격과 제품 품질의 유지 및 상호 부조가 이들의 주 요 목표였다. 상인 길드가 먼저 등장하였으며 그 후 직인 길드가 등장하였다. 그러나 대체로 상인 길드가 도시 행정을 장악함으로써 직인 길드는 점차 시정에서 소외당하였다.

동체 자율성의 근거가 있었다.

하향적 이론의 실천에 대한 비판적 분석은, 그것의 기본 논지에도 불구하고 이를 실행하는 데는, '인민'이 불가결한 요소였음을 보여주고 있다. 이를테면 교황 그레고리우스 7세는 자신의 프로그램을 추진하기 위해서, 평신도 대중을 향해 혼인한 성직자가 집전하는 예전에는 참여하지 말라고 호소하였다. 그레고리우스 7세 이전에는 신성 로마 제국의 독일인 황제 콘라드 2세가 이탈리아 하층민을 상대로 호소와 설득 작업을 편 적도 있었다. 12세기와 13세기는 무엇보다도 십자군 문제에서 교황과 황제들이 대중에게 호소했던 세기였던 것이다.

이 사례들은 하향적 정부가 대중의 광범위한 지지를 획득해야 했다는 점을 명확히 드러내고 있다. 이 점에서 하향적 정부론의 독특한 기본적 논리도 어떤 식으로든 대중의 지지 즉 인민의 동의를 필요로 한다는 사실을 이는 묵시적으로나마 인정하고 있었다. 정부는 대중의 협력을 필요로 하였고, 이 협력의 전제가 정부의 프로그램에 대한 합의 내지 동의였던 것이다.

십자군 원정[138]은 이데올로기적 프로그램을 추진하기 위한 대규모 대중운동이었다. 일단 대중이 정치적 지평에 참여하면 이들을 제어하기가 쉽지 않다는 것을 우리는 이를 통해서도 어렵지 않게 이해할 수 있다. 다시금 역설이 등장하게 된다. 대중은 무엇보다도 신정적 정부에 봉사하기 위해서 동원되었다. 민사상의 채무와 기소의 면제, 교황 '가문'으로의 입회 등과 같은 다수의 '특권'이 십자군 원정대에 부여되었기 때문에, 대중의 욕구는 일단 충족되었다. 하지만 여기에는 해방된 대중이 과연 어떤 성격의 정부를 선호할 것인가 하는 쟁점과 관

---

138) 1096년으로부터 1270년에 이르기까지 이슬람교도에게 빼앗긴 성지 예루살렘을 회복하기 위해 수차례에 걸쳐 진행된 군사적 원정. 11세기에 와서 서유럽 사회는 스페인과 이탈리아의 이슬람 세력에 대해 공세적인 정책을 펼치기 시작하였다. 새롭게 부상한 셀주크 투르크의 위협을 받게 된 비잔틴 제국의 황제 알렉시우스 콤멘누스가 교황 우르반 2세에게 원조를 요청한 것이 십자군 원정의 계기가 되었다. 제1차 십자군은 예루살렘을 정복하였으나, 이후의 십자군은 이렇다 할 성과를 거두지 못하였으며, 심지어 제4차 십자군은 콘스탄티노플을 점령하고 약탈하는 추악한 모습을 드러냈다. 그럼에도 불구하고 십자군 운동은 중세 그리스도교 사회의 활력과 자신감을 대외적으로 표출한 대중운동이었다.

련된 잠재적인 위험이 도사리고 있었던 것이다.

또한 저항이라는 관점에서 볼 때도, 무정형의 대중은 이러한 맥락에서 중요한 의미를 가지게 되었다. 한편으로는 대중봉기, 국지적 소요와 농민반란 등이 있었으며, 다른 한편으로는 인민주의 정신을 명백히 천명했던 이단 종파들이 있었다. 이들은 '상위자'의 명령에 '복종하지 않았다'. 이들의 견해에 따르면 계서적 교회체제는 그리스도교의 기본 신조에 부합하지 않기 때문이었다. 그리하여 원시 그리스도교와 사도적 청빈에로의 복귀라는 전투의 함성이 울려 퍼지게 되었다. 인간이 스스로 판단하고, 이에 따라 행동하는 것은 불가피한 본성적 욕구였다. 그러나 이는 기존의 권위를 대신하여 이단자 자신들의 판단을 제시하는 것이기도 했다. 이에 5세기 이후 '기존 체제'는 이를 지적 교만으로 낙인찍었다. 왜냐하면 저항의 개념 그 자체가 반대적인 것을 비난하는 권리를 구체화하고 있기 때문이었다.

이 같은 문제 해결방식은 사실상 인민주의적 요소를 현저하게 노정하였다. 이들은 '은밀한 장소'에 모여 지도자를 선출하였고, 순회 설교를 통해 대중에게 호소하였으며, '기존 체제'를 도발하여 공개적인 토론을 도모하기도 하였다. 설령 이 같은 이단운동이 무정형적이었고, 조직이 제대로 정비되지 않았으며, 산발적인 것이었다 하더라도, 그것은 독립정신에 대한 위험하고 격렬한 의사를 명백하게 표명하고 있었다. 이 점은 신정적 정부가 이들에게 취했던 마찬가지로 격렬했던 조치들에서 여실히 드러난다. 당시에는 이러한 독립에의 시도들이 종교적인 용어로 표출되었다. 그러나 모든 신정적 제도들도 당시 이 종교적 용어들에 입각하고 있었다. 그리하여 신정적 정부가 이단운동에 대해 취했던 잔인한 조치들은 그것에 부여되었던 보다 폭넓은 함의로 인해 광범위하게 승인되고 있었다. 이단들에게 '그리스도 교도'라는 칭호를 거부하는 것이, 그들의 목적과 의도에 비추어 볼 때 오히려 당연한 일로 느껴졌던 것이다.

교황청 특히 이노센트 3세의 교황청은 그 함의를 충분히 인식하였다. 이

노센트 3세에 의해서 순회 설교사들이 공식 인정되었던 것은 대중을 고려에 포함시키고자 했던 이 같은 인식의 한 표명이었다. 탁발수도사들 즉 도미니크회(Dominics)[139]회 수도사들과 프란시스회(Franciscans)[140] 수도사들이 채택했던 방법은 사실상 이단들이 사용한 방법이었다. 이들은 누더기를 걸친 채 떠돌아다녔고, 대중적인 논쟁을 불러일으켰으며, 행동 양식에 있어서도 이단들이 했던 바와 대체로 유사하게 행동하였다. 차이점이 있었다면, 이 수도사들은 정통적 교리를 설명하고 전교했다는 사실 정도였다.

그러나 중요한 점은 교황청이 이제 불가피하게 대중을 진지하게 다룰 수밖에 없게 되었다는 사실이었다. 다시 말해서 탁발수도회 운동은 당시 사회적 요소로 등장했던 대중의 문제를 다루기 위해 고안되고 장려되었다는 사실이다. 다시 한번 도시는 보다 많은 관심을 끌게 되었다. 도시의 성벽 내로의 대규모 인구집중은 여론과 접촉에 의한 교류를 보다 용이하게 하였고 또한 촉진하였다. 탁발수도사들의 전교 활동이 도시민에게 초점이 맞추어져 있었다는 사실은 충분히 이해될 법하다. 이에 따른 흥미롭고 직접적인 결과가 탁발수도사들 특히 도미니크회 수도사들이 13세기 세계에서 새로운 이념적 소용돌이를 일으켰다는 점이다. 이 같은 사건은 결코 우연한 일이 아니었다. 오히려 이는 역사적 상황의 산물이었다. 이 새로운 이념은 13세기 이후의 세기들에도 뚜렷한 흔적을 남기게 될 것이었다.

---

139) St. Dominic, 약 1170~1221. 도미니크회의 창시자. 카스틸의 귀족 출신으로 1206~17년까지 프랑스 남부지방에 머물면서 알비파와 접촉하며 이들의 개종을 위해 노력하였다. 이러한 경험을 바탕으로 청빈, 지식 및 설교를 기치로 도미니크회를 설립하였으며, 1216년 교황 호노리우스 2세로부터 공식적인 인정을 받았다. 도미니크회는 알베르투스 마그누스, 토마스 아퀴나스와 같은 탁월한 학자들을 배출하였으며, 이단논쟁에도 깊이 관여하였다.

140) St. Francis of Assisi, 약 1181~1226. 프란시스회의 설립자. 아씨시의 부유한 집안에서 출생하였으나 심각한 질병에 걸리자 재산상속을 포기하고, 청빈과 기도 그리고 빈자에 대한 헌신의 삶을 살기로 결정하였다. 탁발수도회인 프란시스회를 설립한 그는 1212년 제2의 교단을, 그리고 1221년 속인을 위한 교단을 설립하였다. 1223년 교황 호노리우스 3세는 프란시스회의 계율을 공식 인정하였다. 도미니크회가 지적 활동을 중시한 데 비해, 프란시스회는 사회적 봉사에 적극 참여하였다.

2. 맹아적 인문주의와 자연과학

아리스토텔레스 사상의 수용 배경을 보다 완전하게 이해하기 위해서는 '정치 이론'과는 무관해 보이는 몇몇 기본 특징들을 검토해두는 일이 필요하다. 먼저 북부 이탈리아에서는 활발한 도시운동이 있었다. 도시화 운동은 오랫동안 사실상 잊혀졌던 시민 개념을 도시 조례들에서 실제적으로 활용하게 되었다는 데 큰 의미가 있었다. 도시 조례에서는 충분한 이론적 정교화 작업 없이도 시민권 논리를 당연한 것으로 간주했으며, 이 시민권 개념은 상향적 인민주의 정치 이론의 대두에 결정적인 요소가 되었다. 여기서 중요한 점은 이탈리아에서는 로마법이 결코 인멸된 적이 없었으며, 로마법에 대한 친근감이 시민권 개념의 수용을 크게 촉진하였다는 사실일 것이다.

자율적이고 독립적인 시민은 자신에게 부여된 법률의 단순한 수혜자에 불과하였던 신민과는 커다란 차이가 있었다. 시민의 집합체인 뽀뿔로[141]는 주권을 확립하는 일에도 성공하였다. 그런데 이탈리아를 제외한 유럽의 나머지 국가는 이 같은 도시 및 시민 개념에 익숙하지 않았다. 이제 이탈리아에서는 모든 도시민을 시민이라 부르고, 군주의 특허장도 이들에게 주어지게 되었다. '시민'과 같이 전혀 위험하지 않은 용어가 일련의 과정, 즉 시민 이론이 의미깊은 핵심이 되는 과정을 크게 지원하였다는 사실은 기억될 필요가 있다. 시민이라는 용어의 활용은, 그것의 중세적 중립적 의미로부터, 더 이상 단순한 은총의 수혜자가 아니라 권리 보유자로서의 시민이라는 후대의 의미깊은 실체로 시민 개념을 연결해 주는 중요한 가교 역할을 하였다.

또한 13세기에는 지적 분야에서도 몇몇 중대한 변화들이 감지되기 시작하

---

141) popolo. 이탈리아어로 시민단 내지 대중을 의미한다. 뽀뿔로는 부유한 대상인으로 구성되는 대시민(popolo grasso)과 장인 내지 일반 대중으로 구성되는 소시민(popolo minuto)으로 세분하기도 한다.

였다. 당시까지는 라틴어가 유일한 문어였다. 그러나 13세기 이래로는 속어도 문어로 자리 잡아 충분한 교육을 받지 못한 사람들의 표기 언어가 되었다. 이제 는 오히려 라틴어가 인간의 중요한 정서를 충분히 표현하지 못하는 것처럼 보 일 정도였다. 말하자면 라틴어가 인간 정서의 미묘한 주관적 변화를 표현하는 데는 점차 부적절하다고 간주되었던 셈이다. 이들 저술가는 라틴어로는 진부 하게 표현되었을 인간 정서와 애정을 속어로 자연스럽고 인간미 넘치게 전달하 였으며, 이를 통해 뛰어난 심리적 통찰력도 드러내곤 하였다.

라틴어는 학술 논문, 추상적 사유, 논리적 내지 삼단논법적 추론, 수학적 개 념체제 등에는 매우 적합한 언어였다. 라틴어는 대수 방정식을 포함하고 있어서 개념적 논쟁방식에 완벽하게 부합하였지마는, 그러나 여전히 그것은 일반 대중 의 언어는 아니었다. 일반 사람들은 자신들의 언어 즉 속어로 생각하였으며, 자 신들의 고유한 정서도 속어로 적절하게 표현할 수 있다고 생각하였다. 13세기 에 확인되는 맹아적 형태의 주관주의 내지 개체주의적 성향은 당시 급격히 대두 되고 있던 속어 문학과도 매우 밀접하게 결부되어 있었다.

뿐만 아니라 13세기에는 자연과학도 현저한 발전을 하였다. 일단 관찰과 실험이 탐구 수단으로 등장하게 되자, 보편적 원리들로부터의 연역적 추론을 특징으로 하는 스콜라적 탐구 방식이 종래의 독점적 역할을 잃게 되었다. 관찰 과 실험은 귀납적 원리에 따라 수행되었고, 대상도 자연현상들 그 자체에 집중 되었다. 이 같은 상황에서 권위에 의존하는 방식은 사실상 별 소용이 없었다. 13 세기에는 오히려 권위가 유용한 탐구의 추구를 가로막고 단지 '경신'만을 조장 한다는 주장이 제기되었다. 13세기 옥스퍼드의 자연과학자들은 이제 볼로냐의 법학자와 몽펠리에의 의학자들에 필적하게 되었던 것이다.

자연과학의 발전이 갖는 의미는 무엇보다도 그것이 그리스도 교도 내지 신 앙인이 아닌 물리적 인간 그 자체를 탐구 대상으로 삼았다는 점에 있었다. 이 는 기존 사고방식으로부터의 다소 과격한 결별이 추구되었음을 가리키며, 또

한 이는 순수한 신학자 및 철학자 집단에 새로운 부류의 학자들이 합류하게 되었음을 의미하였다. 이 새로운 학자들을 매료시킨 것은 당시까지 중요시되던 거듭난 인간 내지 세례받은 인간이 아니라, 오직 '있는 그대로의 본성적 인간'이었다. 그리스도 교도만을 배타적으로 고려했던 신학자와 철학자의 독점적 인간 인식이 깨어졌던 것이다. 그리스도교적 인간은 본성적 인간과 더불어 조명될 수밖에 없었으며, 바야흐로 이 본성적 인간이 그리스도 교도로서의 인간을 대체해가고 있었다.

조형예술 분야에서도 창조적 정신의 표출이 또한 감지되었다. 이 분야 관심의 초점은 개체 즉 본성적 실체적 인간에게 맞추어졌다. 이에 따라서 '새로운 피조물' 즉 그리스도 교도에 대해서는 상대적으로 관심이 줄어들 수밖에 없었다. 개체 내지 개성에 대한 이 같은 강조는 13세기 조각과 초상화에서도 발견되었다. '고딕적'이라 불리는 이 양식은 '르네상스 정신으로' 충만해 있다. 초기 중세의 초상화, 조각, 및 필사본의 채식 등은 단지 인간의 일반적 형상만을 묘사하였다. 또한 대부분의 초상화도 정형화되어 있었다. 그리하여 이는 묘사된 주제의 여하한 개별적 특징도 거의 드러내지 못하였다. 사실상 특정한 인간 존재를 거의 표현하지 못했던 추상적이고 정형화된 이미지는, 바야흐로 고유한 개체성과 사실적 구체성을 띤 인간의 성정에 대한 묘사들로 인해 뒤로 밀려나기 시작하였다. 개체적 독특성이 당시까지 표현되어 온 객관적 추상적 규범을 대체하였던 것이다. 더욱 주목할 만한 대목은 풍경화에도 이 같은 기법이 도입되었다는 사실이다. 규범적 내지 추상적 이미지에 대한 중세적 추구로 인해, 잘 시도되지 않았던 순수 풍경화 장르가 13세기에 들어오면서 미술가들에게 다시 가치 있는 주제로 간주되기에 이르렀다.

13세기에는 오랫동안 그림자에 묻혀 있던 개체의 영역이 햇빛을 보게 되었다. 우리는 모든 중세 사상에서 무엇보다도 중요했던 것이 세례받은 인간, 즉 세례를 통해 신의 은총이 작용한 결과 다시 태어난 '새로운 피조물'이었음을 기

억할 필요가 있다. 이를테면 그리스도 교도는 '본성적 인간' 즉 자연 상태의 인간을 억압하였다. 인간은 세례를 통해서 신의 속성에 참여하는 피조물의 지위로 격상되었고, 그리하여 자신에게 부여된 법률에 스스로를 종속시키는 신도가 되었다. 그리스도 교도는 단순한 인간과는 다른 지평의 존재였던 것이다.

그러나 13세기는 지속적으로 다양한 분야에서 인간 그 자체, 즉 바울이 언급한 본성적 인간을 두드러지게 강조하였다. 이는 마치 신대륙을 발견한 것과 다를 바 없었다. 이제 인간의 실제적 본성이라는 새로운 주제가 발굴된 것이었다. 오랫동안 잊혀졌던 본성적 인간이 되살아났다는 사실은 명백해졌다. 그리하여 이를 일종의 르네상스(a Renaissance)라고 부르는 것은 조금도 이상한 일이 아니다. 수세기 동안 그리스도교 신도라는 개념에 의해 그늘에 가려져 있던 본성적 인간의 재탄생은 곧 살펴보게 될 통치학의 영역에도 심대한 영향을 미쳤다. 그리스도 교도의 기준점이 신앙이었다면, 이에 비해 본성적 인간의 기준점은 인간의 본성 즉 인간성(humanity)이었다. 인간과 그리스도 교도라는 구별되는 두 개념은 13세기 이래로 전혀 다른 범주에 속하게 되었다. 요컨대 전자에 적용된 인식이 반드시 후자에 적용될 필요는 없었다. 다시 태어난 인간 즉 그리스도 교도라는 개념이 충분히 채우지 못했던 인식의 공백이 이제, 채워지기 시작하였다. 본성적 인간이 여러 세기 동안의 오랜 잠에서 깨어났던 것이다.

인간 정신이 문학, 시, 예술, 자연과학 등에서 다양하게 표출되기 시작했다는 이 같은 역사적 배경이 아리스토텔레스의 영향을 더욱 쉽게 이해할 수 있도록 만들어 준다. 아리스토텔레스 사상이 뿌리를 내릴 수 있는 지적 토양이 이미 마련되어 있었으며, 이는 공공 정부의 영역에서도 의미깊게 적용되었다. 아리스토텔레스는 인식의 중요한 영역들에서 확인되고 있던 실제적 관행들에 이론을 제공하였던 것이다.

3. 아리스토텔레스 이론

아리스토텔레스의 정부 이론은 사회와 정부의 기본 개념에 대한 인식들을 혁명적으로 변화시켰다. 이 심대한 사상적 변화의 크기를 아직도 우리는 충분히 이해하지 못하고 있다. 사회와 정부에 대한 일면적, 추론적, 단선적 논리를 완벽하게 보완해 줄 이론을 중세인들은 발견하게 되었던 것이다. 아리스토텔레스 이론의 수용 과정은 뚜렷이 구별되는 세 단계로 이루어졌다. (1) 아리스토텔레스에 대한 적대적 단계, (2) 아리스토텔레스 이론의 그리스도교적 체제에 대한 적응 단계, (3) 아리스토텔레스 이론이 그리스도교적 외형으로부터 점진적으로 이탈하는 단계가 그것이다.

중세 정치사상과 관련되어 있는 아리스토텔레스의 주요 논지는 간략하게나마 반드시 정리해 둘 필요가 있다. 그의 이론의 절정은 국가가 최고의 시민 공동체라는 견해에 있었다. 그에 따르면 국가는 자연적 본성적 산물로서, 이는 자연 법칙이 작용한 결과물이지, 어떤 동의나 계약 내지 협약의 산물이 아니었다. 그것은 결코 특정한 제도적 행위의 산물이 아니었다. 아리스토텔레스에게 있어서 국가를 형성했던 자연 법칙은 인간 본성의 고유한 일부이기도 했다. 자연 법칙에 따라 인간이 태어났으며, 이것이 인간으로 하여금 자족적 독립적 자율적 공동체인 국가에서 삶을 영위하도록 만들었고, 인간이 동물 또는 신이 아닌 한 여하한 삶의 형태든 국가 없이는 존재할 수 없으며, 인간은 국가 내에서 자신의 완전함을 성취할 수 있었고, 또한 인간은 본성적으로 정치적 동물이라는 것이었다.

아리스토텔레스에게 있어서 국가는 가족, 촌락, 도시 등과 같은 인간의 모든 본성적 결사체들의 절정에 해당하였다. 여기서 우리는 아리스토텔레스 국가론의 두 핵심적 요소를 확인할 수 있다. (1) 국가의 본성적 성장은 아래로부터 즉 사회공동체로부터 나오며, 사회공동체는 모든 하위의 소규모 공동체들로

구성된다. (2) 국가의 자연주의 등이 그것이다. 이들 두 속성은 국가의 본원적 특징으로서, 특히 국가의 자연주의는 그것의 결정적 특징이라 할 것이었다.

아리스토텔레스의 사상은 고유한 자연 개념에 의해 강력하게 확산되었다. 그는 자연을 목적론적 맥락에서 인식하였다. 이에 그는 '자연은 불필요한 것을 행하지 않는다' 또는 '자연은 미래를 예견한 것처럼 움직인다' 또는 '자연은 헛되이 행하지 않는다' 등의 경구를 반복해서 언급하였다. 이 같은 자연관은 목적론적 편향성을 가진 것이었다. 그러나 수용할 자세를 갖춘 사람들에게 이는 거의 예외없이 받아들여지게 되었다.

아리스토텔레스의 목적론과 전통적 목적론 간에는 근본적인 차이점이 있었다. 자연의 법칙이 인간의 사고와 추론 능력을 결정한다는 아리스토텔레스의 생각이 바로 그것이다. 동물의 특징은 본능적 성향에 대해 맹목적으로 순응한다는 점이었다. 그러나 인간의 특징은 의지와 이성을 활용한다는 점에 있었다. 자연 법칙도 이를 통해서 표출될 것이었다. 그러니까 자연 법칙을 공통 의지로 이성적으로 전환시키는 인정 제도라는 점이 바로 국가의 특징이었다. 옳고 그름도 자연 자체의 요구가 무엇인지에 대한 인간의 이해 내지 통찰에 의해 판단되었다. 그러니까 인간의 이성적 의지는 인간 본성과 불가분의 관계를 가지고 있었다. 옳고 그름에 대한 판단은 동물로서는 불가능한 것으로, 이는 인간의 추론 능력의 산물이었다. 자연은 인간의 의지와 추론이라는 수단을 통해서 작동하며, 이는 국가를 형성했을 뿐만 아니라, 국가가 나아가야 할 진로도 결정하였다. 왜냐하면 자연이 요구하는 바가 '선'이며, 또한 국가는 본원적 인정결사체의 종국적 표현이므로, 결국 국가는 최상의 선을 목표로 할 것이기 때문이었다.

아리스토텔레스는 이러한 목표를 성취하는 수단이 시민들에 의해 천명된 구체적인 본성적 의지 즉 법률이라고 생각하였다.

다수 대중이 뛰어난 소수에 비해 보다 우월한 중요성을 가져야 한다는 원리는

충분히 입증될 수 있다.

아리스토텔레스의 이 같은 주장은 줄곧 그의 사상의 매우 중요한 원리로 간주되어 왔다.[142] 말하자면 인민의 모임이 공공 선의 함양을 목표로 하는 '주권체', 아리스토텔레스의 표현을 빌리면, '최고권자'였던 것이다. 시민은 주권적 요소로서 국가의 행정과 정부에 참여할 수 있는 본원적 권리를 보유하고 있었다. 그는 국가의 자율성을 특히 강조하면서, 이를 다음과 같이 설명하였다.

국가의 심의적 사법적 업무에 참여할 권한을 가진 사람이 국가의 시민이며, 일반적으로 말하자면 국가란 삶의 목표를 충족시키고자 하는 일군의 시민들의 집합체다.[143]

아리스토텔레스에 따르면, 인간과 시민 사이에는 개념상 뚜렷한 차이가 있었다.

선량한 시민이 선량한 인간이 되는 데 필요한 덕목을 반드시 소유해야 할 필요가 없다는 사실은 자명하다.

그는 오직 이상국가에서만 선량한 시민과 선량한 인간이 일치할 것이라고 생각하였다. 시민이 정치적 법률적 질서에 속하는 원리에 따라 행동하는 데 비해서, 인간은 윤리에 속하는 규범에 따라 행동한다. 국가체제에 따르면, 선량한

---

142) 이러한 입장을 가졌던 학자들로는 W. Oncken, *Die Staatslehre des Aristoteles im historisch-politischen Umrissen*, 2Vols. (Leipzig, 1870~75) ; M. Pollenz, *Die griechische Tragodie*, 2d ed. (Gottingen, 1954) ; B. Knauss, *Staat und Mensh in Hellas* (Darmstadt, 1940) ; E. Meyer, *Einführung in die antike Staatskunde* (Darmstadt, 1968) 등이 있다.

143) 《정치학》, 1275b.

시민은 정치 질서가 요구하는 바를 충족시키는 사람인 데 비해서, 선량한 인간은 도덕적 규범이 요구하는 바를 충족시키는 사람이다. 따라서 성자라 하더라도 인간으로서는 훌륭할 수 있지마는, 시민으로서는 형편없을 수도 있었다. 인간과 시민 간의 이러한 개념상의 대비는 중대한 의미를 가지고 있었다. 이 같은 대비는 단선적 구조와 단일성 의식, 내지 '전체주의적' 총체적 관점을 와해시켰다. 또한 이는 개별 인간을 적어도 정치적 및 도덕적 관점이라는 두 시각에서 고려하도록 만들었다. 일단 이 같은 분리의 함의가 인식되자 아래의 결과들 역시 추가적으로 일어났다. 첫째, 시민 및 인간으로부터 그리스도 교도의 분리가 진행되었다. 둘째, 이 같은 분리는 계속해서 시민 생활을 고유한 원리를 가진 다양한 사회적 경제적 문화적 규범 등과 같은 범주로 더욱 심화시켜 나갔다. 인간 행위의 원자화가 진행되었던 것이다.

아리스토텔레스의 국가는 자연 진화의 원리들에 따라 성장하였다. 그의 국가는 인간의 본성적 성장의 다면성, 가변성, 다양성 등을 동시에 고려하고 있었다. 이는 당시 지배적이었던 그리스도중심적 이론과 명백히 대비되는 것으로서, 이 점에 관한 한 별다른 설명이 필요치 않을 정도였다. 평신도와 성직자 모두를 포함하는 공동체였던 교회는 신의 특정한 행위를 통해서 설립되었고 또한 제도화되었기 때문이었다. 정부에 관한 두 시각의 차이는 다음과 같이 표현될 수 있을 것이다. 먼저 하향적 정부 제도는 단일성과 통합성을 지향하는 비본성적 조직에 의해서 형성된 하나의 원리 내지 규범으로부터 그것의 실체가 유래되었다. 반면에 상향적 정부 제도는 본성적 의지와 욕구의 다양성으로부터 유래되었으며, 이 같은 본성적 다양성을 기초로 성장하였다. 하향적 정부 제도는 내세와 결부된 체제로서, 이에 따르면 이 땅에서의 삶은 단지 예비적인 것에 불과하였다. 반면에 상향적 정부 제도는 현세와 결부된 체제로서, 현세적 삶이 그것의 목표였다.

아리스토텔레스의 저작들은 이미 13세기 초엽에 활용되기 시작하였다. 그

러나 그의 영향력을 가로막는 장애물도 많이 있었다. 무엇보다도 아리스토텔레스의《정치학》은 그의 전반적인 철학적 윤리학적 논지를 토대로 있었다. 따라서 이들에 대한 폭넓은 이해 없이 그의 정치사상만을 수용하기는 불가능하였다. 아리스토텔레스 이론은 하나의 체계였지, 개별적 요소들의 단순한 집합이 결코 아니었던 것이다. 이를테면 그의 저술은 하나의 바위를 이루는 부분들이어서, 이에 대한 전체적 수용 또는 전체적 부정만이 가능하였다.

또 다른 장애물은 아리스토텔레스의 저작들이 원본 텍스트가 아니라 그리스어 내지 아랍어 번역본을 통해 소개되었다는 점이다. 동시에 그의 사상의 몇몇 전제들도 수용되기 어려운 것처럼 보였다. 예를 들어서, 그가 가졌던 진화의 연속성 및 우연성에 관한 이론은 이 세상의 절대적 기원에 대한 여하한 견해도 배제하였다. 그리하여 그리스도교의 신에 의한 우주창조론은 물론, 기적 역시 그의 우연성 이론에 의해 전면 부정되었다. 아리스토텔레스에게 있어서는 모든 사건이 인간 이성에 의해 추적 가능한 원인을 가지고 있었던 것이다.

불멸에 관한 그의 견해 또한 그리스도교적 영혼불멸론과는 쉽게 접목될 수 없었다. 그의 자연 인식도 전통적인 아우구스틴적 자연관에 결코 부합하지 않았다. 물론 유대인 및 아랍 사상가들도 동일한 어려움에 직면했지만, 이들은 신학과 철학을 분리하는 방식으로 이를 해결하였다. 그러나 이 방식이 그리스도교도 저술가들의 관심을 끌지는 못하였다. 성 안셀름에 따르면, 철학은 신학의 '시녀'에 불과하였다. 이 점은 중세 그리스도교적 사상의 전체주의적 시각 내지 총체성을 고려한다면, 충분히 이해가 될 수도 있다. 교황청이 아리스토텔레스 연구, 특히 그의《형이상학》과《물리학》연구를 반대하였던 것은 크게 무리한 일이 아니었다. 아리스토텔레스에 대한 아베로이스적[144] 아랍적 주석은 특히 파리

---

144) Averroes. 1126~98. 이슬람 철학자. 스페인의 코드로바에서 출생하여 법학, 신학, 수학, 의학 및 철학 등을 수학하였으며, 의학과 철학 특히 아리스토텔레스의《영혼론》과《형이상학》에 관한 주석서를 집필하였다. 이는 13세기에 유럽의 대학, 특히 파리 대학에서 큰 반향을 불러일으켰다. 그러나 아리스토텔레스적 견해를 지나치게 강조하고 철학에서 종교적 역할을 부정함으

대학에서 많은 논쟁을 불러일으켰다.

실제로 교황 그레고리우스 9세[145]는 아리스토텔레스의 저술이 '검토되고 순화될 때까지' 이에 대한 연구를 파리 대학에서 금지하였다. 한편 도미니크회 수도사는 자신들이야말로 아리스토텔레스 연구를 수행하는 일에 가장 적합하다고 생각하였다. 이에 플랑드르 출신의 윌리엄 메르벡,[146] 독일인 알베르투스 마그누스[147] 및 나폴리 사람 토마스 아퀴나스[148] 등은 이 거대한 작업을 앞장서서 주도하게 되었다. 세 명의 수도사 출신 학자들 가운데서도 메르벡에 의해 번역된 아리스토텔레스의 저술들은 후대 학자들에게 매우 유용한 텍스트임이 판명되었다. 메르벡이 아리스토텔레스의 《정치학》에 나오는 폴리테우에스타이(*politheuesthai*)[149]라는 그리스어 용어를 번역하면서, 아리스토텔레스가 전달하고자 하였던 의미를 충분히 표현할 수 있는 라틴어 용어가 없었기 때문에, 새로운 라틴어 용어를 만들 수밖에 없었다는 사실은 특별한 의미를 가지게 되었다. 여기서 메르벡은 정치화(*politizare*)라는 용어를 선택하였다. 이 용어는 확실히 어색

로써 1270년 교회로부터 공식적인 정죄를 받았다.

145) Gregory IX. 1227~41. 오스티아의 주교이자 추기경. 십자군에 관한 맹세를 지키지 않았다는 이유로 프리드리히 2세에 의해 폐위되었다. 그 후 프리드리히 2세와 화해였으나, 1241년 반 교황적 행동을 한 프리드리히를 폐위하기 위해 로마 공의회를 소집하였다. 1234년 중요한 교회법전(*Liber Extra*)을 편집 공포하였으며, 프란시스회와 도미니크회의 열렬한 지지자이기도 하였다.

146) William of Moerbeke. 1286년 사망. 도미니크회의 수도사로서 알베르투스 마그누스를 사사하였다. 아리스토텔레스를 비롯한 그리스 철학자들의 저술을 라틴어로 번역함으로써 아리스토텔레스의 부활에 큰 기여를 하였다. 교황의 고해 신부로도 활동하였으며, 1278년 테베스(Thebes)의 대주교에 임명되었다.

147) Albert the Great. 1280년 사망. 도미니크회 수도사. 파리 대학에서 수학하였으며, 쾰른에서 토마스 아퀴나스를 사사하였다. 1260년 레겐스부르그 주교에 임명되었고, 그 후 파리로 가 토마스 아퀴나스와 더불어 교회의 아리스토텔레스적 이론에 대한 비판을 무마하려는 노력을 기울였다. 그는 그리스 철학자의 이론 특히 아리스토텔레스의 원리를 그리스도교적 이론에 결합시켰으며, 중세 과학의 발전에도 크게 기여하였다.

148) Thomas Aquinas. 1225~74. 신학자 겸 철학자. 이탈리아 아퀴노에서 출생하여 몬테 카시노와 나폴리 대학에서 수학하였다. 1244년 도미니크회에 입회하였으며, 알베르투스 마그누스를 사사하였다. 아리스토텔레스의 이론을 그리스도교적 이념에 접목시키는 '대종합'을 시도한 대표적인 스콜라주의자였다. 주요 저작으로는 《신학대전》, 《이교도대전》, 《통치가론》 등이 있다.

149) 이 용어는 '시민으로서 행동하다' 또는 '공무에 적극적으로 참여하다'라는 뜻을 가지고 있다.

하고 세련되지 못한 술어였다. 그러나 이는 '폴리테우에스타이'가 가졌던 저변의 의미를 그나마 제대로 전달할 수는 있었다. 필자가 아는 한, 이 용어는 특정한 인간 행위를 정치적 맥락에서 파악하는 최초의 예였다. 메르벡의 번역을 통해서 정치적(*politicus*) 내지 정치체(*politia*)와 같은 그 밖의 개념과 용어들도 성공적으로 활용되기 시작하였다. 물론 이것이 메르벡의 동시대인들에게는 생경한 개념 내지 용어였지만 말이다.

아리스토텔레스의 영향이 있기 이전 중세인들이 자연법 개념을 어떻게 이해했던가 하는 주제는 많은 것들을 시사해준다. 일반적으로 말해서, 전통적인 의미의 자연 및 자연법 개념은 추상적 공리였던 동시에 그리스도교적인 총체적 세계관의 일부였다. 그러니까 자연 및 자연법 개념이 점했던 위상은 당대의 지배적인 그리스도교적 정서와 관점의 산물이었다. 7세기 초엽에 이미 이시도르 세빌은 자연법 개념을 규명하고자 했던 것이 사실이다. 그러나 11세기에 접어들어서는 위대한 정치 논술가들조차도 자연 내지 자연법 이론과 씨름하지 않게 되었다.

이 점에서 우리들의 관심을 다른 지평으로 이끄는 인물이 그라티안이다. 그는 '자연법이란 신약 및 구약 성서에 포함된 법률로서, 이에 따르면 모든 사람은 자신에게 행해지지 않기를 바라는 바를 다른 사람에게 행해서는 안 된다'라고 지적하였다. 이를테면 그라티안은 일반적인 자연법 원리를 간결하게 소개했으며, 또한 그는 자연법의 성격도 뚜렷하게 제시하였다. 그라티안의 자연법은 명백히 신법에 매우 가까운 유형의 규범이었다. 이에 그는 신에 의해 이성적 피조물이 창조됨으로써 자연법이 시작되었다고 밝혔다. 다시 말해서 그라티안에 있어서 자연법은 자연의 법칙이 아니라 신의 법률이었던 것이다. 그러니까 자연법은 가시적 자연 현상과는 거의 무관하였다. 그는 인간 자체를 자연의 산물이 아니라 신의 피조물로 간주하고 있던 터였다. 이 같은 사유체제 하에서는 자연법과 교회법 모두가 신의 의지의 산물일 수밖에 없었다. 결국 이러한 관점에 의해서, 비그리스도 교도들 역시 신의 피조물이기 때문에, 교황은 이들을 그리스

도 교도들과 마찬가지로 지배해야 한다는 교황청의 주장도 이해될 수 있었던 것이다.

12세기의 자연법 개념은 본질에 있어서 성 아우구스틴 이론의 축약적 표현 그 이상은 아니었다. 성 아우구스틴의 견해 역시 창조 개념과 밀접하게 결부된 것으로서, '자연'이란 신이 창조한 사물의 무후한 시원적 상태를 가리킨다는 순수히 추상적인 논리에서 그 절정에 달하였다. 그에 의하면 모든 악은 자연과는 무관했으며, 자연에 반하는 것이었다. 악은 자연질서의 왜곡이었으며, '자연'은 어떠한 악도 내포하지 않았다. 따라서 인간의 자연적 시원적 상태도 악과 죽음이 없는 무후한 상태라고 그는 생각하였다. 구약성서에는 '신이 죽음을 창조하지는 않았다'라고 기록되어 있는 만큼, 성 아우구스틴이 죽음을 '자연의 법칙'에 반하는 것이라고 주장했다는 사실은 결코 이상한 일이 아니었다.

그에 따르면 인간의 원죄가 인간의 참된 본성을 타락시켰으며, 이로 인해 인간성 자체가 왜곡되어 있었다. 이 땅의 인간에게 자연스럽게 보이는 것들 즉 성장, 쇠퇴, 죽음, 열정 등은 사물의 신적 질서에 비추어 보면 인간의 본성에 반하는 것들이었다. 따라서 인간의 참된 본성은 오직 신의 은총에 의해서만 회복 가능하였다. 그리스도를 통해서 이 같은 참된 본성의 회복 즉 인간의 재탄생 내지 인간의 새생명이 이루어지며, 그 이후로는 죽음, 고통, 죄악 등도 결코 없을 것이었다. 우리는 어떻게 성 아우구스틴이 인간 평등, 재산 공유, 형제애 등에 도달하였던가를 이러한 맥락에서 이해할 수 있다. 또한 이는 그의 자연 및 자연법에 관한 견해가 실천적 적용이나 이론의 정교화에 도움을 주지 못했던 이유도 설명해 주고 있다. 그것은 보편적 자연 인식과는 분리된 개념의 순수한 추상화였던 것이다.

12세기의 이 같은 지적 맹아들은 각별한 관심을 가질 필요가 있다. 이들이야말로 13세기 아리스토텔레스 이론에 의해 개간될 토양을 효과적으로 준비하였기 때문이다. 아리스토텔레스가 13세기 사상에 광범위한 영향을 미치도록 일

조한 분야는 특히 로마법 연구였다. 로마법에 관한 중세적 관심에는 자연법에 대한 울피아누스[150]의 정의도 포함되어 있었다. 울피아누스에 의하면, 자연이 인류뿐만 아니라 모든 동물에게 가르친 바가 자연법이었다. 고대 로마법 학자였던 울피아누스는 자연(*natura*)이라는 용어 자체가 자연으로부터 출현되고 형성되었음을 가리키는 개념인 나스키(*nasci*)에서 유래되었다고 설명하였다. 이는 실로 중요한 이정표였다. 성장 내지 진화와 결부되어 있던 이 새로운 자연 개념은 엄격하고 정태적이었던 성 아우구스틴의 시각과는 근본적으로 다른 인식의 산물이기 때문이었다. 보다 '자연스러운' 이러한 이해는 존 솔즈베리 같은 비법률가들에게도 영향을 미치기 시작하였고, 이러한 법률학적 함의는 더욱 다양한 영역에 영향을 미치게 되었다. 아리스토텔레스의 정치 이론이 수용되기에 이르렀다는 사실 이외에도, 12세기와 13세기에 진행되었던 폭넓은 이론적 준비는 무엇보다도 법률학 분야에서 이룩된 현저한 성장의 산물이었다.

---

150) Ulpian. 228년 사망. 3세기에 주로 활동한 로마의 법률학자. 그의 법률적 견해와 주석은 유스티니아누스의《로마법대전》에 수록되어 있다.

제7장 새로운 지향

1. 토마스주의

고대 철학자 아리스토텔레스의 그리스도교 세계관으로의 변용은 13세기에 절실한 과제로 등장하였다. 이제 그의 저술들이 훌륭하게 번역되어서, 이용할 수 있게 되었기 때문에, '대종합'도 실행 가능한 작업이 되었다. 이 작업은 도미니크회 수도사 알베르투스 마그누스(the Great Albert)에 의해 시작되어, 그의 제자 토마스 아퀴나스에 의해 완성되었다. 탁월한 토마스 아퀴나스 전문가였던 그라브만(M. Grabmann)이 지적했듯이, 13세기를 전후해서 토마스 아퀴나스만큼 아리스토텔레스를 깊이 천착한 사람은 분명 없었다.

사실상 아리스토텔레스 사상에 대한 탁월한 해석과 이를 그리스도교 사유 체계로 재편하는 작업은 비범한 정신적 폭과 깊이 그리고 인식 능력을 필요로 하였다. 토마스 아퀴나스의 지적 능력에 의해서 그리스도교적 이론과 아리스토텔레스적 이론의 결합이 이루어졌는데, 여기에는 이교도 철학을 그리스도교 세계관으로 변용시키는 데 요구되는 탁월한 그의 개인적 자질이 매개되어 있었다. 토마스 아퀴나스는 일견 상이하고 양립 불가능한 요소들을 종합하는 작업을 수행하였다. 이는 신 중심적 관점에서 볼 때 아리스토텔레스로부터 유해한 요

소들을 제거하는 일이었다. 성 토마스가 이룩한 종합의 결과, 비로소 아리스토텔레스는 당대의 지적 배경의 하나로 완벽하게 수용되었다. 이 같은 맥락에서 오늘날 우리는 토마스주의를 그리스도교적 아리스토텔레스주의라고 당당하게 부르게 되는 것이다.

아리스토텔레스의 기본 개념에는 이념화된 전제들이 아니라 자연, 물리적 실체, 실제적 존재 등에 진화 개념이 포함되어 있었다. 토마스 아퀴나스도 고대 울피아누스의 인식론을 통해서 자연에서 확인되었던 성장의 요소를 빈번히 지적하였다. 이에 토마스 아퀴나스는 생명체의 물리적 성장 즉 자연 법칙에 입각한 탄생 개념을 주장하였다. 운동 개념에 관한 한 그는 아리스토텔레스에 매우 철저하게 의존함으로써, 생명체에서 목격되는 운동은 본성 속에 내재되어 있는 성향이라고 지적하였다. 생명체의 운동은 그 자체 내에 '고유한 본원적 맹아'가 있다는 것이었다. 그의 자연 개념은 아리스토텔레스의 그것과 사실상 다르지 않았다. 즉 자연에는 생성, 성장, 소멸 등이 있었던 것이다. 그럼에도 불구하고 이 같은 '자연주의적' 사고방식은 순수히 철학적 사유라는 맥락에서 볼 때 새로운 출발을 의미하였다. 사실 이 점은 토마스 아퀴나스가 집필을 시작할 즈음 이미 다른 많은 분야에서도 목격되고 있었다. 실제로 고유한 힘과 운동 원리를 가진 요소로서의 자연 인식은 토마스 아퀴나스의 사유체계에서 매우 중요한 도구였다. 이를 근거로 그는 여러 현상들을 '자연에 순응하는', '자연을 초월한', '자연에 반하는' 등으로 규정하였던 것이다.

워낙 아리스토텔레스적인 인식 및 전제들로부터 출발했던 토마스 아퀴나스는 이를 사회와 정부에 적용하는 데 별다른 어려움을 느끼지 않았다. 자연의 운용에 관한 아리스토텔레스적 목적론적 관점, 및 본성적 산물로서의 국가 개념, 그리고 '정치적 동물'로서의 인간 정의 등은 토마스 아퀴나스의 체계에 거듭 활용되었다. 또한 그는 인간을 사회적 동물로도 파악함으로써, 인간을 '정치적인 동시에 사회적 동물'로 확대해서 정의하였다. 인간을 사회적 동물로도 보는

이 세련된 관점은 4세기 말엽에 활동했던 이교도 저술가 마크로비우스[151]로부터 유래된 것이었다. 그리고 정치적 동물로서의 인간 개념은 '정치적'이라는 요소가 당대의 언어와 사고 과정에 진입했음을 의미한다. '정치적' 맥락에서의 사고는 당시 새로운 지적 범주로 대두되고 있었다.

그러나 우리의 중요한 관심사는 토마스 아퀴나스의 경우 인간과 그리스도 교도가 개념상 상이하였다는 점이다. 인간은 자연의 산물로서 이에 걸맞는 이해가 요구되었다. 인간의 특징은 그 자연성에 있으며, 사회 구성원으로서 인간은 사회적 동물이라는 것이었다. 사회적 동물로서의 인간에 대한 이 같은 강조는 인간성(humanitas)에 관한 토마스주의의 기본 개념을 형성하였다. 인간성이 인간 존재의 본원적 요소로 간주되었던 것이다. 이러한 인간성 개념이 토마스 아퀴나스의 독창적 산물은 결코 아니었다. 로마법의 경우 이 같은 개념을 완벽하게 수용하고 있었으며, 그리스도의 인성을 토론했던 신학자들 역시 이를 익숙히 이해하고 있었다. 또한 토마스 아퀴나스 직전에는 프리드리히 2세가 널리 알려진 〈멜피 헌정〉(1231)에서 이를 사용하기도 하였다.[152]

그러나 토마스주의의 모든 사유체계에서 당시 선례가 없던 용어란 거의 없었다. 사실 이 점은 토마스주의가 성공할 수 있었던 한 비결이었다. 그는 널리 알려진 용어를 사용하면서, 그것에 기존의 의미와는 다른 내용을 첨부하였던 것이다. 용어의 기존 기념에 새로운 의미를 많이 부여한다고 하더라도, 기존 용어에 대한 친숙성은 새로운 이론의 성장을 매우 수월하게 해주었다. 사실 이러한 개념은 하나같이, 또한 우리가 앞으로 살펴보게 될 다른 개념들 역시, 새로운 것은 아니었다. 이 모든 개념은 친숙한 것들이었다. 그러나 토마스 아퀴나스가 그것에 부여했던 의미는 당시 일반적으로 수용되던 의미와는 크게 달랐다.

---

151) Ambrosius Theodosius Macrobius. 4세기말과 5세기초에 활약한 라틴어 문법학자 겸 철학자. 저술로는 키케로의 저작들에 대한 주석서와《사투르누스의 축제》등이 있다.

152) Constitutions of Melfi. 1231년 신성 로마 제국의 독일인 황제 프리드리히 2세가 시실리 왕국에 선포한 법률. 이는 로마법 원리에 기초한 체계적인 법률로 평가받고 있다.

제도화된 사회에서 인간을 보완하는 개념이 시민이었다. 시민은 확대된 개념의 인간이었다. 토마스 아퀴나스에게 있어서 시민은 더 이상 상위 권위에 단순히 복속해야 하는 신민이 아니었다. 아리스토텔레스의 정의에 따르면, 시민은 신민에게 대안을 제시하고 또한 상위 권위로부터 벗어나도록 해주는 정부에 참여하는 사람들이었다. 돌이켜보면, 정부에의 참여야말로 신민에게는 허용되지 않았던 역할이었으며, 또한 신민은 자신에게 부과될 법률의 제정에 여하한 형태로도 참여할 수 없었다.

여기서 중요한 점은 아리스토텔레스의 사상을 수용했던 토마스 아퀴나스가 공적 영역에서, 사실상 이렇다 할 역할을 가지지 못했던 신민이 아니라, 고전기 이래로 잠자고 있던 시민을 부활시켰다는 사실이다. 공적 영역에서 시민 개념의 출현이 가지는 함의는 평가하기가 힘들 정도로 심대하였다. 시민의 재탄생은 치명적인 중요성을 가지게 될 것이었다. 그렇기는 하지마는 역사적 상황에 비추어 볼 때, 이 '새로운 개념'의 급속한 발전이 결코 놀라운 일은 아니었다. 아리스토텔레스가 인간과 시민 사이에 설정했던 구분이 이제 토마스 아퀴나스의 사유체계에서 다시금 등장하였던 것이다.

> (아리스토텔레스에 따르면) 어떤 사람이 훌륭한 시민이기는 하지마는 훌륭한 인간으로서의 자질은 갖추지 못한 경우가 왕왕 발생한다. 따라서 어떤 사람이 훌륭한 인간인가, 혹은 훌륭한 시민인가 하는 점을 결정하는 자질이 반드시 동일하지는 않다.

이 진술이 갖는 중요성을 구태여 설명할 필요는 없을 것 같다. 이는 무엇보다도 인간에 대한 총체주의적 관점(적절한 용어가 없어서 부득이 사용하는 용어이다)을 부정함으로써, 새로운 지향을 향하는 획기적인 계기가 되었다. 이제 훌륭한 시민에게 적용되었던 자질이 훌륭한 인간에게 반드시 적용되어야 할 필요가 없었

다. 시민 즉 정치적 인간은 단순한 인간과는 다른 존재라는 해명이 제시되었으며, 이와 더불어 인간의 다양한 행위들을 다각적으로 분리하는 관점도 형성되었다. 복합적인 인간 행위들이 정치적 종교적 도덕적 경제적 등과 같은 서로 다른 규범 내지 전제들로 구분되어, 검토되고, 또한 해명되기에 이르렀던 것이다.

토마스 아퀴나스는 신민과는 구별되는 시민의 개념을 이론적으로 도입하기 시작하였다. 뿐만 아니라 그는 아리스토텔레스적 기초에 입각하여 순수 정치학(*Scientia Politica*) 역시 도입하였다. 그에게 있어서 정치학은 키비타스[153] 또는 키빌리타스(*civilitas*)라고 불렸던 국가의 관리에 관한 지식이었다. 국가와 정부라는 두 개념은 사실상 토마스 아퀴나스의 사상에서 애초부터 불가분의 관계에 있었다. 그에게 있어서 정치학은 정부에 관한 학문이었다. 그런데 정부는 다른 한편으로 인간 본성의 산물인 국가와 밀접히 결부되어 있기 때문이었다. 따라서 정치학은 일차적으로 사색이 아니라 실천의 문제를 다루는 학문이었다. 그는 정치학을 실천적(*operativa*) 지식으로 이해했는데, 정치학은 사물의 실제적 행위들 및 이론의 실천에 관한 학문이라고 그는 생각하였던 것이다.

이 '실천적 학문'의 토대는 인간이 자연으로부터 부여받았던 본원적 인간 이성이었다. 바로 이 본원적 인간 이성이 토마스 아퀴나스의 사유체계의 핵심이었다. 이 인간 이성은 '도덕적 문제'를 통해서뿐만 아니라, '자연적 사물'들 특히 가시적이고 구체적인 경험을 통해서 계도되고 또한 지침을 부여받았다. 보다 중요한 점은 정치학이 자체의 작업 원리를 가지고 있어서, 이를 작동시키는 데 외부적인 매체를 필요로 하지 않는다는 사실이었다. 이에 그는 정치학을 모든 학문 가운데 가장 기초적이고 '건축적'인 학문이며 동시에 가장 실제적인 학문으로서, '인간사 가운데 무엇이 완벽한 선인가를 추구한다'고 지적하였다.

---

153) *civitas*, 사전적 의미로는 도시 내지 도시국가 혹은 시민권 등의 뜻을 가지고 있다. 키비타스는 로마 제국 시대에는 지방의 행정단위를 지칭하였으며, 로마 제국 말기와 프랑크 왕국에 이르러서는 교회의 교구 및 주교좌와 거의 일치하였다.

정치학의 출현은 그것의 인정적 성격과 실천적 성격을 동시에 부각시켰다. 정치학에 있어서 중요한 것은 무엇보다도 인간의 경험 및 인간의 본성적 요소들에 대한 관찰이었다. 왜냐하면 정치학은 인간과학의 일부로서, 이는 그가 강조했듯이 '자연에 대한 모방을 목표로 하기' 때문이었다. 토마스 아퀴나스에게 있어서는 당위가 아니라 '있는 그대로의 현실'이 이 새로운 학문의 핵심이었다. 이를테면 '인간 조건이 변화함에 따라 법률은 정당하게 변경될 수 있으며, 이에 따라 새로운 법률도 요구된다'라고 그는 밝혔다. 이는 실로 신선한 공기를 가진 바람이었던 것이다.

보다 새로운 개념이라고 할 '정치적 정부'(regimen politicum) 개념의 도입은 토마스 아퀴나스의 작업가설과도 밀접히 결부되어 있었다. '정치적 정부'의 의미는 반대적 함의를 가지고 있는 '군주제 정부'(regimen regale)와 비교해 보면 쉽게 이해될 수 있다. 정부와 법률에 관한 그의 주요 이론들은 사실상 이들 두 유형의 정부 개념에 명확히 표출되어 있다. 토마스 아퀴나스에 따르면, '군주제 정부' 즉 신정적 정부 형태란 군주의 '전권 보유, 및 통치 행위에 관한 군주의 면책특권'이라는 특징을 가지고 있었다. 이것이 우리들이 알고 있는 전통적인 중세 군주의 모습이다.

그러나 '정치적 정부'는 이와 판이하게 달랐다. 토마스 아퀴나스에 따르면, 이는 군주의 권한이 국가의 법률에 의해 규제를 받을 때 비로소 이루어지는 정부였다. 이같이 국가의 법률에 의해 규제되는 통치자를 그는 '실정법의 제한을 받는 통치자'라고 달리 표현했다. 사실상 이들은 신정적 통치자와는 거의 아무런 공통점도 가지고 있지 않았다. 오히려 토마스 아퀴나스는 이를 '군주제 정부'와는 반대로 상향적 정부론 내지 인민주의 이론에 현저히 근접시켰다. 이 같은 토마스 아퀴나스의 태도는 특별히 그가 인민의 지위 및 '인민의 의지'를 민주정과 결부시켜 언급함으로써 더욱 명확하게 드러나고 있다.

민주정에 대한 토마스 아퀴나스의 정의는 거의 완벽하였다. 이 체제에서는

인민의 의지가 무엇보다도 중요했다. '통치자가 인민으로부터 선출되고, 통치자의 선출이 인민에게 속하기' 때문이었다. 이와 동시에 그는 대의제 원리도 제기하였다. 통치자는 국가를 '의인화한다. 따라서 국가의 통치자가 행하는 것은 국가 자체가 행하도록 명령된 바이다'라는 것이 그의 생각이었다. 실천적 목적을 위해서 토마스 아퀴나스는 정치적 정부와 군주제 정부가 뒤섞인 혼합정부 체제가 가장 바람직할 것이라고 주장하기도 하였다.

토마스 아퀴나스가 이룩한 업적은 별도의 설명이 필요 없을 정도로 위대한 기여였다. 당시까지는 존재하지 않았던 정치학이 그를 통해서 태동되었다. 토마스 아퀴나스의 국가 개념에 관해서는 약간의 논의가 더 필요할 것 같다. 사실상 국가 개념은 당시까지 유럽인들의 정신 속에는 실재하지 않았던 무엇이었다. 이는 아리스토텔레스 사상이 재수용되고, 또한 그의 정치이론이 새로운 정치적 담론의 토대가 되고서야 비로소 출현한 개념이었다.

토마스 아퀴나스는 인간의 '자연적 본성'이 국가 즉 제도화된 인간 결사체를 낳았다고 생각하였다. 따라서 그에게 있어서 국가는 인간 본성의 소산이었으며, 이는 당연히 자연의 법칙을 따라야 했다. 인간 결사체를 작동시키는 요소는 '자연 이성'이므로, 국가를 운용하는 데도 신적 초자연적 요소가 반드시 필요하지는 않았다. 국가는 그것의 운용에 필요한 모든 법칙을 자체적으로 가지고 있었다. '자연은 아무것도 불완전하게 두지 않기' 때문에, 국가는 완전한 공동체이며, 동시에 '가장 완전한 인간 결사체'라는 것이었다. 이론가와 정부들이 여러 세대에 걸쳐 추구했던 바를 그는 자연 개념을 단순하게 적용함으로써 완벽하게 발견하였다. 요컨대 국가란 본성적인 제도다라는 그의 시각은 국가와 교회 간의 개념상의 간격을 더욱 벌어지게 만들었다. 그에 의하면 교회는 신에 의해 설립되고 형성되었기 때문에 자연과는 무관하였다. 국가가 자연의 산물인 데 비해서 교회는 초자연적 산물이었던 것이다.

'국가란 인간의 집합체에 다름 아니다'라는 토마스 아퀴나스의 국가 정의

는 그것의 초자연적 맞수였던 교회와의 본질적 차이를 명확하게 부각시켰다. 교회는 '신도집단 공동체'라는 것이었다. 이는 인간과 충실한 그리스도교 신도를 구별하는 이분법적 논리로서, 이에 따르면 국가의 문제는 단지 인간의 문제 내지 시민의 문제일 따름이었다. 국가는 기원과 운용 모두에서 교회의 권위와는 아무런 관련이 없었다.

자연의 산물로서의 국가는 고유한 본성적 목표를 추구하였다. 그것은 국가 구성원의 안녕 즉 복지였다. 그런데 이 목표는 국가가 독립적 자족적일 경우에만 보장될 수 있었다. 그에게 있어서 국가는 후대의 추상적 개념체가 아니라, 살아 있는 자립적 유기체였던 것이다. 토마스 아퀴나스가 국가(civitas)라는 용어를 고안해냈던 것은 아니었다. 사실 이는 매우 널려 알려져 있던 용어였다. 그러나 그는 여기에 새로운 의미를 부여하였다. 그의 새로운 국가 이론이 성공할 수 있었던 것도 부분적으로는 그가 이 같은 친숙한 용어를 사용했기 때문이었다. 그에게 있어서 국가는 정치적 도덕적 공동체 즉 사회적 습관과 시민적 관습을 근거로 한 도덕적 목표를 가진 정치체였음에 비해, 교회는 신비적 공동체(corpus mystium)였던 것이다. 토마스 아퀴나스는 13세기에 망각되고 있던 그러나 유서 깊은 개념이었던 국가 개념을 되살려 놓았다. 국가는 인간의 정치 공동체로서, 여기서는 시민의 인간적 본성적 자질이 무엇보다 중요한 요소였다.

토마스 아퀴나스의 법률이론도 이러한 시각을 반영하고 있다. 인간에 의해서 제정된 법률을 그는 당시로서는 새로운 용어였던 '실정법'이라고 불렀다. 그런데 사실 이는 자연법에서 유래되었다. 제정된 규칙이 법률이 되기 위해서는, 무엇보다도 그것이 강제적 실행이 가능한 규칙이어야 했다. 그는 인정적 실정법의 힘이 자연법과의 조화에 달려 있다고 명시적으로 주장하였으며, 실정법은 자연법에 의해 규제되어야 한다고 지적하였다.

이 같은 토마스 아퀴나스의 시각을 설명하기란 그리 어렵지 않다. 국가 자체가 자연의 소산이므로, 국가의 법률 역시 자연으로부터 유래되어야 한다는

것이었다. 성 토마스에게 있어서 국가의 법률은 그것을 통해서 자연법이 구체적으로 표현되는 통로였다. 동시에 그에게 있어서 중요했던 점은 자연 이성에 입각하는 실정법의 경우 신법이라고 하더라도 이를 철회할 수 없다는 사실이었다. 그에게 있어서 모든 법률은 '인간 행위의 규범이자 척도였으며', 또한 모든 법률의 종국적 원천은 신의 영원법이었다. 그런데 영원법은 법률이라기보다는 우주를 지배하는 신적 이성 내지 신성한 지성이었다. 그래서 모든 살아 있는 피조물은 '신성한 빛의 흔적'을 가지고 있다고 그는 생각하였다.

토마스 아퀴나스에 따르면, 이성적 피조물과 비이성적 피조물을 구별하는 요소는 전자의 합리적 추론 능력이었다. 다시 말해서 사물의 신성한 질서인 영원법을 인식하는 능력에 의해서 인간다움도 드러날 것이었다. 인간은 자연법을 통해서 신의 영원법에 참여하며, 또한 본성적 추론 능력을 통해서 선과 악을 식별하였다. '인간 내면에 있는 신성한 빛의 흔적'은 인간 내면에 새겨진 자연법을 지향하도록 만들며, 인간은 이 자연법을 통해서 '자신의 행위에 관한 본원적 원리'를 가지게 된다는 것이었다. 뿐만 아니라 토마스 아퀴나스는 '자연법이란 이성적 피조물이 영원법에 참여하는 것'이라고 밝히기도 하였다. 이 같은 지적은 인정법이 자연법에 위배되어서는 안 된다는 그의 중요한 주장의 근거를 밝혀주고 있다. 만약 자연법에 위배될 경우, 인정법은 질서정연한 삶의 수단이라는 법률 개념 그 자체의 왜곡 내지 타락에 불과하게 될 것이었다. 그는 법률을 이렇게 정의하였다.

(법률은) 공공 선을 위한 인간 이성의 명령으로서, 공공 선을 위해 무엇인가를 명령하는 권리는 전체 공동체나 인민을 대신하는 이에게 속한다. 따라서 법률 제정권은 전체 대중 또는 대중을 보호하는 공적 인물에게 속한다.

이 같은 지적은 법률의 목적에 관한 토마스 아퀴나스의 목적론적 법률관을

뚜렷이 드러내고 있다. 또한 이는 그의 법률 정의가 인민주의적 정부론과 신정적 정부론 모두에 적용될 수 있다는 점도 보여주고 있다. 모든 법률의 상징인 법률의 강제성에 대해서 그는 법률의 특징적 속성이 그것의 실천적 집행력에 있다고 선언함으로써 매우 분명한 입장을 표명하였다.

> 법률의 시행을 강제하는 능력은 대중(인민) 또는 법률이 준수되지 않을 경우 형벌을 부여하는 권리를 가진 공적 인물에게 있다. 이를 근거로 법률의 제정권 역시 이 공적 인물이 수행할 수 있는 것이다.

토마스 아퀴나스가 법률론에 상당한 비중을 할애했던 이유는 그가 부여했던 법률의 기능들에 의해서도 설명될 수 있다. 그에게 있어서 법률은 이를 통해서 사회의 목적을 성취하는 중요한 수단이었던 것이다.

토마스 아퀴나스의 법률론에 대한 이 간략한 요약은 한편으로는 그의 이념의 그리스도교적 성격도 명확히 드러내고 있다. 지금까지는 그의 이론의 '자연적' 측면에 초점을 두어 해명하였다. 그러나 이는 그의 이론의 단지 절반에 불과하다. 그의 나머지 절반은 초자연적 요소들에 관한 견해로 구성되었다. 따라서 토마스주의의 논지를 제대로 이해하기 위해서는 반드시 양자를 함께 고찰해야 한다. 성숙한 단계의 토마스 아퀴나스의 저술은 정치적 주제에 관한 논의에서 일관되게 두 지평이 있음을 고려하였다. 아리스토텔레스의 사상이 그리스도교적 구조에 적응하기 위해서는 이 같은 양층적 체계가 불가피하다고 그는 생각하였던 것이다.

토마스 아퀴나스는 자연과 은총 사이에 가로놓여 있던 전통적인 간격을 연결하였다. 자연 그 자체와 자연법의 효용성에 대한 그의 생각은 매우 분명하였다. 이들은 여하한 계시나 은총 또는 신적 도움 없이도 작동하였고 또한 작동할 수 있어야 한다고 그는 생각하였다. 왜냐하면 자연과 자연법은 고유한 내

적 법칙을 따르며, 이는 은총과는 무관한 것이기 때문이었다. 사실 이러한 그의 논지는 역사적 관점에서도 그리스도교적 사유체계 상의 획기적인 진전이었다. 전통적 교리에서는 자연과 은총의 날카로운 대비, 즉 양자 사이에 현저하고 구체적인 이분법적 인식이 유지되어 왔다. 그는 이를 서로 다른 지평상의 계서적 체제로 수렴하였던 것이다. 이제 자연과 은총의 구분은 서로 다른 두 지평의 계서적 질서, 즉 자연적 질서와 초자연적 질서로 각각 간주되었다. 그리하여 자연과 은총도 적대적이 아니라 상호 보완적인 요소들로 파악될 수 있었다. 여기에 빈번히 인용되는 성 토마스 아퀴나스의 지적, 즉 '은총은 자연을 파괴하는 것이 아니라, 그것을 완성시킨다'[154]라는 경구의 의미가 있었다.

중세 정치 사상의 발전 맥락을 제대로 이해하기 위해서는, 세례의 기적적 효과가 '본성적 인간'을 제거하고 '새로운 피조물'을 형성한다는 당시 만연했던 이론을 기억하는 것이 여전히 유용하다. 토마스 아퀴나스에 의해서 은총은 자연을 파괴하는 요소가 아니라 이를 완전하게 하는 요소로 간주되었다. 그에게 있어서 은총은 자연을 보완하는 요소였던 것이다. 자연과 은총의 운용 원리가 명백히 다르기는 하였지만 이제 양자의 원리들은 서로 다른 두 지평에서 운용되었기 때문에, 결과적으로 자연과 은총은 서로 전혀 적대적이지 않았다. 결국 토마스 아퀴나스는 사물의 '이중 질서' 즉 자연적 질서와 초자연적 질서의 보완적 병행을 주장하였던 것이다.

그로 하여금 자연적 질서와 초자연적 질서를 서로 다른 두 계서적 질서로 간주하도록 만들었던 개념적 요소는 무엇보다도 그의 신관이었다. 토마스 아퀴나스가 아리스토텔레스를 그리스도교적 이론에 접목시키는 과업을 완수할 수 있었던 비결도 부분적으로는 여기에 있었다. 토마스 아퀴나스는 이분법을

---

154) 그러나 정확히 한 세기 전에 존 솔즈베리가 《논리학 변론》(*Metalogicon* I, i)에서 전혀 관심을 끌지 못했던 그러나 동일한 결론을 주장하였다는 점은 지적되어야 한다. 즉 '은총은 자연을 결실 맺도록 한다'는 것이었다. 그러나 존 솔즈베리는 은총과 자연과의 관계에 대해 그 이상의 언급은 하지 않았다.

배제하고, 보완적인 두 지평의 계서적 질서를 고안해 냄으로써, 자연과 은총 간의 전통적인 적대감을 화해와 조화의 체제로 바꾸어놓았다. 이제 자연 대 은총이라는 비탄력적인 대비가 아니라 탄력적이고 실제적인 이원론 즉 자연과 초자연으로 이루어진 이원주의 인식 체계가 보다 지배적이 되었던 것이다.

　사적 영역에서 인간(*homo*)에 해당하는 것이 공적 영역의 시민으로서, 이들은 각각 사물의 자연적 질서에 속하였다. 국가는 시민의 집합체로서 자연적 소산이었다. 초자연적 영역에서 이에 준하는 보완체가 경건한 그리스도교 신도 및 신도들의 집합체인 교회였다. 국가와 교회 모두가 사물의 신성한 질서의 표출이었다. 국가는 자연적 지평에서 그리고 교회는 초자연적 지평에서 각각 이를 드러내고 있었다. 토마스 아퀴나스가 밝혔던 인식 체계, 즉 자연적 공동체인 국가와 초자연적 공동체인 교회라는 이 같은 이원주의 논리는 사고의 극적인 전환을 포함고 있었다. 그리하여 이것이 여전히 전통적이고 단선적인 사고방식에 젖어 있던 많은 당대인들에게 충격을 주었다는 사실은 결코 놀라운 일이 아니다. 이를테면 그는 인간 원죄의 결과에 대한 유서 깊은 이시도르의 견해, 및 속권의 정당성을 원죄가 초래했던 악에 대한 억제책이라는 점에서 찾았던 전통적인 인식 등에 동의하지 않았다. 그에게 있어서 국가는 자연의 산물이므로, 이는 사물의 신성한 질서 속에 내포되어 있었다. 토마스 아퀴나스는 비그리스도 교도와 이교도들로 구성된 국가를 전혀 정죄하지 않았다. 이교도 국가들 역시 합법적인 권한을 행사할 수 있었다. 왜냐하면 이 국가들 역시 다른 국가와 마찬가지로 자연의 소산이기 때문이었다.

　결정적으로 토마스주의는 당시까지는 사람들의 정신 속에 형성되어 있지 않았던 인정 정치체(human polity) 인식, 즉 국가의 개념적 실체를 입증하였다. 바야흐로 이러한 국가 개념은 중세 내내 비어 있던 정치적 인식 상의 공백을 메우게 되었다는 사실이 명백해졌다. 신정적이고 하향적인 정부와 법률 이론의 단순한 독점이 적어도 개념상으로는 해체되었다. 말하자면 모든 인정 제도의 토

대를 단일한 지평으로 간주하는 인식은 더 이상 충분하지 않게 되었던 것이다. 토마스 아퀴나스는 자연과 계시에서 표출되는 신의 활동에 관한 이론도 제시하였다. 권력의 유일한 원천이 더 이상 그리스도가 베드로에게 행한 것만이 아니라, 자연의 산물로서 본성적 공동체였던 국가에도 있다는 것이었다. 이 같은 사유체계는 명백히 우주적인 것으로서, 비그리스도교 사회에도 적용될 수 있었다. 이제 한 사람의 인간이라 하더라도 두 시각에서 파악될 수 있었다. 하나는 사회 내지 정치적 영역의 존재인 시민이라는 자연적 시각, 그리고 다른 하나는 그리스교도 신도라는 초자연적 시각이 바로 그것이었다.

앞서 살펴보았듯이, 토마스 아퀴나스는 상향적 정부와 법률 이론이 다수의 공동체, 길드, 대학, 결사체 등에서 지속적으로 확인되고 있던 13세기에 가르치고, 설명하고, 또 집필 작업도 수행하였다. 이 같은 조직들은 파리 대학의 교수 토마스 아퀴나스가 이론적으로 가르쳤던 바를 실천하고 있었다. 상향적 이론은 다양한 지적 창조적 활동들에서 각각 독자적으로 이미 분명하게 표명되고 있었던 것이다.

맹아적 자연과학과 예술 사이에는 외견상 공통점이 없었고, 인체의 수술이나 해부가 속어 문학의 자연주의와 공통 토대를 가지기는 어려웠다. 그러나 이 같은 상향적 인식은 앞으로 많은 지식인들에게 핵심적 관심사가 될 영역, 즉 순수한 정치적 영역 내지 토마스 아퀴나스가 건축적이라 불렀던 정치학 영역에서도 뚜렷이 성장하고 있었다. 확실히 토마스주의 체제는 깨어지기 쉬운 종합으로서 정교한 검토를 필요로 하며, 결점으로부터도 결코 자유롭지 못했다. 그렇기는 하지마는 그의 종합이 거두어들였던 많은 결실이 부정될 수는 없다. 더욱이 이러한 성격의 이념적 성장을 돕는 비옥한 토양도 마련되고 있었다. 무엇보다도 하향적 정부론의 가장 두드러진 형태였던 교황청은 바로 이 시기에 다양한 영역에서, 적대감까지는 아니라 하더라도, 중대한 반발에 직면하고 있었던 것이다.

사실 토마스주의적 종합은 사회와 정부에 대한 전통적 개념의 기반을 전면적으로 공격하는 계기를 제공하였다. 토마스 아퀴나스 자신이 그러했듯이, 신을 자연의 설계자 및 창조주로 강조하는 것은 최상의 변론 방법이었다. 그렇다면 이 관계가 단절될 가능성은 전혀 없었던가? 사실상 한 세대도 지나지 않아서 신과 자연의 관계를 단절하는 조치가 취해졌다. 이러한 단절 조치는 자연법이 신에 의존하지 않고도 항상 유효하며 설득력을 가진다는 이론을 대두시켰다. 자연법은 그 자체로서 이성적이라는 논리였다. 설령 신이 존재하지 않는다 하더라도 자연법은 존재할 것이며, 신에 대한 의존 없이도 자연법은 유효할 것이라는 결론에 도달하는 데 특별한 어려움을 느끼지 않았다. 명백히 의도적이지는 않았다 하더라도 토마스 아퀴나스가 먼저 교황청에 대해서, 그리고 모든 하향적 정부론에 대해서 세련된 총공세의 포문을 열었던 것은 확실하다. 이 같은 공격은 우리가 근대적이라고 부르는 많은 속성들을 가진 새로운 시대를 여는 효시였다.

추 론

이 책의 주제와 관련하여 토마스주의에 대해 지금까지 서술한 간략한 언급은 무엇보다도《신학대전》및 아리스토텔레스의《정치학》에 대한 그의 주석서 등의 저작에 근거한 것임을 밝혀두어야 할 것 같다.《정치학 주석집》은 토마스 아퀴나스가 숨을 거두기 약 20년 전에 집필되었으며,[155] 이는 겨우 3권 6강만 완성되었다. 그가 믿기 어려울 정도의 다작을 집필한 저술가였음을 고려한다면, 그의 초기 저술에 후기의 견해와 부합하지 않는 진술이 포함되어 있다는 점이 그리 놀라운 일은 아니다.

---

155) M. Grabmann의 "Die mitterlalterlichen kommentare zur Politik des Aristoteles", in *Sitzungsberichte Munchen*, 1941, fasc 10, p.16 참조.

1247년 토마스 아퀴나스가 타계했을 당시 그의 나이는 겨우 48세였다. 따라서 그의 짧은 생애와 방대한 양의 저작을 감안할 때, 만약 견해의 불일치가 전혀 없다면 오히려 그것이 기이한 일일 것이다. 이를테면 교황 보니파키우스 8세의 교서 〈지극한 성스러움〉의 대미는 우르반 4세에게 헌정한 토마스 아퀴나스의 짧은 저술을 문자 그대로 옮겨놓은 것이었다. 여기서 그는, 사실 다른 한 저작에서도, 그리스도가 교황 안에 육신적으로 현존하며, 따라서 교황은 현세의 가시적 수장으로서 교권과 속권 모두를 통합해서 지배한다고 밝히기도 하였다.

《정치학》에 대한 토마스 아퀴나스의 주석집은 그의 파리 대학 제자로서 후에 클레르몽 주교가 되었던 피터 오베르뉴[156]에 의해 계승되었다. 피터 오베르뉴는 특히 사회적 경제적 문제 및 혼인과 관련된 문제들에서 매우 철저한 자연주의적 견해를 수용하였다. 예를 들어서, 그는 국가란 자족적이어야 하기 때문에 시민 수의 제한이 불가피하다고 주장하였다. 그렇지 않을 경우 빈곤이 초래될 것이기 때문이었다. 그리하여 피터 오베르뉴는 가족 규모의 제한을 옹호하였다. 그렇다고 해서 그가 아리스토텔레스의 낙태 제안을 지지한 것은 아니었다. 인구 과잉을 방지하기 위해서 그는 출산을 37~55세의 남성과 18~37세의 여성으로만 제한할 것을 제안하였다. 이 같은 출산 연령 제한은 결과적으로 유아 출산을 제한할 수 있다는 생각에서였다. 이 연령집단 이외에는 아기 출산을 목적으로 성관계를 가져서는 안 되며, 이는 단지 건강상의 이유 및 그 밖의 다른 정당한 사유들에 의해서만 예외 조치가 허용되어야 한다고 주장한 바도 있었다.

---

156) Peter of Auvergne. ?~1304. 파리 대학에서 철학과 신학을 가르쳤으며, 파리 대학의 총장을 역임하였다. 아리스토텔레스 저작에 관한 주석집과 아퀴나스가 시작한 아리스토텔레스에 관한 주석을 집필하였다. 1302년으로부터 1304년 사망할 때까지 클레르몽 주교로도 활동하였다.

2. 보편국가

토마스 아퀴나스의 시대는 보편국가 즉 유럽 제국의 중요성이 현저히 감소된 시기이기도 하였다. 신성 로마 제국은 교황청과의 사투로 기력을 소진하고, 이후 기력을 결코 회복하지 못했다. 교황청 역시 일시적 승리를 위해 매우 값비싼 대가를 치른 것이 사실이다. 그러나 이러한 역사적 맥락과는 무관한 이유들을 근거로 교황청은 상대적으로 보다 많은 탄력성을 가지고 있었다. 그리하여 교황청의 쇠퇴 역시 신성 로마 제국에 비해서 급격하거나 극단적으로 진행되지는 않았다.

1273년 루돌프[157]의 제위 계승과 더불어 신성 로마 제국에는 질서와 평화가 다소 회복되었다. 그러나 이 시기에도, 프리드리히 2세의 폐위와 파문으로 야기된 30년간의 무정부 상태로 인해 시실리, 헝가리, 폴란드는 물론 독일, 이탈리아, 부르군디[158]의 사회 조직들 역시 상당한 타격을 받았다. 이에 사려 깊은 사람들은 보편적인 로마 제국의 정당성에 대해 의문을 제기하기 시작하였다. 도대체 제국은 어떻게 정당화될 수 있을까? 왜 보편 제국이어야 하는가? 이 같은 문제는 당대의 지식인들을 곤혹스럽게 만들었으며, 세실 울프(Cecil Wolf)가 이를 '제국 문제'라고 불렀던 데는 충분한 이유가 있었다고 하겠다. 제국 문제가 주로 독일인들과 관련되어 있었음은 이해하기가 어렵지 않다. 사실 독일인들은 13세기 말엽과 14세기 초엽 이 주제에 관한 저술들을 다수 집필하였다. 그러나 이들이 당대의 정치사상 발전에 크게 기여하였다고 말하기는 어려울 것 같다. 이들은 대체로 회고적이었을 뿐, 건설적인 구상을 제시하지는 못했으며, 또한 새로

---

157) Rudolf of Habsburg. 1273~91. 알베르트의 아들이자 합스부르그의 공이었던 루돌프가 1273년 독일 군주로 선출됨으로써 공위시대(1254~73)가 종식되었다. 루돌프는 교황령과 시실리에 대한 영토권을 포기함으로써 교황의 승인을 받게 되었다. 보헤미아의 군주 오토카 2세를 격파하였으며, 비엔나를 수도로 삼았다.

158) Burgundy. 르와르 강 상류와 세느 강 사이에 있는 지역으로 936년 공국이 되었으며, 1326년 프랑스 왕실에 재귀속될 때까지 카페 왕조의 공들에 의해 지배되었다.

운 지식을 충분히 활용하지도 않았다.

　예를 들어서, 엥겔베르트 아드몬트[159]는 제국체제가 정당할 뿐만 아니라 불가피하다는 점을 입증하는 데 많은 노력을 기울였다. 《로마 제국의 기원과 목적》이라는 그의 저작의 집필 동기는 서문에 잘 드러나 있었다. 그는 제국의 필요성에 대해 기본적인 의문을 제기하고, 이제 제국은 실패했다고 판단하는 학자들과 논쟁을 벌였다. 그는 제국과 교회의 협력이 이루어질 수 있다면, 제국은 세계 평화와 정의에 기여하게 될 것이라고 주장하였다. 그에 따르면 제국과 교회는 적그리스도의 지배를 방지하기 위해서도 필요한 제도였다. 중세 저술가들에게 적그리스도 개념은 언제나 무질서 내지 기존 생활 방식의 전복을 상징하였다. 이들은 제국이 그리스도교의 포교와 수호를 위해서도 필수적이라고 생각하였다.

　엥겔베르트 아드몬트는 과거의 제국이 이 목표를 제대로 이룩하지 못했으며, 사람들이 제국으로부터 현세의 완벽한 안전을 확보할 수 없었음도 인정하였다. 그러나 그는 보편국가가 나쁘지는 않지만 무용하다는 주장, 및 제국은 언어·관습·인종 등의 차이로 인해 보편적인 정치 공동체를 방해한다는 주장 등을 용납하지는 않았다. 오히려 그는 모든 민족이 자연법에 따라 생활해야 하며, 여러 민족과 왕국에 적용될 수 있는 로마법의 제 요소들도 충분히 활용되어야 한다고 주장하였다. 이로부터 그는 모든 군주가 로마 황제에게 복속해야 한다는 결론에 도달할 수 있었다. 엥겔베르트에 있어서 로마 황제 즉 보편적 통치자는 피라미드형 사회체의 정점으로서, 피라미드의 기저에는 도시가 있었으며, 그 위에 왕국이 있었고, 그 정상에 제국이 자리 잡았다. 한편 기에르케는 이 같은 논의를 아리스토텔레스에 대한 천박한 이해에 기초한 '사고의 혼란'의 소산인 동시에 일관성이 결여된 피상적 논증이라고 평가하였다.

---

159) Engelbert of Admont. 1331년 사망. 아드몬트의 베네딕트회 수도사 겸 학자로서 아리스토텔레스의 저작을 번역하기도 하였다.

쾰른 대성당의 참사회 위원이었던 또 다른 독일인 학자 알렉산더 로에스 (Alexander of Roes)가 1280년에 집필한 저작도 우리의 관심을 불러일으킨다. 이 저작에서는 점차 고조되고 있던 민족 간의 긴장이 더욱 명백하게 확인된다. 저자의 의도는 유럽 대륙의 위대한 세 민족에게 각각의 위상을 부여함으로써 민족들 간의 긴장을 완화시켜 보려는 데 있었다. 이 저작의 집필 계기는 1281년 프랑스 출신 시몽 드 보디옹이 교황 마르틴 4세[160]로 선출된 사건이었다. 알렉산더 로에스는 추기경 제임스 콜로나 가문의 일원으로서 비터보에서 열린 교황 선출 회의에 참석하였다. 알렉산더는 비밀미사가 진행되는 동안 교황청 관리가 무심코 공개했던 교황청의 미사 전서에서 황제를 위한 기도가 삭제된 것을 발견하고 격분하였다. 이후 오르비에토[161]에서 거행된 교황 대관식에서 독일인이라면 매우 불쾌하고 당혹스러운 주장을 듣게 되자, 그의 분노는 결코 가라앉지 않았다. 그가 들었다는 이야기가 바로 독일인이 결코 제국을 소유해서는 안 된다는 주장이었다. 왜냐하면 독일인은 지나치게 야만적이고, 훈련이 너무 되어 있지 않으며, 오만방자하다는 것이 그 이유였다.

또한 알렉산더 로에스는 교황 대관식에서 프랑스의 실질적 승리에 대한 예찬과 더불어, 이제 제국은 탁월한 민족인 프랑스인에게 속해야 한다는 주장도 듣게 되었다. 이러한 개인적 경험으로 인해 알렉산더는 펜을 들었으며, 그 산물이 《회고록》이라 이름붙여진 그의 저술이었다. 이 저작의 목적은 그가 확실하게 목격했던 격변의 징후들을 통해 세상에 경고를 보내는 것이었다. 그는 모든 유서 깊은 질서와 지금까지 세상이 소중하게 간직해 온 모든 것이 전복될 위기에 처해 있다고 느꼈다. 이에 그는 쾰른의 참사회 위원으로서, 독일인이 세상의 올바른 지도자이며, 앞으로도 그러해야 하는 것이 신의 뜻임을 입증하기 위해서

---

160) Martin IV, 1281~85. 프랑스 군주 루이 9세의 상서성 장관 및 국새 관리인을 역임하였으며, 시실리 군주였던 샤를르 앙주의 도움으로 교황이 되었다.
161) Orvieto. 티베르 강가에 위치한 이탈리아의 고대 도시.

파리 대학의 교수단

많은 역사적 성서적 지식을 동원하였다.

그러나 한편 알렉산더 로에스는 다른 두 민족에게도 상당한 양보를 하였다. 그는 로마인 내지 이탈리아인이 교황청을 소유하는 것이 정당하고, 프랑스인은 그리스도교 사회의 공공 이익에 마찬가지로 중요한 요소인 학문을 보유하고 있다고 주장하였다. 파리 대학은 탁월한 학문(*studium*)의 중심으로서 13세기 서유럽 문명이 그것에 기초하게 될 제3의 기둥이었다. 따라서 그리스도교 사회의 올바른 질서는 독일인이 계속해서 지배하고, 이탈리아인이 종교적 주도권을 가지며, 프랑스인은 지적 주도권을 가지게 되는 그러한 질서였다. 알렉산더에 따르면 이 질서가 적그리스도로부터 그리스도교 사회를 구원하는 신의 계획이었다.

알렉산더 로에스가 프랑스의 독자성을 부정하지는 않았지마는, 프랑스는 전체의 일부로서 보다 넓은 틀 안에서 그 위치가 자리매김 되어야 한다고 그는 생각하였다. 어떠한 경우에도 프랑스가 제권에 손을 뻗어서는 안 된다는 것이었다. 이는 교황청을 가로채는 것과 마찬가지로 사악한 일로서, 신이 바라는 질서를 크게 혼란에 빠뜨릴 것이었다. 마치 인간이 '영혼·육신·정신이라는 세 요소에 의해서 구성되는 것과 같이, 신성한 가톨릭 교회도 교황청·제국·학문이라는 세 구성 요소를 통해서 존속하고, 번영하며, 성장한다'고 그는 생각하였다. 이는 건물의 기초·벽면·지붕의 세 요소가 모두 견고할 때 교회 건물이 외관상으로도 완벽해지는 것과 같은 이치였다.[162]

---

162) 데살로니가전서 5장 23절 참조.

제국 문제에 관한 독일인들의 이 같은 답변은 깊이에 있어서나, 사고의 창조력에 있어서나, 뛰어난 논리라고 보기는 어렵다. 그러나 알렉산더 로에스의 답변은 신의 섭리와 전통에 호소하는 독일적 정서를 잘 드러내고 있다. 독일인들은 어떤 논지를 활용하든 결론은 동일하였다. 그것은 당시 세계군주정으로 알려져 있던 그리스도교적 유럽 정부가 독일적 내지 독일인의 것이어야 한다는 사실이었다.[163]

제국 문제에 대한 '이탈리아적 해법'이었던 단테[164]의 《제정론》은 각별한 위상을 점하고 있다. 사실 《제정론》은 단순한 이탈리아적 해결책 그 이상의 무엇이었다. 그것은 시적으로 변형된 이상적인 보편적 군주정부론이었던 동시에 또한 시대 상황의 산물이기도 했다. 《제정론》은 한편으로는 새로운 시대가 아직 도래하지 않았고, 다른 한편으로는 낡은 시대가 완전히 물러가지 않았던 시기의 모든 흔적들을 보여주고 있다. 즉 《제정론》은 회고적인 동시에 미래지향적이었던 것이다. 이를 다른 시각에서 평한다면, 부분적으로 그것은 당대의 요구에 대한 대안이었던 동시에, 또한 부분적으로는 새로운 정치철학도 내포하고 있었다. 아마도 저자는 구체적인 문제들에 대한 답변만을 염두에 두었던 것 같다. 그러나 결과적으로 그것은 새롭고 의미있는 정치철학을 제시하게 되었다고 말할 수도 있을 것이다.

《제정론》은 정치활동에 적극적이었던 동시에 망명객이기도 하였던 한 평신도 지식인의 오랜 성찰의 산물이었다. 다른 어떠한 경험보다도 정치적 추방과 망명은 그의 정치의식을 예리하게 조탁하도록 만들었으며, 그의 창조적인 사고

---

163) 이 소책자는 70개가 넘는 필사본이 있다. 이는 필사본에 대한 수요가 있었음을 보여주는 것으로, 이 밖에도 라틴어 원본에 대한 많은 독일어 번역본이 있었다.

164) Dante Alighieri. 1265~1321. 플로렌스 출신의 문인이자 정치가. 1295년 정계에 진출하여 플로렌스의 정무관으로 활동하였으나, 정쟁으로 1301년 추방당하였고 1302년에 재직 시의 공금유용 등의 혐의로 사형을 선고받았다. 그 후 이탈리아 도처에서 유랑생활을 하였다. 유배기간 동안 《향연》, 《제정론》과 중세 문학의 걸작으로 평가받고 있는 《신곡》을 집필하였다. 1321년 라벤나에서 생을 마감하였다.

를 고취시켰다. 그리하여 단테는 과거에 대한 성찰을 토대로 미래도 조망하게 되었다. 그러나 자신에게 속한 미래를 정복할 것인가 또는 단지 영향만을 미칠 것인가 하는 점이 순수히 우연의 문제일 수만은 없을 것이다.

《제정론》은 14세기 초에 집필되었다. 따라서 단테가 서문에 '세속 군주에 대한 지식은 매우 중요함에도 불구하고 거의 규명되지 않았다', '누구도 이를 시도하지 않았다'라고 기록한 부분은 오해를 불러일으키는 것이 사실이다. 그럼에도 불구하고 그가 제시했던 보편적 군주정부 개념의 기저에 깔린 이념들에는 많은 진실이 담겨져 있다.《제정론》은 세 권으로 구성되었으며, 각 권은 주요 테마의 특정한 문제들을 다루었다.《제정론》의 간략한 개요를 제시하고, 그것의 기본적 이론들을 검토해 보는 작업은 반드시 필요하고 적절한 과제이기도 할 것 같다.

《제정론》의 세 권의 주제는 다음과 같다. 첫째, 보편적 군주정부는 정당한 정부였던가? 둘째, 로마인은 황제직을 정당하게 획득하였던가? 셋째, 황제의 직책은 신으로부터 직접 유래되었던가?의 주제가 그것이다. 첫째 주제에 관한 한 단테는 세계의 복지와 인류의 안녕을 위한 여러 조건들을 가장 잘 제공하는 체제가 보편 군주제라고 주장하였다. 황제만이 평화와 안녕을 보장할 수 있는 위상을 가지기 때문이었다. 또한 한 사람의 통치자는 인류의 단일성을 보장하는 진정한 권위이기도 했다. 다수의 소군주들이 겪을 수밖에 없는 혼란으로부터 벗어나는 보편 군주는 언제나 의지할 수 있는 유일한 권위체였다. '한 군주가 다른 군주의 관심사를 충분히 이해할 수 없으며, 다른 군주에게 복속할 수도 없고, 한 동료가 다른 동료들을 지배할 수도 없기 때문에, 권리와 범위에 있어서 보다 폭넓고 우월한 사법권을 가진 제3의 통치자가 반드시 필요하다'는 것이 그의 생각이었다. 단테에게 있어서 가장 중요했던 논지는 보편 군주가 구현하는 정의와 결부되어 있었다.

보편 군주는 더 이상 바랄 것이 없다. 왜냐하면 그의 사법권은, 자신들의 영토가 타인에 의해 제한되는 다른 군주들과는 달리, 단지 대양에 의해서만 제약을 받기 때문이다. … 따라서 이 보편 군주는 모든 피조물 가운데 가장 순수한 정의의 주체가 될 수 있다.

탐욕도 황제의 판단을 그르치게 하지는 못한다. 왜냐하면 그는 모든 사람이 원하는 모든 것을 이미 소유하였기 때문이었다. 그러나 이 밖에도 단테는 '한 사람이 할 수 있는 것은 여러 사람이 아니라 한 사람에 의해 이루어져야 한다'라고 지적하면서, 이는 우리들이 현실에서 겪는 경험의 문제이기도 하다고 주장하였다. 이러한 견해 및 다른 많은 세부적인 주장과 검토들 역시 단테의 시대가 처해 있던 힘겨운 역사적 현실에 의해서 설명될 수 있다. 당시 이탈리아는 피비린내 나는 내분으로 산산조각 난 상태였고, 종래에는 의문의 여지가 없던 전제들에 대해서조차 의문이 제기되고 있었으며, 공공의 문제를 다룰 합법적인 권위가 부족하였고, 유력한 권력자들 특히 군주들의 근시안적 이기주의가 걷잡을 수 없을 정도로 팽배해 있던 시기였다.

단테는 이 모든 질병들에 대한 치유책을 보편 군주에게서 찾았다. 그러나 그의 세계군주정 개념이 전통적인 독일의 로마 황제 개념과 일치하는지에 대해서는 의문의 여지가 없지 않다. 단테에 있어서 세계군주는 관습적 의미의 통치자라기보다는 강제력을 가진 조정자였다. 따라서 그는 현실적으로 통치를 담당하는 군주 내지 다른 지배자들을 초월한 존재이며, 또한 이들로부터 자유로운 존재였다. 일견 단테의 세계군주정 개념은 몇 가지 점에서 본원적 모습의 교황수장제와 다소 유사하였다. 그러나 관점을 달리해서 보면, 이는 맹아적인 민족주권 개념을 부정하려는 시기상조의 시도이기도 했다. 단테 시기의 여건은 오늘날 국제 기구와 제도들이 문명 사상가들의 지대한 관심사들을 다루기 위해 조직되었다는 점에 비추어 볼 때, 오늘날의 상황과도 유사한 측면이 없지 않다.

그러나 오늘날 권력의 원천과 정치제도의 기원에 대한 답변[165]은 광범위한 동의를 토대로 하고 있기 때문에, 국제기구가 극복하기 어려운 또 다른 난제를 제기하지는 않는다. 그러나 14세기 초엽에는 이 같은 기구나 제도들을 창출하는 수단에 있어서, 쉽게 이용될 수 있는 광범위한 토대가 마련되어 있지 않았다.

《제정론》 제2권과 제3권의 주제가 바로 이 난제에 관한 해명이었다. 단테로서는 명백한 역사적 모델이었던 고대 로마 제국에 의존하는 길 이외에는 달리 방도가 없었다. 따라서 이 같은 맥락에서 제기되었던 단테의 논의는 당대의 중세인들에게 깊은 인상을 주기 어려웠다. 그의 논의는 전형적으로 중세적이라고 할 선행전제의 허구(petitio principio) 위에서 진행되었기 때문이었다. 그의 결론은 로마인들이 제국을 이룩하였다는 사실로서, 명백히 단테를 매료시켰던 요소는 신의 판단을 통해서 본 로마의 평화 이념, 및 그것이 가져다 준 모든 실제적이고도 가상적인 결과들이었다.

아마 무엇보다도 로마인들의 세계군주정 수립을 정당화시켜 주는 요소는 자연이었다. '자연이 명령하는 바를 따르는 것이 정당하다'라는 것이 그의 태도였다. 단테의 견해로는 이 점이 로마의 역사에 의해서 입증될 수 있었다. 이에 그는 '로마인은 자연에 의해 본성적으로 지배자의 운명이 부여되었다. 자연은 보편적 지배를 위해 이 세상에서 한 장소와 한 민족을 지명하였다'라고 주장하였던 것이다. 또한 단테는 그리스도가 로마 황제의 대리자였던 빌라도에 의해 수난을 당하였다는 사실에서도 로마 제국의 합법성을 추론하였다. 그의 이 같은 추론은 명백히 성 아우구스틴의 목적론적 역사관적 논지와는 상충하는 주장이었다.

그러나 로마인이야말로 보편적 통치권의 정당한 보유자라는 이 관점은 《제정론》 제3권에서 다룬 주제, 즉 황제가 신에 의해서 직접적으로 옹립되었던

---

165) 단지 국제연맹, 국제연합, 그리고 유럽연합 등과 같이 초국가적 법률을 가진 몇몇 조직들만 이 범주에 속하는 답변으로 간주할 수 있다.

가 하는 질문의 단지 서두에 불과하였다. 단테는 이 점에 대해 극히 긍정적인 견해를 가지고 있었다. 제1권에서 입증하려고 했듯이, 보편 군주의 초민족적 권위는 단테의 논지에 있어서 필수적인 요소였다. 그런데 이제 그것이 제3권에서는 본성적 필연적 요소가 되었던 것이다. 이는 토마스주의를 수용하는 경우 그러한 것과 마찬가지로, 군주의 보편적 통치권 역시 일단 이를 수용하는 입장을 취하게 되면, 황제의 권위에 대한 교황의 모든 권리 주장은 그 근거를 잃을 수밖에 없었다. 이에 그는 '자연으로부터 부여받은 것은 신으로부터 부여받은 것이다'라고 천명할 정도였다. 제권은 교황청으로부터 마땅히 자율적 독립적이어야 했던 것이다.

단테는 성직자 정치론자들의 오랜 '해와 달의 비유'를 부정함에 있어서 토마스주의를 적극 활용하였다. 그에 따르면 '존재에 관한 한, 달은 해에 결코 의존하지 않는다. 달은 자체의 움직임, 운동력, 및 운행 원리를 가지고 있었다. 단지 달은 보다 나은 운행을 위해 해로부터 풍부한 빛을 받으며, 이를 통해서 달은 더욱 원만하게 운행하게 된다'라는 것이었다. 이 같은 논리는 '은총은 자연을 파괴하는 것이 아니라 그것을 완성한다'는 토마스 아퀴나스의 견해를 단테식으로 독특하게 정리한 표현이었다. 단테는 여기서 토마스 아퀴나스의 논지를 제권의 문제에 활용하였다. 그는 계속해서 '마찬가지 방식으로 속권은 자신의 존재를 교권 내지 교황의 권위로부터 부여받지 않는다. 단지 보다 나은 운행을 위해서 속권은 교황의 축복에 의해서 부여되는 은총의 빛으로부터 큰 도움을 받는다고 나는 생각한다'라고 주장하였던 것이다.

단테의 관점은 널리 퍼져 있던 당대의 성직자 정치론적 논지에 대해 명백한 반대 입장을 표명하였다. 그는 우아함과 절제된 언어로 끓는 경멸을 달래가며, 성직자 정치론자들의 주장을 일축하였다. 특히 그는 성직자 정치론의 핵심 주창자들이었던 교회법 학자들에 대해, '모든 신학과 철학에 서투르고 무지한 이들은 교회의 전통이 마치 신앙의 기초라도 되는 양 그럴듯하게 주장하고 있다'

고 신랄하게 비판하였다. 단테는 자연과 자연법 개념에 입각하여 성직자 정치론의 교황전능권을 부정하였다. '자연의 운행에 관한 한 베드로의 후계자가 신적 권한을 가지고 있지는 않다'는 것이었다. 보편 군주는 자연의 산물로서 교황에 의해 세워지지 않았다. 왜냐하면 '신은 교황에게 이 같은 권한을 결코 위임하지 않았기 때문이었다'.

단테는 〈콘스탄티누스 대제의 기진장〉을 특별히 엄격하게 다루었고, '두 칼의 비유'와 그것의 역사적 선례들에 대해서도 면밀하게 검토하였다. 그리고 그는 '권리의 찬탈이 새로운 권리를 창출하는 것은 아니므로, 결국 이는 아무런 의미도 가질 수 없다'라고 판단하였다. 단테의 사상적 기초는 보편적 통치권에 대한 자연론적 개념이었고, 그의 논지는 보편 군주에 대한 토마스주의 이론의 적용이었다. 따라서 많은 오해를 야기했던 《제정론》의 마지막 문구도 자연과 은총에 관한 토마스주의적 논리에 다름 아니었던 것이다.

장남이 아버지에게 반드시 경의를 표해야 하듯이, 황제는 마땅히 교황에게 경의를 표해야 한다. 그렇게 함으로써 아버지의 은총의 빛에 의해 계몽된 황제는 모든 만물의 지배자인 신이 자신에게 부여한 이 세상을 보다 강력한 힘을 가지고 비출 수 있을 것이다.

단테의 구체적인 대안의 저변에는 몇몇 중요한 일반 이념들이 깔려 있었다. 단테는 순수한 이원정부론을 제시하였다. 《제정론》이 교황청의 금서목록에 포함되었고, 그것이 1908년까지도 금서였다는 점이 놀라운 일은 아닌 것이다. 이 같은 이원주의 정부론을 통해서 그는 정치철학을 크게 발전시켰다. 단테는 반성직자주의 저술가와 정부들, 및 살리 왕가와 호헨슈타우펜 왕가의 황제들이 이룩하지 못하였던 바를 성취하였다. 이는 그가 아리스토텔레스의 수용 및 토마스주의의 종합에 의해서 이용 가능해진 도구, 즉 자연주의 이론이라는 도구

를 가졌기 때문이었다. 초기의 반성직자주의 저술가들은 이 점을 깨닫지 못했기 때문에 단테가 제공했던 핵심 사항을 빠뜨렸다. 교황의 명령은 자연 질서에 속하는 사항이 아니라, 단지 초자연적 사항들에 대해서만 유효하다는 점이 그 것이었다.

초기의 반교황권주의자들은 성직자 정치론자 진영에 대해 어떤 성공도 거둘 수 없었다. 왜냐하면 이들은 자신의 경쟁자와 똑같은 언어로 말했고, 동일한 성서와 비유법을 사용했으며, 동일한 교부적 장치들로 추론하였기 때문이었다. 이들이 교황전능권을 제한하는 데 실패했던 주된 원인은 논의의 지평이 사물의 자연적 질서에 있지 않고, 언제나 그것이 성서적 신학적 비유와 논지 위에 있었기 때문이었다. 그리하여 이들은 몇몇 점들에서 자신의 경쟁자들이 사용했던 논지에 본의 아니게 동의하고 있었다. 그러나 토마스주의에 의해 고취되었던 단테 특유의 이중적 사물질서론은 외견상 해결이 불가능해 보였던 많은 문제를 전체적으로 다른 시각에서 조명해 보고자 하였다.

단테는 인류를 그리스도 교도는 물론 이슬람 교도, 유대인, 이교도 등으로 구성되는 통합적 사회체로 인식하였다. 그는 이 사회체를 흔히 '인류', 또는 단순히 '인간'(humanitas), 때로는 의미심장하게도 인간 문명(humana civilitas) 등으로 불렀다. 이 용어들이 당대인에게 생경한 것은 결코 아니었다. 150년전 존 솔즈베리가 사용했던 키빌리타스(civilitas)의 의미와 단테의 그것을 비교해 보면, 아마도 단테가 이룩했던 이 같은 용어들의 함의의 신장을 뚜렷하게 확인할 수 있다. 고전 문화의 영향을 많이 받았던 존 솔즈베리는 키빌리타스를 사교성, 교양 내지 인간다운 이해방식 등으로 생각하였다. 단테는 이를 인류 내지 인간 그 자체를 가리키는 용어로 사용하고, 또한 이를 구성하는 요소였던 시민에 그 역점을 두었다.

더욱이 단테의 키빌리타스는 자연적 기원을 가지고 있었으며, 자연법적 운행 원리가 실효적으로 적용되고 있었다. 이에 대한 초자연적 보완체가 신도집

단 내지 교회, 즉 그리스도교 그 자체였던 것이다. 사물의 이중적 질서가 이보다 더 잘 드러날 수는 없었다.

단테에 의하면, 그리스도교는 '자연의 산물'이 아니었다. 따라서 이는 다른 규범, 다른 운행방식, 다른 유형의 원리가 적용되어야 했다. 인간은 두 가지 목표 즉 시민으로서 현세적 목표 및 그리스도 교도로서 내세적 목표를 동시에 추구하였다. 전자는 자연적 목표이지만, 후자는 초자연적 목표였다. 우리는 단테에게서 계시만이 아니라 자연에서도 신의 활동을 확인할 수 있다는 토마스주의적 논지를 발견하게 된다. 단테의 체제가 보편적인 것이기는 했지마는, 특별히 그리스도교적인 체제였다고 보기는 어렵다. '인간성'과 '그리스도교'는 서로 다른 개념이었다. 무엇보다도 통치권은 더 이상 은총의 연장 내지 그것의 소산이 아니라, 오히려 자연의 산물이었다. 정부는 자연적 본성적 실체인 인간 문명에 속하였다. 이 같은 사물의 체제에서는 자연의 산물인 국가를 위해 성직자가 '중재해야' 할 특별한 무엇이 있을 수 없었다. 인정 국가는 그것의 운용에 필요한 모든 요소를 자체적으로 가지고 있었던 것이다.

단테의 저술에 포함된 인간화 내지 인문주의적 특징은 인간의 자유 및 인간 의지의 실천에 대한 검토를 통해서 극히 명료하게 제시되었다. 단테는 인간의 모든 특징을 인간의 지적 능력에서 찾았다. 인간의 지적 능력은 모든 인간사의 지침 내지 규범이었으며, 또한 이는 자유 의지의 실천을 반드시 필요로 하였다. '신이 인간 본성에 부여한 최대의 선물'은 자유로서, 인간의 자유 의지가 지적 능력을 본원적으로 규제할 것이었다. 단테는 자유만이 인간으로 하여금 현세의 지복을 성취하도록 보장한다고 확신하였다. 왜냐하면 오직 인간만이 다른 사물이나 다른 사람들을 위해서가 아니라 스스로를 위해 있는 자유로운 존재이기 때문이었다. 인간적 목표에 대한 추구란 인간 그 자체에 관한 통찰에 입각하여야 한다는 것이 단테의 논지였다. 다시 말해서 인간의 목표는 어떤 내세적 목표가 아니라 인간성 그 자체에 대한 추구에 있다는 것이었다. 그리고 그는

이 같은 목표를 추구하는 인간 행위를 폴리티자레(*politizare*) 즉 인간의 행복을 성취하기 위한 정치적 행위라고 불렀다. 그는 여기서 탈허식적이고 비추정적인 행위를 무엇보다도 중요시하였다.

단테는 《제정론》 서두에서 '지금 우리가 당면하고 있는 과제는 기본적으로 사상이 아니라 행위와 관련된 문제이다'라고 밝혔다. 왜냐하면 인간성과 인류 그 자체의 모든 잠재력을 실천적으로 구현하는 것이 목표이기 때문이었다. 사실 '모든 올바른 정부의 기능은 인간이란 그 자신을 위해서 존재한다'는 전제에 입각하고 있었다. 요컨대 정부는 인민에게 봉사하기 위한 제도이며, 또한 정부는 '만인의 공복'이었다. 통치자를 '신의 대리자'로 불렀던 전통적 명칭과 단테의 이 같은 용어들을 비교해 보면, 그 의미는 충분히 드러난다. 단테의 견해는 무엇보다도 인간의 그리스도교로부터의 해방, 특히 그리스도교적 체제로부터 다양한 인간적 요소들을 해방시키고자 하는 주장에서 절정에 달하였다. 인간의 재탄생이 그의 논지의 핵심이었던 셈이다. 바야흐로 인간은 오랜 시간이 흐른 후 단테에 의해서 다시금 시민적 삶의 중심이 되었으며, 그리하여 자신의 운명을 지배하고 형성하는 능력을 완전하게 갖춘 존재로 인식되기에 이르렀던 것이다.

3. 영토주권

정치적 사유의 새로운 지향은 맹아적인 국가주권 개념의 성장을 통해서도 뚜렷하게 확인된다. 국가주권 개념은 한편으로는, 이론가들이 상정했던 의미와 반드시 같지는 않았다 하더라도, 제국 문제의 한 대안으로 간주될 수 있었으며 또한 다른 한편으로 이 '대안'은 역설적이게도 단테가 반대하였던 바로 그 개념이기도 하였다. 아무튼 이 시기의 국가주권 개념은 단순히 이론이 아니라 활동력을 갖춘 엄연한 법률적 실체였다.

'군주는 자신의 왕국에서 황제다'라는 원리는 13세기 후반기 내내 프랑스에서 주장되어 왔다. 이 주장의 의미는 군주야말로 자신의 왕국에서 유일한 주권체라는 것으로서, 이 같은 사상은 무엇보다도 로마법적인 언어를 통해서 적절하게 표명될 수 있었다. 로마법에 따르면 황제는 최고의 '상위' 권위체였다. 일단 이러한 원칙이 표명되자, 이는 국내 정치질서에 있어서 배타적인 실효성을 가지게 되었다. 이는 프랑스 내의 다른 유력자들에 대한 군주의 주권적 위상을 가리켰으며, 특히 이는 프랑스 내의 다른 여하한 법정에로의 상고도 군주 법정에서는 허용되지 않는다는 데 커다란 의미가 있었다. 군주가 바라는 바가 법률의 힘을 가졌던 것이다.

명백히 프랑스의 발전과는 무관하였던 시실리 왕국에서도, 13세기 후반에 프랑스와 매우 유사한 견해들이 대두하였다. 나폴리 대학의 법률학자와 교수들, 특히 1260년대로부터 1290년대까지 활동하였던 마리누스(Marinus)와 안드레아스 이제르니아(Andreas de Isernia)도 프랑스에서 표명되었던 견해와 매우 유사한 결과를 낳은 논리를 지속적으로 주장하였다. 이들에게 있어서 시실리 군주는 제한된 영토를 지배하는 문자 그대로의 '유일한 지배자'였다. 군주 정부는 왕국 전역을 지배하지마는, 군주의 법률은 그의 영토를 벗어나면 여하한 강제력도 가질 수 없었다. 그러나 영토상의 경계 내부에서는 군주의 법률이 완벽하게 실천되었기 때문에, 내정에 관한 한 누구도 군주 정부를 간섭할 수 없었다. 그래서 이들은 군주를 '자유인'이라고도 불렀다. 왜냐하면 군주는 자신의 왕국 경계 내에서 독점적인 권위를 행사하는 데 아무런 제약도 받지 않기 때문이었다.

시실리 왕국의 법률학자들은 재판관의 사법권의 영토적 한계에 관한 한 주로 로마법과 그것의 실효적 적용을 기초로 논의하였다.[166] 이를테면 로마 재판관은 여하한 피의자든 그가 다른 재판관의 지역에 속할 경우, 결코 그 피의자를

---

166) 주교가 자신의 교구 밖에서 실효성 있는 명령을 내릴 수 없는 교회의 교구제도와 이는 매우 유사한 특징을 가지고 있었다.

소환할 수 없었던 것이다. 이 법률가들은 황제의 권위 역시 영토상의 한계 이내로 제한되어야 한다고 주장하였다. 또한 이를 근거로 내린 결론이 시실리 왕국은 황제의 사법권으로부터 면제된다는 것이었다. 이 같은 논리에 따르면 군주는 황제의 신민이 아니기 때문에, 여하한 군주도 황제에 대해 대역죄를 범할 수 없었다. 대역죄는 '폐하의 위엄'에 대한 신민의 도전을 전제하고 있기 때문이었다. 결과적으로 군주와 황제는 모두가 자신들의 영토 내에서 '주권자'들이었던 것이다. 그 밖에도 시실리 법학자들의 결론은 군주의 판결과 법률이 최종적인 것으로서, 이는 다른 군주 법정 내지 황제 법정에로의 상고를 허용하지 않는다는 주장도 함의하고 있었다.

이러한 견해들은 곧 시험대에 오르게 되었다. 프랑스의 이론과 시실리 법학자들의 주장을 결합시키는 사건이 촉발되었으며, 이는 양자의 결합을 최종적인 단계에까지 이르게 하였다. 이 사건 자체는 매우 단순하였다. 1312년 이탈리아 원정중이던 신성 로마 제국의 황제 하인리히 7세[167]는 시실리 군주 로베르트 현명왕의 군사적 저항에 직면하였다. 뿐만 아니라 그는 도시들에서도 강력한 적대감에 시달리게 되었다. 그는 이 사태의 책임이 전적으로 시실리 군주에게 있다고 판단하였다. 시실리 군주 로베르트는 롬바르드인들과 투스카니인들을 부추겨 황제에 대한 반란을 도모하였고, 반란의 지도자들과 상호 협약을 체결하였으며, 북부 이탈리아에서 제국 관리들을 추방하였다. 이에 황제 하인리히는 군주 로베르트를 반역죄로 기소하게 되었다.

1312년 9월 12일 군주 로베르트는 황제 법정의 심문을 위해 피사에 소환되었다. 군주는 이를 무시하고 법정에 출두하지 않았으나, 궐석 재판에서 그는 '대역죄'를 선고받았다. 법률적 쟁점은 황제가 군주에게 사법적 조치를 취할 자격

---

167) Henry Ⅶ, 1308~13. 룩셈부르크 가문 출신으로 알베르트 1세가 사망한 후 제위에 올랐다. 이탈리아를 지배하려는 비현실적인 야망을 구현하고자 원정에 나섰으나, 시에나 근교에서 열병으로 목숨을 잃었다. 그는 단테의 영웅이기도 하였다.

이 있는가, 그리고 무엇보다도 황제가 군주에 대해 황제 법정에 소환할 권한이 있는가 하는 점들이었다. 시실리 왕국은 명목상 교황청의 봉토였기 때문에 로베르트는 교황에게 사건의 중재를 요청하였고, 교황은 몇몇 유능한 법률학자들에게 자문을 구하였다. 교황 클레멘트 5세[168]는 가장 많은 영향력을 행사했던 한 교황령에서, 당시까지는 단순한 정치 이론의 하나에 불과했던 견해를 공식적인 원리로 장엄하게 지지하였다. 즉 군주는 자신의 왕국의 주권자로서 여하한 다른 군주의 법정은 물론 심지어 황제 법정에도 소환되지 않는다는 것이었다. 또한 군주는 신민이 아니기 때문에 다른 군주에 대해 대역죄를 범할 수도 없다는 것이었다.

이 사건은 1313년 공포된 교황령 〈사목자의 배려〉에서 다루어졌다. 여기서 부각되었던 것이 바로 영토 개념이었다. 교황 클레멘트 5세는 황제를 포함한 누구도 군주를 소환할 수는 없다는 점을 법률적인 사항으로 강조하였다. 군주는 자신의 왕국의 주민의 한 사람으로, 그곳에 일상적으로 거주하기 때문에, 황제라 하더라도 영토상의 이유를 근거로 군주에 대해 어떤 '상위' 주권을 가질 수는 없었다. 이에 따르면 공권력의 행사는 영토에 의해 제한되며, 영토를 초월해서 사법권을 합법적으로 행사할 수 있는 조직은 없었다. 결국 여하한 주권적 통치자든 다른 주권적 통치자에 대해 법정 소환장을 발부할 수는 없으며, 또한 '상위' 주권인 군주가 다른 통치자에 대해 반역죄를 범할 수도 없었다. 군주는 다른 군주의 신민이 아니기 때문이었다.

교황 클레멘트 5세의 교서는 두 가지 점에서 중요한 의미를 가지고 있다. 첫째, 이는 영토주권 개념에 대한 최초의 법률적 표명이었다. 둘째, 역설적이게도 이는 교황청이 줄곧 강조해 온 황제 지배의 보편성을 부정하였다. 이에 따르면

---

168) Clement V. 1305~14. 프랑스 출신의 교회법 학자로서 코미뉴의 주교와 보르도의 대주교를 역임하였다. 교황에 선출된 이후 프랑스 아비뇽에 거처하였으며, 추기경단 중 다수를 프랑스인으로 대체하였다. 필립 4세의 압력으로 성전기사단을 해체하였다. 학문, 특히 의학과 동양의 언어에 대한 연구를 진작시켰다.

황제 역시 영토상으로 제한된 통치권만을 행사하여야 했다.[169]

교황청의 이 같은 입장의 함의는 너무나 자명하다. 이는 보편주의 지배 원리에 대한 중세적 관념을 깨뜨렸고, 그 자리에 군주를 왕국 내에서 사실상 자신의 마음에 드는 것은 무엇이든 행할 수 있는 주권자로 위치시켰다. '군주가 바라는 바는 법률의 힘을 가진다'라는 로마법 경구 역시 이 같은 맥락에서 상당한 역할을 담당하였다. 물론 그 역할은 로마법 경구의 원래 의도와는 다른 목적으로 활용된 셈이었다. 더욱이 군주가 자신의 왕국 영토 내에서 즉 국내적으로 강조거나 시행한 일은 다른 군주의 사법권에 의해 제약될 수 없었다. 만약 군주가 자신의 왕국을 떠나지 않고 왕국에 계속 거주하였다면, 설령 제소한 내용이 사실이라 하더라도, 그 군주를 제약할 법률적 수단이 없다는 점을 교황 클레멘트 5세는 거듭 강조하였다.

바로 여기에 영토주권 개념 형성의 근거가 있었다. 13세기에서 14세기로의 전환기에 있었던 이데올로기적 법률적 발달은 국가주권 개념의 서막을 열어놓았다. 바야흐로 국가는 '스스로 원하는 바'를 고유하고 배타적인 권한에 따라 행하기 시작하였다. 뿐만 아니라 공적 영역에서의 이 같은 진전은 사적 영역에서도 동시에 일어났다. 공적 영역에서와 마찬가지로 사적 영역에서도 원자화의 과정이 진전되고 있었던 것이다.

---

169) 초기 교황청 개념에 따르면, 이러한 맥락에서는 종종 '보잘것없는 군주'로 불린 모든 군주는 적어도 황제에게 법률상 복속하였다. 이는 교황 보니파키우스 8세가 일찍이 약 10년 전에 강조해서 지적한 것이었다. 프랑스의 군주는 제국의 권위에 법률상 복속한다는 점을 인식해야만 하였다.

제8장 인민주권론의 대두

1. 통치권의 인민적 토대

토마스 아퀴나스의 사후 한 세대가 지나지 않아서 그의 뛰어난 이론의 내실있는 결과들이 나타났다. 토마스 아퀴나스는 당시 저술가들이 관심을 가졌던 구체적인 문제들에 대해서 자신의 견해를 피력할 기회가 없었다. 앞서 우리는 물밀듯이 쏟아져 나왔던 정치논술가들의 문헌에 대해 언급하였다. 이 문헌들은 교황 보니파키우스 8세와 프랑스의 군주 필립 4세[170] 사이의 첨예하고 격렬한 갈등에 의해서 촉발되었다. 이 일종의 이데올로기 투쟁은 당대인들로 하여금 정치 권위·법률 등의 근본 문제들을 새롭게 재고하도록 고취시켰다. 그러나 당시의 사상가와 저술가들은 11세기 말엽의 서임권 투쟁에 참여했던 정치논술가의 문헌과는 대조적으로 교황청의 주장을 구실 내지 간섭이라고 낙인찍을 수 있는 이론적 도구들을 갖추게 되었다. 이 도구가 아리스토텔레스와 토마스 아퀴나스의 지적 무기고로부터 나왔던 것이다.

---

170) Philip Ⅳ. 1285~1314. 단려왕으로도 불린 프랑스의 강력한 군주로서 교황 보니파키우스 8세를 프랑스로 사로잡아와 프랑스 교회에 대한 군주의 통제를 강화하였다. 세수원을 확보하기 위해 새로운 조세를 부과하였으며, 유대인의 재산을 몰수하기도 하였다. 교황청에 대한 공격을 강화하기 위해 1302년 프랑스 최초의 삼부회를 소집하였다.

아리스토텔레스와 토마스 아퀴나스의 이론을 적용했던 이 시기의 중요하고 영향력 있는 인물의 한 사람이 도미니크회 수도사 존 파리[171]였다. 그 역시 도미니크회의 다른 위대한 수도사들과 마찬가지로 파리 대학에서 강의하였다. 일찍이 14세기 초엽에 그는 《군주권과 교황권에 대하여》라는 저서를 집필하였다. 존 파리는 철학자나 신학자라기보다는 오늘날로 보면 정치학자라고 부를 수 있다. 독특한 정치 이론을 표명했던 그의 저서는 토마스주의 이론을 당대의 구체적인 정치 현실에 지적으로 적용한 산물이었다. 그의 저서는 간결하고도 예리한 논의, 명쾌하고 정확한 진술, 및 누적된 전거들로부터의 상대적인 자유 등과 같은 특징을 가지고 있었다. 토마스주의 이론의 도움을 받아서 속권의 자율성을 입증하려는 것이 존 파리의 집필 의도였다.

이 소책자는 당대의 중요 정치 문제에 곧장 뛰어들었다. 서두에서 저자는 인간과 국가에 대해 논의했는데, 그의 설명은 토마스주의의 자연과 자연법 개념에 기초한 것이었다. 그는 인간을 '정치적 동물인 동시에 사회적 동물'이라고 정의하고, 세속정부의 본원적 기원을 자연법에서 발견하였다. 이 점은 토마스 아퀴나스의 견해와 다르지 않았다. 그러나 존 파리는 바로 다음 장에서 교회를 국가와 병존시킴으로써, 토마스 아퀴나스 이상의 입장을 드러냈다. 존 파리에 있어서 교회는 무엇보다도 순수하고 단순한 신비적 공동체였던바, 이 개념은 13세기에 접어들면서 더욱 부각되었다. 결국 교회는 자연적 공동체와는 날카롭게 대비되었다. 교회가 순수히 신비적 집단이었기 때문에, 교회의 성직자도 순수히 성사적 기능만을 가져야 할 것이었다.

부정적으로 표현하자면, 존 파리에 있어서 교회는 전통적 의미의 유기체적 사법적 공동체가 아니었다. 교회는 시민의 세속적 삶에 합법적으로 간섭할 수

---

171) John of Paris, 1225~1306. 파리 대학에서 수학하였으며 그곳에서 유명한 교수 겸 설교가가 되었다. 토마스 아퀴나스의 견해를 지지하였으며, 삼위일체 즉 성부·성자·성령이 일신(一神) 동체라는 주장을 펼치다, 교회로부터 강의와 설교를 정지당하기도 하였다.

없으며, 통치자에게 명령을 내릴 수도 없다고 그는 생각하였다. 오히려 이와는 정반대가 올바른 질서였다. 교회 성직자의 유일한 기능은 신도집단에 대한 성사의 집전에 있었다. 존 파리는 자연적 정치 공동체와 그리스도교의 초자연적 신비 공동체를 날카롭게 구분하였다. 전자는 자연이 형성한 유대에 의해서, 후자는 자연과는 무관한 신앙의 유대에 의해서 각각 결성되었다. 결과적으로 국가는 자연적 기원에 입각해서 순수히 자연적인 목표들을 추구하였다. 설령 신의 소유라고 하더라도 자연은 교회의 계서체제와는 무관하였다. 국가의 고유한 목표를 구현하는 수단을 제공하는 것이 왕국 정부의 과제였다. 국가는 신도집단을 초자연적 목표로 계도할 자격이 없었다. 결국 존 파리의 이 같은 견해는 토마스주의 이론에 대한 치밀한 해석 그것이었다.

자연적 실체와 초자연적 실체 간의 근본적 차이의 중요성은 각각의 운용 방식에 있었다. 초자연적 성격을 띤 교회는 다양한 국가와 다양한 지역 간의 여하한 차이도 고려할 필요가 없었다. 뿐만 아니라 교회는 지리·기후·언어 등에 의해서 형성되었던 자연적 특성들에 각별한 주의를 기울일 필요도 없었다. 교회의 가르침이 결정적일 수 있는 이유는 그것이 자연적 문제가 아니라 단지 초자연적인 문제만을 다루기 때문이었다. 언어를 매개로 한 설교에는 어떠한 제한도 가해질 수 없었으며, 따라서 이는 자연에 의해 야기된 모든 차이점을 무력화시킬 수 있었을 것이다.

반면에 존 파리는 자연이 현세 국가의 정부에 부과한 이러한 제약을 매우 강조하였다. 교회의 핵심이 절대성이었던 데 비해서, 국가의 핵심은 상대성에 있었다. 특정 정치 공동체에 유익한 것이 다른 정치 공동체에도 반드시 유익한 것은 아니기 때문이었다. 다양한 생활 방식은 다양한 정치체들을 필요로 할 수밖에 없으며, 모든 사람에게 올바른 하나의 생활 방식이란 존재할 수 없었다. 다양한 자연적 조건들은 사실상 다른 생활 방식을 형성하였고, 다양한 생활 방식은 그것이 자연에 의해 만들어졌기 때문에 '정당한' 것일 수밖에 없었을 것이다. 자

연적 조건이 정치 공동체에 부과한 상대성이야말로 국가의 특징이었다. 존 파리에 따르면 교회는 신앙의 절대성과 단일성을 주장하기가 상대적으로 용이하였다. '입을 사용하는 것이 손을 사용하는 것보다 쉽기' 때문이었다. 존 파리의 이 같은 주장은 포괄적 현실론을 드러내고 있는데, 이는 왕실 사제의 한 사람이었던 피터 드 플로트(Peter de Flotte)가 교황에게 '당신의 권력은 구어적이지마는 우리의 권력은 실제적이다'라고 했던 답변을 또한 연상시키고 있다.

존 파리의 견해가 이룩한 이론적 진전의 함의는 세속사가 자연사와 그리고 정신사가 초자연사와 동일시될 수 있다는 인식에 있었다. 이러한 용어들은 유서 깊은 것들이었다. 그러나 만연되어 있던 중세의 '전체주의적' 시각에서는 현세사와 정신사 사이의 구분선이 결코 발견될 수 없었다. 물론 유능하고 탁월한 저술가들이 여러 세대에 걸쳐 이 경계선이 어디에 있는지를 발견하고자 진지하게 노력하였다. 그럼에도 불구하고 이는 기껏해야 무익한 시작에 불과하거나, 최악의 경우 쓸모없는 정신적 훈련에 불과할 수도 있었다. 그러나 존 파리의 저작에 의해서 자연사와 초자연사 개념이 재해석되었으며, 이와 더불어 현세사와 정신사의 구분도 이제 실행 가능한 작업이 되었다. 현세사가 자연사와 동일시되었기 때문에, 현세사는 사실상 자율적이라고 주장될 수 있게 되었다. 이를테면 현세사는 주로 자연의 법칙에 근거를 둔 자신의 고유한 법칙을 따랐기 때문이었다. 더욱이 현세사는 자신의 고유한 목표를 추구하였다. 종래의 교리에 따르면, 현세사란 단지 정신사에 대한 보조적 성격의 부속물에 불과하였다. 그러나 이제 현세사는 당연한 권리로서 고유한 자율성과 의의를 가진 요소가 되었던 것이다.

존 파리는 종래의 교리를 '조야하고 설익은 논의'라고 일축하며, 이를 극복하는 데 많은 힘을 기울였다. 교황청의 공식 교리에 비추어 볼 때 이는 의심할 바 없이 대담한 주장이었다. 교황청의 교황전능권 이론을 일축하고 이를 '하찮은 논의'에 불과하다고 주장했던 그는 실로 용기 있는 인물이었다. 그가 정치적

공동체라고 불렸던 국가 내에서는 교회법이 여하한 정당성도 가질 수 없었다. 성직자는 단지 신앙과 도덕의 교사에 불과하였다. 또한 성직자는 평신도의 소유에 간섭하거나 방해할 권리가 없었다. 왜냐하면 평신도는 자신의 노동, 근면성, 및 성실함을 통해서 소유를 추구하며, 그리하여 마침내는 재산에 대한 진정한 소유를 획득하기 때문이었다. 사실상 이러한 견해는 심지어 교황조차도 평신도의 재산에 조세, 십일세, 또는 이와 유사한 세금을 부과할 권리가 없음을 의미하였다. 이는 소유가 신의 은총의 산물이며, 따라서 소유가 교황의 권한에 속한다는 전통적 이론과는 현저히 거리가 멀었다. 존 파리가 밝히고자 하였던 바는 무엇보다도 강제적 법률과 비강제적 도덕의 구분이었다. 성직자는 신도들에게 조언을 하고 권면을 할 수는 있으나, 강제적 권한을 가지고 있지는 않다는 것이 그의 주장이었다.

정치 공동체인 국가가 자연의 산물이고, 신이 모든 자연을 창조하였기 때문에, 국가의 정부 역시 종국적으로는 신에게, 그리고 직접적으로는 인민으로부터 유래되었다. 존 파리는 교회와 국가 간에는 여하한 연계성도 없다고 강조하였다. 군주의 권한은 인민의 선출을 통해서 신으로부터 나온 것이기 때문이었다. 군주가 '인민의 의지에 의해서' 권력을 가진다는 그의 주장은 인민주권론적 논리를 보다 명확하게 드러내고 있다. 국가의 기능은 왕국의 사회 질서를 보존하고, 생활 여건을 개선하며, 좋은 시민적 삶에 요구되는 필요들을 충족시키는 일이었다. 이 같은 존 파리의 논리는 전통적 하향적 정부론으로부터의 철저한 결별이었으며, 동시에 이는 토마스주의적 정치 의식의 현저한 발전이었다.

여기서 우리는 진정한 의미의 상향적 인민주의 정부론에 사실상 접근하게 된다. 왜냐하면 존 파리는 이 논리를 '인민의 선출 내지 동의'에 의해서 권한을 부여받는 교회의 고위 성직자에게도 적용하였기 때문이다. 그리하여 인민은 교황의 지배권조차 박탈할 수 있었다. 왜냐하면 교황의 권한에 속하는 물리적 요소는 신도집단의 동의였는데, 이는 교황이 우둔하다든가 또는 정신이상 내지

무용지물이라든가 하는 등 철회할 만한 이유가 있는 경우, 이러한 판단과 동의는 철회될 수 있기 때문이었다. 존 파리의 이념 저변에는 권력이란 피지배자들의 동의에 의해서만 획득될 수 있다는 인식이 깔려 있었다. 군주가 인민에 의해서 선출되는 것과 마찬가지로, 군주의 권력은 인민에 의해서 박탈될 수도 있었다. 군주 폐위의 문제는 인민에게 속한 문제였다.

군주가 칼을 보유하는 데는 이유가 없지 않다는 성 바울의 유서 깊은 이론은 이제 반전되었다. 군주는 성직자의 간섭을 무력으로 배제하기 위해서 칼을 보유한다는 것이었다. 이러한 인식이 남용과 상고(*appel comme d'abuse*)로 알려진 프랑스적 관행의 기원이 되었다. 여기서 상고는 성직자들의 공공연한 권한 남용에 대해서 교회 법정으로부터 군주 법정 내지 고등법원에로의 제소를 의미하였으며, 이는 교회 법정에 대한 영국식 관점과도 유사한 점을 가지고 있었다. 흥미로운 사실은 이러한 관행이 1905년까지도 효력을 유지하였다는 점일 것이다. 마지막으로 존 파리에 따르면, 교황은 그리스도 교도를 파문할 권한을 물론 가지고 있었다. 그러나 이것이 시민의 삶에는 아무런 실효를 미치지 못하였다. 그는 사회적 문제에 대한 성직자의 간섭이 종국적으로는 국가의 해체를 초래할 것이라고 생각하였던 것이다.

존 파리가 새로운 이념이나 원리를 고안하지는 않았다. 그러나 그는 위대한 스승 토마스 아퀴나스의 이론을 논리적으로 진전시켰다. 더욱이 그것은 매우 합리적이고 설득력 있는 것으로 판명되었다. 존 파리의 저작은 높은 지적 간결성과 통합성이라는 특징을 보였는데, 이 점에서 그것은 중세 문헌들 가운데서도 예외적인 경지를 이룬 것이었다. 유서 깊은 기존의 이론을 논박하는 데는 비상한 용기가 필요하기 마련이다. 사실상 존 파리는 신성불가침의 위상을 가졌던 교황을 정점으로 하는 견고한 전통주의 사고와 관행 전반에 맞서서 전투를 벌여야만 했다. 외견상 그의 이론이 혁명적으로 보였던 것은 오히려 당연한 일에 속한다. 종교재판소 재판관이었던 베르나르 귀[172]는 존 파리가 이단 혐의를

실제로 받았으며, 1366년 교황청 법정으로 가던 도중 보르도에서 생을 마감했다는 사실을 알려주고 있다. 아마도 존 파리가 교황청 법정에 서게 되었다면, 최종 판결도 그가 받았던 혐의와 크게 다르지 않았을 것 같다.

2. 주권적 입법권자로서의 인민

자연과 자연법이 신성의 구체적인 표식들로 인식되는 한, 그것은 시민과 국가의 성숙한 자율성을 저해하는 강력한 장애물이 될 수밖에 없었다. 이는 사실상 토마스주의의 약점이기도 했다. 자연 법칙이 종국적으로는 변함없이 신성과 결부되어 있었기 때문에, 여기에 성직자가 개입할 개연성이 여전히 상존하였다. 토마스주의의 초기 충격이 일단 흡수된 다음에는, 시민과 그리스도 교도란 하나의 동전의 양면에 불과하다는 주장이 제기될 수 있었다.

시민과 국가의 완전한 자율성 이론이 형성되기 위해서는 과격한 수술 작업이 요구되었다. 이 과격한 수술 작업을 수행한 인물이 마르실리우스 파두아[173]였다. 그는 파두아 대학에서 수학하였다. 그런데 13세기 말엽 파두아 대학은 아리스토텔레스의 가르침에 '물들어' 있었다. 여기서 그는 '뛰어난' 스승 밑에서, 이 스승이 누구였는지는 여전히 논쟁거리지만, 의학서적을 탐독하고 또 '자연'을 연구하였다. 한때 그는 학업성적이 좋지 않았던 것처럼 보이다. 그러나 상당한 시

---

172) Bernard of Guy, 1261~1331. 도미니크회 수도사로서 1307년부터 1320년대까지 툴루즈의 종교재판관으로 활약하였다. 《사악한 이단에 대한 종교재판의 시행》이라는 저서를 집필하였는데, 이는 종교재판의 정당성을 변론하고 있을 뿐만 아니라 왈도파, 카타르파, 베귀인파 및 유대인의 종교적 신념도 조명해 주고 있다.

173) Marsilius of Padua, 1275?~1342. 신학자 겸 철학자. 파두아와 파리 대학에서 수학하였으며, 파리 대학의 총장을 역임하였다. 교황전능권을 비판한 《평화수호자》가 그의 저작이라는 사실이 알려져 독일 황제 루드비히 4세의 궁정으로 피신하였으나, 1327년 이단으로 정죄당하였다. 1328년에 루드비히를 동행하여 로마를 방문하기도 하였으며, 이후 그의 궁정에서 대부분의 생애를 보냈다.

간이 흐른 다음 그는 파리 대학의 총장이 되었다. 토마스 아퀴나스와 존 파리가 집필 작업을 하던 학문의 전당 파리 대학에서 그는 《평화수호자》[174]를 집필하였다. 그리고 이 저작은 중세 저작들 가운데 가장 영향력 있는 정치적 저술이 될 것이었다.

《평화수호자》는 1324년 6월 24일에 완성되었으며, 이는 곧 종교재판소의 심문 대상이 되었다. 마르실리우스와 그의 조수 존 장당[175]은 1327년 아비뇽에서 교황 요한 22세에 의해 이단 선고를 받았다. 이들은 '악마의 자식들', '타락한 천사의 아들들',[176] '역병을 옮기는 인물' 등으로 불렸으며, 후임 교황이었던 클레멘트 6세[177]는 1343년 이들을 '이단들 가운데서도 가장 사악한 이단들'이라고 정죄하였다. 교황청은 마르실리우스를 도피처였던 루드비히 4세의 제국 궁정으로부터 소환하고자 했으나, 이 시도는 무위에 그쳤다.

《평화수호자》라는 표제가 저자의 집필 의도를 충분히 시사하고 있다. '평화와 안녕'이 어떻게 성취될 수 있는가를 입증하는 것이 마르실리우스의 의도였던 것이다. 이는 먼저 평화에 관한 일반 이론의 검토를 필요로 하였기 때문에, 그는 저술의 전반부를 이 작업에 할애하였다. 그리고 후반부에서 그는 평화를 저해하는 원인과 평화를 방해하는 사람이 실제로 누구인가 하는 주제를 검토하였다. 마르실리우스의 이 저작은 오늘날 빽빽하게 편집된다 하더라도 600쪽이 넘는 분량이기 때문에, 여기서는 단지 그의 견해를 간략히 요약하는

---

174) 《평화수호자》의 성격에 관해서는 박은구, 《서양중세 정치사상 연구》 (혜안, 2001), pp.78~93을 참조하기 바람.

175) John of Jandun, 1286~1328. 파리 대학의 철학자로서 아리스토텔레스의 자연과학과 정치철학에 관한 주석을 집필하였으며, 라틴 아베로이스주의를 주창하였다. 아비뇽 교황청과 독일 군주 루드비히 4세가 갈등을 빚자 루드비히를 지지하였으며, 마르실리우스와 함께 그의 궁정으로 피신하였다.

176) 빌리얼은 《구약성서》 신명기 13장 13절에 나오는 잡류(雜類)를 가리키는 것으로 통상 사탄의 자식을 의미한다.

177) Clement VI. 1342~52. 프랑스 출신의 교황으로 베네딕트회 수도원장, 아라스의 주교, 루아의 대주교 등을 역임하였다. 아비뇽에 머물면서 교황청의 중앙집권화에 기여하였으며, 다수의 추기경을 프랑스인들로 채웠다. 빈민과 유대인 보호에 앞장서기도 하였다.

정도에 그치도록 하겠다.

　마르실리우스는 '자연과 신의 연관성은 합리적으로 입증될 수 있는 문제가 아니라, 신앙의 문제이다'라는 경구로부터 자신의 논의를 시작하였다. 그에 따르면 정치학은 소박한 목표를 가지고 있었다. 왜냐하면 정치학의 과제가 자연의 일들이 어떻게 출현하였던가를 탐구하는 학문은 아니기 때문이었다. 자연이 인간 정부에 영향을 끼치는 범위 내에서 정치학자는 자연에 대한 경험적 관찰적 인식을 가지고 작업을 수행해야 하였다. 마르실리우스는 인간 사회와 인정 정부에 관한 한 합리적 설명과 무관한 모든 요소들을 배제하였으며, 자연이 어디서부터 왔으며 또한 어디로 가는가 등에 대한 사색은 사회와 정부에 관한 실제적 법칙을 정확히 이해하는 데 오히려 방해가 된다고 생각하였다. 더욱이 영원한 지복이 존재하는가 또는 현세를 초월해서는 어떤 삶이 존재하는가 등의 주제를 합리적 수단으로 입증하기는 불가능하였다. 이들은 여하한 경우에도 논증될 수 없고, '이성과는 무관한 믿음'에 기초하기 때문이었다. 신이 인정 정부를 설립하였다는 증거는 없었던 것이다.

　마르실리우스에게 있어서 핵심은 자연과 초자연이 각각 완전한 자율성을 가지고 있으며, 시민 정부에 관한 한 이들은 여하한 공통점도 공유하고 있지 않다는 점이었다. '자연과 초자연은 완전히 분리된 두 영역이 되었으며, 자연의 영역에서 오류인 명제가 초자연의 영역에서는 완전한 참일 수도 있었다.' 그리하여 마르실리우스의 이론은 이들 영역의 서로 다른 두 체제를 상호 조화시키고자 시도하지 않았다. 그에게 중요했던 것은 무엇보다도 순수하고 단순한 본성적 정치 공동체였다. 정치적 사항들에 대한 그의 접근방식은, 14세기 자연과학자들이 자연에 대해서 가졌던 태도와도 매우 유사하였다.

　마르실리우스의 국가는 그 자체로서 일종의 목표였다. 즉 국가는 고유한 가치를 지녔으며, 토마스주의자들이 그러했듯이, 신의 은총이 국가에 부여된다고 해서 '개선될' 수 있는 것도 아니었다. '시민 집단'(*universitas civium*)은 완전한

자율성을 확보한 사회체였다. 전통적인 신도 집단(*universitas fidelim*)이 이제 시민의 현세적 공동체인 국가에 그 자리를 양보했으며, 국가는 통합적이고 유일한 공적 사회체로서 고유한 법칙과 고유한 내재적 본성에 따라 운용될 것이었다. 마르실리우스는 국가를 자족적 공동체 내지 '완전한 사회체'로 규정하였는데, 이러한 정의는 토마스주의적 인식을 반영하는 것이기도 하였다. 국가는 오직 시민들로만 구성되며, 이들이 그리스도 교도인가 또는 아닌가 하는 점은 문제가 아니었다. 국가의 구성 요소는 순전히 그리고 단순히 시민이었던 것이다. 물론 시민 내지 (시민)집단이라는 용어가 결코 새로운 것은 아니었지만, 그러나 이들 두 용어의 결합은 중대한 새로운 의미를 가지게 되었다.

마르실리우스의 시민 개념 즉 국가 구성 요소로서의 시민에 관한 그의 이론은 중대한 결과를 초래하였다. 전통적으로 충실한 그리스도 교도라는 개념은 평신도와 성직자 모두를 포함하였다. 이들의 총체가 교회를 구성하였으며, 교회의 성격을 규정하는 요소는 특별한 자질을 갖춘 성직자 집단이었다. 그런데 마르실리우스의 시민 개념도 성직자와 평신도 모두를 포함하였다는 점에서 조금도 다를 바 없었다. 그러나 그는 양자의 시민으로서의 기능에 대해서 아무런 차이도 설정하지 않았다. 양자는 모두가 동등한 위상을 가진다고 생각하였다. 이에 대해서 당시까지 유지되었던 구성요소의 질의 원리 대신, 수적이고 계량적인 다수의 원리가 출현하는 것은 오히려 당연한 일이었다. 모든 시민이 동등한 가치를 지니기 때문에, 시민들 사이의 질의 차이란 있을 수 없었다. 단지 머리 수를 헤아리는 수량적 계산만이 남게 될 것이었다.[178]

마르실리우스가 정치학의 결정적 주제로서 법률학에 초점을 맞추지 않았더라면, 아마도 그는 중세 정치이론가라고 불리지 못했을 것이다. 사실 마르실

---

178) 그럼에도 불구하고 마르실리우스는 두 원리의 결합을 옹호하였다. 다수에 의한 수적 원리가 최초로 적용된 것은 1179년 교황 선거령이었다. 모든 추기경은 선거인단이었고 이들 간에는 '공적, 열정, 권위'와 관련해서 구분이 있을 수 없었기 때문에, 단지 머리 수에 의한 2/3 다수결 계산만이 가능하였던 것이다.

리우스의 법률론이야말로 그의 정치이론의 핵심 요소였다고 말할 수 있을 것이다. 그에게 있어서 법률은 중세의 다른 많은 학자들이 그러했던 것과 마찬가지로 강제적 규범이었다. 문제는 누가 또는 무엇이 법률에 강제성을 부여하는가 하는 점이었다. 하향적 신정적 정부론 내지 법률론이라면 이 문제에 대한 답변이 어렵지 않았다. 그것은 당연히 군주의 의지였다. 통치자의 권력이 신으로부터 유래되었기 때문에, 신민이 언제나 요구되었던 신앙심을 가지고만 있다면, 통치자는 법률을 통해서 자신의 의지를 실천에 옮길 수 있었다.

그러나 마르실리우스의 경우에는 이 같은 지평의 답변이 불가능하였다. 왜냐하면 그에게 있어서 법률은 당연히 인정 국가 내에서 인간의 삶을 질서있게 만들고 또한 규제하는 강제력이었으며, 행위 규범에 강제력을 부여하는 것도 '인간들' 자신 즉 시민이기 때문이었다. 그러니까 법률의 강제성은 인민의 의지로부터 유래되었던 것이다. 법률은 어떤 특별한 자격을 갖춘 관리자에 의해서 인민에게 '부여되는' 것이 아니었다. 법률은 인민이 스스로 '제정하는' 규범이었다. 이에 마르실리우스는 시민단 전체를 종교적인 법률 수여자와 명백히 구분하기 위해서 '인간 입법권자'라고 불렀다. 법률의 질료적 요소는 인간 입법권자의 의지라는 것이었다. 여기서 중요하게 대두되었던 요소가 시민의 동의였으며, 이와 더불어 완전히 성숙되고 스스로 자율적인 법률 제정권자로서의 시민 개념의 출현이었다. 이제 신민 개념은 뒷전으로 밀려나기 시작하였다. '시민'과 '신민' (*subditus*)은 사실상 완전히 다른 별도의 두 정부체제를 함의하였다.

시민단 즉 인간 입법권자의 관심은 법률 제정을 통해서 자신의 고유한 삶을 자율적으로 체계화하는 데 있었다. 마르실리우스는 내세의 삶이 매우 중요하기는 하지마는, 현세의 시민 개념은 내세와는 아무런 관련이 없다고 주장하였다. 법률의 기능은 이 땅에서 현세적으로 '좋은 삶'을 제공하는 데 있으며, 그것의 목표도 시민단 전체의 인정적 복지에 있기 때문이었다. 시민이 자신들의 법률을 제정하는 데 최상의 자격요건을 갖춘 자인 이유도 바로 여기에 있었다. 이

들이야말로 자신이 성취하고자 하는 바가 무엇인지를 가장 잘 알고 있는 자들이었다.

마르실리우스의 이론은 순수히 상향적인 인민주의 정부론 내지 법률론이었다. 인민이 스스로 옳고 그름을 결정하였기 때문에, 마르실리우스에게 있어서 정의의 내용은 모든 사회와 지역에서 동일하지 않았다. 여기서 다시 한번 우리는 정치 권력의 상대성이라는 본질에 직면하게 된다. 가장 중요한 사실은 누구도 인민 위에 존재하지는 않는다는 그의 주장이었다. 인민 또는 시민단 즉 인간 입법권자가 '상위자'였는데, 이 인민 밖에 그리고 인민 위에는 여하한 권위도 존재하지 않기 때문에 이들이 바로 주권자라는 것이었다. 이제 시민단은 본성적 상위자인 동시에 유일한 주권자가 되었던 것이다.

심지어 마르실리우스는 전능권이 인민에게 속한다고까지 주장하였다. 여기서 그는 자신의 원리의 독특한 성격을 명확히 하기 위해서 자신의 경쟁 집단의 고유 개념까지 활용하였다. 시민 사회의 목표를 구현하는 수단이 법률이기 때문에, 주권체인 시민단의 핵심 기능도 법률 제정에 있었다. 이 점에서 그는 힘들이지 않고 법률과 도덕 사이의 구분선도 그을 수 있었다. 도덕률은 시민단이 그것의 강제적 적용을 원하지 않기 때문에 강제적이지 않았다. 만약 시민이 그것의 강제성을 원한다면, 이는 도덕적 규범이 아니라 법률이 되어야 할 것이었다. 마르실리우스의 인정법은 스스로 도덕적 함의를 상정하지 않았고, 구원의 성취에 지름길을 제공하지도 않았으며, 영원한 진리를 구체화한 것도 아니었다. 법률은 전적으로 시민 생활의 문제였다. 시민은 법률을 통해서 공적 질서와 생활을 어떻게 영위할 것인가 하는 문제에 대한 자신의 바람을 표출할 따름이었다.

시민단은 자신이 바라는 바를 법률로 제정할 수 있을 뿐만 아니라, 그들이 선호하는 유형의 정부도 스스로 수립할 수 있었다. 마르실리우스는 본원적 권력이 온전하게 시민단에 귀속되어 있는 한, 군주정 또는 공화정 등 어떤 유형의 정부가 더 좋은가 하는 문제에 대해서는 별다른 관심을 기울이지 않았다. 그는

이 주제와 관련해서 인간 입법자가 권력을 정부에 '양도하였다'고 주장함으로써 전통적인 용어를 다시 한번 사용하였다. 그러나 이 유서 깊은 양도의 원리의 의미는 그에 의해서 완전히 반전되었다. 마르실리우스가 '국가의 주요 부분'이라고 불렀던 정부에 시민이 양도했던 기능은 전적으로 시민이 어떤 국가 체제를 선택하는가 하는 데 달려 있었다. 그런데 이 국가 체제란 그가 국가의 형식이라고 명확하게 불렀던 법률 바로 그것이었다. 정부의 기능은 행정적 내지 도구적인 것으로서, 이는 시민단에 의해서 제정된 법률적 헌정체제의 틀 내에서 수행될 것이었다.

물론 인간 입법권자는 국가의 으뜸가고 고유한 능동인으로서 마땅히 어떤 직책을 누가 수행해야 하는지를 결정해야 한다. 그러나 특정 사항들의 시행에 관해서는 국가의 주요 부분(정부)이 다른 모든 법률 조항들에 대해서 그러한 것과 마찬가지로 이의 시행을 명령하거나, 또는 이를 금지시킬 수 있다.

그렇기는 하지마는 원래 인민으로부터 권력을 위임받은 정부는 항상 인민에 대해 책임을 져야 했다. 마르실리우스는 헌정적 법률에 따라 직책을 부여받은 정부가 이를 위반할 경우, 이 같은 정부는 제거되어야 한다고 명시적으로 지적하였다. 정부는 종신직으로든 또는 임기직으로든 구성될 수 있었고, 통치자도 다수든 또는 한 사람이든 선정될 수 있었다. 그러나 이 모든 결정은 인민의 의사에 달려 있었다. 마르실리우스에 따르면, 정부는 부득이한 경우에 시민단이 해야 할 일을 실질적으로 수행하기도 했다. 실제로 정부는 '국가의 주요 부분'으로서 일상적인 행정적 업무와 부수적인 법령, 칙령, 및 세칙 등을 담당하고 있었다. 정부는 인민의 의사를 집행하는 도구이기 때문이었다.

이 같은 관점이 가지는 중요성은 그것이 신정적 원리를 배제하였다는 사실에 있었다. 신정적 이론에 따르면, 통치자의 직책은 이른바 하늘에 의해 정해졌

다. 따라서 선거인단이라 하더라도 통치자의 직책을 수정하거나 변경할 수 없었다. 그러나 이제는 시민단에 의해 통치자의 직책이 정해졌으며, 시민단은 법률을 통해서 그 직무의 내용과 범위를 구분하였다. 직책과 직무 그 자체가 인민에 의해 제정되었던 것이다. 이 점이 상향적 인민주의론의 고유한 표식이었다. 직책이나 직무가 그것을 부여한 자에 의해 철회되거나 변경될 수 있다는 점은 오히려 당연한 일이었다. 이는 실로 하향적 정부론과의 현격한 차이가 아닐 수 없다.

마르실리우스는 국가의 특징을 '살아있는 자연'(*natura animata*)으로 규정함으로써, 통치자를 '살아있는 법률'(*lex animata*)이라고 불렸던 상대 진영의 용어를 다시 한번 활용하였다. 그가 국가를 '살아있는 자연'이라고 부른 이유는 국가의 핵심적 토대를 자연주의 논리에 뿌리박고자 함에 있었다. 아리스토텔레스 이론에 따라 그는 국가의 형성이 자연 질서의 산물이라고 생각하였다. 그러니까 이 본성적 공동체를 살아있게 만드는 요소는 시민의 의지였다. 법률을 '여러 개의 눈들로 구성된 하나의 눈'(*oculus ex multis oculis*)으로 정의한 것은 다수 대중이 원하는 규범인 법률의 특징을 훌륭하게 드러내고 있다. 왜냐하면 다수의 눈이야말로 어떤 규범이 국가의 공공 선에 기여할 것인가를 분별할 정도로 충분히 성숙한 시민의 의지의 표출이기 때문이었다. 여기서 마르실리우스의 이론과 전통적 이론 간의 차이가 극명하게 드러난다. 전통적으로는 법률을 '신의 선물'로 간주하였다. 그러나 이제 법률 이론은 철저한 인민주의적 논리, 즉 '여러 개의 눈들로 구성된 하나의 눈'이라는 관점에 입각하게 되었다.

마르실리우스의 이론체계에서는 성직자라 하더라도 일반 시민의 권한을 넘어서는 권한을 가지지 못했다. 그는 성직자의 기능을 순수히 영혼의 치유자 및 성사의 집전자로 간주하였다. 성직자가 신도들을 권고하고 조언하는 것은 당연한 역할이었다. 또한 성직자는 죄인들에게 그들을 기다리고 있을 내세를 무섭고 어둡게 묘사할 수도 있었다. 그러나 성직자가 이들을 사회로부터 추방할 수는 없었다. 악행이 단순히 종교적인 범죄에 지나지 않는 한, 이는 국가의

관심사와는 무관하였다. 시민이 악행에 관심을 가지는 이유는, 단지 그것이 법률상의 범죄가 될 경우였다. 성직자가 이단 행위를 선포할 수는 있지마는, 정부가 이를 법률상의 범죄로 규정하지 않는 한, 이 역시 국가와는 무관한 일이었다.

신법이 침해당하는 경우에는 오직 그리스도만이 재판관이 될 수 있었다. 따라서 여하한 현세권도 이를 다룰 수는 없었다. 물론 인정법이 신법의 위법사항에 대해서 형벌을 부과할 수는 있지마는, 그러나 이 같은 판단은 성직자에 속하는 권한이 아니라 인간 입법권자의 의지의 문제였다. 이러한 경우에는 신법도 이제 신법이 아니라, 인간 입법권자의 의지에 따라 제정된 인정법의 일부가 되는 것이었다. 무엇보다도 성직자는 법령을 공포하고 또 재판하는 기능이 없었다. 이를테면 사제가 고해성사에서 행하는 권고는 결코 법률적인 절차에 입각한 사법적인 판단이 아니었다. 오히려 마르실리우스는 성직자의 이 같은 '내면적 사법권'을 비판하였다.

사악하거나 무지한 성직자는 시민에게 심각한 해악을 초래할 수 있다. 왜냐하면 성직자는 고해 사제라는 권위를 통해서 여성들과 종종 은밀한 대화를 나누기 때문이다. 실제로 여성은 미혼이든, 기혼이든, 창세기 3장과 사도 바울의 디모데전서 2장에서 보여주고 있듯이, 쉽게 미혹되는 경향이 있다. 이는 아담은 속지 않았으나, 이브가 미혹되어 범죄를 저지른 사실에서도 명백하게 드러난다. 특히 젊은 여성은 쉽게 미혹된다. 사악한 사제가 여성들의 도덕과 겸손을 손쉽게 타락시킬 수 있다는 사실은 분명해 보인다.

뿐만 아니라 그는 성직자에 의해서 공포된 파문 결정이 시민 사회의 영역에서는 여하한 효력도 지니지 않는다고 생각하였다. 왜냐하면 이는

성직자 또는 성직자 집단으로 하여금, 통치자 및 군주로부터 모든 정부와 국가

를 제거할 수도 있기 때문이다. 통치자가 파문당하는 경우, 이는 그에게 충성을 다하는 모든 신민 대중도 마찬가지로 파문에 처해진 것이 되며, 그렇게 되면 모든 통치자의 권력도 와해될 것이기 때문이다.

마르실리우스는 성직자의 사법권이 부분적으로는 위조문서에, 그리고 부분적으로는 성서에 대한 잘못된 해석에, 그리고 부분적으로는 교황청의 노골적인 권력욕에 기초하고 있다고 매우 대담하게 주장하였다. 그에 따르면 이것이 분열의 진정한 원인이었다. 마르실리우스는 누가 평화를 깨뜨렸는가 하는 문제에 손쉽게 답할 수 있었다. 그것은 다름이 아니라 교황과 교황청의 사법권에 대한 주장이었다. 당시 교황들은 특히 제국이 공위 상태일 때 다른 사람들의 권리를 야금야금 잠식했으며, 마침내 모든 신민에 대한 사법권을 주장하게 되었다고 그는 생각하였다.

또한 마르실리우스에 따르면 성직자에 의한 정신적 영역의 확장은 당시 사회적 평화를 깨뜨리는 심각한 한 원인이 되고 있었다. 그는 성직자의 범죄를 통해서 정신적인 것이란 무엇인가 하는 의문을 제기하였다. 성직자도 평신도와 마찬가지로 돈을 빌리고, 물건을 사고팔며, 때로는 물건을 빼앗거나, 훔치기도 하며, 심지어 강간하고, 간음하며, 거짓 맹세를 하는 등 그 밖의 여러 범죄들도 저지를 수 있었다. 그러나 이 모든 범죄가 단지 성직자에 의해 저질러졌다는 이유 때문에, 그것이 정신사의 일부로 간주되고 있었다. 따라서 성직자에 의한 모든 종류의 교회 사법권은 결코 정당화될 수 없었다. 범죄를 저지른 성직자에 대한 심리는 반드시 일반 법정에서 다루어져야 한다는 것이 그의 주장이었다.

성직자들에 의한 명예훼손, 재산 및 인신에 대한 상해 등을 세속법에 의해 처리하는 것이 금지되어 있다고 해서, 오히려 그것이 정신적 행위가 되어, 이들에 대한 처벌이 세속지배자에게 속하지 않는다는 반론을 누구도 제기해서는 안 된다. 왜

냐하면 이 같은 행위는 물질적 현세적인 것이기 때문이다.

　더욱이 마르실리우스에 따르면 성직자는 특별한 관리자이기 때문에, 국가에 허용되는 성직자의 수는 마땅히 시민단 즉 국가에 의해서 정해져야 했다. 성직자는 국가가 제공하는 많은 혜택을 누리므로, 이들의 수도 시민의 수에 맞게 적정한 비율로 규제되어야 한다는 것이었다. 마르실리우스에게 있어서 교황의 우월성과 성 베드로의 승계란 교황들이 지어낸 이야기에 불과하였다. 그는 교황직의 승계 사실을 논함에 있어서 성서의 증거 부족을 날카롭게 지적하였다. 또한 성 베드로가 로마에 체류하였다는 언급조차 기록상 찾아볼 수 없다고 밝힘으로써 역사적 비판적 정신을 여지없이 드러냈다. 그에 따르면, 교회법이 사회적 요소가 될 수 있었던 이유는, 무엇보다도 무지하고 미신적인 일반민과 군주 그리고 황제들의 자발적인 맹종 때문이었으며, 또한 부분적으로 그것은 교황의 교활함 등에 의해 비롯된 결과였다. 이에 대해 그가 제시했던 처방이 교황청을 통치 조직에서 완전히 배제하는 것이었다. 교황청은 이 같은 권리를 처음부터 가지고 있지 않았다고 그는 생각하였다.

　마르실리우스는 평화의 대의를 위해서 상향적 정부론과 법률론이 신도집단 공동체 즉 교회에도 적용되어야 한다고 강조하였다. 그래야만 신도 집단이 본원적 권력의 실제적 보유자가 될 것이었다. 이를 구현하는 실질적 수단은 그리스도교 사회 전반을 대변하는 전체 공의회였다. '모든 사람에게 관련되는 것은 모든 사람에 의해 동의되어야 한다'라는 경구가 국가 사회에서 진실이라면, 무엇보다도 이는 그리스도교 공동체인 교회에서도 진실이어야 했다. 신앙과 신앙의 확증은 모든 그리스도 교도에게 관련된 문제이므로 전체 공의회를 통해서 이를 대변하는 것이 정당한 방법이라고 그는 주장하였다.

　마르실리우스는 평신도 대표가 포함된 전체 공의회라는 장치를 통해서 교황이 선출되어야 하며, 교황의 권한을 한정하고, 신조를 확정하며, 교회 정부의

관리를 임명하는 것도 전체 공의회로서, 여기에는 평신도도 반드시 포함되어야 한다고 주장하였다. 그에 따르면 성령은 신도 집단의 대표 즉 공의회를 통해서 기능하므로 전체 공의회의 결정에는 오류가 없었다. 그러나 교황은 다른 그리스도 교도들과 마찬가지로 오류를 범할 수 있었다. 따라서 그는 전체 공의회에 의해서 폐위될 수도 있었다. 말하자면 교황은 교회의 일원으로서 교회에 통합되어 있었다. 교황은 더 이상 특별한 신분을 가지지 못하였고, 그 기능에 있어서도 교회 밖에 그리고 교회를 초월한 통치자의 지위를 더 이상 가질 수 없었다.

오늘날 마르실리우스의 이념이 초래했던 정치사상사의 진정한 반전을 제대로 이해하기는 매우 어려운 일이다. 그러나 세밀히 검토해 보면 그의 주장들 가운데 몇몇은 오늘날 우리들의 주제이기도 하다. 우선 두드러지는 점은 아리스토텔레스가 중세 유럽에 소개된 후 정치사상이 급속한 성장을 이루었다는 사실이다. 이 같은 발전은 토마스 아퀴나스가 그리스도교적 아리스토텔레스주의라는 사유의 종합을 제시한 이후 한 세대도 지나지 않아서 이루어졌다. 이제 마르실리우스는 당대의 정치이론에서 부적절한 그리스도교적 요소를 도려내는 외과적 수술을 단행하였던 것이다. 마르실리우스의 이론이 수용될 수 있었던 토양은 역설적이게도 그가 그토록 맹렬하게 공격하였던 제도에서 부분적으로 발견될 수 있다. 사실 중세 교황청은 그리스도 교도의 맹신성을 상당한 정도로 깨우쳐 왔다. 실제로 교황의 모든 법률, 교서, 칙령들은 무엇보다도 신의 말씀을 명료하게 체계화한 것이라고 일관되게 주장되었다. 단지 주교들 특히 교황의 행위가 교황청 스스로의 주장과는 차이가 있었기 때문에 비판을 받았던 것이다. 더욱이 이 같은 비판은 신도 집단 사이에서 다소 일탈된 반발로 나아가기도 하였다.

따라서 교황에 대한 마르실리우스의 격렬한 비난도 교황이 그리스도교의 교리를 배반하였고, 신민의 신앙심을 악용하였다는 비판으로 간주될 수 있는 것이다. 아마 두어 세대 전이었다면 마르실리우스류의 비난은 사람들의 이목을

끌지 못하였을 것이다. 그러나 14세기에 와서는 많은 사람들이 스스로 느꼈던 바를 표현하기 시작하였다. 다시 한번 정치이론이란 구체적인 현실의 상황과 밀접하게 결부된 논리임을 드러내고 있다. 이제 인간은 개인으로든 또는 국가 구성원인 시민으로든 독특한 지위를 가지게 되었으며, 종래의 신적 섭리에 의한 보호로부터는 사실상 완전히 해방되고 있었다. 마르실리우스에 의하면, 인간은 본성적 능력에 대한 내면적 신념을 지닌 존재였다. 역설적이게도 교황권주의자들이야말로 자신들의 제도에 의문을 가지도록 만든 토대를 제공하였다. 시민 공동체인 국가 위에는 여하한 상위자도 있을 수 없었다. 이 점은 신도 집단 공동체로 간주되었던 교회 위에 여하한 상위자가 있을 수 없다는 것과 조금도 다를 바 없었다. 요컨대 시민 공동체와 신도 집단이 국가와 교회에서 각각의 주권자들이었던 것이다.

3. 도시국가

마르실리우스와 동시대 인물인 바르톨루스 사쏘페라토[179]가 제시한 이론은 마르실리우스의 정치이론에 대한 유용한 보완적 논리가 되었다. 아마도 바르톨루스는 로마법을 해석한 중세 법률가들 중 가장 위대한 법률학자일 것이다. 그는 페루지아에서 가르쳤으며, 1357년 겨우 43세의 나이로 타계하고 말았다. 흥미로운 점은 마르실리우스가 철학적 근거에 기초하여 도달했던 것과 동일한 이론에 바르톨루스는 법률적 근거에 입각하여 도달하였다는 사실이다. 바르톨루스는 마르실리우스로부터 여하한 영향도 받지 않았으며, 거의 틀림없이

---

179) Bartolus of Sassoferrato, 1313~57. 페루지아와 볼로냐 대학에서 수학하였다. 피사 대학의 교수를 역임한 후 종신토록 페루지아에서 학생들을 가르쳤다. 《로마법대전》에 대한 주석집으로 명성을 얻었으며, 스콜라적 방법론을 활용하여 로마법을 당대의 문제들에 적용하였다.

그에 관해 듣지도 못하였을 것이다. 그렇다고 해서 이 점이 바르톨루스가 '무로부터 새로운 이론'을 창출하였음을 말하지는 않는다. 그는 이미 잘 알려져 있던 몇몇 로마법 텍스트들을 이용하였으며, 로마법 조항의 구체적 개별적 요소들로부터 상향적 정부론과 법률 이론을 구성하였다. 앞서 언급하였던 요소들 가운데 아마도 가장 중요했던 요소가 무엇보다도 시민의 개념, 관습법 개념, 그리고 이른바 입법자-군주(lex-regia) 개념 등일 것이다.

그러니까 이들 세 가지 요소를 모두 결합하고, 전적으로 로마법적 토대에 입각하여 인민주권론을 제시했던 작업이 바르톨루스의 업적이었다. 중세의 모든 시민법 학자, 즉 로마법 학자들이 이 세 가지 개념을 다루었지만, 그러나 누구도 이 개념들을 결합하지는 못하였으며, 더욱이 이 세 가지 요소가 어떻게 상향적 정치 이론의 형성과 결부되었던가 하는 문제의식은 누구에 의해서도 구체적으로 제기되지 못하였다. 바르톨루스는 이 세 가지 요소가 어떻게 서로 결부되었던가를 입증함으로써, 당시 북부 이탈리아의 도시들에서 목격되던 인민주의적 관행에 체계적인 이론을 제공하였다.

로마법의 《개요집》(Digest)이 대변하였듯이, 로마 시민은 모든 점에서 권리와 의무의 완전한 보유자였다. 그리고 관습법은 시민단의 지속적인 관행과 용례들로부터 유래된 법률이었다. 한편 입법자-군주라는 용어는 사실상 잘못 붙여진 명칭으로서 법률적인 개념의 용어가 아니었다. 그것은 기원후 2세기 로마법 학자들이 황제권의 토대에 관해 제시한 설명이었다. 이 설명에 따르면 로마인들은 원래 모든 공적 권력을 보유하였으나, 이를 황제에게 양도하였다. 입법자-군주는 2세기에 황제가 어떻게 로마인들로부터 권한을 획득하였던가를 설명하기 위해 만든 개념이었다. 그리하여 12세기와 13세기 로마법 학자들도 같은 맥락에서 이 개념을 접한 것이 사실이었다. 그런데 이들의 공통된 견해는 입법자-군주가 로마인에 의해 행해진 돌이킬 수 없는 양도의 결과라는 것이었다.[180] 그러나 이는 입법자-군주 개념 그 자체만큼이나 허구적인 가설이었다.

사실상 이 같은 법률적 견해를 뒷받침하기에 충분한 문헌상의 근거는 전혀 없었다.

이탈리아 북부 도시들의 관행은 입법자-군주에 내재되어 있던 기본 논지 즉 인민이 본원적 권력을 보유했다는 관점을 지지하고 있었다. 이에 바르톨루스는 만약 인민이 관습법을 제정할 수 있다면, 기록되고 제정된 법률인 성문법의 제정권도 인민으로부터 유보되어야 할 이유가 없다고 주장하였다. 사실 누구도 인민이 관습법을 제정할 수 있다는 것을 의심하지는 않았다. 그런데 단순한 관행과 관례에 법률적 성격을 부여하는 요소는 인민의 동의였다. 관습법은 인민의 묵시적 동의에 따라 제정된 법률이었다. 인민의 묵시적 동의를 통해서 만들어질 수 있는 것은 명시적 동의를 통해서도 만들어질 수 있다고 그는 추론하였던 것이다. 관습법과 성문법의 차이는 단지 인민의 동의가 표명되는 방식의 차이에 불과하였다. 즉 관습법의 경우에는 묵시적이었으나, 성문법의 경우에는 명시적일 따름이었다.

자신의 법률을 제정하는 시민은 '자유로운 인민'으로서, 이는 입법자-군주에 의하면 원래의 권력 보유자였던 로마 인민에 비교될 수 있었다. 더욱이 바르톨루스는 자유로운 인민은 상위자를 인정하지 않는다고 주장하였다. 왜냐하면 자유로운 인민은 스스로가 자신의 '상위자'이기 때문이었다. 즉 자유로운 인민은 스스로가 자신의 지배자였던 것이다. 프랑스와 시실리 법률학자들이 주장하였던 '군주는 자신의 왕국에서 황제다'라는 견해는 이제 바르톨루스에 의해서, '시민 그 자체가 국가다'(*civita sibi princeps*)라는 이론으로 다시 등장하였다. 로마법의 제일 시민(*princeps*) 개념은 당시 프랑스와 시실리에서 흔히 군주 주권을 가리키고 있었다. 이를 바르톨루스는 인민 주권을 가리키는 용어로 활

---

180) 입법자-군주가 반성직적 프로그램 운동이 된 사례들이 있었다는 점이 지적되어야 한다. 그 현저한 사례 중 하나가 12세기 중엽 인민의 동의와 의지에 입각한 정부를 수립하려 한 로마의 아놀브 브레시카(Arnold of Bresica)의 시도였다.

용했던 것이다.

　스스로가 주권자로서 상위자를 두지 않았던 '자유로운 인민'은 결과적으로 자신들에게 속한 정부를 가져야 했다. 바르톨루스는 이 정부를 인민을 위해 지배하는 정부(*regimen ad politicum*)라고 불렀다. 일단 정부가 인민의 수중에 놓이게 되자, 전통적으로 군주제적 주권적 통치자에게 적용되었던 경구와 원리들이 이제 인민의 정부에 적용될 수 있었다. 바르톨루스가 키비타스(*civitas*)라고 불렀던 국가는 '자신이 원하는 바'를 법률로 제정하는 인민의 정부를 가지고 있었다. 그런데 여기서 바르톨루스의 논리에 고유한 매력을 부여한 것이 대의체 개념이었다. 그에 따르면, 인민은 인민 총회에서 통치 조직인 위원회를 선출하였으며, 이 위원회는 무엇보다도 인민의 의사를 대리하였다. 그리하여 얼마나 많은 권위를 이 위원회에 부여할 것인가 하는 판단도 전적으로 인민의 권한에 속하였다. 인민은 이 통치 위원회의 권한을 규정하거나 제한할 수 있었으며, 임기 몇년의 정부를 선출할 것인지 등의 문제를 판단하는 것 역시 인민의 몫이었다. 정부의 권한이 '상위자'로부터가 아니라 인민의 권위로부터 나왔던 것이다.

　정부의 기능은 기본적으로 공공 선에 유익하고 또한 공공 이익(*utilitas publica*)을 창출하는 법률을 선포하는 일이었다. 인민에게 이로운 바가 무엇인지에 대한 판단이 더 이상 지배자의 탁월한 통찰력에 속한 일이 아니었다. 인민은 자신의 이해관계에 부합하는 바가 무엇인지를 판단할 수 있는 완전한 능력을 보유한 것으로 간주되었다. 인민은 통치 위원회에 대해서 언제나 규제권을 가지고 있었다. 실제로는 통치 권한들을 양도함으로써, 양자의 위상이 다소 뒤바뀐 듯해 보이기는 하지마는, 그러나 여기서 우리는 다시금 양도 이론을 접하게 되는 것이다.

　한편 통치 위원회는 단순 과반수의 원리에 따라 운용되었고, 국가의 주요 관리들을 선출하였다. 바르톨루스는 이들을 사법관과 행정관 그리고 재무관으로 구분하였는데, 이 주요 관리들이 정부에 책임을 졌으며, 또한 정부는 국가

그 자체에 책임을 지고 있었다. 직책의 성격은 시민단에 의해 규정되었고, 시민단은 각 직책의 직무를 결정할 수도 있었고, 또한 이를 변경할 수도 있었다. 통치의 실무를 담당하는 직책은 더 이상 하늘에 속했던 것이 아니라 인민으로부터 유래되었던 것이다. 이 같은 정치체제 내에서야 비로소 선거가 진정한 의미를 가지게 될 것이었다.

바르톨루스는 마르실리우스가 정치 이론으로 제공했던 것을 법률 이론으로 특히 법률적 지혜를 추가해서 제공하였다. 바르톨루스와 마르실리우스 모두에 있어서 인민을 초월하는 주권자는 존재하지 않는다는 점이 자명하였다. '자유로운 인민은 누구에게도 복속하지 않는다'라고 바르톨루스는 선언하였던 것이다. 이 같은 자각과 더불어 신민 개념은 마침내 사라지게 되었다. 이제 자유로운 인민은 신민이 아니었으며, 이들은 단지 자율적인 시민단만을 알게 될 따름이었다.

이 같은 이론의 실제적 적용은 바르톨루스 이후 곧바로 목격되었다. 전통적 이론에 따르면 대역죄란 하향적 정부론의 논리에 입각한 개념 즉 통치자의 주권에 대한 도전을 의미하였다. 그러나 인민주의적 상향적 논리에 따르면 이는 무엇보다도 인민에 대한 도전이었다. 왜냐하면 인민이 '상위자' 즉 주권자이기 때문이었다. 실제로 15세기 초엽 이탈리아의 상황이 바로 여기에 해당하였다. 말하자면 통치자에 대한 저항이 대역죄 그 자체는 아니었다. 반역 행위의 직접적 대상은 이제 통치자가 아니라 국가 그 자체로 바뀌게 되었던 것이다.

바르톨루스의 법률 이론은 시민권 개념에 침투하여 이를 정교화함으로써 더욱 커다란 결실을 거두어들였다. 이는 실로 괄목할 만한 발전이었으며, 그와 같은 발전의 누적적 성과를 우리는 심지어 근대에 들어와서도 확인할 수 있다. 바르톨루스주의자들은 태생적 시민권 즉 국가 내에서 자연스럽게 출생한 시민과, 후천적 시민권 즉 국가 행위에 의해 형성된 시민을 구분하였다. 혼인이 '다른 국가 출신'의 부인을 남편 국가의 시민으로 귀화시키는 조건으로 간주되었던

것이다.

우리는 여기서 마르실리우스와 바르톨루스의 몇몇 차이점도 지적해 두는 것이 좋을 듯싶다. 바르톨루스의 체제는 소규모 국가 즉 '민주정'이 실제로 작동 가능한 소규모 공동체에 적용될 수 있었던 반면에, 마르실리우스의 체제는 크고 작은 여하한 공동체에도 적용될 수 있었다. 마르실리우스의 이론 체계는 법률적 체계라기보다는 철학적인 것이기 때문이었다. 또 다른 이유로는 바르톨루스가 충실한 로마법 학자로서 황제의 법률상의 통치권을 여전히 유지하고자 했던 점도 있었다. 유스티니아누스의 《칙령집》(Code)에 근거를 둔 법률 이론의 경우, 이와는 다른 어떤 견해를 기대하기가 사실상 불가능했을 것이다.

바르톨루스와 마르실리우스 간의 실질적이고 기본적인 차이는 시민의 구성, 즉 누가 시민단인가 하는 점에 있었다. 두 사람 모두에 있어서 기본은 국가의 정부에 참여하는 사람이 시민이라는 점이었다. 마르실리우스는 아리스토텔레스의 전제에 입각해서 노예, 외국인, 여성, 및 어린이를 시민에서 제외하였다. 바르톨루스 역시 이들을 제외하였다. 이들의 경우는 자신들의 동의를 적절하게 제공할 수 있는 법률적 능력이 결여되어 있다고 판단되었다. 그러나 바르톨루스는 여기서 성직자도 시민단에서 배제하였다. 평신도와 성직자는 사회의 서로 다른 두 영역을 구성하며, 평신도에게 적용되는 법률이 성직자에게 적용될 수는 없다는 판단이 그 이유였다. 명백한 법률적 보수주의로 인해서 바르톨루스는 마르실리우스가 취했던 과격한 조치를 취하지 못했던 것이다. 바르톨루스의 이론 체계가 분명한 장점을 가지고 있음에도 불구하고, 역사적 이데올로기적 관점에서 볼 때, 그의 제한적 시민 개념이 많은 한계를 또한 가지고 있었다는 점은 의문의 여지가 없다.

14세기 전반기에 이루어진 정치이론의 획기적인 발전을 더 이상 강조할 필요는 없을 것이다. 정부와 법률에 관한 상향적 이론은 더 이상 단순한 방어적 수단으로 제시된 논리가 아니었다. 이는 정치 이론가들을 과거에도 괴롭혔고,

또한 앞으로도 그러할, 주요 문제들의 해결에 긍정적이고 건설적인 기여를 할 것이었다. 마르실리우스 체제의 하부 구조와 상부 구조는 모두가 상향적 정부론을 더 이상 외면할 수 없도록 만들고 있었다. 그의 인민주권론은 돌이킬 수 없는 영향을 미치게 되었는데, 14세기와 15세기 이론가들로서는 여기에 추가할 요소를 사실상 거의 발견해낼 수 없었다.

4. 공의회주의

사실 상향적 정부론에 추가된 것은 거의 없었다 하더라도, 여전히 이 이론은 15세기 초엽 일견 그것과는 무관해 보였던 공동체인 교회 제도에 적용되었다. 이 경우 상향적 이론은 공의회주의로 등장하였다. 공의회주의 논리에 따르면, 교회의 전체 공의회는 교황보다도 '상위자'였다. 주권적 권한은 더 이상 교황이 아니라 신도 집단 전체의 대의기구, 즉 공의회에 있었다. 이 같은 사유 체계에서는 교황이라 하더라도, 그는 교회 및 그것의 관리자 집단의 일원에 불과하게 되었다.

공의회주의가 한때 승리했던 이유는 역사의 변덕이나 우연 때문이 아니었다. 공의회주의는 교황수장제를 어떻게 통제할 것인가 하는 문제에 대한 해법으로 등장하였다. 14세기 중엽 당시 아비뇽에 거주하였던 로마 교황청의 추기경들은 교황전능권의 문제점을 충분히 인식하게 되었다. 추기경단은 교황의 막역한 자문관이자 교황 선출인단이었다. 이들은 교황의 무제한적 수장적 주권이 교회에 항상 유리하게 작용하지 않는다는 점을 인식하였다. 추기경단은 교황의 주권을 제한하기 위해서 이른바 교황 선출 협약이라는 아이디어를 착안해냈다. 사실상 이는 주교좌 참사회의 주교 선출 관행에서 배워온 것이었다. 추기경들은 비밀회의에서 교황으로 선출된 교황-피선자가 이행하기로 약속해야

하는 몇몇 사항들에 대해서 공식적으로 합의하였던 것이다.

　1352년 이노센트 4세의 교황 선출에 즈음하여 입헌제적 교황수장제에 가까운 제도를 확립하려는 최초의 시도가 있었다. 추기경들 간에 체결된 이 협약은 모두가 자율적으로 서약함으로써 체결되었으며, 공증인의 입회 하에 엄중하게 조인되었다.[181] 이 협약은 기발한 착상이었다. 그러나 그것은 결코 시행되지 못하였다. 왜냐하면 일단 교황으로 선출되면, 교황-피선자는 이 협약이 자신의 교황전능권을 제한할 것이라는 바로 그 점을 지적하였기 때문이다. 이 협약에 서약을 한 것은 추기경으로서 한 것이고, 따라서 그와 같은 서약은 더 이상 구속력을 가질 수 없다는 주장이 교황들에 의해 제기되었던 것이다.

　1378년 봄에 일어난 곤혹스러운 사건들은 교황수장제의 문제점을 심각한 실체로서 제기하였다. 동일한 추기경단이 짧은 기간 내에 두 명의 교황을 선출하였기 때문이다. 여기서 이유로 내세워진 명분이 처음의 교황 우르반 4세의 선출이 전적으로 부적절하였다는 점이었다. 그 이후 교회의 대분열 기간 동안 교황의 주권 문제는 내내 첨예한 이슈로 제기되었다. 특히 1409년부터 세 명의 교황이 난립하면서, 이들이 각각 나머지 다른 교황들을 맹렬히 비난하고, 자신의 경쟁자들을 폐위하며, 그들의 추종자들을 파문하기에 이르자, 교황 주권의 문제점은 더욱 증폭될 수밖에 없었다. 교회의 대분열 시기는 공의회주의가 성장하고 만개하는 비옥한 토양을 제공하였던 셈이다. 공의회주의자들은 이 개탄스러운 상황의 재발을 방지하기 위한 보장책을 제시하였다. 모든 문제의 근원이 무제한적이고 주권적인 교황수장제라는 인식이 폭넓게 자리잡았던 것이다.

　공의회주의는 본질에 있어서 마르실리우스와 바르톨루스의 이론 그리고

---

181) 시간이 경과하면서 이 선거협약은 세세하게 많은 세부사항이 담긴 긴 목록이 되었다. 이 협약은 결과적으로 16세기까지 지속되었다. 이를테면 1352년 협약은 교황으로 선출될 수 있는 추기경의 최대 인원(20명)을 강조하였다. 추기경단은 새로운 추기경직의 신설에 동의하고, 교황령 국가의 고위직 임명에 동의해야만 했다. 족벌주의 등도 종식되어야 했다.

교회법 학자들의 법인체 이론의 결합체였다. 주교좌 참사회[182]가 법인체를 구성하고, 주교는 참사회의 결정에 의해 구속되며, 모든 주요 문제에서 주교는 참사회의 동의 하에 행동하여야 한다는 견해가 법인체 이론의 핵심이었다. 이 논리가 교황에게로 이전되었으며, 그것의 적용이 모색되었던 것이다. 그러나 무엇이 주교좌 참사회와 같은 지위를 가져야 하는가, 즉 그것이 추기경단인가 혹은 보다 광범위한 신자 공동체인가 하는 쟁점이 여기서 제기되었다. 추기경단이 첫 번째 대안임을 스스로 주장하였다는 점은 충분히 이해가 간다. 그러나 이들은 교황을 통제하는 집단이 전체 공의회임을 입증하는 한결같은 반대에 직면하였다. 바로 이 국면에서 마르실리우스와 바르톨루스의 인민주의 이론이 위력을 발휘하였다. 상향적 논리가 교회 정부에도 가차 없이 적용되었던 것이다.

이 같은 맥락에서 주권 내지 이른바 '우월성'은 당연히 교황이 아니라 전체 공동체에 속하였다. 마태복음의 결정적 문구는 성직자와 평신도 모두를 포함하는 그리스도 교도 전체 공동체에 적용되어야 한다고 이해되었기 때문이다. 이를 토대로 대의제 원리의 구체적인 실천이 공의회 내부에서 진지하게 모색되었다. 공의회는 전체 교회를 대변하는 대의체로서, 바르톨루스의 모델에 따르면, '전체 가톨릭 교회를 대표'하는 기구였다. 많은 교부 기록들이 이 논리를 강화하는 데 인용되었으며, 고대 그리스도교의 전체 회의가 그것의 모델로 상정되었다. 가장 저명한 공의회주의자들로는 추기경 프란시스 자바렐라,[183] 파리 대학의 장 제르송, 캉브레 주교 출신의 추기경 삐에르 다이이,[184] 독일 출신의 디

---

182) 주교좌 성당에 소속되어 종교적 행정적 업무를 관장하는 성직자 모임을 지칭한다. 이들은 공동생활을 하고, 교회의 운영에 필요한 사항을 심의하고 주교를 보좌하였다. 주교좌 참사회는 볼로냐 공의회(1516)까지 원칙적으로 주교선출권을 가지고 있었다. 주교좌 참사회의 운용 원리는 공의회주의의 중요한 이론적 원천이 되었다.

183) Francis Zabarella, 1417년 사망. 플로렌스 출신의 주교로서 콘스탄스 공의회에서 신성 로마 제국의 황제 지기스문트와 제휴하였다. 교황권주의자였으나 교회의 대분열을 해결하기 위해 공의회주의자 진영에 가담하였다. 또한 그는 교회의 최고 권위에 관한 《교회분열론》을 집필하였다.

184) Pierre d'Ailly, 1350~1420. 파리 대학 총장을 역임한 신학자 겸 천문학자. 교회의 대분열을 해결하기 위해 피사 공의회와 콘스탄스 공의회에서 많은 역할을 하였다. 그의 제자 중 탁월한 공

트리히 니엠 등을 들 수 있을 것이다.

공의회주의자들은 신앙과 교리란 모든 그리스도 교도에게 영향을 미치기 때문에, 신조와 교리 문제를 명확히 하는 일이 단지 교황 한 사람에게만 맡겨져서는 안 되며, 이는 마땅히 신도 집단의 전체의 일에 속해야 한다고 주장하였다. '모든 사람에게 관련되는 것은 모든 사람에 의해 동의되어야 한다'라는 경구가 여기서도 활용되었다. 교황도 신앙에 관련된 사항의 경우 공의회의 결정에 의해서 구속되어야 할 것이었다. 무오류성은 로마 교회정부에 속한 것이 아니고, 교황에게 해당되는 것은 더욱이 아니며, 오히려 그것은 신도 집단 즉 전체 공의회에 속하는 속성이었다.

또한 전체 공의회는 공의회에 책임을 지는 교회의 관리자들 특히 교황을 선출해야 했다. 이를 통해서 교황은 교회에 통합되었으며, 그는 일정한 기능과 임무를 수행하는 교회의 관리자가 되었다. 상향적 정부론이 공의회주의자를 실제로 얼마나 강력하게 옹호하였던가 하는 점은 14세기 말엽과 15세기 초엽 동안 여하한 하향적 정부론자도 등장하지 않았다는 사실에서 충분히 입증된다. 정확히 약 1000년 가까이 성장하고 적용되어 온 하향적 논리가 분별력 있는 사람들에 의해 광범위하게 거부되었다는 사실이 당대의 상향적 논리가 이룩한 성과와 의의를 단적으로 드러내고 있다.

공의회주의 논리는 오랫동안 교회 위에 그리고 교회를 초월해서 고유한 위상을 점했던 교황을 일상적 유기체적 법칙을 적용받는 교회의 일원으로 통합하였다. 교황이 자신의 권력을 아래로 분배하고, 하위 관리자에게 양도하는 것이 아니라, 이제 교황은 밑으로부터 자신의 권력을 부여받아야만 했다. 유서깊은 '수장과 구성원' 비유는 전통적으로 교황청에 의해 교황의 감독 기능을 입증하기 위해서 활용되었다. 그러나 바야흐로 이 비유는 공의회주의자들에 의해서

의회주의자가 장 제르송이었다. 그가 집필한 《세계의 이미지》는 지리상의 발견에 중요한 지적 원천을 제공하였다.

교회의 대분열. 자칭 교황이 4명에 이르고 있다.

교황의 교회로의 '통합' 과정을 지원하기에 이르렀다. 수장(머리)도 구성원(몸)의 일부라는 점이 그 논리였다. 중세적 비유들이 양날을 가진 무기가 되었던 것이다.

교회의 대분열을 종식시킨 콘스탄스 공의회(1414~18)에서 공포되었던 교서는 이러한 이론에 법률적 강제력을 부여하였다. 콘스탄스 교서들 가운데 두 가지는 각별한 관심을 가질 만하다. 한 교서는 공의회주의의 고유한 이론을 구체화하였다. 즉 전체 교회를 대변하는 공의회는 그리스도로부터 자신의 권한을 부여받았으며, 신앙 문제에서 공의회가 내린 결정에 대한 복속은 신분과 지위를 막론하고 모든 사람, 심지어 교황에게도 요구된다고 주장하였다. 다른 한 교서는 교황의 신앙 서약을 명시적으로 규정하였다. 교황으로 선출된 모든 신임 교황은 필요할 경우 생명을 걸고 종래의 모든 공의회 교서들을 신성하게 유지하고 보존할 것을 서약하도록 요구되었다. 이는 무엇보다도 교황의 사법적 기능의 축소를 의미하고 있었다.

공의회주의가 명백히 보여주고 있듯이, 정치 이론의 출현은 이번에도 현실 상황과 밀접하게 결부되어 있었다. 상향적 정부론은 난공불락의 요새로 여겨졌던 상대 진영에서조차 적어도 이론상 승리를 거두었다. 상향적 정치 이론을 수용했던 토양의 흡인력이 얼마나 강력하였던가 하는 점은 이를 주장했던 자들이 최고위 성직자들이었다는 사실에서도 충분히 확인할 수 있다. 아마도 마르실리우스와 바르톨루스가 이보다 더 큰 성공을 기대할 수는 없었을 것이다.

5. 보수주의와 전통

그렇기는 하지마는 공의회주의는 순수한 이론으로 남아 있을 수밖에 없었다. 아마도 특정 정치 이론의 주창자들 가운데 공의회주의자들만큼 자신의 이론을 실천에 옮기는 데 소극적이었던 예는 찾아보기 어려울 것이다. 사실 당시의 지적 분위기는 공의회주의자들에게 매우 유리하였다. 15세기 초엽에는 지적 훈련을 받은 사람의 숫자가 증가하고 있었다. 이는 대학교육이 하위 성직자 및 특히 평신도에게로 확산되고 있었음을 의미했다. 새로운 학교와 대학도 설립되었으며, 이 역시 대학 인구의 팽창을 말해주고 있었다. 더욱이 새로운 이론은 대학들에서 가르치고 배우기에 적합하고 좋은 주제가 되었다. 공의회주의가 대학들의 새로운 지적 흐름으로 정착하고 있었던 것이다.

끝으로 그러나 여전히 중요한, 한 가지 측면을 더 지적해 두기로 하겠다. 당시로서는 고중세 정치이론의 많은 부분을 설명해 주던 요소였던 제도화된 신앙이 쇠퇴하고 있었다. 그리고 이는 지적 급진주의에 의해서 대체되고 있었다. 그런데 한편으로 이 지적 급진주의는 허용될 수 있었던 당대의 범주를 왕왕 벗어나고 있었다. 하지만 이 모든 시대적 여건에도 불구하고, 사실 한 세대도 지나지 않아서 교황은 역경의 시기 이전의 위상을 회복하였다. 교황수장제와 교황 전능권이라는 전과 다름없는 주장이 교황령과 법률들에서 당당하게 제기되었다. 이를 어떻게 설명해야 할까? 이 같은 15세기의 상황은 사실상 그 이후 역사의 많은 특징들을 미리 보여주고 있다. 실제로 이 시기 상황에 대한 해명은 근년에 이르기까지 작동했던 다양한 이데올로기의 영향력을 파악하는 데도 도움이 될 것이다.

공의회주의는 그 주창자들에 의해서 용도가 폐기되었다. 15세기 중엽에 이르면 저명한 공의회주의 이론가는 더 이상 찾아볼 수 없게 되었다. 공의회주의자들이 점차 전통적인 교황수장제 견해로 회귀해 버렸던 것이다. 사정이

이렇게 된 데는 공의회주의자들이 교회의 헌정체제를 바꾸기 위해서 거의 아무런 역할도 하지 않았다는 사실에 부분적인 원인이 있었다. 물론 공의회주의자들이 평신도를 포함한 그리스도 교도들에게 본원적 권력이 있다는 견해를 맹목적으로나마 주장했던 것은 사실이다. 그러나 이들은 평신도의 지위를 단순히 수동적인 역할에서 적극적인 역할의 담당자로 전환시키려는 노력을 기울이지는 않았다. 이와는 반대로 평신도 집단은 전통적 교리가 부과했던 수동적 역할에 여전히 머물러 있었다.

이를테면 공의회주의는 유서깊은 주교중심주의 이론의 부활이기도 하였다. 즉 구태의연한 이론이 진보적 운동이라는 외투를 걸치고 새로운 모습으로 대두된 듯한 양상을 보였던 것이다. 실제로 평신도들이 의제를 제출하고, 의견을 밝히며, 논쟁에 참여하기도 하였다. 그러나 이들은 특별한 자격요건을 갖추지 못하는 한, 투표에서는 배제되었다. 평신도의 특별한 자격요건 가운데 가장 중요한 요소가 군주나 제후의 특사 여부였다. 그러나 이 경우에도 투표 참여는 평신도 자격으로서가 아니라 '신의 은총에 의한 군주'의 특사 자격으로 이루어졌다. 신정적 하향적 논리가 뒷문으로 재등장하였던 셈이다. 이 점을 논외로 하더라도, 당시 광범위하게 확산되었던 대의체 원리가 실제로 얼마나 적용되었던가 하는 점을 확인하기란 결코 쉬운 일이 아니다.

평신도를 단순한 방관자의 역할로 격하한 점은 공의회주의자들이 자신의 고유한 이론을 구현하는 데 극히 무심하였다는 사실을 명백히 보여준다. '모든 사람에게 관련되는 것은 모든 사람에 의해 동의되어야 한다'라는 경구는 설득력 있는 이론적 슬로건이었으나, 그러나 이는 유감스럽게도 실제로 구현되지는 못하였다. 15세기 공의회라 하더라도 이는 과거와 마찬가지로 사제들의 모임이었다. 15세기 대학 문서들을 일별해 보면 다수의 평신도 지식인 집단이 형성되어 있었다는 사실이 뚜렷이 드러난다. 그러니까 하위 성직자와 평신도 지식인 집단은 문을 두드리기는 시작했지만, 그러나 공의회에의 공식 입장은 거절당한 양

상이었다.

그러나 다음 세기의 개혁가들은 정확히 이들 두 계층에 대한 호소에 성공하였다. 뒤이은 종교적 정치적 대격변들에 미친 공의회주의자들의 비중은 실로 막중하였다. 그런데 이들에게는 자신의 이론을 실천으로 옮기기 위한 확고한 용기가 없었다. 아직 제대로 형태를 갖추지 못한 대중들에 대해 막연한 공포감을 가졌던 이들은 낡은 교황수장제적 구조로 복귀함으로써 자신들의 고유한 위상을 포기해 버렸다. 평신도 대중에 대해서 가졌던 숨길 수 없는 두려움이 공의회주의자들로 하여금 '기존 질서'에 합류하도록 만들어 버렸다. '기존 질서'에서 이들은 점점 더 거세지고 있던 대중의 힘으로부터 안전한 피난처를 발견하였던 것이다.

그런데 우리는 이와 유사한 검토를 세속통치자, 특히 당시 잘 알려져 있던 신정적 군주들 대해서도 적용할 수 있다. 이들 역시 '제3 신분'에 대해서 두려움을 가지게 되었던 것이다. 결국 공의회주의는 상향적 정부론의 이론적 부산물 그 이상의 무엇은 전혀 아니었다. 그리하여 15세기 교황과 군주들 사이에 우회적 협약이 체결되었다는 사실은 조금도 놀라운 일이 조금도 아니었다. 특히 1448년 교황 니콜라스 5세[185]와 신성 로마 제국 황제 프리드리히 3세[186] 사이에 체결된 협약은 심대한 영향을 미쳤다. 교황청이 공의회주의 운동의 영향을 명백하게 받았다면, 군주들은 선구적 공의회주의자들로부터 영향을 받았다. 과거 교황청과 군주들 사이에 있었던 적대감을 감안한다면, 양자의 우호적 협력관계는 분명 주목할 만하다. 양자 모두가 중대한 양보에 동의하였던 것이다. 그러나 만약 우리가 이를 과거와 비교해 볼 때 양자 사이에 갈등 요인이 줄어들었다고 평

---

185) Nicholas V. 1447~55. 온화한 성품과 뛰어나 외교적 수완으로 바젤 공의회에서 공의회주의 운동에 비판적이었던 서유럽 군주들의 환심을 샀다. 바티칸 도서관의 기초를 놓았을 뿐만 아니라 예술과 문화활동을 적극 장려하여 으뜸가는 르네상스 교황으로 평가받고 있다.

186) Frederic III. 1440~93. 1452년 교황 니콜라스 5세로부터 황제로 대관을 받았다. 그의 치세 동안 국경지대는 오랫동안 무정부 상태에 빠져 있었다. 바젤 공의회에서 교황 유게니우스 4세를 지지함으로써 공의회운동이 좌절을 겪기도 하였다.

가한다면, 그것은 지나치게 단순한 판단이 될 것이다.

사실 신정적 통치자들은 성직자 제도[187]를 위협했던 바로 그 세력에 의해서 자신들도 위협받고 있음을 깨닫게 되었다. 여기에 군주와 교황청이 서로 제휴하게 된 토대가 있었다. 하향적 정부 형태의 옹호자들이 당시의 상황에 경계심을 품게 된 것은 충분히 이해될 법하다. 이를테면 위클리프[188]의 이론은 인민(populares)이 통치자의 불법 행위에 대해 책임을 물을 수도 있다는 생각을 확산시켰다. 그리고 얼마 지나지 않아 보헤미아의 존 후스[189]도 이와 유사한 견해를 주장하였다. 그러니까 신성 로마 제국 황제의 효율적인 도움을 받고 있었던 콘스탄스 공의회가 이들을 정죄했다는 사실은 조금도 놀라운 일이 아닌 것이다.

하향적 정부론에서는 폭군에 대한 여하한 저항권도 배제되고 있었음을 우리는 충분히 지적하였다. 사실 15세기 초엽 파리 대학의 교수 장 프티[190]는 폭군 시해를 적절하고 가치 있을 뿐만 아니라 신민의 의무라고까지 노골적으로 가르쳤다. 이에 콘스탄스에 모인 공의회주의자들은 특별 교서에서 이 같은 견해가 이단적이고, 물의를 일으키며, 신도들을 현혹하고 있다고 비판하였다. 이는 '신앙과 도덕 모두에서 오류'이기 때문에, 이러한 이론을 따르는 자는 누구든 이단으로 정죄될 것이었다. 위클리프와 후스 등의 주장이 가지는 의의도 신성시되었던 하향적 형태의 정부가 이로 인해 심각한 충격을 받았으며, 이에 대한 하향적 정부론자의 대응 역시 마찬가지로 격렬했다는 점에 있었다. 기존 제도와

---

187) 프랑크푸르트에서 개최된 독일 신분제 의회와 당시 가톨릭 교회의 전체 공의회에서 행해진 몇몇 연설들은 이 같은 위험을 공통적으로 지적하고 있다.

188) John Wycliff, 1320~84. 옥스퍼드 대학의 철학자이자 종교개혁가. 《교회론》에서 교회의 계서제를 비판하였고, 신도집단 공동체로서의 교회론을 주창하였다. 이단으로 정죄 받은 후 옥스퍼드를 떠났다. 그를 추종하던 무리를 롤라드파(Lollards)라고 부른다.

189) John Huss, 1365~1415. 체코의 종교개혁가. 프라하 대학 총장을 역임하였으며 교회개혁을 주창하고 반독일 정서를 선전하였다. 1414년 콘스탄스 공의회에서 체포되었으며, 이단으로 정죄를 받은 후 화형을 당하였다. 주저로는 《교회론》이 있다.

190) Jean Petit, 1360~1411. 부르군디 공의 충실한 자문관으로 폭군 오를레앙 공의 살해(1407)를 정당한 폭군 시해라고 변론하였다. 이는 장 제르송 등의 공의회주의자들에게 격렬한 비판을 받기도 하였다.

권위는 모든 가능한 수단을 통해서 보호받고자 했다. 이 같은 맥락에서 상향적 정부 이론은 기존 제도에 대한 진정한 적으로 간주되었다. 무엇보다도 당시 실질적인 힘을 장악하였던 제도는 기존 질서에 속했던 정부였던 것이다.

15세기의 상황은 하나의 전조로서 인민주권론의 실천적 적용을 저지할 수 있는 결집되고 정비된 힘의 강도를 극명하게 보여준다. 또한 이 시기 퇴영적 과정의 대부분이 인간의 무기력, 무감각, 및 전통주의에서 비롯되었다는 사실도 분명해 보인다. 그 밖에도 15세기 말엽에는 상향적 이론의 현저한 기능을 저지하는 보수적 현상유지적 기구들이 상당수 있었다. 첫째, 제도들은 교회제도든 군주제도든, 그것이 제도화된 통치 조직이라는 바로 그 사실로 인해서 시간이 경과함에 따라, 이데올로기적으로 말하자면 시대에 뒤떨어진 정치이념을 가지게 되었다. 이들은 각각 고유한 예전과 의식을 제정하였다. 우리가 퇴영적 저지 과정에서 이들이 담당했던 역할을 이해하기 위해서는, 군주권의 신성한 기원에 대한 이들의 강조 및 지속적으로 유지되었던 군주의 대관식 예전을 상기할 필요가 있다. 대관식 예전의 모든 기도문, 상징, 제스처 등은 현저한 신정적 요소들로 가득 차 있었다. 그러나 군주의 대관식으로 인해 교권 역시 현저하게 강화되었다. 시간이 경과함에 따라 '왕좌와 제단'은 기존의 정부 제도를 표현하는 두 가지 상징물로 확립되었다.

인민주권 이론이 실천적으로 적용되는 데 매우 많은 시간이 소비될 수밖에 없었던 또 다른 이유로는 언어의 저지 효과 역시 간과할 수 없다. 인민이 '통치자'의 보호로부터 해방되는 느린 역사적 과정을 이해하고자 한다면, 원래 판이한 상황에서 고안되고 의도되었던 용어와 어휘들의 수세기에 걸친 사용 및 특정한 신정적 개념의 활용에 의해 형성된 의미의 과장과 축소, 그리고 특정 용어의 반복적인 사용으로 인해 야기되는 정신적 연상작용 등과 같은 여러 요인들을 복합적으로 고려해야만 한다.

저술가, 사상가, 및 지식인들이 어떻게 설명하든, 권력 수단은 언제나 정부

가 장악하고 있었다. 한편 신민들은 그들을 미성년자로 간주하고, '자비롭게' 통치하는, 정부의 후견 아래서 몇몇 중요한 보상들을 누리게 되었다. 신민의 주된 임무는 통치자에 대한 복종이었다. 신민의 가장 중대한 '공적' 의무를 법률 준수로 간주할 경우, 명백히 이는 사람의 마음을 편안하게 만들고, 위로해 주며, 진정시켜 줄 것이었다. 그러나 이 같은 보상을 우리가 입헌체제의 발달에 기여하는 요소로 보기는 어렵다.

하향적 형태의 정부를 상향적 형태의 정부로 대체하려는 시도는, 만약 하향적 정부가 단호한 입장을 취한다면, 불가피하게 혁명을 초래하게 될 것이다. 프랑스 대혁명기 동안 '시민'이라는 용어가 혁명의 대명사가 되었다는 사실은 매우 흥미롭다. 이 같은 현상은 이름 앞에 '시민'이라는 접두사가 붙게 되었던 1917년의 러시아 혁명기 때도 반복되었다. 아마도 상향적 정치의식과 하향적 정치의식 사이의 갈등을 시민과 신민이라는 대조적 용어보다 더 상징적으로 표현하는 개념은 없을 것이다. 요컨대 19세기의 헌정적 투쟁과 혁명들은 중세에 기원을 둔 이데올로기들 간의 투쟁이었다.

신정적 형태의 정부가 아니라 봉건적 지배 형태가 압도적이었던 공동체들에서는 다소 판이한 상황이 전개되었다. 봉건적 원리에 입각했던 정부가 위엄과 효율성 면에서 신정적 정부에 필적하기는 매우 어려웠다. 사실 봉건적 정부의 특징은 두 당사자 간의 타협을 결과적으로 도출해내는 느리고 성가신 과정에 있었다. 신정적 정부론이 배제했던 요소가 바로 느린 타협의 과정이었다. 봉건적 군주정에서는 가신이 본원적 권리로서 정부 기구에 참여할 수 있었으며, 법률 제정에도 참여할 수 있었다. 따라서 법률은 당연히 공동 노력의 산물이었다. 이 점이 사실상 새로운 인민주권론이 14세기 영국의 헌정적 정치 무대에 손쉽게 수용될 수 있었던 이유의 일부였다.

또한 이 점은 중세 말기 영국 사회의 발전이 지닌 매력적인 특징이기도 하다. 봉건적 원리들에 의해 비옥해진 토양이 상향적 이론이 상정한 원리들과 다

르지 않았던 것이다. 실제로 몇몇 권리들은 봉건적 공동체의 구성원들에게 속해 있었는데, 이는 군주의 양도 내지 수여의 결과가 아니라, 공동체의 구성원이라는 단순한 사실에 의해 보유된 것들이었다. 이러한 권리들을 인간이 태어나면서부터 가지는 천부적 권리로 인식하는 그 다음 단계를 위해서는 특별한 안목이 필요하지 않았다. 로크[191]와 블랙스톤[192] 등이 밝혔던 천부인권 이론이 곧바로 현실 정치에 영향을 미칠 수 있었던 중요한 한 이유는, 그것이 이미 개간되어 수용력이 강했던 토양 위에 떨어졌기 때문이었다.

17세기 영국 보통법이 수장제 정부에 대한 군주의 무절제한 야심에 맞서서 개인의 자유를 위한 보루가 되었고, 또한 그것이 기원과 운영에 있어서 12세기 이래의 봉건적 토양에서 성장했다는 사실은 결코 우연한 일이 아니었다. 법률은 군주와 봉건적 공동체 모두에게 공통적인 요소였다. 봉건적 풍토가 지배적이던 영국에서 시민의 기본권에 관한 이론이 발달했다는 사실은 역사적인 조건들의 소산이었다. 1776년 버지니아에서 선포된 인권선언[193]도 이 같은 역사적 패턴을 분명하게 보여주었다.

1789년 8월 26일 프랑스 국민의회가 반포한 인간의 양도될 수 없는 권리에 대한 선언[194]이 프랑스에서 엄청난 혼란을 불러일으켰다는 사실은 놀랄 일이 전혀 아니다. 프랑스에서는 이러한 류의 견해가 당시까지 학문적 사색에 불과했

---

191) John Locke, 1632~1704. 철학자 겸 정치사상가. 애쉴리 경의 주치의가 되면서 정계와 인연을 맺었고 애쉴리 경이 실각하자 네덜란드로 망명하였다. 명예혁명이 성공한 다음 해인 1689년 오렌지 공의 부인을 대동하고 영국으로 귀국하였다. 영국의 경험주의 철학의 확립에 기여하였으며,《인간오성론》,《시민정부론》 등의 저서를 남겼다.

192) Blackstone, Sir William, 1723~80. 영국의 저명한 법학자이자 판사. 옥스퍼드 대학의 보통법 교수를 역임한 후 정계에 입문하여 하원의원으로도 활약하였다. 1770년 판사에 임명되었으며, 그해 작위를 수여받았다.《영국법의 분석》,《주석》 등의 저서를 남겼다.

193) 토머스 제퍼슨이 초안을 작성하고 존 애덤스와 벤자민 프랭클린 등이 수정하여 1776년 7월 4일에 공포된 미국독립선언서. 인간의 평등과 천부적 권리 및 존엄성 등을 천명한 점에서 인권선언으로도 불린다.

194) 전문과 17개 조로 구성된 인간과 시민의 권리선언. 인간의 자유와 법 앞에서의 평등 및 신성한 재산권을 천명한 구체제의 사망확인서로도 불리기도 한다.

을 뿐, 이를 실질적으로 수용할 토양이 마련되어 있지 않았던 것이다. 사실상 이는 전통적인 프랑스의 법제적 정치적 선언을 혁명의 도구로 전환시켰다. 그리하여 이는 역사적 사회적 정치적으로 과거라는 뿌리가 없는 새로운 질서를 강력하게 창출하고자 했던 것이다.

제9장 맺는말

메이트랜드(F. Maitland)는 이미 오래 전에 '맹목적 중세주의'를 강력히 비판한 바 있다. 그에 따르면 맹목적 중세주의란 역사적 이데올로기적으로 주변적이거나 부적절한 문제를 연구하는 데 정력을 낭비하는 일이었다. 중세 정치사상에 대한 연구가 호고주의적이라는 이 같은 비난을 야기하지는 결코 않을 것이다. 왜냐하면 중세에 지배적이었던 정치 이념이 바로 오늘날 우리네 세계를 만들었기 때문이다. 우리들의 근대적 인식, 제도, 정치적 의무, 헌정적 이념 등은 중세적 요소들의 직접적인 후예이거나, 또는 중세적 유산들에 대한 전면적인 대립을 통해서 성장하였다.

오늘날에는 설령 몇몇 사람들이 정부와 법률에 관한 하향적 이론을 선호한다 하더라도, 이를 공개적으로 표명하는 경우는 거의 없다. 오늘날에는 상향적 이론이 압도적으로 지배적이다. 그러나 상향적 정부 이론이 왜 그리고 어떻게, 그토록 오래고 느린 유혈투쟁 과정을 통해서 승리하게 되었던가 하는 주제를 이해하고자 한다면, 탐구 정신을 가진 이로서는 정치조직·헌정체제·정부제도 등에 대한 묘사적 설명에 만족하기는 어려울 것이다. 오히려 탐구자들은 이 같은 조직과 제도들이 어떤 과정을 통해서 지금의 모습을 가지게 되었던가 하는 주제를 규명해보고자 할 것이다.

또한 중세 정치사상에 대한 연구는 그것이 현대의 연구자들에게 정부와 정치이념이 원래 어떻게 형성되었던가를 보여준다는 점에서도 가치가 있다. 우리는 5세기로부터 12세기에 이르는 기간 동안 사람이 거의 살지 않았던 방대한 지평의 유럽 대륙에서, 중세인은 공공 생활의 질서가 어떻게 관리되어야 할 것인가 하는 극히 초보적인 도전들을 익혀 나가야 했다는 사실을 깊이 이해해야만 한다. 중세 유럽인들에게는 '역사적인' 선례가 없었다. 모방이라든가 타산지석의 예를 통해서 사회를 어떻게 관리할 것인가 하는 문제를 습득할 수가 없었던 것이다. 이 새롭게 형성되고 있던 사회는 외부세계에 대한 지식을 거의 가지지 못했다. 다른 사회로서는 당연시되었을 일들을 처리하는 데도 중세 유럽은 나름의 방식을 발견해내야만 했다.

초기와 성기 중세의 정치사상이 다분히 그리스도교 중심적이었으며, 성서 지향적이었음을 설명하기는 어렵지 않다. 그런데 그리스도교와 성서에는 통치 문제에 관해 많은 지식을 제공했던 기존의 견해들이 포함되어 있었다. 사실 서유럽이 그리스도교와 라틴어 성서 모두를 받아들였다는 것은 이교적 맥락에서 든 그리스도교적 의미에서든, 서유럽 통치 문제의 전 영역에 미친 로마의 압도적 영향을 드러내고 있다.

중세 정치사상에 대한 연구는 이 분야의 통상적인 연구에서는 접하기 어려운 특징을 가지고 있다. 말하자면 모든 통치체제가 전적으로 추상적인 이념들에 기초하고 있었다. 성기 중세기에 지배적이었던 신정적 하향적 정부론과 법률론의 정치적 법률적 체제는 특정 이념이 지녔던 강력한 힘의 결과였다. 그런데 이 이념은 경험에 의한 결론과 인식에, 비록 반대하지는 않는다 하더라도, 이를 싫어하는 경향을 가지고 있었다. 그리하여 오늘날의 독자들이 중세 사회가 어떻게 상이한 사상들을 그토록 용이하게 수용했던가 하는 주제를 알아보고자 할 경우, 그 과정에 내재해 있던 다양한 요소들에 놀랄 수밖에 없다는 점은 충분히 이해될 법하다. 그러나 이 점이 중세의 다기한 정치적 모색들에 대한 실증적 연

구를 면제해주지는 않는다.

　무엇보다도 중요한 요소는 법률적 지배의 원리를 재발견해내는 작업이다. 중세의 모든 정치이념들은 이 법률적 지배의 원리에 동의하고 있었다. 사실 이는 오늘날도 여전히 보편적으로 받아들여지지는 않고 있다는 점에서 놀랍기조차 하다. 물론 법률적 지배의 원리에 이르는 길은 매우 다양하였다. 여기서 무엇보다도 중요했던 공통 개념은 자연에 대한 인식이었다. 먼저 자연은 신의 은총에 의해 정복되어야 했으며, 그 다음에는 모방의 모델로 기여하였고, 근대에 들어와서는 바로 이 자연이 신앙이나 은총이 아니라 자연과학이라는 새로운 지적 영역에 의해서 다시금 정복될 것이었다.

　호고주의라는 명칭이 정치사상사 연구에 붙여져서는 결코 안 된다. 정치사상사는 그 자체로서 명백히 가치 있는 지적 작업이다. 이는 현대 사회가 어떻게, 그리고 왜, 오늘날과 같은 모습을 띠게 되었는가를 이해시킬 뿐만 아니라, 상이한 국가들에서 가능했던 다양한 정부형태들 간의 차이를 여하한 연구 영역보다도 명확하고 설득력 있게 제시해주고 있다. 예를 들면, 독일에서는 히틀러에 의해 수립되었던 정부가 12년간 존속하였고, 이탈리아에서는 무솔리니가 수립한 정부가 20년간 지속되었으며, 소련연방 정부는 수립된 지 거의 50년 이상이나 유지되었다는 사실 등은, 정치 이념이 대중의 심성 구조에 미치는 막중하고 우선적인 영향력을 잘 드러내고 있다. 정치 이념은 느리지만 점진적으로 대중의 심성을 조율하여 역사적 상황을 형성하며, 다시 이는 현저하게 강조된 정치체제를 태동시켜 왔다. 비잔틴주의가 러시아에서 담당했던 유사한 역할과 기능을, 우리는 독일의 권위주의 정부(Obrigkeitsstaat)가 20세기 유럽 사회에 미친 영향력에서도 확인할 수 있다. 그것은 현대 유럽의 역사적 이데올로기적 전제였다.

　반면에 중세 봉건제가 민주적 형태의 정부가 형성되는 과정에서 담당했던 역할은 여전히 충분한 평가를 받지 못하고 있다. 봉건제, 봉건법, 봉건적 유형의 정부 등은 역사적 과정의 일부였음에도 불구하고, 여전히 먼지가 쌓인 채 서고

에 방치되고 있다. 봉건적 유형의 정부는 학설의 문제가 아니며, 과장된 원리나 도그마의 산물도 아니었다. 이는 중세 유럽을 살았던 인간들에 의해 만들어졌으며, 그리하여 이는 긴박한 실제 상황으로부터 결코 분리될 수 없는 지구력, 적응력 및 탄력성을 보여주고 있다. 사실상 이 봉건적 유형의 정부들이야말로 민주적 형태의 정부가 가지는 내구성과 점진적 진보라는 특성을 설명해주는 토대이다. 요컨대 민주적 정부는 역사의 토양에 깊게 뿌리박고 있으며, 더욱이 봉건적 군주정의 자생적 성장으로부터 유래된 역사적 과정을 토대로 형성되었다.

정치사상사에 대한 연구가 극명하게 보여주고 있는 점은, 역사적으로 조건 지워진 사상이 선행적 과정을 통해서 준비되지 못한 토양에는 내실 있게 이식될 수 없다는 사실이다. 여기에 속하는 한 사례가 프랑스 혁명이며, 바이마르 헌법[195]이 또 다른 사례다. 더욱이 오늘날 비유럽 세계의 일부 국가에서 목격되는 유감스런 사태는 정치 이론의 인위적 이식이 초래한 불행한 결과의 좋은 예들이다. 결국 정치 이념을 조율해야 하는 것은 인간이며, 이념의 조율 내지 제도화는 수용될 채비가 안 된 사회에 정치 이념들을, 무더기로 이식시키는 류의 방법으로 성취될 수는 없다. 정치사상사 연구란 역사적 맥락에서 사회와 정부를 연구하는 것이라고 확실하게 말할 수 있다. 따라서 중세 정치사상사에 대한 연구란 중세의 역사적 전개 과정을 설명하는 데 도움을 줄 뿐만 아니라, 특히 이는 현대 사회의 구조와 특징에 대한 체계적이고 계통적인 해명을 제공하고 있는 것이다.

---

195) 1919년 2월 바이마르 공화국이 선포되고 그해 7월에 채택된 독일의 헌법으로, 당시로서는 매우 민주적이었다. 입법권은 국회에 있었고, 대통령은 군통수권·국회해산권 등 비상대권의 권한을 보유하였다. 또한 사유재산·상속권·노동권·노동자 단결권 등을 보장하였다.

부 록

주요 연구동향

W. 울만의 저술목록

부록 1

주요 연구동향

(1) Arquillière, H. X., *L'augustinisme politique* (Paris, 1955)

이 책은 성 아우구스틴이 강조한 '비그리스도교 국가의 정의의 결여' 사상이 암흑적 시대에 잘못 이해되었다고 주장하고 있다. 저자는 이 유사정치적 아우구스틴주의가 모든 세속정부란 그 기능을 진정 완수하기 위해서는 교회와 명시적으로 결부되어야 한다는 생각을 초래하였다고 지적하고 있다. 저자는 *Saint Grégoire VII* (Paris, 1934)에서 이와 같은 과정의 그 이후의 발전 양상을 추적하였다. 서임권 투쟁 기간 동안 등장했던 공식 비공식의 양측 저술가들을 검토한 그는 11세기에는 교권과 속권 모두에서 그리스도교 사회가 두 조직 간의 상호의존적인 하나의 사회라는 개념이 자명한 것으로 받아들여지게 된 것이 분명하다고 주장하였다. 그레고리우스 당시의 쟁점은 이 그리스도교 사회를 지배하는 원리가 황제교권주의와 교황 신정정치 가운데 어느 한쪽이어야 하는가 하는 문제였다는 것이다.

(2) Aubert, J. M., *Le droit Romain dans l'oeuvre de St. Thomas* (Paris, 1955)

이 저작은 제목이 가리키는 바와 같이 영역이 한정되어 있기는 하지만 성 토마스의 정치사상을 이해하는 데 열쇠가 되는 그의 법철학의 모든 문제를 포괄한 실로 믿을 만한 안내서다.

(3) Burns, J. H. ed., *The Cambridge History of Medieval Political Thought, c.350-1450* (Cambridge, 1988)

중세 정치사상에 대한 근년의 연구성과 및 학문적 동향을 잘 보여주고 있는 책으로, 기본적으로 연대기적 접근을 택하고 있는 동시에 핵심 주제별로도 구성되어 있다. 이 책에서는 중세의 정치사상을 태동기(c.350~750), 형성기(c.750~c.1150), 성장기(c.1150~c.1450) 등의 세 시기로 구분하고 있을 뿐만 아니라 유럽은 물론 비잔틴 등의 정치이념의 주요 흐름과 특징 등도 개관하고 있다. 중세 정치사상에 대한 근년의 연구동향, 핵심 주제들에 대한 소개, 주요 정치사상가들에 대한 간략한 정보 그리고 이들에 관한 1차 및 2차자료 등은 이 분야를 연구하고자 하는 입문자 내지 중세 정치사상에 관심을 가진 이들에게 유용한 길잡이 역할을 하고 있다.

(4) Canning, J. *The Political Thought of Baldus de Ubaldis* (Cambridge, 1987) ; "The Role of Power in the Political Thought of Marsilius of Padua," *History of Political Thought* XX (1999)

이 저서는 바르톨루스와 더불어 중세 말의 대표적인 법학자였던 발두스의 정치사상을 주권, 시민적 정부, 사회집단, '정치학' 등의 주제를 중심으로 다루고 있다. 저자는 기본적으로 발두스를 매우 창조적인 법학자로 이해하고 있다. 저자에 의하면, 발두스는 당대의 정치상황을 냉철하게 이해한 매우 뛰어난 현실주의자이자 이탈리아의 도시국가라는 정치적 실체에 입각하여 철학적 법률적 논의를 창조적으로 활용한 법학자였다는 것이다. 이 연구서는 이른바 후기 주석학파의 대표적인 학자였던 발두스가 어떻게 로마법을 실천적으로 적용하였던가를 역사적 맥락 하에서 보여주고 있는 뛰어난 저서다.

이 논문은 마르실리우스 파두아의 정치사상에서 중요한 위치를 점하고 있는 권력, 즉 강제력을 조명하고 있다. 필자에 의하면 마르실리우스가 강조한 동의의 개념에는 권력에 대한 이해와 결부되어 있으며, 이 강제력이라는 핵심적 이념은 교황전능권(*plenitudo potestatis*) 이론에 투영되어 있다는 것이다. 또한 필자는 마르실리우스가 권력을 생물학적 견지에서 이해하였다고 지적하고 있다.

(5) Carlyle, R. W., & A. J., *Medieval Political Theory in the West* 6vols. (London, 1903~36)

이 책은 1차사료로부터 원어 그대로 많은 인용을 하고 있다는 점에서 특히 소중하다. 대체로 14~15세기를 다소 개략적으로 다룬 데 비해, 중세 초기(13세기까지)는 꽤 충실하게 다루고 있다. 모두 6권으로 구성되어 있는바, 각 권의 내용은 다음과 같다.

권 1 고전기 및 초기 그리스도교 사상
권 2 교회법 학자와 로마법 학자
권 3 봉건적 사상 및 게르만적 사상
권 4 서임권 투쟁
권 5 13세기
권 6 14~16세기

(6) Crump C. G. & Jacob E. F., *The Legacy of the Middle Ages* (Oxford, 1926)

이 책에는 유익한 논문들이 몇 편 수록되어 있다. Powicke F. M., "Christian life in the Middle Ages"는 그리스도교가 적어도 명목상으로는 사회구조의 모든 차원에 침투하였음을 지적하고 있다. Le Bras G., "Cannon Law"는 《교회법대전》(*Corpus Iuris Canonici*)의 역사와 중요성을 간략하지마는 훌륭하게 소개하고 있다. Jacob E. F., "Political thought"는 중세를 두 주요 정치적 개념, 즉 고대로부터 유래된 일원론적 국가 개념과 국가에 대한 다원론적인 견해의 매체로 파악하고 있다.

(7) D'Entrèves, A. P., *Dante as a Political Thinker* (Oxford, 1952)

이 연구서는 단테의 정치사상이 각각 *Civitas, Imperium, Ecclesia*의 개념들로 상징되는 세 국면에 걸쳐 발전되었음을 제시하고 있다. 저자는 로마법이 단테로 하여금 제국 개념을 채택하게 한 가장 중요한 요인이었다고 생각하고 있으며, 또한 그는 《향연》(*Convivio*)에 등장하는 이념들 속에 정치권위에 관한 한 아리스토텔레적인 '자연적' 견해와 성 아우구스틴적인

'인습적' 견해가 기묘하게 혼합되어 있음을 지적하였다. 또한 저자는 《신곡》이 《제정론》에서의 보편적 세속질서에 대한 이상이 포기되고, 교회를 통한 도덕적인 거듭남이라는 보다 종교적인 이념이 선호된 것으로 해석하였다.

(8) Gewirth, A., *Marsilius of Padua* (New York, 1951)
영어로 집필된 것으로는 유일하게 완전한 규모로 마르실리우스를 다룬 연구서다. 저자는 마르실리우스의 국가 개념이 진정한 민주적 요소를 포함하고 있으며, 그의 '공동체'가 '중요한 부분'에 대한 최종적인 통제권을 보유하는 것이었다고 여기고 있다. 또한 저자는 마르실리우스 고유의 정치학과 윤리학의 분리 주장은 부분적으로는 아리스토텔레스의 접근방식 가운데 목적론적 측면보다는 생물학적 측면을 강조함으로써 그리고 부분적으로는 성 아우구스틴의 정치적 비관주의가 활용됨으로써 형성되었다고 밝혔다. 한편 Previté-Orton, C. W., "Marsilius of Padua," *Proceedings of the British Academy* (1935)는 마르실리우스 사상에 대한 간략한 소개다. 저자는 당시 이탈리아 도시국가들의 정치적 관행이 마르실리우스 이론에 미친 영향을 강조하고 있다.

(9) Gierke, O., *Political Theories of the Middle Ages*, tr. Maitland, F. W. (Cambridge, 1900)
이 연구서는 중세인들이 고유의 정치사상에 함축된 논리적 귀결을 끝까지 밀고 가지 않았다는 것을 주요 논지로 삼고 있다. 기에르케는 통일체 내지 사회유기체에 대한 중세인의 이념에 구현되어 있는 이러한 정치사상은 결국 '집단 인성'(group-personality)의 개념을 함축하게 마련이라고 주장하였다. 그는 이러한 개념이 발전하지 못한 이유를 국가와 개인을 제외한 모든 법률적 실체들을 '허구적'인 것으로 간주하였던, (그의 표현을 빌리면) '고대적 근대적' 정치학 개념의 침투에서 찾고 있다. 기에르케는 정치사상에서의 사회적 정치적 공동체에 대한 '원자화'를 로마법 학자 내지 보다 크게는 교회법 학자들의 책임이라고 간주하였다. 메이트랜드의 역자 서문은 기에르케 이론에 대한 대단히 탁월한 해설이기도 하다. 한편 Lewis, E. "Organic tendencies in mediaeval political thought," *American Political Science Review* (1938)는 오토 기에르케의 견해에 대한 근년의 유력한 연구들 가운데 한 좋은 예다.

(10) Gilby, T. *The Political Thought of Thomas Aquinas* (Chicago, 1958)
이 연구서는 《통치가론》(*De Regimine Principum*)이라는 저서를 제외하고서 단편적으로 나타나 있는 토마스 아퀴나스의 정치사상을 일관된 체계로 규명하고 있다. 저자는 아퀴나스의 정치사상의 특징을 크게 다음 네 가지로 지적하고 있다. 첫째, 토마스 아퀴나스는 국가란 인간의 사회적 본성적 산물이라는 아리스토텔레스적 정치적 이념을 가지고 있었다는 것이다. 둘째, 아퀴나스는 교권과 속권의 자율성 내지 독립성을 강조한 젤라시우스류의 정치적 인식을 가지고 있었다는 것이다. 셋째, 아퀴나스가 제시한 정부는 제한적 정부의 성격을 지니고 있었다는 것이다. 마지막으로 아퀴나스는 통치를 단지 윤리 내지 과학의 한 영역이 아니라 그 이상의 고상한 기예로 인식하였다는 것이다. 이 저서는 아퀴나스의 정치사상을 이해하는 데 여전히 유용한 연구서다.

(11) Gilson, E., *Dante the Philosopher* (London, 1948)

이 책에서는 단테의 세계질서에 관한 통찰이 뛰어난 필치로 해석되어 있다. 저자에 따르면 단테는 체계적인 철학자가 아니었다. 그러나 그는 다양한 근거들을 활용하여 완전히 독립적인 그리고 인간을 구체적인 현세적 목표로 향하게 하는 보편제국에 대한 자신의 호소를 정교하게 제시한 인물이었다.

(12) Gwynn, A., *The English Austin Friars* (Oxford, 1940)

이 연구서는 전반부에서 아우구스틴적 논객들을 상세하게 고찰하고 있으며, 또한 자일즈의 주권론이 위클리프에 이르기까지 경험한 다양한 변화들을 설명하고 있다.

(13) Jacob, E. F., *Essays in the Conciliar Epoch* (Manchester, 1952)

이 책은 공의회주의, 제르송, 오캄 등을 다룬 유용한 논문들을 수록하고 있다. 그리고 그의 글 "Nicholas of Cusa," *The Social and Political Ideas of Some Thinkers of the Renaissance and Reformation*, ed. Hearnshaw, F. J. C. (London, 1925)는 흥미로운 사상가인 니콜라스 쿠사에 대한 훌륭한 입문서다. 또한 필자는 여기서 그의 저서 《가톨릭의 조화》(*De Concordantia Catholica*)에 관해서도 요약 해설하고 있다.

(14) Jedin, H., *A History of the Council of Trent* (London, 1957)의 v.1 〈Council and reform from the Council of Basle to the Lateran Council〉

이 연구서는 교회 정부에 관한 공의회주의자와 교황권주의자의 사상을 15세기 전체를 섭렵하여 훌륭하게 개관하고 있다. 저자는 트로퀘마다(Troquemada)를 수장권 이론의 대표적인 주창자로 파악하고 그의 영향을 강조하였으며, 또한 교황이 바젤 공의회에서 승리한 이후로도 공의회주의자가 얼마나 강력하게 살아남았던가에 주목하였다.

(15) Kantorowicz, E. H., *The King's Two Bodies: A Study in Mediaeval Political Theology* (Princeton, 1957)

이 연구서는 튜더 왕조기 법률가들에 의해 고안된 법률적 허구인 군주의 두 몸, 즉 '정치적' 몸과 '자연적' 몸의 변천, 함의 및 영향 등을 다루고 있다. 군주의 자연적 몸이 모든 인간과 마찬가지로 나약한 존재이지만, 자연적 그것과는 달리 결함이 없는 군주의 몸은 통치, 인민의 안녕 등을 책임지고 있다는 것이다. 다양한 사료들을 활용하고 있을 뿐만 아니라 중세 말의 다양하고 복합적인 법제사상 내지 정치사상도 다루고 있는 이 저서는 고전, 역사, 법률과 신학, 교회학 등에 대한 저자의 박학함이 돋보이는 책이기도 하다.

(16) Kern, F., *Kingship and Law in the Middle Ages* (Oxford, 1939)

이 저서는 게르만적인 법률 및 관습 개념을 알아보는 데 유익한 해설서다. 저자는 그것을 공유하는 모든 사람들에 대하여 특정한 그리고 침해될 수 없는 원리들을 보장하는 장치로서의 법률이 가진 기능과 이 같은 법률을 천명하고 집행하는 주역으로서의 왕권의 기능을 강조하고 있다.

(17) Lagarde, G., *La naissance de l'ésprit laique an dèclin du myoen âge*, 6vols. (St. Paul-trois-Chateaux, 1934~46)

이 저작은 세속주의를 중세에까지 소급 추적하고자 함으로써 역사적 시야에서는 다소 결함이 있기는 하지마는, 복잡하게 뒤엉킨 13·14세기의 정치적 사회적 이론들의 흐름을 흥미롭게 개관하고 있다. v.3 〈Secteur social de la Scolastique〉는 아리스토텔레스의 《정치학》이 13세기 사상에 미친 영향을 드러내는 유용한 자료들을 포함하고 있으며, 성 토마스 아퀴나스의 정치사상에 대한 뛰어난 요약 또한 포함하고 있다. 한편 저자는 v.2 〈Masile de Padoue ou le premier théoricien de l'état läique〉에서 마르실리우스의 역사상을 생생하기는 하지마는 파당적인 인물로 묘사하였다. 저자는 마르실리우스를 현대 전체주의 국가의 한 예시자로 그리고 있는바, 특히 속권이 심지어 종교적 영역에서조차 전능권을 가져야 한다는 마르실리우스의 주장을 그 근거로 제시하고 있다. 저자는 v.4 〈Ockham et son temps〉, v.5 〈Okham bases de départ〉 그리고 v.6 〈Ockham : la morale et droit〉에서 오캄의 법률 및 정치에 관한 이론들의 지적 물질적 배경을 세밀히 다루고 있다. 그는 오캄의 정치적 유명론이 개체 이외에는 실체성을 부정함으로써 중세 정치공동체의 원자화에로의 길을 열었다고 생각하였다. 타이어니(Tierney)는 저자의 시각이 기본적으로 유기체 이론과 원자론적 견해를 대비시켰던 기에르케의 그것의 재연이며, 오캄이 교회법 학자들을 대신해서 중세적 정치이념을 해체시킨 주역으로 파악되고 있다고 지적한 바 있다(Tierney, *Foundations of the Conciliar Theory*, p.100). 한편 Morall, J. B., "Some notes on a recent interpretation of William of Ockham's political philosophy," *Franciscan Studies* (1949)도 근년의 업적을 토대로 라가르드(Lagarde)의 견해를 보완적 비판적으로 재검토하였다.

(18) McGrade, A. S., *The Political Thought of William of Ockham: Personal and Institutional Principles* (Cambridge, 1974)

이 책에 의하면, 오캄은 정부의 기능이 제한적이어야 한다고 이해하였다는 것이다. 정치제도의 '신성성'을 비판하였던 오캄이 국가란 도덕적 목표를 추구하지 않기에, 교황청 역시 이같은 도덕적 근거에 입각하여 세속사에 개입해서는 안 된다는 인식을 가지고 있었다는 것이다. 오캄의 철학적 인식과 정치적 담론 간에는 상관관계가 있다고 파악한 저자는 자연권 이론 및 합리적이고 정당한 도덕성에 대한 오캄의 고유한 신념이 그의 정치사상을 이해하는 관건이라고 지적하고 있다. 한편 저자에 의하면, 오캄은 교황청을 포함한 당대의 정치제도를 와해시키려 하였던 것이 아니라 급진적으로 개혁하고자 하였다는 것이다. 이 책은 오캄의 정치사상을 이해하는 데 여전히 중요한 길잡이 역할을 하고 있다.

(19) McIlwain, C. H., *The Growth of Political Thought in the West from the Greeks to the End of the Middle Ages* (New York, 1932)

이 책은 고전시대로부터 중세에서 근대로의 이행기인 15세기 말엽까지의 유럽 정치사상을 추적하였다. 이 연구서의 주요 논지는 그리스-로마, 게르만 그리고 그리스도교적 개념들이 중세적 전통으로 결합되어, 중앙정부가 구체적이고 입헌적인 제어장치에 의해서가 아니라 일반인 및 특히 공동체의 구성원들에게 속하는 것으로 간주되었던 권리들에 의하여 제한되는 사회를 형성하였다는 것이다.

(20) Nederman, C. J., "Nature, Sin and the Origins of Society: The Ciceronian Tradition in Medieval Political Thought," *Journal of the History of Idea* (1988) ; "Freedom, Community and Functions: Communitarian Lessons of Medieval Political Theory," *American Political Science Review* (1992)

전자의 논문에서는 중세의 정치적 이념에서 인간 본성에 대한 아우구스틴적 비관적 인식 내지 아리스토텔레스적 자연주의적 이념에 가려져 있던 키케로적 정치이론의 중요성이 언급되고 있다. 필자는 인간 결사란 비강제적 수단인 이성과 설득에 의해 형성된 공동체라는 중세의 키케로적 정치이념에 주목하였다. 필자에 의하면, 키케로적 정치이념은 존 솔즈베리(John of Salisbury)와 존 파리(John of Paris) 등에 의해 추구되었다는 것이다.

후자의 논문에서는 중세 유럽의 정치적 전통에서 공동체란 본질적으로 시민이 아니라 오히려 기능적 집단 내지 부분들로 구성되어 있다는 논지에 초점이 맞추어져 있다. 또한 필자는 이 공동체적 기능주의(communal functionalism)를 정치체를 구성하는 집단들 간의 협업을 통한 조화에 초점을 맞춘 존 솔즈베리류의 '병리학적' 인식과 공동체를 형성하는 부분들의 공식적 동의를 강조하는 마르실리우스 파두아(Marsiglio of Padua)류의 '시민적' 기능주의로 구분하고 있다. 중세 유럽의 이와 같은 공동체적 기능주의에는 자유로운 개인들로 구성된 공동체라는 공동의 인식론적 토대에 대한 공감대가 있었다는 것이 필자의 주장이다.

(21) Oakley, F., *The Western Church in the Later Middle Ages* (Ithaca, 1979).

이 책은 말기 중세, 즉 14·15세기의 유럽 교회를 종교개혁의 전주로서가 아니라 그 자체의 고유한 언어 및 선행한 시기들에서의 교회의 성장과 결부시켜 설명하고 있다. 저자는 11세기 후엽 이래 16세기에 이르는 종교적 경건성의 연속성을 강조하고 있으며, 신비주의 운동과 '새로운 종교적 헌신'(*devotio moderna*)에 대해 탁월한 분석을 제공하고 있다. 또한 저자는 구원론을 비롯한 교리의 성장, 이단운동 그리고 교회조직과 관련하여 일어난 개혁운동 등 14·15세기 유럽 교회가 경험한 내부로부터의 변화에도 주목하고 있다.

(22) Post, G., "Plena potesta and consent in medieval assemblies," *Traditio* (1943) ; "Roman Law and early representation in Spain and Italy," *Speculum* (1943)

첫 번째 논문은 대의제 이론이 로마법 및 교회법에서 개화하였던 방법인 소송대리인에 의한 대리제에 입각한 것이었음을 제시하였다. 두 번째 논문은 이탈리아적인 절충책이 대의제적 관행의 발전에 선구적 역할을 하였다고 평가하고 있다.

(23) Powicke, F. M., "Reflections on the Medieval State," *Transactions of the Royal Historical Society* (1936)

중세의 국가개념과 기타 중세의 정치적 술어들에 포함되어 있는 개념 상의 다의성들을 고찰하고 있다. 이 글은 Morall, J. B. ed., *Ways of Medieval Life and Thought* (London, 1949)에도 재수록되어 있다.

(24) Rivière, J., *Le probléme de l'Eglise et de l'Etat au temps de Philippe le Bel* (Paris, 1926)

이 책은 교황의 직접적 현세권 이론의 발전에 대한 해설로 시작하고 있다. 저자는 이 이론을 그레고리우스 시대 및 12세기로부터 소급하여 추적하였다. 보니파키우스 논쟁에서 개진

되었던 양측의 공식적 정치평론적 논의들을 상세하게 고찰하고 있으며, 특히 저자는 자일
즈 로마(Giles of Rome), 제임스 비터보(James of Viterbo) 그리고 존 파리(John of Paris) 등
을 주목하였다.

(25) Robinson, I. S., *The Papacy 1073-1198: Continuity and Innovation* (Cambridge, 1990)

이 연구서는 11세기 말엽으로부터 12세기에 이르는 기간에 교황청이 어떻게 그 조직을 유지
하였고 일련의 혁신을 통해 존속하게 되었던가를 추적하고 있다. 이 책은 크게 통치제도로
서의 교황청의 성장 및 교황청의 현세사에 대한 개입이라는 두 부분으로 구성되어 있다. 저
자는 11세기 말엽 입법, 사법, 재정 등의 분야에서 교황청의 여러 제도들이 어떻게 신설되거
나 재편되었는지를 설득력있게 제시하고 있다. 또한 저자는 교황청의 정치이론이 십자군
운동 등의 현실정치에 어떻게 적용되었던가를 분석하고 있다.

(26) Stickler, A. M., "Concerning the political theories of the medieval Canonists," *Traditio* (1951)
; "Sacerdozio e Regno nelle nuove richerche attono ai scoli XII nei Decretist e Decretalisti di
Gregorio IX," *Sacerdozio e Regno da Gregorio VII a Bonifacio VIII* (Rome, 1964)

이 글들은 W. 울만의 저작들인 *Medieval Papalism* (London, 1949) ; *The Growth of Papal
Government in the Middle Ages* (London, 1955)에 대한 논평으로 집필되었다. 여기서 필자는
중세 교회법 학자의 주된 전통을 보는 울만의 시각을 일방적인 것이라고 강력히 비판하였
다. 또한 필자는 그레고리우스 9세 이전 시기의 교회법 학자들의 주된 입장이 여전히 전통
적인 이원론이었으며, 성직자 정치론은 교회의 물적 강제권의 성격에 대한 혼동의 한 결과
로서 후기에 대두되었다고 지적하고 있다. 한편 Maccarone, M., "Potestate directa e Potestas
indirecta nei teologi del XII e XIII secolo"도 같은 책에서 직접권 이론이란 13세기 이전의 신학
자들에게서는 찾아볼 수 없다고 주장하고 있다.

(27) Tierney, B., "Some recent works on the political theories of the medieval Canonists," *Traditio*
(1954) ; *Foundations of the Conciliar Theory* (Cambridge, 1955)

전자의 연구서는 교회의 내정 구조에 대한 교회법 학자들의 견해가 어떻게 진전되었던가
그리고 15세기의 공의주의 운동이 어떻게 마련되었던가 하는 문제들을 충분한 사료상의
근거 제시를 통해 서술하고 있다. 저자는 13~14세기 디크레탈리스트들에 의해 구성된 법인
체 이론의 중요성을 특히 강조하였다. 한편 후자의 논문은 최근의 학문동향과 견해의 차
이들에 관하여 간략하고도 불편부당하게 그리고 비판적으로 개관하고 있다.

(28) Troeltsh, E., *The Social and Teaching of the Christian Churches* 2vols. (London, 1931)

이 연구서 역시 하나의 논지를 입증하기 위해 집필된 책이다. 트뢸치는 원시 및 교부시대의
그리스도교는 동료 신도들의 영적인 생활에만 관심을 집중시켰으므로 정치철학을 애써
가지고자 하지 않았으며, 단지 (인간의 죄악에서 기인한다는 상대적인 의미로 이해된) 자연
법 및 과거 인류의 황금시대 등과 같은 기존의 고전적 개념들을 그대로 물려받은 것으로
만족하고 있었다고 주장하였다. 반면에 중세 가톨리시즘은 상황에 의해 시민사회와 보다
밀접한 관계를 맺지 않을 수 없게 됨에 따라 사회생활 전반에 대한 통제를 추구하였다. 그

러나 실제에 있어서 교회는 계시종교에 의한 신성화와 자연법사상을 거의 변화시키지 못하였다. 중세에 그리스도교 특유의 사회적 정치적 윤리를 만들어 내려는 시도는 전혀 없었으며, 교회는 합리적인 자연법의 해석자 내지 집행자로서 처신하는 데 만족하였다. 트뢸치는 그리스도교 내에서 덜 조직화된 요소였고, 보다 개인주의적인 요소였던 '종파들'이 중세 질서의 해체 과정에서 주된 역할을 담당하였다고 생각하였다.

(29) Ullmann, W., *Medieval Papalism* (London, 1949) ; *The Growth of Papal Government in the Middle Ages* (London, 1955)

저자는 중세 교회법 학자들의 주된 전통이 현세사에 대한 교황의 직접권 이론을 지지하는 것이었다고 주장하였다. 또한 저자는 중세 말기의 교황권주의적 성직자 정치이념을 암흑적 시대와 심지어 교부시대에까지 거슬러 올라가서 추적하고자 하였다. 가장 괄목할 만한 주장은 초기 중세 교회와 세속정부의 관계에서 이원론이 일반적인 것이 아니라 오히려 예외적인 것이었다는 지적이다. 겔라시우스의 이론조차 저자는 이원론의 주장이 아니라, 심지어 현세적 영역에서도 교황이 유일한 수장으로서의 우위를 가진다는 주장이었다고 파악하였다. 이와 같은 교황권 우위론과 이에 맞섰던 세속적인 그리스도교 정부의 황제교권주의적 주장 사이에 야기된 갈등이라는 주제가 이 책 전체를 일관해서 흐르고 있다. 저자는 교회법 학자의 전통에 따라 그라티안 이후 성직자 정치이론이 법제화되고 있었다고 간주될 법한 시기 바로 직전에서 자신의 고찰을 마치고 있다.

(30) Wilks, J., *The Problem of Sovereignty in the Later Middle Ages* (Cambridge, 1963)

저자는 이 책에서 중세의 신정적 교황권주의가 인민주권론자였던 마르실리우스 파두아에 의해 급격하게 '세속화'된 것이 아니라 오히려 토마스주의에 의해 전환되었다고 주장하고 있다. 저자에 의하면, 중세의 정치이론가들은 주권의 문제를 직접 논의하였으며, '절대주의'에 대한 정확한 정의를 내리고 있다고 확신하였다는 것이다. 아우구스티누스 트리움푸스(Augustinus Triumphus)가 교황 절대주의 이론을 매우 체계적으로 제시한 대표적인 인물로 제시되고 있다.

W. 울만의 저술목록

B, Tierney & P. Linehan eds., *Authority and Powers: Studies in Medieval Law and Government Presented to Walter Ullmann on His Seventinth Birthday* (Cambridge, 1980) 에서 Peter Linehan이 작성한 것을 토대로 재정리한 것이다.

〈약어표〉

CHJ	Cambridge Historical Journal
CHR	Catholic Historical Review
EHR	English Historical Review
JEH	Journal of Ecclesiastical History
JTS	Journal of Theological Studies
LQR	Law Quarterly Review
RHD	Revue d'Histoire du Driot / Tijdschrift voor Rechtgeschiedenis
SCH	Studies in Church History
ZGR	Zeitchrift der Savigny-Shiftung für Rechtegeschichte
	Germ. Germanishtische
	Kan. Kanonsistische
	Rom Romanistische

1. "Bartolus on customary law," *Judicial Review* LII (1941), pp.265~283.

2. "Der Wersuch nach der mittelaterlichen italensichen Lehre," *RHD* XVI (1941), pp.28~72.

3. "Baldus' conception of Law," *LQR* LVII (1942), pp.386~399.

4. "Reflections on medieval torture," *Juridical Review* LVI (1944), pp.127~137.

5. "The medieval theory of legal and illegal organizations," *LQR* LX (1944), pp.285~291.

6. "The right of asylum in sixteenth-century theory and practice," *Dublin Review* CCXV, no.431 (1944), pp.103~110.

7. "A medieval philosophy of law," *CHR* XXXI (1945), pp.1~30.

8. *The Medieval Idea of Law as represented by Lucas de Penna: a study in fourteenth-century legal scholarship*, with an introduction by H. D. Hazeltine (London, 1946), XXXIX + 220pp.

9. "Medieval principles of evidence," *LQR* LXII (1946), pp.77~87.

10. "Reflections on medieval clerical taxation," *Dublin Review* CCVIII, no.436 (1946), pp.150~161.

11. "A medieval document on papal theories of government," *EHR* LXI (1946), pp.180~201.

12. "Medieval hospices," *The Month* CLXXIV (1947), pp.46~49.

13. "Some medieval principles of criminal procedure," *Juridicial Review* LIX (1947), p.1~28.

14. *The Origins of the Great Schism: A Study in fourteenth-century ecclesiastical history* (London, 1948), XIV + 244pp.

15. "The delictal responsibility of medieval corporation," *LQR* LXIV (1948), pp.177~186.

16. "Honorius III and the prohibition of medieval legal studies," *Juridical Review* LX (1948), pp.177~186.

17. *Medieval Papalism: the political theories of the medieval canonists* (The Maitland Memorial Lectures 1947~48) (London, 1949), XIV + 230pp.

18. "The development of the medieval idea of sovereignty," *EHR* LXIV (1949), pp.1~33.

19. "The disputed election of Hugh Balsham, bishop of Ely," *CHJ* IX (1949), pp.259~268.

20. "Medieval views on papal abdication," *Irish Ecclesiastical Record* LXX (1949), pp.125~153.

21. "A Scottish charter and its place in medieveal cannon law," *Juridicial Review* LXI (1949), pp.225~241.

22. "The defence of the accused in the medieval Inquisition," *Irish Ecclesiastical Record* LXXIII (1949), pp.481~489.

23. "A fourteenth dispute at Bridlington Priory and its acoustic setting," *Yorkshire Archaeological Journal* XXXVII (1951), pp.456~473.

24. "Cardinal Humbert and the Ecclesia Romania," *Studi Gregoriani* IV (1952), pp.111~127.

25. "Master Gratian," *The Times* 15, April 1952.

26. "Frederick II's opponent Innocent IV as Melchisedk," *Atti del Convegno internazionale di studi Federiciani* (Palermo, 1962), pp.53~81.

27. "The medieval interpretation of Frederick I's Authentic," "Habita", *L'Europa e il Diritto romano (=Studi in memorial di Pado Koschaker)* I (Milan, 1953), pp.101~136.

28. "Paleae in Cambridge manuscripts of the *Decretum*," *Studi Gratiana* I (1953), pp.161~216.

29. "The Origins of the Ottonianum," *CHJ* XI (1953), pp.114~128.

30. "Nos si aliquid incompetenter: some observations on the Register fragments of Leo IV in the Collectio *Britannica,*" *Ephemerides Iuris Canonici* IX (1953), pp.3~21.

31. "The pontificate of Adrian IV," *CHJ* XI (1953), pp.233~252.

32. "Cannonists in England," *Studi Gratiana* II I (1954), pp.519~528.

33. "Cardinal Roland and Beasançon," *Sacerdozio e Regno da Gregorio VII a Bonifacio VIII* (=*Miscellanea Historiae Ponfificae* XVIII, 1954), pp.107~126.

34. *The Growth of Papal Government in the Middle Ages: a study in the ideological relation of clerical to lay power* (London, 1955), XVIII + 482pp.

35. "The curious enquiries for Edward I and Edward II," *JEH* VI (1955), pp.26~36.

36. "The legal validity of the papal electoral pacts," *Ephemerides Iuris Canonici* XII (1956), pp.1~ 35.

37. "A disputable consuentudo contra legem in the later Middle Ages," *South African Law Review* (Memorial volume for Herbert F. Jolowicz, 1956), pp.85~94.

38. "Papacy"(From Gregory I to Boniface VIII), *Encyclopedia Britanica* new edn (London, 1956).

39. "On the use of the term 'Romani' in the sources of the earlier Middle Ages," *Studia Partistica* I (=text und Untersuchungen zur Geschichte der altchristlichen Literatur, LXIV, 1957), pp.155~163.

40. "Thomas Becket's miraculous oil," *JTS* n.s. VII (1957), pp.129~133.

41. "The recognition of St. Briget's Rule by Martin," *Revue Bénédictine* LXVII (1957), pp.190~201.

42. "Some observations on the medieval evaluation of the *'homo naturalis',* and the *'christianus',*" *L'Homme et son destin* (=*Actes du Premier Congres international de Philosophie M di vale*) (Louvain, 1958), pp.145~151.

43. "St. Bernard and the nascent international law," *Cîteaux* X (1958), pp.277~287.

44. "Usage in modern cannon law," *Proceedings: International Academy of Comparative Law: Fifth Congress* (Brüssels, 1958), pp.45~65.

45. "The decline of the Chancellor's authority in medieval Cambridge: a rediscovered stature," *Historical Journal* I (1959), pp.176~182.

46. "The University of Cambridge and the Great Schism," *JTS* n.s. IX (1958), pp.53~77.

47. "*Romanus pontifex indubitanter efficitur sanctus*, Dictatus papae 23 in retrospect and prospect," *Studi Gregoriani* VI (1959~61), pp.229~264.

48. "Adrian IV" ; "Boniface VIII" ; "Church and State" ; "Gregory I" ; "Gregory VII" ; "Gregory IX" ; "Innocent IV" ; "Leo I" ; "Urban VI," *Collier's Encyclopedia* new edn (New York, 1959).

49. *Die Machtstellung des Papsttums im Mittelalter : Idee u. Geschichte* (mitteinem Geleitwort von H. Fichtenau) : German trans. of no.46, revised and with a new preface (Graz-Vienne-Cologne, 1960), XLIII + 682pp.

50. "The Medieval Papacy, St. Thomas and beyond," Aquinas Papers (Publications of the Aquinas Society of London), no.35 (London, 1960).

51. "Leo I and the theme of papal primacy," *JTS* n.s. XII (1960), pp.25~51.

52. "The significance of the *Epistola Clementis* in the *Pseudo-Clementines,*" *JTS* n.s. XI (1960), pp.295~317.

53. "Über eine kanonistische Vorlage Friedrichs I," *ZGR Kan.* XLIV (1960), pp.430~433.

54. "Law and the Medieval Historian," *Rapports du XIe Congrès International des Sciences Historiques* (Stockholm, 1960), pp.34~74.

55. "Some reflections on the opposition of Frederick II to the papacy," *Achivio Storico Pugliese* XIII (1960), pp.3~26.

56. *Principles of Government and Politics in the Middle Ages* (London, 1961), 321pp.

57. (Ed.) *Liber Regie Capelle* (Henry Bradshaw Society, XCII) (London, 1961), X + 122pp.

58. "Some remarks on the significance of the *Epistola Clementis* in the *Pseudo-Clementines*," Studia Patristica I (=*texte und Untersuchungen zur Geschichte der altchristlichen Literatur* LXXIX, 1961), pp.330~337.

59. "Eugenius IV, Cardinal Kemp and Archbishop Chichele," *Medieval Studies presented to Aubrey Gwyn*, S. J. ed. J. A. Watt, J. B. Morall and F. X. Martin (Dublin, 1961), pp.359~383.

60. "The King's Grace," *The Listener* LXVI (1961), pp.53~54.

61. "Medieval populism," *The Listener* LXVI (1961), pp.131~134.

62. "Bartolus and English jurisprudence," *Bartolo da Sassoferato: studie documenti per il VI centenario* (Milan, 1961), I, pp.49~73.

63. "Leo III" ; "Paul I" ; "York, Anonymous," Lexicon für Theologie und Kirche, new edn. (Freiburg, 1961~7).

64. "De Bartoli sentencia: Concilium repræsental mentem populi," *Bartolo da Sassoferrato: studie documenti per il VI centenario* (Milan, 1962), II, pp.707~733.

65. "The papacy and the faithful," Governés et Gouvernats = *Recueils de Société Jean Bodin pour l'histoire comparative des institutions* XXV (1963), pp.7~45.

66. *Introduction to H. C. Lea, The Inquisition of the Middle Ages* (London, 1963), pp.11~51.

67. "The Bible and principles of government in the Middle Ages," *Settiamane di studio del Centro Italiano di Studi sull'alto Medioevo* X (1963), pp.183~227.

68. "John of Paris," *The Listener* LXX (1963), pp.787~789.

69. "Der Souveränitäts gedanke in den mittelalterlichen Krönungsordines," in P. Classen and P. Schebiert, eds., *Festschrift für Percy Ernst Schramm* (Wiesbaden, 1964), I, pp.72~89.

70. "Reflections on the medieval empire," *Transaction of the Royal Historical Society* 5th ser. XIV (1964), pp.89~109.

71. "On the heuristic value of medieval chancery products," with special reference to papal documents, *Annali della Fondazione Italiana per la storia amministrativa* I (1964), pp.117~134.

72. "Cardinal Francis Zabarella," *The Listener* LXXI (1964), pp.154~155.

73. *A History of Political Thought: the Middle Ages* (Hamondworth, 1965), 247pp.

74. "The significance of Innocent III's decretal Gerentis," in *Études d'historie du droit cannoique dédieés a Gabriel le Bras* (Paris, 1965), pp.729~741.

75. "The papacy as an institution of government in the Middle Ages," *SCH* II (Edinburgh, 1965), pp.78~101.

76. "Historical jurisprudence, historical politology and the history of the Middle Ages," *Atti del Primo Congresso Internazionale della Società del Diritto* (Florence, 1965), pp.195~224.

77. "East and West in the Middle Ages," *The Listener* LXXIII (1965), pp.51~53.

78. *The Individual and Society in the Middle Ages* (Baltimore and London, 1966), XIV + 160pp.

79. *Papst und Köng im Mittelater: Grundlagen des Papsttums und der englischen Verfassung des Mittelaters* (mit einem Nachwort von H. Koller), Salzburger Univetsitätsschriften, Dike, III (Salzburg-Munich, 1966), 93pp.

80. "On the influence of Geoffrey of Monmouth in English history," in C. Bauer, L. Boehm, M. Mülle, eds., *Speculum Histroiae: Festchfigt für Johannes Spörl* (Munich, 1965), pp.257~276.

81. "The Relevance of Medieval Ecclesiastical History: an inaugural lecture delivered in the University of Cambridge, 8 March 1966" (Cambridge, 1966), 36pp.

82. "The rebirth of the citizen on the eve of the Renaissance period," in A. R. Lewis, ed., *Aspects of the Renaissance: s symposium* (Austin : Texas, 1967), pp.5~25.

83. "A decision of the Rota Romana on the benefit of clergy in England," *Studia Gratiana* XIII (1967), pp.455~490.

84. "A proposito dell' Authentica 'Habita': intervento sulla communicazione di Antonio Marongiu," *Atti del Convegno Internazionale di Studi Accursiani* (Milan, 1968), pp.663~696.

85. "Dies ortus imperii: a note on the Glossa Ordinaria on C. III. 12. 7.(5)," *Atti del Convegno Internazionale di Studi Accursiani* (Milan, 1968), pp.663~696.

86. "Juristic obstacles to the emergence of the concept of the State in the Middle Ages," *Annali di storia del diritto* (=*Studi im memoria di Francesco Calasso*) XII-XIII (1968~69), pp.43 ~64.

87. "Concilia movement" ; "Great Schism" ; "Martin V" ; "Urban VI," *New Catholic Encyclopedia* (New York, 1968)

88. "Adrian IV" ; "Avignon Papacy" ; "Caspa Erich" ; "Ceasaropapism" ; "Chichele, Henry" ; "Donation of Constantine" ; "Gregory VII" ; "Innocent III" ; "Kempe, John" ; "Papacy (to 1500)" ; "Western Schism," *New Catholic Encyclopedia* (New York, 1968).

89. *The Carolingian Renaissance and the Idea of Kingship (The Birkbeck Lectures in Ecclesiastical Hisotry 1968-9)* (London, 1969), XIV + 201pp.

90. "Scharnken der Königswalt im Mittelater," *Historisches Jahbuch* XCI (1971), pp.1~21.

91. "The medieval papal courts as an international tribunal," *Virginia Journal of International Law* XI (1971), pp.356~371.

92. "Public welfare and social legislation in the early medieval councils," *SCH* VII (Cambridge, 1971), pp.1~39.

93. *A Short History of the Papacy in the Middle Ages* (London, 1972), 389pp.

94. "The election of bishops and kings of France in the ninth and tenth centuries," *Concilium* VII (1972), pp.79~95.

95. "A note on inalienability in Gregory VII," *Studi Gregoniani* IX (1972), pp.117~140.

96. "The cosmic theme of the Prima Clementis and the significance for the concept of Roman Rulership," Studia Patristica, XI [*Text und Unterschungen zur Geschichte der altchristlichen Literatur* CVIII (1972)], pp.172~140.

97. "Julius II and the schismatic cardinals," *SCH* IX (Cambridge, 1972), pp.177~193.

98. "The Future of Medieval History: an inaugural lecture delivered in the University of Cambridge, 6 November 1972" (Cambridge, 1973), 30pp.

99. "Von Canossa nach Pavia: zum Strukturwandel der Herrchaftsgrudlagen im salischen und staufischen Zeitalter," *Historiches Jahrbuch* CXIII (1973), pp..265~300.

100. "Die Bulle Unam Sanctam: Rüchblick und Ausblick," *Römische Historische Mitteilungen* XVI (1974), pp.45~77.

101. "Leo IX, Saint and Pope," *New Encyclopedia Britanica* 15th edn. (Chicago, 1974).

102. *Law and Politics in the Middle Ages: Introduction to the Sources of Medieval Political Ideas* (London-Cambridge-Ithaca, 1975), 320pp.

103. *The Church and the Law in the Earlier Middle Ages*, Collected Studies I (London, 1975), 406pp.

104. "Zur Entwicklung des Souverännitäsbegriffs im Spätmittelater," in L. Caren and F. Steinegger, eds., *Fetschrift Nikolaus Grass* (Innsbruck, 1975), II, pp.9~27.

105. *The Papacy and Political Ideas in the Middle Ages*, Collected Studies II (London, 1976), 408pp.

106. "The constitutional significance of Constantine the Great's settlement," *JEH* XXVII (1976), pp.1~16.

107. "Boniface VIII and his contemporary scholarship," *JTS* XXVII (1976), pp.58~87.

108. "Dante's *Monarchia* as an illustration of a politico-religious *Renovatio*," in B. Jasper and R. Molar eds., *Traditio, Krisis, Renovatio aus theologischer Sicht: Festchrift für Winfried Zeller* (Maburg, 1976), pp.101~113.

109. "John Baconthope as a canonist," in C. N. R. Brooke, D. E. Luscombe, G H. Martin and D. M. Owen, eds., *Church and Government in the Middle Ages: Essays presented to C. R. Cheney on his 70th birthday* (Cambridge, 1976), pp.223~246.

110. "Die Entstehung des Ottonianum," in H. Zimmermann, ed., *Otto der Grosse*, Wege der Forschung, CCCL (Darmstadt, 1976), pp.296~324.

111. *Medieval Foundations of Renaissance Humanism* (London and Ithaca, 1977), xii + 212pp.

112. "Über dei rechtliche Bedeutung der spätromischen Kaisertitulatur für das Papsttum," in P. Leisching, F. Pototshnig and R. Potz, eds., *Ex aequo et bono: Willibald M. Plöchl, 70, Geburtstag* (Innsbruck, 1977), pp.23~44.

113. *Scholarship and Politics in the Middle Ages*, Collected Studies III (London, 1978), 358pp.

114. "John of Salisbury's Policraticus in the later Middle Ages," in K. Hauk and H. Mordek, eds., *Geschichtsschreibung und geistiges Leben im Mittelater: Festchrift für Heinz L we zum 65.* Geburtstag (Cologne-Vienna, 1978), pp.519~546.

115. "Der Grundsatz Arbeitsteilung bei Gelasius I," *Historic Jahbuch* XCVII-XCVIII (1978), pp.41~70.

116. "This Realm of England is an Empire," *JEH* XXX (1979), pp.175~203.

117. "Arthur's homage to King John," *EHR* XCIV (1979), pp.356~364.

118. "Origini medievalli del Rinascimento," in G. Laterza ed., *Il Rinasimento" interpretazioni e problemi, dedicato ad Eugenio Garin* (Rome-Bark, 1979), pp.43~103.

119. "Roman Public Law and Medieval Monarch: Norman rulership in Sicily," in W. de Vos et al., *Acta Iuridica: Essays in honor of Ben Beinart* III (Capetown, 1979), 157~184.

〈1차 사료〉

Beaumanoir, *Coutumes de Beauvaisis*, ed., Salmon A. (Paris, 1899~1900).

Bracton, *De legibus et consuetudinibus Angliae*, ed., Woodbine G., 4vols. (New Haven, 1915~42).

Dante, *Convivio*, tr., Wicksteed P. H. (London, 1903).

Dante, *De Monachia*, ed., Vinay T. (Florence, 1950).

Dante, *Opera omnia*, ed., Toynbee P., 4th ed. (Oxford, 1924).

Ehler S. Z., & Morall J. B., *Church and State through the centuries* (London, 1954).

Fortescue, *De audibus tegum Angliae*, ed. Chrime S. B. (London, 1942).

Friedberg E., *Corpus Iuris Canonici*, 2vols. (Leipzig, 1879~81).

Gerson, *Opera omnia*, ed., Du Pin E., 5vols. (Antwerp, 1706).

Giles of Rome, *De Concordantia Catholica* (Weimar, 1929).

Gregory I, *Letters*, ed., P. Esald & L. M. Hartmann in *Monumenta Germaniae Historica*, section
　　　:epistolae, vols.1 and 11 (Hanover, 1887~99).

Gregory VII, *Register*, ed. Caspar E., rep. (Berlin, 1961).

Innocent III, *Register*, in J. P. Migne, *Patrologia Latina* (Paris, 1855) vols.214~217.

Irmino ed., 《생제르맹데프레 수도원의 영지명세장》, 이기영 옮김 (한국문화사, 2014).

James of Viterbo, *De Regimine Christiana*, ed., Arquillière, H. X. (Paris, 1926).

John of Paris, *De Potestate Regia et Papali*, ed., Leclerq J. (Paris, 1942).

John of Salisbury, *Policraticus*, ed., Webb C. C. J. (Oxford, 1909).

John of Salisbury, *The Statesman's Book*, tr. Dickinson J. (New York, 1927).

John Wycliffe, *De dominio Divino*, ed., Poole R. L. (London, 1890).

John Wycliffe, *De officio regis*, ed. Pollard A. W. & Salye C. (London, 1887).

Justinian, *Corpus Iuris Civilis*, ed. Th. Mommsen & Kr. German, rep. (Berlin, 1928).

Krueger P., & Monmsen, T., *Corpus Iuris Civili*, 3vols. (Berlin, 1928).

Lea, H. C., *The Inquisition of the Middle Ages*, rep. (Eyre & Spottiswoode, 1963).

Legenda S. Sivestri and Donation of Constantine : ed. C. B. Coleman, *Constantine the Great and Christianity* (New York, 1941).

Lerner E., & Mahdi M., *Medieval Political Philosophy* (Ithaca, 1972).

Lewis E., *Medieval Political Ideas*, 2vols. (London, 1954).

Liber regie capelle, ed. Ullmann W. (London, 1961) vol.91.

Lo Grasso J. B., *Ecclesia et Status*, 2nd ed. (Rome, 1952).

Marculf Formulae : ed. K. Zeumer in *Monumenta Germaniae Historica, section: Formulae* (Hanover, 1886) ; *Romularum Libri Duo*, new critical edition with French translation by A. Uddholm (Upssala, 1962).

Marsiglio of Padua, *Defensor Pacis*, ed. Previté-Orton C. W. (Cambridge, 1928), tr. Gewirth A. (New York, 1956).

Migne J. P., *Patrologia Latina* (Paris, 1844ff).

Nicholas of Cusa, *Opera omnia* (Basle, 1565).

Ordines conronationis imperialis, ed. Elze R. (Hanover, 1960).

Pseudo-Isidore, ed. Hinschius P., 2nd ed. (Berlin, 1861).

Thomas Aquinas, *Selected Political Writings*, ed. d'Entrèves A. P. and tr. Dawon J. G. (Oxford, 1948).

Tierney B., *The Middle Ages* (Ithaca, 1970).

Troquemada, *Summa de Ecclesia* (Rome, 1489).

Wickhan-Legg L., *English Coronation Records* (Constable, 1901).

William of Ockham, *Opera Politica* (Manchester, 1940ff).

William of Ockham, *Breviloquium*, ed., Sholz R. (Stuttgard, 1944).

〈2차 사료〉

Affeldt, W., Die weltilche Gewalt in der Paulus Exegese : Römer 13.1-7 in *den Kommentaten der lateinischen Kirche bis zum Ende des 13. Jahrhunderst* (Gütingen, 1969)

Anton, H. H., *Die Fürstenspiegel und Herrscherethos in der Karolingerzeit* (Bonn, 1969).

Arquillère, H. X., *L'Augustinisme politique*, 2nd ed. (Paris, 1965).

아르츠, 프레데릭 B., 《중세 유럽의 문화유산》, 홍성표 옮김 (보진재, 1993).

Aubert, J. M., *Le Droit romain dans l'œvre de s. Thomas* (Paris, 1955).

Batallia, F., *Lieanmti di storia delle dottrien politiche*, 2nd ed. (Milan, 1952).

Baynes, N., *The Political ideas of St. Augustine's De civitate Dei*, Historical Association Pamphlet (1936).

Bloch, M., *Les Rois thaumaturges*, 2nd ed. (Strasbourg, 1962).

브라운, 피터, 《기독교 세계의 등장》, 이종경 역 (새길, 2005).

캔터, N. F., 《중세 이야기》, 이종경 외 옮김 (새물결, 2001).

Caryle, R. W & A. J., *A History of Medieval Political Theory in the West*, 6vols. (Edinburgh, 1903~36).

Coing, H. ed., *Handbuch der Quellen und Literatur der meureren europishcen Privatrechtsgeschichte* I (Munich, 1973), 특히 the contribution by P. Weimar, pp.129~59 ; N. Horn, pp.261~364 ; A. Wolf, pp.517~799.

Combès, G., *La Doctrine politique de s. Augustin* (Paris, 1927).

Crump and Jacob eds., *The Legacy of the Middle Ages* (Oxford, 1923).

Daniel D. McGarry & James A. Wahl,《서양중세사대요》, 이석우 옮김 (탐구당, 1987).

Davenport, E. H., *The False Decretals* (Oxford, 1916).

Davis, C. T., *Dante and the Idea of Rome* (Oxford, 1957).

도슨, C.,《중세유럽의 형성》, 임명방 역 (형설출판사, 1983).

Dlger, F., *Byzan und die europäsche Staatenwell* (Darmstadt, 1964).

Dvornik, F., *Byzantine et la primauté* (Paris, 1965).

Eichmann, E., *Quellen der kirchlichen Rechtsgeschichte*, rep. (Munich, 1968).

Entrève, A. P. d'., *Natural Law: an Introduction to Legal Philosophy*, rep. (London, 1960).

Entrève, A. P. d'., *The Medieval Contribution to Political Thought: Thomas Aquinas, Marsilius of Padua, Richard Hooker* (Oxford, 1939).

Eschmann, I. T., "Studies on the notion of society in Thomas Aquinas," *Medieval Studies* (1946).

Eschmann, I. T., "Thomistic Social Philosophy and the Theory of Original sin," *Medieval Studies* (1947).

Ewig, E., "Zum christlichen Kögisegedanken im Frühmittlater," in *Das Königtum*, ed. Th. Mayer (Darmstadt, 1965).

Figgis, J. N., *The Divine Rights of Kings*, with an Introduction by G. R. Elton, rep. (New York, 1965).

Fölz, R., *L'Idèe de l'empire du Ve au VIIe siècle* (Paris, 1967).

Fawtier, R., *The Capetian Kings of France: Monarchy and Nation* (London, 1960).

Gaudement, J., *La Formation du droit de l'église au IVe et Ve siècles* (Paris, 1967).

기어리, 패트릭,《메로빙거 세계》, 이종경 옮김 (지식의 풍경, 2002).

Gewirth, A., *Marsilius of Padua: The Defender of Peace* (New York, 1951).

Gierke, O., *Natural Law and the Theory of Society*, with an Introduction by E. Barker (Cambridge, 1934).

Gierke, O., *Political Theories of the Middle Ages,* tr. by F. W. Maitland, rep. (Cambridge, 1959).

Gilmore, M. P., *Argument from Roman Law in Political Thought 1200-1600* (Cambridge, Mass., 1941).

Gilson, E., *Christian Philosophy in the Middle Ages* (New York, 1955).

Hegegelbach, O., *Vom römichen Recht zum christilichen Recht: juristiche elemente in den Scriften des Ambrosiaster* (Friburg, 1959).

Howell, M., *Regalian Rights in Medieval England* (London, 1961).

Joannou, P.P., *Die Ostkirche und die Cathedra Petri im 4. Jahrhundert* (Stuutgart, 1972).

Joliffe, J. E. A., *Angevin Kingship*, rep. (London, 1963).

Jolowicz, H. F., *Lectures on Jurisprudence*, ed. J. A. Jolowicz (London, 1963).

Jones, A. H., *Historical Introduction to the Theory of Law* (Oxford, 1940).

Jones, A. H., *The Later Roman Empire 284-602*, 4vols. (London, 1964).

Kantorowick, E., *The King's Two Bodies* (Princeton, 1957).

Kern, F., *Gottesgnadentum und Widerstandsrecht*, 2nd ed. by R. Buchner (Damrstadt, 1956).

King, P. D., *Law and Society in the Visigothic Kingdom* (Cambridge, 1972).

Knowles, D., *The Evolution of Medieval Thought* (London, 1962).

Kroechell, K., "Rechtsfindung: die mittelichen Grundlagen einer moderen Vostellung," in *Festchrift für Herman Heimpel* iii (Götingen, 1972).

Kreilkamp, "Rome and Constantinople in the 5th century," *Jurist* xxxi (1971).

Lagarde, G. de., *La naissance de l'esprit laique au déclin du moyen âge*, 3rd ed., 6vols. (Paris, 1959~).

Le Bras, G., "Le Droit romain au service de la domination pontifciale," *Review historique de droit français et étranger* (1949).

르 고프, 자크, 《서양 중세 문명》, 유희수 역 (문화과사상사, 1992).

Lewis, E., *Medieval Political Ideas*, 2nd ed. (London, 1954).

Lot, F., *La fin du monde antique et le début moyen âge*, 2nd ed. (Paris, 1948).

Lottin, O., *Le Droit naturel chez s. Thomas d'Aquin et ses prédécesseurs* (Louvain, 1931).

Marrou, H., St. *Augustine and his Influence through the Ages*, English translation (London, 1957).

McIlwain, C. H., *The Growth of Political Thought in the West from the Greeks to the end of the Middle Ages*, rep. (London, 1961).

Mitteis, H., *Lehensrecht und Staatsgewalt* (Weimar, 1933).

Miller, G. J. T., "The position of the king in Bracton and Beaumanoir," *Speculum* (1956).

Miller, G. J. T., *Die deutsche Königswahl*, 2nd ed. (Born, 1943).

Nelson, J. L., "Gelasius I's doctrine of responsibility," *Journal of Theological Studies* xviii (1967).

Obnsorge, W., *Das Zweikaiserproblem* (Hildesheim, 1947).

Ostrogorsky, G. A., *A History of the Byzantine State*, tr. Joan Hussey (London, 1956).

Pacaut, M., *La Thécratie: l'église et le pouvoir au moyen âge* (Paris, 1957)

Paradisl, B., "Il pensiero politico dei giuristi meievali," in *Storia delle idee politiche, economiche e sociali*, ed. Luigi Firpo (Turin, 1973), pp.1~160.

Painter, S., *Feudalism and Liberty* (Baltimore, 1961).

피렌, 앙리, 《중세 유럽의 도시》, 강일휴 옮김 (신서원, 1997).

피렌, 앙리, 《마호메트와 샤를마뉴》, 강일휴 옮김 (삼천리, 2010).

Pollock F. and Maitland W. M., *A History of English Law*, 2nd ed. (Cambridge, 1926).

Poole, R. L., *Illustrations of Medieval Thought and Learning* (S.P.C.K., 1920).

Rahner, H., *Kirche und Staat im frühen Christentum* (Munich, 1962).

Rivière, J., *Le Probl me de l'Eglise au temps de Philippe le Bel* (Louvain 1926).

Rotelli, E., Shiera, P., *La stato mederno: dal medioevo all et a moderna* (Milan, 1971).

Schramm, P. E., *A History of the English Coronation* (Oxford, 1937).

Schultz, F., "Bracton on Kingship," *English Historical Review* (1945).

Strauss, L. & Cropsey, J. eds., *A History of Political Philosophy* (Chicago, 1963).

스트레이어, J. R., 《근대국가의 기원》, 박은구 역 (탐구당, 1982).

Stuz, U., "The proprietary church," in *Medieval Germany 911-1250: Essays by German Historians*, ed. G. Barraclouh, vol.11 (Oxford, 1938).

Tierney, B., *Foundations of the Conciliar Theory. The Contribution of the Medieval Canonists from Gratian to the Great Schism* (Cambridge, 1955).

타이어니, B., 《서양 중세사》, 이연규 옮김 (집문당, 1986).

타이어니, B., 《서양중세사 연구》, 박은구 외 옮김 (탐구당, 1987).

Tritinger, G., *Die oströmishce Reiches und Kaiseridee*, 2nd ed. (London, 1956).

Ullmann, W., "The Development of the Medieval Idea of Sovereignty," *English Historical Review* (1949).

Ullmann, W., *The Origins of the Great Schism* (Burnes Oates, 1948).

Ullmann, W., "The Validity of the Papal Electoral Pacts," *Ephemerides Juris Canonici* (1956).

Ullmann, W., "Leo and the theme of papal primacy," in *Journal of Theological Studies* (1960), pp.25ff, 295ff.

Ullmann, W., "De Bartoli Sententia: Concilim represntat mentem populi," *Bartolo da Sassoferrato* vol.II (Milan, 1962).

Ullmann, W., "Reflections on the medieval empire," *Transactions of Royal Historical Society* (1964).

Ullmann, W., "Der Souveränitätsgedanke in den mittelaterlichen Krönunggsordines," in *Frestchrift für P. E. Schramm* (Wiesbaden, 1964).

Ullmann, W., *Principles of Government and Politics in the Middle Ages*, 2nd ed. (London, 1966).

Ullmann, W., *The Growth of Papal Government in the Middle Ages*, 4th ed. (London, 1970).

Ullmann, W., "The cosmic theme of the Prima Clementis and its significance for the concept of roman rulership," *Studia Patristia* xi (1971).

Ullmann, W., *Law and Politics in the Middle Ages* (London, 1971).

Ullmann, W., *A Short history of the Papacy in the Middle Ages*, 2nd ed. (London, 1974).

Voosen, E., *Papauté et pouvoir civil à l'époque de Grégoire VII* (Louvain, 1927).

Wallace-Hadrill, M., "The via regia of the Carolingian age," *Trends in Medieval Political Thought*, ed. B. Smallery (Oxford, 1965).

Wallace-Hadrill, M., *Early Germanic Kingship in England and on the Continent* (Oxford, 1971).

Wilks, J., *The Problem of Sovereignty in the Later Middle Ages* (Cambridge, 1963).

Wilks, J., "The Chaucer and the Mystical Marriage in Medieval Political Thought," *Bulletin of the John Rylands Library* (1962).

Woolf, C. N. S., *Bartolus of Sassoferrato* (Cambridge, 1913).

강치원, 《중세의 정치적 갈등》 (강원대 출판부, 1989).

박은구, 《서양중세정치사상 연구》 (혜안, 2001).

박은구 외, 《중세 유럽문화의 이해》 1·2 (숭실대학교출판부, 2012).

박은구 외, 《중세 유럽의 사상가들》 (숭실대학교출판부, 2014).
이기영, 《고전장원제와 봉건적 부역노동제의 형성》 (사회평론아카데미, 2015).
장준철, 《서양 중세교회의 파문》 (혜안, 2014).
이석우, 《대학의 역사》 (한길사, 1999).
이원근, 《서양중세 세계의 역사》 (탑북스, 2012).

지은이 **J. 모랄**

아일랜드 더블린의 유니버시티 칼리지와 런던 정경대학에서 고대 및 중세의 정치사상을 가르쳤으며, 유럽의 정치적 전통의 해명에 주력하였다. 주요 저술로는 *Aristotle, The Founding of the Western European Traditions* 등이 있다.

W. 울만

영국 캠브리지 대학 사학과 교수로서 중세 사회의 정치와 법률 그리고 문화에 대한 학문적 지평을 크게 확대하였으며, 이 분야의 탁월한 연구 성과도 낳았다. 주요 저술로는 *The Growth of Papal Government in the Middle Ages, Principles of Government and Politics in the Middle Ages, The Individual and Society in the Middle Ages* 등이 있다.

옮긴이 **박은구**

서울대학교 문리과대학 서양사학과 및 동대학원 졸업
미국 뉴욕주립대학 대학원 수학, 영국 캠브리지 대학 객원교수
숭실대학교 인문대학장, 한국 서양중세사학회 회장 역임
현 숭실대학교 사학과 교수, 문학박사
저술로는 《서양중세 정치사상 연구》(2001) 등이 있다.

이희만

숭실대학교 인문대학 사학과 및 동대학원 졸업
미국 하버드대학 대학원 수학
현 국사편찬위원회 연구위원, 문학박사

중세 유럽의 정치사상

J. 모랄·W. 울만 지음 | 박은구·이희만 옮김

초판 1쇄 발행 2016년 1월 25일

펴낸이 오일주
펴낸곳 도서출판 혜안

등록번호 제22-471호
등록일자 1993년 7월 30일

주소 ⓟ 04052 서울시 마포구 와우산로 35길 3(서교동) 102호
전화 3141-3711~2
팩스 3141-3710
이메일 hyeanpub@hanmail.net

ISBN 978-89-8494-542-5 93920

값 30,000 원